Marita Bromberg
Dirk Kruse-Etzbach

Kapstadt
und Garden Route

IWANOWSKI'S *i* REISEBUCHVERLAG

Im Internet:

www.iwanowski.de

Hier finden Sie aktuelle Infos zu allen Titeln, interessante Links – und vieles mehr!

Einfach anklicken!

Schreiben Sie uns, wenn sich etwas verändert hat. Wir sind bei der Aktualisierung unserer Bücher auf Ihre Mithilfe angewiesen:
info@iwanowski.de

Kapstadt und Garden Route
8. Auflage 2013

© Reisebuchverlag Iwanowski GmbH
Salm-Reifferscheidt-Allee 37 • 41540 Dormagen
Telefon 0 21 33/2 60 311 • Fax 0 21 33/26 03 33
info@iwanowski.de
www.iwanowski.de

Titelfoto: South African Tourism
Alle anderen Farbabbildungen: siehe Bildnachweis S. 9
Redaktionelles Copyright, Konzeption und deren ständige Überarbeitung:
Michael Iwanowski
Lektorat & Layout: Annette Pundsack, Köln
Karten: Palsa Grafik, Lohmar
Titelgestaltung: Point of Media, www.pom-online.de

Alle Rechte vorbehalten. Alle Informationen und Hinweise erfolgen ohne Gewähr für die Richtigkeit im Sinne des Produkthaftungsrechts. Verlag und Autoren können daher keine Verantwortung und Haftung für inhaltliche oder sachliche Fehler übernehmen. Auf den Inhalt aller in diesem Buch erwähnten Internetseiten Dritter haben Autoren und Verlag keinen Einfluss. Eine Haftung dafür wird ebenso ausgeschlossen wie für den Inhalt der Internetseiten, die durch weiterführende Verknüpfungen (sog. „Links") damit verbunden sind.

Gesamtherstellung: Werbedruck GmbH Horst Schreckhase
Printed in Germany

ISBN: 978-3-86197-061-3

Inhalt

VORWORT 13
1. LAND UND LEUTE 14
Südafrika auf einen Blick 15
Die Provinzen dieses Reisegebiets 16
Geschichtlicher Überblick 17
Zeittafel 17
Vorkoloniale Zeit 20
Frühe Geschichte – San und Khoikhoi 20 •
Das Kap am Seeweg nach Indien 21
Holländische Besiedlung 22
Die Kolonie der Kompanie (1652–1795) – die ersten Siedler 22 •
Unter der Herrschaft der Holländisch-Ostindischen Kompanie 23
Buren und Briten 25
Vom Einzug der Briten bis zum Auszug der Buren (1795–1836) 25
• Politische Entwicklung der Kapprovinz in der zweiten Hälfte
des 19. Jahrhunderts 26 • Burenkriege 27
Die Südafrikanische Union 28
Beginn der Rassengesetzgebung 29 • Wiedervereinigung im
weißen Lager 31 • Politische Organisierung der Schwarzen in den
1930er-Jahren 31 • Der Zweite Weltkrieg und seine Folgen 32 •
Die Apartheid-Gesetzgebung 32 • Widerstand und
Repressionen 34 • Die Einleitung des Reformprozesses 34 •
Reformdruck und Ende der Apartheid 36
Das neue Südafrika nach 1994 40
Südafrika heute 42

Wirtschaftlicher Überblick 45
Überblick: Südafrika 45
Die Wirtschaft Südafrikas im 21. Jahrhundert 46
Wirtschaftssektoren 46 • Herausforderungen und Tendenzen 48
Kapstadt und die Western Cape Province 49
Wirtschaftssektoren 49 • Herausforderungen und Tendenzen 52

Geografischer Überblick 53
Lage 53
Kapstadt und Cape Peninsula 54 • Weitere Umgebung 54
Klima 55
Temperaturen 56 • Niederschläge 56 •
Wind: Southeaster 57 • Reisezeit 57
Großlandschaften und geologische Entwicklung 59
Überblick 59 • Die Kapprovinz 59 • Little Karoo 61 •
Great (Central) Karoo 61 • Namaqualand 62
Pflanzenwelt 62
Fynbos 62 • Wälder 64
Tierwelt 65
Überblick 65 • Die Western Cape Region 66

Inhalt

Gesellschaftlicher Überblick	69
Bevölkerung	69
Bevölkerungsgruppen 69 • Sprachen 72 • Religionen 72 • Bevölkerungsstruktur 73 • Demografie im Großraum Kapstadt 74	
Sozioökonomische Strukturen	75
Rechtssystem	76
Bildungswesen	76
Kunst und Kultur	78
Kunst und Kunsthandwerk	78
Musik	79
Theater, Oper, Ballett	81
Architektur	81
Literatur	83

2. KAPSTADT UND DIE GARDEN ROUTE ALS REISEZIEL
86

Allgemeine Reisetipps von A–Z 87

Das kostet Sie das Reisen in Südafrika 130

3. KAPSTADT UND DIE GARDEN ROUTE – ROUTENVORSCHLÄGE
134

Routenvorschläge 135

4. KAPSTADT – PERLE AM FUSS DES TABLE MOUNTAIN
144

Allgemeiner Überblick 145

Die Innenstadt („City Bowl") 148
  Überblick, Hinweise und Tipps 148
  Redaktionstipps 149
  Sehens- und Erlebenswertes in Kapstadts Innenstadt 150
  Bertram House (Iziko) 150 • Bo-Kaap Museum (Iziko) 150 • Cape Town International Convention Center (CTICC) 152 • Castle of Good Hope (Iziko) 152 • (Old) City Hall 153 • Company's Garden 153 • De Tuynhuys 156 • District Six Museum 156 • Gold of Africa Museum (Martin Melck House) 157 • Greenmarket Square und Old Town House 157 • Groote Kerk 158 • Houses of Parliament 158 • Jewish Museum und Cape Town Holocaust Centre 158 • Koopmans-de Wet Museum (Iziko) 158 • Long Street und Kloof Street 159 • The AVA Gallery 159 • St. George's Cathedral 159 • Sendinggestig (Slave Church)

Museum 160 • Slave Lodge/South African Cultural History Museum (Iziko) 160 • South African Library (National Library) 161 • South African Museum & Planetarium (Iziko) 161 • South African National Gallery (Iziko) 161 • Jan van Riebeeck-Statue 162

Victoria & Alfred Waterfront 163
Überblick 163
Geschichte 164
Sehens- und Erlebenswertes an der Victoria & Alfred Waterfront 166
Cape Medical Museum 166 • Clock Tower 166 • Fort Wyngard 166 • Market Plaza 167 • Nobel Square 168 • Old Port Captain's Building 168 • Robinson Graving Docks 168 • South African Maritime Centre (Iziko) 168 • Time Ball Tower und Harbor Master's Residence 169 • Two Oceans Aquarium 169 • Victoria & Alfred Hotel und Shopping Mall 169 • Victoria Wharf Mall 170 • Waterfront Craft Market 170

Die Stadtteile südlich der Innenstadt (Woodstock, Observatory, Rondebosch und Newlands) 170
Überblick, Hinweise und Tipps 170
Sehens- und Erlebenswertes in Kapstadts Stadtteilen südlich der Innenstadt 172
Old Castle Brewery 172 • Heart of Cape Town Museum (Transplant Museum) 172 • Lower Main Road – Observatory 175 • Mostert's Mill 175 • Irma Stern Museum 176 • Josephine Mill 176 • South African Breweries/SABMiller (Heritage Center) 176 • (Sarfu) Rugby Museum 176 • Montebello Design Centre 177 • Forester's Arms 177 • Rhodes Memorial 177

Die Stadtteile am Atlantik: Green Point, Sea Point, Clifton und Camps Bay 179
Überblick, Hinweise und Tipps 179
Sehens- und Erlebenswertes in Kapstadts Stadtteilen am Atlantik 180
Cape Town Hotel School-Restaurant 180 • Green Point 180 • Three Anchor Bay und Sea Point 181 • Bantry Bay und Clifton 182 • Camps Bay 182

Ausflug auf den Table Mountain 183
Überblick 183
Geologische Entwicklung des Table Mountain 184 • Wege auf den Table Mountain 185
Weiteres Erlebenswertes am Table Mountain 188

Ausflug nach Robben Island 190
Geschichte 190
Besuch auf Robben Island 192

Touren in die Townships	193
Kernpunkte einer Township-Tour	193
Die bekanntesten Townships der Cape Flats	194

Weitere Tagesausflüge in Stichworten 197
Bloubergstrand/Big Bay _____ 197
Weinanbaugebiete von Stellenbosch und Franschhoek __ 198
West Coast National Park _____ 199
Nach Hermanus, um Wale anzuschauen _____ 199
Einkaufsmekka Canal Walk und Vergnügungspark
„Ratanga Junction" _____ 199
Reisepraktische Informationen Kapstadt und Kaphalbinsel 200

5. RUND UM DIE KAPHALBINSEL 250

Allgemeiner Überblick 251
Routenbeschreibung _____ 253

Sehens- und Erlebenswertes bei der Rundfahrt um das Cape of Good Hope 254
Entlang der Westküste zum Cape of Good Hope _____ 254
Redaktionstipps 255
Zwischen Camps Bay und Hout Bay 254 • Hout Bay 254 • Zwischen Hout Bay und Cape of Good Hope Nature Reserve 256
Cape of Good Hope Nature Reserve _____ 259
Sehens- und Erlebenswertes im Cape of Good Hope Nature Reserve 262
Vom Cape of Good Hope Nature Reserve nach
Muizenberg _____ 266
Simon's Town 267 • Fish Hoek 270 • Kalk Bay 270 • St. James 272 • Muizenberg 272 • Naturreservate Zandvlei und Rondevlei 273
Von Muizenberg entlang der Weinanbaugebiete südlich
des Table Mountain zurück in die Innenstadt _____ 275
Sehens- und Erlebenswertes im Constantia Valley 275 •
Kirstenbosch National Botanical Gardens 277

6. DIE KLASSISCHEN WEINANBAUGEBIETE DER KAPPROVINZEN 280

Allgemeiner Überblick 281
Redaktionstipps 281

Sehens- und Erlebenswertes in den klassischen Weinanbaugebieten 286
Die klassische 4-Pässe-Fahrt
(Stellenbosch, Franschhoek, Somerset West) _____ 286

Stellenbosch 286 • Drakenstein Valley 299 • Franschhoek 299 •
Somerset West 303 • Strand und Gordon's Bay 305 •
Von Paarl über den Bain's Kloof Pass nach Worcester und
zurück nach Kapstadt 306 • Paarl 306 • Interessantes im
Umkreis von Paarl 309 • Wellington 310 • Bain's Kloof Pass
314 • Worcester 315 •

7. VON KAPSTADT DURCH DIE LITTLE KAROO NACH PORT ELIZABETH   320

Allgemeiner Überblick   321
Redaktionstipps 281

Sehens- und Erlebenswertes zwischen Kapstadt und Port Elizabeth (durchs Landesinnere)   324

Montagu   327
Sehens- und Erlebenswertes in und um Montagu 327
Barrydale   330
Ladismith   332
Seweweekspoort   334
Calitzdorp   335
Oudtshoorn   337
C.P. Nel Museum 338 • Historische Wohnhäuser 339 •
Straußenfarmen 340 • Sehenswertes nördlich von
Oudtshoorn 342
Swartberg Pass und Gamkaskloof (Die Hel)   344
Abstecher zum Gamkaskloof 345
Alternativroute: Von Willowmore entlang der R332 durch die Baviaanskloof Wilderness Area zur Küste bei Port Elizabeth   348
Willowmore 348 • Baviaanskloof Wilderness Area 348
Uniondale   351
Langkloof Valley und Joubertina   352

8. GARDEN ROUTE UND KÜSTENSTRECKE VON PORT ELIZABETH NACH KAPSTADT   354

Allgemeiner Überblick   355
Redaktionstipps 355
Routenbeschreibung (Garden Route)   358

Sehens- und Erlebenswertes entlang der Küstenstrecke zwischen Port Elizabeth und Kapstadt   359
Port Elizabeth (Nelson-Mandela-Bay-Metropole)   359
Geschichte und Wirtschaft 360 • Sehenswertes in der
Innenstadt 360 • Sehenswertes abseits der Innenstadt 365

Nördlich von Port Elizabeth — 371
Addo (Elephant) National Park 371 • Zuurberg, Kabouga und Darlington Sections 375 • Private Game Reserves 378
Die Küstenstrecke zwischen Port Elizabeth und George — 380
Jeffrey's Bay/Humansdorp/St. Francis Bay 381 • Tsitsikamma Section 386 • Monkeyland und Birds of Eden 390 • Plettenberg Bay 391 • Weiterfahrt nach Knysna 396 • Abstecher: Knysna Forest und Prince Alfred's Pass 396 • Knysna 398 • 1. Alternativstrecke: Von Knysna nach George entlang der N 2 404 • 2. Alternativstrecke: Von Knysna nach George entlang der Outeniqua Mountains und der Old (Seven) Passes Road 411
George — 413
Sehenswertes in und um George 413 • Montagu Pass und Outeniqua Pass 418
Die Strecke zwischen George und Kapstadt — 419
Mossel Bay 421 • Oystercatchertrail 427 • Gouritsmond 429 • Rein's (Gouriqua) Coastal Nature Reserve 429 • Still Bay 430 • Zurück auf der N 2: Riversdale 432 • Witsand und Malgas 434 • Swellendam 436 • Bontebok National Park 439 • Routenalternative: Durchs Inland nach Kapstadt 440 • Weiter durch die Region Overberg 442 • De Hoop Nature Reserve 442 • Bredasdorp 445 • Arniston/Waenhuiskrans 446 • De Mond Nature Reserve 446 • Struis Bay/Struisbaai 446 • Cape Agulhas 447 • Elim 449 • Dyer Island und Danger Point 450 • Gansbaai/Gans Bay 451 • Stanford 452 • Hermanus 453 • Entlang des Clarence Drive (R 44) über Kleinmond nach Gordon's Bay 456

9. VON PORT ELIZABETH DURCH DIE GREAT KAROO NACH KAPSTADT — 458

Allgemeiner Überblick — 459
Redaktionstipps 459
Routenbeschreibung — 461

Sehens- und Erlebenswertes zwischen Port Elizabeth, Graaff-Reinet, Beaufort West und Kapstadt — 462
Alternative: Über Cradock und den Mountain Zebra National Park — 463
Cradock 463 • Mountain Zebra National Park 464
Somerset East — 467
Graaff-Reinet — 468
Sehenswertes in Graaff-Reinet 470
Valley of Desolation — 472
Camdeboo National Park — 473
Abstecher nach Nieu-Bethesda — 474
Beaufort West — 476

Karoo National Park	477
Schlenker über Prince Albert	479
Laingsburg	480
Matjiesfontein	482
Touws River und Hex River Valley	484

10. NÖRDLICH VON KAPSTADT 486

Allgemeiner Überblick 487
Redaktionstipps 487
Routenbeschreibung _____ 490

Sehens- und Erlebenswertes nördlich von Kapstadt 490
Entlang der Atlantikküste zwischen Kapstadt und St. Helena Bay _____ 490
Darling 491 • Yzerfontein 493 • West Coast National Park 494 • Langebaan 496 • West Coast Fossil Park 499 • Saldanha 499 • Paternoster 500

Von Paternoster über St. Helena Bay und Lamberts Bay nach Clanwilliam _____ 502
Elands Bay/Elandsbaai 502 • Lamberts Bay/Lambertsbaai 504 Clanwilliam 506 • Abstecher in den Norden bzw. den Osten der Cederberge – bis Wuppertal 508

Von Clanwilliam mehr oder weniger direkt nach Kapstadt _____ 511
Citrusdal 511

Von Clanwilliam durch die Cederberg Wilderness Area und über Kagga Kamma sowie Tulbagh zurück nach Kapstadt _____ 513
Cederberg Wilderness Area 513 • Kagga Kamma 518 • Tankwa Karoo National Park 521 • Ceres 522 • Tulbagh 523

Abstecher ins Namaqualand und zum Richtersveld National Park 525
Namaqualand und Richtersveld NP in Kürze _____ 526

11. ANHANG 530
Literatur _____ 530
Stichwortverzeichnis _____ 532

Bildnachweis
Alle Farbabbildungen Marita Bromberg und Dirk-Kruse Etzbach außer:
S. 43, 364: South African Tourism

Weiterführende Informationen zu folgenden Themen

Nelson Mandela: vom Widerstandskämpfer zum Vater der Nation	36
Stationen zu den ersten demokratischen Wahlen	39
Die FIFA Fußball-Weltmeisterschaft™ 2010 in Südafrika	43
Fischfang in Südafrika	51
Das Kreuz des Südens	58
Botanical Gardens	65
Afrikaans	72
Kapholländischer Stil: Architektur der ersten weißen Siedler	82
Küche und Gerichte in den Kapprovinzen	96
Malay Quarter (Bo-Kaap)	151
Vorschlag für einen Spaziergang durch Kapstadts Innenstadt	162
Kapstadts „Canale Grande"	165
Cecil Rhodes – ein Imperialist prüfte das Südliche Afrika	178
Kapstadts „andere Spitzen"	189
Die „Tischdecke" und der „Southeastern"	190
Eine ewige Diskussion: „Wie herum"?	251
Chapman's Peak Drive: Bau und Probleme	257
Die zwei Strömungen	263
Zu Ehren einer Dogge	269
Weinanbau im Kapland	282
Stellenbosch Wine Route	294
Wie kamen die Hugenotten ausgerechnet in dieses Tal?	300
Franschhoek Food & Wine Route	301
Biodiversity & Wine Initiative (BWI)	304
Paarl und die Afrikaans-Sprache	308
Paarl-Wine Route	310
Strauße – die größten Laufvögel der Welt	340
Wunderwelt der Tropfsteinhöhlen	343
Was bedeutet „Garden Route"?	383
Wale und Delfine: Wussten Sie dass …	395
Fishing Pools der Khoi	430
Great Karoo	466
Gedämpftes Licht für Sternengucker	483
Rooibos-Tee	507
Buschmannzeichnungen	516
Buschmänner	519

Karten und Grafiken

Die Kapkolonie um 1750	24
Jahresniederschläge	56
Bergzüge der Kapprovinzen	60
Vegetationsgebiete	64
Wale am Kap	68
Bevölkerungsdichte	73

Legende

- Autobahn/4-spurige Straße
- Nationalstraße
- Asphaltstraße
- Piste
- Wanderweg
- Eisenbahn
- Flüsse
- Strand
- Gute Walbeobachtungspunkte
- Leuchtturm
- Nationalparks/Game Reserves/Naturparks
- Park
- Weingut
- Ortschaften
- Sehenswürdigkeiten
- Surfen
- Kirche/Moschee
- Polizei
- Aussichtspunkt
- Berge
- Information
- Parkplatz
- Flughafen
- Bahnhof
- Busbahnhof
- Fähre/Bootstour
- Golfplatz
- Theater
- Museum
- Lodge/Guesthouse
- Übernachtung
- Einkaufen
- Campingplatz
- Campingplatz mit Hüttenvermietung
- Picknick-Platz
- Wandergebiet
- Höhle
- Pass/Schlucht
- Schiffswrack
- Tor/Gate

© i graphic

Stadtplan Kapstadt – Großraum	146/147
Stadtplan Kapstadt – Innenstadt	154/155
Stadtplan Kapstadt – Victoria & Alfred Waterfront	167
Stadtplan Kapstadt – Stadtteile südl. der Innenstadt	173
Wanderwege um und auf dem Table Mountain	187
Stadtplan Kapstadt – Unterkünfte	206/207
Stadtplan Kapstadt – Restaurants	218/219
Cape Peninsula (Kaphalbinsel)	252
Table Mountain National Park (Cape of Good Hope Section)	260
Kirstenbosch National Botanical Gardens	278
Weinanbaugebiete am Kap	283
Weinanbaugebiete und 4-Pässe-Fahrt	287

Stadtplan Stellenbosch	288
Stadtplan Paarl	307
Kapstadt – Montagu – Oudtshoorn – Port Elizabeth (Little Karoo)	322/322
Stadtplan Oudtshoorn	338
Cango Caves	343
Port Elizabeth – Garden Route – Cape Agulhas – Kapstadt	356/357
Stadtplan Port Elizabeth	362/363
Addo Elephant National Park	372/373
Garden Route: Zwischen Tsitsikamma National Park und Plettenberg Bay	386
Garden Route: Zwischen Knysna und George	405
Stadtplan George	414
Garden Route: Zwischen George und Riversdale	420/421
Stadtplan Mossel Bay	422
Zwischen Riversdale und Kapstadt	432/433
Port Elizabeth – Graaff-Reinet – Beaufort West – Kapstadt	460/461
Mountain Zebra National Park	465
Stadtplan Graaff-Reinet	470
Camdeboo National Park	473
Das Gebiet nördlich von Kapstadt	488
West Coast National Park	495
Cederberg Wilderness Area	515
Stadtplan Kapstadt (Innenstadt großräumig)	vordere Umschlagklappe
Überblick Reisegebiet	hintere Umschlagklappe

Interessantes

☞ So geht's

Im Kapitel **Land und Leute** erhalten Sie einen Einblick in Geschichte und Kultur sowie andere Aspekte des Reiseziels. Die Gelben Seiten geben **Allgemeine Tipps A–Z** zur Planung und Ausführung einer Reise nach Kapstadt und zur Garden Route (ab S. 87). Was das Reisen in Südafrika kostet, lesen Sie auf den **Grünen Seiten** (ab S. 130). **Routenvorschläge** zur Erkundung des Reisegebiets finden Sie ab S. 134. Im Anschluss folgt der **Reiseteil** (ab S. 144), in dem auf alle wichtigen und wesentlichen Sehenswürdigkeiten eingegangen wird. Reisepraktische Informationen zu Unterkünften, Essen und Trinken, Einkaufen, Aktivitäten etc. finden Sie jeweils im Anschluss an die Ortsbeschreibung. Ein Register im **Anhang** (ab S. 530) gibt Ihnen die Möglichkeit, schnell den gesuchten Begriff zu finden.

Über Kritik, Anregungen und Verbesserungsvorschläge freuen wir uns: per E-Mail unter info@iwanowski.de

Kapstadt – Perle an der Südspitze Afrikas

Kapstadt wird zu Recht oft in einem Atemzug mit Rio de Janeiro oder Sydney genannt, denn die Symbiose aus Großstadtflair, bezaubernder Lage am Ozean, interessanter Geschichte und dem abwechslungsreichen Hinterland fasziniert. Mit der politischen Wende in den 1990er-Jahren hat sich vieles geändert, auch wenn immer noch nicht alles stimmt. Doch die Fußball-WM 2010 hat bewiesen, dass sich im Land bereits viel getan hat.

Wesentliche Argumente für die Attraktivität des Reisegebiets, um nur die wichtigsten zu nennen, sind: Zuallererst die geografische Lage: von zwei Ozeanen eingeschlossen, am Fuße des Table Mountain sich ausbreitend und mit einem von Weinbergen verzierten Hinterland beschenkt. Nicht minder interessant ist die multikulturelle Gesellschaft, die während der vergangenen Jahrhunderte so viel erlitten, erlebt und geschaffen hat. Die landschaftliche Vielfalt weiter entfernt von der Metropole setzt der „Faszination Kapland" das „i-Tüpfelchen" auf. Besonders die Garden Route entlang dem Indischen Ozean ist nahezu jedem ein Begriff. Weniger die Pflanzenwelt, als vielmehr die Sandstrände und Naturschönheiten beeindrucken hier. Ebenfalls nicht ohne Reiz ist die raue Atlantikküste mit ihren Fischerorten und der artenreichen Vogelwelt. Auch das Inland, welches Halbwüsten, kleine Oasen, Nationalparks, atemberaubende Passstraßen, Geschichte der Buschmänner und mehr zu bieten hat, lohnt eine mehrwöchige Reise.

Die Tierwelt mag nicht so imposant erscheinen wie im Norden Südafrikas, doch auch sie hat einiges zu bieten. Ein Highlight sind die Wale, die sich hier während des Südwinters und -frühlings vor der Küste tummeln. Die Pinguinkolonie bei Simon's Town ist ebenfalls ein beliebtes Ziel. Auch die anderen Tiere, wie Seevögel, Strauße, verschiedene Gazellenarten und Kleintiere der halbariden Gebiete beeindrucken. Botaniker werden ins Schwärmen kommen, wenn sie sich mit dem Artenreichtum der Capensis befassen. Alleine auf der Kaphalbinsel gibt es mehr Pflanzenarten als in ganz Europa!

Vorweg noch ein wichtiger Tipp: Lassen Sie sich Zeit! Allein dieser Teil Südafrikas bietet so viel Unterschiedliches in Landschaft und Kultur, dass man ihn selbst auf einer dreiwöchigen Reise nur anschneiden kann. Allein die Entfernungen: Direkt von Port Elizabeth nach Kapstadt sind es 770 km, über Graaff-Reinet und Beaufort West sogar knappe 1.000 km – Umwege über wunderschöne Bergstrecken nicht eingerechnet. Eine Rundtour entlang der Atlantikküste und durch die Berge nördlich von Kapstadt ist nicht unter vier Tagen zu bewältigen. Das zeigt, dass für eine Erkundung der Kapprovinzen mindestens zwei, besser drei Wochen zu veranschlagen sind, nur um die Highlights zu erkunden. Nicht zu vergessen, die „Reservetage".

Abschließend möchten wir all denen unseren Dank aussprechen, die uns bei unserer Arbeit für dieses Buch unterstützt haben. Frau Heidrun Brockmann und Frau Dagmar Schulz waren wesentlich an den ersten Ausgaben des Buches beteiligt und Herr Michael Iwanowski erlaubte uns, Passagen aus seinem „Südafrika"-Reiseführer zu übernehmen.

Marita Bromberg und Dirk Kruse-Etzbach

I. LAND UND LEUTE

Südafrika auf einen Blick

Hauptstadt/ Regierungssitz	Pretoria (Exekutive) / Kapstadt (Legislative) / Bloemfontein (Judikative)
Provinzen	Limpopo, Northern Cape, Gauteng, Mpumalanga, Free State, North West, Western Cape, Eastern Cape, KwaZulu/Natal (die Provinzen unterscheiden sich sehr in Größe, Bevölkerungsdichte, Wohlstand und Wirtschaft)
Fläche	1.219.912 km^2
Einwohner	50,59 Mio. Einwohner; 41 Einw. pro km^2; Analphabetenquote: 13,6 %
Bevölkerungsstruktur/ Bevölkerungszunahme	79 % Schwarze (u. a. Zulu, Xhosa, Basotho, Tswana, Tsonga, Swazi, Ndebele, Venda), 9 % Weiße, 9 % Coloureds, 2,6 % Asiaten. Bevölkerungszunahme: 1,1 % (2010/2011)
Städte	Über 50 % aller Südafrikaner leben in städtischen Gebieten: Johannesburg 4,1 Mio. (Großraum 8,1 Mio.), Kapstadt 3,7 Mio. (Großraum 4,1 Mio.), Durban (eThekweni) 3,6 Mio., Pretoria 1,8 Mio., (Großraum Tshwane 2,5 Mio.), Port Elizabeth 770.000 (Großraum Nelson Mandela Bay 1,3 Mio.)
Sprachen	11 offizielle Landessprachen: Englisch, Afrikaans, daneben Zulu, Siswati, Süd-Ndebele, Sesotho, Sepedi, Xitsonga, Setswana, Tshivenda und Xhosa. Die meisten Südafrikaner sprechen mehr als eine dieser Sprachen. Amtssprachen: Afrikaans und Englisch. Englisch ist die übliche Handelssprache.
Religion	Christen: 75,5 %, (Afrikanische Kirchen 25,74 %, Niederländisch-reformierte Kirche 8,9 %, Römisch-katholische Kirche 8,6 %, Methodisten 7,1 %, Anglikaner 4 %, Lutheraner 2,6 %); traditionelle Religionsgemeinschaften: mind. 17,5 %, davon u. a. Hindus: 1,4 %, Muslime: 1,4 %, Juden: 0,2 %
Staats- und Regierungsform	Parlamentarische Demokratie (im Commonwealth) seit 1961; Verfassung in Kraft seit 1997; Zweikammersystem: Die *National Assembly* mit mind. 360 Mitgliedern (gesamt 400 Sitze) wird direkt gewählt. Der *National Council of Provinces* besteht aus 90 Mitgliedern (je 10 aus 9 Provinzen). Wahlen finden alle 5 Jahre statt. Das Staatsoberhaupt wird alle 5 Jahre von der *National Assembly* gewählt. Wahlrecht haben alle Bürger ab 18 Jahren. Regierung: ANC; Opposition: Democratic Alliance (DA), Congress of the People (COPE), Inkatha Freedom Party (IFP), United Democratic Movement (UDM).
Staatsoberhaupt und Regierungschef	Jacob Zuma (ANC)
Inflation	unter 6 % (offizielle Zahl), 10 % (reale Schätzung)
Arbeitslosigkeit	ca. 20 % (variiert in einzelnen Regionen); „offizielle" Zahlen oft Unterschätzungen
Export	79 Mrd. $; Edelsteine, Perlen und Münzen 23 %; Mineralstoffe 18 %; unedle Metalle 17 %; Beförderungsmittel 10 %; Maschinen, Apparate und Geräte 10 %; chemische Erzeugnisse 7 %; außerdem Pflanzen, Lebens- und Genussmittel
Hauptexportländer	USA, Japan, Deutschland, Großbritannien, Niederlande, China, Indien
Import	86 Mrd. $; Maschinen, Apparate, Geräte 26 %; Mineralprodukte 24 %; Beförderungsmittel 10 %; chemische Erzeugnisse 9 %; Originalgeräte, Kfz-Teile 5 %; unedle Metalle 5 %
Hauptimportländer	Deutschland, China, USA, Japan, Saudi-Arabien, Großbritannien, Iran
Bodenschätze	Weltgrößte Vorkommen: Aluminium-Silikate, Chrom, Gold, Magnesium, Platin, Vanadium
Landwirtschaft	Sehr leistungsfähig und sichert zum größten Teil die Eigenversorgung; Anbau besonders von Weizen, Zuckerrohr, Obst, Wein, Zitrusfrüchten, Tabak, Mais, Baumwolle

Südafrika auf einen Blick

Klima	Südafrika gehört zu den warm-gemäßigten Trockengebieten der Subtropen; Sommerregen von Oktober bis April mit Ausnahme der Küstenregion von Natal, dem immer feuchten, warm-gemäßigten Küstenstrich von Mossel Bay bis Port Elizabeth und dem Winterregengebiet des Kaplands (Regen Mai bis Oktober).
Flagge	Die Farben der Flagge finden sich in den Symbolen aller südafrikanischen Parteien wieder, aber die wohl einzig wahre Symbolik der Flagge wird in ihrem auf der Seite liegenden „Y" gesehen, das als Zusammenfließen der verschiedenen Gruppen der südafrikanischen Gesellschaft auf dem Weg zur Einheit interpretiert wird.

Die Provinzen dieses Reisegebiets

Western Cape Province

Größe	129.370 km² (= 11 % der Fläche Südafrikas), 6 Distrikte; die viertgrößte Provinz Südafrikas; Größe der Agglomeration von Kapstadt (ohne Cape Peninsula, Paarl und Stellenbosch): ca. 900 km² (Vergleich Berlin: 883 km²)
Hauptstadt	Kapstadt/Cape Town
Premier	Helen Zille (DA)
Einwohner	5,2 Mio.; 50 % Coloureds, 30 % Schwarze, 19 % Weiße, 1 % Asiaten
Einwohnerdichte	40 Einw./km²
Größte Städte	(neben Kapstadt) George, Somerset West, Knysna, Paarl, Swellendam, Oudtshoorn, Stellenbosch, Mossel Bay
Wirtschaft	Industrie und Handel konzentrieren sich auf den Großraum Kapstadt (wenig Großindustrie, Hafen, Handel, Banken und Versicherungswesen); Landwirtschaft (Sonderkulturen wie Wein und Tafelobst, Gemüse, in den trockeneren Lagen vornehmlich Rinder- und Schafweidewirtschaft); Tourismus

Eastern Cape Province

Größe	169.580 km²; 7 Distrikte; die zweitgrößte Provinz Südafrikas
Hauptstadt	Bhisho
Premier	Noxolo Kiviet (ANC)
Einwohner	6,7 Mio.; davon 87 % Schwarze, 7,5 % Coloureds; 4,7 % Weiße, 0,3 % Asiaten
Einwohnerdichte	38 Einw./km²
Größte Städte	Port Elizabeth und East London
Hafenumschlag Port Elizabeth	1,6 Mio. Tonnen (Tendenz steigend)
Wirtschaft	Die Industrie konzentriert sich auf die Ballungsräume Port Elizabeth und East London (Maschinen- und Fahrzeugbau, chemische Industrie, Schwerindustrie, Hafen); Landwirtschaft (Weideland und Ackerbau, wenig Sonderkulturen); Fischfang

Geschichtlicher Überblick
Zeittafel

vor 1–3 Mio. Jahren	*Australopithecus africanus* („Afrikanischer Südmenschenaffe") lebte hier – durch Funde belegt
vor 500.000 Jahren	Erste Nutzung von Steinwerkzeugen in Nord- und Osttransvaal – durch Funde belegt
26.000 v. Chr.	Älteste Felszeichnungen von Buschmännern
300 n. Chr.	Bantu sprechende Stämme besiedeln das östliche Südafrika
1487	Bartolomeu Diaz segelt um das Kap der Guten Hoffnung
1497/99	Vasco da Gama umsegelt die Südspitze Afrikas auf dem Weg nach Indien
1605	Erste Schiffe der East India Company ankern am Kap
1652	Jan van Riebeeck landet in der Table Bay – Bau der ersten europäischen Siedlung
1666	Baubeginn des Kapstädter Kastells in Form eines fünfzackigen Sterns
1679	Simon van der Stel wird neuer Kommandant der Kapkolonie und gründet den nach ihm benannten Ort Stellenbosch sowie den Regierungsbezirk Swellendam
1688	Khoikhoi siedeln sich am Kap an; Hugenotten treffen in Kapstadt ein
1779/91	Erste Kriege zwischen Xhosa und den nach Nordosten vordringenden weißen Siedlern
1795	Die Herrschaft der East India Company wird beendet; die Briten übernehmen die Macht
1814	Das Land am Kap wird britische Kronkolonie
1820	In Algoa Bay (Port Elizabeth) treffen 5.000 englische Siedler ein
1834	Abschaffung der Sklaverei in Südafrika
1835	Beginn des Großen Burentreks nach Nordosten (Transvaal)
1838	Schlacht am Blood River (Natal), Sieg der Voortrekker über die Zulu
1844	Natal wird britische Kronkolonie
1848	Annexion des Gebiets zwischen Vaal und Oranje durch die Briten
1852/1854	Anerkennung der Burenrepubliken Transvaal und Oranje-Freestate durch die Briten
1860	Bau eines sturmfesten Hafens in Kapstadt; die ersten Inder kommen als Zuckerrohr-Arbeiter nach Natal
1867	Erste Diamantenfunde im Norden der Kapprovinz
1877	Die Briten annektieren die Burenrepublik Transvaal, verlieren jedoch 1880 das Gebiet im Ersten Burenkrieg
1883/1900	Paul „Ohm" Kruger regiert als Präsident die Burenrepublik Transvaal
1886	Die Goldvorkommen am Witwatersrand werden entdeckt
1899/1902	Zweiter Burenkrieg, bei dem die Briten siegen
1910	Gründung der Südafrikanischen Union
1912	Am 8. Jan. gründen 60 Delegierte in Bloemfontein die Widerstandspartei *South African Native National Congress* (SANNC), später ANC
1913	Das „Eingeborenen-Gesetz" untersagt den Schwarzen, Land außerhalb der Reservate zu erwerben

1915	„Deutsch-Südwestafrika" (heute Namibia) wird von den Südafrikanern besetzt
1925	Afrikaans wird neben Englisch die zweite Amtssprache in Südafrika
1939	Südafrika erklärt dem Deutschen Reich den Krieg
1948	Aus den Parlamentswahlen geht die Nationale Partei als Siegerin hervor und baut die Apartheid auf („Politik der getrennten Entwicklung")
1950	Verbot der kommunistischen Partei; Group Area Act (Gesetz über die Gebietseinteilung für die Bevölkerungsgruppen)
1960	Eskalation des nicht weißen Widerstands im Aufstand von Sharpeville. Die Regierung erklärt den Ausnahmezustand und verbietet die Befreiungsbewegungen ANC und PAC.
1961	(Weißer) Volksentscheid für die Unabhängigkeit von Großbritannien und Etablierung der „Republik von Südafrika"
1962	ANC-Führer Nelson Mandela wird verhaftet
1967	Erste Herztransplantation im Kapstädter Krankenhaus Groote-Schuur durch Prof. Christiaan Barnard
1976	Blutige Unruhen wegen der Einführung eines nach Rassen streng getrennten Schulsystems
1976–1981	Gründung von „selbstständigen" Homelands mit Selbstverwaltung (international nicht anerkannt): Transkei (1976), Bophuthatswana (1977), Venda (1979) und Ciskei (1981)
1977	Ermordung des Studentenführers Steve Biko durch die Polizei
1983	Eine neue Verfassung gestattet den Indern und Farbigen ein stark eingeschränktes Mitspracherecht, wobei Schwarze aber weiter voll ausgeschlossen bleiben
1984	Bischof Desmond Tutu erhält den Friedensnobelpreis
1985	Arbeitsboykott der Schwarzen im November (24 Tote, Jahr der „Halskrausenmorde"); davon sind Schwarze betroffen, die als „weißenfreundliche" Verräter gelten
1986	Eskalation der Gewalt – Präsident Pieter Willem Botha verhängt den Ausnahmezustand. Einige Apartheidgesetze werden aufgehoben (Passgesetze, Zuzugskontrollen, Rassentrennung in Restaurants und Hotels). Die USA, in der Folge die meisten anderen westlichen Staaten, beginnen mit umfangreichen Wirtschaftsboykotts
1988	1 Mrd. Fernsehzuschauer beim Londoner Popkonzert zum 70. Geburtstag Mandelas
1989	Frederik de Klerk tritt als Staatspräsident Bothas Nachfolge an und deklariert als Ziel seiner Politik das Ende der Apartheid
1990	Nelson Mandela wird aus der Haft entlassen, Oliver Tambo (ANC) kehrt aus dem Exil zurück. De Klerk kündigt Verhandlungen über eine neue Verfassung an. Zahlreiche Reisen de Klerks und Mandelas nach Europa, Amerika und Afrika
1991	Die EG-Staaten sowie die USA heben nahezu alle Wirtschaftssanktionen gegen Südafrika auf. Innerhalb der CODESA (= Kongress für ein demokratisches Südafrika) finden Verhandlungen über die neue Verfassung statt. Kämpfe zwischen Zulu (Inkatha-Bewegung unter Buthelezi) und Xhosa (ANC) nehmen zu

Zeittafel

1992	Im Referendum sprechen sich zwei Drittel der weißen Bevölkerung für den Reformkurs de Klerks aus. Nach dem Massaker von Boipatong im Juni, wo Inkatha-Anhänger im Zusammenspiel mit der Polizei ANC-Mitglieder töten, stellt der ANC die CODESA-Verhandlungen bis Ende 1992 ein.
1993	Frederik de Klerk und Nelson Mandela erhalten für ihr Bemühen um ein „neues", demokratisches Südafrika gemeinsam den Friedensnobelpreis
1994	Der ANC geht bei den ersten freien Wahlen als eindeutiger Sieger hervor
1996	Am 1. Juli beendet die Nationale Partei unter der Führung von Frederik de Klerk ihre Mitarbeit in der Regierung der nationalen Einheit
1997	Mandela gibt in seiner Regierungserklärung dem Wohnungsbau, der Ausbildung und der Bekämpfung der Kriminalität höchste Priorität; die „endgültige" Verfassung tritt in Kraft
1998	Mandela tritt den Parteivorsitz an seinen Stellvertreter Thabo Mbeki ab. Im Oktober legt die Wahrheitskommission ihren Abschlussbericht vor.
1999	Bei den zweiten freien Wahlen erhält der ANC fast die Zweidrittel-Mehrheit. Thabo Mbeki wird neuer Präsident Südafrikas
2002/2003	Der ANC gewinnt zunehmend Einfluss in allen Provinzen; Befürchtungen entstehen, dass sich in Südafrika immer mehr eine Ein-Parteien-Politik durchsetzt Nach Nadine Gordimer (1991) erhält J.M. Coetzee als zweiter Südafrikaner den Literaturnobelpreis
2004	Der ANC gewinnt die Parlamentswahlen und regiert jetzt in allen neun Provinzen
2005	Der ANC-Vorsitzende und Vizepräsident Jacob Zuma wird wegen Korruption und Vergewaltigung angeklagt, von letzterem Vorwurf aber im April 2006 freigesprochen
2008	Mbeki tritt von seinem Amt als Präsident zurück
2009	Zuma wird, trotz aller Vorbehalte (Affären, Korruptionsverdacht) zum Präsidenten gewählt
2010	Südafrika trägt als erstes Land des afrikanischen Kontinents die Fußballweltmeisterschaft aus; die eigene Mannschaft scheidet jedoch schon in der Vorrunde aus
2010/2011	Korruptionsskandale in allen Zweigen des ANC und um Zuma vermehren sich
2012	Der ANC feiert sein 100-jähriges Bestehen. Seit 2010 konnte die Zahl schwerer Verbrechen deutlich reduziert werden. Das Land am Kap ist die führende Nation Afrikas, hat aber trotzdem viele drängende Probleme
2014	Wahljahr, in dem Zuma wieder als Präsidentschaftskandidat des ANC antreten möchte

Vorkoloniale Zeit
Frühe Geschichte – San und Khoikhoi

Menschen lebten in Südafrika schon vor 3 Mio. Jahren

Dass sich die Wiege der Menschheit *(cradle of mankind)* in Afrika befindet, ist allgemein bekannt. Ausgrabungen einiger der ältesten paläoanthropologischen Fossile beweisen, dass es Vor- und Frühformen des Menschen (*Australopithecus africanus* = afrikanischer Südmenschenaffe) bereits vor mindestens 3 Mio. Jahren im südlichen Afrika gab. Die kürzlich gefundenen Überreste des *Australopithecus sediba* versprechen weitere Einsichten in die verschiedenen Linien, die dem Menschen zugrunde liegen könnten. Knochen- und Steinwerkzeugfunde belegen nicht nur das Auftreten des *Homo sapiens* in Südafrika vor 70.000 Jahren, sondern weisen auch darauf hin, dass sich hier vor über 100.000 Jahren Gruppen der Familie *Hominidae* befanden.

Verdrängte San

Das Sammler- und Jägervolk der **San** gilt zwar als eine der ältesten Bevölkerungsgruppen Südafrikas, zur Urbevölkerung Südafrikas gehören sie jedoch nicht. Sie stammen aus den ostafrikanischen Savannen, wo sie anderen Hirten- und Bauernvölkern weichen mussten. Von den nach Süden vorrückenden Bantu und von den sich aus dem Süden ausbreitenden Weißen aus ihren Jagdgebieten verdrängt, leben heute nur noch wenige San im südlichen Afrika, vor allem in der Kalahari (Namibia) und deren Randgebieten. Während ihre materielle Kultur sehr einfach ist, sind die San durch ihre Kunst berühmt geworden: Sie schufen Felsreliefs und vor allem Felszeichnungen und -malereien.

Während die San bereits vor 15.000 bis 25.000 Jahren im südlichen Afrika ansässig wurden, kamen die nomadischen **Khoikhoi** (Mensch-Menschen = die wahren Menschen) oder **Khoi** erst vor ca. 2.500 Jahren in dieses Gebiet. Sie betrieben Viehzucht (Schafe, Rinder) und besiedelten große Teile der Westhälfte Südafrikas und damit auch die Gegend ums Kap, die dank ihres Wasserreichtums für Viehzucht hervorragend geeignet war. Der Ausdruck **Khoisan** bezieht sich auf beide Bevölkerungsgruppen, die mit- und nebeneinander lebten, auch wenn ihre Betätigungsfelder, Viehzucht und Jagd, sie zu Konkurrenten machten. Durch die Zuordnung zu Wildbeutern oder Viehzüchtern in der westlichen Hälfte Südafrikas wurde gleichzeitig die soziale Stellung festgelegt: Die Viehzucht galt als höherwertig, und demnach konnte es vorkommen, dass ein San für einen Viehzüchter arbeitete, jedoch nicht umgekehrt.

„Hottentotten" sagten nur die ersten Holländer

Es waren die Holländer, die im 17. Jh. die Khoikhoi als „Hottentotten" bezeichneten, was auf ein immer wieder gesungenes Wort bei deren Begrüßungstänzen zurückzuführen ist. Von den holländischen Siedlern wurden die San als *bosjesmans* bezeichnet, d. h. Leute, die hinter den zusammengeflochtenen Zweigen *(bosjes)* wohnen; die Engländer nannten sie *bushmen*. Als die Europäer am Kap landeten, waren die mit den San verwandten Khoi zahlenmäßig überlegen; heute ist das Verhältnis umgekehrt. Nach anfänglichem Widerstand gegen die vordringenden Europäer zogen sich die San aus dem Gebiet zurück, die Khoi hingegen kämpften bis zuletzt. Pockenepidemien im 18. Jh., gegen die sie keine Abwehrkräfte hatten, und Kriege trugen zum Verschwinden der Khoikhoi bei. Heute leben nur noch wenige ihrer Gruppe als **Nama** in Namibia und Botswana.

Das Kap am Seeweg nach Indien

Auf der Suche nach einem Seeweg nach Indien, wo das Gold des Mittelalters, die Gewürze, geladen werden sollten, segelten die **Portugiesen** im 15. Jh. immer weiter an der Westküste Afrikas entlang Richtung Süden. Nachdem er in der heutigen Lüderitz-Bucht angelegt hatte, segelte der Portugiese **Bartolomeu Diaz** ohne es zu wissen, um die Kapspitze und die südlichste Spitze Südafrikas, Kap Agulhas. Stürme und schlechte Sicht hatten den Blick auf das Land nicht freigegeben. Er ging in der heutigen Mossel Bay am **3. Februar 1488** an Land; der Bucht gab er den Namen *Angra dos Vaqueiros*, weil dort riesige Herden von Kühen mit Hirten gesichtet wurden. Diaz und seine Crew waren damit die ersten Europäer, die südafrikanischen Boden betraten und mit den dort ansässigen Khoikhoi Handel trieben.

Die Portugiesen beim Aufstellen eines Padrão (Gemälde von Charles Davidson Bell, 19. Jh.)

Erst während seiner Rückfahrt nach Europa konnte Diaz das Kap sichten, ging an Land, errichtete in der Nähe der Kapspitze ein **Padrão** (Kreuz) und nannte die Kapspitze „Kap der Stürme". Später wurde es umbenannt in **Cabo da Boa Esperança – Kap der Guten Hoffnung**. Die von den portugiesischen Seefahrern aufgestellten Kreuze dienten als Landmarke für Seefahrer, dokumentierten das Recht auf Besitzergreifung und waren auch Symbolträger für das Christentum. Neun Jahre nach Diaz segelte **Vasco da Gama** um das Kap bis zum Keiskamma-Fluss. Die Kreuze, die er bei seinen Reisen in den Jahren 1497–1499 an der Küste aufstellte, sind z. T. heute noch zu sehen. Ab 1500 reisten ständig portugiesische Schiffe in die indischen Kolonien, wobei Mossel Bay als eine der wichtigsten Zwischenstationen zur Proviant- und Frischwasseraufnahme galt.

Die **Table Bay** (dt. „Tafelbucht") wurde 1503 von Europäern erstmals durch den Seefahrer **Antonio da Saldanha** entdeckt, der auch als erster Europäer den Table Mountain (dt. „Tafelberg") bestieg. Trotz der strategisch außergewöhnlichen Lage hatten die Portugiesen nie ernsthaft erwogen, an der südafrikanischen Küste Siedlungen anzulegen. Zum einen hatten sie bis zum Ende des 16. Jh. auf dem Weg nach Indien keine ernsthafte Konkurrenz und auch hatte das Kap wirtschaftlich nicht viel zu bieten. Bevor man nach Indien übersetzte, legte man lieber in Häfen an, wo alles zu haben war, wie z. B. in Mosambik. Und auf den Viehhandel mit den Khoikhoi zur Versorgung der Schiffsmannschaften mit Frischfleisch war nicht immer Verlass, weswegen es auch zu gewaltsamen Auseinandersetzungen kam, die jeden Gedanken an eine Ansiedlung vereitelten.

Erste Kämpfe zwischen Europäern und Khoisan

Mit dem Aufkommen ernst zu nehmender **Konkurrenz durch die Holländer und Engländer** im ausgehenden 16. Jh. gewann das Kap an strategischer Bedeutung. Als 1611 ein holländischer Kapitän erstmals direkt vom Kap nach Indonesien segelte, anstatt wie bisher entlang der ostafrikanischen Küste, lag das Kap nicht mehr nur geografisch im Mittelpunkt des Handels zwischen Europa und Asien.

Holländische Besiedlung

Die Kolonie der Kompanie (1652–1795) – die ersten Siedler

Fast ein Jahr musste die Besatzung des holländischen Schiffs „Nieeuw Haarlem" der **Vereinigten Ostindischen Handelsgesellschaft** (*Vereenigde Oostindische Compagnie*, VOC; auch Holländisch-Ostindische Kompanie/Dutch East India Company) in der Table Bay verbringen, als das Schiff auf der Rückreise von Indien im März 1647 mit 60 Mann Besatzung am Kap der Guten Hoffnung strandete. Unter der Leitung des Unterkaufmanns Leendert Janszen errichteten die Holländer in der Zeit ihres unfreiwilligen Aufenthalts ein kleine Festung, legten Gärten an und machten beim Tauschhandel mit den Khoikhoi gute Erfahrungen. Erst im März 1648 konnten die Überlebenden mit einer Flotte von fünf holländischen Schiffen nach Holland heimkehren. Der Bericht von Janszen an die VOC nach seiner Rückkehr über Siedlungseigenschaften fiel äußerst positiv aus und führte zum Entschluss der VOC, eine ständige Versorgungsstation am Kap einzurichten, um Schiffsbesatzungen während der sechs- bis achtmonatigen Fahrten zwischen Europa und Asien mit Lebensmitteln und Trinkwasser zu versorgen.

Jan van Riebeeck

Die Aufgabe des Kommandanten der Station am Kap wurde dem Kaufmann **Jan Anthniszoon van Riebeeck** zugesprochen, der sich zwei Jahre zuvor auf einem der Schiffe befand, das die Schiffbrüchigen am Kap aufgenommen hatten. Am 6. April 1652 erreichten van Riebeeck, seine Frau und sein Sohn mit einer Crew von 90 Leuten, darunter acht Frauen, die Table Bay. Van Riebeeck war beauftragt worden, ein **Fort** zu bauen, das ca. 80 Mann Platz bieten und den Namen *Fort de goede Hoop* tragen sollte. Es war vorgesehen, kleine Äcker anzulegen, Gemüse und Obst anzubauen und mit den Einheimischen Viehhandel zu betreiben. Van Riebeeck errichtete mit seinen Leuten ein viereckiges Fort, das erst mit einem Erdwall, dann mit einem Zaun umgeben wurde, um den Kontakt mit den Khoikhoi möglichst unter Kontrolle zu halten. Ende 1652 war der Ausbau des Forts abgeschlossen. Es bestand aus einem 12 Fuß hohen Viereck aus Erdwällen und hatte eine Seitenlänge von 50 m.

Eine Festung wird errichtet

Später übertrug van Riebeeck, mit der Genehmigung der VOC, die Bewirtschaftung des umliegenden Landes freien Bauern und stellte den ersten Freibürgern ein Stück Land, Saatgut und Arbeitsgeräte auf Kredit zur Verfügung. Damit war der erste Schritt auf dem Weg von der Selbstversorgungsstation zur **Siedlungskolonie für freie Bürger** vollzogen, die das Gebiet in der Folgezeit als ihre Heimat bezeichneten.

Die Ausweitung der Kolonie ging jedoch mit Konfrontationen mit den Khoikhoi einher. Zwischen 1659 und 1671 kam es immer wieder zu Auseinandersetzungen, weil den Einheimischen Weideland genommen wurde und die Khoikhoi sich trotz des zunehmenden Fleischbedarfs nicht von mehr Vieh trennen wollten. Die Kämpfe endeten mit einer vernichtenden Niederlage der Khoikhoi, deren Mehrheit sich ins Landesinnere zurückzog. Diejenigen, die zurückblieben, integrierten sich in die Gemeinschaft der weißen Siedler, was allmählich zur Vermischung und damit Entstehung einer neuen Bevölkerungsgruppe, den **Coloureds** (Farbige), führte. Hinzu kamen Verbindungen zwischen Weißen bzw. Khoikhoi mit **Sklaven**, die ab 1658 als Arbeitskräfte aus Ostafrika, Madagaskar, Indien, Ceylon, Malaysia und Indonesien ans Kap gebracht wurden.

Konfrontationen

Unter der Herrschaft der Holländisch-Ostindischen Kompanie (Dutch East India Company, VOC)

Als **Simon van der Stel** 1679 neuer Kommandant (ab 1691 Gouverneur) der Kapkolonie wurde, war das Kastell vollständig ausgebaut, Kapstadt immerhin schon ein Ort mit vier Straßen und 290 weißen Einwohnern. Die Verwaltung lag in den Händen eines politischen Rats, der legislative, exekutive und judikative Befugnisse besaß und der dem Generalgouverneur Holländisch-Ostindiens in Batavia (heutiges Java) unterstellt war. 1666 war der Bau des Kapstädter Kastells in Form eines fünfzackigen Sterns begonnen worden. Es ist heute das älteste erhaltene Bauwerk Südafrikas. Nachdem es 1674 bezogen worden war, brach man die alte Festung ab. Van der Stel gründete im gleichen Jahr den nach ihm benannten Ort und gleichnamigen Regierungsbezirk Stellenbosch. 1687/1688 traf die erste Gruppe von ca. 200 **Hugenotten** (von insgesamt 80.000), die Frankreich wegen ihres Glaubens verlassen mussten, am Kap ein. Sie assimilierten sich schnell und heute erinnern nur noch französischen Nachnamen und Orte wie Franschhoek mit dem Hugenotten-Denkmal an diese Einwanderer.

Französische Einwanderer

Ab 1681 wurden Verbannte aus Indonesien nach Südafrika deportiert. Sie bildeten später die Gruppe der sog. **Kapmalayen**, von denen sich viele als geschickte Handwerker betätigten. Neben Kompanie-Angestellten im Ruhestand waren auch zahlreiche **Deutsche** im 17./18. Jh. unter den Einwanderern. Sie wuchsen zu einer etwa gleich großen Gruppe wie die Holländer an. Die eingewanderten Hugenotten und Deutschen lernten sehr bald Holländisch, gaben schließlich rasch ihre eigene Sprache auf und assimilierten sich fast vollständig. Resultat war eine relativ **homogene Bevölkerung**. Seit etwa 1700 waren die meisten der am Kap lebenden Weißen dort geboren, bezeichneten dieses Land als ihre Heimat und hatten, wenn überhaupt, nur noch lockere Verbindungen zu ihren europäischen Ursprungsländern. Dadurch entwickelte sich unter den Kap-Bewohnern ein eigenes Selbstbewusstsein, das sich im Jahr 1706, in dem erstmals die Eigenbezeichnung „**Afrika(a)ner**" nachweislich benutzt wurde, zum Nationalbewusstsein herausbildete.

Neues Nationalbewusstsein

Geschichtlicher Überblick

In Kapstadt und den anderen Orten der Region entwickelte sich im Laufe des 18. Jh. ein immer selbstständiger und selbstbewusster werdendes (weißes) **Bürgertum**. Daneben war seit etwa 1700 eine vermehrte Abwanderung von weißen Farmern ins Landesinnere zu beobachten, die für ihre Schafe und Rinder neue, größere Weiden benötigten. Diese Viehbauern, die **Trekboer** (*Trekbure/trekking farmer* = Viehbauer, mit seiner weidenden Herde ziehend) lösten sich vom Zugriff der Kapstädter Zentralverwaltung und standen in dauerndem Existenzkampf mit den Khoisan und seit Ende des Jahrhunderts mit dem langsam nach Süden wandernden Xhosa-Volk. Die holländische Kolonialverwaltung versuchte zwar, diese Buren (Bauern) sesshaft zu machen, doch zogen die meisten von ihnen ein ungebundenes Leben in Zelt und Ochsenwagen vor.

Nicht sesshafte Farmer

Die strenggläubigen Calvinisten entwickelten ihre eigene Kultur, ihre eigene Sprache und hatten oftmals als einzige Informationsquelle die Bibel. Auch waren viele des Lesens und Schreibens unkundig und nahmen so an den großen sozialen, politischen und philosophischen Entwicklungen des 18. Jh. nicht teil.

Teilweise bedingt durch die Korruption der Beamten, hatte die VOC am Ende des 18. Jh. einen wirtschaftlichen Niedergang zu verzeichnen. Die Niederlassung am Kap bildete ihren größten Verlustposten, Reformen kamen zu spät und die VOC musste 1794 ihren Bankrott erklären.

Buren und Briten

Vom Einzug der Briten bis zum Auszug der Buren (1795–1836)

Nach dem Ausbruch der französischen Revolution besetzte Frankreich die Niederlande und die neu gegründete Batavische Republik war nicht mehr mit den Briten verbündet. Um zu verhindern, dass sie in französische Hände kam, nutzten die Briten die Situation und besetzten die Kapregion. 1797 wurde das Gebiet zur Kronkolonie erklärt und einem Zivilgouverneur unterstellt. Die Bevölkerung bestand zu dieser Zeit aus rund 18.000 Weißen, 15.000 Khoikhoi und 22.000 Sklaven. Von den Kolonisten lebten etwa 5.000 in Kapstadt, weitere 1.000 in Stellenbosch, der Rest auf dem Land und als umherziehende Viehbauern.

Nach dem **Friedensschluss von Amiens** (1802) musste die Kapkolonie an die Batavische Republik (Niederlande) zurückgegeben werden, aber nur drei Jahre später kam es zur endgültigen Übernahme der Kapkolonie durch die Briten. Nachdem die französische Flotte 1806 bei Trafalgar durch die Briten vernichtend geschlagen worden war, kontrollierte Großbritannien wieder allein die internationalen Gewässer. Die Briten waren in Bloubergstrand, 25 km nördlich von Kapstadt, mit zahlenmäßig weit überlegenen Truppen gelandet. Die Gegenwehr der Holländer und eines zusammengewürfelten „Heeres" war schwach und am 13. August 1814 wurde das Land am Kap dauerhaft zur **britischen Kronkolonie**. Kapstadts Wirtschaft profitierte von der britischen Inbesitznahme, weil die Briten nun den freien Handel erlaubten, der unter der VOC verboten war.

Niederlage der Holländer

Mit der Übernahme der Verwaltung durch die Briten begannen tiefgreifende Veränderungen in der Kapkolonie, was zu einer Neuordnung des Verhältnisses der unterschiedlichen ethnischen Gruppen führte. Beeinflusst durch die in Großbritannien verstärkte **philanthropische Bewegung**, die sich für die Gleichheit der Menschen und die Unverletzbarkeit der Menschenwürde einsetzte, wurde 1807 der Sklaventransport auf britischen Schiffen verboten. 1816 wurde die Registrierung aller Sklaven angeordnet, um dem illegalen Menschenhandel entgegenzuwirken. Und 1820 wurde den am Kap ankommenden ersten britischen Siedlern die Inanspruchnahme von Sklavenarbeit verboten. Schließlich wurde 1834 die **Sklaverei im Britischen Reich abgeschafft**. An der sozialen Stellung der ehemaligen Sklaven änderte sich jedoch wenig, sie blieben ungelernte, billige Arbeitskräfte in der Landwirtschaft bzw. im städtischen Handwerk.

In gleicher Weise wurde die Gesetzgebung für die Khoikhoi und Coloureds reformiert. 1809 wurde die sog. „Hottentotten-Gesetzgebung" verabschiedet, die die Ureinwohner zu britischen Untertanen erklärte und die Häuptlingsherrschaft beseitigte. Sie wurden den Gesetzen und der Gerichtsbarkeit der Weißen unterstellt und dazu verpflichtet, einen festen Wohnsitz zu haben, einen Pass und eine amtliche Urkunde ihrer Dienstverträge mit Weißen zu tragen. Mit dem **Erlass Nr. 50**, der „Magna Carta der Hottentotten" (1828), wurden den Khoikhoi und Coloureds schließlich **Freiheitsrechte** garantiert, die nahezu denen der Weißen entsprachen.

Neue Gesetzgebung

Diese Maßnahmen führten zu einer **Frontenbildung zwischen Briten und Buren**, da die Buren aufgrund ihres streng calvinistisch ausgerichteten Glaubens in der Gleichstellung von geborenen Herren und Dienern einen eklatanten Verstoß gegen die ihrer Ansicht nach biblische Sozialordnung sahen. Hinzu kam eine zunehmende **Anglisierung** am Kap aufgrund forcierter Einwanderung und der Erhebung des Englischen zur einzigen Amtssprache (1825) und Gerichtssprache (1828). Zudem führten unentschlossenes Eingreifen der britischen Verwaltung an der **Ostgrenze der Kolonie** (wo es 1834 zum sechsten Grenzkrieg mit den Xhosa kam) und eine mangelnde Selbstverwaltung zugunsten einer starken Zentralregierung in Kapstadt dazu, dass die Farmer im Grenzgebiet das Vertrauen in die britische Verwaltung verloren.

Trekburen auf dem Weg durch die Halbwüste Karoo (um 1830)

Dies leitete 1835 schließlich den **„Großen Trek"** ein, die Massenauswanderung von mehr als 10.000 Buren, den sog. **„Voortrekkern"**, aus der Kapkolonie ins Landesinnere nach Norden und Nordosten, wo sie wieder „frei" sein wollten.

Folgen sollten noch weitere andere Treks und erst nach mehreren kriegerischen Auseinandersetzungen mit Briten, Matabele und Zulu entstand 1854 zwischen den Flüssen Vaal und Oranje die **erste Burenrepublik**, der „Oranje-Freistaat". Zwei Jahre später wurde in Transvaal, dem heutigen Nordosten Südafrikas, die **„Südafrikanische Republik"** gegründet.

Politische Entwicklung der Kapprovinz in der zweiten Hälfte des 19. Jahrhunderts

Briten dehnen Herrschaftsgebiet aus

Das Hauptproblem der Kapkolonie war in der zweiten Hälfte des 19. Jh. nach wie vor die **Ostgrenze**. Die wiederholten Kriege mit den Xhosa bedeuteten hohe Verluste und immense Kosten und ließen die britische „Grenz- und Eingeborenenpolitik" langsam eine Änderung erfahren. Das führte 1846/47 zur endgültigen Annexion der **Ciskei**, nun Britisch-Kaffraria genannt. Ebenso war das 1869 annektierte **Basutoland** (das heutige Lesotho) der Verwaltung in Kapstadt unterstellt worden. Seit 1884 unterstand es dann allerdings wieder direkt dem Kolonialamt in London. 1871 integrierte man das Gebiet um Kimberly (als Griqualand-West), in dem vier Jahre zuvor die ersten Diamanten entdeckt worden waren.

Kurz nach Beendigung des achten Krieges mit den Xhosa (1850–1853) erhielt die Kapkolonie am 1. Juli 1853 durch königliche Verordnung eine Verfassung und damit eine Art **begrenzter Selbstverwaltung**. Das *representative government* sah ein Zweikammerparlament mit gesetzgebendem Rat (Oberhaus) und Volksrat (Unterhaus) vor. Die Regierung wurde weiterhin von London eingesetzt. Erst 1872 erfolgte der Schritt zum *responsible government*, in dem nun nach britischem Vorbild die Regierung dem

Parlament verantwortlich war. London war von da an nur noch mit einem für ganz Südafrika und hauptsächlich für die Außenbeziehungen zuständigen Hochkommissar in Kapstadt vertreten. Verwaltung und Armee fielen nun ganz zu Lasten des Kaps.

1877 kam es zum neunten Grenzkrieg mit den Xhosa, der mit der Annexion Ost-Griqualands und eines Großteils der Transkei endete. Um deutschen Kolonialambitionen zuvorzukommen, erklärte Großbritannien 1885 vorsorglich die gesamte Küste zum Protektorat. Unter **Cecil John Rhodes**, Premierminister der Kapkolonie 1890–1896, erfolgte 1894 der endgültige Anschluss des gesamten Landes zwischen Kei-River und Natal an die Kapkolonie; 1895 wurde Betschuanaland der Kapkolonie eingegliedert und im gleichen Jahr zum „Protektorat Betschuanaland" ausgerufen (heutiges Botswana). Natal wurde 1856 durch königliche Verordnung zu einer eigenständigen, vom Kapland getrennten Kolonie erklärt (eigenverantwortliche Regierung 1893).

Rhodes – Premierminister der Kapkolonie

Wirtschaftlich blieb Südafrika aus europäischer Sicht ein unterentwickeltes Gebiet. Einzig die **Wolle** von Merinoschafen erzielte eine gewaltige Steigerung im Außenhandel während des Wollbooms (1866–1870). Er brachte vor allem der östlichen Kapkolonie und Kapstadt einen beträchtlichen Wohlstand und trug zur Entwicklung des Landes bei. Die Entdeckung und Ausbeutung von Diamanten und Gold im Landesinneren Südafrikas in den 1870er- und 1880er-Jahren bedeuteten, dass Kapstadt nicht die dominante Stadt des Landes blieb, doch durch den Haupthafen weiterhin vom Mineralreichtum, der den Grundstein zu einer Industriegesellschaft legte, profitierte.

Burenkriege

So bedeutend der „Große Trek" für die Zukunft Südafrikas war, die Kapkolonie selbst wurde davon zunächst nur in geringem Maße beeinflusst. Die Buren bildeten eigene unabhängige Republiken, die größten der **Oranje-Freistaat** und die **Südafrikanische Republik**, auch Transvaal-Republik genannt. Die 1886 entdeckten **Goldfelder am Witwatersrand** zogen in der Südafrikanischen Republik ein ungeahntes Wirtschaftswachstum nach sich und der Goldrausch brachte ebenfalls viele Einwanderer.

Paul „Ohm" Kruger

In den Problemen, die aus der Überfremdung des Landes entstanden und der verstärkten antibritisch ausgerichteten Politik des Präsidenten der Südafrikanischen Republik, **Paul „Ohm" Kruger**, erblickte der damalige Premierminister der Kapkolonie, **Cecil John Rhodes**, eine günstige Gelegenheit, alte Pläne für ein vereintes britisches Südafrika wieder aufleben zu lassen, die Transvaal zu annektieren sowie die 1867 entdeckten Diamantenvorkommen selbst abzubauen. Die Unzufriedenheit der in Transvaal lebenden (zumeist weißen) Einwanderer kam ihm dabei entgegen. Die Folge war 1880 der **Erste Englisch-Burische Krieg**, den die Buren aufgrund ihrer Guerillataktik gewinnen konnten.

Niederlage der Buren

Der Gegensatz zwischen Buren und Briten verschärfte sich nach 1897, als Sir Alfred Milner zum Gouverneur der Kapprovinz ernannt wurde. Die wechselseitigen Forderungen und Ultimaten zwischen ihm und Paul Kruger eskalierten zum **Zweiten Englisch-Burischen Krieg** (1899–1902). Den Engländern gelang es jedoch nicht, die zahlenmäßig unterlegenen Buren, die immer wieder in kleinen Guerillakommandos angriffen, rasch zu besiegen. Erst nachdem die Briten die burischen Farmen niederbrannten (**Taktik der „verbrannten Erde"**) und kilometerlange Blockhausketten errichteten, die, durch Stacheldraht miteinander verbunden, ständig vorgeschoben wurden, war der Untergang der burischen Republik besiegelt. Den Buren waren allmählich die Lebensgrundlagen entzogen worden und die heimatlos gewordenen Frauen und Kinder fasste man in riesigen Konzentrationslagern zusammen. Schlechte Ernährung, mangelnde Hygiene und unzureichende ärztliche Betreuung führten zu Krankheiten und Epidemien, die bis zum Ende des Krieges rund 25.000 Frauen und Kinder das Leben kostete.

Durch die Niederlage wurden die beiden ehemaligen Burenrepubliken zu **britischen Kronkolonien**, was zugleich bedeutete, dass das gesamte südliche Afrika unter britischer Oberherrschaft stand. Der Sieg der Liberalen Partei in Großbritannien Ende 1905 führte zu einer Politik der Versöhnung und Verständigung zwischen Buren und Briten. Verhandlungen führten schließlich dazu, dass 1906 Transvaal und 1907 die Oranje-Kolonie die innere Selbstverwaltung erhielten. Neben den **vier Kolonien** (Kapkolonie, Natal, Transvaal, Oranje-Freistaat) gab es zu Beginn des 20. Jh. die **Hochkommissariate** Basutoland, Betschuanaland und Swaziland, außerdem Südrhodesien (das heutige Zimbabwe).

Die Südafrikanische Union

Um u. a. wirtschaftliche Aspekte wie Zoll und Handel zu vereinheitlichen und um den verschärften Spannungen zwischen Großbritannien und dem Deutschen Reich entgegenzuwirken, strebten die Briten die **Vereinigung der vier südafrikanischen Kolonien zu einer Union** an. Am 12. Oktober 1908 trat zum ersten Mal eine **Nationalversammlung** in Durban zusammen, um sich über diesen Zusammenschluss zu verständigen. Nach dreivierteljährigen Beratungen in Durban, Kapstadt und Bloemfontein wurde der Entwurf des **Südafrikagesetzes**, der vorgesehenen Verfassung der Südafrikanischen Union, von allen Abgeordneten unterzeichnet. Es trat am 31. Mai 1910, dem Jahrestag des Friedens des Zweiten Britisch-Burischen Krieges, in Kraft. Die Buren setzten dabei in einer Zusatzklausel die volle Gleichberechtigung des Afrikaans als Landessprache durch, das sich bis ca. 1775 unter geringem Einfluss anderer Sprachen hauptsächlich aus dem Niederländisch-Flämischen herausgebildet hatte.

Afrikaans als Landessprache

Bei der besonders umstrittenen **Wahlrechtsregelung** setzten sich die Delegierten des Kaps für die Ausweitung des Zensuswahlrechts auf die ganze Union ein. Transvaal und Oranje lehnten dies jedoch ab, Natal fürchtete eine Regelung, die den Schwarzen irgendeine Teilhabe an der Macht gewährt hätte. Das Ergebnis war, dass jede Provinz ihr bisheriges Wahlrecht beibehielt, wodurch Nichtweißen das generelle Wahlrecht vorenthalten blieb und nur im Kapland weiterhin einige Nichtweiße wählen durften.

Diese Wahlrechtsregelung führte zu Protestkundgebungen unter Farbigen und Schwarzen und letztlich auch zur Entstehung nichtweißer politischer Organisationen, deren wichtigste und bedeutendste bald der 1912 in Bloemfontein gegründete South African Native National Congress (seit 1923 **African National Congress/ANC**) wurde.

South African Native National Congress Delegation (Juni 1914)

In der Frage nach der künftigen Hauptstadt einigte man sich auf **Kapstadt** (Kapprovinz) als Sitz des Parlaments, **Pretoria** (Transvaal) als Sitz der Regierung und **Bloemfontein** (Oranje-Freistaat) als Sitz des Obersten Gerichtshofs. Vor den Wahlen zum südafrikanischen Parlament wurde die aus sieben Buren und vier Briten zusammengesetzte **Unionsregierung** benannt, die am 15. September 1910 durch die Parlamentswahlen bestätigt wurden. Weil die Briten einsichtig waren, dass die Buren im neuen Staat nicht eine untergeordnete Stellung erhalten sollten, wurde **Louis Botha**, der Führer Transvaals (stärkste Provinz) zum Premierminister der Union ernannt. Er gewann die absolute Mehrheit und stützte sich auf die **South African Party** (SAP), eine im November 1911 entstandene Parteien-Vereinigung, die die Integration von Buren und Briten anstrebte *(one-stream-policy)*.

Wirtschaftlich und sozial waren die Buren (Afrikaaner) im Vergleich zur Englisch sprechenden Minderheit, die den größten Anteil des Kapitals und der Industrie besaßen, benachteiligt. Dieses, die zurückgebliebene Bitterkeit über die Kriegsniederlage und der Widerwille gegen das Konkurrieren mit Nichtweißen um Billigjobs führten zu scharfem Nationalismus innerhalb der SAP und zum Bruch zwischen Botha und **General J. B. M. Hertzog**. Hertzog gründete daraufhin die **National Party** (1914). Bei den Parlamentswahlen 1915 erlangte sie bereits 26 Sitze. Die Partei verfolgte die *two-stream-policy*: Das kulturelle Erbe der zwei weißen Gruppen sollte getrennt, jedoch völlig gleichwertig nebeneinander bestehen.

Nationalistische Bewegung

Der Erste Weltkrieg ließ die Differenzen zwischen den verschiedenen Ethnien zunächst in den Hintergrund treten: Rund 100.000 Nichtweiße meldeten sich freiwillig als Soldaten oder Frontarbeiter. Als Dominion des Britischen Weltreichs war die Südafrikanische Union automatisch an die **britische Kriegserklärung gegenüber dem Deutschen Reich** vom 4. August 1914 gebunden und kämpfte auf Seiten der Alliierten.

Beginn der Rassengesetzgebung

Mit dem **Native Land Act** (Prinzip der Gebietstrennung) aus dem Jahr 1913 war die **Politik der getrennten Entwicklung von Schwarzen und Weißen = Apartheid** offizielle Regierungspolitik geworden, die sich in den 1920er-Jahren unter Premierminister General Smuts fortsetzte. 1910 war der Begriff „Rassentrennung" erstmals durch die Labour Party in ihrem Wahlprogramm verwandt worden. Der Landerwerb finanzkräftiger Nichtweißer hatte zu sozialen Spannungen mit verarmten Weißen geführt. Das neue Gesetz, das im Ansatz bereits die Grenzen der späteren schwarzen „Heimatländer" (**Homelands**) festschrieb, erklärte knapp 9 Mio. Hektar Land – nur etwa 7,3 % der Fläche der Union – zu Reservationen ausschließlich für Schwarze. Außerhalb ihrer Reservationen wurde ihnen Landerwerb untersagt.

Schaffung getrennter Wohngebiete

1920 erfolgte der **Natives Affairs Act**, ein Gesetz, durch das lokale „Eingeborenenräte" geschaffen wurden; mit der „Kommission für Eingeborenenangelegenheiten" errichtete man einen ständigen Parlamentsausschuss, der die Aufgabe hatte, den „Minister für Eingeborenenangelegenheiten" zu beraten. Dieser wiederum sollte einmal im Jahr eine „Eingeborenenkonferenz" einberufen, der allerdings nur eine beratende Funktion zukam. Die wichtigste gesetzgeberische Maßnahme jedoch schuf Smuts 1923 mit dem **Urban Areas Act**, mit dem auch in Städten getrennte Wohngebiete eingerichtet wurden. Zudem wurde für Schwarze, mit Ausnahme der Kappprovinz, ein einheitliches Passsystem eingeführt.

Während die Regierung auf Forderungen bei Streiks weißer Arbeiter zumindest teilweise einging, wurden sie bei schwarzen Arbeitern zumeist mit brutaler Polizeigewalt beendet – der **Native Labour Regulation Act** (1914) hatte bei Strafandrohung schon Streiks jeder Art verboten. Ein weiterer Schritt im Rahmen dieser **Schwarze und Weiße trennenden Gesetzgebung** bildete das 1924 verabschiedete **Industrie-Schlichtungsgesetz**, durch das Schwarze nicht mehr Mitglieder solcher Gewerkschaften sein durften, die als Tarifpartner anerkannt waren.

Innenpolitische Auseinandersetzungen wie der 1922 von radikalen weißen Gewerkschaften ausgerufene Generalstreik sowie außenpolitische Misserfolge ließen Smuts in der Wählergunst so weit sinken, dass er am 19. Juni 1924 **Neuwahlen** ansetzte. Die Nationale Partei Hertzogs ging als stärkste Partei aus diesen Wahlen hervor und verfügte zusammen mit der Arbeiterpartei über die parlamentarische Mehrheit.

Erstarkende Afrikaaner

Die nächsten Jahrzehnte standen nun ganz im Zeichen eines **wiedererstarkenden burischen Selbstvertrauens**: 1925 wurde die Amtssprache Holländisch durch **Afrikaans** ersetzt, d. h. die Amtssprache wurde buchstäblich zweisprachig. 1925 wurde Afrikaans zur einzigen Amtssprache und 1928 zur Gerichtssprache. Die Bezeichnung „Buren" wurde offiziell ersetzt durch „**Afrikaaner**" (mit „aa"). 1927 erhielt die Union eine **eigene Flagge**, mit den horizontal verlaufenden Farben orange-weiß-blau (Flagge der ersten holländischen Siedler am Kap), und man erklärte die „Stem van Suid Afrika" neben dem britischen „God save the King" zur südafrikanischen **Nationalhymne**. Zusätzlich zur **britischen** wurde jetzt auch eine **südafrikanische Staatsangehörigkeit** eingeführt und schließlich erhielt das Land sein eigenes Münzsystem.

Die Entwicklung der Union zu einem **souveränen Staat im Rahmen des Britischen Commonwealth** (Westminsterstatut von 1931) war in den Augen der meisten Afrikaaner eindeutig Premierminister Hertzog zu verdanken. Da das Land seit Mitte der 1920er-Jahre auch beachtliche wirtschaftliche Erfolge aufweisen konnte, errang die **Nationale Partei** bei den Parlamentswahlen 1929 mühelos die absolute Mehrheit.

Wiedervereinigung im weißen Lager

Die Weltwirtschaftskrise der nächsten Jahre, die auch in Südafrika ihre Auswirkungen hatte, veränderte dann die politische Situation. Um die Schwierigkeiten, die sich überdies durch eine langwierige Dürre verschlimmerten, in den Griff zu bekommen, entschloss sich Hertzog zur Bildung einer großen Koalition seiner Nationalen Partei mit der Südafrikanischen Partei von Smuts.

Nun konnte Hertzog die lang gehegte Reform der „Eingeborenengesetzgebung" verwirklichen und setzte 1936 das **„Gesetz zur Vertretung der Eingeborenen"** durch, das den schwarzen Stimmberechtigten in der Kapprovinz praktisch das Wahlrecht nahm, das dort seit 1853 bestanden hatte. Stattdessen durften sie in einem gesonderten Wahlgang lediglich drei zusätzliche weiße Parlamentsmitglieder in das Abgeordnetenhaus der Union und zwei Weiße in den Provinzrat der Kapprovinz wählen. 1937 wurde das **„Ergänzungsgesetz zur Eingeborenengesetzgebung"** verabschiedet, das den Schwarzen auch den Kauf von Grundstücken sowohl in den Städten als auch außerhalb der Lokationen verbot. Mit diesen Gesetzen war die **Vorstellung Hertzogs nach Rassentrennung**, die im Grunde auch Smuts wollte, in die Tat umgesetzt worden. Jetzt strebte er auch eine vollkommene räumliche Trennung an.

Kein Wahlrecht für Nichtweiße

Politische Organisierung der Schwarzen in den 1930er-Jahren

Präsident des African National Congress (ANC) wurde 1930 der gemäßigte und gegenüber der Regierung kooperationsbereite **Pixley Ka Isaka Seme**. Er hatte an der Yale Universität in den USA sowie in Oxford Jura studiert und ließ sich danach als Anwalt in Johannesburg nieder. Doch Seme gelang es in den folgenden Jahren nicht, den ANC als wirksames politisches Instrument einzusetzen, da ihm dafür das Organisationstalent fehlte. Der ANC erlangte zunehmende Bedeutungslosigkeit und erwachte erst wieder zu neuer Aktivität, als 1940 **Dr. Alfred B. Xuma** zu seinem Präsidenten gewählt wurde.

Die „Eingeborenengesetzgebung" von 1936 führte zu einer weiteren **Politisierung der Schwarzen**. Bereits im Jahr zuvor, als Einzelheiten der vorgesehenen Gesetze an die Öffentlichkeit gedrungen waren, trafen sich in Bloemfontein rund 400 Vertreter aller nichtweißen Bevölkerungsgruppen zu einer **All-Afrikanischen Versammlung (AAC)**. Eingeladen hatte dazu Professor **Davidson Don Tengo Jabavu**, ein bedeutender schwarzer Philologe, der als Dozent für Bantu-Sprachen an der südafrikanischen Universität für Schwarze in Fort Hare tätig war. Eine Abordnung unter seiner Führung erhielt den Auftrag, mit Präsident Hertzog über Abänderungen der Gesetzesvorlagen zu verhandeln. Tatsächlich kam es zu einigen kleineren Modifikationen, doch vom Wesen und Inhalt her blieb die Gesetzgebung unangetastet.

Schwarze Opposition

Auf der AAC hatten sich generationsbedingte unterschiedliche Auffassungen zu Reaktionen auf die Gesetzgebung gebildet. Während die Jüngeren auf einen bedingungslosen Ablehnungskurs gingen und nun damit begannen, den ANC zu einem politischen Machtinstrument der Schwarzen auszubauen, erklärten sich die Älteren, durchweg qualifizierte Führungskräfte, bereit, wenigstens die geringen Möglichkeiten einer Mitwirkung, die den Schwarzen noch geblieben waren, zu nutzen und damit einen – wenn auch nur minimalen – Einfluss geltend zu machen.

Der Zweite Weltkrieg und seine Folgen

Im Gegensatz zum Ersten Weltkrieg lag 1939 die Entscheidung für oder gegen Kriegseintritt bei Südafrika selbst. Dadurch wurden alte Gegensätze zwischen Briten und Buren wieder deutlich. Während die Briten und einige gemäßigte Buren dem Mutterland beistehen wollten, lehnte die Mehrheit der Buren einen Eingriff ins Kriegsgeschehen ab. Weil die Befürworter des Kriegseintritts bei einer Parlamentsabstimmung siegten, fühlten sich die nationalistischen Buren geprellt.

Die Kriegserfolge der Alliierten schienen den Kurs von Premierminister Smuts, der 1941 zum Feldmarschall der britischen Armee ernannt wurde, zu bestätigen. So bescherten die Wahlen von 1943 der Vereinigten Partei noch einmal eine überwältigende Mehrheit. Doch das Blatt wendete sich bald. Die Regierung Smuts hatte anfänglich die Rassengesetze geringfügig entschärft, stand jedoch mit der Zeit dem wachsenden Selbstbewusstsein der urbanisierten Schwarzen konzeptlos gegenüber. Darüber hinaus entstand außenpolitischer Druck, da nach 1945 – als Folge der Ereignisse im nationalsozialistischen Deutschland – **jegliche Form der Rassendiskriminierung** bei der internationalen Staatengemeinschaft auf wesentlich **größere Ablehnung** stieß als bisher. Die Regierung Smuts hatte zur Lösung der Rassenfrage kein konkretes Programm anzubieten und in den eigenen Reihen wurde der Premierminister, dem britische Interessen offenbar wichtiger erschienen als die Probleme seines eigenen Landes, als untragbar betrachtet.

Außenpolitischer Druck

Die parlamentarische Opposition der Nationalisten hingegen baute ihr Programm auf der **totalen gesellschaftlichen Trennung von Schwarz und Weiß**, der **Apartheid**, auf und bot damit manchen durch die Politik der Kriegs- und der ersten Nachkriegsjahre verunsicherten Afrikaanern eine glaubhafte Alternative mit einer hoffnungsvollen Zukunftsperspektive. Bei den Parlamentswahlen 1948 erzielten die Nationale Partei und die Afrikaaner Partei, die zuvor ein Wahlabkommen geschlossen hatten und sich 1951 zur **Nationalen Partei** vereinigten, die Mehrheit. Dies bedeutete für Südafrika einen völligen Umbruch: Innenpolitisch verhärteten sich die Fronten zusehends, außenpolitisch wurde das Land mehr und mehr ins Abseits gedrängt und geriet in die Isolation.

Die Apartheid-Gesetzgebung

Die 1948 angetretene Regierung des Premierministers **D. F. Malan** begann nunmehr sofort, die schon bestehende Rassengesetzgebung zu verschärfen bzw. neue rassentrennende Gesetze zu schaffen. War mit dem Gesetz gegen die Unmoral (1927) bereits der nichteheliche Geschlechtsverkehr zwischen Schwarzen und Weißen unter Strafe gestellt worden, so verbot das **Gesetz gegen Gemischtehen** von 1949 nun auch Eheschließungen zwischen Weißen und Nichtweißen. In einem 1950 verabschiedeten **Gesetz zur Registrierung der Bevölkerung** *(Population Registration Act)* wurden dann die Einwohner der Südafrikanischen Union in drei Gruppen unterteilt: **Weiße, Farbige** (Coloureds) und **„Eingeborene"** (Bantu). Ebenfalls in das Jahr 1950 fällt der Erlass des **Gesetzes über die Gebietseinteilung für die Bevölkerungsgruppen** *(Group Area Act)*, das nun eine Einteilung des gesamten Landes in für die einzelnen Rassen bestimmte Regionen verfügte. Das Gesetz **über getrennte Einrichtungen** schaffte separate öffentliche Einrichtungen – separate Strände, Busse, Toiletten, Schulen, Aufzüge, Restaurants, Parkbänke, Blutkonserven, Rettungswagen etc. Damit trat neben dem Ausbau der – bisher z. T. schon gesetzlich verankerten und praktizierten – gesellschaftlichen Trennung, der sog. „kleinen Apartheid", zusätzlich die räumliche Trennung von Schwarzen, Weißen und Farbigen, die „große Apartheid".

Unter **J. G. Strijdom**, dem Nachfolger Malans, hatte die Apartheid-Gesetzgebung 1954 eine weitere Verschärfung erfahren. Nachdem 1936 schon den schwarzen Stimmberechtigten in der Kapprovinz das Wahlrecht entzogen worden war, wurde es nun auch den Farbigen genommen. Nach dem 1956 verabschiedeten **Gesetz zur getrennten Vertretung von Wählern** durften künftig auch die Farbigen/Coloureds in einem gesonderten Wahlakt nur noch vier weiße Vertreter ins Abgeordnetenhaus der Union und zwei Weiße in den Provinzrat der Kapprovinz wählen. Die gebildeten Farbigen, die ja hauptsächlich von dem Gesetz betroffen waren, reagierten mit völligem Unverständnis, entfremdeten sich von „ihrem" Staat oder schlossen sich der schwarzen Opposition an.

Eine geregelte „Apartheid" war allgegenwärtig

Bei den Weißen hingegen fand die seit 1948 eingeschlagene Entwicklung eine immer breitere Zustimmung, was sich in den Parlamentswahlen 1958 zeigte, in denen die Nationale Partei fast doppelt so viel Mandate errang als die oppositionelle Vereinigte Partei.

Damit wurde auch die Politik des entscheidenden Ideologen und Architekten der Apartheid, **Hendrik Verwoerd**, bestätigt, der durch Volksentscheid im Oktober 1960 über eine Republik abstimmen ließ. 52,3 % votierten für die **Republik**, die am 31. Mai 1961, dem Nationalfeiertag (Gründung der Südafrikanischen Union 1910), ausgerufen wurde. Erster Staatspräsident wurde der ehemalige Gouverneur C. R. Swart. Zuvor war Südafrika aus dem Britischen Commonwealth ausgeschieden, da Verwoerd auf der im März 1961 tagenden Konferenz der Premierminister des Commonwealth wegen der Apartheid-Politik schweren Angriffen vor allem afroasiatischer Mitglieder des Staatenbundes ausgesetzt war.

Die Apartheid wird legitimiert

Widerstand und Repressionen

Seit 1948 hatte die Nationale Partei ihre Diskriminierungspolitik auf Inder, Mischlinge und Asiaten ausgedehnt, was fast zwangsläufig zu einem Zusammengehörigkeitsgefühl aller Nichtweißen führte. Anlässlich der 300-Jahr-Feier des weißen Südafrika Ende 1952 kam es erstmals zum **gemeinsamen Widerstand** ANC und SAIC *(South African Indian Congress)* organisierten zahlreiche Protestaktionen gegen das Apartheid-Regime, die zunächst friedlich verliefen, aber nach Ausschreitungen von der Polizei brutal niedergeschlagen wurden. Es kam zu zahlreichen Verhaftungen und um jede Opposition gegen die Politik der Nationalen Partei zu ersticken, rief die Regierung im Januar 1953 den Ausnahmezustand im Lande aus. Als Folge dieser Vorgänge wuchs die Mitgliederzahl des ANC innerhalb kurzer Zeit wuchs von 7.000 auf 100.000.

ANC-Präsident Mvumbi Luthuli mit Robert F. Kennedy

1955 wurde auf dem sog. Volkskongress ein „**Freiheitsmanifest**" verabschiedet, in dem eine Gesellschaftsordnung mit gleichen Rechten und Chancen bei gleicher Leistung für alle – unabhängig von Rasse und Hautfarbe – gefordert wurde. Folge waren Polizeirazzien und Verhaftungen. ANC-Präsident **Mvumbi Luthuli** stand bis zu seinem Tode 1967 unter „Hausarrest". Dennoch trat er stets für einen gewaltfreien Widerstand ein. In der Friedenscharta des *Congress of the People* vom 25. Juni 1956 forderten die Vertreter aller Rassen ein demokratisches Südafrika, woraufhin 156 Personen wegen Hochverrats festgenommen wurden.

Die jüngere Generation innerhalb des ANC drängte nach spektakulären Taten. 1959 spaltete sich ein radikaler Flügel unter **Robert Sobukwe** ab und gründete den **Pan-African Congress (PAC)**. Dieser organisierte am 21. März 1960 die ersten Massendemonstrationen im ganzen Lande, wobei es an etlichen Orten zu blutigen Auseinandersetzungen mit der Polizei kam. Der blutigste und zugleich als Wendepunkt angesehene Zwischenfall ereignete sich in **Sharpeville** bei Johannesburg, als in Panik geratene Polizisten 69 schwarze Anti-Apartheid-Demonstranten töteten, 180 wurden schwer verletzt, zumeist durch Schüsse in den Rücken. Das Massaker rief weltweite Empörung hervor, im ganzen Land fanden Streiks und Demonstrationen statt, Polizeieinsätze bei Kapstadt hatten weitere Todesopfer zur Folge. Daraufhin verfolgte die Regierung eine Vorwärtsstrategie und verhängte den Ausnahmezustand, verabschiedete im Eilverfahren das Gesetz gegen gesetzwidrige Organisationen, was am 8. April 1960 zum **Verbot von ANC und PAC** führte, deren Mitglieder im Untergrund oder im Exil verschwanden.

Die Einleitung des Reformprozesses

Ein Dialog zwischen schwarzen und weißen Südafrikanern hatte sich bereits 1958 unter Premier Verwoerd angebahnt, der die **begrenzte innere Selbstverwaltung** in den Reservaten eingeführt hatte. 1963 hatte die Transkei als erstes „**Homeland**"

Einleitung des Reformprozesses

die innere Autonomie erhalten, weitere folgten. Die internationale Anerkennung blieb jedoch aus. Die indische (1964) und die farbige (1968) Bevölkerung, die kein „Homeland" besaßen, erhielten einen eigenen Repräsentativrat, der allerdings nur eine beratende Funktion hatte.

Verwoerds Nachfolger, **B. J. Vorster**, ehemaliger Justiz- und Polizeiminister, führte die begonnene Homeland-Politik fort, bemühte sich um einen schwarz-weißen Dialog und stieß dabei auf Kooperationsbereitschaft der gemäßigten schwarzen Führer. Auch in der Außenpolitik schlug er einen Verständigungskurs gegenüber gesprächsbereiten schwarzafrikanischen Staaten ein. Schon 1968 nahm die Republik Südafrika mit Malawi als erstem Staat des schwarzen Kontinents volle diplomatische Beziehungen auf. Beziehungen wurden auch zu den übrigen umliegenden Staaten geknüpft.

Erste Dialoge zwischen Schwarz und Weiß

Der Handel wurde der auffälligste Indikator der einzelnen Verflechtungen, trotz der zahlreichen Boykottaufrufe und der Ablehnung der südafrikanischen Politik durch die UNO und die Organisation für Afrikanische Einheit (OAU). Selbst die „Frontstaaten", die die Apartheidpolitik am schärfsten ablehnten, gehörten zu den wichtigsten **Handelspartnern Südafrikas**. Auch im Forschungs- und Wissenschaftsbereich verfügte Südafrika über international anerkannte Einrichtungen und Organisationen, u. a. in der Landwirtschaft, in der Bergbautechnik sowie der Veterinär- und Humanmedizin – 1963 fand im Kapstädter Groote-Schuur-Krankenhaus die erste Herztransplantation statt.

Die innenpolitische Situation spitzte sich in den 1980er-Jahren zu. Der ideologische Gegensatz zwischen der Zentralregierung in Pretoria und der schwarzen politischen Opposition (vorwiegend im Ausland) wurde größer. Die Forderung der schwarzen Führer, „**One Man, One Vote**", wollten die weißen Politiker keinesfalls akzeptieren. Man beabsichtigte vielmehr an Stelle des „Westminster Modells", das der schwarzen Bevölkerung das allgemeine Wahlrecht zugestand, ein Dreikammersystem mit einem starken Präsidenten einzuführen. Die indischen und auch die farbigen Vertreter, die seit 1981 einem Präsidialrat angehörten, erhielten erweiterte Machtbefugnisse (1984).

In der Folgezeit mehrten sich Anschläge, Unruhen und Protestmärsche, u. a. bei Umsiedlungsaktionen von Schwarzen aus den Elendsvierteln. Mehrmals wurde der Ausnahmezustand über verschiedene Viertel verhängt. Die blutigen Auseinandersetzungen zwischen ANC-Anhängern und Mitgliedern der Inkatha-Partei des Zuluführers Buthelezi begannen sich auszuweiten. Massiven Protest löste die Hinrichtung des Dichters und ANC-Anhängers Benjamin Moloise aus. Die Folge der anhaltenden **innenpolitischen Unruhen** war ein starker Verfall der Landeswährung bei nachlassender Konjunktur; ein erheblicher **Kapitalabfluss ins Ausland** setzte ein. Das „Lager" der Weißen spaltete sich in „Verligte" (Liberale) und „Verkrampte" (Nationalkonservative). Auf der einen Seite Gesprächsbereitschaft, auf der anderen Seite Forderung nach radikalem Einsatz der Polizeikräfte standen sich gegenüber.

Unruhen zeigen Wirkung

Die Erosion der Apartheid begann in den späten 1980er-Jahren. Die Erfahrungen der Unruhen von 1976 aufgrund des **Schüler- und Studentenaufstands von Soweto** (575 Tote, größtenteils von der Polizei erschossene Schwarze, 2.389 Verletzte) und neue **Unruhen von 1984 bis 1986**, in denen die Aufspaltung der sozialen Klassen offensichtlich wurden, waren ein Grund dafür. Der organisierte Widerstand war zwar

1980er-Jahre: das Jahrzehnt der Unruhen

größtenteils zerschlagen worden, das Potential war jedoch stets größer geworden. Die Ausgrenzung der Schwarzen von jeglicher Einflussnahme im politischen Entscheidungsprozess wurde zum Ausgangspunkt der Unruhen, die das ganze Land erfassten. Sie erreichten bis dahin nie dagewesene Ausmaße. Die Bilanz von September 1984 bis Ende 1987 waren fast 3.000 Tote. 1986 wurde über das ganze Land der **Ausnahmezustand** verhängt. Willkürlich wurden Tausende festgenommen, darunter auch viele Kinder und Jugendliche. Die wichtigsten Dachorganisationen der Opposition waren die im August 1983 gegründete *United Democratic Front* (UDF), basierend auf der Freiheitscharta von 1955 (2,5 Mio. Mitglieder), die 1978 gegründete *Azanian People's Organisation* (AZAOP, ca. 110.000 Mitglieder) und die 1983 gebildete Dachorganisation *National Forum* (ca. 600.000 Mitglieder).

Reformdruck und Ende der Apartheid

Die politischen und ökonomischen Kosten zur Aufrechterhaltung der Apartheid wurden zu hoch. Intern gab es ab 1983 Reformdruck durch politische Protestkampagnen der *United Democratic Front* (UDF) und der Gewerkschaften. 1985 gründete sich der ebenfalls dem ANC nahestehende Gewerkschaftsdachverband COSATU *(Congress of South African Trade Unions)*. Die Townships waren unregierbar geworden. Die Großwirtschaft beklagte den Zerfall der Ökonomie. Von außen wurde Südafrika von der internationalen Staatengemeinschaft durch unterschiedlich starke Sanktionen unter Druck gesetzt. Das Ende des Kalten Krieges, die dramatischen Änderungen in Osteuropa – die Unterstützung des Widerstands aus Moskau entfiel – und die Dekolonisierung des bis 1989 von Südafrika besetzten Namibias waren weitere äußere Faktoren zur Einleitung von Reformen.

info

Nelson Mandela: vom Widerstandskämfer zum Vater der Nation

Nelson Rolihalahla Mandela wurde am 18. Juli 1918 bei Umtata in der heutigen Provinz Eastern Cape geboren. Sein Vater war Berater des Oberhäuptlings des Stammes der Thembu. Dieser Häuptling übernahm nach dem Tode des Vaters dessen Vormundschaft. Ziel der Erziehung war die Vorbereitung Nelsons auf seine spätere Rolle als Häuptling. Sehr früh zeigte er ein reges Interesse an Geschichte und Kultur seines Volkes. Nelson Mandela begann sein **Jura-Studium** an der Universität Fort Hare, wurde jedoch wegen seines aufrührerischen Verhaltens verwiesen und setzte sein Studium an der Witwatersrand-Universität bei Johannesburg fort. Währenddessen engagierte er sich in der *Youth League* des *African National Congress*, die er zusammen mit dem späteren ANC-Generalsekretär Walter Sisulu, Oliver Tambo und anderen gründete. Mit Oliver Tambo, dem 1993 verstorbenen früheren Präsidenten des ANC, eröffnete Nelson Mandela im Dezember 1952 die erste von schwarzen geleitete Anwaltskanzlei Südafrikas.

1953 kam er das erste Mal wegen seiner politischen Aktivitäten vor Gericht. Reisen und öffentliche Auftritte wurden ihm lange Zeit verboten oder eingeschränkt. 1956 wurde er erneut festgenommen und des Landesverrats beschuldigt. Nach

Reformdruck und Ende der Apartheid

dem anschließenden langen Prozess, der 1961 endete und eine mehrmonatige Gefängnisstrafe zur Folge hatte, ging Mandela in den **Untergrund** und gründete den militanten Flügel des ANC, den **Umkhonto we sizwe** („Speer der Nation"). Mit ihm organisierte er Protestaktionen, Streiks und Sabotagekampagnen gegen Regierung und wirtschaftliche Institutionen.

1962 wurde Nelson Mandela zu fünf Jahren Haft verurteilt und er war bereits im Gefängnis, als seine Mitangeklagten im sog. Rivonia-Prozess im Juli 1963 verhaftet wurden. Der Prozess endete am 11. Juni 1964 und Nelson Mandela, dem vorgeworfen wurde, Pläne zur Übernahme der Regierung initiiert zu haben, wurde zu einer **lebenslangen Haftstrafe** verurteilt. Im Gefängnis von Robben Island, einer Kapstadt vorgelagerten Insel, wurde er weltweit zum Symbol des ungerechten Unterdrückungssystems der Apartheid. Wahrscheinlich aufgrund öffentlichen Drucks wurde Mandela 1982 in das Pollsmoor-Gefängnis außerhalb von Kapstadt verlegt, drei Jahre später lehnte er ein Angebot von Präsident W.P. Botha ab, ihn aus der Gefängnishaft zu entlassen, wenn er Gewalt abschwören würde. Seit 1988 lebte er in einem Haus auf dem Gelände der Haftanstalt in der Nähe von Paarl, wo Vertreter der Apartheid-Regierung regelmäßig mit ihm in Kontakt traten. Im Juli 1989 wurde er zum Tee mit Präsident Botha zusammengeführt, im Dezember des Jahres traf er Bothas Nachfolger F.W. de Klerk, der sich von der Apartheid abwendete und sich für ein chancengleiches Südafrika einsetzte.

Am **11. Februar 1990** wurde Nelson Mandela, der von seinen Landsleuten liebevoll *Madiba* genannt wird, im Alter von 71 Jahren **freigelassen** und kehrte ins politische Rampenlicht zurück. Der ANC wählte ihn zunächst zum stellvertretenden Präsidenten, im Juli 1991 wurde er dessen Präsident und in dieser Funktion arbeitete er eng mit Präsident de Klerk zusammen, um ein demokratisches Südafrika aufzubauen. 1993 wurden Mandela und de Klerk mit dem **Friedensnobelpreis** ausgezeichnet. In den ersten freien und demokratischen Wahlen in Südafrika wurde Nelson Mandela zum ersten schwarzen **Präsidenten** des Landes gewählt und am **10. Mai 1994** vereidigt. Im gleichen Jahr erschien seine Autobiografie „Long Walk to Freedom".

Als Staats- und Regierungschef hatte Nelson Mandela sich zur Aufgabe gesetzt, eine Politik der Versöhnung zu verfolgen und als Südafrikas Botschafter im Ausland zu wirken. Im Dezember 1997 übergab er die ANC-Führung und 1999 mit den zweiten freien Wahlen auch den Posten des Präsidenten Südafrikas an Thabo Mbeki.

Nelson Mandela in jungen Jahren

Abschaffung der Apartheid

Mit dem Amtsantritt von Staatspräsident **Frederik W. de Klerk** (Nachfolger von Botha) im September 1989 wurde der Prozess zur Abschaffung des Apartheidsystems und die Errichtung einer demokratischen Ordnung in Gang gesetzt. Begonnen wurde mit der Aufhebung des Verbots des ANC und der Freilassung seiner seit 1962 inhaftierten Symbolfigur **Nelson Mandela** am 11. Februar 1990. 100.000 enthusiastische Menschen hatten sich auf dem Platz vor dem Kapstädter Rathaus versammelt, um Mandela zu begrüßen. Im Frühjahr 1990 einigten sich junge Mitglieder des ANC und der regierenden Nationalen Partei bei einem Treffen in Lusaka (Sambia) auf einen **grundlegenden Wechsel der Politik** in Südafrika. Nelson Mandela wurde zum Präsidenten des ANC gewählt.

Bereits am 2. Februar 1990 hatte de Klerk in einer historischen Rede zur Eröffnung des Parlaments in Kapstadt die politischen Leitlinien grundlegend verändert. Aus der Erkenntnis, dass man die Apartheid-Gesetzgebung nicht reformieren, sondern nur abschaffen könne, hob er mit einer Erklärung das Dogma der seit 1948 regierenden Nationalen Partei auf und setzte sich gleichzeitig für eine offizielle Zulassung aller schwarzen Oppositionsparteien ein. Zusammen mit Nelson Mandela trat er für einen multiethnischen Einheitsstaat ein, der einen politischen, sozialen und kulturellen Schutz für alle Minderheiten in Südafrika gewähren sollte. Das Parlament hob bis Juni 1991 alle wesentlichen Apartheidgesetze auf.

Im Dezember 1991 berief man im Welthandelszentrum bei Johannesburg die *Convention for a Democratic South Afrika* (**CODESA**) ein, an der 18 Parteien und Vertretungen teilnahmen, zunächst, um sich mit gesellschaftlichen Fragen einer neuen Verfassung und Übergangsregelungen für die „Homelands" zu beschäftigen. In einem **Referendum** am 17. März 1992 sprachen sich 68,7 % der weißen Stimmberechtigten für eine Beteiligung der schwarzen Bevölkerung an der politischen Macht aus.

Im September 1992 kündigte Staatspräsident de Klerk ein weiteres Reformpaket an, das die Bildung einer Übergangsregierung ermögliche und die nach Rassen getrennten Regierungsverwaltungen zusammenlegte. Die Entscheidung des ANC, einem von der Regierung vorgeschlagenen Gipfeltreffen zuzustimmen, wurde begrüßt und von vielen Südafrikanern mit Erleichterung auf-

Mandela und de Klerk nach der Regierungseinführung am 10. Mai 1994

genommen. Im Februar 1993 einigten sich Regierung und ANC über erste allgemeine und demokratische Wahlen für eine verfassunggebende Versammlung im April 1994.

Stationen zu den ersten demokratischen Wahlen

2. Februar 1990: Präsident Frederik de Klerk leitet mit seiner Rede das Ende der Apartheid und der weißen Vorherrschaft ein und hebt das Verbot schwarzer Befreiungsbewegungen auf.

11. Februar 1990: ANC-Führer Nelson Mandela wird aus lebenslanger Haft entlassen.

2.–4. Mai 1990: Erste Verhandlungen zwischen Regierung und ANC.

7. Juni 1990: Die Regierung hebt das landesweite Ausnahmerecht nach vier Jahren auf.

6. August 1990: Der ANC „suspendiert" den seit 1960 geführten Guerilla-Kampf, die Regierung verspricht die Freilassung aller politischen Häftlinge und eine Amnestie für Exil-Aktivisten.

15. Oktober 1990: Die Apartheid in öffentlichen Einrichtungen wie Parkanlagen und Schwimmbädern wird abgeschafft.

27. Juni 1991: De Klerk setzt mit der Zustimmung des Parlaments 46 Apartheidgesetze außer Kraft.

14. September 1991: Die Regierung, der ANC und die mit dem ANC verfeindete Zulu-Bewegung Inkatha unterzeichnen ein Friedensabkommen zur Beendigung der Gewalt.

20. Dezember 1991: Der „Kongress für ein demokratisches Südafrika" (CODESA) beginnt Verhandlungen über Richtlinien für den Übergang zur Demokratie.

17. März 1992: De Klerks Referendum gibt ihm 68,7 % Ja-Stimmen zur Fortführung seiner Reformen.

Juni 1992: Die Gipfelgespräche werden wegen Unruhen in den „Townships" (Boipatong bei Johannesburg) abgebrochen. Streiks und Demonstrationen folgen.

26. September: Die Gespräche werden wieder aufgenommen, der Präsident der Inkatha-Partei Buthelezi lehnt die Teilnahme ab.

10. April 1993: Chris Hani, Führer der Kommunisten und des radikalen Flügels des ANC, kommt bei einem Attentat eines rechtsradikalen Weißen ums Leben. Mandela und de Klerk appellieren an die Vernunft aller Südafrikaner, um weiteres Blutvergießen zu verhindern, was auch gelingt.

10. Dezember 1993: Mandela und de Klerk erhalten in Oslo gemeinsam den Friedensnobelpreis.

22. Dezember 1993: Das Parlament verabschiedet die neue Verfassung. Sie gibt allen Südafrikanern das Wahlrecht.

28. Februar 1994: Die Inkatha entscheidet sich „in letzter Minute", an der Wahl teilzunehmen und beendet damit Sorgen vor einem Bürgerkrieg.

26.–29. April 1994: Die ersten freien Wahlen Südafrikas verlaufen friedlich und mit hoher Beteiligung.

27. April 1994: Südafrikas neue Verfassung tritt in Kraft. Die weiße Vorherrschaft endet nach 342 Jahren.

6. Mai 1994: Der ANC gewinnt mit 62,6 % die Wahlen.

Das neue Südafrika nach 1994

Erste freie Wahlen

Die ersten allgemeinen und **freien Wahlen im April 1994** waren für Südafrika der „Startschuss" in ein neues Zeitalter. Lange Schlangen bildeten sich vor den Wahllokalen, 7 Mio. in den Homelands lebende Schwarze hatten vor den Wahlen ihre südafrikanische Staatsbürgerschaft zurückerhalten. Unter den 23 Mio. wahlberechtigten Südafrikanern waren 18 Mio. Schwarze, von denen 10 Mio. in Elendsquartieren lebten. Mit dem Amtsantritt des neuen Staatspräsidenten Nelson Mandela, dessen Partei ANC 62,6 % der Stimmen erhalten hatte, endeten 342 Jahre weißer Vorherrschaft in Südafrika. Die Nationalpartei (NP) hatte 20,4 % und die Inkatha-Freiheitspartei (IFP) 10,5 % der Stimmen erhalten. Thabo Mbeki und Frederik W. de Klerk wurden Vizepräsidenten und Mangosuthu Gatsha Buthelezi (IFP) Innenminister. Der ANC erhielt in der Nationalversammlung 252 der 400 Sitze.

Am 27. April 1994 trat die **Übergangsverfassung** in Kraft. In ihr wurde die **Gleichberechtigung aller Rassen** festgelegt. Weiterhin wurde Südafrika in neun Provinzen unterteilt; durch die Übertragung von Erziehungs-, Verkehrs-, Gesundheits- und Wohnungswesen auf Provinzebene sollten föderale Strukturen entstehen. Den „Homelands" wurde ihre „Selbstständigkeit" aberkannt und sie wurden wieder in die Republik Südafrika integriert.

Beitritt in internationale Organisationen

Der **Präsident** hat laut Verfassung eine dominierende Stellung und wird von der Nationalversammlung gewählt. Er ernennt den Vizepräsidenten, die Minister und Botschafter und ist Oberbefehlshaber der Streitkräfte. Er wird vertreten von einem „exekutiven Vizepräsidenten". Die **Volksvertretung** (Sitz in Kapstadt) umfasst eine Nationalversammlung und einen Nationalen Provinzrat. Die 350 bis 400 Abgeordneten werden durch ein Verhältniswahlrecht gewählt. Ein **Rat traditioneller Führer** (Häuptlinge, Könige) soll die Regierung beraten. Im Mai 1994 wurde Südafrika in die Organisation für Afrikanische Einheit (OAU) und im Juni in das Commonwealth of Nations aufgenommen, und der Sicherheitsrat der Vereinten Nationen (UN) erklärte alle noch gegen Südafrika bestehenden Sanktionen für aufgehoben. In Johannesburg wurde im Februar 1995 von Mandela das Verfassungsgericht eröffnet, das im Juni die Todesstrafe für verfassungswidrig erklärte.

Zur Aufarbeitung der Vergangenheit setzte Mandela im Juli 1995 eine „**Wahrheits- und Versöhnungskommission**" (*Truth and Reconciliation Commission*, TRC) ein, die die Menschenrechtsverletzungen untersuchen sollte, die zwischen dem 1. März 1960 (Massaker an Demonstranten in Sharpeville) und dem 5. Dezember 1993 sowohl von der weißen Minderheitsregierung als auch von ihren Gegnern begangen wurden. Personen, die an der Aufklärung mitwirkten, wurde im Rahmen des Gesetzes Straffreiheit zugesichert; die Opfer sollten Entschädigungen erhalten. Die Kommission bestand aus einem Menschenrechts-, einem Amnestie- und einem Wiedergutmachungskomitee. Den Vorsitz hatte der Erzbischof von Kapstadt, Desmond Tutu.

Die Wahrheitskommission hatte über 7.000 Amnestie-Anträge und 20.000 Stellungnahmen zu Menschenrechtsverletzungen zu bearbeiten. Die ersten Anhörungen begannen im April 1996. Nach Beendigung der Anhörungen im März 1998 wurde über die Amnestie-Anträge entschieden. Am 29. Oktober 1998 übergab die Kommission

Präsident Mandela einen 3.500 Seiten umfassenden Bericht, der auf Anhörungen von Opfern und Tätern basierte. Es wurden Straftaten von Polizisten, Militärs und Politikern der früheren Regierung festgestellt, aber auch die des ANC und anderer Widerstandsgruppen. Der Amnestieausschuss wies im März 1999 einen Antrag auf Straffreiheit von 27 ANC-Führern mit der Begründung ab, dass sie ihren Antrag ohne die gesetzlich vorgeschriebene Auflistung der einzelnen Straftaten gestellt hatten und er durch das Gesetz nicht gedeckt sei. Dies war ihr Versuch, sich nachträglich den „legitimen" Widerstandskampf bescheinigen zu lassen.

Ergebnisse der Wahrheitskommission

Eine **neue Verfassung** wurde im Sommer 1996 verabschiedet, das Ende der Mitarbeit der Nationalen Partei in der Regierung der nationalen Einheit war gekommen. Im Juli zog Vizeminister und NP-Führer de Klerk seine Minister aus dem Kabinett zurück. Anfang Februar 1997 trat die neue Verfassung in Kraft, die weltweit als die liberalste gilt. Zur gleichen Zeit räumte Präsident Mandela seiner Regierungserklärung dem Wohnungsbau, der Verbesserung der Infrastruktur, der Ausbildung sowie der Bekämpfung zunehmender Kriminalität, die dringend benötigte Auslandsinvestitionen gefährdete, höchste Priorität ein.

Im Juni 1999 wurde **Thabo Mbeki** in den zweiten freien Wahlen zu Mandelas Nachfolger gewählt und bei den Parlamentswahlen am 14. April 2004 durch eine Zweidrittelmehrheit für den ANC im Amt bestätigt. Auch bei den Kommunalwahlen im März 2006 siegte der ANC haushoch, obwohl ihm verschiedene Affären geschadet hatten: z. B. war Vizepräsident Jacob Zuma in eine Korruptionsaffäre verwickelt, außerdem wurde ANC-Funktionären Selbstbereicherung vorgeworfen, wegen Letzterem wurden im Jahr

Thabo Mbeki, Südafrikas zweiter schwarzer Präsident

2005 mehr als 200 Unruhen und Protestaktionen gezählt. Andererseits begünstigte Südafrikas stabile Wirtschaftslage Mbekis Erfolgskurs. In seiner letzten Amtszeit widmete sich der Premier vornehmlich der Bekämpfung der anhaltend hohen Arbeitslosigkeit (Schätzungen gingen bis zu 40 %, die offizielle Zahl lag bei 26 %). Kritiker warfen ihm vor, eine unzureichende Bildungs- und Gesundheitspolitik (vor allem AIDS-Politik) zu betreiben.

Im September 2008 trat Mbeki als Präsident zurück. Ihm wurde vorgeworfen, er habe den Korruptionsprozess Zumas beeinflusst. Die Machtkämpfe zwischen Mbeki und Zuma und weitere politische Spannungen innerhalb des ANC führten im Dezember 2008 zur Abspaltung des *Congress of the People* vom ANC. Bis zu den Wahlen im April 2009 wurde Kgalema Motlanthe als Interimspräsident eingesetzt, seit Mai 2009 ist **Jacob Zuma** Präsident Südafrikas.

Spannungen im ANC

Südafrika heute

Politisch hat sich Südafrika zum stabilsten Land auf dem afrikanischen Kontinent entwickelt und agiert heute als **führende Nation und Sprecher Afrikas**. In der 2001 gegründeten NEPAD *(The New Partnership for Africa's Development)* setzt sich Südafrika dafür ein, sich als afrikanisches Land die wirtschaftliche Unterstützung der Welt zu verdienen, indem man sich zu Demokratie und Menschenrechen bekennt. Hier hat die Regenbogennation eine Führungsrolle übernommen und ist Vorbild für viele andere afrikanische Staaten. Mit dem Willen, das Land zu einem Vorbild von Einheit, Frieden, Aufbau und Wachstum zu machen, muss sich Südafrika seinen eigenen Problemen stellen.

Wirtschaftliche Folgen

Eine der größten Aufgaben stellt die Eindämmung der **HIV/AIDS-Epidemie** dar. Statistiken aus dem Jahr 2009 zeigen, dass fast 11 % der erwachsenen Südafrikaner infiziert sind, in manchen Regionen sind es sogar mehr als 50 %. Neben der menschlichen Tragödie stellt dies auch ein immenses wirtschaftliches Problem dar: Ein wichtiger Teil der arbeitsfähigen Südafrikaner stirbt an AIDS-bedingten Krankheiten und jeden Tag kommen fast 2.000 neue Infektionen hinzu. Eine ganze Generation von Kindern wächst als AIDS-Waisen auf. Die Regierung vertrat lange eine sehr umstrittene AIDS-Politik und musste dafür weltweite Kritik hinnehmen, so z. B. für Präsident Zumas Aussage, eine Dusche einem Kondom als Schutz vorzuziehen.

Ein Kurswechsel war dringend notwendig und wurde in der Form einer Politik der Offenheit von Zuma selbst eingeläutet, als er 2010 das negative Ergebnis seines AIDS-Tests bekannt gab. Zeitgleich wurde eine Kampagne gestartet, die als Ziel hatte, bis Mitte 2011 15 Mio. Einwohner Südafrikas zu testen und dem Großteil der Infizierten Zugang zu Medikamenten zu verschaffen. Heute kann das Land mit **CAPRISA** *(Center for the AIDS Program of Research in South Africa)* eines der weltweit wichtigsten Forschungszentren vorweisen. 2010 konnte das in Durban ansässige Institut einen wichtigen Durchbruch feiern, als das erste wirksame Mikrobiozid-Gel vorgestellt wurde, welches Frauen die eigenständige Möglichkeit der HIV-Prävention ermöglicht und das Ansteckungsrisiko um bis zu 50 % mindert. Durch die Kommunikation solcher Ergebnisse, durch hohe Investitionen und regelmäßige Kampagnen wächst in der Bevölkerung langsam das Bewusstsein, sich vor HIV/AIDS zu schützen.

Zahlreiche Herausforderungen

Das Land am Kap muss Lösungen für weitere **drängende Probleme** finden: Es herrscht weiter eine hohe Arbeitslosigkeit. Die Regierung bezifferte diese 2012 mit 23,9 %, nach anderen Quellen ist sie aber weitaus höher. Gut ausgebildete Fachkräfte, von denen es wegen der Überschuldung des Bildungshaushalts und der damit verbundenen Schließung von Hochschulen bald weniger geben könnte, suchen ihr Glück im Ausland. Trotz Verbesserungen in der Infrastruktur fehlt Wohnraum, viele Menschen leben noch in Hütten aus Wellblech unter sanitär prekären Bedingungen. Die Themen Überbevölkerung und illegale Einwanderung verstärken die sozialen Probleme noch. Zusätzlich tragen Armut und Kriminalität nicht dazu bei, ausländische Investoren nach Südafrika zu locken.

In einer Rede zur **Lage der Nation** im Februar 2012 strich Präsident Zuma heraus, dass das Land bei den o. g. Themen noch viele Herausforderungen zu meistern habe. Seine Regierung wolle mit umgerechnet 29,7 Mrd. Euro Verkehrsprojekte fördern,

Südafrika heute

wirtschaftlich stehe vor allem der Bergbau (Gold, Diamanten etc.) im Fokus. Auch sei es gelungen, die Zahl schwerer Verbrechen seit 2010 deutlich zu reduzieren. Verschiedene Beobachter machen allerdings darauf aufmerksam, dass Morde an Farmern, Vergewaltigungen und Korruption immer noch Realität seien. Die Regierung möchte die Korruption weiter eindämmen, Zuma selbst wird allerdings immer wieder mit solchen Fällen in Verbindung gebracht.

Die FIFA Fußball-Weltmeisterschaft™ 2010 in Südafrika

Mit Südafrika war 2010 zum ersten Mal ein afrikanisches Land Gastgeber der FIFA Fußball-Weltmeisterschaft™ (WM). Diese Entscheidung der FIFA bedeutete eine hohe Anerkennung der großen sportlichen Erfolge des (süd)afrikanischen Fußballs. So war die südafrikanische Nationalmannschaft, die von ihren Fans liebevoll „**Bafana Bafana**" (isiZulu: „die Jungs") genannt wird, 1996 Afrikameister und qualifizierte sich 1998 und 2002 für die WM.

Dem Ereignis ging ein **Bauboom** voraus: Das Straßennetz und die gesamte Infrastruktur wurden ausgebaut, neue Hotels errichtet und neue, kilometerlange Glasfaserkabel gelegt, um Internetzugang über weite Teile des gesamten Kontinents zu ermöglichen. In den neun WM-Städten entstanden neue **Stadien** bzw. wurden die bestehenden ausgebaut: Bloemfontein, Durban, Johannesburg (zwei Stadien), Kapstadt, Nelspruit, Polokwane, Port Elisabeth/Nelson Mandela Metropole, Pretoria/Tshwane und Rustenberg. Das Soccer-City Stadion in Johannesburg, dessen Fassade einem traditionellen afrikanischen Trinkgefäß, der Kalebasse, nachempfunden ist, fasst bis zu 95.000 Besucher. Das Dach des Moses-Mabhida-Stadions in Durban, von einem Hamburger Architekturbüro entworfen, ist spektakulär – hier überspannen in 100 m Höhe zwei Stahlbögen das Stadion. Das Green-Point Stadion, eine Multifunktionsarena in Kapstadt, gleicht einer gigantischen, transparenten Muschel.

Auch wenn die WM für den **Imagegewinn** Südafrikas sehr groß gewesen ist, wiegen die **Verluste** dennoch schwerer. Die Besucherzahlen entsprachen nicht den Erwartungen und nur ca. ein Zehntel der Ausgaben sind wieder ins Land geflossen. Dennoch war die Ausrichtung der Fußball-WM ein **Erfolg**. Südafrika war in der Lage, die Infrastruktur des Landes auszubauen und für die Sicherheit während des Events zu sorgen, sodass die Zuschauer begeistert von Land und Leuten berichteten. Bleibt nur der Langzeiteffekt abzuwarten.

Fans der südafrikanischen Fußball-nationalmannschaft Bafana, Bafana

ANC in der Kritik

Der **ANC** feierte Anfang 2012 sein **100-jähriges Bestehen**. Nationale und internationale Stimmen wiesen darauf hin, dass Regierungspartei und Staat immer mehr verschmelzen und kritisieren die Arroganz und den Machterhaltungswillen des ANC. Die Partei sieht sich in der Schuld alter Verbündeter und steht sowohl der Presse als auch der Justiz, von der sie sich kontrolliert fühlt, kritisch gegenüber. Zuma kündigte an, selbst das Verfassungsgericht einer Prüfung unterziehen zu wollen. Kritiker sehen die große Gefahr, dass der ANC die südafrikanische Gesellschaft mit seiner Politik der „Transformation" dahingehend umbilden will, dass er – noch immer im Namen des Widerstands – die komplette Kontrolle über den Staat und seine Institutionen erhält. Das nächste Wahljahr ist 2014, dann möchte Zuma wieder als Präsidentschaftskandidat antreten.

Obwohl die soziale, wirtschaftliche und politische Trennung der Gesellschaft formal der Vergangenheit angehört, ist Südafrika von sozialer Gerechtigkeit und Gleichstellung – vor allem der Frauen – noch weit entfernt. Zwar nimmt der Rassismus keine zentrale Rolle in der Gesellschaft mehr ein, hier und da spukt aber immer noch altes Gedankengut herum. Im Herbst 2011 rückte die Hautfarbe wieder in den Vordergrund, als der Friedensnobelpreisträger Desmond Tutu forderte, dass weiße Profiteure der Apartheid zur Bekämpfung der Armut eine Sondersteuer entrichten sollen. Auch wenn sein Aussage nicht als sinnvoll erachtet wurde, ist es ein Fakt, dass die **Einkommensschere** immer weiter auseinander geht. Die drastisch sozialen Gegensätze und Unruhen im Land haben nach der hoffnungsvollen Stimmung, die durch die Fußballweltmeisterschaft genährt wurde, das Klima wieder rauer werden lassen.

Der Hafen von Kapstadt: Wirtschaftsmotor der Kapprovinz

Wirtschaftlicher Überblick
Überblick: Südafrika

Südafrika hat sich nach dem Zweiten Weltkrieg zunehmend **vom Agrar- und Bergbau zum modernen Industrie- und Dienstleistungsstaat** gewandelt. Wenn sich auch die Apartheid-Ära, insbesondere während der 1980er-Jahre, nachteilig auf Wachstum und Wettbewerbsfähigkeit auswirkten, so kam mit dem Ende dieser Zeit auch die wirtschaftliche Wende. Südafrika besitzt eine Fülle von Bodenschätzen, hoch entwickelte Finanz-, Rechts-, Kommunikations-, Energie- und Transportsektoren, eine der 20 wichtigsten Wertpapierbörsen in der Welt und eine moderne Infrastruktur, die einen wirtschaftlichen Vertrieb von Waren im gesamten südlichen Afrika ermöglicht. Südafrika ist heute in der Lage, eine breite Palette von Konsum- und Investitionsgütern zu produzieren und erwirtschaftet rund ein Fünftel des Bruttoinlandsprodukts des gesamten afrikanischen Kontinents.

Vom Agrar- zum Dienstleistungsstaat

Den größten Sektor der südafrikanischen Wirtschaft nimmt die verarbeitende Industrie ein, gefolgt von Bank- und Versicherungswesen, Handel, Gewerbe und dem Dienstleistungssektor. Der Bergbau ist immer noch die größte Exportquelle und auch die Landwirtschaft hat, wenn auch in kleinem Rahmen, ihren Anteil im Wirtschaftssektor und beschäftigt vor allem viele Menschen.

Der Reichtum an Bodenschätzen, ein großes Potential von einheimischen Arbeitskräften und fachliches Know-how sowie moderne Technologien durch Einwanderer aus Übersee bildeten nach dem Zweiten Weltkrieg gute Voraussetzungen für eine florierende Wirtschaft. Der hohe Entwicklungsstandard der Bergbauwirtschaft, ein expandierender Markt und ausländische Investitionsbereitschaft förderten eine bis in die 1970er-Jahre reichende Hochkonjunktur. Die erste Ölkrise verursachte 1974 eine lang anhaltende **Rezession** und der große Aufschwung war vorbei. Mit der zweiten Ölkrise Anfang der 1980er-Jahre kam es zu einem noch tieferen Einbruch. Die Preissituation auf dem Weltrohstoffmarkt führte zu immer größeren Einkommensverlusten und dadurch zu Devisenmangel; der Kursverfall des US-Dollar schwächte Südafrikas Export; die geringe Nachfrage nach Steinkohle (Erdöl wurde billiger) traf den Bergbau hart. Als Folge schrumpfte das Sozialprodukt, das Pro-Kopf-Einkommen ging zurück und die Inflationsrate stieg.

Wirtschaftliche Probleme in den 1970er-Jahren

Stagnation und Niedergang der südafrikanischen Wirtschaft gehen jedoch auch auf **innenpolitische Faktoren** und strukturelle Gegebenheiten während des Apartheid-Systems zurück. So mangelte es an ausreichend ausgebildeten Facharbeitern, um Wachstum zu fördern, und an einer breiten Mittelschicht, um die Nachfrage anzukurbeln. Auch wurden gegen das Apartheid-Regime internationale Sanktionen verhängt und Investitionen abgezogen. Dadurch war das Land zu einer teuren Autarkie gezwungen, d. h. vieles musste im eigenen Land hergestellt werden, was auf dem Weltmarkt günstiger angeboten wurde. Das Erbe dieser Zeit war eine **Staatsverschuldung** von über 350 Mrd. Rand, deren Zinslast immer noch ein großes Loch ins Staatsbudget schneidet.

Die Wirtschaft Südafrikas im 21. Jahrhundert

Zu den großen Problemen, die weitreichende Auswirkungen auf die Wirtschaft haben; zählen eine immer noch hohe Arbeitslosigkeit, Kriminalität, Korruption und die Auswirkungen von HIV/AIDS. Weltweit gesehen ist Südafrika ein mittleres Einkommensland, jedoch bestehen große Unterschiede in der Verteilung des Pro-Kopf-Einkommens. So leben immer noch 40 % der schwarzen Bevölkerung unterhalb der Armutsgrenze. Auch die extrem **ungleichen Besitzverhältnisse** haben zu tiefen Spannungen im Land geführt.

Förderung der Schwarzen im privaten Sektor

Um eine Gleichberechtigung auch auf wirtschaftlichen Ebenen zu schaffen, war es notwendig, die schwarze Bevölkerungsmehrheit gezielt in den Wirtschaftsprozess zu integrieren. Der „Employment Equity Act" und „Preferential Procurement" bewirkten zunächst, dass staatliche Unternehmen mit schwarzen Mitarbeiter/innen besetzt und staatliche Aufträge bevorzugt an von Schwarzen kontrollierte Unternehmen vergeben wurden. Um die schwarze Bevölkerung auch vermehrt in wirtschaftliche Machtpositionen einzubringen, erließ die Regierung Gesetze im Rahmen von **„Black Economic Empowerment" (BEE)**, die die **Gleichberechtigung** auch auf den privaten Sektor erweitern soll. Neben der besonderen Förderung der unter der Apartheid benachteiligten Bevölkerung sollen ihr wirtschaftliche Möglichkeiten eingeräumt werden, z. B. durch die Beteiligung an Firmen (Weinfarmen etc.). Aber auch Wissen soll vermittelt werden. Der BEE-Status eines Unternehmens ist zu einem wichtigen Kriterium für wirtschaftliche Entscheidungen und unternehmerische Gestaltungen geworden.

Wirtschaftssektoren

Die bedeutenden **Wirtschaftsmetropolen** Südafrikas liegen im Norden und Nordosten des Landes, Drehpunkte sind Johannesburg und umliegende Satellitenstädte. Auch Industrie und Bergbau sind vorwiegend im Norden und Osten Südafrikas angesiedelt. Grundlage der Wirtschaft in Südafrika ist nach wie vor ihr Reichtum an **Bodenschätzen**, zu den wichtigsten mineralischen Rohstoffen zählen Gold, Diamanten, Platin, Chrom, Vanadium, Mangan, Uran, Eisenerz und Kohle. Rund 60 % des gesamten Exports entfallen auf diese Güter. Für Platin, Mangan, Vanadium und Chrom führt Südafrika die Weltrangliste an, sowohl in Bezug auf die Roffstoffvorräte als auch was Fördermengen und Exportvolumen anbelangt. Neben der Rohstoffförderung nimmt die **verarbeitende Industrie** eine bedeutende Rolle ein, insgesamt macht die Industrie etwa 32 % des Bruttoinlandprodukts aus. Die Bereiche Maschinenbau, Automobilherstellung (u. a. BMW, VW, Toyota, GM, Daimler haben hier Standorte), Metallverarbeitung, Eisen- und Stahlproduktion, chemische Industrie (vor allem Düngemittel) Informations- und Kommunikationstechnologie sowie Nahrungsmittelverarbeitung haben stetig an Bedeutung gewonnen. Einzig die Textilindustrie leidet unter den asiatischen Billigimporten.

Wichtige Autoindustrie

Südafrika ist ein wasserarmes Land und zwei Drittel der Fläche gilt als **arid** oder **semi-arid**. Regenfälle sind in vielen Landesteilen unzuverlässig, immer wieder gibt es anhaltende Dürreperioden oder aber verheerende Überschwemmungen. Grundsätz-

Die Wirtschaft Südafrikas im 21. Jahrhundert

Die Landwirtschaft ist abhängig von der Bewässerung

lich gilt Südafrika als Land mit einer negativen Wasserbilanz. Die **Landwirtschaft** ist deshalb großenteils von der Bewässerung der landwirtschaftlichen Flächen abhängig, und viele Produkte – wie Wein, Obst, Zitrusfrüchte und Gemüse, aber auch Kartoffeln und Getreide – werden „under irrigation" angebaut. Neben diesen landwirtschaftlichen Erzeugnissen haben die Produktion von **Sonderkulturen** (z. B. tropische und subtropische Früchte) sowie die industrielle Verarbeitung (Trockenobst, Konserven) subtropischer Früchte in den letzten Jahren eine steigende Tendenz erfahren. Problematisch ist allerdings die Situation der kleineren Farmbetriebe, die meist auf Ballungs- und Touristenzentren für den Verkauf ihrer Ware angewiesen sind. Der Anteil des Agrarbereichs am Bruttoinlandsprodukt ist insgesamt rückläufig und beträgt mittlerweile nur noch 3–4 %, wobei die Landwirtschaft allerdings 9 % der Arbeitsplätze stellt sowie im Subsistenzbereich vielen Familien ein zusätzliches Einkommen bzw. Nahrungsmittel liefert. Südafrikas Landwirtschaft ist sehr viel weniger mechanisiert und dafür viel personalintensiver als die in Europa. Sie ist jedoch gut entwickelt und das Land kann sich mit vielen Produkten wie Wein, Obst, Gemüse, Tabak, Wolle oder Zucker erfolgreich am Weltmarkt behaupten. Nahezu die Hälfte der Produktion geht in den Export.

Landwirtschaft für den Export

Mit rund 9 Mio. Besuchern pro Jahr trägt auch der Tourismus zum Bruttoinlandsprodukt (ca. 7,5 %) und zum Devisenaufkommen bei. Die Regierung fördert diesen Sektor stark, da er viele Arbeitsplätze schafft (acht Touristen stehen für einen neuen Arbeitsplatz). Rund 1,5 Mio. Menschen sind im Bereich Tourismus beschäftigt. Der größere Anteil der Besucher kommt aus Afrika, bereits ein Drittel ist aus Übersee, die meisten kommen aus Großbritannien, Deutschland und den USA. Mit einer gut ausgebauten Infrastruktur, Wildparks und Naturschutzgebieten sowie expandierenden Fremdenverkehrsangeboten auch außerhalb der bekannten Küsten- und Großparkgebiete bleibt Südafrika ein attraktives Reiseland.

Herausforderungen und Tendenzen

Arbeitslosigkeit und Armut weiter Teile der Bevölkerung sind die Sorgenkinder der südafrikanischen Wirtschaft und stellen eine der größten Herausforderungen für das Wirtschaftswachstum des Landes dar. Wenngleich die Arbeitslosenquote offiziell mit 23 % angegeben wird, dürfte sie in Wirklichkeit sehr viel höher sein (eher 30–35 %). Um die Situation zu verbessern, bräuchte es ein Wirtschaftswachstum von mindestens 6 %. Dabei wirken die Vorgaben des o. g. BEE vor allem für den Mittelstand mitunter als Bremse. Die aufgrund ihrer relativ geringen Zahl umworbenen schwarzen Manager bevorzugen Großunternehmen und die Mittelständler nehmen ungern schwarze Anteilseigner auf.

Hohe Auswanderungsquote

Nachdem die Regierung die Politik der Umverteilung auch von der Privatwirtschaft verlangte, hat sich dies auch auf die Industriesektoren ausgeweitet. Den Anfang bildete die umstrittene **„Empowerment Charta"** für den Bergbau (26 % des Besitzes in schwarzer Hand). Das Programm wird auch auf andere Industriebereiche angewandt und die Regierung steht dabei unter einem unglaublich hohen Erwartungsdruck, sowohl von Seiten der Bevölkerung, als auch von Seiten der Industrie. Die größte Hürde bei der Umsetzung ist die oft unzureichende Ausbildung neuer Führungskräfte. Ein weiteres Problem ist die stetige Abwanderung von qualifiziertem Personal. Bedingt durch Auswirkungen von BEE-Regulationen fällt es Weißen zusehends schwerer, Jobs in Südafrika zu bekommen und viele, vor allem Ingenieure und Ärzte, wandern nach Großbritannien, Nordamerika und Australien aus.

Die **BEE-Politik** wirkt sich natürlich auch auf das Investitionsklima aus, nach Meinung der Experten steht fest, dass Inverstoren nun nicht mehr so frei agieren können wie in der Vergangenheit, denn jede neu zu übernehmende soziale Aufgabe und Zwangspartnerschaft erhöht die Kosten und steigert das Risiko. Dennoch ist der BEE-Prozess nicht umkehrbar und er wird Südafrika verändern. Die Großen der Wirtschaft haben sich arrangiert; sie tragen den Prozess mit, teils aus Einsicht in die Unvermeidlichkeit, teils mit tiefer Überzeugung in die Richtigkeit. Bei den kleinen und mittleren Unternehmen ist jedoch bei der Umsetzung noch nicht viel geschehen. Auch am Umfang von neuen ausländischen Investitionen wird sich zeigen, wie stark BEE als Hindernis oder zumindest als abschreckender Faktor gesehen wird.

Mangelnde ausländische Investitionen

Der Mangel an ausländischen Investitionen kann auch auf die unsichere Lage der Wirtschaft im Zusammenhang mit **Armut**, **Kriminalität** und **HIV/AIDS** zurückgeführt werden. Noch immer leben 40 % aller schwarzen Südafrikaner unterhalb der Armutsgrenze und HIV/AIDS-bedingte Krankheiten sind, mit 60 % aller Todesfälle, immer noch die häufigste Todesursache in Südafrika. Die Lücken in der Arbeiterschaft, die durch HIV/AIDS entstehen, sind gar nicht zu füllen. Noch ist völlig unklar, wie die Verluste wirtschaftlich aufgefangen werden sollen.

Das wirtschaftliche Wachstum Südafrikas, in Kombination mit einem rapiden Industrialisierungs- und Massenelektrifizierungsproramm im letzten Jahrzehnt, führte dazu, dass die **Stromnachfrage** das Angebot übertraf. Die daraus resultierenden Stromausfälle hatten Produktionsausfälle (z. B. im Bergbau) von bis zu 20 % zur Folge und veranlassten die Regierung zu schnellem Handeln. Der Reaktionsplan sieht Investitionen in Höhe über 300 Mrd. Rand für den Bau einer neuen Kraftwerksgeneration sowie eine Reihe von Maßnahmen zur Reduzierung des Strombedarfs für Haushalte und Industrie vor.

Kapstadt und die Western Cape Province

Die Western Cape Province mit ihren über 5 Mio. Einwohnern – von denen über 75 % im Großraum der Provinzhauptstadt Kapstadt leben – und einer Fläche von rund 130.000 km² verzeichnete eine der besten Wachstumsraten des Landes und das höchste Pro-Kopf-Einkommen aller Provinzen Südafrikas. Die Finanzkrise hat jedoch auch hier ihre Spuren hinterlassen. Und auch die Schere zwischen Arm und Reich wird hier deutlich: die Rate der Geringverdiener und Arbeitslosen ist hoch. Eine nicht zu bestimmende Anzahl von Menschen strömt täglich auf der Suche nach Arbeit in die Townships und von dort weiter in die Industrie- und Innenstadtgebiete. Die wirtschaftliche Gesamtlage ist jedoch trotz mangelnder Groß- und Schwerindustrie im Verhältnis zu anderen Provinzen noch weitgehend gut. Eine Ursache dafür sind sicherlich die breit gefächerten Wirtschaftsbereiche – Landwirtschaft, verarbeitende Industrie, Dienstleistungssektor (inkl. Tourismus), Handel, Banken- und Versicherungswesen –, die auf ein gut ausgebautes Telekommunikations- und Verkehrssystem zurückgreifen können.

Wirtschaftlich erfolgreichste Provinz

Wirtschaftssektoren

Die **Landwirtschaft**, die im Obst-, Gemüse-, Blumen- und Getreideanbau und in der Viehwirtschaft (Strauße, Schafe) allein 10 % aller Arbeitskräfte beschäftigt, ist ein führender Wirtschaftssektor in der Western Cape Province und produziert über 50 % des landwirtschaftlichen Exports. Den lebhaftesten Aufschwung erlebte vor allem der **Weinanbau**, wegen der starken internationalen Nachfrage nach Rotwein entstanden teilweise sogar Engpässe bei der Lieferung. Heute findet man nicht nur im „Weinkeller" Südafrikas (die nordöstlich von Kapstadt gelegenen Regionen Stellenbosch, Franschhoek, Paarl) viele neu angelegte Weinstöcke. Mittlerweile gibt es sogar Überkapazitäten und ein Teil der Ernte wird zur Produktion von Essig und Industrie-Alkohol verwendet.

Immer neue Weinstöcke und Reben im „Weinkeller" Südafrikas

Wein aus Südafrika ist inzwischen allgegenwärtig in den Regalen deutscher Supermärkte. Die Western Cape Province verfügt über 110.000 ha Weinkulturflächen, jährlich werden über 370 Mio. Liter Wein exportiert. Damit ist Südafrika unter den ersten zehn weinexportierenden Ländern der Welt. Ein schmerzlicher Nebeneffekt der Orientierung nach Europa für südafrikanische Weinkenner ist, dass ein besonders guter und edler Tropfen für Einheimische und selbst für Restaurantbesitzer nur schwer zu ergattern ist. Bevor bestimmte Weinmarken auf den südafrikanischen Markt kommen können, werden erst alle verkaufbaren Kontingente nach Übersee vermittelt.

Ideale klimatische Bedingungen

Wegen der klimatisch günstigen Bedingungen am Western Cape kann Südafrika die Off-Season des Nordens nutzen, wenn dort nicht geerntet werden kann. Bei einer Durchschnittstemperatur von 20 °C und einer intensiven Sonneneinstrahlung sind die klimatischen Voraussetzungen von Wein- und Obstkulturen günstig. Nur an Wasser mangelt es in diesen Gebieten, aber Stauanlagen können meist auch in Notzeiten für die notwendige Bewässerung sorgen. Die Western Cape Province ist heute das führende **Wein- und Obstanbaugebiet** Südafrikas. Hier werden 75 % des Obstes und der Tafeltrauben angebaut. Neben Weintrauben sind es vor allem Äpfel, Birnen, Zitrusfrüchte, Aprikosen, Avocado, Bananen, Mangos und Erdbeeren, die für den Export geerntet werden. Die wichtigsten Abnehmer sind die Mitgliedsländer der EU.

Neben Wein und Obst werden auch **Wolle** und **Straußenprodukte** exportiert; **Weizen und andere Getreidesorten** werden vornehmlich in den Regionen Overberg und Swartland angebaut. Auch die **Fleischproduktion** ist an die klimatischen Bedingungen in Südafrika angepasst. In den endlosen Trockengebieten der Großen Karoo dominiert die extensive Weidewirtschaft (Naturweide). Im Nordwesten beschränkt man sich dabei auf Ziegen und Schafe, in der Kleinen Karoo sind es hauptsächlich Strauße. In den niederschlagsreicheren Gebieten werden auch Rinder gezüchtet. Im Küstenbereich und um die Ballungsgebiete findet man auch Milchwirtschaft.

Einen weiteren großen Wirtschaftsbereich machen **Handel**, **Finanzwesen** und **Immobilien** aus. Obwohl die Wirtschaftsmetropolen Südafrikas im Norden und Nordosten des Landes liegen, haben viele Banken und Handelsfirmen ihren Sitz ans Kap der „Guten Hoffnung" gelegt. Im Vergleich zu Johannesburg und Durban hat Kapstadt immer noch eine niedrigere Kriminalitätsrate, was viele Versicherungs- und Finanzgesellschaften zu schätzen wissen. Durch die in den letzten Jahren für Investoren aus Übersee relativ niedrigen Immobilienpreise haben sich der Großraum Kapstadt und die Garden Route zu einem gut florierenden **Immobilienmarkt** entwickelt. Doch der Bauboom vor allem in Touristenzentren, wo immer mehr Hotels entstehen, hat die Grundstückspreise enorm in die Höhe getrieben und macht sie für das Gros der Einheimischen kaum noch erschwinglich. Die meisten Käufer kommen aus Europa, andere aus dem Großraum Johannesburg sowie aus Asien und Amerika.

Steigende Immobilienpreise

Während Investitionen in das Stahl-Projekt in Saldanha Bay die **Industrie** der Region belebt hat, läuft es in anderen Bereichen etwas langsamer an. Im Hightech-Center „Capricorn" in Muizenberg, südlich von Kapstadt, siedeln sich allmählich auf einer neu angelegten Fläche von über 700.000 m² verschiedene Industrie- und Forschungszweige an, hauptsächlich im IT-Bereich, in der Telekommunikation und der Entwicklung medizinischer Geräte. Die nördlich von Kapstadt an der N 1 gelegene „Century City" hat sich zu einem riesigen Geschäfts- und Bürokomplex gemausert, u. a. mit der größten Shopping Mall in Afrika. Der größte Manufakturzweig des Western Cape ist die Bekleidungs- und Textilherstellung, die über 100.000 Menschen beschäftigt. Allerdings verliert sie auch hier an Bedeutung, hauptsächlich wegen billiger produzierter Ware aus China und Osteuropa. Der **Design- und Werbesektor** ist bereits der fortschrittlichste in Afrika und Kapstadt hofft, in der Zukunft das Zentrum für Design und Innovation zu werden. Erste Anzeichen sind bereits vorhanden, Kapstadt gilt als „the most entrepreneural city" in Südafrika.

Fischfang in Südafrika

Der Benguelastrom, der von Süden an Kapstadt vorbei die afrikanische Küste hinaufzieht, führt kühles, sauerstoff- und nährstoffreiches Wasser. Die grüne Farbe des Wassers rührt vom Plankton her, das als erstes Glied einer Nahrungskette die Grundlage für die vielgestaltige Meeresfauna ist. Viele Fische ernähren sich ausschließlich von Plankton, und so liegen ausgesprochen reiche Fischgründe vor der Südwestküste Südafrikas. 75 % des kommerziellen Fischfangs Südafrikas wird an der Westküste des Landes betrieben, über 800.000 Tonnen Fische werden jährlich gefischt, die größtenteils exportiert werden.

Das Zentrum der Fischerei an der Atlantikküste bilden die Standorte Hout Bay, Saldanha Bay, St. Helena Bay und Lambert's Bay sowie einige weiter nördlich gelegene Buchten. Während die Hochseeflotte vorwiegend Frischfisch liefert, ist die Küstenfischerei auf die Herstellung von Fischkonserven, Fischmehl und Öl ausgerichtet. Zu den wichtigsten Fängen der Küstenfischerei gehören Sardellen, Sardinen, Stöcker und Makrelen, aus der Hochseefischerei kommen Seehecht, Seeteufel und Snoek. Die meisten dieser Fische gelten auf dem Weltmarkt als „Niedrigpreis"-Fische. Auch Muscheln und Ti⸺fische werden gefischt. Der Fang von Abalone und Crayfish (südafrikanisc⸺ kleiner Hummer) ist stark reguliert, weil diese Arten weiterhin du⸺ werden.

Der vorhandene Fischreichtum hatte Mitte⸺ gorosen Ausbeutung der marinen Ressourc⸺ besondere Sardinen und Langusten erziel⸺ **Überfischung** geschah teils durch eige⸺ flotten. Zum Schutz für die restlichen ⸺ gung Südafrikas mit Fisch in der Zuku⸺ **Fangquoten** für einzelne Fischarten ⸺ große Verbotszone für ausländische⸺

Mit durchschnittlich 8 Mio. Touriste⸺ gen) ein wichtiger Wirtschaftssektor⸺ hin steigend. In Kapstadt hat sich ⸺ schäften und über 30 Mio. Besuc⸺ ausländische Touristen entwicke⸺ und Touristen anzubinden, ist ei⸺

Wirtschaftlicher Überblick

Die Victoria & Alfred Waterfront: ein Anziehungspunkt für Touristen

mit dem Stadtzentrum verbinden und Bootsfahrten vom Hafen direkt in die nördliche Innenstadt bis zum Artscape Theatre Centre ermöglichen soll.

Wenige Bodenschätze

Im Vergleich zum restlichen Südafrika spielen in der Western Cape Province Bodenschätze trotz der in der Mossel Bay entdeckten (Offshore-) **Gasvorkommen** eine relativ geringe Rolle. Wichtigster **Energieproduzent** ist ein Atomkraftwerk in Koeberg, nördlich von Kapstadt. Alternative Energien wie Wind- und Sonnenenergie werden vor allem aus privater Initiative eingesetzt, wie die zahlreichen Sonnenkollektoren auf den Dächern und einige wenige Windräder zeigen. Die überall sichtbaren, typischen Farmwindräder dienen allerdings nur der Versorgung der Wasserpumpen direkt unterhalb des Rades.

Der **Cape Town International Airport**, von der Größe vergleichbar mit dem Stuttgarter Flughafen, ist der zweitgrößte Flughafen in Südafrika, der von vielen internationalen Fluglinien bedient wird. Der zunehmende Fremden- und Geschäftsverkehr sorgen für eine positive Entwicklung. Von den insgesamt vier großen **Häfen** in der Western Cape Province – Saldanha Bay (größter und tiefster Naturhafen des Landes), Kapstadt, Simon's Town und Mossel Bay – ist Kapstadt der bedeutendste Hafen. Einrichtungen für Container- und RoRo(roll-on-roll-off)-Schiffe sind vorhanden. Saldanha Bay ist der führende Hafen für den Erzexport und weist die größte Umschlagmenge auf. Mossel Bay ist der Haupthafen für die Fischer an der Südküste, die die Fanggebiete die Agulhas Bank abgrasen, und der nächstgelegene Hafen für die in Küstennähe en Bohrinseln.

ungen und Tendenzen

ch in Zukunft Kapstadts größter wirtschaftlicher Faktor
nicht mehr so stark zunehmen, weil die Marktpo-
uch der Boom auf dem Immobilienmarkt wird
ile ist ein Preisniveau erreicht, das sich nur

noch sehr begüterte Südafrikaner und Investoren aus der Ersten Welt leisten können. Ein relativ sicheres Standbein und zukunftsträchtig ist der Weinbau, da die Weinqualität international anerkannt ist. Ein Problem stellen jedoch die begrenzten Anbauflächen dar, die nur noch bedingt erweitert werden können. Andere Bereiche wie Technologie, Design und Werbung werden sich erst beweisen müssen. Der oft gepriesene Fischfangsektor macht zwar den größten Teil des landesweiten Fischfangs und der fischverarbeitenden Produktion aus, wird aber in Zukunft nur unbedeutend zur wirtschaftlichen Gesamtlage der Provinz beitragen. Ähnliches gilt für die Forstwirtschaft.

Weinanbau hat Zukunft

Da Kapstadt das Hinterland fehlt und bisher nicht in große Industrieprojekte investiert wurde, ist auch nicht zu erwarten, dass sich dieses in absehbarer Zeit ändern wird. Hinzu kommt, dass die Wirtschaftsbeziehungen der Western Cape Province mit den SADC (Entwicklungsgemeinschaft des südlichen Afrika) und anderen afrikanischen Ländern durch schwierige Beziehungen mit dem Kongo/DRC und die politisch instabile Lage in Zimbabwe wie auch in zahlreichen anderen Ländern überschattet werden und kurzfristigen Optimismus dämpfen.

Wirtschaftliches Wachstum am Kap wird demnach zukünftig weder einfach noch sicher sein. Es wird abhängen von der Fähigkeit lokaler Firmen und Anteilseigner, die Möglichkeiten zu ergreifen, die in den unterschiedlichen Sektoren entstehen. Und auch das Erkennen von der Synergie zwischen Sektor, Mega-Projekt und Stadtentwicklungsinitiativen ist gefragt. Ob Kapstadt der Sprung zur angestrebten Dienstleistungsmetropole gelingen wird, ist fraglich, denn hier ist die Konkurrenz von Johannesburg und Durban erdrückend.

Kapstadt setzt auf den Dienstleistungssektor

Geografischer Überblick
Lage

Die südafrikanische **Western Cape Province** bildet die **Südwestspitze des afrikanischen Kontinents** und ist mit 129.370 km² etwa so groß wie Griechenland. Die Provinz nimmt etwa 11 % der Landesfläche Südafrikas ein und ist im Westen vom kalten Atlantischen und im Süden vom wärmeren Indischen Ozean eingerahmt. Über den Punkt, wo genau die beiden Ozeane zusammentreffen, streiten sich nicht nur die Experten. Am **Cape Agulhas** (portugiesisch = Nadel), das die äußerste Südspitze des Kontinents bildet, ist die vermeintliche Grenze zwischen dem Atlantischen und Indischen Ozean mit einer Plakette gekennzeichnet, aber die beiden Hauptströmungen laufen tatsächlich erst weiter südöstlich der Cape Peninsula zusammen. Das weltbekannte **Kap der Guten Hoffnung** (engl.: Cape of Good Hope; Afrikaans: Kaap van die Goeie Hope) liegt etwa 200 km weiter nordwestlich der südlichsten Spitze Afrikas. Zwischen Kapstadt und dem Eisrand der Antarktis liegen über 4.000 km offenes Wasser, zum Südpol sind es dann nochmals rund 2.000 km.

Südlichster Punkt Afrikas

Die Provinz Western Cape ist topografisch und klimatisch sehr unterschiedlich. An der südlichen Küstenlinie, die mit Bergen durchzogen ist, besteht die typische Vegetation aus Fynbos (niedrige, kleine Büsche) und ist das Klima gemäßigt. Der Norden der Provinz erstreckt sich tief in das trockene, sehr warme Karoo Plateau, die Westküste kann extrem trocken sein. Auch in der Western Cape Province spiegelt sich die Vielfalt Südafrikas wider: unterschiedliche Höhenlagen mit Gebirgsformationen, Halbwüste und Savanne, Wälder und weite Flächen machen das Land einzigartig.

Kapstadt und Cape Peninsula

Der ältere Teil **Kapstadts** mit dem Stadtzentrum erstreckt sich rund um die Table Bay. Die Tafelbucht öffnet sich nach Nordwesten gegenüber dem Atlantischen Ozean. Nach Südosten reichen Kapstadts neuere Wohnviertel bis an die False Bay heran, im Südwesten setzen die Bergzüge des Table Mountain der Ausdehnung der Stadt eine natürliche Grenze.

Weltberühmter Tafelberg

Kapstadts Wahrzeichen ist der eindrucksvolle, 1.086 m hohe **Table Mountain** (Tafelberg) mit dem breiten, meist wolkenverhangenen Hochplateau. Sein Steilabfall wirkt wie eine Rückwand zur Stadt. Zum Massiv des Table Mountain gehören noch drei weitere Erhebungen, die die Stadt einrahmen: **Signal Hill** (350 m), **Lion's Head** (669 m) und **Devil's Peak** (1.001 m). Schon vor Jahrhunderten war der Table Mountain ein Erkennungszeichen für die Kapitäne auf dem Weg von Europa nach Süd- und Ostasien. Bei guter Sicht ist der Berg aus über 100 km Entfernung vom Meer aus zu erkennen. Tauchte der Table Mountain am Horizont auf, hatten die Segler die Südspitze Afrikas erreicht und konnten nun einen östlichen Kurs Richtung Asien einschlagen. Die **einzigartige Lage zwischen Meer und Bergzügen** macht Kapstadt zu einer der attraktivsten Städte der Welt. Kein Bild kann das persönliche Erlebnis dieser Kulisse ersetzen.

Südöstlich von Kapstadt ragt die **Cape Peninsula**, die Kaphalbinsel, 50 km in den Atlantischen Ozean. Sie ist durch die **Cape Flats**, ausgedehnte, sandige Dünenfelder, mit dem Festland verbunden. An ihrer Südspitze liegt das berühmte **Cape of Good Hope**, dessen Passieren wegen starker Stürme und Unterwasserfelsen lange von Seefahrern gefürchtet war und irrtümlicherweise als südlichster Punkt des afrikanischen Kontinents bezeichnet wurde.

Weitere Umgebung

Östlich von Kapstadt beginnt die berühmte **Garden Route**, die an der Südküste entlang bis Humansdorp kurz vor Port Elizabeth führt. Ob man bei Swellendam, Mossel Bay oder George startet, ist dem Reisenden überlassen. An dieser schmalen, fruchtbaren Küstenterrasse, die den **Bergzügen der Kapiden** vorgelagert ist, wechseln sich Sandstrände mit steilen Kliffküsten ab. Mit dem an manchen Stellen urwaldähnlichen Tsitsikamma National Park, dem Wilderness National Park und der Knysna Lagoon liegen besondere Naturattraktionen am Verlauf der Garden Route. Von George aus gelangt man nach Oudtshoorn ins Zentrum der **Little Karoo,** einer trockenen Hochebene, die durch die Straußenzucht weltweit bekannt ist.

Nordöstlich Kapstadts beginnt das ausgedehnte **Weinanbaugebiet** mit den Hauptorten Paarl, Franschhoek und Stellenbosch. Über Passstraßen und entlang von Tälern fährt man auf den Weinstraßen durch die hügeligen, grünen Anbaugebiete. Die Westküste nördlich von Kapstadt ist dagegen touristisch weniger erschlossen, was sicherlich auch an den eingeschränkten Bademöglichkeiten im kühlen Atlantikwasser und an der Fischindustrie liegt. Südlich von Langebaan liegt in der gleichnamigen Lagune der **West Coast National Park**, ein bedeutendes Feuchtgebiet, in dem auch Vögel der Nordhalbkugel ihr Sommerquartier finden.

Klima

Da Südafrika auf der Südhalbkugel liegt, sind die **Jahreszeiten entgegengesetzt** zu Europa. Obwohl das Land insgesamt zum Klimabereich der Subtropen gehört, gibt es große regionale Unterschiede, die von Faktoren wie Höhenlage, Nähe zum Meer und unterschiedlich temperierte Meeresströmungen abhängen. Kapstadt und die Western Cape Province haben ein sehr angenehmes **mediterranes Klima**, was, neben der geografischen Breite, bestimmt ist durch verschiedene Hochdruckgürtel im südlichen Afrika. Außerdem haben die beiden Meeresströmungen des kühlen Südatlantiks und des wärmeren Indischen Ozeans erheblichen Einfluss auf das Wetter in dieser Region. Durch den aus der Antarktis kommenden Benguelastrom ist der **Südatlantik vor Kapstadt recht kühl**, das Wasser an den Stränden der Westküste hat eine Temperatur von 13–15 ° C. Das kalte Meereswasser verdunstet nur sehr langsam, daher ist die südafrikanische Westküste so regenarm. Der **Indische Ozean östlich von Cape Agulhas ist wesentlich wärmer** als der Südatlantik und ermöglicht hier das ganzjährige Baden an einem der vielen Strände.

Kühler Atlantik

Regenschauer währen meist nicht lange an und das Naturschauspiel ist einmalig

Das mediterrane Klima der Western Cape kennt kaum Wetterextreme und das nahe Meer wirkt sich mäßigend auf mögliche Temperaturschwankungen aus. Im Sommer ist es meist trocken und warm, selten unangenehm heiß. Im Winter wird es etwas unbehaglicher, denn die Gegend um Kapstadt ist Winterregengebiet und besonders am Table Mountain regnen sich die durchziehenden Tiefdruckgebiete ab.

Je weiter man von Kapstadt aus an der Südküste nach Osten kommt, desto gleichmäßiger verteilen sich die Regenmengen auf das ganze Jahr. Entlang der Garden Route ist daher immer mit Schauern zu rechnen. Nur etwa 500 km weiter nördlich, in der Great Karoo, fällt der Niederschlag sogar fast ausschließlich im Sommer.

Temperaturen

Auch die Temperaturen an den Küsten der Western Cape werden von den unterschiedlich temperierten Meeresströmen beeinflusst. An der südöstlichen Küste sind die Temperaturen in der Regel höher als an der Westküste. So ist die Jahresdurchschnittstemperatur an der False Bay südlich von Kapstadt um 4 °C höher als an Kapstadts Table Bay. Die Temperaturen in Kapstadt fallen auch in den Wintermonaten von Juli bis August selten unter 6 °C, meistens ist es eher kühl als wirklich kalt. Frost gibt es wegen der Meeresnähe so gut wie nicht, dafür kann sich aber zumindest der Table Mountain im Winter auch mal schneebedeckt präsentieren. Heiß wird es in den Monaten Dezember bis März, tagsüber werden im Sommer in Kapstadt durchschnittlich 25 °C erreicht, das Thermometer kann auch auf 30 °C ansteigen. Weiter im Landesinneren, z. B. in der Great Karoo, klettern die Temperaturen dann auf bis zu 40 °C.

Niederschläge

Insgesamt gilt Südafrika als niederschlagsarmes Land. Klimatologen bezeichnen es als arid, weil in den meisten Regionen die Niederschlagsmenge geringer ist als die Verdunstungsmenge. Der Durchschnittsniederschlag beträgt nur 460 mm pro Jahr (vgl. München 900 mm/Jahr), insgesamt erhält die Hälfte des Landes weniger als 500 mm, d. h. Bewässerung ist für den Anbau notwendig.

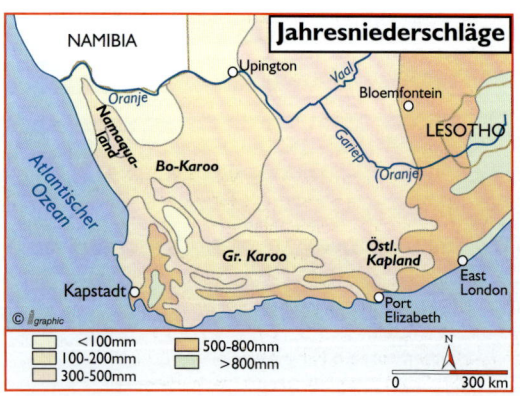

Die Niederschlagsmengen sind wegen des Reliefs regional unterschiedlich. Während am Cape of Good Hope durchschnittlich nur 300 mm pro Jahr fallen, sind es am Südosthang des Table Mountain 1.300 mm. Trotz der hohen Niederschlagsmengen am Table Mountain reichen die Mengen nicht mehr für die Trinkwasserversorgung aus. Weiter entfernte, künstlich angelegte Wasserreservoirs haben diese Aufgabe übernommen. Je weiter man nach Osten und ins Landesinnere kommt, desto gleichmäßiger verteilt fallen die Niederschläge durchs Jahr und umso geringer sind die täglichen und monatlichen Temperaturunterschiede.

Wind: Southeaster

Durch das Passieren von Tiefdruckgebieten in den Sommermonaten kommt es in Kapstadt und Umgebung zu **starken Winden aus südöstlicher Richtung**, die deswegen **Southeaster** genannt werden. Der Wind, der von September bis März mit Geschwindigkeiten von über 100 km/h wehen kann, ist zuweilen auch unangenehm stark, anhaltend und trocken. In solchen Fällen bleibt man besser im Haus und versichert sich, dass die Fenster geschlossen sind. Den inzwischen veralteten Namen *Cape Doctor* erhielt der Southeaster, weil ihm nachgesagt wurde, dass er Kapstadt von Verschmutzung und schlechter Luft befreit. Weiter im Inland verliert der Southeaster seine Kraft, im Weinland und in der Little Karoo ist es generell wesentlich weniger windig.

Nachmittags ein häufiges Bild: der „Table Cloth"

Durch die Kondensation der aufsteigenden, warm-feuchten Luft bildet sich am Table Mountain auch die markante Wolkendecke, **Table Cloth** (= Tischdecke) genannt – ein faszinierendes Phänomen, das sich sehr schnell bildet und über den Berg zieht.

Reisezeit

Obwohl Reisen in die Western Cape klimatisch in jeder Jahreszeit möglich sind, weil die Region als Winterregengebiet mit mediterranem Klima keine extremen Temperaturschwankungen aufweist, ist die bessere Zeit für einen Aufenthalt **zwischen Mitte September und April**. Da auf der Südhalbkugel die Jahreszeiten genau vertauscht sind in Bezug auf Europa, ist es dann Frühling bis Spätsommer in Südafrika. Soll der Aufenthalt am Western Cape in eine **Südafrika-Rundreise** eingebaut werden, sind also besonders das **Frühjahr** und der **Herbst** zu empfehlen, da es im Sommer wiederum im Binnenland sehr heiß werden kann. Außerdem ist von Mitte Dezember bis Mitte Januar in Südafrika Hochsaison: Ferien in allen Schulen, viele Ausflugsziele und Strände sind überlaufen, die Preise sind hoch und die Unterkünfte wochenlang im Voraus ausgebucht. Auch die beiden Wochen um Ostern sind diesbezüglich nicht zu empfehlen.

Die besten Reisezeiten sind zum einen die Zeit zwischen **Mitte September und Anfang Dezember**, denn da blühen die Pflanzen und in der gesamten Zeit herrschen erträgliche Temperaturen. Zum anderen die Zeit zwischen **Mitte Januar und Mitte März**, da ist es warm (im Landesinneren allerdings heiß) und es regnet relativ wenig. Die Wintermonate (Mitte Mai bis Anfang September) eignen sich, wenn Sie individuell und spontan herumreisen wollen, weil in der Nebensaison Vorbuchungen nicht unbedingt notwendig sind und die Preise auch günstiger sind. Für „Sonnenanbeter" ist diese Zeit natürlich nichts, es ist eher kühl und regnet häufig.

Das Kreuz des Südens

Das wohl bekannteste Sternbild des südlichen Sternenhimmels ist das Kreuz des Südens und jeder Besucher des südlichen Afrika hält Ausschau nach dieser markanten Konstellation. Das **Southern Cross**, das nur **südlich des 28. Grads nördlicher Breite** zu sehen ist, liegt in einem relativ hellen Abschnitt der südlichen Milchstraße und ist das flächenmäßig kleinste, aber auch ein relativ auffälliges Sternbild. **Vier sehr helle Sterne und ein weniger heller Stern**, der zwischen dem unteren und dem rechten Stern liegt, bilden ein markantes Kreuz am Himmel. Unweit des Kreuzes sieht man zwei auffällige Sterne, die sog. Zeige-Sterne oder „**pointers**". Auffallend ist auch eine südlich des Southern Cross gelegene Dunkelwolke, der „Kohlesack". Oft wird das Southern Cross mit dem nahe gelegenen *False Cross* verwechselt; Ersteres hat die Form eines Drachen, Letzteres eher die eines Rhombus. Das False Cross hat keinen fünften Stern, ist weniger hell und hat nicht die markanten „pointers" des Southern Cross. Auch scheint sich das Kreuz des Südens je nach Uhrzeit und auch Jahreszeit zu drehen und erscheint an einer anderen Stelle; aber tatsächlich ist es die Erde, die sich dreht.

In der Antike wurde das Kreuz des Südens zum Sternbild des Centaurus gezählt, später dann herausgelöst und fortan diente es den frühen Seefahrern als **Orientierungshilfe für die Ermittlung des Himmelssüdpols**. Weil es am Südhimmel keinen deutlich sichtbaren Polarstern gibt, wurde das Kreuz des Südens zum Wegweiser am südlichen Firmament, ähnlich wie der Große Wagen im Norden. Um das Southern Cross identifizieren zu können, ist es hilfreich, die Südrichtung zu wissen. Je nach Jahreszeit steigt das Kreuz zu unterschiedlichen Uhrzeiten über den Südhorizont. Die Längsachse des Kreuzes weist mit dem hellsten der Sterne bei viereinhalb- bis fünffacher Verlängerung ungefähr auf den südlichen Himmelspol. Wenn man es noch genauer haben möchte, sollte man sich der „pointers" bedienen. Wenn man diese Sterne verbindet und von der Mitte der Verbindungsstrecke die Senkrechte zieht, so kreuzt sie die beschriebene Verlängerung der Längsachse des Südkreuzes. Von diesem Kreuzpunkt fällt man dann die Senkrechte und bestimmt damit genau die Richtung des Südpols. Jetzt sollten Sie einen markierenden Pfeil auf dem Boden zeichnen, damit Sie auch tagsüber wissen, wo Süden ist.

Großlandschaften und geologische Entwicklung

Überblick

Südafrika ist, geologisch betrachtet, eine uralte Landmasse, die sich durch verschiedene geologische Vorgänge über Millionen von Jahren in die heutigen Großlandschaften geformt hat. Grundsätzlich besteht Südafrika aus einem Gebirge, dessen Sockel bereits Teil des Superkontinents Gondwana war, einige Formationen sind 3 Mrd. Jahre alt. Vor ca. 300 bis 100 Mio. Jahren brach Gondwana auseinander und es entstanden neue Kontinente, u. a. auch Afrika. Durch die anschließenden Verschiebungen vom Meer her, tektonische Aufwölbungen, Faltungen, Brüche, Absenkungen, Ablagerungen von Geröll, Meeresüberschwemmungen und Erosion bildete sich das geologische Profil des Landes. Im Großen und Ganzen ist der Aufbau relativ einfach und besteht aus **drei Bereichen**: das Hochplateau oder Highveld, das Randschwellengebirge oder Great Escarpment und das Küstenvorland oder Lowveld.

Geologische Entstehung

Vor rund 70 Mio. Jahren, etwa zur gleichen Zeit der Bildung der Rocky Mountains und der Alpen, entstand ein aus einzelnen Gebirgen bestehender Gebirgswall (**Great Escarpment**), der sich wie ein Bogen an der Küste entlang um das Land zieht. Die Gebirge sind im Osten des Landes (Drakensberge) bis fast 3.500 m hoch, im Westen und Süden bis ca. 2.000 m. Vor dem Randschwellengebirge liegt ein relativ schmaler Küstenstreifen, **Lowveld** genannt, dessen Fläche insgesamt sehr klein ist. Hinter dem Escarpment liegt das zentrale Hochplateau oder **Highveld**, das Höhen zwischen 1.000 und 1.700 m aufweist und nach Norden hin zum abflusslosen Kalahari-Becken allmählich abfällt. Der Untergrund dieses Hochlands ist aufgefüllt mit Gesteinsmaterial, das von den Randgebieten hineintransportiert wurde.

Die Kapprovinz

In der Kapprovinz gibt es noch weitere Gebirgsketten, die den Escarpment vorgelagert sind, die **Kapiden** oder Cape Rocks. Dieser Gürtel ist das Ergebnis von Faltungen, die nordwärts gerichtet sind und über 700 km parallel zur Küste verlaufen. Breite Längstäler teilen die Kapiden in mehrere einzelne Gruppen. Die drei Hauptzüge des Kapgebirges, die auch als Kap-Supergruppe bezeichnet werden, sind die **Table Mountain Serie** (nördlich der Peninsula), die **Bokkeveld Serie** (nördlich von Ceres) und die **Witteberg Serie** (südlich von Matjiesfontein). Weite Teile der heutigen Kapprovinz lagen in einem flachen Meeresbecken, das sich im

Felsformationen nahe den Cederbergen

Norden bis zu den Bokkeveldbergen, östlich entlang der Roggerveld- und Nuweveldberge bis weit über das heutige Port Elizabeth hinaus erstreckte.

Die Gebirgsketten am Kap erreichen Höhen von 1.000–1.500 m und bestehen zumeist aus grau-grünlichem **Table Mountain-Sandstone**, der eine Mischung aus Sandstein und Quarzit ist, relativ langsam verwittert und deshalb so bizarre Formen und Farbvarianten aufweist. Daneben bestehen sie auch aus Witteberg-Quarzit oder dem harten Cape-Granit. Die Küste mit ihren vielen felsigen Buchten und breiten Stränden erhielt ihre Form erst in jüngerer Zeit und besteht aus Sanden, Konglomerat und Kalkstein. Viele der Sande, z. B. in der False Bay oder den Cape Flats, sind von Wasser und Wind abgetragenes Material aus den Bergen des Kaps.

Der **Table Mountain** erreicht eine Höhe von 1.086 m und besteht aus Sandstein- und Schieferschichten des Table Mountain-Sandstone. Er hat keinen einzelnen Gipfel, sondern ist der Form nach eher ein Amboss mit Hochplateau. Nach der Erhebung

Bergzüge der Kapprovinzen

1 Kamiesberg	8 Winterberg-Amathole
2 Roggeveld	9 Suurberg-Kette
3 Nuweveld	10 Baviaanskloof
4 Sneeuberg	11 Kougaberg/Langkloof
5 Suurberg	12 Tsitsikamma
6 Stormberg, Natal (Drakensberg)	13 Swartberg
7 Maloti	14 Langeberg-Kette
15 Sonderend	
16 Hex-River-Berge	
17 Drakenstein	
18 Cederberg-Kette	
19 Bokkeveld-Randstufe	
20 Asbesberg	
21 Langberg	

und Faltung der Kapiden muss die ursprüngliche Höhe des Table Mountain den gegenwärtigen Zustand weit überschritten haben, denn die Schichten des Table Mountain-Sandstone erreichten hier ursprünglich eine Dicke von über 2.000 m. Das uns heute bekannte Erscheinungsbild des Tafelberg-Massivs mit dem Table Mountain und seinen Nachbarerhebungen ist das Ergebnis der Verwitterung seit Jahrmillionen.

Die **Cape Peninsula** ragt südlich von Kapstadt in den Atlantischen Ozean. Ihr felsiges Plateau ist durch die sandigen Dünenfelder der Cape Flats vom Festland getrennt. Die Halbinsel ist ca. 53 km lang, durchschnittlich 8 km breit und hat eine Ausdehnung von 440 km². Mehr als die Hälfte der Fläche der Peninsula liegt über 300 m über dem Meeresspiegel. Die Gesteinsschichten des Table Mountain-Sandstone liegen hier fast horizontal und besonders an der Westküste dominieren schroffe Steilküsten, die durch das Meer heraus erodiert wurden. Die Südspitze der Peninsula ist als *Cape of Good Hope Region* des Table Mountain National Park unter speziellen Naturschutz gestellt.

Schroffe Steilküsten

Die **Cape Flats** bildeten vor ihrer Besiedlung ausgedehnte Dünenfelder nordöstlich und östlich der Stadt und trennten Kapstadt von der False Bay und der Peninsula. Mit ihren aktiven Wanderdünen stellten sie für die ersten holländischen Siedler ein echtes Hindernis dar. Sie nannten diese Gegend, die viel früher einmal unter dem Meeresspiegel gelegen hatte, „Die Groote Woeste Vlake". Man führte Pflanzen ein, um den sandigen Untergrund zu befestigen; heute wird man diese neuen Gewächse nicht wieder los. Eine Reihe von Townships wurde in die Cape Flats gebaut, das Land ist sehr dicht besiedelt.

Little Karoo

Die Little Karoo ist eine große Ebene, die auf einer Höhe von 300 m über dem Meeresspiegel liegt. Von Norden nach Süden dehnt sie sich über 100 km, von Osten nach Westen über 300 km aus. Sie bildet ein Becken zwischen den Höhenzügen der Swartberge im Norden und der Langeberg-Kette und den Outeniqua-Mountain im Süden ist. Die Swartberge sind ein Trenngebirge zur Great Karoo mit Höhen bis zu 2.300 m und bizarren Formen aus Sandstein. Die Langeberg-Kette und die Outeniqua-Mountains grenzen die Little Karoo gegen die Küstenebene des Indischen Ozeans ab.

Great (Central) Karoo

Nördlich der Little Karoo, jenseits der Swartberge, liegt die wesentlich ausgedehntere Great Karoo, eine abwechslungsreiche Landschaft, deren innere Teile vor 240 Mio. Jahren einen großen Binnensee bildeten. Heute zeugen Fossilien von Dinosauriern und Reptilien von dieser Zeit, sie lebten in den sumpfigen Rändern des Gewässers. Auch die Great Karoo ist relativ trocken und die Vegetation besteht vorrangig aus Büschen und Sträuchern. Doch sind hier an die 7.000 Pflanzenarten bestimmt worden, dazu eine reiche Tierwelt, die durch Wiederansiedlungen im Karoo National Park erhalten wird. Hauptort der Great Karoo ist Beaufort West, der direkt an der Eisenbahnstrecke von Kapstadt nach Johannesburg liegt. Nördlich von Beaufort West erstreckt sich mit den Nuweveldbergen ein weiterer bedeutender Bergzug der Kapiden.

Reiche Tierwelt

Namaqualand

Etwa 500 km nördlich von Kapstadt, zwischen Olifants und Oranje River, liegt das Namaqualand, ein trockenes, sandiges Flachland. Vor langer Zeit grenzte es einmal an den Atlantischen Ozean und bildete seine Strände. Das Volk der Nama besiedelte die Gegend erstmals vor etwa 2.000 Jahren. Das Namaqualand ist der Ort eines einmaligen Naturschauspiels. Einmal jährlich verwandeln sich Abschnitte der öden, lebensfeindlichen Region in ein wahres Blütenmeer, wenn im Frühjahr die vielen Pflanzen fast gleichzeitig blühen. 4.000 Pflanzenarten sind im Namaqualand bekannt, darunter viele Sukkulenten und der dickstämmige Quiver Tree („Kokerboom" – Köcherbaum), aus dessen faserigen Ästen die San (Buschmänner) Köcher *(quiver)* für ihre Pfeile herstellten.

Blütenmeer im Ödland

Pflanzenwelt

Mit über 22.000 botanischen Arten – das sind 10 % des gesamten Pflanzenreichtums der Erde – ist Südafrikas Flora nicht nur sehr vielfältig, sondern auch überwältigend schön. Unterschiedliche klimatische Voraussetzungen und Bedingungen verändern das Landschaftsbild oft dramatisch und alle Vegetationsformen sind vertreten. Gräser im Hochland, dichte Wälder an der Garden Route, der typische Fynbos (s. u.) am Western Cape, Dornbüsche und Akazien in der Savannenlandschaft und Sukkulenten in der Karoo.

Im Südwesten der Western Cape ist eines der sechs Florenreiche der Erde heimisch, die artenreiche Kapflora, **Capensis**, die mit 8.500 endemischen Arten die größte Vielfalt auf der Welt zu bieten hat. Das „**Cape Floral Kingdom**" ist das kleinste der botanischen Zonen, aber auch das artenreichste. Während andere Florenreiche sich über einen gesamten Kontinent (z. B. Australien) erstrecken, hat das Cape Floral Kingdom die höchste Konzentration von Pflanzenarten auf kleinem Raum (ca. 93.000 km² oder 0,04 % der Erdoberfläche). Allein im kleinen Nationalpark auf dem Tafelberg in Kapstadt wachsen 14.000 verschiedene Pflanzen und hier kommen mehr Pflanzenarten vor als es Pflanzen in Großbritannien gibt. Die Vegetationsvielfalt ist bedingt durch die vielen verschiedenen Strategien der Pflanzen, auf den nährstoff- und meist auch wasserarmen Böden zu überleben und damit der Hitze und dem Wassermangel zu trotzen.

Fynbos

Als **Fynbos**, ein Afrikaans-Begriff, der ursprünglich aus dem holländischen *(fijn bosch)* ist und mit „feiner Busch" übersetzt werden kann, wird der Großteil der Vegeta-

Auch die Protea gehört zur Fynbos-Vegetation

tion des „Cape Floral Kingdoms" bezeichnet. Fynbos bedeckt die Berge, Täler und Küstenebenen der Western Cape in einem halbmondförmigen Areal vom Gebiet nördlich der Cederberge über die Kaphalbinsel im Süden und entlang des Küstenstreifens bis Port Elizabeth. Fynbos besteht zum großen Teil aus Pflanzen, die an ihren harten, lederartigen und meist schmalen Blättern (Hart-

Fynbos-Vegetation im Anysberg Nature Reserve

laubgewächse) zu erkennen sind. Diese Pflanzenarten gedeihen auf nährstoffarmen Böden, brauchen nur wenig Wasser und geben wegen ihrer schmalen, harten Blätter den Sonnenstrahlen wenig Verdunstungsfläche.

Über 7.700 verschiedene Pflanzenarten gibt es unter dem Fynbos, eine beachtliche Zahl für so ein kleines Gebiet. Von diesen Arten sind ca. 70 % endemisch für das Gebiet und es gibt sieben Pflanzenarten, die es nirgendwo sonst auf der Welt gibt. Allein 600 verschiedene Arten von Erikagewächsen oder Heide findet man unter dem Fynbos, im gesamten Rest der Welt gibt es nur 26 Arten. Auch die mehrstämmigen, buschartigen Proteen, die bis 4 m hoch wachsen, gehören zum Fynbos. Sie besitzen ebenfalls harte Blätter und häufig prachtvolle Blüten. Weit über die Hälfte der weltweit 130 Arten der Gattung Protea kommen im Kapland vor, die **Königsprotea** (King Sugarbush – Protea cynaroides) mit ihrer bis zu 30 cm großen rosafarbenen Blüte ist **Südafrikas Nationalblume**.

Überwältigender Artenreichtum der Flora

Ebenfalls zur Fynbos-Vegetation gehören viele Riedarten und eine Vielzahl an Blütenpflanzen, die wir als Gartenpflanzen kennen, z. B. die Geranie. Auch findet man im Fynbos eine große Anzahl an Gänseblümchen und Zwiebel- und Knollenblumen, wie Fresien, Gladiolen, Lilien und Iris, die in ihrer unterirdischen Knolle oder Zwiebel Wasser speichern können.

> **Hinweis**
> Da viele der Fynbos-Pflanzenarten bedroht sind und die Erhaltung von großer Bedeutung im Naturschutz ist, sind **fast alle Arten geschützt**. Sie dürfen Pflanzen unter keinen Umständen ausgraben, können aber Pflanzen bei lizenzierten (!) Blumenhändlern oder im Geschäft im Kirstenbosch National Botanical Gardens kaufen.

Die Kapflora ist ökologisch sehr empfindlich und die Tatsache, dass man viele Arten nur auf sehr kleinem Raum findet, macht die Vegetation sehr anfällig für Zerstörung und Ausrottung. Eine große Gefahr für den Fynbos und die Pflanzenwelt generell bilden Pflanzen, die aus anderen Kontinenten eingeführt wurden und die einheimische Flora zurückdrängen. Diese Neophyten, die sich schnell verbreitet haben, überwuchern und verdrängen die empfindlicheren südafrikanischen Arten inzwischen. Die

Fragiles Ökosystem

Gefahr durch Überweidung

häufig auftretenden Buschbrände schaden der Fynbos-Flora nur kurzfristig, sie regeneriert sich schnell und viele Arten werden erst durch Feuer im Wachstum stimuliert oder können sich so vermehren. Das Feuer gehört damit zum natürlichen Ökosystem, nicht aber vorsätzliches Abbrennen durch den Menschen. Schädlich für die Vegetation ist auch die Überweidung mit Schafen und Rindern, da nach mehreren Jahren nur ungenießbare oder giftige Pflanzen überleben und solche Fläche dann auch als Weide wertlos wird. Auch die städtische Expansion und die Ausdehnung landwirtschaftlicher Nutzflächen haben zur Folge, dass viele Fynbos-Pflanzen jetzt bedroht sind oder sogar schon ausgestorben sind.

Wälder

Nur 1 % der Gesamtfläche Südafrikas ist bewaldet, davon sind 2,6 Mio. ha natürlicher und 1,2 Mio. ha angepflanzter Wald. Auch wenn es in Südafrika eine Anzahl einheimischer Bäume gibt, bestehen viele Wälder aus importierten Baumarten, wie z. B. Eukalyptus. Auch sind große Bäume relativ selten in vielen Teilen des Landes und die meisten Waldgebiete sind relativ klein. Einige Wälder sind jedoch sehr beeindruckend, wie der **Regenwald** bei George und Knysna sowie der Tsitsikamma National Park mit den hohen Stinkwood, dem Black Ironwood und dem Yellowwood. Viele Waldgebiete liegen in den humiden Küstenebenen entlang des Indischen Ozeans.

In der Kapregion sind die meisten Wälder, auch die immergrünen Wälder abgeholzt und fast gänzlich vernichtet worden. Geblieben sind nur ein paar Restbestände oder Bestand, der in Naturschutzgebieten steht. Eine botanische Attraktion der Gegend sind die lichtdurchfluteten Wälder des **Silvertree** (dt. Silberbaum), der auf gut mit Wasser versorgten Standorten wächst, aber nur selten höher als 10 m wird. Zu finden sind die Silvertrees an den Osthängen des Table Mountain, z. B. rund um den Lion's Head. Nahezu ausgerottet ist dagegen der **Kap-Lorbeerbaum**, der wegen seines wertvollen, harten Holzes besonders im Möbelbau geschätzt war und früher auch nach Europa exportiert wurde. Ebenfalls ein typischer Baum für die Region, der **Milkwood** (dt. Milchbusch), wächst vielfach auf den meeresnahen, älteren Dünen. Der Baum erreicht ein hohes Alter, wird meist nur bis 5 m hoch und produziert einen weißen Milchsaft. Die meisten Waldbestände der Cape Penin-

Vegetationsgebiete

- A Wüste
- B Karoo
- C Ostkap-Sukkulenten
- D Wälder der gemäßigten Zone
- E Subtropische Küstenwälder
- F Mediterrane Wälder
- G Kalahari-Dornsavanne
- H Gräser des Hochlandes

sula sind jedoch bereits in vorigen Jahrhunderten für Schiffbau, Eisenbahns
legrafenmasten und Grubenholz gefällt worden. Die Aufforstungen aus Euk
Pinienarten versuchen zwar, die natürlichen Standortfaktoren zu nutzen,
ursprünglichen Wälder ökologisch aber nicht ersetzen.

Die Kapvegetation hat nur wenige größere Bäume, die in Tälern und Schluc... dem
Abholzen getrotzt haben, wie der immergrüne **Real Yellowwood** oder der **Red Alder**. Einige, bis zu 800 Jahre alte Exemplare des Stinkwood, Yellowwood und **Ironwood** finden sich an der Garden Route im Tsitsikamma National Park. Der imposanteste Yellowwood steht westlich des Tsitsikamma NP gelegenen Knysna Forest. Er ist 39 m hoch, 600 Jahre alt und wird „King Edward Tree" genannt (S. 397).

Wenige Wälder

In den Cederbergen nördlich von Kapstadt wachsen die seltene **Clanwilliam-Zeder** und die **Kapzeder**. Daneben gibt es nichteinheimische Bäume, die von den weißen Siedlern mitgebracht und gepflanzt wurden, z. B. die Stieleiche, die man an vielen Stellen im Straßenbild Kapstadts findet.

Botanical Gardens

Den besten Überblick über die südafrikanische Flora bieten botanische Gärten. Drei der insgesamt neun National Botanical Gardens liegen in diesem Reisegebiet. Der **Kirstenbosch National Botanical Garden** in Kapstadt (S. 277) wurde 1913 von dem Botaniker Henry Pearson gegründet und zeigt die Kapflora in ihrem ganzen Artenreichtum in unterschiedlichen Biotopen, z. B. den Heidegärten oder den Proteafeldern. Nur ein Teil von Kirstenbosch ist als kultivierter Garten angelegt.

Auch der **Harold Porter National Botanical Garden** (S. 456), der inmitten der Fynbos-Region zwischen der Küste und den Bergen bei Kleinmond liegt, bietet einen guten Einblick in die Kapflora. Das wunderschöne Areal bietet gute Erläuterungen zur Vegetation der Kapregion und ist bekannt durch seine Wasserfälle.

Der **Karoo National Botanical Garden** (S. 317) bei Worcester ist ein einzigartiger Garten. Auf insgesamt 154 ha werden eine Vielzahl von Pflanzen der Wüste und der Halbwüste kultiviert. Wanderwege führen durch den großen Teil des Gartens, in dem die Vegetation natürlich belassen ist.

Tierwelt

Überblick

Die „**Big Five**" ist sicherlich der bekannteste Begriff, wenn es um die Tierwelt Südafrikas geht. Zu ihnen gehören der **Elefant** (Elephant), der **Löwe** (Lion) das **Nashorn** (Rhinoceros/Rhino), der **Leopard** (Leopard) und der **Büffel** (Buffalo). Auch wenn es noch nicht in aller Munde ist, spricht man inzwischen häufiger von den „**Big Seven**", die den **Wal** (Whale) und den **Delfin** (Dolphin) als Meeresbewohner einbeziehen. Diese Sieben sind jedoch nur ein kleiner Teil der Artenvielfalt der südafrikanischen Fauna. Zu über 200 Arten von Säugetieren gesellen sich 2.000 Fischarten, 850 erfasste Vogelarten und eine immense Anzahl von Reptilien und Insekten.

Zahlreiche Naturschutzgebiete

Die südafrikanische Regierung hat bereits im 19. Jh. begonnen, zusammen mit zoologischen Gesellschaften **Nationalparks**, **Naturschutzgebiete** und **Naturreservate** einzurichten und Artenschutz intensiv zu betreiben. Ohne diese Bemühungen wären viele Pflanzen und Tiere längst ausgestorben. Neben dem Krüger Park, dem bekanntesten der Nationalparks, erstreckt sich das System der großen und kleinen Schutzgebiete über das gesamte Land. Sie werden von **South African National Parks** (**SANPARKS**) oder einer der regionalen Organisationen (s. S. 108) betrieben. Aber auch außerhalb der Parks und Schutzgebiete können viele Tiere beobachtet werden. Unzählige Antilopenarten, Strauße und andere Vögel, Affen und Reptilien sind nur einige, die dem Reisenden begegnen werden.

Die Western Cape Region

Im Gegensatz zur reichen Pflanzenwelt ist die Fauna der Fynbos-Vegetation relativ artenarm. Großwildtiere kommen hier nur in vereinzelten Parks und Säugetiere mit nur wenigen Arten vor, allerdings sind einige endemisch für die Gegend, z. B. der **Grysbok** (Greisbock) und der **Bontebok** (Buntbock). Der Bontebok gehört zu den seltenen Antilopen Afrikas, sein Lebensraum war auch ursprünglich auf ein kleines Areal am Kap begrenzt. Nachdem er durch Jagd nachhaltig reduziert war, wurde bereits 1931 der Bontebok National Park eingerichtet (S. 439), der in der Nähe von Swellendam liegt.

In den Bergzügen der Western Cape leben andere Antilopenarten, **Leopard**, **Baboons** (Paviane), das **Porcupine** (Stachelschwein) und der **Caracal** (Luchs). Sehr zahlreich sind auf dem Table Mountain und in anderen felsigen Gebieten die murmeltierähnlichen **Rock Dassies** (Klippenschliefer).

Auch endemische Vogelarten leben in den Berghängen des Table Mountain und der benachbarten Bergzüge, so z. B. der **Cape Sugar Bird**, der **Protea Seed-Eater**, der **Cape Siskin**, der **Grassbird** und der **Black Eagle**. An der Meeresküste können neben Möwen auch **Albatros**, **Pelikan**, **Kormoran** und mit Glück der **Afrikanische Seeadler** (African Sea Eagle) gesehen werden. Der **Austernfischer** (Oystercatcher), als bedrohte Art identifiziert, lebt in den z. T. felsigen Buchten entlang der südlichen Küste. Vogelliebhaber können sich im **World of Birds Wildlife Sanctuary** in Hout

Strauße: Einst beliebt wegen ihrer Federn, heute wegen ihres cholesterinarmen Fleisches

Beware of Baboons!

Paviane *(Baboons)* werden Ihnen überall begegnen und **besondere Vorsicht** ist geboten. Durch unverantwortliches Füttern und weil ihr Lebensraum erheblich eingeschränkt worden ist, haben sie sich unbeliebt gemacht durch Raubzüge durch Häuser und immer größere Dreistigkeit um alles, was essbar erscheint. Unter keinen Umständen sollten Sie Baboons füttern! Wenn sie in der Nähe sind, sollte alles Essbare außer Reichweite verschlossen werden. Baboons sind sehr schnell und können aggressiv werden, wenn es um Nahrung geht.

Bay (S. 255) oder auch im **Birds of Eden Park** bei Plettenberg Bay (S. 390) intensiv mit der Vogelwelt beschäftigen.

Strauße (Ostriches) leben in wilder Form meist im Norden Südafrikas, man sieht sie jedoch auch in anderen Regionen. Bereits 1822 wurde der Strauß in Südafrika unter Schutz gestellt. Seine Ausrottung war zu befürchten, da seine Federn heiß begehrt waren. Die Little Karoo um Oudtshoorn ist das Zentrum der südafrikanischen Straußenzucht (S. 340), die hier 1867 mit 80 Tieren begann. 1895 gab es in diesem Gebiet bereits 250.000 Tiere. Von Oudtshoorn aus werden Lederwaren, cholesterinarmes Straußenfleisch, Straußenfedern und andere Produkte in alle Welt exportiert.

Straußenzucht

Südlich von Simon's Town am Boulders Beach lebt eine Kolonie von **Brillenpinguinen** (African Penguins) (S. 266). Diese an Land eher tollpatschig wirkenden kleinen Pinguine sind im Wasser sehr gute Schwimmer und Taucher. Sie brüten meist zwei Eier in flachen Löchern und sind schon von Weitem an ihrem eselsrufähnlichen Gebrüll zu erkennen. Nur zwei weitere Kolonien gibt es in Südafrika, lediglich 28 in der ganzen Welt, deshalb gehören die Pinguine zu den gefährdetsten Tierarten des Landes.

Einige Schildkröten-, Schlangen- und Eidechsenarten können in freier Wildbahn beobachtet werden. Endemisch ist die **Geometric Tortoise** und mit etwas Glück erblicken sie im Fynbos auch ein **Cape Dwarf Chameleon**. Die bis 15 cm langen Chamäleons können ihre kegelförmigen Augen unabhängig voneinander bewegen und benutzen ihren Schwanz beim Klettern als fünftes Glied. Einige wenige der vorkommenden Schlangen, wie die **Cape Cobra** und die **Puff Adder** (Puffotter), sind giftig. Allerdings sind Reptilien meistens an sehr naturnahe, ungestörte Biotope gebunden und scheu. Sollten Sie doch einmal einer Schlange begegnen, bieten sie ihr die Möglichkeit zur Flucht, indem sie ruhig stehenbleiben.

Reptilien

In den Gewässern des Western Capes findet man die verschiedensten Meerestiere, deren **Fischarten** die Charakteristik der beiden Meeresströme widerspiegeln. Sind die Fische des warmen Indischen Ozeans meist auffallend bunt, so erscheinen die des kühlen Atlantischen Ozeans grau gefärbt und eher langweilig. Da sich die Tiere des Meeres bis auf Ausnahmen nur schwer beobachten lassen, ist ein Ausflug in das Two Oceans Aquarium (S. 169) an der V&A Waterfront in Kapstadt unbedingt zu empfehlen.
In der False Bay leben größere **Seehundkolonien**, in denen der **Cape Fur Seal** zu Hause ist. Dadurch werden auch **White Sharks** (Weiße Haie) angelockt, die Jagd auf die Seehunde und Robben machen. Angriffe auf Menschen sind aber äußerst selten,

Muscheln und Quallen

viele Küstenabschnitte sind dennoch besonders geschützt. Auf dem Boden sandiger, flacher Buchten verstecken sich gut getarnt Rochen. Der Rücken des bis 75 cm langen **Blue Stingray** ist sandfarben und mit blauen Sprenkeln durchsetzt, am Schwanz sitzt ein Giftstachel. Giftig sind auch die Tentakel der **Bluebottle**, einem durchsichtig blauen, quallenähnlichen Geschöpf, das aus vielen Einzelindividuen besteht. Verendete Bluebottles werden häufig an den Strand gespült, wo man auch die **Venus Ear** findet, eine Muschel, die innen wunderschön perlmuttfarben ist. Eine Reihe von Löchern nahe dem Rand ist charakteristisch für diese Muscheln. Zwischen Mossel und Plettenberg Bay lebt ein seltener Seeigel, dessen Skelett die eigenartige Zeichnung eines Stiefmütterchens (engl. *pansy*) zeigt, daher wird er **Pansy Shell** genannt.

Beste Walbeobachtungsmöglichkeiten zwischen Juni und Dezember

Besonders erwähnenswert unter den Meeresbewohnern sind die **Wale** (Whales), die unweit von Kapstadt zwischen Juni und Dezember von Land aus zu beobachten sind. Das Zentrum während der Whalewatching-Saison ist Hermanus an der Walker Bay, ca. 130 km von Kapstadt entfernt. Gut zu beobachten sind Wale auch vor Witsand und dem De Hoop NR. Den Großteil des Jahres verbringen die Wale in den planktonreichen, kalten Wassern der Antarktis, Tausende von Kilometern weiter südlich. Die Walweibchen kalben nur etwa alle drei Jahre, allein die Tragzeit nimmt schon ein Jahr in Anspruch. Die meisten Geburten finden im August und September statt. Der häufigste Wal vor Südafrika ist der **Southern Right Whale** (Glattwal). Diese bis zu 18 m langen und 60 Tonnen schweren Wale kommen von Frühling bis Winter in die False Bay und ihre Nachbarbuchten, um sich zu paaren, zu kalben und ihre Jungen aufzuziehen. Neben dem Southern Right Whale kommt in den Gewässern und Buchten um Kapstadt noch der ähnlich große **Humpback Whale** (Buckelwal) vor, allerdings ist er schon seltener zu beobachten. Im Gegensatz zum Southern Right Whale besitzt er Furchen an seinem weißen „Hals" und eine kleine Rückenflosse. Andere Walarten, wie z. B. der **Orca** (auch Killer Whale genannt), kommen nur ab und zu an die afrikanische Südküste. Der Southern Right Whale hat seinen Namen erhalten, weil er als „richtiger" Wal wegen seines hohen Fettgehalts an die Oberfläche schwamm, nachdem Walfänger ihn harpuniert hatten und somit leicht ins Boot gehievt und zerlegt werden konnte. In Kapstadt wurde ab 1806 von Kalk Bay aus Walfang betrieben, Bestände wurden so drastisch dezimiert, dass 1935 ein nationales Jagdverbot für Wale erlassen wurde. Seither haben sich die Bestände wieder erholt.

	Southern Right	**Humpback**	**Bryde's**	**Killer**
Rückenflosse	keine Rückenflosse			
Schwanzflosse			i.d.R. nicht sichtbar	i.d.R. nicht sichtbar
Schwimmflosse			i.d.R. nicht sichtbar	i.d.R. nicht sichtbar
Fontäne				i.d.R. nicht sichtbar

Gesellschaftlicher Überblick

Bevölkerung

Als „**The rainbow people of God**" beschrieb der Kapstädter Erzbischof Desmond Tutu die südafrikanische Bevölkerung aufgrund ihrer ethnischen, sprachlichen und kulturellen Vielfalt. Südafrika unterscheidet sich tatsächlich von den meisten anderen afrikanischen Staaten hinsichtlich seiner Bevölkerungsstruktur.

Das wichtigste demografische Merkmal dieser Bevölkerungsstruktur sind die vier ethnischen Gruppen: Schwarze, Weiße, Farbige (Coloureds) und Asiaten. Diese Gruppierung stammt jedoch aus der Apartheidzeit, dessen Regierung mit dieser Unterteilung auch menschliche Rechte reglementierte sowie politische und wirtschaftliche Dominanz der weißen Minderheitsschicht festlegte. Auch wenn es diese Einteilung heute laut Gesetz nicht mehr gibt, basieren Statistiken immer noch auf diesen Kategorien und viele Südafrikaner sehen sich als zugehörig zu einer dieser Gruppen. Auch heute noch leben die Bevölkerungsgruppen der Regenbogennation weitgehend getrennt und die sozialen Gegensätze stimmen immer noch zu häufig mit den ethnischen Gegensätzen überein.

Bevölkerungsgruppen

Blacks (Schwarze)

Mit 79 % bilden die zu den bantusprachigen Völkern zählenden schwarzen Afrikaner die größte Bevölkerungsgruppe Südafrikas. Der östliche Teil des Landes wurde im 3. Jh. n. Chr. von schwarzafrikanischen Bantustämmen besiedelt, die dort vermutlich Ackerbau betrieben. Weitere Stämme aus nordöstlichen Gebieten wanderten bis ins 19. Jh. ein, wahrscheinlich auf der Suche nach neuen Weidegründen. Es wird angenommen, dass diese Gruppen aus dem Nordosten Afrikas stammen, weil gewisse Gemeinsamkeiten zwischen ihrer und der noch heute in Tansania gesprochenen Klicksprache bestehen.

Einwanderung aus dem Nordosten Afrikas

Die Schwarzen Südafrikas stellen keine homogene Gruppe dar, sondern unterscheiden sich stark voneinander. Insgesamt gliedern sie sich in acht große Hauptgruppen (Zulu, Xhosa, Basotho, Venda, Tswana, Tsonga, Swazi, Ndebele), die jedoch auch nicht homogen sind. So gibt es etwa bei den Zulu ca. 200 verschiedene Stämme und die Bantu sprechende Bevölkerung zählt sich zu den Zulu, den Xhosa oder den Ndebele.

In Kapstadt bilden die **Xhosa** heute die größte Gruppe der Schwarzen. Sie sind während des Wirtschaftsaufschwungs nach dem Ersten Weltkrieg an das Kap gekommen und haben sich nach Abschaffung der Passgesetze zumeist in den illegalen „squatter camps" am Stadtrand Kapstadts niedergelassen. Hinzu kam ein massiver Zustrom von überwiegend aus den Homelands kommenden Schwarzen, die das Leben in einfachen Blechhütten dem in verarmten Landgebieten vorzogen, weil sie auf eine bessere Zukunft für ihre Kinder hofften.

Whites (Weiße)

Die weiße Bevölkerung, die etwa 9 % der Gesamtbevölkerung ausmacht, bildete sich aus den Nachfahren der holländischen (40 %), deutschen (40 %), französischen (7,5 %) und britischen (7,5 %) Siedler, die im Zuge der Kolonisation durch die Holländisch-Ostindische Kompanie (Dutch East India Company) seit 1652 und seit Ende des 18. Jh. durch die der Briten nach Südafrika einwanderten.

Die meisten Buren sind zweisprachig

Auf der Suche nach fruchtbarem Weideland für ihre Viehherden bildeten die immer weiter landeinwärts ziehenden Bauern (Boers, Buren) ihre eigene nationale Identität als **Afrikaaner** heraus. Die meisten Buren lebten ursprünglich auf dem Lande. Sie und ihre Vorfahren haben die südafrikanische Landwirtschaft aufgebaut. Heute jedoch wohnen sie zu 70 % in städtischen Regionen. Ihre kulturelle Identität ist eng an ihre Sprache Afrikaans gekoppelt, rund 55 % sprechen sie zu Hause. Der Rest spricht zwar Englisch, aber beide Sprachen werden von der Mehrheit verstanden.

Die **Englisch sprechenden Weißen** kamen in mehreren Etappen nach Südafrika, wohnten überwiegend in den Städten und prägten daher entscheidend das architektonische und soziale Leben der Städte. Ihr Tätigkeitsfeld war die Wirtschaft, insbesondere Handel und Industrie. Es waren vor allem Englisch sprechende Geschäftsleute, die sich im südafrikanischen Bergbau engagierten und damit die großen Eckpfeiler des Wohlstands setzten.

Coloureds (Farbige)

Jede Person dunklerer Hautfarbe wurde bis ins späte 18. Jh. in Abgrenzung zu den Weißen als „coloured" bezeichnet. Die Apartheid-Regierung klassifizierte im 20. Jh. alle, die nicht afrikanisch, asiatisch oder weiß waren, als Coloured (Farbige). Der Ursprung der Coloureds reicht in die Zeit der holländischen Besiedlung zurück, ihre Vorfahren sind zum großen Teil Khoikhoi, San und Sklaven aus Ostafrika, Malaysia, Indonesien und Indien, aber auch Weiße. Afrikaans ist die erste Sprache der meisten Coloureds, die 9 % der Ge-

Die Coloureds machen einen Großteil der Bevölkerung in der Kapregion aus

samtbevölkerung ausmachen. Sie leben heute vorwiegend in der Western Cape Province und machen mehr als die Hälfte der dortigen Bevölkerung aus.

Die Coloureds umfassen zwei Hauptgruppen, die Griquas und die Kapmalayen. Die Griquas sind Nachfahren von Verbindungen zwischen Khoikhoi, San und Europäern und wohnen hauptsächlich im nordwestlichen und nordöstlichen Teil der Western Cape Province. Die **San**, deren Herkunft nicht eindeutig festlegbar ist, lebten bereits vor 15.000 Jahren im südlichen Afrika und zogen als Jäger und Sammler durch weite Teile des Landes. Felsmalereien in Südafrika, Namibia und Botswana sind heute noch Zeugen ihrer Kultur. Heute leben nur noch wenige San in den Gebieten der Kalahari. Die **Khoikhoi** („die wahren Menschen"), nomadische Viehzüchter, gelangten erst vor 2.500 Jahren in diese Gegend, heute sind deren Nachfahren nur noch in Teilen Namibias anzutreffen.

Erste Bewohner Südafrikas

Die **Kapmalayen** stammen von den Sklaven aus dem süd- und südostasiatischen Raum (Sri Lanka, Indonesien, Malaysia) ab, die von der Dutch East India Company nach Südafrika gebracht wurden. Sie waren zum größten Teil Muslime und bilden eine eigene Gemeinschaft, die vorwiegend im Bo-Kaap, dem Malayenviertel Kapstadts, und auf der Cape Peninsula wohnt. Der Begriff „Kapmalayen" ist irreführend, da sie nicht nur aus Malaysia, sondern aus ganz Asien kommen.

Asiaten

2,6 % der Bevölkerung Südafrikas sind Asiaten, wobei die größte Gruppe die der **Inder** ist, die in zwei Wellen ins Land kamen. Die einen wurden ab Mitte des 19. Jh. überwiegend aus Süd- und Ostindien als Vertragsarbeiter für die Zuckerrohrfelder in Natal angeworben. Da ihnen die Option offenstand, nach Beendigung des Fünf-Jahres-Vertrags im Werte der Rückfahrtspassage Land zu erwerben, entschieden sich viele, in Natal zu bleiben, weil ihnen die Lebensumstände dort mehr zusagten als in ihrer indischen Heimat.

Die andere Gruppe von Indern kam als sog. „Passage-Inder". Sie konnten als britische Staatsangehörige frei reisen und bezahlten ihre Überfahrt selbst. Die meisten dieser Inder waren Muslime, arbeiteten auf Plantagen oder ließen sich in Natal als Geschäftsleute nieder. Viele von ihnen zogen weiter nach Transvaal und in die Kapprovinz, oder eröffneten, im Zuge des „Goldrauschs", Geschäfte am Witwatersrand. 20 % der heutigen südafrikanischen Inder sind Nachfahren jener „Passage-Inder".

Die ersten **Chinesen** waren nach dem Anglo-Burenkrieg als Arbeiter für die Bergwerke am Witwatersrand angeworben worden. 1906 waren 50.000 Chinesen, die meisten von ihnen Analphabeten, im Goldbergbau beschäftigt. Bis 1910 waren die meisten allerdings wieder heimgekehrt, weil für ihre Arbeiten eher Schwarze angeworben wurden. Die nächste chinesische Einwanderungswelle begann um 1920, als wohlhabendere Chinesen in Südafrika gute Geschäftsmöglichkeiten sahen. Die heute vorwiegend am Witwatersrand lebenden Chinesen sind deren Nachkommen. Sie sind, obwohl sie alle Englisch und Afrikaans sprechen, sehr traditionsbewusst und pflegen ihre Heimatsprachen.

Arbeiter für die Bergwerke

Afrikaans

Die Grundlage der kulturellen Identität der Afrikaaner ist eng an die Sprache Afrikaans gekoppelt. Ein Zeichen dafür ist das 1975 auf einem Hügel in der Nähe von Paarl erbaute riesige Denkmal, das *Afrikaanse Taalmonument* (s. S. 308). Afrikaans bildete sich vorwiegend aus dem Niederländisch-Flämischen heraus, daneben gab es deutsche und französische Spracheinflüsse und auch Wörter der Khoisan finden sich in ihr wieder. Nicht zu unterschätzen ist auch der Einfluss der asiatischen Sklaven auf die Sprache, die nicht selten gebildeter waren als ihre Herren.

Die Buren hingegen hatten mit aufkommendem Nationalbewusstsein zu Beginn des 20. Jh. Afrikaans zu einer „weißen" Sprache erklärt und 1925 ihre Verankerung in der Verfassung als Amtssprache neben dem Englischen durchgesetzt. Auch deswegen ist Afrikaans für die meisten Schwarzen ein Symbol für die Sprache der ehemaligen Unterdrücker. Der blutige Schüleraufstand in Soweto brach 1976 auch wegen Afrikaans aus, das die Regierung als Unterrichtssprache in den Townships einführen wollte. Während die Regierung in den Townships scheiterte, brachte sie in Südafrika ansässige Firmen wie die *South African Brewery* und ausländische Autofirmen dazu, Gebrauchsanweisungen auf Afrikaans zu verfassen. Afrikaans wird aber noch mindestens für die Zeit einer Generation die wichtigste Sprache bleiben, denn viele Schwarze sprechen, neben ihrer Bantu-Sprache, nur Afrikaans. Dies trifft vor allem auf ländliche Regionen zu.

Sprachen

Elf offizielle Landessprachen

Um nach Jahrzehnten der Rassendiskriminierung keine Bevölkerungsgruppe zu benachteiligen, existieren seit der Verfassung von 1994 **elf offizielle Landessprachen**: Afrikaans, Englisch, Ndebele, Sepedi, Sesotho, Swasi, Tsonga, Tswana, Venda, Xhosa und Zulu. Entsprechend gibt es elf unterschiedliche Landesnamen. **Englisch** und **Afrikaans** haben sich als Amtssprachen etabliert, aber Englisch ist allgemein die Handelssprache des Landes. Englisch hat inzwischen eine führende Position eingenommen, weil es die Sprache ist, die von allen Bevölkerungsgruppen verstanden wird und die nicht unmittelbar mit dem ehemaligen Apartheid-Regime verknüpft ist.

Über die Hälfte der Weißen, der überwiegende Teil der Coloureds, aber nur ca. 1 % der Schwarzen spricht Afrikaans als Muttersprache. Englisch wird von fast 40 % der Weißen und wenigen Schwarzen zu Hause gesprochen. Die restlichen Sprachen werden vor allem von der schwarzen Bevölkerung als Muttersprache gesprochen, wobei Zulu und Xhosa die hauptsächlich gesprochenen Sprachen sind. Ein Großteil der Bevölkerung Südafrikas beherrscht mehr als eine Sprache.

Religionen

Fast 80 % der Bevölkerung Südafrikas gehören bei geltender Religionsfreiheit und starker konfessioneller Zersplitterung einer christlichen Religion an, wenn auch die Vielfalt der verschiedenen Kirchengemeinden kaum überschaubar ist. Die meisten Mitglieder haben **Afrikaans-sprachige reformierte Kirchen** (z. B. Nederduitse Gereformeerde Kerk), gefolgt von der römisch-katholischen Kirche und den Methodisten. Der bekannteste Vertreter der anglikanischen Kirche ist Erzbischof Desmond Tutu.

Darüber hinaus gibt es „**Unabhängige Schwarze Kirchen**", von denen es mehrere Tausend gibt. Diese Kirchen haben einerseits ihre Wurzeln im christlichen Glauben, integrieren aber auch traditionelle afrikanische Vorstellungen wie den Ahnenkult. Die größte dieser unabhängigen schwarzen Kirchen ist die **Zion Christian Church** (ZCC), die zu Ostern in Moria, im Nordosten Südafrikas, mit Millionen Gläubigen das größte jährliche Kirchentreffen der Welt veranstaltet.

Tausende unabhängige Kirchen

Die Anzahl der vor allem in der Kapregion ansässigen **Muslime** ist steigend. Die Zahl der **Hindu**, vorwiegend Inder, die in KwaZulu-Natal leben, steigt leicht an. Die Gemeinde der **jüdischen Südafrikaner** schrumpft, hauptsächlich aufgrund von Auswanderung.

Bevölkerungsstruktur

Mit über 50 Mio. Einwohnern ist die Republic of South Africa (RSA) der bevölkerungsreichste Staat im südlichen Afrika, allerdings sind Schätzungen (z. B. von der UN) über das Wachstum der Bevölkerung in den nächsten Jahren von einem wesentlich höheren Zuwachs ausgegangen. Die hohe HIV-Infektions- und Sterberate durch AIDS hat bereits heute Auswirkungen auf das Wachstum der Bevölkerung. Auch existieren zwischen den einzelnen ethnischen Gruppierungen Unterschiede bezüglich Geburtenrate, Sterberate und Altersgliederung. Insbesondere zwischen der schwarzen Bevölkerungsmehrheit und der weißen Minderheit gibt es große Disparitäten.

Das Bevölkerungsmuster zeigt einen deutlichen Ost-West-Gegensatz, d. h. die westlichen, trockenen Landesteile sind dünner besiedelt und weisen nur wenige klein- und mittelgroße Städte auf. Die Landflucht in die Metropolen ist weiter anhaltend. Auf der einen Seite hat das zur Aufsiedlung der meist von Weißen verlassenen Gebiete durch Schwarze und Coloureds geführt, auf der anderen Seite steigt die Zahl der Marginalsiedlungen in den Randgebieten der Städte. Die große Mehrheit der Bevölkerung konzentriert sich auf vier Ballungsräume: Tshwane/Pretoria/Johannesburg, Durban und Umland, Großraum Kapstadt und Port Elizabeth/Nelson Mandela Metropole. Hinzu kommt, dass der Verstädterungsprozess weiter-

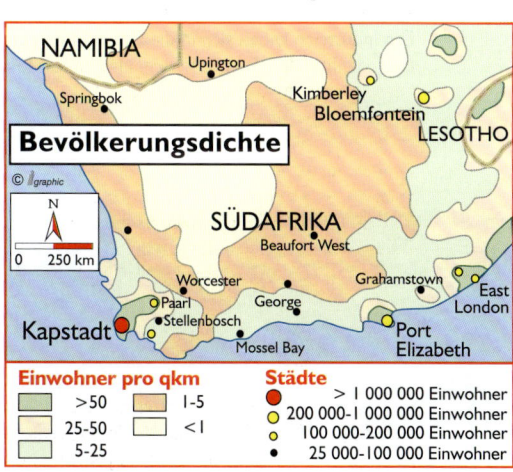

hin anhält. Damit verbunden sind oft nebeneinanderliegende sozioökonomische Diskrepanzen. Hier treffen Erscheinungen der „Ersten" und „Dritten Welt" aufeinander.

Demografie im Großraum Kapstadt

Die Western Cape Province zählt über 5 Mio. Einwohner: 50 % Coloureds, 30 % Schwarze, 19 % Weiße und 1 % Asiaten. Der größte Teil lebt im Großraum Kapstadt. Durch ihre günstige geografische Lage zählt die Stadt auch heute noch zu den bedeutendsten Seehäfen der Welt. Das Handels-, Banken- und Versicherungswesen hat hier seit langer Zeit ein wichtiges Zentrum. Um den Mangel an Baugrund für eine Cityerweiterung zu beheben, wurden im Innenbereich der Tafelbucht insgesamt 114 ha Land im Zuge der Hafenumbauten aufgeschüttet. Hier ist die Waterfront entstanden, ein groß ausgebautes Viertel mit einem vielfältigen touristischem Angebot, das den nationalen und internationalen Fremdenverkehr in Kapstadt gefördert hat.

Downtown Kapstadt

Wie alle südafrikanischen Großstädte hat auch Kapstadt eine „multiracial city", ein innerstädtisches Zentrum, das von allen Bevölkerungsgruppen wahrgenommen wird. Moderne Zweckbauten, durchsetzt mit historisch interessanten Gebäuden und Grünanlagen nahe der **Achse Heerengracht – Adderley Street** oder vor dem einzigartigen Panorama des Table Mountain, verleihen der ältesten Stadt Südafrikas, der **Mother City**, ein charakteristisches kosmopolitisches Gesicht.

In der **Fußregion des Table Mountain** (Norden und Osten) sind die mittelständischen Wohngebiete und Villen erhalten geblieben, in der Luftlinie z. T. nur wenige Kilometer von den dicht bevölkerten Cape Flats entfernt. Es sind die Wohngebiete hoher Beamter, Wissenschaftler und Künstler. Die verschiedenen **Wohnviertel zwischen Sea Point und Camps Bay** werden immer stärker mit exklusiven Apartmenthäusern durchsetzt. In Sea Point selbst findet man viele Hotelbauten und Ferienapartments, ein Zeichen dafür, dass Kapstadt auch vielen Ruheständlern als Alterssitz dient.

Die Industrien haben sich in die **Cape Flats** (sandigen Ebenen) am Rande Kapstadts ausgedehnt, wie z. B. entlang dem kleinen Salt River und weiter Richtung Norden, wo Raffinerieanlagen stehen. Für die Einwohner Kapstadts bedeutet dies Arbeitsplätze, aber auch lange Anfahrtswege. Es entstand ein dichtes Netz von elektrischen Schnellbahnen und Autobahnen mit hohem täglichem Verkehrsaufkommen. Doch bei aller Liberalität, die den Kapstädtern nachgesagt wird, auch an Kapstadt sind die Spuren der Apartheid zu sehen.

Mitchell's Plain, eine Siedlung an der False Bay

Der **Group Area Act** etwa wurde umgesetzt, indem die ursprünglich zwischen dem frühen Industriegebiet und der City gelegenen Wohnbereiche der Coloureds, Inder und wenigen Weißen, der **District Six** (s. S. 156), in den 1960er-Jahren gewaltsam geräumt und bis auf Kirchen und Moscheen dem Erdboden gleichgemacht wurden. Das Gelände sollte ursprünglich der Cityerweiterung dienen, doch blieb es bis zur Jahrtausendwende größtenteils unbebaut. Und auch heute werden die Pläne der Stadtverwaltung, neue Wohnbauten zu errichten, nur sehr langsam umgesetzt.

Die Coloureds und Inder erhielten ab 1973 neu erbaute „**Townships**" (Siedlungen) nördlich und östlich der Innenstadt, Atlantis und Mitchell's Plain. Für die zugewanderten Schwarzen, vorwiegend Xhosa aus der Transkei und Ciskei, legte man im Bereich der sandigen Cape Flats vorgenormte Siedlungen wie Nyanga, Langa und Guguletu an. Daneben entstanden in dieser Zeit in nur wenigen Monaten **Squatter Camps** (Siedlungen aus Blechhütten) nahe dem Flughafengelände, die unter lebhaftem Protest von der Apartheid-Regierung immer wieder beseitigt wurden. Es dauerte meist aber nur wenige Tage, dann waren diese Randsiedlungen erneut da. Sie entwickelten ihre eigene Sozialstruktur, in dem sie z. B. Crossroads anlegten. Inzwischen versucht man, die größte Not in diesen Marginalsiedlungen zu lindern und die Versorgung mit Energie und Trinkwasser zu sichern. Der Zustrom Arbeitssuchender in das inzwischen größte **Township Khayelitsha** („neue Heimat") in den Cape Flats hat dazu geführt, dass inzwischen geschätzte 1,5 Mio. Schwarze und Coloureds dort in Hütten aus Blech, Holz, Plastik und Pappe wohnen.

Auf der Suche nach Arbeit

Sozioökonomische Strukturen

Die unterschiedliche Bevölkerungsstruktur spiegelt sich leider immer noch in ihrer sozioökonomischen Struktur wider. Die durch die Apartheid-Gesetzgebung beeinflusste Bildung, Ausbildung, Erwerbstätigkeit und Einkommensniveau definieren immer noch den sozioökonomischen Status bestimmter Gruppen. Südafrikas Verfassung von 1997 garantiert das Recht auf soziale Sicherheit. Das Land hat ein umfangreiches soziales Netz entwickelt, dieses ist jedoch limitiert oder auf Beiträge und Finanzierung durch Steuern basierend. Auch wenn es beitragsfreie Sozialhilfe für einkommensschwache Gruppen wie Kinder, Ältere, Behinderte und Veteranen gibt, schließen diese Hilfeleistungen eine große Anzahl von Menschen aus. Allgemein gibt es keine Sozialhilfe für arbeitsfähige Menschen zwischen 15 und 59 Jahren. Auch können HIV-Infizierte keine Unterstützung über Sozialhilfe erhalten, weil sie in keine der förderbaren Kategorien fallen. Dennoch erhalten ca. 25 % der Bevölkerung Sozialhilfeunterstützung.

Soziale Gesetzgebung

Arbeitslosen-, Alters- und Krankenversicherungen fallen unter die beitragspflichtigen Leistungen, die von Arbeitnehmern in formellen Beschäftigungsverhältnissen zu tragen sind. Eingeschlossen sind private Rentenfonds und Leistungen bei Arbeitslosigkeit, Unfall oder Krankheit. Ein gesetzliches Rentensystem gibt es in Südafrika nicht, die Altersversorgung unterliegt größtenteils der privaten Initiative.

Trotz zusätzlicher Unterstützung durch mehrere tausend private Hilfsorganisationen, die oft von der Wirtschaft mitgetragen werden, und trotz Entwicklungshilfe des Auslands ist die Kluft zwischen Arm und Reich gewaltig. Über 45 % der Bevölkerung lebt in Armut und über 20 % hat kein Einkommen.

Schwerpunkt Gesundheitsvorsorge

Das vom ANC entwickelte und in den Mittelpunkt ihrer Politik gestellte **Wiederaufbau- und Entwicklungsprogramm** hat zwar den Wohnungsbau, den Ausbau des Erziehungswesens, die Strom- und Trinkwasserversorgung (vor allem in ländlichen Gebieten) und die Schaffung von Arbeitsplätzen beschleunigt. Das Gesundheitswesen in den Städten ist bereits relativ gut entwickelt. Der Schwerpunkt liegt jetzt auf der Gesundheitsversorgung in ländlichen Gebieten, vor allem in Bezug auf HIV/AIDS-Aufklärung. Nur durch umfangreiche und intensivste Maßnahmen können die Lebensverhältnisse für weite Teile der schwarzen Bevölkerung weiter verbessert werden.

Rechtssystem

Das südafrikanische Recht basiert hauptsächlich auf römisch-holländischem Recht mit britischen Einflüssen. Das „Stammesrecht", basierend auf Traditionen und mündlicher Überlieferung, gilt in ländlichen Gebieten als informelles Familienrecht neben den (offiziellen) Gesetzen. Das Justizsystem wurde 1995 stark umgebildet. Das Verfassungsgericht hat u. a. mit seinen Gutachten über den Verstoß einiger 1996 verabschiedeten Artikel der Verfassung gegen unabänderliche Verfassungsgrundsätze Respekt erhalten. Während es bis 1994 britischem Rechtsdenken der „Souveränität des Parlaments" entsprach, kann es Gesetze am neuen Grundrechtskatalog messen und für nichtig erklären.

Sitz in Johannesburg

Das **Verfassungsgericht** (*Constitutional Court of South Africa, Konstitusionele Hof van Suid-Afrika*) mit Sitz in Johannesburg ist das höchste Gericht Südafrikas für die Auslegung der Verfassung des Landes sowie für Rechtsfragen, die den Bereich des Verfassungsrechts berühren. Dies schließt Entscheidungen über die Verfassungsmäßigkeit von Gesetzen und Verfassungsänderungen, über die verfassungsmäßig definierten Befugnisse von Staatsorganen sowie über die mögliche Nichterfüllung der verfassungsmäßigen Aufgaben durch den Staatspräsidenten oder das Parlament mit ein. Das Verfassungsgericht besteht aus elf vom Staatspräsidenten ernannten Richtern, die je nach Alter beim Antritt 12 bis 15 Jahre amtieren.

Alle Straf- und Zivilrechtsachen werden auf lokaler Ebene verhandelt, bevor es in die nächste Instanz geht. Der **Supreme Court of Appeal** ist das höchste Gericht für Zivil- und Strafsachen in Südafrika und sitzt in Bloemfontein.

Bildungswesen

In kaum einem anderen Bereich manifestieren sich die Auswirkungen der Apartheidpolitik so deutlich wie im Bildungswesen. Bis Anfang der 1990er-Jahre herrschte in allen Bildungszweigen eine strikte ethnische Trennung, was sich besonders auf Unterrichtsqualität, Ausstattung der schulischen Einrichtungen, Einschulungsquoten sowie das Bildungsniveau im Allgemeinen auswirkte. Besonders gravierend waren die Bildungsunterschiede zwischen schwarzer und weißer Bevölkerung.

Die rücksichtslose Durchsetzung der Apartheidpolitik im Bildungswesen und eine ungerechte Mittelzuweisung zwischen schwarzen und weißen Schulen waren in der Vergangenheit Anlass für eine wachsende Unzufriedenheit unter der schwarzen Bevölkerung. Der vom ANC aufgerufene Boykott schwarzer Schulen führte allerdings nur dazu, die schon bestehenden Bildungsunterschiede weiter auszubauen.

Eine **allgemeine Schulpflicht** existiert vom 7. bis zum 15. Lebensjahr, vom Grade 1 zur Beendung des 9. Schuljahrs. Generell gehen Schüler vom sog. „reception year" oder Grade R bis zum Abschluss (Matric) nach Grade 12 zur Schule. Im Alter von sieben Jahren beginnt die siebenjährige Primary Education (Grade 1-7), anschließend folgen fünf Jahre Secondary Education (Grade 8-12).

Hoffen auf eine bessere Perspektive

Heute gibt Südafrika im internationalen Vergleich, relativ betrachtet, viel fürs Bildungswesen aus, doch liegt die **Analphabetenquote** immer noch bei 13 % und gravierende Probleme im Bildungssystem bestehen weiterhin. Während die Hälfte der Weißen und Asiaten einen Abschluss von der High School oder sogar einen höheren hat, liegt diese Zahl bei den Schwarzen und Coloureds nur bei ca. 15 %. Für die Schulen innerhalb der Townships und in den ärmeren ländlichen Gegenden stehen nur geringe Mittel zur Verfügung. Die Gebäude sind meist in einem desolaten Zustand, die Klassen sind überfüllt und die Lehrer sind meist unzureichend ausgebildet. Viele Schwarze schicken ihre Kinder deswegen lieber auf eine „weiße" Schule, was lange Anfahrtswege und nur z. T. subventionierte Schulgebühren bedeutet.

Aus Sorge um das Bildungsniveau schicken daher diejenigen, die es sich finanziell leisten können, d. h. vor allem die Weißen, ihre Kinder auf teure **Privatschulen**. Es entsteht ein Teufelskreis, weil oftmals die besser ausgebildeten Lehrer ihren Schülern auf die Privatschulen folgen und in staatlichen Schulen gar nicht oder nur mit weniger gut ausgebildeten Lehrern ersetzt werden. Wenn auch die Regierung durch Programme wie gebührenfreie Schulen und freies Essen in den Schulen versucht, den ärmsten Kindern eine Bildungsmöglichkeit zu gewährleisten, ist das Niveau der Schulbildung für eine große Zahl von Kindern immer noch mangelhaft.

Große Qualitätsunterschiede bei der Bildung

Bis Anfang der 1990er-Jahre blieb die weiße Bevölkerung an den **Universitäten** weitgehend unter sich, Schwarze wurden meist in die Bantu-Education abgeschoben. Mit dem **Higher Education Act** leitete die Regierung 1997 die Umgestaltung des Universitätswesens ein, weil sie Bildung als Schlüssel zur Chancengleichheit und zur Überwindung der Apartheid erkannte. Universitäten und Fachhochschulen wurden zusammengeschlossen und alle 17 Universitäten und sechs Technische Hochschulen sind heute für alle Studierenden offen. Die Zahl der aus allen Bevölkerungsgruppen kommenden Studenten ist seit 1994 um fast das doppelte gestiegen und liegt bei 780.000, wobei sich der Anteil der schwarzen Studenten fast verdreifacht hat.

Hohe Studiengebühren

Obwohl alle südafrikanischen Hochschulen autonom sind, ist Bildung weitgehend Sache des Staates. Alle Universitäten, Technikons und Colleges unterstehen der Obhut des sog. *Council of Higher Education*. Dieser regelt auch die finanzielle Unterstützung der Hochschulen durch öffentliche Mittel, dennoch müssen immer noch rund 1.000 € pro Jahr an Studiengebühren entrichtet werden. Diese Summe ist für viele südafrikanische Familien immer noch unerschwinglich.

Durch eine grundlegende Umstrukturierung des höheren Bildungssystems soll das Studienangebot übersichtlicher und eine internationalere Ausrichtung der Universitäten erreicht werden. Wenn auch die Universitäten Südafrikas zu den besten des Kontinents gehören, so relativiert sich dieser Vergleich im weltweiten Umfeld. Dennoch haben die Universitäten in Kapstadt, Witwatersrand (Johannesburg), KwaZulu-Natal und Stellenbosch einen sehr guten Ruf und können auch international mithalten.

Kunst und Kultur

Südafrika hat aufgrund der ethnischen Vielfalt keine einheitliche Kultur und je nach Region sind die Sitten und Bräuche sehr unterschiedlich. Die Vielfalt der Regenbogennation spiegelt sich nicht nur in den unterschiedlichsten Kulturen wider, die aus allen Erdteilen kommen, sondern auch in den künstlerischen Ausdrucksformen. Diese kulturelle Vielfalt macht das Land für viele Touristen besonders attraktiv.

Neue Impulse für südafrikanische Kultur

Das kulturelle Leben Südafrikas fand während der Apartheid eher auf einem unbedeutenden Nebenschauplatz statt, da zahlreiche Kulturen durch Zensur, Boykott und ein unzureichendes Bildungssystem unterdrückt wurden. Inzwischen haben die Bewohner des „Neuen Südafrika" ein wiederbelebtes Bewusstsein ihrer eigenen Kultur, müssen sich aber auch mit den Kulturen anderer Bevölkerungsgruppen auseinandersetzen. Neu inspiriert wurde die kulturelle Szene auch durch zahlreiche während der Apartheid ins Exil gegangene Künstler, die mit neuen Impulsen zurückkehrten.

Kunst und Kunsthandwerk

Einige wichtige Sammlungen südafrikanischer Künstler sind in Museen und Galerien des Landes zu betrachten. Der Einfluss der unterschiedlichen Kulturen und Bräuche lässt sich aber auch im traditionellen afrikanischen Kunsthandwerk wiederfinden. Die gesamte Palette schwarzafrikanischer Kunst ist überall im Land, an jeder Straßenecke, auf jedem Markt, in jedem Geschäft zu bewundern und zu erwerben. Wer sichergehen will, dass es sich nicht um in China hergestellte Massenware handelt, sollte sich an permanente Märkte oder Community Centers halten. In den Craft Markets an der Victoria & Alfred Waterfront oder auf dem Pan African Market in der Long Street in Kapstadt findet man authentische, in Afrika hergestellte Masken, Skulpturen, Schmuck, und Kunstgegenstände aller Art.

Gutes Kunsthandwerk

Südafrikas Bewohner stellen eine **beachtliche Auswahl von Kunsthandwerk** her, der Einfallsreichtum scheint dabei keine Grenzen zu kennen. Neben den Korbwaren und der Keramik, den bunt bedruckten oder bestickten Stoffen, den fantasiereichen Perlenarbeiten, die bei jedem Gebrauchs- und Schmuckgegenstand zum Einsatz kommen, werden auch Materialien wie Kabel, Plastiktüten, Benzinkanister, Dosen oder Kronkorken zu witzigen und farbenprächtigen Objekten verarbeitet. In dieser, im letzten Jahrzehnt in Südafrika als **Township Art** bekannt gewordenen Kunst produzieren Schwarze aus Metall- und Plastikabfällen Alltagsgegenstände, Figuren und Spielzeug. Als Ausdruck des tristen und armen Lebens in den Townships präsentiert sie sich dennoch oft geradezu in überraschender Farbenpracht. Lampenschirme aus Coca-Cola-Dosen, Radios aus Kronkorken und dreidimensionale, z. T. wunderschöne bunte Collagen erzählen Geschichten vom Leben in den Townships.

 Hinweis
*Hervorragende Auskunft über die gesamte Palette der in Kapstadt zu erlebenden Kunst gibt die im Touristenamt erhältliche „****Arts and Crafts Map****". Übersichtlich gestaltet und jährlich neu aufgelegt, enthält sie mit Lageplan, Öffnungszeiten, Bildern und kurzer Beschreibung der jeweiligen Kunst- bzw. Handwerksrichtung die nötigen Infos, um die wichtigsten Galerien und Kunstgeschäfte auf der Cape Peninsula und Umgebung zu finden.*

Sehr beliebt: Township Art

Musik

Wie die Literatur wurde auch die Musikszene während der Apartheid von kulturüberschreitenden Einflüssen ferngehalten. Heute ist ein neues Bewusstsein für authentische afrikanische Musik entstanden, aber den typischen südafrikanischen Musikstil gibt es nicht. Vielmehr vermischen sich traditionelle und importierte, populäre **Musik in zahllosen Stilen und Facetten**.

Kunst und Kultur

Südafrikanische Stilrichtungen

Viele südafrikanische Stilrichtungen basieren auf dem Jazz, aber auch Einflüsse des Pop, Reggae und Soul haben sich mit den traditionellen Gesängen und instrumentalen Klängen vermischt. Der **Gospel** ist eine Mischung aus von Missionaren eingeführter europäischer Chormusik, afroamerikanischen Traditionen und Gesangsrhythmen, die besonders durch den *Soweto Gospel Choir* bekannt gemacht wurde. **Kwela** ist eine in den 1950er-Jahren entstandene Musikrichtung, die aus den Townships kommt und vor allem vom Jazz beeinflusst wurde. Eine der erfolgreichsten Gruppen ist Mango Groove, die Ende der 1980er-Jahre während der Apartheid gegründet wurde und aus Musikern unterschiedlicher Hautfarbe besteht. Mit ihrer Kombination aus Kwela, Pop, Jazz, Swing und Blues sind sie seit Jahren erfolgreich. Im südafrikanischen **Jazz**, der in der Underground-Bewegung als Ausdruck der schwarzen Identität seinen Ursprung hat, werden heute moderne Elemente mit Folk, traditionellen Klängen, aber auch Klassik verbunden. Hugh Masekela ist einer der bekanntesten Jazz-Musiker Südafrikas. **Kwaito** ist vorwiegend die Musik junger schwarzer Südafrikaner und kombiniert Jazz, Hip-Hop und Township-Musik zu einem neuen, mitreißenden Stil.

Traditionelles Liedgut in Kombination mit Gospelklängen hat die Gruppe **Ladysmith Black Mambazo** zu unglaublicher Vokalkunst vereint. Bekannt geworden sind sie durch ihr Zusammenwirken mit Paul Simon in „Graceland". Auch **Johnny Clegg** mit den Gruppen **Savuka** und **Juluka** haben die Musik Südafrikas weit über die Grenzen hinaus beliebt gemacht.

Einige Musiker sind nach dem Ende der Apartheid aus dem Exil zurückgekehrt. **Miriam Makeba**, bekannt durch ihr „Pata-Pata" und den Click-Song, ist auf Drängen von Nelson Mandela wieder nach Südafrika zurückgekommen. Der nun in Kapstadt lebende Jazz-Musiker **Abdullah Ibrahim**, vor seiner Konvertierung zum Islam bekannt als *Dollar Brand*, hat die Jazz-Szene in Kapstadt maßgeblich beeinflusst. Aus dem Exil und während seines kurzen Aufenthalts in Kapstadt in den 1970er-Jahren hat er Aufnahmen und Konzerte bekannter Jazzmusiker in Südafrika organisiert. Nach seiner Rückkehr gründete Ibrahim eine Musikakademie, die es sich zur Aufgabe macht, südafrikanische Talente zu fördern.

Farbenprächtige Parade

Hauptsächlich durch afrikanische, englische und afrikanisch-amerikanische Balladen beeinflusst wurden die lebhaften Folksongs der Gruppe **Kaapse Klopse**. Ihre Feiern zum Neuen Jahr im Rahmen des **Coon Carnival** in Kapstadt werden von Einheimischen und Touristen gleichermaßen genossen, wenn sie in Kostümen in einer farbenprächtigen Parade durch die Innenstadt ziehen. Im Cape Town Convention Centre (CTCC) findet im März/April alljährlich das riesige **Cape Town International Jazz Festival** statt: In mehreren Hallen können dann Zehntausende Fans die Musik lokaler und internationaler Größen hören.

Das älteste professionelle Orchester in Südafrika, das **Cape Town Symphony Orchestra**, 1914 als *Cape Town Municipal Orchestra* gegründet, tritt in der Old Town Hall bzw. im Artscape regelmäßig auf. Das Amphitheater im **Oude Libertas Centre** in Stellenbosch bietet in den Sommermonaten jazzige, klassische und traditionelle Sommerkonzerte; die Möglichkeit zum Picknicken bildet den besonderen Rahmen. Achten sollte man auch auf die Ankündigungen zu den meist am Wochenende stattfindenden Open-Air-Konzerten in den **Kirstenbosch National Botanical Gardens**.

Theater, Oper, Ballett

Das größte Theater Kapstadts ist das **Artscape**, wo in mehreren Sälen klassische Musik, Theater, Oper und Ballett geboten werden. Das **Fugard Theatre**, im District Six gelegen, zeigt sowohl südafrikanische als auch internationale Produktionen. Erwähnenswert sind zudem das unkonventionellere **Baxter Theater** in der Nähe der Universität in Rondebosch, das **Theatre on the Bay** in Camps Bay und das **Open-Air-Theater** in Maynardville, das hauptsächlich Shakespeare-Stücke aufführt. Das **Opera House** mit 1.200 Plätzen überrascht mit italienischen Kristallleuchtern im großen Foyer und bietet regelmäßige Touren hinter die Kulissen an.

Architektur

Von den halbrunden **Khoikhoi-Hütten**, die aus vergänglichen jungen Bäumen und Grasmatten bestanden, sind keine mehr erhalten. Somit beginnt die Geschichte der charakteristischen Architektur der Western Cape Province erst mit Ankunft der ersten europäischen Siedler. Viele historische Häuser sind heute Denkmäler und Museen, wie das Koopmans de Wet House in der Strand Street, ein typisch kaphollländisches Stadthaus. Der kennzeichnende Charakter der **Cape Dutch Architecture**, der in vielen Variationen vertreten ist, bildete sich Ende des 17. Jh. aus: dicke, weiß angestrichene Mauern, grüne Türen und Fensterläden, Reetdach und elegante, symmetrische Linien. Von den Häusern, die die Trekboers nutzten und die relativ schnell zu errichten waren, stehen heute 70 Replikate in dem gut 30 km südlich von Riversdale gelegenen Ort Puntjie. Die rekonstruierten sog. **Kapstyle Houses** stehen dicht gedrängt auf einem Felsvorsprung über dem Meer. Sie bestehen aus nicht viel mehr als einer A-förmigen Dachkonstruktion („A-Frame"), die direkt auf den Untergrund platziert wird und mit Gräsern bedeckt ist.

Kapholländische Architektur

Art-déco-Häuser am Greenmarket Square

Kapholländischer Stil: Architektur der ersten weißen Siedler

Die landschaftliche Schönheit des Kaplands mit seinen blau-violetten Bergkulissen, den anmutigen Weintälern und der Blütenpracht seiner Gärten scheint keine Steigerung zu kennen – gäbe es nicht die anmutigen kapholländischen Häuser. Sie zeichnen sich durch ihre praktische Einfachheit aus, sind symmetrisch angelegt und gemütlich. Auch wenn dieser Baustil seine Wurzeln in Europa hat, konnte er sich im Kapland weiterentwickeln.

- Die Bauten sind **dem Klima angepasst**: dicke, verputzte Wände, die blütenweiß gestrichen sind, halten extreme Temperaturschwankungen fern.
- Die Gastfreundschaft der Weinbauern fand eine architektonische Antwort: Bedingt durch große Entfernungen und das Fehlen von Gasthäusern, wurden **Empfangsräume und Küchen besonders groß** angelegt.
- Ebenso spiegelt sich die wirtschaftliche Entwicklung in den Bauwerken wider: Waren die ersten Häuser rechteckig, mit zwei einfachen **Giebeln** versehen und verlief an der Vorderseite eine erhöhte Plattform, so wurde mit wachsendem Wohlstand immer mehr Wert auf die Ausgestaltung der Mittelgiebel gelegt. Die frühen Giebel waren dreieckig, erst im 18. Jh. gestaltete sich daraus allmählich die gewundene Form des Kapgiebels. Die Mittelgiebel hatten auch den praktischen Zweck, bei Feuer die aus dem Haus fliehenden Menschen vor herunterfallendem, brennendem Dachmaterial zu bewahren.
- Oft waren die **Fenster mit Sprossen** versehen und hatten in der unteren Hälfte Klappläden, damit das starke Sonnenlicht nicht allzu sehr die Möbel und die Teppiche traf.
- An vielen Hauseingängen gab es sog. **Stalltüren**: Die zweigeteilten Türen, deren untere Hälfte man arretieren konnte, hielt das Vieh aus dem Wohnhaus.
- Später wurden die **Haus- und Hofformen** immer raffinierter, doch blieben sie in der Gesamtkonzeption stets klar und einfach: T-, U- und H-Formen lösten den einfachen rechteckigen Grundriss ab.

In **Stadthäusern** befand sich oft ein **gepflasterter Innenhof**, in dem schattenspendende Bäume gepflanzt waren. Manchmal sogar schmückte ein Teich das Innenviereck. Vor den Häusern pflegte man Eichenbäume anzupflanzen, die im hiesigen Klima schnell wuchsen und für den nötigen Schatten sorgten. Als in Europa die Zeit des Barocks anbrach, wurden – zumindest bei den Leuten, die es sich leisten konnten – die Giebel noch schwungvoller und mit Reliefszenen versehen.

Schöne Zeugnisse des kapholländischen Stils, oft mit anderen Stilelementen vermischt, sind z. B. in Kapstadt das **Koopmans de Wet House** (35 Strand Street, 1701), das **Martin Melck House** (96 Strand Street, 1782) sowie die Herrenhäuser der Weingüter im Constantia Valley, **Groot/Klein Constantia** (1685/1818) und **Buitenverwachting** (1791). **Tulbagh** ist berühmt für seine kapholländischen Häuser und in **Stellenbosch** gibt es die längsten Reihen von alten Gebäuden, etwa entlang der Dorp Street. Im Allgemeinen kann man sagen, dass etwa die Hälfte aller Weingüter kapholländische Herrenhäuser haben.

Als die Briten zu Beginn des 19. Jh. in das Kapland einzogen, herrschte König Georg III. und englische Architektur wurde als „georgianisch" bekannt. Die Siedler am Kap übernahmen das dafür typische Doppelgeschoss und kreierten den **Cape Georgian Style**. Ein Beispiel später georgianischer Architektur ist das heute als Museum genutzte **Bertram House** im Company's Garden, das aus gelb-braunem Klinker besteht. Die schlichte Hausfront wird nur durch einen Erker für die Eingangstür unterbrochen. Die Architektur zur Zeit der englischen Regentschaft (1811–1820) ist der georgianischen ähnlich, jedoch kunstvoller gestaltet. Sie beinhaltet schmiede- und gusseiserne Balkone, Geländer und Oberlichter mit geschnitzten Holzrahmen. Schmiedeeisen war auch während der Herrschaft von Königin Victoria (1837–1901) populär, als viele Dächer aus Wellblech gebaut wurden. Kapstadt bietet vor allem in der Long Street viele Beispiele des **viktorianischen Baustils**. Die teilweise wunderschön renovierten und bunten Häuser mit ihren verzierten und auf Säulen stehenden Balkonen erinnern an den Charme der amerikanischen Südstaaten.

Unterschiedliche Bauweisen

Die dichteste Bebauung mit **Art-déco-Gebäuden** befindet sich zwischen dem Greenmarket Square, einem der schönsten Plätze Kapstadts, und der Grand Parade. Ein Beispiel ist das **Old Mutual Building** mit Skulpturen, die Geschichte, Flora, Fauna und Menschen Südafrikas darstellen.

Literatur

Hinweis
Eine ausführliche Literaturliste finden Sie im Anhang S. 530.

Die ersten literarischen Werke wurden von Einwanderern geschaffen, die über ihr Leben in der harschen und zugleich schönen Landschaft und ihre Erfahrungen mit anderen Menschen und Kulturen erzählten. **Olive Schreiner**, deren „The Story of an African Farm" 1883 erschien, wird oft als erste große Autorin südafrikanischer Literatur bezeichnet. Ihr Leben auf einer Missionsstation, wo sie geboren wurde, und als Gouvernante auf Farmen in der Karoo ist die Grundlage ihrer Geschichten. Ihre Personen repräsentieren verschiedene Seiten afrikanischen Lebens ihrer Zeit, mit Ausnahme schwarzer Afrikaner, wofür ihre Geschichten oft kritisiert werden. Zu den Autoren, die vor dem Beginn der Apartheid veröffentlicht wurden, gehören **Douglas Blackburn**, ein britischer Journalist, **Herman Bosman**, bekannt für seine Kurzgeschichten, und **Alan Paton**, der, selbst ein Weißer, mit *„Cry, the Beloved Country"* auf die Situation schwarzer Afrikaner aufmerksam machte.

Literatur der Einwanderer

Zu Zeiten der Apartheid war es undenkbar, etwas zu schreiben, was die Regierung auch nur indirekt kritisierte, weshalb viele Schriftsteller, das Land verließen und im Ausland unzensiert ihre Bücher veröffentlichten. In den 1950er-Jahren kam eine neue Generation schwarzer Schriftsteller auf, die über ihre eigenen Lebensbedingungen schrieben, ihr Forum war die **Zeitschrift Drum**. Die Veröffentlichungen reichten von Reportagen und Berichten, über satirische Kommentare bis zu Gedichten und Romanerzählungen. Bekannteste Vertreter dieser Zeit sind Henry Nxumalo, Todd Matshikiza, Lewis Nkosi, Can Themba und **Ez'kia Mphahlele**, der mit seinem autobiografischen Roman

„*Down Second Avenue*" das Leben in einem Township beschreibt. Der schwarze Poet **Lesego Rampolokeng** gab seiner Lyrik zusätzlich den Rhythmus jamaikanischer Klänge. **Njabulo Ndebele** wählte Kurzgeschichten als sein Ausdrucksmittel, um bildhaft das Leben unter der Apartheid-Gesetzgebung zu schilden. Mit „*Fools and other Stories*" erlangte der Literaturprofessor literarische Anerkennung. In ihrem in deutscher Übersetzung erschienenen Buch „*In Kapstadt kannst du nicht verloren gehen*" versucht die schwarze Autorin **Zoë Wicomb** in zehn Erzählungen Politik und Literatur zu vereinen.

Nicht nur Nadine Gordimer

Zu den Autoren, die in den 1950er- und 1960er-Jahren an Beachtung, aber auch Verachtung durch das Apartheid-Regime erfuhren, gehören Nadine Gordimer, Bessie Head, Alex La Guma, Breyten Breytenbach und Andre Brink, dessen Bücher die ersten Afrikaans-Bücher waren, die von der Regierung verbannt wurden. Viele dieser Schriftsteller beschäftigen sich mit den Auswirkungen der Apartheid in Südafrika, die sie z. T. am eigenen Leib erfahren haben. Der bekannteste Afrikaans-sprachige Prosa-Autor ist der Literaturprofessor **André Brink**, der aus einem burischen Elternhaus stammt und, entsetzt über das Massaker in Sharpeville, 1960 ins Pariser Exil ging. Sein darauf folgender Kontakt mit dem ANC löste unter den konservativen Buren Empörung aus. Nach seiner Rückkehr aus dem Exil lehrte er zunächst Afrikaans, bevor er 1991 den Lehrstuhl für englische Literatur an der Universität in Kapstadt erhielt.

Nadine Gordimer, die wohl bekannteste weiße Schriftstellerin Südafrikas, die 1991 den Literaturnobelpreis erhielt, verfasste ihre ersten Kurzgeschichten in den 1950er-Jahren. In ihren nachfolgenden Geschichten und Romanen artikuliert sie Fragen und Probleme der mit Schwarzen sympathisierenden Weißen und präsentiert der Außenwelt ein erschütterndes Bild darüber, was es bedeutet unter der Apartheid zu leben. Während sie sich in ihren Romanen (u. a. „*A World of Stangers*", „*The Late Bourgeois World*", „*Burger's Daughter*", „*July's People*") immer intensiver für die schwarze Befreiungsbewegung einsetzt, illustriert sie auch die Widersprüche, in denen sich weiße Liberale und Sympathisanten befanden. 2012 erschien ihr Roman „*No Time Like the Present*" („*Keine Zeit wie diese*", Berlin Verlag).

Lyrik während der Apartheid

Der Lyriker, Maler, Romancier und Essayist **Breyten Breytenbach** verließ Südafrika 1960 und engagierte sich aus dem Exil in Paris als lauter Kritiker der Apartheid-Regierung. Nach seiner Rückkehr läutete er durch die Veröffentlichung seiner auf Afrikaans erschienenen Gedichtbände in den 1970er- und 1980er-Jahren einen neuen Abschnitt in der südafrikanischen Literaturgeschichte ein. International bekannt wurde Breytenbach durch die Verurteilung zu neun Jahren Gefängnis wegen terroristischer Konspiration. Seine Erlebnisse während der Gefangenschaft verarbeitete er in „*Wahre Bekenntnisse eines Albino-Terroristen*" (1984).

Zu den Literaten aus der Western Cape Province mit internationaler Anerkennung gehört der in Kapstadt geborene und in Worcester aufgewachsene **John Maxwell Coetzee**. Der mehrfach mit dem Booker-Preis ausgezeichnete Autor, der 2003 mit dem Literaturnobelpreis ausgezeichnet wurde, vermied direkte politische Aussagen und behandelte Themen wie Macht, Autorität und Geschichte in seinen Romanen in eher unterschwelliger Weise. So führte sein 1999 erschienener Roman „*Disgrace*" (dt. „*Schande*") zu einer großen Debatte in Südafrika, weil er offenlegte, dass auch in der Zeit nach der Apartheid alte Wunden nicht geheilt und neue Ungerechtigkeiten hinzugekommen waren. Seine Kindheitserinnerungen veröffentlichte Coetzee 1998 unter dem Titel „Boyhood: A Memoir. Scenes from Provincial Life" (dt. „Der Junge. Eine afrikanische Kindheit"). Romanhaft schildert der Autor die Geschichte eines Jungen, der in Worcester, einem Provinznest nördlich von Kapstadt, aufwächst. Unsentimental werden die multikulturelle Situation der 1940er- und 1950er-Jahre in Südafrika, das belastende Nebeneinander von Afrikaanern, Engländern, Coloureds und Schwarzen und die individuellen Eigenarten des Jungen beschrieben. Ein Buch, das nicht nur literarisch ein Genuss ist, sondern für den Reisenden des Gebiets zwischen Port Elizabeth und Kapstadt ein Stück Geschichte lebendig werden lässt.

Der bekannteste und beliebteste Satiriker und Kabarettist Südafrikas ist der Kapstädter **Pieter-Dirk Uys**, dessen Mutter aus Berlin stammt. Als er seine Karriere in den 1970er-Jahren als Stückeschreiber begann, war die Themensuche leicht, aber diese auch auf die Bühne zu bringen, war schwieriger, denn schon um 1980 waren über tausend Publikationen von der Zensur betroffen. Daher erfand er die Figur der „Evita Bezuidenhout", eine exzentrisch-naive Burengattin, die in ihrer eigenen Hochmütigkeit die Machtverhältnisse und andere aktuelle Themen widerspiegelt.

Nach der Apartheid öffneten sich die Medien und Meinungsfreiheit wurde ein gängiges Recht. Allerdings verschwanden mit dem Ende der Apartheid die Konflikte und deren Folgen nicht. Es begann die **Ära der Aufarbeitung der Vergangenheit**, z. B. in Biografien und Erfahrungsberichten. Das meistverkaufte Buch in Südafrika ist die Biografie des bekanntesten Einwohners, **Nelson Mandela**, dessen „Long Walk to Freedom" unmittelbar nach seiner Freilassung aus der Haft herausgegeben wurde. Außerdem haben viele weiße und schwarze Autoren in ihren Romanen die Auswirkungen von Hass, Vorurteilen, Brutalität und Ungerechtigkeiten während der Apartheid auf die Menschen heute veranschaulicht. **Zakes Mda** in seinen „Ways of Dying" und „The Heart of Redness" (dt. „Das Herz der Röte"), sowie **Ivan Vladislavic** („Propaganda by Monuments" und „The Restless Supermarket") schreiben über die heutigen Probleme Südafrikas. Auch die Anzahl der sozialkritischen und analytischen Bücher hat zugenommen. Die Standpunkte sind dabei so vielfältig und konträr wie die verschiedenen Milieus, aus denen die Autoren stammen. Besonders eindringlich ist **Mamphela Ramphele**, eine frühere Bürgerrechtlerin, die die sozialen und politischen Missstände des neuen Südafrika anprangert, aber auch konstruktiv kritisiert.

Zeitgenössische Literatur

Die **jüngere Literaturszene** widmet sich den Problematiken der heutigen südafrikanischen Gesellschaft, es wird über Liebe und Fremdenhass, aber auch über Aids geschrieben. Zur neuen Generation von Autoren, für die nicht nur Schwarz und Weiß, Gut und Böse im Vordergrund steht, zählt der in Kapstadt lebende **Damon Galgut**, der in seinen Büchern eine kriselnde westliche Moderne beschreibt, in der viele Menschen an Leere und Orientierungslosigkeit leiden. Sein „In fremden Räumen" erzählt in drei Geschichten von Sehnsucht, unerfülltem Verlangen, Zorn und Mitleid. Wie in vielen anderen Ländern hat sich auch in Südafrika der **Kriminalroman** zu einem erfolgreichen Exportschlager entwickelt, Autoren wie Deon Meyer und Malla Nunn sind bereits in mehrere Sprachen übersetzt. **Malla Nunn**, die in Australien lebt, schreibt an einer Serie von Kriminalromanen, Schauplatz ist Johannesburg während der 1950er-Jahre. **Deon Meyer**, der seine Bücher in Afrikaans verfasst, ist inzwischen ein international bekannter Krimiautor und wird manchmal als *Hennig Mankell* Südafrikas bezeichnet.

2. KAPSTADT UND DIE GARDEN ROUTE ALS REISEZIEL

Allgemeine Reisetipps von A–Z

> **Hinweis**
>
> In den **Allgemeinen Reisetipps von A–Z** finden Sie – alphabetisch geordnet – reisepraktische Hinweise für die Vorbereitung Ihrer Reise und für Ihren Aufenthalt in Südafrika. Auf den darauf folgenden **Grünen Seiten** (ab S. 130) werden Preisbeispiele für Ihre Reise gegeben. Im anschließenden **Reiseteil** (ab S. 144) erhalten Sie dann detailliert Auskunft über Infostellen, Sehenswürdigkeiten mit Öffnungszeiten, Unterkünfte, Restaurants, Verkehrsmittel, Einkauf- und Sportmöglichkeiten und vieles mehr in Kapstadt mit Umgebung und an der Garden Route.
>
> Alle Angaben über Preise, Telefonnummern, Internetseiten, Öffnungszeiten etc. waren zum Zeitpunkt der Drucklegung aktuell, können sich jedoch im Laufe der Zeit ändern. Sollten Ihnen solche Details auffallen, freuen wir uns über Ihre Anregungen und Korrekturen unter info@iwanowski.de.

Alkohol	88
Apotheken	88
Auto fahren und besondere Verkehrsregelungen	88
Autovermietung	89
Behinderte	91
Botschaften und Konsulate	91
Busreisen und Busverbindungen	92
Camper	93
Einreise	94
Eintrittskarten	94
Essen und Getränke	94
Feiertage/Feste/Festivals	98
Flüge	100
Fotografieren	100
Geld	101
Gesundheit	102
Golf	104
Internet	105
Information	106
Kartenmaterial	106
Kinder	107
Kleidung	107
Klima / Reisezeit	108
Kriminalität	108
Maße und Gewichte	108
Nationalparks / Naturreserate	108
Notruf	109
Post	109
Rauchen	109
Schiffsverbindungen	110
Souvenirs	110
Sport	111
Sportereignisse	115
Sprache	116
Sprachschulen	117
Strände	117
Strom	118
Taxi	118
Telefonieren/Telekommunikation	119
Trinkgelder	120
Unterkünfte	120
Wale beobachten	123
Wandern, Bergwandern, Klettern	123
Wein, Weingüter und -anbaugebiete	124
Zeit	125
Zeitungen und Zeitschriften	125
Zoll	126
Züge/Eisenbahn	126

Alkohol

Die meisten Bars und Restaurants haben eine Schankkonzession, d. h. sie sind **licensed**. Das Mindestalter, um Alkohol zu kaufen und zu konsumieren, ist 18 Jahre. In den wenigen nicht lizensierten Lokalen darf zwar kein Alkohol ausgeschenkt, dafür aber mitgebracht und getrunken werden („bring your own"). In den Kapprovinzen gilt dies vor allem für die kapmalayischen (muslimischen) Restaurants.

Alkoholische Getränke können nur in besonderen Geschäften, den sog. **Bottle Stores** oder **Liquor Stores**, gekauft werden. In größeren Supermärkten gibt es Wein, aber keine anderen alkoholischen Getränke. Sonntags ist der Verkauf von Alkohol in jeglichen Geschäften verboten. Bars und Restaurants dürfen hingegen Alkohol auch sonntags ausschenken und auf den Weingütern ist es auch möglich, Wein zu erwerben.

Apotheken

In Südafrika sind Apotheken gleichzeitig Drogerien. Sie heißen **Apteek** (Afrikaans) oder **Chemist** (Englisch). Wie in Europa gibt es auch einen Notdienst.

24-Stunden-Apotheke in Kapstadt s. S. 201.

Auto fahren und besondere Verkehrsregelungen

In Südafrika herrscht **Linksverkehr**. Das südafrikanische **Straßennetz** ist von guter Qualität und relativ dicht, die wichtigsten Verbindungen sind asphaltiert. Auch nicht geteerte *gravel roads* sind gepflegt, deshalb kommt man mit einem Pkw praktisch überall hin. Pisten, die nicht mit normalen Pkws zu befahren sind, sind auf Karten so gezeichnet und auch „sehr raue" Pisten sind bei entsprechend vorsichtiger Fahrweise kein Hindernis.

Es besteht eine generelle **Anschnallpflicht** sowie eine **Promillegrenze** von 0,5 für den Fahrer. Bei Übertretungen muss mit strengen Strafen gerechnet werden.

In ländlichen Gebieten Südafrikas muss man darauf gefasst sein, dass oftmals **Vieh** die Straße überquert. Von Nachtfahrten in ländlichen Gebieten ist abzuraten. Oft fahren unzureichend beleuchtete Fahrzeuge und nicht selten kreuzen Tiere auch nachts die Straßen.

Sie benötigen einen **internationalen Führerschein** mit Foto und Ihrer Unterschrift. Dieser ist gegen Vorlage des nationalen Führerscheins sowie eines biometrischen Lichtbilds beim Straßenverkehrsamt relativ schnell erhältlich, wenn Sie im Besitz eines Kartenführerscheins sind. Ansonsten muss der alte Papier-Führerschein erst gegen einen im Kartenformat getauscht werden, was Kosten verursacht und die Bearbeitungszeit auf viele Wochen ausdehnen kann. Trotzdem ist zum Anmieten eines Fahrzeugs auch der jeweilige **nationale Führerschein** notwendig, außerdem ist der internationale nur in Verbindung mit ihm gültig!

Folgende **Geschwindigkeitsbegrenzungen** gelten: innerhalb geschlossener Ortschaften 60 km/h, auf Landstraßen 100 km/h, auf bestimmten Fernstraßen (Freeways) 120 km/h.

Einige Besonderheiten:
- Auch im Linksverkehr hat **rechts Vorfahrt**, auch im Kreisverkehr.
- **Four-Way Stop**: Viele Kreuzungen weisen an jeder Straße ein Stoppschild (unter dem „4-Way" steht) auf. Das bedeutet, dass derjenige zuerst fahren darf, der als Erster an der Haltelinie zum Stehen gekommen ist.
- Wenn ein Fahrzeug zum **Überholen** Platz macht, bedankt man sich nach abgeschlossenem Überholmanöver mit dem Warnblinker.
- **Parkwächter** an offiziellen Parkflächen werden mittlerweile von den Städten und Gemeinden „autorisiert". Sie bekommen zwar kein Geld von Staatsseite, dafür aber bürgt der Staat dafür, diese Parkwächter vorher auf Ehrlichkeit „geprüft" zu haben. Das System klappt gut und gibt vielen Menschen eine Chance auf Arbeit. Zu erkennen sind die offiziellen Parkwächter an auffälligen, meist gelben oder orangefarbenen Jacken oder Westen. Für das Bewachen des Fahrzeugs sollte man nach der Rückkehr 3–5 R geben.

▶ **Tankstellen**

Das Tankstellennetz in Südafrika ist dicht, an den National- und Landstraßen haben die großen Firmen (Shell, Engen, BP etc.) oft 24 Stunden geöffnet. Ansonsten sind Tankstellen 7–18 Uhr geöffnet. An allen Tankstellen übernehmen Tankwarte das Tanken. Ein kleines Trinkgeld ist angebracht. Benzin muss meist bar bezahlt werden, Kreditkarten werden selten akzeptiert!

Hinweis

Man sollte den Tankvorgang beobachten und darauf achten, dass Benzin auch tatsächlich eingefüllt wird. Einem Leser passierte es, dass der Tankwart zwar so tat und auch Geld kassierte, aber kein Benzin eingefüllt hatte.

▶ **Automobilclub**

Die **Automobile Association of South Africa (AA)** bietet hervorragende Dienste für den Autoreisenden an. Wenn man Mitglied z. B. im ADAC oder AvD ist, erhält man gegen Vorlage des Mitgliedsausweises kostenlos Informationen, u. a. Karten und Tourenratschläge. Diese sind auch in den Touristikabteilungen der europäischen Clubs erhältlich.
Informationen im Internet: www.aa.co.za
Notfallnummer des AA in Südafrika (rund um die Uhr): ☏ 083 843 22

Kapstadt
Cavendish Square Mall in Claremont, ☏ (021) 683-1410
Somerset Mall in Somerset West, ☏ (021) 851-0827
Tyger Valley Shopping Centre in Tyger Valley, ☏ (021) 914-2265
Meadowridge Village Shopping Centre in Cape Town, ☏ (021) 715-2850

Port Elizabeth
Walmer Park Shopping Centre in Port Elizabeth (Walmer), ☏ (041) 368-6452

Autovermietung

Die Kombination von Mietwagen, Unterkünften und Inlandsflügen erweist sich zur Überbrückung weiter Strecken gerade für Südafrika als optimal. Wenn nicht die Kombination, so sollten Sie zumindest Ihr Fahrzeug bei einem Veranstalter in Deutschland vorausbuchen. Die hier gewährten Preise sind niedriger als in Südafrika selbst und das Fahrzeug steht sicher am Flughafen bereit – so sind Sie vor Ort frei von Organisationsstress. Auf diese Weise kann man einen wirklich individuellen Südafrika-Urlaub gestalten. Buchungen von Kombination oder Fahrzeugen sind z. B. möglich bei Iwanowski's Individuelles Reisen, ☏ 02133-26030, www.afrika.de.

▶ Autovermieter

Die großen internationalen Mietwagenfirmen in Südafrika verfügen über große Fahrzeugflotten mit unterschiedlichen Fahrzeugtypen. Auch wenn die lokal operierenden Vermieter möglicherweise günster sind als die überregional arbeitenden Unternehmen, sollte ein lokaler Vermieter nur dann in Erwägung gezogen werden, wenn man sich im engeren Umkreis bewegt. Die kleinen Firmen mögen für Leute mit schmalem Geldbeutel eine Alternative bieten, vor allem bei längeren Aufenthalten und wenn man sich nur in der Umgebung von Kapstadt bewegen möchte. Sobald man weite Fahrten vorhat oder „one-way" fährt, empfiehlt sich die Anmietung bei einer der großen Firmen. Und im Falle einer Panne oder eines sonstigen Notfalls wird man den schnellen, professionellen Service zu schätzen wissen. Außerdem vermieten die großen Firmen stets neuwertige Fahrzeuge, während die lokalen Anbieter zumeist gebrauchte Fahrzeuge zur Verfügung stellen, die mind. vier Jahre alt sind.

Avis Rent-A-Car, internationale Reservierungen/Hotline ☏ (01805) 217-702, www.avis.de
Budget Rent-A-Car, Reservierungen ☏ (01805) 21 77 11, www.budget.de
Dollar, Reservierungen, ☏ (030) 2432-63568, www.dollar.de
Europcar, Service Center, ☏ 0180 58000, www.europcar.de
Hertz, internationale Reservierungen ☏ (01805) 333-535, www.hertz.de
Sixt, Reservierungen ☏ (0180) 525-2525, www.sixt.de

Tipp
Für die heißen Sommermonate sollte man auf jeden Fall ein Auto mit Klimaanlage wählen. Ein Wagen mit Automatik fördert die Fahrkonzentration und erleichtert die Gewöhnung an den Linksverkehr.

Die Kapprovinzen, besonders die Tour um die Kaphalbinsel, zählen zu den schönsten Motorradregionen der Welt. Adressen zu Vermietungen von **Motorrädern** und Touren s. S. 249.

▶ Grenzübertritte

Die Fahrzeuge der o. g. Firmen sind auch zugelassen für Namibia, Botswana, Lesotho und Swasiland. Die Einwegmiete Südafrika–Namibia wird derzeit mit ca. 4.600 R berechnet, Südafrika–Botswana mit ca. 2.300 Rand. Bei allen Vermietern muss man für Fahrten in die genannten Länder einen **Letter of Authority** bestellen. Fahrten nach Angola, Malawi, Zambia und Zimbabwe sind derzeit nicht gestattet. Nach Mosambik gibt es einzelne Ausnahmen. Die staatliche **Cross Border Fee** (Straßensteuer) für das Fahrzeug muss bei Grenzübertritt zusätzlich gezahlt werden. Auch Einwegmieten innerhalb Südafrikas, z. B. zwischen Port Elizabeth und Kapstadt, werden oft berechnet, betragen aber meist nur eine Tagesmiete.

▶ Versicherungsabkürzungen
CDW (Collision Damage Waiver): Vollkasko mit Haftungsbefreiung für Schäden am Mietwagen.
TP (Theft Protection): Diebstahlversicherung, bei der man aber unbedingt die Bedingun-

gen lesen sollte, weil i. d. R. der Diebstahl von Einzelteilen (Reifen, Felgen, Spiegel etc.) nicht abgedeckt ist).
PAI (Personal Accident Insurance): Deckt bei Unfall oder Todesfall Fahrer und Mitfahrer ab, wobei die maximal auszuzahlende Versicherungssumme nach europäischen Maßstäben sehr niedrig ausfällt.

Hinweise

Bei allen o. g. Versicherungen ist das **Gepäck**, das persönliche Hab und Gut, nicht mitversichert. Schließen Sie dafür eine **Reisegepäckversicherung** am besten schon in Europa ab.
Geben Sie bereits bei der Buchung an, ob Sie mit dem Mietfahrzeug auch **außerhalb von Südafrika** fahren möchten.
Achten Sie darauf, dass das Mietfahrzeug auch **für Fahrten auf Schotterstraßen** *(gravel roads)* versichert ist. In den meisten Fällen sind Schäden an Scheiben nicht versichert, deshalb ist bei der Abholung besonders darauf zu achten, dass keine Glasschäden vorhanden sind.

Behinderte

Südafrika versucht seit Jahren, sich auf die Bedürfnisse behinderter Reisender einzustellen, aber auch hier ist adäquates Leben und Reisen für Menschen mit Behinderungen nur mit Einschränkungen möglich. Die Bemühungen der Nationalparkbehörde Südafrikas haben dafür gesorgt, dass es in allen Parks für Rollstuhlfahrer Zugang zu vielen Teilen gibt und die meisten Parks haben auch behindertengerechte Unterkunfts- und Campingmöglichkeiten.
South African National Parks (SANP) P.O. Box 787, Pretoria 0001,
☏ (012) 428-9111, 🖷 (012) 426-5500, www.sanparks.org.

Die Organisation **Disabled People of South Africa**, die ein Zentrum in jeder Provinz des Landes unterhält, arbeitet seit Jahren auf ein behindertengerechtes Südafrika hin.
DPSA, 6th Floor, Dumbarton House, 1 Church Street, Cape Town,
☏ (021) 422 0357, www.dpsa.org.za.

Botschaften und Konsulate

▶ in Deutschland
Botschaft der Republik Südafrika (Embassy of the Republic of South Africa)
Tiergartenstr. 18, 10785 Berlin, ☏ (030) 22073-0, 🖷 (030) 220730-190, www.suedafrika.org
Generalkonsulat der Republik Südafrika
Sendlinger-Tor-Platz 5, 80336 München, ☏ (089) 231-1630, 🖷 (089) 231-16353,
consular@sa.consulate.de, munich.consular@foreign.gov.za

▶ in der Schweiz
Botschaft der Republik Südafrika
Alpenstr. 29, 3006 Bern, ☏ (031) 350-1313, 🖷 (031) 351-3944, www.southafrica.ch

Allgemeine Reisetipps von A–Z

Generalkonsulat der Republik Südafrika
114, rue de Rhône, 12041 Genf, ☎ (022) 849-5454, 📠 (022) 849-5432

▶ **in Österreich**
Botschaft der Republik Südafrika
Sandgasse 33, 1190 Wien, ☎ (0132) 320-6493, 📠 (0132) 320-649351,
vienna.ambassador@foreign.gov.za
Konsulat der Republik Südafrika
Villefortgasse 13/II, 8020 Graz, ☎ (0316) 322-548

▶ **in Südafrika**
Deutschland
Embassy of the Federal Republic of Germany (Botschaft)
180 Blackwood St., Arcadia, Pretoria 0083, ☎ (012) 427-8900, 📠 (012) 343-9401,
www.southafrica.diplo.de
Consulate General of the Federal Republic of Germany (Generalkonsulat)
19th Floor, Triangle House, 22 Riebeek St., Cape Town 8001,
☎ (021) 405-3000, 📠 (021) 421-0400, www.kapstadt.diplo.de,
Pass- und Visaabteilung: (021) 405-3052 (Mo–Do 14–16 Uhr), 📠 (021) 405 3010
Honorary Consul of the Federal Republic of Germany (Honorarkonsulat)
Ecke William Moffat/Circular Drive, Walmer, Port Elizabeth 6070,
☎ (041) 397-4700, 📠 (041) 397-4730

Schweiz
Embassy of Switzerland (Botschaft)
225 Veale St., Parc Nouveau, New Muckleneuk, Pretoria 0181,
☎ (012) 452-0660, 📠 (012) 346-6605, www.eda.admin.ch
Consulate General of Switzerland (Generalkonsulat)
1 Thibault Square, 26th Floor, Cape Town 8001, ☎ (021) 400-7500, 📠 (021) 418-3688
auch Botschaft Jan.–März ☎ (021) 418-3669, 📠 (021) 418-1569
www.eda.admin.ch/capetown

Österreich
Embassy of Austria (Botschaft)
454 A Fehrsen St. (Eingang William St), Brooklyn, Pretoria 0181
☎ (012) 452-9155, 📠 (021) 460-1151, www.bmeia.gv.at/botschaft/pretoria.html
General Consulate of Austria (Generalkonsulat)
Protea Hotel Sea Point, Arthur's Road, Sea Point 8005, Cape Town
☎ (021) 430-5133, 📠 (021) 430-5333, austrianconsulcpt@gmail.com

Busreisen und Busverbindungen

Noch preiswerter als mit der Bahn, und vor allem flotter, fährt man mit dem gut ausgebauten Überland-Bussystem. Die regelmäßigen, pünktlichen Verbindungen sind ein Vorteil, allerdings werden nur die größeren Städte miteinander verbunden. Schwierig wird es, die meist abseits gelegenen touristisch interessanten Stellen zu erreichen. Die überall zu sehenden Minibusse, die meist hoffnungslos überfüllt sind, kann man nicht reservieren. Zudem sind diese wegen Überladung und z. T. nicht verkehrssicherem Zustand oft in Unfälle verwickelt.

Überregionale Verbindungen
Der Busbahnhof für überregionale Strecken befindet sich am Hauptbahnhof in Kapstadt. Von hier verkehren die großen Busunternehmen zu allen mittleren und größeren Städten Südafrikas. Letztere werden mehrmals täglich bedient.
Tickets für die überregionalen Busse können alle über den **Computicket-Schalter** (z. B. V&A Waterfront) gebucht werden: ☏ 0861-915-8000, http://online.computicket.com/web/.

GREYHOUND Cityliner, www.greyhound.co.za,
zentrale Reservierung und Information: ☏ (083) 915-9000,
in Kapstadt: ☏ (021) 418-4310, in Port Elizabeth: ☏ (041) 363-4555,
in Johannesburg: ☏ (011) 611-8000 oder (083) 915-9000.
TRANSLUX Intercity, www.translux.co.za,
zentrale Reservierung und Information: ☏ (0861) 589-282, in Kapstadt: ☏ (021) 449-6209, in Port Elizabeth: ☏ (041) 392-1304, in George: ☏ (044) 801-8298,
in Knysna: ☏ (044) 382-1407, in Johannesburg: ☏ (011) 773-8056.
INTERCAPE/MAINLINER, www.intercape.co.za,
zentrale Reservierung und Information: ☏ (0861) 287-287 oder (021) 380-4400.

Der **Baz Bus** ist ein einzigartiger Busservice zwischen verschiedenen Backpacker-Hostels in Südafrika. Er verkehrt auf allen wichtigen Touristenrouten an der Küste zwischen Kapstadt und Johannesburg. Der Clou: Man wird auf der jeweiligen Strecke vom Hostel abgeholt und am Zielort im dortigen Hostel abgesetzt und kann seine individuelle Route nach dem Hop-on/Hop-off-System bereisen (s. auch S. 122). Die Kleinbusse mit 22 Sitzen sind sicher und komfortabel. 32 Burg Street, Cape Town 8001, ☏ (021) 422-5202 oder (0861) 229-287, www.bazbus.com.

Camper

ⓘ *s. auch „Camping" unter „Unterkunft"*

Südafrika ist durch sein gutes Straßennetz, seine ausgezeichneten Campingplätze sowie durch das Klima ein ideales Land für Camperferien. Die größten Vermieter von Wohnmobilen und Campern sind die Firmen Maui, Britz und KEA, die verschiedene Fahrzeuge mit jeweils eigener Bezeichnung anbieten. Die Modelle sind meist auf der Basis eines Kleinbusses aufgebaut, handlich und gut ausgestattet. Die Preise sind jeweils von Typ, Saison, Mietdauer und Bedingungen abhängig. Zu empfehlen sind Fahrzeuge mit etwas stärkeren Motoren. und auf jeden Fall sollte eine „all inclusive cover" Versicherung abgeschlossen werden.

Maui Motorhome Rentals und **Britz Rentals**, in Kapstadt: 101 Ferndale Road, Brackenfell, ☏ (021) 982 5107 oder ☏ (021) 981-8947; in Johannesburg: 173 Tulbagh Road, Kempton Park, ☏ (011) 396-1445 oder ☏ (011) 396-1860, www.maui.co.za oder www.britz.co.za. Eine der führenden Camper- und 4x4-Vermietungen im südlichen Afrika.
KEA Campers, Reservierungen ☏ (011) 230-5200, www.keacampers.com. Diese Firma betreibt Mietstationen in Johannesburg, Kapstadt und Windhoek.

> **Tipp**
> Am besten ist es, das Fahrzeug bereits im Voraus über einen europäischen Veranstalter zu mieten.

Einreise

ⓘ *s. auch „Gesundheit" und „Zoll"*

Besucher aus Deutschland, Österreich und der Schweiz brauchen für einen Aufenthalt von maximal 90 Tagen kein Visum, benötigen aber einen **Reisepass**, der nach der Ausreise aus Südafrika noch mindestens 30 Tage gültig ist und der mindestens zwei vollständig freie Seiten hat. In allen drei Ländern brauchen Kinder einen eigenen **Kinderausweis** mit Lichtbild. Um ein *visitor's permit* zu bekommen, muss man bei der Einreise ebenfalls ein gültiges **Rückflugticket** vorweisen können. In der Regel erhält man dann eine Besuchsgenehmigung für 90 Tage im Reisepass vermerkt. Bei Weiterreisen nach Namibia, Botswana, Zimbabwe, Lesotho und Swaziland werden Visa an der jeweiligen Grenze ausgestellt.

Wer länger in Südafrika bleiben möchte, muss die Aufenthaltsgenehmigung kostenpflichtig beim Immigration Office beantragen. Dazu müssen ausreichende finanzielle Mittel sowie ein Rückflugticket nachgewiesen werden. Je kurzfristiger man diesen Antrag stellt, desto teurer wird es.

Die 90-Tage-Aufenthaltsgenehmigung sollte nicht, auch nur um wenige Tage, überschritten werden, da dies nicht nur teuer werden, sondern auch für die nächste Einreise Konsequenzen haben kann. Auch zählt die kurze Ausreise in Nachbarländer nicht immer als Ausreise und es sollte bedacht werden, dass erst dann ein neues *visitor's permit* in den Reisepass gesetzt wird, wenn das alte komplett abgelaufen ist.

Wer aus einer **Gelbfieberzone** in Afrika oder Südamerika nach Südafrika einreist, muss im Besitz einer internationalen Bescheinigung über eine Impfung gegen Gelbfieber sein.

Eintrittskarten

Bei **Computicket**, einem zentralen Reservierungssystem für Kino, Theater, Oper, Sportveranstaltungen, Popkonzerte etc., kann man Eintrittskarten vorbestellen. Hier sind auch die Tickets für die Überlandbusse erhältlich. Die Reservierungsbüros befinden sich in allen südafrikanischen Großstädten, meist in den größeren Shoppingcentern, Informationen auch in den „*Yellow Pages*".
Information und Buchung: ☏ 0861-915-8000, http://online.computicket.com/web/

Essen und Getränke

Grundsätzlich ist die südafrikanische Küche geprägt von den Einflüssen der eingewanderten Hugenotten, Engländer, Südeuropäer, aber auch der Malaien und Inder. Besonders beliebt, fast ein Kult, von dem sie glauben, ihn perfekt zu beherrschen, ist bei den Südafrikanern der **Braai**.

Dazu wird das *braaivleis*, d. h. die unterschiedlichen Fleischwaren vom Schwein, Rind, Hammel oder Lamm, und die allseits beliebte *boerewors*, auf den Grill gelegt. Nicht nur in der freien Natur, auf den Campingplätzen oder im privaten Kreis daheim frönt der Südafrikaner seiner Grill-Leidenschaft; auch Hotels und Lodges bieten oft in ihrem Garten *braaivleis* an. Beliebt ist auch die **Potjiekos**, bei dem in einem dreibeinigen gusseisernen Topf, dem *potjie*, Stücke von Fleisch (Huhn, Schwein, Rind, Hammel oder auch Fisch und Meeresfrüchte) und Gemüse, Kartoffeln und anderen Zutaten unter Zugabe von sehr würzigen Saucen zubereitet werden. Der *potjie* steht dabei auf der Glut des Grills und alle Zutaten werden geschichtet bei geschlossenem Deckel langsam und lange geschmort.

 Biltong

Biltong, das gewürzte und getrocknete Fleisch, ist zwar nicht jedermanns Geschmack, aber ein hervorragender Snack für zwischendurch. Das Fleisch, meist vom Wild (Kudu, Springbock) aber auch vom Strauß und Rind, wird zuerst relativ dünn geschnitten, anschließend mit Muskat, Nelken, Koriander, Pfeffer und oft auch Curry gewürzt, dann für zwei bis drei Tage in ein Salzbad gelegt und anschließend für mindestens zehn Tage getrocknet. Biltong ist auch in Namibia weit verbreitet, schmeckt leicht salzig und es gibt, wenn erwünscht, auch die scharfe Variante. Man findet es in jedem Geschäft und auch an allen Tankstellen-Kiosken. Meist ist es in kleinen Plastiktüten abgepackt, es gibt aber auch „frisches" Biltong an einigen Ständen und in Fleischereien.

Generell ist der Südafrikaner ein Fleischesser und es gibt die verschiedensten Fleischsorten in allen Variationen. Steaks sind im Allgemeinen sehr gut in Südafrika, auch die von Wild, wie z. B. Kudu oder Springbock oder auch vom Strauß. Auch wenn Kapstadt auf diesem Sektor weniger zu bieten hat, findet man Wildgerichte auch hier immer häufiger auf der Speisekarte (u. a. *ostrich, eland, crocodile tail, kudu, springbok*).

Insbesondere in den Küstenregionen um Kapstadt und entlang der Garden Route werden verschiedene **Fischgerichte** angeboten, auch weil sich hier Köche aus aller Herren Länder eingefunden haben, um ihre landestypischen Rezepte zuzubereiten. *Lobster* (Hummer) bzw. *crayfish* (Languste) sollte man nicht versäumen. Der *rock lobster* ist die ganz besondere Delikatesse, die meist nur in speziellen Restaurants angeboten wird, so z. B. im „Panama Jack's" in Kapstadt. Unter *shellfish* versteht man im gastronomischen Bereich generell alle anderen essbaren Meeresfrüchte (Austern, Muscheln, Krebse, Krabben, Hummer, Oktopus), auch die seltene, vom Aussterben bedrohte Abalone (Seeohr), eine Schneckenart in Form einer Ohrmuschel. Der *Line Fish*, oft auf Speisekarten zu finden, steht für einen frischen Fisch („direkt von der Leine"), keine bestimmte Fischart. Beliebte Fischarten sind *snoek* (eine Makrelenart), die auch oft auf den Grill kommt, *kingklip* (eine Art Barsch), *yellowtail* (große Makrele), *cob* (Kabeljau) und der *hake* (eine Art Hecht oder Dorsch).

Fisch wird in der Regel gebraten und mit Kartoffeln bzw. Chips (Pommes frites) sowie Gemüse serviert. Dazu gibt es verschiedene Saucen zur Auswahl, zumeist eine Zitronen-Buttersauce (*lemon butter*). Typisch für Kapstadt sind die *Fish & Chips*-Imbisse, die man in der Innenstadt, an den Häfen von Hout Bay und Kalk Bay, aber auch nahe einiger Touristenstrände findet. Hier gibt es deftig frittierten Fisch (meist Hecht oder Kabeljau) mit Chips und *Sauce Tartare*.

Küche und Gerichte in den Kapprovinzen

Die kulinarischen Genüsse Kapstadts werden jeden in den Bann ziehen. Neben den bekannten internationalen Küchen, wie die aus den Mittelmeerländern und China, haben sich in der Stadt auch landestypische etabliert. Einfluss auf die Gerichte haben zum einen die Einwanderer, zum anderen die Seefahrer genommen, durch die viele Gerichte und deren Zutaten ans Kap gelangten. Außer den „echten" asiatischen Gerichten gibt es auch die kapholländische und kapmalayische Küche. Mittlerweile hat sich eine Reihe von Spitzenköchen hier angesiedelt, die sich gerne an Neuem ausprobieren.

Die **kapmalayische Küche** setzt sich aus Elementen der malaiischen, indischen und kapholländischen Küche zusammen. Die indische Seite hat vor allem den Curry beigetragen, der aber nicht unbedingt scharf sein muss. Im Gegensatz zu unserem scharfen Curry ist der aus Asien eher eine Mischung aus verschiedenen Gewürzen, bei dem die Schärfe ganz von der Hand des Küchenchefs abhängt. Beliebte Beilagen/Saucen der kapmalayischen Küche sind **Chutney** (zu einer Art „Brei" gekochte, meist süß-sauer gewürzte Früchte oder Gemüse); **Atjars** (sauer-salzig eingelegte Früchte oder Gemüse, bedeckt mit einer Mischung aus Öl, Chilis, Knoblauch und Curry); **Sambal** (kleingehacktes Gemüse oder Obst, das sehr stark mit Salz, Essig und Chili gewürzt wird und nur in Messerspitzen-Portionen verwendet werden sollte!). Einige typische kapmalayische Gerichte:
Sosaties sind kleine Fleischspieße mit Hammel- oder Rindfleischstückchen, eingelegt in einer Currysauce und meist als Vorspeise oder Snack serviert.
Bobotie ist ein scharf gewürzter Hackfleischauflauf, meist vom Lamm.
Bredie sind unterschiedliche Fleisch- und Gemüseeintöpfe.
Buriyani wird eher bei großen Feiern serviert und ist ein gut gewürztes Eintopfgericht aus Fleisch, Reis und Gemüse, das sehr lange kocht wird und dabei niemals umgerührt werden darf.
Denning Meat zählt eher zu den Festtagsgerichten, das dem Lammeintopf ähnelt, sich aber durch seine kapmalayischen Gewürze von diesem unterscheidet.
Pickled Fish besteht aus getrockneten Fisch, der über Nacht in Wasser einlegt und später aufkocht wird und zu dem man angebratene Zwiebeln, Gemüse, scharfe Gewürze und Bratkartoffeln fügt. Der Eintopf wird mit Reis, Tomaten und Sambal serviert.

Grundlage der **kapholländischen (Cape Dutch) Küche** sind die ländlichen Gerichte der weißen Afrikaaner, zu denen sich später Einflüsse aus England und Asien (z. B. Chutney) gesellten. Typisch ist der **Potjiekos** (s. o.), in dem Lammfleisch, Kürbis und süßer Mais zu den Standardzutaten gehören. Auch die **Boerewors**, eine grobe, gut gewürzte Wurst, wird gerne von den Afrikaanern gegessen, zumeist aber im Freien, (nur) von den Männern auf einem Holzkohlegrill *(braai)* bis zur Perfektion geröstet. Zu den beliebten Desserts gehört **Konfyt**, deren Name bereits den Zuckergehalt verrät, oder der mächtige **Koeksisters**, ein Kuchen, der zumeist frittiert und/oder in Sirup eingetaucht wird. Weniger mächtig ist der **Melktert** *(Milk Tart)*, ein mit Zimt bestrichener Pudding auf einem Mürbe- oder Biskuitteig, in dem die Verwandtschaft mit dem englischen *custard* deutlich wird.

Die **traditionelle afrikanische Küche** wird nahezu gar nicht serviert, und falls doch, handelt es sich eher um Wildgerichte bzw. ausgefallene Dinge, wie etwa Krokodilfleisch. Typisch für die afrikanische Küche ist z. B. der **Pap**, ein festes Püree aus Maismehl, das zumeist mit gekochtem Fleisch und Gemüse gereicht wird. In Kapstadt werden oft Gerichte aus anderen afrikanischen Ländern, etwa aus Marokko (Couscous/Hirse mit Lamm), Ghana (Kochbananen, Yamswurzel) und Mosambik (portugiesische Fischgerichte) angeboten.

Die **indische Küche** ist am Kap natürlich nicht so verbreitet wie in Durban, doch bieten inzwischen immer mehr Küchenchefs aus Natal hier erstklassige Speisen an. Die Fleisch-, Geflügel-, Fisch- oder Eiergerichte (**Curry** genannt) sind z. T. sehr scharf *(hot)* angerichtet. Abhilfe bei zu scharfen Gerichten bringen Kokosraspeln oder eine Joghurtsauce. Weitere Hauptspeisen sind **Tandori-Gerichte** (im Ofen gebacken), **Biryanis** (Reisgerichte mit Gemüse und meist auch Fleisch), **Balti-Gerichte** (in der Wok-Pfanne gebraten) oder aus Hülsenfrüchten bereitete **Dal-Gerichte**. Als Vorspeisen werden **Chutneys** (scharfe Saucen) und **Pickles** (klein geschnittene Tomaten, Zwiebeln, Gemüse oder Obst, eingelegt in Senföl und Gewürzen) gereicht, wozu man landestypisches **Fladenbrot** bestellen sollte: Nan (weich und dick), Chapati (dünn und kross), Papadam (hauchdünn und scharf, aus Linsen) und Puri (aus Vollkornmehl, frittiert). Ein guter Snack oder eine Zwischenmahlzeit sind **Samosas** (aromatisch gefüllte, dreieckige Teigtaschen) oder die **Masala Dosa** (hauchdünne Pfannkuchen gefüllt mit Kartoffelcurry).

Die **Tradition der Pubs** kommt natürlich aus England und die Pubgerichte haben dementsprechend den britischen, deftigen Touch. So gibt es z. B. Steak & Chips sowie Fish & Chips, aber auch mal Liver & Mash, Kidneys & Mash sowie Bangers & Mash (Leber, Nieren bzw. kleine Würstchen mit Kartoffelpüree und Sauce). Für den kleinen Hunger genügen vielleicht Chips, die seltener mit Ketchup als vielmehr mit Essig serviert werden. Hamburger und Pizza findet man auch in vielen Pubs.

Weitere gute und interessante Küchen sind **Japanisch** (Sushi, Sashimi sowie Teriyaki-Gerichte aus mariniertem Fleisch), **Portugiesisch**, meist aus Madeira (lecker ist *Espetada*, aufgespießte Fleischstücke, die senkrecht hängend serviert werden) und auch **Deutsch** (zumeist bayerisch angehaucht). Wenn gutes Essen, ein gepflegtes Restaurant und eine erlesene Weinkarte zusammentreffen, geht es ums **Wine & Dine**. Die Gerichte können dabei variieren, wobei im Kapstadter Raum oft eine mediterrane oder speziell französische Küche geboten werden. Schön ist es, wenn sich das *Wine & Dine-Restaurant* in einem historischen Gebäude oder auf einem Weingut befindet.

Kochkurse: Wer lernen möchte, landestypische Gerichte oder aus der gehobeneren Küche zu kochen, suche sich die passende Kochschule in Kapstadt aus, z. B. unter www.southafricanfoodies.co.za oder www.relax-with-dax.co.za/cooking-courses-in-cape-town. Unter www.capefusiontours.com wird auf Adressen von ausgesuchten Restaurants und Kochschulen hingewiesen.

Tropische und subtropische **Gemüsearten und Früchte** sorgen für weitere kulinarische Höhepunkte. So werden z. B. Avocados Salaten beigemischt. Beliebt ist auch die *butternut*, eine Art Kürbis, die als Gemüse oder Beilage für viele Gerichte dient. Salate können überall bedenkenlos verzehrt werden, denn die Lebensmittelhygiene ist beispielhaft. Ebenso kann man bedenkenlos überall das Wasser aus der öffentlichen Wasserversorgung trinken.

Zum Essen trinkt man das bei den Südafrikanern sehr beliebte **Bier** oder die ausgezeichneten südafrikanischen **Weine**. Erfrischend ist **Savanna Dry**, ein Cider aus Äpfeln, aber auch **Softdrinks** sind fast überall erhältlich. Gängige Biersorten sind Castle, Windhoek, Amstel und Heineken, beliebt ist das Lager-Bier, aber von vielen Bieren gibt es auch eine „light"-Version. Südafrikanische Weine sind von hervorragender Qualität, die meisten sind Weißweine der Rebsorten Chardonnay, Sauvignon Blanc oder Chenin Blanc. Begehrte Rotweine sind die Sorten Cabernet Sauvignon, Pinot Noir, Pinotage, aber auch der kräftige Shiraz.

Restaurants sind entweder **fully licensed**, d. h. sie haben eine Ausschankgenehmigung für alle alkoholischen Getränke, oder sie sind **unlicensed**, d. h. sie bieten nur nichtalkoholische Getränke an. In muslimischen Restaurants wird Alkohol nicht serviert, dafür aber leckerer Tee, wie z. B. Grüner Tee oder Kardamom-Tee (s. S. 234). Auch ist es in vielen Restaurants erlaubt, seinen eigenen Wein mitzubringen, dafür zahlt man jedoch eine **Corkage Fee** für das Öffnen der Flasche und das Gedeck.

Feiertage/Feste/Festivals

 Allgemeine Feiertage

1. Januar: Neujahr (New Year's Day)
21. März: Tag der Menschenrechte (Human Right's Day). Jahrestag des Sharpeville Massakers (1960) sowie der Bildung der Human Rights Commission, die in der neuen, demokratischen Verfassung (1996) verankert ist.
Karfreitag: Good Friday
Ostermontag: Family Day
27. April: Freiheitstag (Freedom Day). Tag der ersten demokratischen Wahlen in Südafrika (1994)
1. Mai: Tag der Arbeit (Workers' Day)
16. Juni: Tag der Jugend (Youth Day). Jahrestag des Beginns der Rassenunruhen in Soweto (1976), der mit einem Schüleraufstand begann.
9. August: Nationaltag der Frauen (National Women's Day) Jahrestag der Frauen-Demonstrationen gegen das Passgesetz (1956).
24. September: Tag des Erbes (Heritage Day). In Gedenken an die kulturelle, landschaftliche und historische Vielfalt Südafrikas. Der Tag steht jedes Jahr unter einem anderen Motto.
16. Dezember: Tag der Versöhnung (Day of Reconciliation). Jahrestag der Schlacht am Blood River (1838) zwischen Buren und Zulu. Dieser Tag war während der Apartheid der „Gelöbnistag" und bekam 1995 seine neue Bedeutung.
25. Dezember: Erster Weihnachtstag (Christmas Day)
26. Dezember: Zweiter Weihnachtstag (Day of Goodwill)

Hinweise

Fällt ein Feiertag auf einen Sonntag, so ist der darauffolgende Montag frei. Zusätzlich gibt es noch besondere Feiertage in den asiatischen und jüdischen Gemeinden. Bewegliche Feiertage unter www.info.gov.za/aboutsa/holidays.

So bunt die Völkervielfalt am Kap ist, so vielfältig sind auch die besonderen Ereignisse in den verschiedenen Regionen der Kapprovinzen. Jeden Monat finden unzählige Feste statt, die von Bier, Wein, Oliven und Käse bis hin zu den Walen alles zelebrieren. Musik- und Theaterfestivals werden in fast jedem Ort veranstaltet. Ausstellungen und Expos gibt es auch zu jedem Thema. Eine Liste vieler dieser Veranstaltungen, nach Provinzen aufgeteilt, findet sich unter www.sa-venues.com/events.

Ein **Überblick** in Kurzfassung illustriert die Vielfalt, weitere Sportveranstaltungen sind unter „Sportereignisse" zu finden:

Januar: Cape Town Minstrel Carnival. Um das neue Jahr einzuläuten, ziehen Karnevalsumzüge durch die Innenstadt.
Februar/März: Cape Town Pride Festival. Musik, Filme, Essen und Trinken, Workshops und vieles mehr.
März: Lambert's Bay Crayfish & Cultural Festival. Musik und natürlich „crayfish" in allen Variationen an der Westküste.
Cape Argus Pick N' Pay Cycle Tour. Über 30.000 internationale Teilnehmer liefern sich ein Radrennen rund um die Kaphalbinsel.
Cape Town International Jazz Festival. Ein Ohrenschmaus für Musikliebhaber.
Absa Cape Epic. Über neun Tage, auf einer Strecke die jedes Jahr anders ist, stellen sich Mountainbiker einer großen Herausforderung.
April: South Africa Cheese Festival. In Stellenbosch wird der Käse zelebriert.
Klein Karoo National Arts Festival. Kunsthandwerk, Musik, Theater und vieles mehr in Oudtshoorn.
Nelson Mandela Bay Splash Festival. Musik und Wassersport sind Zentrum dieses Festes in Port Elizabeth.
Mai: Riebeek Valley Olive Festival. Neben Oliven gibt es auch Wein zu kosten und Kunsthandwerk zu bewundern.
Juli: Oyster Festival in Knysna und natürlich dreht sich alles um die Auster.
Stellenbosch Wine Festival. Historische Touren, Kunsthandwerk, Essen und natürlich Wein, Wein, Wein.
August: Calamari Festival in Plettenberg Bay, rund um den Tintenfisch.
Klein Karoo Classique. Klassische Musik und großes Rahmenprogram in Oudtshoorn.
August/September: Clanwilliam Wildflower Show. Jährliche Veranstaltung in Clanwilliam, andere Shows rund um die Flora finden in Caledon, Darling, Citrusdal, Hopefield sowie im Namaqualand statt.
September: Jeffrey's Bay Shell Festival. Unterhaltung und Aktivitäten rund um die Muschelschale.
Whale Festival. Zum Auftakt der Whalewatching-Saison lockt Hermanus Tausende Besucher mit Musik, Theater, Kunsthandwerk etc.
Oktober: Robertson Wine on the River. Livemusik und außer Wein gibt es auch Käse, Oliven und Schokolade. Auch in anderen Weinanbaugebieten (Helderberg, Constantia, Franschhoek etc.) finden Festivals rund um den Wein statt.

November
Cape Town Beer Festival. Über 20 Brauereien sind vertreten bei diesem Festival in Greenpoint.
Dezember
Beim **Crayfish and Seafood Festival** in Paternoster gibt es alles aus dem Meer, gegrillt oder aus dem *potjie*.
Hout Bay Harbour Festival. Musik. Theater, Essen und Trinken, auch Angeln und Bootsausflüge.

Flüge

Von Deutschland aus kann man mit Lufthansa und South African Airways (SAA) täglich ab Frankfurt/M. direkt nach Johannesburg fliegen. Die Fluggesellschaften sorgen auch für weitere gute Anschlüsse in südafrikanische Metropolen wie Kapstadt: Es gibt auch Direktflüge nach Kapstadt mit Lufthansa, KLM, Condor und ein paar anderen Fluggesellschaften. Die Preise schwanken je nach Saison und Reiseansprüchen, wie z. B. Gabelflüge. In der Economy Class ist das Gepäck in der Regel auf 20 kg beschränkt.

Über ausländische Flughäfen mit entsprechenden Anschlüssen ab Deutschland bieten British Airways (über London), Air France (über Paris) KLM (über Amsterdam), Alitalia (über Rom) und TAP (über Lissabon) Verbindungen nach Südafrika an. Wichtig ist es, die Angebote genau zu analysieren, um die günstigsten Bedingungen zu wählen. Es gibt billige Angebote mit verschiedenen Fluglinien nach Südafrika, doch jeder Umweg über einen ausländischen Flughafen und jede Zwischenlandung auf dem Weg nach Südafrika verlängern den ohnehin langen Flug und man muss mit ungünstigen Abflugzeiten ab Deutschland und Wartezeiten bei Zwischenlandungen rechnen. Auch endet das vermeintlich billige Angebot oft am Flughafen in Südafrika und es muss nun zu Normaltarifen jeder Inlandsflug bzw. Anschlussflug gebucht werden – und das wird teuer!

Die wichtigsten Fluggesellschaften
Air France, www.airfrance.de; Alitalia, www.alitalia.com;
British Airways, www.britishairways.com; Condor, www.condor.com;
Emirates, www.emirates.com; KLM, www.klm.com;
Lufthansa, www.lufthansa.com; SAA, www.flysaa.com; TAP, www.flytap.com

Telefonnummern der Fluggesellschaften am Airport in Kapstadt s. S. 246.

Fotografieren

Eine Kamera mit einem relativ guten Zoom ist für die meisten Aufnahmen ausreichend, sie sollte möglichst robust und staubsicher sein. Für die Schnappschüsse hat sich eine zweite, kleine und handliche Kamera bewährt.

Für Digitalkameras ist es vor allem wichtig, eine große Speicherkarte oder besser zwei Karten mitzunehmen. Außerdem dürfen das Ersatzakku und das dazugehörige Ladegerät inklusive Adapterstecker nicht vergessen werden.

Hinweise
Berücksichtigen Sie Stolz und Menschenwürde und fragen Sie Personen um Erlaubnis, bevor Sie ein Foto machen.
Wenn Sie Tiere aufnehmen wollen, achten Sie darauf, die Tiere nicht zu beunruhigen und Distanz zu halten, wenn nötig. Nicht nur Großaufnahmen, sondern auch Aufnahmen von Tieren in ihrem Biotop sind reizvoll. Und auch kleinere Tiere sind ein Verweilen, Beobachten und eine Aufnahme wert.

Geld

▶ Banken und Zahlungsmittel
Allgegenwärtig in Südafrika sind vier große Banken, ABSA, FNB (First National Bank), Nedbank und Standard Bank. Eine Bank ist auch zu den normalen Schalterstunden auf den drei internationalen Flughäfen in Johannesburg, Kapstadt und Durban geöffnet. Wechselstuben sind auf jedem dieser Flughäfen vor jedem internationalen Abflug und nach jeder internationalen Ankunft geöffnet. Die Schalterstunden der Banken sind in der Regel:
in der Stadt: 9–15.30 Uhr an Werktagen, einige auch samstags 8.30–11 Uhr;
auf dem Land: 9–12.45 und 14–15.30 Uhr an Werktagen.

Bankautomaten oder **ATM** (Automated Teller Machines) gibt es in Südafrika häufig, an ihnen kann man mit den gängigen Kreditkarten Geld abheben. Auch die Giro- bzw. Debit-Karten der Banken und Kreditinstitute mit Maestro-System werden von nahezu allen ATMs akzeptiert, wichtig ist eben, dass der Automat mit dem Maestro-System kooperiert. Der Betrag, den man abheben kann, ist begrenzt, erkundigen Sie sich bei Ihrem Kreditinstitut, wie hoch der Tageshöchstsatz ist und welche Gebühren entstehen. Auch die südafrikanischen Banken haben meist Höchstsätze für jede Transaktion oder jeden Tag.

Achtung
2011 haben einige deutsche Banken von Maestro auf V-Pay umgestellt, diese Karten sind in ganz Afrika nicht nutzbar! Bitte lassen Sie sich von Ihrer Bank beraten.

Kreditkarten können in größeren Geschäften, Hotels, Restaurants, bei den Airlines, Mietwagenunternehmen und anderen Zweigen der Touristikbranche benutzt werden und sind auch in anderen Bereichen immer geläufiger. Gebräuchlich sind besonders VISA und MasterCard. Mit diesen kann man auch an den meisten Automaten Geld abheben (Gebühren variieren, vorher bei der Bank erfragen). Es ist nicht von Vorteil, in Europa bereits große Mengen Rand als Bargeld zu besorgen, weil der Kurs und die Gebühren ungünstiger sind. Lediglich für den ersten Tag sollte man ein wenig Bargeld in Rand dabei haben.

Wer auf **Reiseschecks** (gegen Verlust und Diebstahl versichert) zurückgreifen möchte, sollte bedenken, dass der Aufwand und die Kosten der Bestellung und Einlösung relativ hoch sind. Diese lohnen sich im „Kartenzeitalter" daher eher nicht mehr.

Kartenverlust
Bei Kartenverlust oder Diebstahl gibt es für beinahe alle Arten von Karten, einschließlich Kredit- und Bankkarte, in Deutschland eine **einheitliche Sperrnummer** ☎ **116 116**. Aus dem Ausland +49 116 116 oder +49 (30) 4050 4040. Im Internet: www.sperr-notruf.de.

Für den Fall, dass es Probleme mit der Kreditkarte geben sollte, ist es ratsam, eine Kopie der Karte (Vorder- und Rückseite) zu machen und sich die Service- und/oder Notfallnummern des ausstellenden Kreditinstituts zu notieren. Falls das Kreditkarteninstitut nicht erreichbar ist, kann man in Deutschland die folgenden Telefonnummern anrufen: **American Express** ☏ (069) 9797-2000, **Diners Club** ☏ (0180) 234-5454, **Mastercard** ☏ (0800) 819-1040, **Visa** ☏ (0800) 811-8440. Auch an die **zentrale Notrufnummer**, ☏ (1805) 021-021 kann man sich wenden. Dieser Sperrannahmedienst ist rund um die Uhr erreichbar und nimmt Informationen per Sprachcomputer auf. Für diesen Anruf benötigt man seine Kontonummer und die Bankleitzahl. Die Notrufnummern für nicht angeschlossene Kreditkarteninstitute und für österreichische und Schweizer Karten erhalten Sie bei Ihrer Bank.

Bei Verlust der Kreditkarte stehen in Südafrika folgende Rufnummern zur Verfügung:
American Express: ☏ (0800) 110-929, (0860) 119-966 und (011) 710-4750.
Visa: ☏ (0800) 990-475 und (011) 489-4699.
Mastercard: ☏ (0800) 990 418 und (011) 498-4699.
Diners Club: ☏ (011) 337-3244.

Wenige **Tankstellen** akzeptieren Kreditkarten, deshalb sollte man immer genügend Bargeld fürs Tanken bereit haben.

▶ Währung

In diesem Buch wird bei Preisangaben das Kurzzeichen „R" für den Südafrikanischen Rand verwendet. In Südafrika selbst wird die Währung meist als „ZAR" ausgewiesen, wobei es sich um den international gültigen ISO-Code handelt.

Die Währung in Südafrika ist der **Rand**, abgekürzt R oder ZAR *(Zuid-Afrikaanse Rand)*. Ein Rand entspricht 100 Cent. Die kupferfarbenen **Münzen** gibt es als 1-, 2- und 5-Cent-Stücke wobei die 1-Cent- und 2-Cent-Münzen nicht mehr als Zahlungsmittel anerkannt sind und Summen auf- oder abgerundet werden auf die nächsten 5 oder 10 Cent. Außerdem gibt es Münzen zu 10 c, 20 c, 50 c, 1 R, 2 R und 5 R sowie Scheine im Wert von 10 R, 20 R, 50 R, 100 R und 200 R.

Die Beträge, die jede Person ins Land ein- oder ausführen darf, ändern sich, sind aber im Allgemeinen relativ niedrig. Andere Währungen und Reiseschecks dürfen uneingeschränkt mitgebracht werden, sind aber bei der Einreise zu deklarieren.

Gesundheit

Im Allgemeinen sind Reisende in den Kapprovinzen keinen besonderen Gesundheitsrisiken ausgesetzt, außer vielleicht den ernährungs- und klimabedingten Umstellungsproblemen. Südafrika verfügt über eine **ausgezeichnete medizinische Versorgung**. Entlang der touristischen Routen, aber auch abseits der Wege, kann mit kompetenter Hilfe gerechnet werden.

Staatliche Krankenhäuser haben kleine Budgets und sind oft überfüllt, es kann zu langen Wartezeiten kommen. **Private Krankenhäuser** arbeiten auf höherem Niveau und sind deshalb eher zu empfehlen. Über die Webseiten von Netcare (www.netcare.co.za) und Mediclinic (www.mediclinic.co.za) findet man der jeweiligen Gruppe angehörige Krankenhäuser und Fachärzte sowie Beratungen für Impfungen, Medikamente etc. Weitere Informationen zu Ärzten und Krankenhäusern in Kapstadt, s. S. 201.

Die Rufnummern der **lokalen Kliniken** stehen vorne in den südafrikanischen Telefonbüchern, Ärzte unter „Medical", Zahnärzte unter „Dentists". Hotels halten meist Ärzte-Listen für die Gäste bereit.

Landesweiter Polizei-Notruf: 10 111
Landesweiter Notruf für Rettungswagen: 10 177
Notfall (aus dem Mobilfunknetz): 112
Außerhalb der regulären Öffnungszeiten stehen in den größeren Städten stets **Notapotheken** zur Verfügung.

Eine **Auslands- bzw. Reisekrankenversicherung mit Reiserücktrittoption und Rücktransport** ist ratsam! Bedenken Sie, dass europäische Krankenscheine und Versichertenkarten in Südafrika nicht akzeptiert werden – die Patienten müssen für die teils sehr hohen Kosten selbst und sofort aufkommen. Manche private Kassen decken das Auslandsrisiko ab.

Impfungen
Impfungen sind für die Einreise nur notwendig, wenn man aus einem Gelbfiebergebiet nach Südafrika kommt. Sinnvoll ist es, aktuelle Schutzimpfungen gegen Tetanus, Diphtherie und Hepatitis A zu haben. Eine Malaria-Prophylaxe ist für den Besuch der Kapprovinzen nicht notwendig, da Südafrikas Malariagebiete sich ausschließlich auf den Norden (Krüger NP) und Natal beschränken.

HIV/Aids
Die HIV-Rate ist sehr hoch in Südafrika, es sollte selbstverständlich sein, sich mit entsprechenden Maßnahmen gegen eine Infizierung zu schützen.

Darmerkrankungen/Durchfall
In allen warmen Ländern der Erde sind besonders Besucher aus kühleren Klimazonen anfällig für verschiedene Darmkrankheiten, die jedoch meist nur leicht und medikamentös zu beheben sind. Bei Durchfall ist auf eine ausreichende Flüssigkeits- und Elektrolytzufuhr zu achten. Abgepackte Glukose-Elektrolyt-Mischungen sind im Handel erhältlich und gehören in jede Reiseapotheke.

Trinkwasser
Wasser kann man in ganz Südafrika aus der Leitung trinken. Auch ist die Lebensmittelzubereitung generell sauber und hygienisch. Salate und andere Nahrungsmittel können unbesorgt gegessen werden.

Baden
Beim Schwimmen im Ozean muss auf Strömungen und auf evtl. Gefährdung durch Haie geachtet werden, wobei diese Gefahr sehr gering ist. Beliebte Strände sind teilweise durch Stahlnetze gesichert; ebenso gibt es an einigen Badeorten „Haiwachen". Doch verderben Sie sich deshalb nicht die Badefreuden. Gefährlich kann das Baden in stehenden Gewässern

und Flüssen sein, die Bilharziose-Erreger haben können, wobei dies in den Kapprovinzen sehr selten vorkommt. So ist es ratsam, Einheimische zu fragen, um sich Gewissheit zu verschaffen.

▶ Sonnenbestrahlung

Auf keinen Fall unterschätzt werden sollte das Risiko der Sonnenbestrahlung, denn die ist in der südlichen Hemisphäre wesentlich stärker und, besonders am Wasser, um einiges intensiver. Unabdingbar sind wasserfestes Sonnenschutzmittel mit sehr hohem Lichtschutzfaktor, Sonnenbrille und ein breitkrempiger Hut.

▶ Schlangen

Es gibt zwar viele und z. T. giftige Schlangen, übermäßige Angst ist deshalb aber nicht angebracht. Bei Wanderungen sollte man auf den Weg achten und immer feste Schuhe tragen und nicht mit bloßen Händen in Erdlöcher, Felsspalten oder Höhlen greifen. Sollte es dennoch zu einem Schlangenbiss kommen, ist es wichtig, sich Farbe und Kopfform der Schlange zu merken, damit ein behandelnder Arzt oder anderer sachkundiger Helfer weiß, welches Gegenserum angebracht ist.

Tipp
Unter www.fit-for-travel.de und www.reisemed.de stehen allgemeine und spezifische Informationen zu Themen wie Impfungen, Reisekrankheiten, Reiseapotheke und vielen anderen Gesundheitsfragen.

Golf

Der britische Einfluss und das hervorragende Klima haben dazu beigetragen, dass in Südafrika schon seit den 1920er-Jahren Golf gespielt wurde. Inzwischen gibt es über 500 Golfplätze, einige angeschlossen an Luxus-Resorts, viele sind auch öffentlich und daher eher erschwinglich. Grundsätzlich sind überall Gastspieler willkommen, die vorher jedoch die freien Zeiten erfragen sollten.

Kapstadts nächster Golfplatz liegt gleich hinter dem Cape Town Stadium (ehmaliges Green Point Stadium), nur wenige Gehminuten von der Victoria & Alfred Waterfront. Nahe der Stadt finden sich die Plätze in Milnerton, Wynberg, Somerset West und Constantia Valley. Landschaftliche Augenweiden sind viele der Golfplätze in der Kapregion, mit dem Tafelberg im Hintergrund, direkt an der Küstenlinie oder inmitten ausgedehnter Weinfelder. Weitere, landschaftlich schön gelegene Plätze findet man auf der Kaphalbinsel, entlang der False Bay, in den Weinanbaugebieten und entlang der Garden Route. Alle haben ihren eigenen Charme und bieten unterschiedliche Herausforderungen für Golfer.

Informationen zu Golfplätzen
Über das südafrikanische Fremdenverkehrsbüro **South African Tourism** (s. S. 106) können golfende Reisende Informationen über Golfplätze und Unterkünfte einholen. Auch die folgenden Websites bieten eine Fülle von Infos zum Thema, inklusive Einzelheiten zu fast jedem Golfplatz in Südafrika: **www.suedafrika-golf.de**, **www.golfinsouthafrica.com** und **www.golf-safari.com**.

Weitere Kontaktadressen:
South African Golf Association (SAGA), www.saga.co.za. Ein Zusammenschluss von Amateur-Golfern, die zusammen mit dem **Women's Golf South Africa** (WSAGA) große Turniere ausrichtet.
Classic Golf Tours-Pinder Reisen, Goldregenweg 39a, 70565 Stuttgart, ☏ (0711) 600-437, www.golfen-in-afrika.de. Spezialanbieter für Golfreisen.
Ascot Tours C.C., ☏ (083) 900-7530, www.ascottours.co.za. In Kapstadt ansässiger Tour-Operator, der sich auf Golfreisen spezialisiert hat.

Zu einigen ausgewählten Golfanlagen im Raum Kapstadt s. S. 240.

Internet

Internetcafés sind relativ weit verbreitet. Man findet sie in den größeren Orten vor allem in Shoppingcentern, aber auch in kleineren Orten, wo man ab 10 R/Std. (in Großstädten bis zu 30 R/Std.) surfen oder E-Mails verschicken kann. Auch in Hotels, Lodges, Ferienwohnungen und Hostels gibt es Internetzugang, oft sogar per WLAN (engl. „Wi-Fi"). Wi-Fi-Hotspots für den Gebrauch des eigenen Laptop/Tablet sind in den Großstädten in Cafés, Malls und in anderen öffentlichen Gebäuden eigerichtet.

Im Folgenden eine Liste von interessanten Websites zu Südafrika, Kapstadt und der Garden Route. Weitere Websites und Adressen sind unter den verschiedenen Stichworten aufgeführt.

www.suedafrika.net – eine übersichtliche Website mit Informationen zum gesamten südlichen Afrika, inklusive Geschichte, Geologie, Unterkünfte etc.
www.suedafrika.org – Website der südafrikanischen Botschaft in Deutschland mit Nachrichten und Berichten.
www.auswaertiges-amt.de – die Website des deutschen Auswärtigen Amtes. Unter „Reise und Sicherheit" sind allgemeine Infos sowie Hinweise über Einreise, Zoll, Gesundheit, Sicherheit u. v. m. zu finden.
www.afrika.de – Website des Reiseveranstalters **Iwanowski's Individuelles Reisen**, u. a. mit aktuellen Hinweisen auf die Länder des südlichen Afrika.
www.suedafrika-guide.de – eine Website mit Informationen zu aktuellen Reisethemen, mit Links zu Reiseveranstaltern.
www.southafrica.net – Website des südafrikanischen Fremdenverkehrsbüros.
www.sa-venues.com – eine Website mit umfassender Information zu vielen Themen, inklusive Unterkünfte. Mit Suchmaschine.
www.kapstadt.de – deutschsprachige Internetseite mit vielen Tipps, Adressen und Angeboten zum Thema Reisen in und um Kapstadt. Auch Infos zu Themen wie Immobilien, Praktikum, Arbeiten und einen Link zum viel besuchten Forum.
www.tourismcapetown.co.za – offizielle Website des Touristenamts in Kapstadt. Recht übersichtlich, mit Veranstaltungskalender und guten Links.
www.gardenroute.co.za – Website zum Thema Garden Route, wie viele andere sehr kommerziell. Hilfreich sind die Links zu einzelnen Orten.
www.sanparks.org – offizielle Seite der Nationalparkbehörde; Informationen zu allen Parks. Buchungsmöglichkeit der Unterkünfte.

www.capenature.co.za – Seite der Naturschutzbehörde, die zahlreiche Reservate unterhält.
www.ectourism.co.za – Seite der Eastern Cape Tourism Agency; Unterkünfte, Aktivitäten, Veranstaltungen etc.
www.accommodation.co.za – Informationen zu Unterkünften in Südafrika, Suchen in den einzelnen Provinzen möglich.
www.weathersa.co.za – südafrikanischer Wetterservice.
www.museums.org.za – Vorstellung der südafrikanischen Museen – mit Hintergrundinformationen, Öffnungszeiten etc.
www.bdlive.co.za – Informationen aus der Wirtschaft.
www.iol.co.za und **www.news24.co.za** – die aktuellsten nationalen und internationalen Nachrichten.
www.ananzi.co.za – die größte südafrikanische Suchmaschine im Internet.

Information

Beim südafrikanischen Fremdenverkehrsbüro **South African Tourism** gibt es Auskünfte über das Land und umfangreiches Informationsmaterial.

in Deutschland
South African Tourism, Friedensstr. 6–10, 60311 Frankfurt/M.,
☎ (069) 929-12911 oder (0800) 118-9118, 📠 (069) 280-950
www.southafrica.net

in Österreich
South African Tourism, Stefan-Zweig-Platz 11, 1170 Wien,
☎ (01) 470-45110, 📠 (01) 470-45114

in der Schweiz
South African Tourism, Seestr. 42, 8802 Kilchberg/ Zürich,
☎ (01) 715-1815, 📠 (01) 715-1889.

Die einzelnen örtlichen Tourist Information Offices sind in Südafrika sehr gut ausgeschildert mit dem typischen „I". Im Reiseteil ab S. 144 sind die Adressen der jeweiligen regionalen Tourist Information Offices aufgeführt.

Kartenmaterial

ⓘ *s. auch „Literatur" im Anhang ab S. 530*

Eine gute Reisekarte ist diesem Buch beigefügt. Für die Reiseplanung ist eine Übersichtskarte vom South African Tourism (s. o.) erhältlich. Die Touristenkarte, die das Tourist Office von Kapstadt verteilt, ist ausreichend für den groben Überblick. Da Karten in europäischen Buchhandlungen wesentlich teurer sind, ist es ratsam, detailgetreue Karten in Südafrika zu kaufen. Map Studio (www.mapstudio.co.za) ist z. B. ein bekannter, südafrikanischer Kartenverlag, der Straßen- und Touristenkarten herausgibt, die in Buchläden zu kaufen sind.

Tipp
Der besondere Tipp sind die **Slingsby Maps** (www.slingsbymaps.com) zu verschiedenen Regionen. Dies sind hochwertige, sehr detaillierte Touring- und Wanderkarten. Erhältlich in Buchläden.

Wer sich für detaillierte, physische Landkarten aller Maßstäbe (1:25.000 bis zu 1:2.000.000) interessiert, der sollte zum staatlichen Vermessungsamt fahren, hier werden diese Karten an jeden verkauft. **Survey & Mapping**, Department of Land Affairs, Rhodes Ave., Mowbray, ☎ (021) 685-4070, www.csg.dla.gov.za. Anfahrt über M3, dann die erste Ausfahrt südlich des N2-Abzweigs nehmen (bei der Mühle). Das Karten-/Katasteramt ist ausgeschildert.

Kinder

Südafrika ist ein ausgesprochen kinderfreundliches Land, entsprechend viele Unterhaltungsprogramme und Spielplätze für die Jüngeren gibt es. Auch beschäftigen sich zahlreiche Bücher speziell mit Aktivitäten und Unternehmungen für Kinder. Zahlreiche Restaurants haben spezielle Gerichte bzw. auch Hochsitze für Kinder.

Mit Kleinkindern zu reisen ist „normal" in Südafrika. Größere Hotels verfügen über einen eigenen **Babysitter** bzw. vermitteln seriöse Adressen von Babysittern. In den Gelben Seiten finden sich Babysitter-Organisationen (unter „Babysitter", „Child Care"), in Kapstadt erfreuen sich die „Super Sitters" (☎ 021-552-1220, www.supersitters.net) eines sehr guten Rufs.

Bei der Buchung von Privatunterkünften, Guesthouses und auch Camps sollte man darauf achten, ob diese Kinder aufnehmen. Falls nicht, ist das kein böser Wille, sondern i. d. R. Folge davon, dass die Sicherheit von Kindern dort nicht gewährleistet werden kann. Wichtig ist zudem, sich an Badestränden vorher über die Strömungsverhältnisse zu informieren. Tidenpools bieten an vielen Stränden mehr Sicherheit.

Kleidung

Auch wenn die Temperaturunterschiede zwischen Tageshitze und nächtlicher Kälte am Western Cape nicht so drastisch wie in anderen Teilen des Landes sein können, sollte man den Koffer gemäß dem „Zwiebelprinzip" packen: Kleidung, die in mehreren Schichten getragen und je nach Temperatur an- oder ausgezogen wird. Wichtig ist leichte, luftdurchlässige Kleidung. Da es abends und nachts kalt und windig werden kann, sollten ein Fleece (Faserpelz) oder warmer Pullover nicht fehlen. Eine leichte Regenjacke sollte ebenfalls ins Gepäck.

Die Kleidungssitten sind generell sportlich-leger, von offiziellen Anlässen oder besonderen Feierlichkeiten abgesehen. In Hotels und Restaurants ist angemessene Kleidung notwendig. Generell gilt: „No shoes, no shirt – no service".

Ein Sonnenhut, bequeme Schuhe und Badesachen gehören ebenfalls ins Reisegepäck. Empfehlenswert sind auch eine Sonnenbrille, Fernglas und eine Stirn- oder Taschenlampe. Wenn Wanderungen eingeplant sind, sollten die halbhohen, festen Schuhe sowie ein Tagesrucksack nicht fehlen.

Klima / Reisezeit

ⓘ *s. Kapitel Geografie, S. 53*

Kriminalität

Auch wenn die Kriminalität in den Kapprovinzen nicht so hoch ist wie in Johannesburg oder Durban, ist dennoch Vorsicht geboten. Vermieden werden sollte, viel Bargeld und Schmuckstücke bei sich zu tragen. Wertsachen können im Hotelsafe eingeschlossen werden. Ratsam ist es, **Kopien** von Ausweisen und Kreditkarten an einem sicheren Ort aufzubewahren, falls es doch Probleme geben sollte.

Unauffälliges Verhalten und Kleidung sind sinnvoll. Randgebiete der Townships, Townships und einsame Straßen sollten gemieden werden, vor allem nachts. Keine Wertsachen oder Taschen offen sichtbar und vor allen Dingen greifbar im Auto aufbewahren, auch während der Fahrt.

Wenn es wirklich Probleme geben sollte, lautet die **Notrufnummer der Polizei** ☎ 10111.

Maße und Gewichte

In Südafrika gilt, wie in Deutschland, Österreich und der Schweiz auch, das metrische System.

Nationalparks / Naturreserate

Besonders beeindruckend und schön sind die Landschaften in den Schutzgebieten Südafrikas, den Nationalparks und Naturreservaten. Die **Nationalparks**, von denen es inzwischen 19 gibt, werden von **South African National Parks**, der Nationalparkbehörde, kontrolliert und verwaltet. Der wohl bekannteste unter ihnen ist der Kruger National Park. In diesem Reisegebiet gibt es zehn Nationalparks: Table Mountain NP, West Coast NP, Cape Agulhas NP, Bontebok NP, Tankwa Karoo NP, Karoo NP, Garden Route NP, Mountain Zebra NP, Camdeboo NP, Addo Elephant NP. Die Vegetation, mit Ausnahme von Addo, steht hier im Vordergrund, jeder Park ist jedoch sehr ergreifend und hat seinen eigenen Charme und bemerkenswertes Tierleben.

Viele Nationalparks bieten „game drives" an. In den meisten Nationalparks gibt es Campingplätze oder einfache Übernachtungsmöglickeiten. Frühzeitige Buchungen sind in der Hauptsaison auf jeden Fall ratsam.
South African National Parks, P.O. Box 787, Pretoria 0001, ☎ (012) 428-9111, 📠 (012) 426-5500, www.sanparks.org.

Die Naturschutzbehörde **Cape Nature** unterhält zahlreiche **Naturreservate** im Western Cape, z. B. Cederberg Wilderness (Clanwilliam), Jonkershoek (Stellenbosch), Limietberge (Paarl), De Hoop (Bredarsdorp), Anysberg (Laingsburg), Swartberg/Gamkaskloof (Prince Albert), Groot Winterhoek (Porterville), Gamkaberg (Oudtshoorn), Goukamma (Knysna), Keurbooms River (Plettenberg Bay). Viele eignen sich hervorragend zum Wandern, Mountainbiking, Kanu fahren und anderen Aktivitäten. Auch hier sollte man Unterkünfte (Selbstversorger-Hütten) und Campinggelegenheiten vorbuchen, und oft wird auch empfohlen, die *Conservation Fee* im Voraus zu bezahlen. Auch muss man für Wanderungen, Angeln u. Ä. Erlaubnis *(permit)* einholen. Einige Gebiete sind sehr abgelegen, in der Regel muss man vor 16 Uhr anreisen. Man sollte sich bei der Buchung genauestens über Einzelheiten informieren. **Cape Nature**, ☎ (0861) 227-362-8873, www.capenature.co.za.

Hinweis

Die südafrikanischen National Parks und Nature Reserves verlangen alle eine **Conservation Fee**, Eintrittspreise, die z. T. sehr saftig sind und sich pro Tag bzw. Übernachtung berechnen. SanParks bietet eine Jahreseintrittskarte für alle National Parks und Nature Reserves der regionalen Partner an, die sog. **"Wildcard"**. Allerdings sind die Kosten des Beitrags für Touristen so hoch, dass es sich nur lohnt, wenn im Laufe eines Jahres viele Parkbesuche anstehen oder längere Parkaufenthalte geplant sind.

Notruf

ⓘ *s. auch „Geld" und „Gesundheit"*

Aus dem Festnetz:
Polizei: ☎ 10111
Ambulanz: ☎ 10177

Aus dem Mobilfunknetz
Notfall: ☎ 112

Post

Schalterstunden: Mo–Fr 8.30–15.30, Sa 8–11 Uhr. In kleineren Postämtern wird oft eine Mittagspause (13–14 Uhr) eingehalten.

Porto: Die Briefmarkengebühren ändern sich laufend, weshalb das South African Post Office (www.sapo.co.za) dazu übergegangen ist, keine Marken mit gedruckten Werten zu produzieren, sondern die Marken nur mit der jeweiligen Nutzung zu betiteln, z. B. „Airmail Postcard". In Hotels und Geschäften/Kiosken wird oft ein Aufpreis für Briefmarken verlangt.

Briefkästen *(letter boxes)* sind rot und meist in Form einer Säule. Die Luftpost von Südafrika nach Deutschland kann sehr unterschiedlich lange unterwegs sein, von fünf Tagen bis zu drei Wochen.

Rauchen

Seitdem strengere Gesetze bzgl. des Rauchens in öffentlichen Gebäuden und Gaststätten aller Art in Kraft getreten sind, müssen Restaurants, Bars und selbst Shebeens (illegal betriebene Kneipen) separate Nichtrauchersektionen aufweisen. Das hat in kleineren Lokalitäten dazu geführt, dass sie ganz rauchfrei sind. Auch öffentliche Gebäude wie Staatsgebäude, Shopping Malls und Flughäfen sind rauchfreie Zonen. Das Wegwerfen von Zigarettenkippen wird mit Strafgeldern geahndet.

Schiffsverbindungen

Früher war es üblich, mit dem Schiff nach Südafrika zu reisen. Doch die Zeiten, in denen zwischen Europa und dem Kap wöchentlich Postschiffe verkehrten, sind vorbei. Längst ist der schnelle Flug billiger als eine mindestens 16 Tage dauernde Schiffsreise. Dennoch gibt es zahlreiche Angebote für Schiffsreisen, Details dazu können unter folgenden Adressen erfragt werden:

Safmarine: Buchungen über **Pathfinder Marine Travel Consultants**, 7 Warwick Road, Totton SO40 3QP, United Kingdom, ☎ (023) 8066-3030, www.safemariner.co.uk, bzw. **Safmarine Kapstadt**, Safmarine Quay, The Clocktower Precinct, Victoria & Alfred Waterfront, Kapstadt 8001, ☎ (021) 408-6911, www.safmarine.com. Auf Containerschiffen werden Doppelkabinen oder Suites angeboten. Sehr komfortabel. Reisedauer von Bremerhaven nach Kapstadt: ca. 16 Tage.
St. Helena Shipping Company bietet auf der „RM St. Helena" im regelmäßigen Rhythmus einige Plätze für Passagiere an. Buchungsadresse: **Andrew Weir Shipping Ltd.**, Dexter House, 2 Royal Mint Court, London EC3N4XX, United Kingdom, ☎ (020) 7575-6480, in Kapstadt bei **Andrew Weir Shipping Pty Ltd.**, 17th Floor, 1 Thibault Square, Kapstadt, ☎ (021) 425-1165, http://rms-st-helena.com.

Souvenirs

ⓘ *s. auch Grüne Seiten unter „Mehrwertsteuer-Rückerstattung"*

Südafrika ist ein wahres Dorado für Mitbringsel; etwas Kleines für Freunde und Familie, aber auch für die eigene Erinnerung.
• Der Vitamin-C-haltige **Rooibos Tee** kommt immer gut an und ist als Warm- oder Kaltgetränk zu jeder Jahreszeit beliebt.
• Die **Weine** Südafrikas wird jeder sicherlich auf der Reise ausreichend kosten können, die besondere Flasche sollte dann auch in den Koffer. Für den Genuss zu Hause findet man inzwischen auch eine große Anzahl südafrikanischer Weine bei uns, da lohnt das Schleppen nicht.
• **Stoffe** sind mit ihren Motiven und Farbkombinationen der Zulu, Xhosa und Bantu ein toller Blickfang. Ob als Wanddekoration, als Tischdecke, als Wickelrock, als Schal oder Kissenbezug, in allen Variationen vermitteln sie ein Stück Exotik.
• **Souvenirs vom Strauß** sind ebenfalls sehr beliebt. Die Straußeneier sind naturbelassen oder auch bemalt zu erwerben, aus Straußenfedern werden Staubwedel oder Federboas hergestellt. Sehr begehrt sind Straußenleder-Produkte wie Handtaschen, Geldbörsen oder Gürtel.
• Die **Perlenarbeiten** der Zulu gibt es inzwischen in unzähligen Variationen: Schlüsselanhänger, Schmuck, Serviettenringe, Untersetzer, verzierte Bestecke, aber auch zu Lampen, Körben oder Figuren verarbeitete Werke sind sehr dekorativ.

- Diverse **Holzschnitzarbeiten** werden fast überall angeboten, meist sind sie jedoch ein wenig zu groß als Mitbringsel. Aber es muss nicht immer eine 2 m hohe Giraffe sein, kleine Schnitzereien (Masken, Figuren oder Gebrauchsgegenstände wie Bestecke) findet man auch.
- Wunderschöne **Korbflechtarbeiten**, die meist von den Zulu hergestellt sind, findet man im ganzen Land.
- CDs mit **afrikanischer Musik** sind ein Hörgenuss für zu Hause.
- Edle **Schmuckwaren** in allen Farben sind zwar ein teures, aber einmaliges Souvenir. Als Diamanten- und Goldland bietet Südafrika beste Materialien für die Schmuckherstellung.

Sport

ⓘ *s. auch „Golf" und „Wandern"*

Südafrika ist ein Land der Sportbegeisterten; landschaftlich und klimatisch bedingt sind praktisch alle Sportarten möglich. Informationen und Links unter **www.southafrica.co.za/sport** oder über South African Tourism, **www.southafrica.net**. Da sich immer mehr Menschen auch im Urlaub aktiv betätigen möchten, im Folgenden eine Auswahl verschiedener Sportmöglichkeiten („Golf" und „Wandern" s. dort).

▶ Abseiling
Abseiling, ein aus dem Deutschen abgeleitetes Wort, ist besonders dort beliebt, wo es kleine Canyons gibt. Beim Abseiling wird man an einem Seil in einen Canyon oder an einer steilen Wand abgeseilt, d. h. man lässt sich, an einem Seil gesichert, rückwärts ins Leere fallen und „geht" dann langsam an der Wand hinunter. Um Kapstadt sind die beliebtesten Regionen der Chapman's Peak, das Tafelberg-Gebiet und der Kamikaze Canyon, zu dem man erst einmal wandern und dann raufkraxeln muss.

▶ Angeln
Angeln, besonders das Hochseeangeln, erfreut sich großer Beliebtheit in den Kapprovinzen. In fast jedem Hafen sind Boote mit fachkundigen Fischern zu chartern. Die kleinen Flüsse in den Bergenketten nördlich der Garden Route eignen sich hervorragend zum *fly fishing* (Fliegenfischen) und die Bergketten der Western Cape Province zum *trout fishing* (Forellenfischen). Informationen erteilen: **South African Deep Sea Angling Association**, www.sadsaa.com und **Federation of Southern African Fly Fishers**, www.fosaf.org.za.

▶ Bungee-Jumping
Bungee-Jumping, von einer Brücke oder einer Plattform ins Leere springen, dabei „nur" mit einem dickem elastischen Seil an den Fesseln befestigt sein, das ist wohl ein Erlebnis, das pures Adrenalin ausschüttet. In der Kapprovinz gibt es zwei bekannte Brücken, von denen das möglich ist: die Gourits River Bridge bei Mossel Bay, etwa 350 km östlich von Kapstadt, und die Bloukrans Bridge östlich von Plettenberg Bay, der höchste Bungee-Jumping-Absprungplatz der Welt mit 216 m. Informationen: www.southafrica.info/travel/adventure/bungee.htm; Anbieter an der Bloukrans Bridge: www.faceadrenalin.com.

▶ Drachenfliegen, Gleitschirmfliegen, Segelfliegen, Fallschirmspringen
Drachenfliegen *(hang gliding)* ist aus Versicherungsgründen in Südafrika nur erlaubt, wenn man Mitglied des **South African Aero Sport Clubs** ist, ☏ (011) 082-1100, www.aeroclub.

org.za. Eine vorübergehende Mitgliedschaft ist möglich und notwendig, denn man ist auf Clubhilfe für die Gerätschaften angewiesen, außer man hat sein eigenes Fluggerät dabei. Offizielle Drachenverleihfirmen gibt es in Südafrika nicht und die Gebiete fürs Drachenfliegen sind sehr begrenzt. Informationen sind erhältlich bei **South African Hang Gliding and Paragliding Association**, www.sahpa.co.za.

Fürs **Gleitschirmfliegen** (Paragliding) ist in Südafrika eine Qualifikation notwendig. Kurse werden in verschiedenen Gegenden angeboten. Für einen Tandem-Flug benötigt man allerdings keine besonderen Voraussetzungen, man bekommt lediglich eine Einweisung. Informationen und Clubs unter www.paraglide-south-africa.com.

Segelfliegen (Gliding) ist in Südafrika in den nördlichen Regionen möglich, vor allen Dingen wegen der optimalen Aufwinde und der guten Wetterbedingungen. Informationen und Adressen unter www.sssa.org.za.

Fallschirmspringen ist wegen der einmaligen Landschaften, aber auch wegen des idealen Wetters sehr populär geworden. Einige Veranstalter und Clubs haben sich auf diesen Nervenkitzel spezialisiert. Über www.para.co.za erhält man weitere Informationen.

▶ Fahrrad fahren

Fahrrad fahren ist nur in wenigen Regionen Südafrikas wirklich möglich, da es keine Radwege gibt und Südafrika kein klassisches Radfahrerland ist, mit Ausnahme von Radrennen (s. u.). Organisierte Fahrradtouren und spezielle Informationen zum Fahrrad fahren:
Pedal Power Association, 9 Hill Park Lane, Mowbray, Cape Town, P.O. Box 665, Rondebosch 7701, ☏ (021) 689-8420, www.pedalpower.org.za.
African Bikers, www.africanbikers.co.za. In Kapstadt: ☏ (021) 465-2018, 35 Breda Street, Oranjezicht, Cape Town 8001. In Deutschland: Danziger Str. 6, 63128 Dietzenbach, ☏ (06074) 485-2950. Organisiert komplette Biker-Touren (Rennrad, Mountainbikes, Fahrrad) in Südafrika.
Allgemeine Informationen über sportliches Radfahren, inklusive Teilnahme an Radrennen gibt es über **www.bicycling.co.za** und **www.cycletour.co.za**.

Die o. g. Adressen geben auch Informationen über **Mountainbiking**, das sich inzwischen immer größerer Beliebtheit erfreut. Unter **www.mtb.org.za** erhält man Tipps zu den besten Trails. In Kapstadt werden bei **Downhill Adventures** (Shop 10, Overbeek Building, Ecke Orange/Kloof Street, Cape Town 8001, ☏ (021) 422-0388, www.downhilladventures.com) Mountainbikes vermietet und auch Touren organisiert, z. B. zum Cape Point und in die Wälder und Weinberge von Constantia.

▶ Kanufahrten, Rafting, Seakayaking

Südafrikas Flüsse eignen sich z. T. hervorragend für Kanufahrten oder Schlauchbootabenteuer (Rafting), die meisten guten Flüsse liegen allerdings im Norden des Landes. Einige Firmen haben sich auf mehrtägige Trips von 2–6 Tagen Länge spezialisiert, besonders auf dem Oranje River in Höhe des einsamen, spektakulären Richtervelds im Nordwesten sowie dem Doring River auf dem Abschnitt nördlich von Clanwilliam. Dabei sind die Touren keineswegs gefährlich, auch Kinder dürfen daran teilnehmen. Geschlafen wird in Zelten, gekocht über dem offenen Lagerfeuer unter einem unvergesslichen Sternenhimmel. Gemächlicher geht es auf dem Breede River bei Swellendam zu.

Allgemeine Reisetipps von A–Z

Die folgenden Unternehmen bieten Touren an:
Felix Unite River Adventures, 14 Stibitz Street, Westlake, Cape Town, ☎ (021) 702-9400, www.felixunite.com.
The River Rafters, 1 Friesland Street, Durbanville, Cape Town, ☎ (021) 975-9727, www.riverrafters.co.za.

Hobbykanuten können Touren auf dem Breede River bei Swellendam sowie auf dem Keurbooms River bei Plettenberg Bay unternehmen, entweder für einen oder zwei Tage. In Kapstadt-Nähe gibt es keine nennenswerten Kanurouten, dafür steht hier das **Seakayaking** im Vordergrund. In der Touristeninformation liegen ausreichend Broschüren von Bootsverleihern und Organisatoren aus.

Kloofing

Kloofing (engl. *canyoning*), ist aus dem Afrikaans-Wort *kloof* (= Schlucht) abgeleitet und besteht darin, dass man sich in eine Schlucht begibt und diese kletternd, springend, schwimmend oder auf andere Weisen durchquert. Für viele ist dies eine große Herausforderung, weil es Bergsteigen, Abseiling, Wandern und andere sportliche Betätigungen beinhaltet. Anbieter von Kloofing-Abenteuern ist Downhill Adventures, (Shop 10, Overbeek Building, Ecke Orange/Kloof Street, Cape Town 8001, ☎ (021) 422-0388, www.downhilladventures.com).

Segeln

Die südafrikanische Küste gilt mit ihrer oft rauen See und stürmischen Bedingungen zwar als schwieriges Segelterritorium, aber auch als guter Platz, um das Segeln zu lernen. Die Gewässer um Kapstadt und der Western Province sind besonders geeignet, doch wird immer wieder vor den Strömungen und vor allem den schnellen Wetterumschwüngen gewarnt. Viele Segelclubs bieten Kurse an, Infos unter www.sailing.org.za.

Als Stadt, die von zwei Weltmeeren umgeben ist, gilt Kapstadt als Topadresse bei Seglern. Man sieht sie u. a. in den Becken der Victoria & Alfred Waterfront anlegen oder beim vornehmen Royal Cape Yacht Club im Table Bay Harbor, ☎ (021) 421-1354, http://rcyc.co.za. Viele Weltumsegler und Profiteams laufen Kapstadt jedes Jahr an und südafrikanische Weltklassesegler sind auch bei vielen bekannten Segelrennen dabei.

Surfen

Südafrika ist das Surfer-Paradies schlechthin und es zieht alle Surfer, auch weltberühmte, immer wieder an die Küsten des Landes, die ihre Künste in Topform halten oder verbessern wollen. Auch wenn mit „Surfen" meist das **Wellenreiten** gemeint ist, finden auch **Kitesurfer** und **Windsurfer** hier ihre Tummelplätze. In Langebaan (nördlich von Kapstadt an der Westküste) greift eine fjordartige Meeresbucht ins Land und bietet ideale Voraussetzungen für Geschwindigkeitsfanatiker, die dann auf das schnellste Brett umsteigen. Hier werden nicht nur Surfer, die auf extreme Wellen und Sprünge aus sind, zufriedengestellt. Andere Reviere für Windsurfer sind die großen Inlandseen oder Lagunen, so z. B. George (Swartvlei), Plettenberg Bay und Struis Bay. Hobie Beach in Port Elizabeth war einst Austragungsort der Windsurfing-Weltmeisterschaften und hat immer noch ein großes Angebot für Wassersportler.

Zu den besten **Surfspots** gehören die in Jeffrey's Bay, das unter Surfern J-Bay genannt wird, und vielleicht die unter Surfern bekannteste Region ist. Supertubes und Cape St. Francis sind die bekanntesten Spots. In Port Elizabeth gibt es einige Spots (z. B. Millers, Fence und Pipe) und an der Garden Route liegen unzählige Spots, so in Plettenberg Bay, Victoria Bay, Cape Infanta, Nature's Valley und Voelklip bei Hermanus. Muizenberg, Milnerton und Kalk Bay nahe Kapstadt sind beliebte Surferziele. Letzteres eignet sich hervorragend, um es sich nach dem Vergnügen auf dem Wasser in einem der vielen Restaurants bei frischen Meeresfrüchten und einem eiskalten Bier gut gehen zu lassen. Noordhoek auf der Kaphalbinsel ist mit seinen Riesenwellen eine Herausforderung für viele Surfer. Elandsbaai an der Westküste hat tolle Wellen und ist noch nicht von den Massen eingenommen worden.

Wetterbedingungen

Von September bis Mai liegt der südafrikanische Küstenbereich im Einzugsbereich ausgedehnter Hochs, die nur selten von Tiefausläufern gestört werden. Wenn dann über dem Kapstadter Table Mountain das „Tischtuch" liegt, sonst aber ringsherum der Himmel stahlblau ist, kündigt sich der „Cape Doctor" an, der berühmte Südostwind, der den Surfern 6–10 *Beaufort sideshore* beschert und für extrem gute Bedingungen sorgt.

Von Juni bis August zieht der Hochdruckgürtel in Richtung Äquator und die Tiefdruckrinne gelangt ans Kap. Wellen unter 2 m sind dann eher eine Seltenheit.

Surf-Tipps

www.wannasurf.com ist ein Forum für Surf-Enthusiasten. Hier werden Berichte und Information wie Bedingungen, Qualität, Typ und Schwierigkeitsgrad über eine Unmenge von Surfspots gesammelt.

www.surfing-waves.com ist eine weitere Website mit Informationen zu Ausrüstungen, Instruktionen, Wetterbedingungen und vieles mehr.

www.wavescape.co.za bietet Neuigkeiten, Informationen zu Wetter und Surfbedingungen und im Shop kann man sich über regionale Läden und Verleihstationen informieren.

www.surfingsouthafrica.co.za listet Veranstaltungen und Austragungsorte und vieles mehr um den Surfsport.

Hinweis

Surfer, die die eigenen Gerätschaften mitnehmen wollen, sollten sich bei der Fluggesellschaft über die Mitnahme des eigenen Surfboards und/oder Segels informieren.

Da Mietwagenfirmen nicht sehr surferfreundlich eingestellt sind, sollte in Erwägung gezogen werden, für das Mietauto einen passenden Dachgepäckträger zu kaufen. Ansonsten gibt es vielleicht Transportprobleme.

▶ Tauchen

Tauchen *(scuba diving)* ist an der Kapküste ein besonderes Erlebnis, weil es hier durch den kalten Benguela- und den warmen Agulhas-Meeresstrom eine besonders differenzierte Meeresflora und -fauna gibt. Weil diese Küstenabschnitte auch viele Wracks aufweisen, haben sich einige Veranstalter auf das „**wreck diving**" spezialisiert. Im Allgemeinen ist die beste Zeit zum Tauchen von Juni bis November, weil dann das Wasser kälter und damit die Sicht klarer ist.

Bei Kapstadt liegen die Tauchgebiete vor allem in der **False Bay**, wobei bestimmte Bereiche auch als Hai-Gebiete gelten und vermieden werden sollten. Bekannt und beliebt ist ebenfalls das Tauchgebiet um **Cape Hangklip**. Entlang der Garden Route findet man nicht nur landschaftlich Schönheiten, auch die Unterwasserwelt hat einiges zu bieten. In Mossel Bay, Knysna, Plettenberg Bay und der Tsitsikamma Section des Garden Route NPs werden beeindruckende Tauchtouren zu Wracks und Riffen angeboten. Im Letzteren gibt es auch einen Schnorchel- und Taucherlehrpfad. Informationen und Adressen zu Tauchkursen und Tauchexkursionen unter www.divesouthafrica.co.za, www.gooddive.com und im Kapstadter Vistor Center.

Angeboten wird auch das **Hai-Tauchen** (Shark Diving, auch Cage Diving), wobei man in einem Käfig ins Wasser gelassen wird und zuschauen kann, wie Haie gefüttert werden. Diese Exkursionen sind jedoch umstritten, da nach Meinung von Wissenschaftlern die Haie dadurch in ihrer Lebensweise zu sehr beeinflusst werden, die Angst vorm Menschen verlieren und den Instinkt, selber nach Nahrung zu suchen, verlieren. Die meisten Unternehmen fahren in die sog. „Shark Alley" nahe Gansbay, ca. 2 Std. von Kapstadt entfernt. Weitere Informationen unter www.sharkbookings.com.

▶ **Tennis**
In Südafrika gibt es sehr viele Tennisplätze, entweder angeschlossen an Hotels und Resorts oder auch als lokale Tennisclubs. Die Clubs, in denen man gegen eine Gebühr die Anlagen benutzen darf, haben oft ein Club House angeschlossen und man kümmert man sich gerne um Gäste. Eine Kontaktadresse ist die der South African Tennis Association, www.satennis.co.za, weitere Informationen gibt es auch unter www.tennisclubs.co.za.

Sportereignisse

Als sportbegeistertes Land sind viele Südafrikaner in der einen oder anderen Sportart engagiert. Die größten Mannschaftssportarten sind Fußball, Rugby und Cricket, aber auch Leichtathletik, Schwimmen, Segeln und Golf haben südafrikanische Größen hervorgebracht. Wie in vielen anderen Bereichen, ist auch im Sport eine Trennung entlang ethnischer Gruppen zu bemerken. Während **Fußball** die beliebteste Sportart unter der schwarzen Bevölkerung ist, sind die Sportarten der Weißen eher **Rugby** und **Cricket**, Letzteres ist auch bei den Coloureds beliebt. Diese Trennung ist darauf zurückzuführen, dass während der Apartheid Rugby und Cricket der weißen Minderheit vorbehalten waren.

Wer gerne **Sportveranstaltungen live** miterlebt, kann sich über aktuelle Veranstaltungen im Internet bei Computicket informieren (http://online.computicket.com/web/). Auch werden die großen Sportereignisse in vielen Restaurants und Bars übertragen, besonders dort, wo sich die Fans versammeln, ist dann immer gute Stimmung.

Zwei bekannte **Fahrradrennen** finden im März jeden Jahres in der Kapprovinz statt. Das Mountainbike-Rennen **Absa Cape Epic**, das sich in acht Tagen über rund 800 km und über 16.000 m Steigungen erstreckt, beginnt mit einem Zeitrennen am Table Mountain, geht dann in die Overberg-Region und an die Garden Route, wo die Strecken jedes Jahr anders sind und endet schließlich auf dem Loursensford Wine Estate. Informationen bei www.cape-epic.com. Das **Cape Argus Pick'n Pay Race** ist das größte Zeitradrennen der Welt mit über 35.000 Rennfahrern (jeder kann mitmachen) am Start. Es geht über 109 km um die Kaphalbinsel. Die Strecke sollte nicht unterschätzt werden, es geht auf und ab und oft bläst auch ein kräftiger Wind. Besonders der Anstieg von Hout Bay zum Suikkerbossie lässt viele ihr Rad schieben. Das Radrennen ist für Teilnehmer und Zuschauer ein einmaliges Erlebnis mit Volksfest-

charakter. Informationen unter www.cycletour.co.za.
Ausführliche Informationen zu Radrennen gibt es unter www.cyclingnews.co.za.

Langstreckenläufe, besonders der **Marathon**, sind in Südafrika sehr populär, fast jeder Ort hat seine eigene Variante. Das bekannteste Rennen am Kap ist der **Two Oceans Marathon**, der jedes Jahr am Ostersamstag bzw. -sonntag ausgetragen wird. Wie der Name schon sagt, verbindet die Strecke die zwei Ozeane, die das Kap umgeben. Tausende von internationalen Teilnehmern kommen dazu jedes Jahr nach Kapstadt. Aber Achtung! Dieser Ultra-Marathon ist 56 km lang! Es gibt allerdings auch einen Halb-Marathon. Informationen unter www.twooceansmarathon.org.za und zu anderen Läufen in Südafrika unter www.runnersguide.co.za.

Sprache

Es gibt elf offizielle Landessprachen. Neben **Englisch** und **Afrikaans**, die sich als Amtssprachen etabliert haben, werden die Sprachen der verschiedenen ethnischen Gruppen gesprochen, darunter Xhosa, Zulu und Sotho. Mit Englisch kann man sich überall verständigen. Deutsch und Französisch werden in zahlreichen Hotels gesprochen und viele Deutsche, Österreicher und Schweizer leben in Südafrika, vor allem in und um Kapstadt.

Zahlen in Afrikaans

eins	een	achtzehn	agtien
zwei	twee	neunzehn	negentien
drei	drie	zwanzig	twintig
vier	vier	einundzwanzig	een-en-twintig
fünf	vyf	zweiundzwanzig	twee-en-twintig
sechs	ses	dreißig	dertig
sieben	sewe	vierzig	veertig
acht	ag	fünfzig	vyftig
neun	nege	sechzig	sestig
zehn	tien	siebzig	sewentig
elf	elf	achtzig	tagtig
zwölf	twaalf	neunzig	negentig
dreizehn	dertien	hundert	honderd
vierzehn	veertien	hunderteins	eenhonderd-en-een
fünfzehn	vyftien	fünfhundert	vyfhonderd
sechzehn	sestien	tausend	duisend
siebzehn	sewentien		

Einige nützliche Ausdrücke in Afrikaans

Guten Morgen!	Goeie more!	ja/nein	ja/nee
Guten Tag!	Goeie midday!	Verzeihung	ekskuus
Gute Nacht!	Goeie nag!	Ich möchte	ek will
bitte	asseblief	Tageszeitung	dagblad
danke	dankie	groß/klein	groot/klein
Auf Wiedersehen!	tot siens!	gut/schlecht	goed/sleg
Rundhaus	rondavel	wie viel	hoeveel

Allgemeine Reisetipps von A–Z

Tag/Woche	dag/week	Monat/Jahr	maand/jaar
Wann	wannee	wo	waar
wie	hoe	wie lange	hoe lank
Wie spät ist es?	Hoe laat is dit?	Wann fährt …?	Wanneer vertrek?
Verstehen Sie ?	Verstaan u?	Wie viel kostet dies?	Hoeveel is dit?
Montag	Maandag	Freitag	Vrytdag
Dienstag	Dinsdag	Samstag	Saterdag
Mittwoch	Woensdag	Sonntag	Sondag
Donnerstag	Donderdag		

Sprachschulen

Was könnte es Schöneres geben, als Englisch am Kap zu lernen. So verbindet man Urlaub mit dem Erlernen bzw. Intensivieren einer Sprache. Sprachschulen gibt es zur Genüge, die Kurse dauern i. d. R. zwischen zehn Tagen und fünf Wochen (ca. 20 Wochenstunden).

Eine renommierte Sprachschule ist **Eurocentres**, 50 Long Street, Kapstadt, ☎ (021) 423-1833, www.eurocentres.co.za. Diese Schule arrangiert auch Unterkünfte in Gastfamilien und Freizeitaktivitäten. Angeboten wird alles, vom Anfängerkurs bis hin zu TOEFL *(Test of English as a Foreign Language)* und Fachkursen.

Strände

Südafrika rühmt sich einer Länge von mehr als 3.000 km schöner Badestrände, von denen sich viele in den Kapprovinzen befinden, besonders entlang der Garden Route und um Kapstadt herum. Doch muss man beim Baden an Südafrikas Küsten Folgendes bedenken: Der kalte **Benguela-Strom** sorgt an der Westküste dafür, dass die Wassertemperaturen selbst im Sommer kaum Nordsee-Niveau übersteigen. Entlang der **Garden Route** ist aufgrund der Wassertemperaturen das Baden zwischen den Monaten November bis April angenehm.

Einige der besten Strände in der Western Cape Province
Westküste
Beliebte Strände gibt es bei Strandfontein, nördlich von Lambert's Bay.

Südwestliches Kapland
Westlich von Mossel Bay liegen schöne Strandabschnitte bei Still Bay, Witsand und Infata-on-River (jeweils gut auf Stichstraßen von der N 2 erreichbar). Schöne Strände ebenfalls bei Muizenberg (False Bay) sowie Camps Bay und Hout Bay bei Kapstadt.

Garden Route
Herolds Bay (südwestlich von George): Sandstrände und Tidalpool (Gezeitenschwimmbad)
Mossel Bay: geschützte Lagunen in Hartebos, Groot Braakrivier
Sedgefield (westlich von Knysna): lange Sandstrände
Noetzie ist berühmt für seine drei Schlösser am Strand
Buffels Bay (bei Knysna): ebenfalls schöne Sandstrände

Plettenberg Bay: lang gestreckte Sandstrände
Nature's Valley (östlich von Plettenberg Bay): ruhige, schöne Badestrände
Tsitsikamma Section des Garden Route NP: weniger zum Baden geeignet, dafür aber eindrucksvolle Steilküste mit Flussmündung (Storm's River)
Oyster Bay: lange, z. T. wenig besuchte Sandstrände
St. Francis Bay: weite Sandstrände, „bewegtes" Meer
Bushmans-Flussmündung und Kariega (südlich von Grahamstown): Sandstrände und Lagunen

Hinweis
Zu den Stränden im Gebiet um Kapstadt s. ab S. 242.

Strom

Die Stromspannung im gesamten Südafrika beträgt 220/230 Volt Wechselstrom, 50 Hz und alle mitteleuropäischen Elektrogeräte sind daher kompatibel. Da die Steckdosen und Stecker ein anderes Format haben, ist allerdings ein Adapter nötig, den man in Elektrogeschäften und Kaufhäusern in Südafrika kaufen kann. Achtung: Die Adapter, die man in Europa bekommt, sind für Südafrika oft ungeeignet, wie auch für Namibia und Botswana. Größere Hotels dagegen haben im Bad passende Steckdosen.

In abgelegenen und sehr ländlichen Gegenden ist die Stromversorgung nicht immer gewährleistet. Auch wenn es in diesen Gegenden Generatoren gibt, ist die Versorgung mit Strom aus der Steckdose meist zeitlich begrenzt. Eine Taschenlampe oder Stirnlampe sollte auf jeden Fall in Südafrika dabei sein.

Taxi

Die Tarife sind regional unterschiedlich, stehen aber deutlich am Taxi angeschrieben und beinhalten, zusätzlich zum Kilometerpreis, eine Grundgebühr. Die Taxis dürfen nicht angehalten werden, sondern **müssen über die Taxivermittlung telefonisch oder von Taxiständen abgerufen werden**. Ein Trinkgeld von ca. 10–15 % ist üblich. Man sollte darauf achten, dass der Taxameter korrekt eingestellt ist, falls es keinen Taxameter gibt, den Preis im Voraus vereinbaren.

Taxistände und Rufnummern in Kapstadt, s. S. 248.

Zusätzlich zu den Taxis kann man auch einen **Taxi-Service** bestellen, Hotels verfügen meist über Telefonnummern.

Ein relativ preiswertes Unternehmen sind die **Rikki-Taxis**, die kreuz und quer durch die Stadt fahren und dabei Fahrgäste „aufsammeln". Man kann allerdings auch direkte Routen innerhalb des Stadtbereichs buchen oder einen Transfer zum Airport oder einem anderen Ziel außerhalb der Stadt arrangieren. ☏ (0861) 745-547, bookings@rikkis.co.za.

Telefonieren/Telekommunikation

ⓘ *s. auch „Internet" und „Notruf"*

Der größte Teil des Landes verfügt über ein gut funktionierendes Telefonnetz, da jedoch der bedeutendste Festnetzanbieter, die **South African Telcom**, keine Konkurrenz hat, kann das Telefonieren in und aus Südafrika teuer werden. Ortsgespräche und kurze Inlandsgespräche sind noch relativ günstig, aber Auslandsgespräche schlagen richtig ins Geld. Vermieden werden sollte, von Hotels oder Ferienunterkünften zu telefonieren, denn die Kosten liegen meist über den üblichen Tarifen.

In Telefonläden, Supermärkten, Tankstellen und am Flughafen gibt es **Telefonkarten** in verschiedenen Werten zu kaufen, mit denen man günstiger telefonieren kann. Öffentliche Telefonzellen gibt es ausreichend in großen Städten, oft an Tankstellen und in Supermärkten. Die Fernsprecher für Telefonkarten sind grün gekennzeichnet, Münztelefone sind blau.

Wenn man auf südafrikanischen Festnetznummern während der Reise zu erreichen ist, ist es am günstigsten, sich dort aus Deutschland über eine Call-By-Call-Vorwahl anrufen zu lassen. Anbieter: www.teltarif.de und www.billiger-telefonieren.de.

Handys, in Südafrika „**cellphones**" oder kurz „**cells**" genannt, können in Südafrika genutzt werden, allerdings ist der Empfang in ländlichen Gegenden nicht immer gewährleistet. Vor der Reise über Roaming und Gebühren für Telefonate bei der heimischen Telefongesellschaft informieren. Auch ist es wichtig, sich über Gebühren für Internetnutzung über das Handy zu erkundigen, weil es in Südafrika sehr teuer werden kann, besonders, wenn man plant, viel zu telefonieren oder das Internet zu benutzen. Dann ist es eine Überlegung wert, in Südafrika ein Cellphone zu mieten bzw. eine Sim-Karte oder Prepaid Card zu kaufen. Für diese Zwecke ist es von Vorteil, ein „ausrangiertes" Handy auf die Reise mitzunehmen. Ladegeräte nicht vergessen!

Die großen **südafrikanischen Mobilfunkanbieter** Vodacom, Cell C, und MTN, die in den Städten und am Flughafen eigene Läden und Stände haben, aber auch in vielen Geschäften vertreten sind, verkaufen bzw. vermieten die Mobiltelefone und Sim-Cards. Damit wird man für die Zeit der Miete zu Kunden des entsprechenden Mobilfunkanbieters, abgerechnet wird meist über die Kreditkarte. Die Kosten variieren sehr, deshalb ist es ratsam, sich seine „Telefoneigenschaften" genau zu überlegen. Man sollte keine längerfristigen Verträge abschließen, die nach Ablauf automatisch verlängert werden. Eine weitere Möglichkeit ist der Kauf einer Prepaid Card, einer Sim-Card mit einem bestimmten Guthaben, das immer wieder aufgeladen werden kann. Guthaben für alle Anbieter können in vielen Geschäften, z. B. in Supermärkten und Tankstellen, gekauft werden. Mit einer Aufladenummer wird die Karte wieder aufgeladen. Auch hier variieren die Angebote sehr und man sollte sich im Besonderen über Kosten für Inlands- und Auslandsgespräche erkundigen.

Die großen Mobilfunkbetreiber:
Vodacom, ☎ (082) 111, (011) 653-6530, www.vodacom.co.za
MTN (Mobile Telephone Networks), ☎ (083) 173-173, www.mtn.co.za
Cell C, ☎ (084) 140, (011) 324-4000, www.cellc.co.za

Hinweise zum Telefonieren

Vorwahlen für Festnetz und Mobilnetz sind dreistellig, z. B. (021) für Kapstadt, (084) oder (083) für Mobilfunk. Dann folgt eine siebenstellige Rufnummer. Achtung! Bei allen Telefonaten innerhalb des Landes muss die Vorwahl mitgewählt werden, auch bei Ortsgesprächen. Daneben gibt es noch Nummern, die mit „08" beginnen, z. B. 0860; diese gehören in der Regel zu Organisationen oder Firmen und sind innerhalb Südafrikas z. T. gebührenfrei.

Vorwahlnummern
für Südafrika: 00 27, für Deutschland: 00 49, für Österreich: 00 43, für die Schweiz: 00 41, für Botswana 00 267, Lesotho 00 266, Mosambik 00 258, Namibia 00 264, Zambia 00 260, Zimbabwe 00 263
Für internationale Anrufe in die oder aus den oben genannten Ländern wählt man nach der Landesvorwahl die Vorwahl (Orts- oder Mobilnetz) ohne die Null und anschließend die Rufnummer/Teilnehmernummer.
Telefonauskunft: ☏ 1023; **internationale Telefonauskunft**: ☏ 10903

Trinkgelder

Trinkgelder sind überall in Südafrika üblich und sollten nach Umfang und Qualität einer Leistung gegeben werden. Als Leitlinie gilt, dass das Trinkgeld 10 % der Gesamtsumme (z. B. der Rechnung im Restaurant oder der Taxifahrt) entsprechen sollte. Nach eigenem Ermessen gibt man der aufmerksamen Bedienung im Restaurant oder dem besonderen Taxifahrer ein zusätzliches Trinkgeld.
Gepäckträger und Zimmermädchen erhalten ca. 5 Rand, je nach Anzahl der Koffer bzw. Länge des Aufenthalts und Größe der Zimmer auch mehr. In vielen Unterkünften ist es üblich, ein Trinkgeld für die gesamte Belegschaft zu hinterlassen, was dann verteilt wird.

Unterkünfte

Die Palette der Unterkünfte reicht von einfach bis luxuriös, von Selbstversorger bis All-Inklusive, von abgelegen bis mitten im Trubel. Überall im Land findet man für die eigenen Bedürfnisse und das Budget eine ausreichende Auswahl an Übernachtungsmöglichkeiten. Bei **South African Tourism** erscheinen jedes Jahr detaillierte **Hotel- und Unterkunftsverzeichnisse**, in denen man Adressen, Preise, Ausstattung, Klassifizierung etc. findet.

Unterkünfte im Internet

Auch gibt es etliche Internetseiten, über die man sich ein Bild des Spektrums der Unterkünfte machen kann, z. B. **www.sa-venues.com**, **www.roomsforafrica.com** und **www.safarinow.com**. Ausgewählte und z. T. sehr luxuriöse Guest Houses, Game Lodges, Game Reserves, B&Bs etc. listet **www.portfoliocollection.com** auf, die Website eines Marketing-Zusammenschlusses ausgewählter Unterkünfte, die nur gegen Bezahlung dargestellt werden. Eine andere Art der Unterkunft bietet **Farmstay**, eine Organisation, die mit ausgesuchten Unterkünften auf Farmen wirbt, **www.farmstay.co.za**.

▶ Hotels

Hotelketten gibt es sehr wenige in Südafrika, die bekannteste und größte ist die der **Protea Hotels**, die meisten sind Drei- und Vier-Sterne-Hotels. Informationen und Buchungsmöglichkeit über www.proteahotels.com. Die **Tsogo Sun Hotels**, zu denen auch die preiswerteren **Garden Courts** gehören, bieten eine Palette unterschiedlicher Häuser an, www.tsogosunhotels.com. Ebenso in der preiswerteren Kategorie sind die Unterkünfte der **City Lodge**, **Town Lodge** und **Courtyard Hotels**, bei denen vor allem Bustouristen und Geschäftsleute übernachten. Die niedrigpreisigen **Formula-1-Hotels**, die zur Accor- und Southern-Sun-Gruppe gehören, findet man nur in den Städten. Mit wenigen Ausnahmen halten diese Hotels keine großen Überraschungen bereit, sie sind effizient und verfügen über das Nötigste. Allerdings fehlen vielen von ihnen auch das gewisses Flair und die Individualität anderer Unterkunftsmöglichkeiten.

☞ Ferienzeit

Hauptferienzeit in Südafrika ist um Weihnachten, von Anfang Dezember bis Ende Januar. Die Osterferien finden von Mitte März bis Mitte April statt, die Winterferien zwischen Mitte Juni und Mitte Juli. Besonders im Dezember/Januar und um Ostern ist eine Vorausbuchung der Unterkünfte in Südafrika dringend anzuraten!

▶ Bed and Breakfast (B&B)

Diese typisch englische Einrichtung hat sich in Südafrika rasant entwickelt, entlang aller touristischen Routen findet man sie. Das Preis-Leistungs-Verhältnis ist meist sehr gut und oft bekommt man beim Frühstück zusätzliche Informationen über die Umgebung. Übersicht und Buchungsmöglichkeiten über www.bedandbreakfast.co.za und www.portfoliocollection.com.

▶ Guest Houses (Gästehäuser) und Lodges

Die Begriffe **Guest House** und **Guest Lodge** werden oft synonym verwendet. Es handelt sich dabei um komfortable oder luxuriöse Häuser, bei denen das Frühstück inbegriffen ist, die aber auch Abendmahlzeiten anbieten. In dem Fall kann man sich tagsüber seinen Aktivitäten oder der Entspannung widmen und sich abends beköstigen lassen.

🛏 Klassifizierung der Unterkünfte

Bitte beachten Sie, dass während der Hochsaison die Preise um bis zu 40 % ansteigen können. Alle Preisrichtlinien gelten pro Person im Doppelzimmer, inkl. Frühstück. Einzelzimmer liegen bei ca. 65–75 % des Doppelzimmerpreises. Hochsaison ist von Dezember bis April. Besonders dann können die Preise höher liegen. Bei Hotels, Gästehäusern und B&Bs ist im Zimmerpreis das Frühstück i. d. R. inbegriffen, nicht aber bei Backpackern und Selbstversorgerunterkünften.

$	unter 200 R – einfache Hotels, Gästehäuser, Herbergen
$$	200–400 R – Hotels der unteren Mittelklasse, Bed & Breakfast-Unterkünfte
$$$	400–600 R – Hotels und Gästehäuser der Mittelklasse, bessere Bed & Breakfast-Unterkünfte
$$$$	600–1000 R – Hotels der Oberklasse, vornehme Gästehäuser, Privatlodges, historische Weingüter (günstig)
$$$$$	über 1000 R – Luxusklasse

Backpacker Lodges / Youth Hostels

Mittlerweile gibt es sogar in kleineren Orten private Youth Hostels und Backpacker Lodges, die für Low-Budget-Reisende Schlafsäle und Doppelzimmer anbieten und auch meist über Aufenthaltsräume und sogar Bars verfügen. Infos z. B. unter www.hostels.com, www.hostelworld.com, www.hostelbookers.com, www.hihostels.com.

Backpacker-Traum – Baz Bus

Rucksackreisende haben eine preiswerte Möglichkeit, Südafrika nach individuellen Vorstellungen zu entdecken. Mit dem **Baz Bus** kann man nahezu alle Hostels in 40 Städten und Orten in Südafrika und Swasiland erreichen. Will man weiterfahren, bestellt man den Baz Bus und lässt sich vor der Tür der Unterkunft abholen. Das Hop-on/Hop-off-System ermöglicht damit eine freie, zeitlich unbeschränkte und individuelle Reisegestaltung sowie einen optimalen Verkehrsanschluss. Die derzeitige Route ist Johannesburg/Pretoria über Durban und Port Elizabeth nach Kapstadt (und umgekehrt). Ein One-Way-Ticket für die ganze Strecke kostet c013 ca. 290 €. Zu kaufen gibt es Tickets für Teilabschnitte, Hin- und Rückfahrt sowie Zeit- oder Flexi-Tickets. Auf der Website kann man sich informieren über das Bussystem und die 180 angefahrenen Unterkünfte, die direkt gebucht werden können.
Baz Bus, 32 Burg Street, Cape Town 8001, ☎ (021) 422-5202 oder (0861) 229-287, www.bazbus.com.

Camping

Die Kapprovinzen, wie auch ganz Südafrika, sind ideal zum Campen (s. auch „Camper"). Im Besonderen entlang der touristischen Routen sowie in den Nationalparks und Naturschutzgebieten gibt es unzählige Campingplätze, die in der Regel sehr gut ausgestattet sind. Zeltnutzer, Wohnmobilreisende und auch Fahrer von Allradfahrzeugen mit Dachzelt finden alle notwendigen Selbstversorgungseinrichtungen vor, saubere sanitäre Anlagen, und die obligatorische Grillstelle („Braai"). Oft befinden sich in den Caravanparks auch einfache Chalets mit schlicht eingerichteten Zimmern und eigenem Bad/WC.

Die Südafrikaner sind leidenschaftliche Camper, deshalb sind in den Schulferien die Campingplätze auch sehr gut besucht oder sogar ausgebucht. In den Nationalparks und Naturschutzgebieten ist es dringend anzuraten, einen Campingplatz rechtzeitig vorzubuchen.

Informationen im Internet

www.caravanparks.com – eine gute Seite, die Campingplätze landesweit vorstellt. www.aventura.co.za – ausgewählte Campingplätze werden beschrieben.
Informationen und Buchung unter www.sanparks.org und www.capenature.co.za

National Parks und Nature Reserves

In den Nationalparks und Nature Reserves stehen i. d. R. folgende Unterkünfte zur Verfügung:
- **Campingplätze** für Wohnmobile und Zelte;
- **Hütten** und **kleine Häuser**, z. T. mit Gemeinschaftsküche und Badezimmer;
- **Cottages**, mit eigener Küche und Badezimmer;
- **Safari-Zelte**, die auf einer Plattform stehen. Hier reicht die Ausstattung von einfach bis relativ luxuriös.

▶ Self-Catering Accommodation (Selbstversorger)

Südafrikaner haben eine Vorliebe für Selbstversorgerunterkünfte, weil es möglich ist, sich mit allem selbst zu versorgen, was das Reisen, vor allem mit Familie, preiswerter und unabhängiger macht. Meist handelt es sich um Chalets, Rondavels (Rundhütten), kleine Häuser, Ferienwohnungen etc. und die Unterkünfte verfügen über die notwendigen Kocheinrichtungen. Manche Unterkünfte sind komplett „self catering", andere bieten eine Auswahl an.

▶ Wohnungs-/Haustausch

Eine interessante und preiswerte Alternative ist der Wohnungs- bzw. Haustausch. Im Tausch gegen die eigene Wohnung oder das eigene Haus bekommt man oftmals Objekte, die sonst sehr teuer wären. Auch kann man seine eigenes Haus/seine Wohnung getrost jemandem überlassen, da der Tauschpartner sein Haus/seine Wohnung ebenso gut behandelt wissen möchte. Eine weitere Alternative bietet das Couch Surfing. Man übernachtet bei Leuten privat, bezahlt einen geringen Obolus und ein Gegenbesuch ist nicht Voraussetzung. Beide Alternativen bieten einen guten Einblick ins Leben abseits der touristischen Infrastruktur.

Infos unter www.homeexchange.com, www.homelink.org, www.homeforexchange.com, www.couchsurfing.org.

Wale beobachten

Eine der beliebtesten Attraktionen am Kap ist das Beobachten von Walen. Jedes Jahr ziehen diese Riesenmeeressäuger aus den eisigen Gewässern der Antarktis in wärmere Gegenden, um sich zu paaren und zu kalben. Sie erreichen die Küsten Südafrikas im Juni und bis November kann man vor allen Dingen den Southern Right Whale (Südkaper oder Südlicher Glattwal) und den Humpback Whale (Buckelwal) beobachten. Aber auch andere Wale und Delphine tummeln sich dann an der gesamten Küste. Ob vom Boot oder von Land aus, das Whalewatching ist definitiv ein Highlight.

An der Westküste sind die Riesenmeeressäuger zwischen der Saldanha Bay und Lambert's Bay zu sehen, nahe Kapstadt zwischen Simon's Town und Muizenberg und entlang der gesamten False Bay und an der Garden Route tummeln sie sich bis Plettenberg Bay. In Hermanus, das jedes Jahr die Wale mit einem Festival zelebriert, verläuft direkt an der Klippe ein Walbeobachtungspfad. Im De Hoop Nature Reserve sind Wale direkt vom Strand aus zu beobachten und in der Plettenberg Bay halten sie sich während der gesamten Saison auf. Hier ist die Walbeobachtung auch am besten organisiert, besonders weil großen Wert darauf gelegt, die Meeressäuger so wenig wie möglich zu stören. Von hier kann man auf Bootstouren oder aus dem Flugzeug die besten Einblicke bekommen.

Wandern, Bergwandern, Klettern

Südafrika bietet eine Vielfalt hervorragender Wanderwege, die einem die Schönheiten der Landschaft, der Flora und Fauna nahebringen. Ob in den Bergen, in Wäldern, am Strand oder in der Halbwüste, jede Wanderung hat neben der sportlichen Aktivität eine eigene Faszination. Wandergebiete gibt es im gesamten Land. Im Western Cape findet man ein vielfältiges und dichtes Netz von spektakulären Wanderwegen. Spezielle Wanderungen und Gebiete in den Kapprovinzen sind im Reiseteil aufgeführt, im Folgenden ein paar beliebte:

- Die Kaphalbinsel, Lion's Head und der Table Mountain.
- Das Hottentots' Holland Nature Reserve südlich des Weinlands.
- Das Limietberg Nature Reserve um den Bain's Kloof Pass (östlich von Paarl).
- Das Gebiet um Montagu.
- Die Cedarberg Wilderness Region (südöstlich von Clanwilliam).
- Das De Hoop Nature Reserve (südlich von Swellendam).
- Das Zuurberg-Gebiet (heute Teil des Addo Elephant NP).
- Die Gebiete an der Garden Route, u. a. Wilderness, Knysna Lake und Tsitsikamma.
- Die Baviaanskloof Wilderness Area (nördlich von Humansdorp).

Neben den Tagestouren ("day hikes") ist eine geführte mehrtägige Wanderung, z. B. über den Oystercatchertrail (s. S. 427), Whale Trail (s. S. 444) oder Otter Trail (s. S. 385), ein besonderes Erlebnis. Über mehrere Tage führen diese Wanderungen am Strand entlang, über schroffe, felsige Küstenabschnitte, durch Wälder und Fynbos und erlauben einen einmaligen Einblick in die Natur des Landes. Übernachtet wird in Hütten oder auch in Gästehäusern, die luxuriöseren Anbieter bringen das Gepäck zum nächsten Halt und versorgen die Teilnehmer mit allen Mahlzeiten.

Hinweis

Für viele Wanderungen ist eine Reservierung oder eine **Genehmigung** notwendig! Wichtig für Wanderungen ist vor allen Dingen **festes Schuhwerk**, d. h. Wanderschuhe. Daneben gehören zur **Ausstattung**: leichte, luftdurchlässige Kleidung, eine Regenjacke und/oder warme Kleidung für alle Fälle, ausreichender Sonnenschutz (Hut, Creme, Sonnenbrille), ein Tagesrucksack, Proviant und ausreichend zu trinken (3 Liter/Tag/Person). Bei längeren Routen sind eine Karte und ein Kompass nützlich.

In vielen Orten des Landes gibt es **Hiking Clubs**, die Auskünfte erteilen und regelmäßig Wanderungen organisieren. Über den **Mountain Club of South Africa** (http://cen.mcsa.org.za) erhält man Informationen zu lokalen Clubs, etwa in Kapstadt. Weitere Websites:
www.nightjartravel.com – übersichtliche Webseite mit Infos zu 200 „day hikes".
www.sahikes.co.za – mit Details zu vielen „day walks" und „trails".
www.trailinfo.co.za – z. T. mit Karten und Broschüren.
www.footprint.co.za – Infos zu Tages-, Wilderness-, Wochenend-, Mehrtageswanderungen.
www.sanparks.org und **www.capenature.co.za** – geben Informationen zu den Wandermöglichkeiten in den Nationalparks und Naturreservaten.

Wein, Weingüter und -anbaugebiete

Südafrikanische Weine erfreuen sich besonderer Beliebtheit und zum Pflichtprogramm einer Reise in Südafrika gehört der Besuch einer Weinregion und mindestens eines Weinguts. Ausführliche Informationen zum südafrikanischen Wein ab S. 282.

Die meisten und die bekanntesten **Weinanbaugebiete** Südafrikas liegen im Reisegebiet dieses Buches, grob unterteilt sind sie in **Olifants River Valley** (um Vredendal und Clanwilliam), **West Coast** (Atlantikküste nördlich von Kapstadt), **Swartland** (um Malmesbury), **Cape Peninsula** (um Kapstadt mit dem Constantia Valley), **Winelands** (Stellenbosch, Paarl, Franschhoek), **Overberg** (zwischen der N2 und Cape Agulhas), **Breede River Valley** (Tulbagh, Worcester, Robertson, Montagu), **Garden Route** und **Little Karoo** (schließt auch die Great Karoo ein). Diese Gebiete werden wiederum unterteilt in die einzelnen Weinorte und deren Besichtigungsrouten, z. B. Stellenbosch Vineries/Stellenbosch Wine Route. Es gibt verschiedene Broschüren im Kapstadter Visitor Center, die Wege zu und durch die Weinanbaugebiete erklären bzw. alle Anbaugebiete skizzieren.

Die klassischen und historisch interessantesten Weingüter befinden sich im **Constantia Valley** südlich des Table Mountain (Steenberg Vine Estate ist das älteste Weingut des Landes) und im **Wineland** um die Orte Paarl, Stellenbosch, Franschhoek und Somerset West. In Worcester mag zudem noch die größte Brandy-Fabrik Südafrikas von Interesse sein. Zahlreiche Veranstalter bieten kommentierte Tagestouren in die Weinanbaugebiete an. Prospekte hält das Kapstadter Touristenamt bereit, aber auch in vielen Unterkünften liegen sie aus. Angefahren werden meist Paarl und Stellenbosch, oft auch Franschhoek. Besichtigungen von Weingütern gehören zum Programm, wie auch kleine Vorträge über Wein und natürlich Weinproben. Um die Fahrtauglichkeit muss man bei den organisierten Touren also nicht bangen. Wer mehr Pioniergeist hat, sollte auf eigene Faust losfahren und eventuell die Nacht in einem Hotel in einem Weinort oder gleich auf einem Weingut mit Unterkunft verbringen.

Auf der Website **www.wine.co.za** dreht sich alles um den südafrikanischen Wein und man findet Kurzinfos zu den einzelnen Weinrouten und wichtigsten Weingütern, aber auch Hinweise zu den einzelnen Weinen und zur Geschichte des Weinanbaus in Südafrika.

Nachschlagewerke für Kenner sind **Platter's South African Wine Guide** (jährlich neu aufgelegte „Bibel" der Weinkenner) und das **Wine Tourism Handbook**, das Weingüter und Weine vorstellt und Infos zu Gastronomie, Unterkünften, Unternehmungen etc. gibt.

Zeit

Die südafrikanische Zeit ist identisch mit der europäischen Sommerzeit. Im europäischen Winter muss die Uhr um eine Stunde vorgestellt werden (wenn es in Frankfurt 12 Uhr ist, ist es in Kapstadt 13 Uhr). Aufgrund der größeren Nähe zum Äquator ist der Übergang vom Tag zur Nacht viel schneller, innerhalb von 30 Minuten wird es stockfinster. Die Tage im südafrikanischen Sommer sind kürzer als die europäischen Sommertage, dafür sind die südafrikanischen Wintertage länger als die europäischen Wintertage. Im Sommer wird es gegen 19.30 Uhr dunkel, im Winter gegen 17 Uhr.

Zeitungen und Zeitschriften

Zu den auflagenstärksten und überregional bedeutenden Tageszeitungen gehören die **Daily Sun**, **The Star** und **The Times**. Immer noch großem Respekt erfreut sich **The Sowetan**, das Sprachrohr der Schwarzen während der Apartheid. Die großen Zeitungen Kapstadts sind die **Cape Times** (morgens) und der **Cape Argus** (nachmittags). Beiden liegen in der Freitagsausgabe die Veranstaltungshinweise für die kommende Woche bei. Links zu den verschiedenen Tageszeitungen Südafrikas bietet **www.onlinenewspaper.com.za**. **The Sunday Times** und der **Mail & Guardian** sind die Wochenzeitungen mit den höchsten Auflagen. Spezifische Magazine mit aktuellen Reisevorschlägen, Sehenswürdigkeiten, Unterkunfts- und

Restaurantempfehlungen sowie ausgefallenen Routenbeschreibungen sind **Getaway** und **Go**, die monatlich erscheinen. Von diesen gibt es auch verschiedene Sonderausgaben.

Deutschsprachige Zeitungen und Zeitschriften erhält man in der **Ulrich Naumann Buchhandlung**, 17 Burg Street, Kapstadt 8001, ☏ (021) 423-7832, buchhandlung@naumann.co.za.

Zoll

▶ Einreise nach Südafrika

Erlaubt sind alle Dinge des persönlichen Gebrauchs. Neue oder gebrauchte Waren (inkl. Geschenke) dürfen bis zu einem Gegenwert von 5.000 Rand eingeführt werden, außerdem bis zu 1 l Alkohol, einschließlich Likör und Magenbitter, 2 l Wein, 50 ml Parfüm, 250 ml Toilettenwasser, 200 Zigaretten und 20 Zigarren, und 250 g Tabak. Für größere Mengen benötigter Arzneimittel sollte man auf jeden Fall ein ärztliches Attest (auf Englisch) dabei haben. Neben Waffen (nur mit Genehmigung), Drogen, Giften und Handelswaren darf man auch keine Lebensmittel oder Pflanzen- und Tierprodukte ins Land bringen.

Informationen bei der Südafrikanischen Botschaft im Internet unter **www.suedafrika.org**.

▶ Wiedereinreise in Europa

Erlaubt sind alle Dinge des persönlichen Gebrauchs. Neue und gebrauchte Ware (inkl. Geschenke) dürfen zollfrei eingeführt werden, wenn sie einen Warenwert von 430 € (bei Reisenden unter 15 Jahren: 175 €), in der Schweiz 300 SF, nicht überschreiten. Außerdem sind zollfrei: 200 Zigaretten oder 250 g Tabak oder 50 Zigarren oder 100 Zigarillos (nur Personen über 17 Jahre); ein Liter Spirituosen mit einem Alkoholgehalt über 22 Vol.-% oder zwei Liter Wein (nur Personen über 17 Jahre).

Nicht erlaubt sind Waffen (s. o.), Betäubungsmittel, Lebensmittel, alle Teile oder Produkte gefährdeter Tier- und Pflanzenarten, Raubtierfelle, Elfenbein, Rohdiamanten, Produkte aus Schildpatt, Krokodil- und Schlangenhautprodukte, Korallen und Muscheln, Kakteen und Orchideen.

Weitere und aktuelle Informationen unter **www.zoll.de** (Deutschland), **www.bmf.gv.at** (Österreich) und **www.ezv.admin.ch** (Schweiz).

Züge/Eisenbahn

Im Schienenverkehr ist heute vor allem der Transport von Gütern von Bedeutung, immer wieder begegnet man unterwegs langen Güterzügen. Eine wichtige Rolle im Personenverkehr spielt der Nahverkehr in den Ballungsgebieten, der über die Metrorail täglich Menschenmengen aus den Randgebieten in die Städte (und zurück) befördert. Fernzüge in Südafrika verbinden vor allem die Großstädte miteinander, die Zuganbindungen zwischen Kapstadt, Johannesburg, Pretoria, Durban, East London und Port Elizabeth sind regelmäßig. Für Einheimische ist der Zug oft die günstige Alternative zum Fliegen, für Touristen ist es ein besonderes Erlebnis, einen Abschnitt der Reise mit dem Zug zurückzulegen. Unter www.seat61.com/SouthAfrica sind Beschreibungen und Links zu allen Zügen, die in Südafrika verkehren, zu finden.

Die folgenden überregionalen Züge bieten sich an:
Shosholoza Meyl, benannt nach einem traditionellen Lied, das besonders von wandernden Arbeitern gesungen wurde, wirbt mit *„a pleasant experience"* für ihre Zugverbindungen zwischen Kapstadt, Johannesburg, Durban und Port Elizabeth. Die **Economy Class** dieser Züge bietet komfortable Sitze, die **Tourist Class** bietet Abteile für 2 oder 4 Personen, die sich in ein Schlafabteil („sleeper compartment") umbauen lassen. Da die Züge z. B. für die etwas über 1.500 km lange Strecke von Kapstadt bis Johannesburg 26–28 Stunden benötigen, ist es empfehlenswert, ein Abteil der Tourist Class zu buchen, um ausgeruht anzukommen. Die Züge mit „sleeper compartments", an denen auch ein Restaurantwagen angeschlossen ist, fahren dreimal die Woche. **Information und Reservierung**: ☎ (011) 774-4555 aus Europa, ☎ (086) 000-8888 in Südafrika, ☎ (021) 449-3046 in Kapstadt, www.shosholozameyl.co.za.

Shosholoza Meyl betreibt ebenfalls den **Premier-Classe-Zug**, der als „Hotel auf Schienen" bezeichnet wird und Kapstadt, Johannesburg und Durban miteinander verbindet. Wie der Blue Train (s. u.) hat dieser Zug Schlafabteile, die allerdings nicht so luxuriös sind und auch über kein eigenes Badezimmer verfügen. Das befindet sich am Ende jedes Waggons. Der Zug hat einen Speisewagen und eine Lounge und die Mahlzeiten sind im Preis inbegriffen. So reist man bequem und gemütlich die ca. 26 Stunden von Kapstadt nach Johannesburg für wesentlich weniger Geld als im Blue Train. **Information und Reservierung**: aus Europa ☎ (011) 774-4555 oder (012) 334-8039, in Südafrika ☎ (086) 000-8888, in Kapstadt ☎ (021) 449-2252, www.premierclasse.co.za, www.shosholozameyl.co.za.

▶ **Blue Train und Rovos Rail**
Die bekanntesten **Luxuszüge** in Südafrika sind der **Blue Train** und **„The Pride of Africa"**, der **Rovos Rail**. Beide bieten luxuriöses Leben mit Gourmet-Mahlzeiten, mehreren Lounges und großen Schlafabteilen mit Badezimmer. Beide lassen sich den Luxus allerdings auch bezahlen und werden deshalb inzwischen fast ausschließlich von Touristen gebucht. Essen und Getränke sind im Preis inbegriffen.

> **Hinweis**
> Die **Buchung** (über spezielle Anbieter oder ein Reisebüro) beider Luxuszüge sollte **mindestens sechs Monate im Voraus** von Europa aus erfolgen.

Der **Blue Train**, dessen Holzwaggons 1937 durch blau angemalte Stahlwaggons ersetzt wurden und ihm damit den Namen gaben, fährt ein- bis zweimal die Woche zwischen Kapstadt und Pretoria. Für die 1.600 km lange Strecke benötigt er ca. 28 Stunden. Auf dem Weg nach Pretoria hält der Blue Train für eine Stunde in **Matjiesfontein**. Der Ort, der im 19. Jh. ein mitten in der Karoo gelegener „Kurort" war, ist heute größtenteils nur noch Anlaufstation der Eisenbahnen und verfügt über nicht viel mehr als ein kleines Museum. Auf dem Weg nach Kapstadt macht der Zug in **Kimberley** halt, die Zeit reicht für einen Besuch des Museums an der Diamantenmine „Big Hole". Beide Programmpunkte gibt es übrigens bei der Rovos Rail (s. u.) auf jeder Fahrt. Der Blue Train bietet zwei „Zimmertypen" an, das **Deluxe Compartment** und das **Luxury Compartment**, beide mit eigenem Badezimmer. Außerdem verfügt der Zug über einen Speisewagen und zwei Lounges. Einigen Zügen hängt ein **Observation Car** an, in dem man die Aussicht vom Zugende auf Schienen und Landschaft genießen kann. Was den Blue Train besonders macht, sind das erstklassige Essen und die ausgesuchte Weinkarte. **Information und Reservierung**: ☎ (012) 334-8459 oder (012) 334-8460, in Kapstadt ☎ (021) 334-8081, www.bluetrainsouthafrica.com.

Blue Train oder Rovos Rail

Ob man sich für den **Blue Train oder die Rovos Rail** entscheidet, ist eine persönliche Sache. Beide Züge haben ihren Charme, in beiden ist der Service hervorragend und die Bemühungen, alles perfekt zu machen, sind offensichtlich. Der Blue Train ist luxuriöser in Ausstattung und Service, das Essen ist hervorragend. Die schönsten Landschaften des Landes durchreist man allerdings im Dunkeln und das Gefühl einer gemächlichen Zugreise kommt nicht auf. Das bekommt man bei der Rovos Rail, die mit dem historischen Flair und authentischen Holzwaggons über zwei Tage durchs Land zieht.

Die Devise der **Rovos Rail**, „Reisen wie in der guten alten Zeit", wird nicht nur in den liebevoll restaurierten und eingerichteten Waggons aus den 1920/1930er-Jahren (einige auch älter) lebendig, sondern auch im Tagesablauf. Zum Abendessen zieht man sich um, es bleibt genügend Zeit für Gespräche und ein gutes Buch, auch kann man die Landschaft oder nachts den Sternenhimmel auf sich wirken lassen. Leider kommen die Dampflokomotiven (die älteste, „Tiffany", wurde 1883 gebaut) nicht mehr zum Einsatz, dennoch schiebt sich der Zug gemächlich durch die Landschaft. Es gibt kein Radio und keinen Fernseher und Handys sollten nur in den Privaträumen benutzt werden. Verschiedene Routen werden angeboten, zwischen Kapstadt, Pretoria und Durban in Südafrika und zu den Victoria Falls in Simbabwe. Einmal im Jahr geht die Reise über 14 Tage von Darressalam (Tansania) über die Victoria Falls und Sambia nach Kapstadt. Weitere Fahrten beinhalten Safari- oder Golftouren.
Information und Reservierung: **Rovos Rail**, P.O.Box 2837, Pretoria 0001, Gauteng, ☎ (012) 315-8242, in Kapstadt ☎ (021) 421-4020, www.rovos.com.

Der *Most Luxurious Train in the World*, wie sich die Rovos Rail nennt, hat Platz für insgesamt 72 Gäste, je nach Anzahl werden Waggons und ein zweiter Restaurantwagen angehängt. Zwei Lounge Cars, der Observation Car sowie Küchen- und Personalwaggons vollständigen den Zug. Den Gästen stehen drei verschiedene Suiten zur Auswahl: Die **Royal Suite** nimmt einen halben Waggon ein und besitzt, neben dem Schlaflager, einen eigenen kleinen Loungebereich sowie ein Bad mit Wanne und Dusche. Die **Deluxe Suite** hat eine kleine Sitzecke und ein Bad mit Dusche. Die **Pullman Suite** ist mit einem Sofa ausgestattet, das nachts in ein Doppelbett umfunktioniert wird; das Bad hat eine Dusche. Alle Suiten sind mit einem kleinen gefüllten Kühlschrank, Safe und einer Schreibfläche ausgestattet. Die Holzpanelen und Armaturen sind Originalteile oder bis ins kleinste Detail restauriert. Achten Sie auf die Schrauben, deren Schlitze alle in eine Richtung zeigen. Der Zimmerservice steht 24 Stunden zur Verfügung. Gutes Essen und alle Getränke, von beidem oft und reichlich, sind im Preis der Fahrt mit der Rovos Rail inbegriffen. Es gibt Frühstück, Mittagessen und Abendessen, nachmittags dann noch Tee und Gebäck. Die Weinkarte ist vorzeigbar und auch an Aperitifs oder Digestifs fehlt es nicht. Die 1.600 km lange und 50–55 Stunden dauernde Fahrt von Kapstadt nach Pretoria kann auch in die andere Richtung unternommen werden.

Angefangen hat die Rovos Rail übrigens, benannt nach dem Gründer Rohan Vos, mehr als spleenige Idee. Vos war 1986 auf die Idee gekommen, für seine Familienreisen historische Waggons herrichten zu lassen und diese an Züge der staatlichen Bahn anzuhängen. Das aber war zu teuer, und Vos entschloss sich, seinen eigenen Zug zu verwirklichen. Auf einer Auktion ersteigerte er die erste Lokomotive und 1989 fuhr der erste Zug. 1999 zog die Rovos Rail in den Capital Park in Pretoria, in dem früher bis zu 138 Dampflokomotiven untergebracht waren. Heute gibt es hier neben dem Bahnhof und den Verwaltungsgebäuden auch die Werkstätten, die Schuppen für die Waggons sowie ein kleines Museum.

Entfernungstabelle

	Beaufort West	Bloemfontein	Clanwilliam	East London	George	Graaff-Reinet	Johannesburg	Kapstadt	Kimberley	Mossel Bay	Oudtshoorn	Port Elizab.	Stellenbosch
Beaufort West	-	535	530	597	237	209	951	463	497	273	179	405	440
Bloemfontein	535	-	1007	584	773	422	398	1004	177	808	714	677	975
Clanwilliam	530	1007	-	1085	566	739	1369	224	904	541	498	872	217
East London	597	584	1085	-	645	395	982	1079	780	696	689	310	1070
George	237	773	566	645	-	342	1171	438	762	66	63	335	392
Graaff-Reinet	209	422	739	395	342	-	822	422	490	408	312	291	649
Johannesburg	951	398	1369	982	1171	822	-	1402	472	1234	1141	1075	1391
Kapstadt	463	1004	224	1079	438	422	1402	-	962	392	506	769	49
Kimberley	497	177	904	780	762	490	472	962	-	770	703	743	937
Mossel Bay	273	808	541	696	66	408	1234	392	770	-	94	396	363
Oudtshoorn	179	714	498	689	63	312	1141	506	703	94	-	394	399
Port Elizab.	405	677	872	310	335	291	1075	769	743	396	394	-	739
Stellenbosch	440	975	217	1070	392	649	1391	49	937	363	399	739	-

Das kostet Sie das Reisen in Südafrika

• Stand Januar 2013 •

Auf den Grünen Seiten geben wir Preisbeispiele für einen Südafrika-Urlaub, damit Sie sich ein realistisches Bild über die Kosten einer Reise und eines Aufenthalts machen können. Die Preise können nur als Richtschnur gelten, bei einigen Produkten/Leistungen ist eine Preis-Spannbreite angegeben.

Aktueller Wechselkurs (Stand Januar 2013)
1 R = 0,08 €   1 R = 0,10 CHF
1 € = 11,73 R   1 CHF = 9,49 R

Beförderungskosten

▶ Internationale Flüge
Renommierte Airlines (Lufthansa, SAA, British Airways, Air France, KLM etc.) bieten oft günstige Angebote für Flüge nach Südafrika. Die Preise für einen Flug von Mitteleuropa nach Kapstadt bewegen sich zzt. zwischen knapp € 700 (NS) und € 1.200 (HS). Im Reisebüro kann es evtl. günstig sein, sich ein Paket mit Mietwagen/Flug zusammenstellen zu lassen. Wer auch einige Unterkünfte vorbuchen will, der sollte auf einen Spezialanbieter zurückgreifen. Besonders bei Sonderangeboten sollte man die Bedingungen für Umbuchung bzw. Stornierung beachten. Ist Rail & Fly inklusive? Mehrpreis für Gabelflüge?

▶ Inlandsflüge
Grundsätzlich gilt, dass ein „Gesamt-Ticket" für internationalen Flug plus Inlandsflüge meist günstiger ist als spätere Nachbuchungen. Ein Gabelflug (z. B. hin nach Kapstadt und zurück von Port Elizabeth) rentiert sich allemal, auch wenn eine Rückführungsgebühr für das Fahrzeug anfällt. Diese Gebühr beträgt zwischen Port Elizabeth und Kapstadt selten mehr als € 100, oft fällt sie sogar weg. Bei der SAA gibt es Pässe, die einige Inlandsflüge mit einschließen. Die lohnen sich aber nur, wenn man viel im Land fliegt. Diese Tarife sind gebunden an den Langstreckenflug mit der SAA.

▶ Mietwagen/Campmobile
Europcar, Hertz, Avis und Budget sind die bedeutendsten Vermieter in Südafrika. Hinzu kommen Alamo/National, Sixt und viele lokale Anbieter. Letztere erscheinen oft günstiger, doch fallen nicht selten einige Zusatzkosten an (Versicherungen etc.). Noch entscheidender ist, dass die kleineren Anbieter nicht über ein so breit gefächertes Filialnetz verfügen. Hat man unterwegs etwa Probleme, wird es schwierig mit der Beschaffung eines Ersatzfahrzeugs.

Wichtig zu wissen ist, welche **Versicherungen** eingeschlossen sind (Eigenbeteiligung, Glas- und Reifenschäden mitversichert). Wie hoch ist die Anzahl der **Freikilometer**: Einige Anbieter begrenzen die Kilometer-Leistung oft auf 200 km/Tag und berechnen darüber liegende Kilometerleistungen. 200 km kommen bei einem so großen Land schnell zusammen. Bei Gabel-Mieten ist die Höhe der Rückführungsgebühren zu erfragen. Erkundigen Sie sich nach der **Ausstattung** (Navigationsgerät, Klimaanlage, Automatik, sichtgeschützter Kofferraum, Radio/CD/MP3, Servolenkung etc.). Kann ein Handy dazu gebucht werden?

Preisbeispiele für Mietwagen
Bei einer Miete von mind. 15 Tagen, ohne Kilometer-Begrenzung und inkl. der Versicherungen, kostet die kleinste Wagenklasse (Hyundai Atos, Kia Picanto o. Ä.) € 23–26/Tag, die bessere Kleinwagenklasse (Polo, Toyota Corolla o. Ä.) € 30–36/Tag, komfortablere Fahrzeuge (Toyota Camry, Nissan Almera, Honda 1,6 o. Ä., mit Servolenkung, Automatik und AC), kostet ab € 32/Tag, eher um € 38/Tag. Die obere Mittelklasse (z. B. Mercedes C-Klasse) liegt bei € 80–90/Tag. Die Selbstbeteiligung liegt i. d. R. bei 5.000–10.000 Rand. Wer diese ausschließen möchte, muss mit ca. € 5/Tag extra rechnen.

Preisbeispiele für Campmobile
Wichtig! Camper sollte man **unbedingt vorausbuchen** – und zwar rechtzeitig. Sie sind schnell ausgebucht.
Anhand der geplanten Strecke kann man errechnen, ob eher eine Miete mit unbegrenzten oder begrenzten Kilometern infrage kommt. Oft reichen 200 Freikilometer/Tag aus, falls man mit dem Camper zwischendurch auch 2–3 Tage auf einem Platz verweilt.
Preise für unbegrenzte Kilometer, alle Versicherungen, keine Selbstbeteiligung (empfehlenswert!), Camping- und Küchenausstattung:
Kleine Camper/2 Personen: Spirit 2 oder 3, Mietzeit 7–20 Tage, ab € 115/Tag;
Großer Camper/4 Personen: Spirit Deluxe, Mietzeit 7–20 Tage, ab € 135/Tag.
Wer mit einer Selbstbeteiligung an Schäden (€ 3.000) bucht, spart € 25–30/Tag zu o. g. Preisen. Die Preise variieren je nach Saison, liegen somit zwischen November und Januar etwas höher und im Mai/Juni niedriger.

▶ Eisenbahn (Luxuszüge)
Blue Train inkl. VP/ Ausflüge: Pretoria – Kapstadt: (2 Tage/1 Nacht): pro Person im 2-Betten-Abteil: Deluxe-Suite (€ 1.200–1.400), Luxury Suite (€ 1.300–1.600).
Rovos Rail: inkl. VP/ Ausflüge: Pretoria – Kapstadt (3 Tage/2 Nächte): pro Person im 2-Betten-Abteil: Pullman Suite (ab € 950), Deluxe Suite (ab € 1.400), Royal Suite (ab € 1.850).

Taxi/Shuttle
Die Fahrt vom Cape Town International Airport in die Innenstadt kostet mit dem **Taxi** ab R 250 (Innenstadt) bis R 320 (Camps Bay). Der **MyCiTi-Shuttlebus** (bis City Center) dagegen kostet ab R 60 pro Person (einfach). Ein bestellter **Microbus**, z. B. vom gebuchten Guesthouse, kostet ab R 250. Als Richtlinie für ein Taxi in Kapstadt gilt: R 8 Grundgebühr plus R 10–14/km, variiert nach Größe und Uhrzeit.

Aufenthaltskosten

▶ Hotels/Lodges
Generell sollte man als unterste Grenze ca. € 30/Person ansetzen, wobei Traveller Lodges/Backpacker natürlich günstiger sind. Im Durchschnitt muss man für ein Guesthouse ab € 35/Person im DZ, für ein Mittelklassehotel zwischen € 40 und 100/Person im DZ, in Luxushotels mit über € 120/Person im DZ (bis zu € 350) rechnen. In den Nationalparks sollte man € 35–70/Person im DZ/Cottage veranschlagen. Frühstück ist i. d. R. eingeschlossen. Die

Das kostet Sie das Reisen in Südafrika

Preise variieren sehr, zum einen je nach Saison, aber auch nach geografischer Lage. Liegt Kapstadt im teuren Segment, finden sich die kleinen Orte in der Karoo dagegen im unteren Preisniveau wieder. Die Erfahrung hat gezeigt, dass sich das Buchen von Unterkünften in großen Städten und Touristenzentren von Europa aus lohnt, aber dass die preisgünstigeren Unterkünfte in anderen Gebieten günstiger vor Ort zu buchen sind.

Ein gut gepflegter **Campingplatz** kostet pro Stellplatz zwischen R 80 und 160. Der Preis variiert je nach Saison und Ausstattung (Swimmingpool, Lage, Geschäfte, Stromanschluss etc.).

▶ Restaurants
Essen gehen ist in Südafrika günstig. Mittlere Preiskategorie: R 50–100 für ein Hauptgericht (Pizza R 50–80, Filetsteak ab R 90), die Flasche Wein dazu kostet ab R 60 (Hauswein) über R 120 (guter Rotwein) bis zu Topweinen ab R 160. Ein Bier kostet ab R 15. Für ein Candlelight Dinner bzw. ein 3-Gänge-Menü der gehobenen Kategorie muss man ab R 200/Person plus Getränke rechnen.

▶ Lebensmittelpreise
Die Lebensmittelpreise liegen in den Geschäften im Schnitt etwas über dem europäischen Niveau, wobei man bei frischen Waren (Obst/Gemüse) an den Straßenständen sparen kann. Fleisch ist in Südafrika etwas billiger, während z. B. Zitrusfrüchte, Gemüse, Säfte, Softdrinks, Milchprodukte, Kaffee, Wein, Spirituosen teurer sind, da diese Lebensmittel nicht subventioniert bzw. importiert werden.

▶ Benzin
Benzin kostet etwa 11,50–12 Rand/Liter (je nach Gegend).

▶ Mehrwertsteuer-Rückerstattung
Die Mehrwertsteuer (VAT = *Value Added Tax*) beträgt zzt. 14 % und wird dem ausländischen Besucher unter bestimmten Bedingungen zurückerstattet:

- Der Wert der Waren muss mindestens 250 Rand betragen.
- Die Rechnungen (**tax invoices**) der Einkäufe müssen folgende Informationen enthalten: die Worte „Tax Invoice", eine VAT-Registriernummer, eine Tax Invoice-Nummer, das Datum, die Adresse des Geschäftes, eine Beschreibung der gekauften Artikel, den Betrag sowie die darin enthaltene Mehrwertsteuer.
- Die gekauften Waren müssen spätestens 90 Tage nach Erwerb ausgeführt werden und vor der Ausreise zur **Inspektion** vorgezeigt werden. Dieses kann man am VAT-Refund Schalter am Flughafen oder, als Alternative in Kapstadt, in der Victoria Mall an der Victoria & Alfred Waterfront machen.
- Für die **Rückerstattung** müssen alle betreffenden Waren, die Rechnungsbelege, das Flugticket sowie der Reisepass vorgelegt werden, um den Antrag zu bearbeiten. Man darf die betreffenden Waren also nicht per Post verschicken oder in Südafrika lassen. Zu bedenken sind, dass die Wartezeiten oft sehr lang sind (mind. 45–60 Minuten) und dass der Antrag vor der Gepäckaufgabe stattfinden muss, wenn die Waren nicht ins Handgepäck passen. Die Rückerstattung, abzüglich einer Bearbeitungsgebühr, erfolgt in Form eines Schecks in Rand, eines Schecks/Zahlungsanweisung in Fremdwährung oder einer VISA-Bargeldkarte in Fremdwährung. Da für alle Zahlungsformen ebenfalls eine Gebühr entsteht, lohnt sich der Aufwand nur bei größeren Summen.

Weitere Informationen sind beim **South African Revenue Service** (SARS) erhältlich, www.sars.gov.za.

> **Tipp**
> Viele Geschäfte sind nicht im Besitz des VAT 262 (255)-Formulars. Die Formulare kann man sich bei der Einreise am Flughafen (VAT-Office) besorgen.

Gesamtkostenplanung

Wir haben eine grobe Richtlinie zusammengestellt, wie viel eine Individualreise ins Kapland etwa kosten könnte.

Kostenplanung für 2 Personen. Angaben in €, Mietwagen der unteren Mittelklasse (z. B. Polo), Unterkunft in Mittelklassehotels, mittags kleines Mahl, abends Dinner (alles auf- bzw. abgerundet). Einkäufe sind nicht eingerechnet.

Aufenthalt:	1 Woche	2 Wochen	3 Wochen
An- und Abfahrt zum europ. Flughafen	100	100	100
2 Flugtickets nach Kapstadt	1.900	1.900	1.900
Gepäck- und Krankenversicherung	50	70	90
Mietwagen (untere Mittelklasse)	260	500	730
Benzin (1.500, 2.500 bzw. 3.500 km)	120	200	280
Übernachtungen (ca. € 90/Nacht)	630	1.260	1.890
Kl. Mittagessen (günstiges Restaurant)	140	280	420
Abendessen (Mittelklasse)	250	500	750
Getränke zwischendurch	35	70	105
Sonstiges (Besichtigungstouren, Museen etc.)	140	280	420
„Reserve"	200	400	600
Gesamt:	3.825	5.560	7.285

Für ein Kind (3–11 Jahre) kämen noch folgende Kosten hinzu (Übernachtung im Zimmer der Eltern)			
Flugticket	700–1.000	700–1.000	700–1.000
Übernachtung	140	280	420
Mahlzeiten/Getränke	200-400	400-800	600-1.200

3. KAPSTADT UND DIE GARDEN ROUTE – ROUTENVORSCHLÄGE

Routenvorschläge

Hier am südlichsten Zipfel des schwarzen Kontinents gibt es unzählige Sehenswürdigkeiten und Highlights. Die Kapprovinzen beeindrucken durch die Küstenlandschaften, das gute Essen, den Wein, die Halbwüstenlandschaften, Bergpässe und einsame Täler, die Geschichte der Kolonisation Südafrikas und natürlich durch das faszinierende und bunte Kapstadt. Auch in puncto Tierwelt gibt es mittlerweile einiges zu erleben. Die hier vorgestellten Reiserouten sollen eine Orientierungshilfe sein für eine Reise durch die Kapprovinzen. Dabei handelt es sich um Vorschläge. Auf jeden Fall sollte man Extratage einplanen für spezielle Interessen!

Drei Grundgedanken sollten die Reise begleiten: Sich treiben lassen, der Weg ist das Ziel und Mut zur Lücke.

7 Tage Kapstadt und die weitere Umgebung

Highlights
Table Mountain – Victoria & Alfred Waterfront – Cape of Good Hope – Weinanbaugebiete um Stellenbosch – Robben Island – Wale bei Hermanus – Langusten in Paternoster – West Coast National Park

Zeitplan
1. Tag: Stadtrundgang inkl. Long Street, Malay Quarter, SA Museum und Company's Garden. Am Nachmittag/Abend dann mit der Seilbahn auf den Table Mountain fahren. Abendessen: Kapholländisch.
2. Tag: Castle of Good Hope, dann zur V&A Waterfront. Hier Mittagessen (Seafood) und shoppen. Am Nachmittag nach Camps Bay zum Baden, anschließend Sundowner im Club. Abendessen: Kapmalayisch (entsprechende Restaurants schließen früh!). Am späteren Abend, je nach Lust, V&A Waterfront, Long Street oder Livemusik.
3. Tag: Fahrt um die Kaphalbinsel. Erster Stopp in Hout Bay (Fischimbiss). Von dort langsam – mit Fotostopps – zum Cape of Good Hope. Am frühen Nachmittag entweder Straußenfarm am Kap oder Pinguinkolonie bei Simon's Town. Noch bei Tageslicht entlang der Weinanbaugebiete südlich des Table Mountain zurückfahren in die Innenstadt. Abendessen: Seafood. Anschließend einen netten Pub oder eine Lounge aufsuchen.
4. Tag: Früh starten und zuerst nach Stellenbosch. Dort 3 Std. Aufhaltenthalt mit Mittagessen. Anschließend Vier-Pässe-Fahrt über Boschendal Wine Estate und Franschhoek und weiter bis Hermanus. Dort Wale beobachten (sollte die Jahreszeit stimmen). Hier evtl. frühes Abendessen. Alternativ: Bei untergehender Sonne um die südliche False Bay fahren (R44) bis Somerset West und dann auf schnellstem Wege nach Kapstadt. Abendessen: Afrikanische Küche.
5. Tag: Am interessantesten ist ein Ausflug zur ehemaligen Sträflingsinsel Robben Island. Früher Abend: Picknick bei Sonnenuntergang auf dem Signal Hill. Abendessen: Fine Dining oder gutes Steakhaus. Alternative zu Robben Island: Townshiptour.
6. Tag: Entlang der Atlantikküste bis nach Paternoster fahren zum Langusten essen und übernachten. Auf dem Weg dorthin das Panorama Kapstadts von Blouberstrand aus anschauen, mind. 3 Std. Zeit nehmen für den West Coast NP und evtl. einen Schlen-

ker zum Fossil Park unternehmen. Alternativ und zur der richtigen Jahreszeit (Aug./Sept.), kann man auch noch die Blumen in Darling bewundern.

7. Tag: Von Paternoster aus über Piketberg und Porterville nach Tulbagh (Church Street und Old Drostdy anschauen). Lässt es die Zeit zu, von Tulbagh über den Bain's Kloof Pass nach Wellington. Die Strecke dauert 1 ½ Std. länger als die östliche, direkte Route (R44). Von hier bieten sich zwei Alternativen an: Nochmal nach Stellenbosch und dort in einem urigen Restaurant und bei gutem Wein zu Abend essen. Oder nochmal nach Bloubergstrand fahren, um den berühmten Sonnenuntergang zu bestaunen und Seafood zu essen.

5 Tage Küstenstrecke/Garden Route sowie 2 Tage Kapstadt und Umgebung

Highlights
Tsitsikamma – Strand bei Plettenberg Bay – Knysna Bay – Wilderness Area – Straußenfarmen in Oudtshoorn oder De Hoop NR – Cape Agulhas – Wale vor Hermanus – Pinguine bei Simon's Town – Cape of Good Hope – Chapman's Peak Drive – Table Mountain – Victoria & Alfred Waterfront

Zeitplan
1. Tag: Ankunft in Port Elizabeth. Dann nach Jeffrey's Bay/St. Francis Bay.
2. Tag: Fahrt bis Knysna. Unterwegs bieten der Tsitsikamma NP, Storms River, Plettenberg Bay und andere Punkte genügend Möglichkeiten, um einen abwechslungsreichen Tag zu erleben.
3. und 4. Tag: Bis Oudtshoorn fahren. Unterwegs: Wilderness Area bzw. die wunderschöne Inlandsstraße (Old Passes Rd.), Transport Museum in George sowie Oudtshoorn mit den Straußenfarmen. Alternative: nur in Wilderness und Mossel Bay halten und im De Hoop NR übernachten (unbedingt vorbuchen). Am 4. Tag ist das Ziel Hermanus. Unterwegs: Cape Agulhas und möglichst am Nachmittag in Hermanus sein, um dort die Wale zu beobachten (Jahreszeit beachten).
5. Tag: Über Kleinmond und rund um die False Bay zum Cape of Good Hope fahren. Stopps in Kalk Bay, Simon's Town und der Pinguinkolonie einplanen! Entlang der Atlantikküste nach Kapstadt. Übernachten in einem Hotel in der „City Bowl".
6. Tag: Ein Tag sollte den Sehenswürdigkeiten in der Innenstadt gehören, inkl. der V & A Waterfront. Evtl. noch Shoppen bzw. Sundowner auf dem Signal Hill oder in Bloubergstrand.
7. Tag: Morgens auf den Table Mountain. Je nach Abflugzeit kann man nachmittags noch alternativ zur Robben Island, den Kirstenbosch Botanical Gardens oder sogar nach Stellenbosch ins Weinland fahren.

6 bzw. 8 Tage Küstenstrecke/Garden Route und 3 Tage Kapstadt und Umgebung (inkl. Weinanbaugebiete)

Highlights
Tsitsikamma – Strand bei Plettenberg Bay – Knysna Bay – Strandwanderungen – Wilderness Area – Straußenfarmen in Oudtshoorn – De Hoop NR – Cape Agulhas –

Wale vor Hermanus – Pinguine bei Simon's Town – Cape of Good Hope – Straße am Atlantik zwischen Kap und Kapstadt – Table Mountain – Victoria & Alfred Waterfront – Stellenbosch – Weinland

Zeitplan
Der Zeitplan orientiert sich an dem der zuvor genannten Strecke (5 Tage Küstenstrecke, 2 Tage Kapstadt). Mehrtage können wie folgt eingefügt werden:
1 Tag: Oudtshoorn zu den Straußenfarmen und in die Little Karoo.
3 Tage: Oudtshoorn (s. o.) plus 2 Tage für Strandwanderungen, z. B. entlang dem Oystercatcher Trail (vorher buchen) oder nach freier Zeiteinteilung im Tsitsikamma-Abschnitt des Garden Route NP bzw. im De Hoop NR.
Zusatztag in Kapstadt: Robben Island und Kirstenbosch National Botanical Gardens sowie eine Township-Tour.

3 Tage Kapstadt, 1 Tag Weinanbaugebiete, 3 Tage Landesinnere zum Addo Elephant NP, 5 Tage zurück nach Kapstadt entlang der Garden Route (insg. 12 Tage)

Highlights
Table Mountain – Victoria & Alfred Waterfront – Stellenbosch – Weinland – Montagu – Little Karoo – Straußenfarm in Oudtshoorn – Addo Elephant NP – Tsitsikamma – Strand bei Plettenberg Bay – Knysna Bay – Wilderness Area – Hoogekraal Country House – De Hoop NR – Cape Agulhas – Wale vor Hermanus – Pinguine bei Simon's Town – Cape of Good Hope – Chapman's Peak Drive

Zeitplan
1. Tag: Kapstadt. Sehenswürdigkeiten in der Innenstadt, inkl. V&A Waterfront. Evtl. noch shoppen. Übernachtung in Kapstadt („City Bowl").
2. Tag: Morgens auf den Table Mountain. Anschließend alternativ zur Robben Island, den Kirstenbosch Botanical Gardens, danach zum Sonnenuntergang nach Bloubergstrand. Übernachten in Kapstadt oder Stellenbosch.
3. Tag: Den Vormittag in Stellenbosch verbringen, dann zwei Weingüter besuchen. Anschließend zum Übernachten und zu einem guten Dinner nach Franschhoek.
4. Tag: Von Franschhoek über den Franschhoek Pass, Worcester und Robertson nach Montagu. Hier übernachten. Abends ins Thermalbad und evtl. etwas in der Umgebung wandern.
5. Tag: Von Montagu über Barrydale, „Ronnie's Sex Shop", Ladismith zum Seweweekspoort (picknicken und spazieren gehen). Übernachten in oder vor Oudtshoorn.
6. Tag: Früh eine Straußenfarm und/oder die Cango Caves besuchen (Zeit Elefanten, s. u.). Anschließend über Uniondale, Joubertina und an Port Elizabeth vorbei zum Addo Elephant NP. Hier rechtzeitig ankommen, um vor Sonnenuntergang die Elefanten zu beobachten. Klappt das zeitlich nicht, Elefanten am beleuchteten Lodge-Pool beobachten und am nächsten Morgen dann in freier Wildbahn.
Alternative: Wer bereits Elefanten im Norden Südafrikas gesehen hat, kann bereits vorher nach Süden an die Küste abzweigen und dabei einen Tag gewinnen.
7. Tag: 2 Std. für die Besichtigung einer Attraktion in Port Elizabeth. Anschließend bis Jeffrey's Bay/St. Francis Bay bzw. zum Tsitsikamma NP zum Übernachten.

8. Tag: Bis Knysna fahren. Unterwegs bieten u. a. Tsitsikamma, Storms River, Plettenberg Bay genügend Möglichkeiten, um einen abwechslungsreichen Tag zu erleben.
9. und 10. Tag: Entweder am ersten Tag nur bis Mossel Bay fahren (hier oder im Botlierskop Game Reserve übernachten) und sich Zeit nehmen für die Wilderness Area bzw. die wunderschöne Inlandsstraße (Old Passes Rd.) sowie George oder alternativ zügiger durch dieses Gebiet fahren, nur gelegentlich anhalten und im De Hoop NR übernachten (unbedingt vorbuchen). Am 10. Tag ist das Ziel Hermanus. Dabei am späten Mittag am Cape Agulhas sein und am Nachmittag in Hermanus, um dort die Wale zu beobachten (Jahreszeit beachten).
11. Tag: Über Kleinmond und rund um die False Bay zum Cape of Good Hope. Stopps in Kalk Bay, Simon's Town und der Pinguinkolonie einplanen! Nach 2 Std. am Kap nachmittags entlang der Atlantikküste bis nach Kapstadt fahren. Übernachten in einem Hotel in der „City Bowl".
12. Tag: evtl. Township-Tour.

Planung bei 2 Zusatztagen
12. Tag: Vormittags noch Kapstadt, dann weiter gen Norden, um in bzw. um Langebaan zu übernachten.
13. Tag: Vormittags West Coast NP. Vogelliebhaber sollten dafür früh aufstehen. Anschließend Besuch des Fossil Park bei Hopefield und dann nach Paternoster fahren. Abends Strandspaziergang sowie Langusten essen.
14. Tag: Über Velddrif, Piketberg und Porterville nach Tulbagh. Sollte anschließend noch genügend Zeit sein, um die 3 ½-Std.-Strecke über den Bain's Kloof Pass zurück nach Kapstadt zu schaffen, wäre das schön. Wenn die Zeit nicht reicht, über die R44 direkt zurück.

21 Tage Kapprovinzen

Highlights
Table Mountain – Victoria & Alfred Waterfront – Stellenbosch – Weinland – Montagu – Little Karoo – Straußenfarm in Oudtshoorn – Addo Elephant NP – Tsitsikamma – Strand bei Plettenberg Bay – Tierpark an Garden Route – Knysna Bay – Wilderness Area – De Hoop NR – Cape Agulhas – Wale vor Hermanus – Pinguine bei Simon's Town – Cape of Good Hope – Chapman's Paek Drive – West Coast NP – Langusten essen in Paternoster – Meeresfrüchte essen in einem Open-Air-Restaurant – Cederberg Wilderness Area – Kagga Kamma

Zeitplan
1. Tag: Kapstadt. Sehenswürdigkeiten in der Innenstadt, inkl. V&A Waterfront. Evtl. noch shoppen (z. B. weiterführende Literatur für die Reise). Übernachtung in Kapstadt („City Bowl").
2. Tag: Morgens auf den Table Mountain. Anschließend alternativ zur Robben Island, den Kirstenbosch Botanical Gardens, danach zum Sonnenuntergang nach Bloubergstrand.
3. Tag: Township-Tour, anschließend Castle, weiteres Museum, shoppen. Abends Sundowner auf Signal Hill.
4.–14. Tag: Wie oben Tage 3–13. Letzte Nacht in Langebaan oder auf Kersefontein bei Hopefield.

15. Tag: Küste bis Lamberts Bay, in einem Open-Air-Restaurant (bei geöffneter Außengastronomie) speisen und in Clanwilliam nächtigen.

16. Tag: Ausflug zur Missionsstation von Wuppertal. Sollte es spät sein, erneut in Clanwilliam übernachten. Wer die Natur genießen möchte, der sollte besser in Oudrif oder alternativ in der Cederberg Wilderness Area nächtigen.

17. Tag: Den Tag in der Cederberg Wilderness Area verbringen und hier nächtigen. Alternativ nach Kagga Kamma und am Nachmittag noch die erste Pirschfahrt miterleben.

18. Tag: Vormittags in Kagga Kamma (Tour zu den Buschmannzeichnungen). Anschließend nach Tulbagh (Drostdy, Weingut, Church Street). Hier nächtigen oder weiter bis Worcester.

• **19. Tag:** Worcester (Brandy Factory, Karoo National Botanical Gardens). Danach über den Bain's Kloof Pass nach Wellington und Paarl. In Paarl (KWV, Weingut, Language Monument). Hier übernachten. Alternativ durch den Huguenot-Tunnel auf schnellem Wege zurück nach Kapstadt.

• **20. Tag:** Kapstadt.

• **21. Tag:** „Reservetag", den man irgendwo einbauen kann.

Zusatztage

1–2 Tage: Unternehmungen rund um Tsitsikamma, Plettenberg Bay und The Crags
1–2 Tage: Für Kapstadt bzw. das Weinland nutzen.
1–2 Tage: Irgendwo am Indischen Ozean zwischen Mossel Bay und Hermanus „Pause" einlegen bzw. eine Strandwanderung unternehmen (z. B. Oystercatcher Trail östlich von Mossel Bay).

Touren für speziell Interessierte

 Die hier aufgeführten Vorschläge beinhalten nicht alle Sehenswürdigkeiten, sondern haben das Ziel, einer Route zu folgen, die dem Thema gerecht wird.

Auf den Spuren der ersten Europäer (11 Tage)

Highlights
Kapstadt: Museen, historische Gebäude – Historische Weingüter – Drostdys – Graaff-Reinet – Bartolomeu Diaz Museum

Zeitplan
1. und 2. Tag: Die ersten zwei Tage auf Kapstadt konzentrieren: historische Gebäude (Castle, die historisch geprägten Museen, u. a. History Museum/Slave Lodge, Koopmans-de Wet Museum, SA Museum). Ein Blick vom Table Mountain sowie von Bloubergstrand auf die Stadtkulisse vermitteln einen Eindruck, wie die Stadt auf die ersten Europäer gewirkt haben muss. Malay Quarter (Bo-Kaap), welches eng verbunden ist mit der „europäischen Entwicklung" der Stadt. Nachmittag des zweiten Tages: Besuch der ersten südafrikanischen Weingüter (u. a. Groot Constantia und Steenberg), abends evtl. noch Simon's Town. Übernachten in Kapstadt: z. B. in der Breakwater Lodge, einem ehemaligen Gefängnis.

3. Tag: Rhodes Memorial, anschließend nach Paarl (Language Monument, Afrikaans Language Museum und KWV Winery). Dann nach Tulbagh: historische Church Street (kapholländische Häuser) sowie der Old Drostdy. Übernachten in Tulbagh in einem der historischen B&Bs bzw. Herbergen entlang der Church Street.

4. Tag: Über den Bain's Kloof Pass, das Werk eines der ersten großen Straßenbaumeister des Landes, geht es über Wellington und Paarl nach Stellenbosch: Dorpmuseum und ein historisches Weingut (z. B. Neetlingshof oder Blaauwklippen) besichtigen. In Stellenbosch übernachten.

5. Tag: Morgens Besichtigung eines weiteren Museums und dann zur historischen Boschendal Winery. Der Nachmittag gehört dann Franschhoek: Hugenotten-Denkmal sowie Bummel durch Franschhoek. Übernachten auf einem Weingut.

6. Tag: Früh aufbrechen und über die N 1 nach Beaufort West. Unterwegs gibt es die Möglichkeit, in Worcester ein paar kapholländische Gebäude anzuschauen. Ziel dieses Tages ist es, eine Idee davon zu bekommen, wie die ersten Siedler mit der Weite der Great Karoo, dem kargen Bewuchs und der sengenden Hitze zu kämpfen hatten. Matjiesfontein, um 1900 ein beliebter Kurort, eignet sich für die Mittagspause. In Beaufort West gibt es ein paar Gebäude aus dem 19. Jh. sowie ein historisches Museum. Sollte es die Zeit zulassen, empfiehlt sich die Weiterfahrt nach Graaff-Reinet (2 Std.). Übernachtung: in Beaufort West oder in einer historischen Herberge in Graaff-Reinet.

7. Tag: Graaff-Reinet inmitten der Great Karoo bietet genug, um hier einen Tag durch die Museen zu schlendern und sich etwas auszuruhen.

8. Tag: Über die N 9, R 341 und R 29 nach Oudtshoorn, bekannt für die Straußenzucht und die Vermarktung von Straußenfedern im beginnenden 20 Jh. Mit kurzem Stopp in George geht es dann zum Hoogekraal Country House. Die Herberge war einst das erste Farmhaus in der Gegend. Die heutigen Betreiber der noblen Unterkunft erzählen beim Dinner gern über die geschichtliche Entwicklung entlang der Garden Route.

9. Tag: Reservieren Sie sich diesen Tag für eine eintägige „Exkursion" zu interessanten Punkten in der Umgebung und auch, um sich am Indischen Ozean ein wenig zu erholen. Erneute Übernachtung im Hoogekraal Country House.

10. Tag: Nächstes Ziel ist Mossel Bay mit dem Bartolomeu Diaz Museum (Geschichte der ersten portugiesischen Seefahrer). Anschließend zügig weiter nach Swellendam, der drittältesten Stadt Südafrikas: altes Drostdy (Museum) und andere historische Gebäude. Etwas abenteuerlicher, jedoch 3 Std. mehr an Fahrzeit, sind die Passstraßen zwischen Mossel Bay und Swellendam (nördlich der N 2): Vorschlag: Ou Plessis Pass – Ladismith-Barrydale – Tradouws Pass. Man erhält einen Eindruck, wie die ersten Siedler sich durch die Berge gen Norden mühen mussten. Übernachten in Swellendam.

11. Tag: Weiter geht es zum südlichsten Punkt Afrikas, dem Cape Agulhas, und dann entlang der Küste gen Kapstadt. Viel Historisches gibt es nicht zu sehen, aber dafür eine schöne Landschaft. Einen Stopp wert ist das historische Weingut Vergelegen bei Somerset West.

San, Bantus, Kapmalayen – Auf den Spuren der nichtweißen Bevölkerung Südafrikas (ca. 7 Tage)

Highlights
Malay Quarter – Robben Island – Buschmannzeichnungen in Kagga Kamma – VW-Werk in Uitenhage (bei Port Elizabeth) – Red Location Museum (Port Elizabeth)

Hinweis
Eine Fahrt zum VW-Werk in Uitenhage ist optional und lohnt nur dann, wenn man sowieso nach Port Elizabeth fährt.

Zeitplan
1. Tag: Kapstadt. History Museum (Slave Lodge) und SA Museum. Das Hauptaugenmerk auf die zum Thema passenden Abteilungen legen. Anschließend Besuch des Malay Quarter (Bo-Kaap), wo die Kapmalayen leben, die sich erfolgreich gegen die Umsiedlungspläne der weißen Regierungen gewehrt haben. Abendessen: Kapmalayisch.
2. Tag: Township-Tour (inkl. Stopp im District Six Museum). Anschließend in der Innenstadt: Greenmarket vor der ehemaligen City Hall, Pan African Market (Long St.) und danach das spätnachmittägliche Treiben auf dem Busbahnhof zwischen City Hall und Bahnhof beobachten. Dabei wird deutlich, dass viele Strukturen aus der Apartheidzeit heute noch sichtbar sind. Abendessen: in einem afrikanischen Restaurant.
3. Tag: Besuch der Sträflingsinsel Robben Island (vorher buchen). Hier wird erzählt, wie das Apartheid-Regime mit den politischen Aktivisten umgegangen ist. Nachmittags/abends: Im Visitor Center eine Tour buchen, die zu Restaurants und Musiklokalen in die Townships führt.
4. Tag: Parallel zur Atlantikküste nach Paternoster. Der kleine Fischerort ist bekannt für seine pittoresken Häuschen und den guten Lobster. Interessant ist, wie die Nachkommen der San und die Farbigen hier leben. Vermischt mit weißen Kulturen und den Urlaubern ergibt sich ein aufschlussreiches Bild. Übernachten in Paternoster.
5. Tag: Optional ist ein großer Schlenker zur Rheinischen Missionsstation von Wuppertal. Hier wird deutlich, wie die christliche Religion Einzug gefunden hat im südlichen Afrika. Übernachten in Clanwilliam.
6. Tag: Fahrt nach Kagga Kamma am Rande der Karoo, wo bis vor wenigen Jahren Buschmänner gelebt haben. Hier erfahren Sie etwas über die Lebensweise der Buschmänner. Auf einer Jeep-Exkursion werden Buschmannzeichnungen gezeigt und erläutert. Übernachtung in Kagga Kamma.
7. Tag: Vormittags noch Kagga Kamma, anschließend zurück nach Kapstadt.

Das **VW-Werk in Uitenhage** bei Port Elizabeth liegt nicht auf dieser Route und bietet auch nicht immer Werkstouren an. Daher lohnt eine Extra-Anfahrt nicht. Sollte die Reise aber in diese Gegend führen und eine Führung stattfinden, dann lohnt sich die Besichtigung allemal. Hier wird gezeigt, unter welchen – mittlerweile durchaus vertretbaren – Bedingungen vornehmlich schwarze Arbeiter beschäftigt sind, wie viel sie verdienen und wo Probleme stecken.
Das **Red Location Museum in Port Elizabeth** bietet einen guten Einblick in die Problematiken der Townships, besonders zur Zeit der Apartheid.
In zahlreichen Orten entlang der Garden Route werden ebenfalls **Township-Touren** angeboten, so z. B. in Mossel Bay, Knysna und Plettenberg Bay.

4 Tage Wein testen

Highlights
Groot Constantia – Steenberg Estate – Stellenbosch – Boschendal – Franschhoek – Vergelegen

Zeitplan

In Kapstadt bereits Erkundigungen zu Weinen einholen in **Caroline's Fine Wine Cellars** oder **Vaughan Johnson's Wine Shop**.

1. Tag: Zuerst zu den Weingütern südlich des Table Mountain fahren. Groot Constantia und ein weiteres Weingut nach Wahl (Lunchpause) besuchen. Anschließend weiter nach Paarl und die KWV Vinery, ein Zusammenschluss verschiedener Winzer, besichtigen. Danach zum historischen Weingut Boschendal (Picknick). In Franschhoek übernachten, entweder auf einem Weingut (z. B. La Chataigne) oder im Le Quartier Français, das für seine gute Küche und den ausgesuchten Weinkeller bekannt ist.

2. Tag: Entlang der Vier-Pässe-Straße (im Uhrzeigersinn) nach Somerset West zum historischen Weingut Vergelegen fahren. Anschließend Besuch des berühmten Weinguts Meerlust. In Stellenbosch in einem historischen Hotel/Herberge nächtigen. Die Restaurants der Stadt bieten ausreichende Gelegenheit, Weine der Region zu testen.

3. Tag: Zwei oder drei Weingüter um Stellenbosch besuchen. Empfehlungen: das historische Lanzerac, Jordan bzw. Thelema (schmackhafte Weißweine), Rust-en-Vrede Estate (leckere Rotweine) sowie Waterford oder Morgenhof (Ambiente und Gelegenheit, hier mittags zu speisen). Anschließend bis zum Stadtrand von Kapstadt fahren: Ziel ist Constantia Uitsig, eine weitere Vinery südlich des Table Mountain. In deren Cottages lässt es sich herrlich entspannen. In den angeschlossenen Restaurants gibt es leckeres Essen und hervorragende Weine. **Alternative**: In Kapstadt übernachten und abends Fine Dining mit Wein.

4. Tag: Je nach Zeit und Lust, ein oder zwei Weingüter nördlich der Stadt besuchen, z. B. eines in der Region Durbanville oder den Groote Post Cellar zwischen Mamre und Darling. Zum Abschluss den Sonnenuntergang über Kapstadt mit einer mitgebrachten Flasche Wein am Strand von Bloubergstrand genießen.

Flora und Fauna der Kapprovinzen

Highlights

Kirstenbosch Botanical Gardens – Cape of Good Hope – Pinguine bei Simon's Town – Table Mountain – West Coast NP – Bain's Kloof Pass – Karoo – Bontebok NP – De Hoop NR – Tierparks an der Garden Route – Addo Elephant NP

Hinweise

Um die Pflanzen- und Vogelwelt zu erkunden, bedarf es **Zeit**. *Der Reiseverlauf hier berücksichtigt dieses nur teilweise. Er ist vornehmlich auf kurze Besichtigungen der einzelnen Punkte ausgelegt.*

Jahreszeit beachten! *Die besten Monate für die Pflanzen sind August bis Oktober.*

Zeitplan

1. Tag: Literatur und Bestimmungsbücher besorgen. Erstes Ziel sind die Kirstenbosch Botanical Gardens in Kapstadt. Sie informieren über die Vegetation am Kap. Am frühen Abend nach Bloubergstrand fahren und den Sonnenuntergang über Kapstadt bewundern. Zwei Übernachtungen in der „City Bowl".

2. Tag: Zuerst auf den Table Mountain und die Vegetation abseits der Seilbahnstation erkunden. Anschließend entlang der Atlantikseite (evtl. hinauf zum Silvermine NR) zum Kap fahren. Hier Zeit nehmen für eine Wanderung. Nachmittags nach Simon's Town

fahren, die Pinguinkolonie besuchen und etwas nördlich, bei Fish Hoek/Kalk Bay nach Walen Ausschau halten (entsprechend der Jahreszeit).
3. Tag: Zuerst zum Flower Reserve in Darling. Anschließend zum West Coast NP (Vogelwelt). Übernachtung in Langebaan oder auf Kersefontein.
4. Tag: Wer die Vögel im West Coast NP intensiver beobachten möchte, muss sehr früh aufstehen. Danach über Citrusdal nach Kagga Kamma, das nicht nur für die Buschmannzeichnungen bekannt ist, sondern auch für seine Tiere. Hier nächtigen.
5. Tag: Ein langer Tag. Über Tulbagh und den Bain's Kloof Pass geht es nach Paarl zum Veldblum NR. Abkürzend kann man auch auf direktem Wege über Worcester (hier: Karoo National Botanical Gardens) und Robertson nach Montagu fahren. Der Ort eignet sich für zwei Übernachtungen, sodass am **6. Tag** Zeit ist für Wanderungen durch eine Schlucht bzw. in die Berge.
7. Tag: Besuch des Bontebok NP bei Swellendam. Danach zum De Hoop NR (Übernachtung vorher buchen). Am Nachmittag ist Zeit für Wanderungen und Walbeobachtung (nach Jahreszeit).
8. Tag: Zügig durchfahren bis zur Wilderness Area zwischen George und Knysna. Zeit für kurze Wanderungen in diesem Gebiet bleibt noch. Hier oder in Knysna zwei Nächte verbringen. **Alternativer Stopp** (Extratag!): Die „Big Five" in einem Gehege (Garden Route Game Lodge) oder auf der luxuriösen, großen Gondwana Game Lodge (zwischen Albertinia und Mossel Bay) bzw. ein paar afrikanische Großtiere (Botlierskop GR bei Little Brak River bzw. Buffalo Hills bei Plettenberg Bay) erleben. Hier dann nächtigen.
9. Tag: Wilderness Area und Old Passes Road erkunden und ausgiebige Wanderungen unternehmen.
10. Tag: Zum Garden Route NP (Tsitsikamma) fahren und hier oder nahebei nächtigen. Die Hütten in Storms River früh buchen! Hier die Natur erwandern.
11. Tag: Zeitig zum Addo Elephant NP fahren. Nachmittägliche Rundfahrt durch den Park. Übernachten im Park oder in Cosmos Cuisine.
12. Tag: Tagsüber alternativ Zuurberg Section oder Schotia Safaris Private GR.

> **Hinweis**
> In der Kapprovinz sind die „typischen" **Tiere Afrikas**, etwa Giraffen, Nashörner, Flusspferde etc., nur in einigen privaten Game Reserves und im Addo Elephant NP vertreten.

Zusätzliche Tage
1 Tag: Harold Porter Botanical Gardens bei Betty's Bay und im Grootbos Nature Reserve (Fynbos) bei Gans Bay übernachten.
Abenteuerlustige und Liebhaber von einsamen Wanderrouten sollten über **2 Tage** in der Baviaanskloof Wilderness Area nachdenken. Darüber vorher genau informieren, besonders bezüglich der Unterkunft.
2 Tage für den Besuch des Mt. Zebra NP und anschließend des Camdeboo NP bei Graaff-Reinet.
Mehrtägige Wanderungen: z. B. entlang des Oystercatcher Trail (zwischen Mossel Bay und Boggomsbaai) oder im De Hoop NR. Rechtzeitig buchen!

4. KAPSTADT – PERLE AM FUSS DES TABLE MOUNTAIN

Allgemeiner Überblick

Kapstadt, auch „**Mother City**" oder „**Tavern of the Seas**" genannt, gehört mit Recht zu den schönsten Städten der Welt. Das ergibt sich aus der Lage zwischen zwei Ozeanen, der Geschichte, den vielfältigen Restaurants, der interessanten Kunstszene, der Jahrhunderte übergreifenden Architektur, der unkompliziert-freundlichen Art der Bewohner und dem – zumindest während der Sommermonate – angenehmen Klima. Lassen wir dabei mal die starken Winde und plötzlichen Regeneinfälle (besonders April bis September) außen vor.

Selbst die Innenstadt, „**City Bowl**", die zeitweise unter dem Einfluss der immer attraktiver werdenden *Victoria & Alfred Waterfront* litt, ist wieder populär. Denn die Stadtverwaltung hat sich erfolgreich bemüht, den Wert der City zu heben. Dieses geschah u. a. mit der Renovierung der Museen, der Pflege des Company's Garden und dem Bau des Canale Grande zwischen Waterfront und Innenstadt, auf dem Boote als Taxis pendeln sollen. Das neue **Cape Town International Convention Center**, ebenfalls geschickt zwischen Waterfront und Innenstadt angesiedelt, hat wesentlich zu einer Wiederbelebung beigetragen und die komplette Umgestaltung der Region Foreshore wird selbiges tun. Die **St. George's Mall** ist wieder eine belebte Fußgängerzone und auf dem **Greenmarket Square** findet werktags ein afrikanischer Kunsthandwerkermarkt statt. Die Art-déco-Gebäude wurden restauriert und die schmiedeeisernen Balkone an der Long Street entfalten ihren eigenen Charme. Die meisten Guesthouses sind in den Stadtteilen Tamboerskloof sowie Gardens angesiedelt, und Museen locken in das Gebiet um den bezaubernden **Company's Garden**.

Die Innenstadt wurde aufgewertet

Die schön umgestalteten Hafenanlagen der **Victoria & Alfred Waterfront** sind heute Shopping-, Entertainment-, Büro- und Wohnviertel zugleich, ohne den maritimen Charakter dabei außer Acht zu lassen. Individuelle Highlights, wie der Besuch der ehemaligen Sträflingsinsel Robben Island, die Seilbahnfahrt auf den Table Mountain (Tafelberg) und auch die Erkundung des kapmalaiischen Viertels Bo-Kaap sowie eine organisierte Township-Tour runden das Stadtprogramm ab.

Doch besteht Kapstadt natürlich keineswegs nur aus der Innenstadt, V&A Waterfront und den o. g. Touren. Eine Fahrt zum Cape of Good Hope gehört zum Pflichtprogramm. Für diesen Ausflug benötigt man allein schon einen ganzen Tag. Dazu folgt man einfach der Küstenlinie. Küstenorte wie Hout Bay, Simon's Town und Kalk Bay sowie die Touristenorte Sea Point, Camps Bay, St. James und Muizenberg liegen ebenfalls an dieser Strecke.

Fahrt zum Kap der Guten Hoffnung

Die Stadtteile südlich der Innenstadt bieten zwar keine Sehenswürdigkeiten, die man unbedingt gesehen haben muss, dafür aber alternative Einblicke in das Leben am Kap. Lohnend sich z. B. ausgefallene Ziele wie das Rugby Museum oder eine Fahrt zu den Kirstenbosch National Botanical Gardens sowie zu den Weingütern im Constantia Valley. Auch dafür sollte man einen ganzen Tag einplanen.

Kapstadt eignet sich zudem als Ausgangsbasis für Tagesausflüge zu den Weinanbaugebieten um Stellenbosch, Franschhoek und Paarl, zum West Coast National Park sowie zu den Walen, die sich von Juli bis November in der Bucht vor Hermanus tummeln.

Kapstadt – Perle am Fuß des Table Mountain

Allgemeiner Überblick

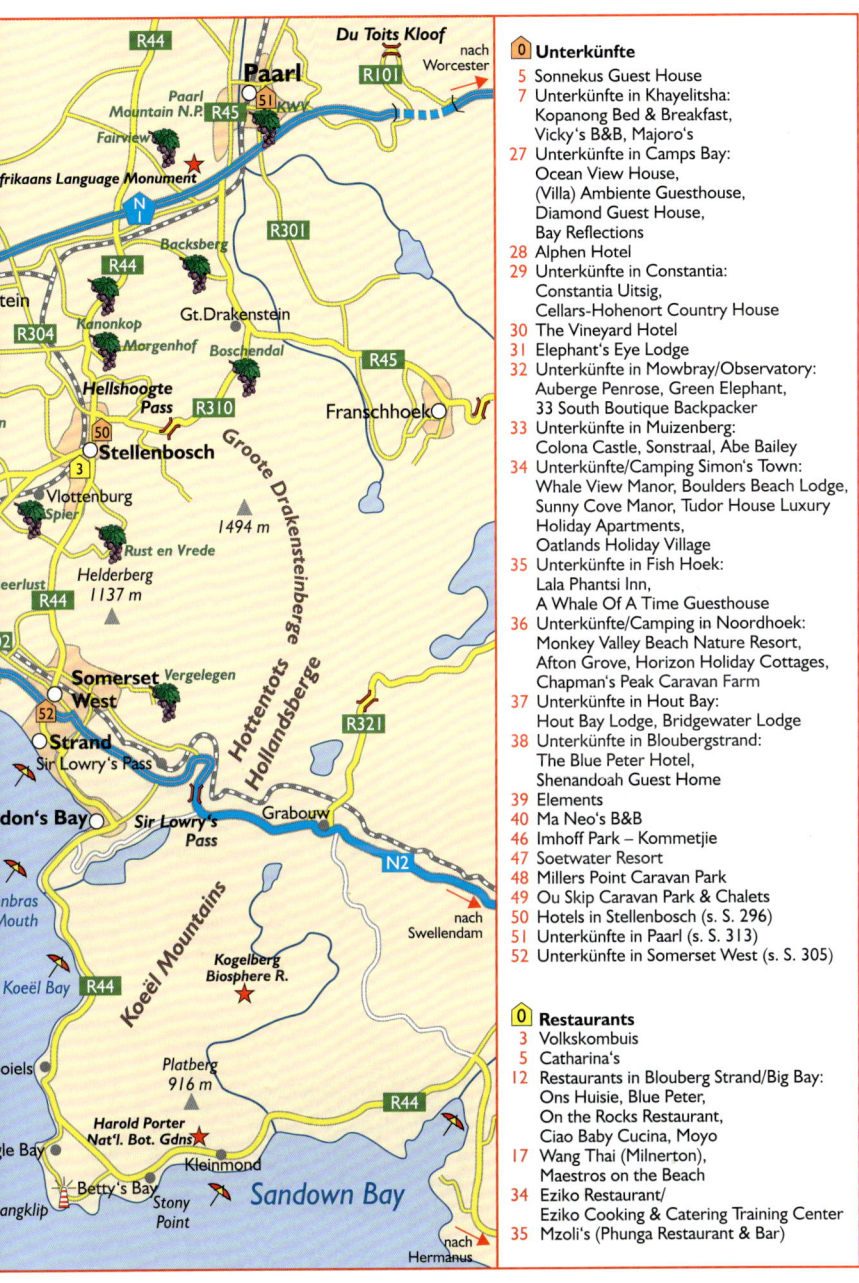

Unterkünfte
- 5 Sonnekus Guest House
- 7 Unterkünfte in Khayelitsha: Kopanong Bed & Breakfast, Vicky's B&B, Majoro's
- 27 Unterkünfte in Camps Bay: Ocean View House, (Villa) Ambiente Guesthouse, Diamond Guest House, Bay Reflections
- 28 Alphen Hotel
- 29 Unterkünfte in Constantia: Constantia Uitsig, Cellars-Hohenort Country House
- 30 The Vineyard Hotel
- 31 Elephant's Eye Lodge
- 32 Unterkünfte in Mowbray/Observatory: Auberge Penrose, Green Elephant, 33 South Boutique Backpacker
- 33 Unterkünfte in Muizenberg: Colona Castle, Sonstraal, Abe Bailey
- 34 Unterkünfte/Camping Simon's Town: Whale View Manor, Boulders Beach Lodge, Sunny Cove Manor, Tudor House Luxury Holiday Apartments, Oatlands Holiday Village
- 35 Unterkünfte in Fish Hoek: Lala Phantsi Inn, A Whale Of A Time Guesthouse
- 36 Unterkünfte/Camping in Noordhoek: Monkey Valley Beach Nature Resort, Afton Grove, Horizon Holiday Cottages, Chapman's Peak Caravan Farm
- 37 Unterkünfte in Hout Bay: Hout Bay Lodge, Bridgewater Lodge
- 38 Unterkünfte in Bloubergstrand: The Blue Peter Hotel, Shenandoah Guest Home
- 39 Elements
- 40 Ma Neo's B&B
- 46 Imhoff Park – Kommetjie
- 47 Soetwater Resort
- 48 Millers Point Caravan Park
- 49 Ou Skip Caravan Park & Chalets
- 50 Hotels in Stellenbosch (s. S. 296)
- 51 Unterkünfte in Paarl (s. S. 313)
- 52 Unterkünfte in Somerset West (s. S. 305)

Restaurants
- 3 Volkskombuis
- 5 Catharina's
- 12 Restaurants in Blouberg Strand/Big Bay: Ons Huisie, Blue Peter, On the Rocks Restaurant, Ciao Baby Cucina, Moyo
- 17 Wang Thai (Milnerton), Maestros on the Beach
- 34 Eziko Restaurant/ Eziko Cooking & Catering Training Center
- 35 Mzoli's (Phunga Restaurant & Bar)

> **Entfernungen**
>
> **Kapstadt – Johannesburg**: 1.402 km
> **Kapstadt – Port Elizabeth**: 769 km
> **Kapstadt – Beaufort-West**: 463 km
> **Kapstadt – Stellenbosch**: 49 km
> **Kapstadt – West Coast National Park**: 125 km
> **Kapstadt – Clanwilliam**: 225 km

Die Innenstadt („City Bowl")

Überblick, Hinweise und Tipps

 Sicherheit
Die Kriminalitätsrate wurde drastisch gesenkt, doch sollte man folgende Punkte beachten: Auf bewachten Parkplätzen parken und **keine Wertsachen** *im Fahrzeug lassen. In der Innenstadt gibt es (wenige) Taschendiebe. Taschen und Kameras fest am Körper halten und keine Wertsachen mitnehmen. Nachts nicht in die Townships fahren.*

Kapstadt ist für afrikanischen Standard eine alte Stadt, was besonders in dem Nebeneinander von einige Jahrhunderte alten Gebäuden mit modernen Hochhäusern zu erkennen ist. Die Innenstadt bezeichnen die Einheimischen auch als „**City Bowl**", da sie zwischen Signal Hill, Lion's Head und Table Mountain wie in eine Schüssel eingebettet liegt.

Greenmarket und Old Town House in der Innenstadt

Zur Orientierung dient Kapstadts heutige Hauptstraße, die **Heerengracht**, die direkt vom Hafen bis zum Fuß des Table Mountain beim luxuriösen Mount Nelson Hotel führt. Sie ändert ihren Namen erst in **Adderley Street** und später in **Government Avenue**, welche – autofrei – durch den Company's Garden führt. Heerengracht und Adderley Street bilden Kapstadts altes Geschäftszentrum mit vielen Läden, Verwaltungsgebäuden, Banken, der Hauptpost und einigen Sehenswürdigkeiten. Bis 1850 wurde diese Straße von einem Wasserlauf durchzogen, an dessen Seiten Eichenbäume standen. Schon damals hieß diese Allee Herrengracht.

An der Ecke Burg/Castle Streets befindet sich das hervorragend organisierte **Information Centre**, das als guter Ausgangspunkt für Erkundungstouren ins Stadtzentrum von Kapstadt dient. Hier kann man organisierte Touren in alle Teile der Kapprovinz, aber auch Nationalparkunterkünfte buchen. Angeschlossen ist ein kleines Internetcafé.

In Nord-West-Richtung begrenzt die Strand Street das Stadtzentrum. **St. George's Mall**, parallel zur Adderley Street, ist die Haupteinkaufsstraße. Von dieser Fußgängerzone mit diversen Geschäften zweigen Passagen mit allen Einkaufsmöglichkeiten ab.

Die nächste parallel gelegene Straße, die **Long Street**, ist eine enge Straße mit vielen viktorianischen Gebäuden, wo sich diverse „In"-Cafés, Bars, Backpacker-Unterkünfte, Antiquitätengeschäfte und Secondhand-Buchläden befinden, vor allem zwischen Wale Street und Buitensingel.

Buitengracht, ebenfalls parallel zur Adderley Street verlaufend, trennt das Stadtzentrum von dem oberhalb gelegenen Bo-Kaap (Malay Quarter). Die Verlängerung der Buitengracht, die **Kloof Nek Road**, führt zwischen Lion's Head und Table Mountain bis zur Camps Bay. Von ihr biegt man ab zum Signal Hill bzw. zur Talstation der Table-Mountain-Seilbahn.

Die Gebiete südöstlich der Adderley Street bieten touristisch nicht so viel. Hier wurde besonders in

Redaktionstipps

Die schönsten Naturerlebnisse

➤ Zum Sonnenuntergang auf dem **Signal Hill** (S. 189) oder mit der **Seilbahn auf den Table Mountain** (S. 185). Achtung! Die Seilbahn fährt nicht bei Nebel und vor allem nicht bei zu viel Wind.

➤ **Wanderung** auf dem Table Mountain – abseits der Seilbahnstationen (S. 185).

➤ Besuch des **Kirstenbosch National Botanical Gardens** (mind. ½ Tag) (S. 277).

➤ Rundtour um die **Kaphalbinsel** (ein ganzer Tag). Besonders schön: Chapman's Peak Drive (S. 257) sowie der Teil südlich von Kommetjie und Simon's Town (S. 258).

➤ Blick auf Kapstadt und den Table Mountain von **Bloubergstrand** aus (S. 197).

➤ Strandererlebnis in **Camps Bay** (S. 182).

➤ Spaziergang durch den **Company's Garden** (S. 153).

Kulturelle Höhepunkte

➤ Bummel durch das Malay Quarter **Bo-Kaap** (S. 151).

➤ Spaziergang entlang der Long Street der **viktorianischen Architektur** wegen (S. 159).

➤ Besuch des **Two Oceans Aquariums** (S. 169) sowie die **Victoria & Alfred Waterfront** im generellen (S. 166).

➤ Besuch der folgenden Museen: Museen um den Company's Garden herum (S. 153), **District Six Museum** (S. 156), **Gold of Africa Museum** (S. 157), **Castle of Good Hope** (S. 152), **Koopmans de Wet Museum** (S. 158) und mal etwas anderes: **Rugby Museum** (S. 176) sowie **Transplant Museum** (S. 172).

Ausflüge/Touren

➤ Ins **Weinanbaugebiet um Stellenbosch und Franschhoek** (S. 281).

➤ **Township-Tour** (S. 193) und Bootsfahrt nach **Robben Island** mit Führung auf der ehemaligen Sträflingsinsel (jeweils mind. ½ Tag) (S. 192).

➤ Besuch eines **historischen Weinguts**, z. B. Groot Constantia (S. 276).

den 1960er-Jahren vieles niedergerissen und „kaputt"-saniert. Der ehemalige „District Six" fiel der Apartheid zum Opfer, was man heute im gleichnamigen Museum gut nachvollziehen kann (s. S. 156). Andere Areale verfallen, warten auf Investoren oder werden von modernen Verwaltungsgebäuden bzw. dem Bus- und Zugbahnhof eingenommen. Nur das Museum, das alte Castle of Good Hope und die City Hall mit ihrem lokalen Markt davor rechtfertigen einen Schlenker in diese Richtung.

> **Zeitgenössische Perlen-Kleider-Figuren (Bead-Work)**
> *Während der 1980er-Jahre haben Zulu-Frauen aus dem Valley of Thousand Hills nahe Durban begonnen, **Perlen-Kleider-Figuren** von Personen, Tieren oder anderen Objekten aus ihrer eigenen Umgebung herzustellen. Diese Figuren, die auf allen Märkten und in zahlreichen Geschäften angeboten werden, sind eine innovative, kreative Antwort auf eine Marktlücke sowie eine raffinierte Form und Ausdruck der Erfahrungen im täglichen Leben dieser Frauen.*

Sehens- und Erlebenswertes in Kapstadts Innenstadt (alphabetisch geordnet)

> **Hinweis**
> *Die meisten Museen in Kapstadt werden im Land unter dem Label* **„Iziko Museum"** *geführt. Auf diese Nennung wurde in der alphabetischen Auflistung verzichtet, die entsprechenden Museen sind aber gekennzeichnet.*

Bertram House (Iziko) (1)

Dies ist das einzige erhaltene rote georgianische Backsteingebäude. Es wurde 1839 von einem englischstämmigen Notar erbaut, der es nach seiner Frau benannte. Ausgestellt sind englische Möbel, Porzellan, Schmuck und Silber. Interessant ist, die Architektur und Einrichtung dieses Hauses mit einem typischen kaphölländischen Stadthaus, wie dem Koopmans-de Wet House (s. u.), zu vergleichen.
Bertram House, *Company's Garden, am Ende der Goverment Avenue, www.iziko.org.za, Di–Do 10–16.30 Uhr.*

Bo-Kaap Museum (Iziko) (2)

Das Museum ist in einem der ältesten Gebäude Kapstadts untergebracht, das noch in seiner ursprünglichen Form erhalten geblieben ist. Direkt im Bo-Kaap-Viertel gelegen, porträtiert das Museum die Kultur der Kapmalayen. Im Community Centre, im hinteren Teil des Museums, ist eine Sammlung von Karten, Wagen und anderen Gerätschaften zu sehen. Dort finden auch Feste und Konferenzen statt. Die Museumsbroschüre gibt umfangreiche Informationen zur Geschichte und Kultur der Muslime am Kap.
Bo-Kaap Museum, *71 Wale St., www.iziko.org.za, Mo–Sa 9–17 Uhr.*

Malay Quarter (Bo-Kaap)

Das Viertel wird auch **Bo-Kaap** bzw. **Tana-Baru** genannt. Der interessante, historische Teil wird durch Rose, Wale, Chiappini und Shortmarket Street begrenzt, wobei sich der gesamte von den Kapmalayen bewohnte Stadtteil mittlerweile von der Buitengracht bis hinauf zum Signal Hill zieht.

Minarette und bunte, pastellfarbene Häuser prägen das Bild der im späten 18. Jh. entstandenen Wohngegend. Die Kapmalayen sind Nachkommen jener Sklaven, die seit der zweiten Hälfte des 17. Jh. aus Asien kamen. Nur die wenigsten kamen jedoch aus Malaysia, die meisten waren Inder und Ceylonesen, viele auch Indonesier. Malaiisch war zu dieser Zeit die Handelssprache in Südasien, sodass der Name darauf zurückzuführen ist. Viele waren geschickte Handwerker, die sich kleine Häuser bauten und dabei auf Bauelemente des kapholländischen und englischen Stils zurückgriffen. Gründer der muslimischen Gemeinde war Sheigh Yusuf, ein Ceylonese, der 1694 zusammen mit 50 weiteren Islamgelehrten nach Kapstadt ins Exil geschickt wurde. Sie bekehrten vor allem viele Sklaven zum Islam, zuerst gegen den Widerstand der *Dutch Reformed Church*, denn erst 1804 wurde die Religionsfreiheit eingeführt.

Die Kapmalayen verbindet der islamische Glaube. Bis heute konnten sie auch ihre kulturelle Identität bewahren. Bereits während der Apartheidszeit kämpften sie erfolgreich um den Erhalt ihres traditionellen Wohnviertels, sodass schließlich ein Sanierungsprogramm zur Rettung der z. T. zu Slums verkommenen Häuser initiiert wurde. Heute wohnen ca. 2.000 Menschen in dem Viertel, doch werden die zur Waterfront gelegenen Häuser mittlerweile von Yuppies und kleineren Dienstleistungsfirmen in Anspruch genommen.
Geführte **Rundgänge** durch das Malay Quarter können im Infocenter (Burg/Castle Street) gebucht werden.

Auch dieses verbindet man mit den Cape-Muslims
- Beim sog. **Sword Dance** („Ratiep") schnitten sich junge, in Trance versetzte Männer mit scharfen Schwertern Symbole in die Haut. Erstaunlicherweise floss dabei weder Blut noch waren hinterher Wunden zu sehen. Dieser religiöse Tanz wird kaum mehr praktiziert.
- **Kramats** sind Gräber der geistigen Führer der Cape-Muslims. Es gibt gut zwei Dutzend

Das farbenprächtige Bo-Kaap

davon, die sich wie ein „Schutzwall" um die Stadt verteilen. Eines liegt z. B. linker Hand kurz vor Erreichen des Signal Hills.
- Jedes Jahr am 2. Januar findet der **Coon Carnival** statt. Das bunte Straßenfest wurde begründet von den Sklaven, die am 1. Januar ihren einzigen freien Tag im Jahr hatten. Während der Apartheidszeit galt der Karneval als Sprachrohr der „Nicht Weißen", denn was hier gesprochen und gesungen wurde, konnte die Polizei nicht richtig wahrnehmen. Heute ist der Umzug eher ein farbenfrohes Fest mit bunten Kostümen und Schirmen sowie viel Musik. Der Zug, auch bekannt als *Kaapse Klopse* oder *Cape Town Minstrel Carnival* beginnt an der Grand Parade und endet als Musikveranstaltung im Cape Town Stadium in Green Point.
- Gründer der Koranschulen am Kap war **Tuan Karu** (= Herr Lehrer"), der mit richtigem Namen Abdullah Kadi Abdus Salaam hieß. Er hat bereits vor 1780 Allahs Lehren verkündet, wofür er auf Robben Island inhaftiert wurde.
- **PAGAD** („People against gangsterism and drugs") ist eine, besonders in den 1990er-Jahren aktive Organisation, die sich z. T. auf sehr militante Weise gegen die Kriminalisierung und den Einzug von Drogengeschäften in die Moslem-Viertel der Stadt gewehrt hat. Mehrere Morde an Drogenbossen gingen auf ihr Konto. Nachdem es zwischenzeitlich ruhig um PAGAD geworden war, hält die Organisation mittlerweile wieder Protestaktionen ab, die sich vornehmlich gegen die Drogenmafia richten. Denn seit einigen Jahren ist die **Droge Tik** (Methamphetamin) weitverbreitet – ein Aufputschmittel, das bereits Soldaten im Zweiten Weltkrieg genommen haben. Man schätzt, dass 250.000 Menschen am Kap sie regelmäßig einnehmen. Das Verhältnis der Bürger zu der Organisation ist gespalten, doch viele befürworten die Aktivitäten hinter vorgehaltener Hand, da sie in der PAGAD die einzig reale Chance sehen, die Drogengeschäfte vom Kap zu verbannen.

Cape Town International Convention Center (CTICC)

In dem modernen Komplex zwischen Coen Steytler Avenue, Artscape und N 1 finden alle Arten von Konferenzen, Musikveranstaltungen und Modeshows statt. Über die Jahre soll das Center noch weiter zu einem der größten und modernsten seiner Art weltweit ausgebaut werden. Der Komplex beherbergt zudem ein großes Hotel sowie ein vornehmes Restaurant mit afrikanischen Touch und Livemusik. Alljährlich Ende März kommen zahlreiche Besucher zum international hoch angesehenen **Cape Town International Jazz Festival** hierher.
CTICC, *Convention Square/1 Lower Long St., www.cticc.co.za.*

Castle of Good Hope (Iziko) (3)

Dieses erste Steingebäude Südafrikas entstand 1666 und wurde von 300 Matrosen in nur einem Jahr erbaut. Alle hier verarbeiteten Steinblöcke stammen aus Holland. Im Grunde bot der Standort keinen guten Schutz, doch fanden niemals Angriffe statt, sodass die Wehrhaftigkeit nie getestet wurde. Die Festungsanlage ist immer noch Hauptsitz des *Western Cape Military Command*, ist aber für Besucher geöffnet und ein Rundgang lohnt sich allemal. In den Seitenflügeln befindet sich ein **Militärmuseum** und im Haupthaus kann man die **William-Fehr-Sammlung** (historische Möbel und Male-

reien, wechselnden Ausstellungen) bewundern. Ein kleines, schattiges Bistro lädt zu einem Snack ein.
Castle of Good Hope, Castle St., www.castleofgoodhope.co.za, tgl. 9–16 Uhr.

(Old) City Hall (4)

Die City Hall erhebt sich vor der Kulisse des Table Mountain am **Grand Parade**, dem ehemaligen militärischen Paradeplatz. Auf dem großen Platz herrscht mittwochs und samstags Marktatmosphäre (Gemüse und Blumen, einige Souvenirs). Das imposante Gebäude wurde 1905 in einer Mischung aus britisch-kolonialem und italienischem Renaissance-Stil erbaut. Die City Hall wurde sorgfältig restauriert (beeindruckend ist die gewaltige Marmortreppe im Inneren) und beher-

Old City Hall

bergt die Stadtbücherei. Im Februar 1990, als Nelson Mandela aus dem Gefängnis entlassen wurde, warteten 100.000 Menschen bis zu sieben Stunden auf dem Grand Parade, um seine erste Rede vom Balkon zu hören. Er begann seine Rede mit „*Amandla! Iafrka! Mayibuye!*" („Macht dem Volk").
(Old) City Hall, Darling St., Mo–Fr zu den Bürostunden.

Company's Garden (5)

Dort, wo die Adderley Street in die Government Avenue übergeht, beginnen die früheren Gärten der Holländisch-Ostindischen Handelskompanie. Hier baute van Riebeeck Gemüse und Obst an. Ein Teil des Geländes ist in einen botanischen Garten umgewandelt worden. Der Company's Garden lädt zum Spaziergang zwischen exotischen Pflanzen ein. Hier kann man gut einige Stunden verweilen und im Schatten unter großen Bäumen auf einer der vielen Bänke die flanierenden Menschen beobachten. Beeindruckend sind zudem der **Rosengarten** und die zahlreichen Skulpturen. Von hier hat man einen schönen Blick auf die „Spitze" des Table Mountain.

Pause unter schattigen Bäumen

Ein **Visitor Center** an der Westseite, nahe Bloem Street, erzählt die Geschichte des Parks. Für einen Snack kann man sich in dem beschatteten **Café** niederlassen *(tgl. 7–18, im Sommer bis 19 Uhr)*. Um die Grünanlage herum befinden sich diverse historische Gebäude und Museen, z. B. die Houses of Parliament, das Jewish Museum, die Slave

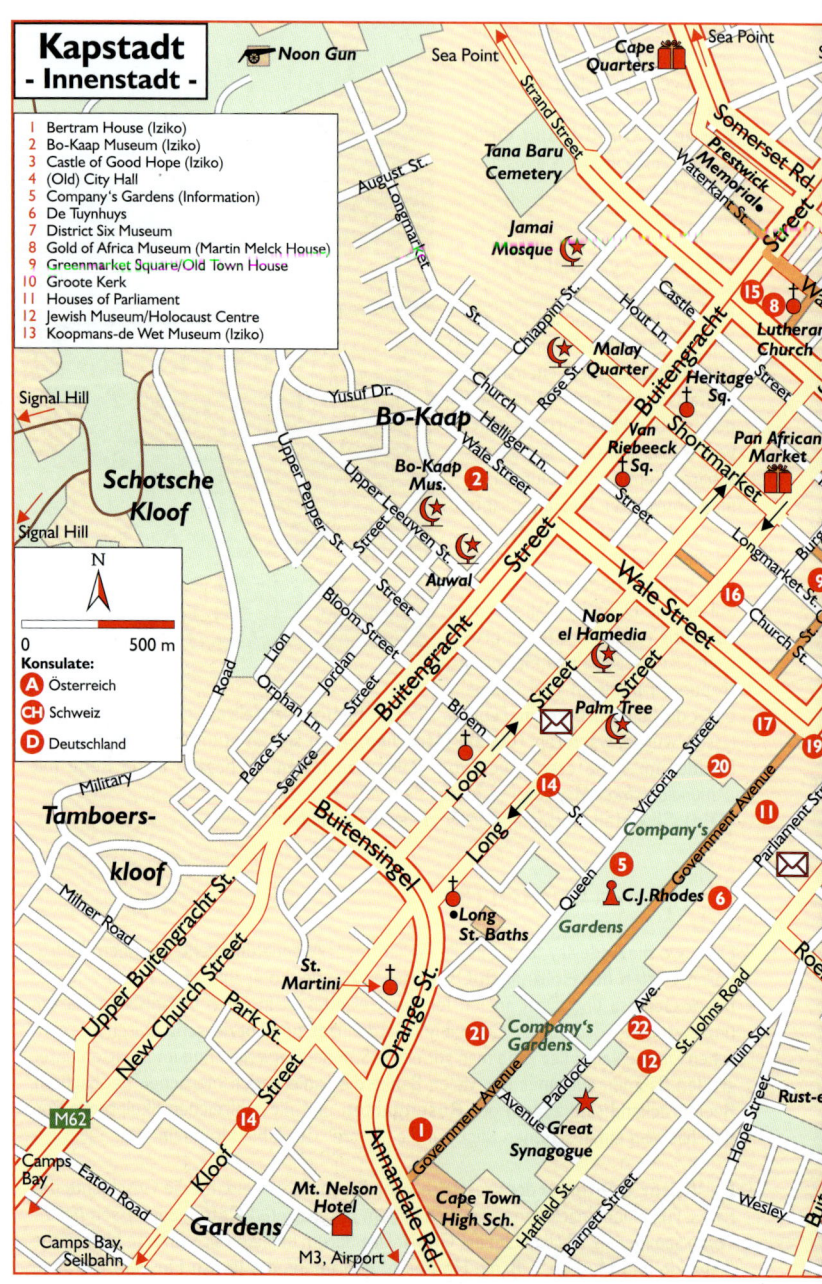

Sehens- und Erlebenswertes in Kapstadts Innenstadt

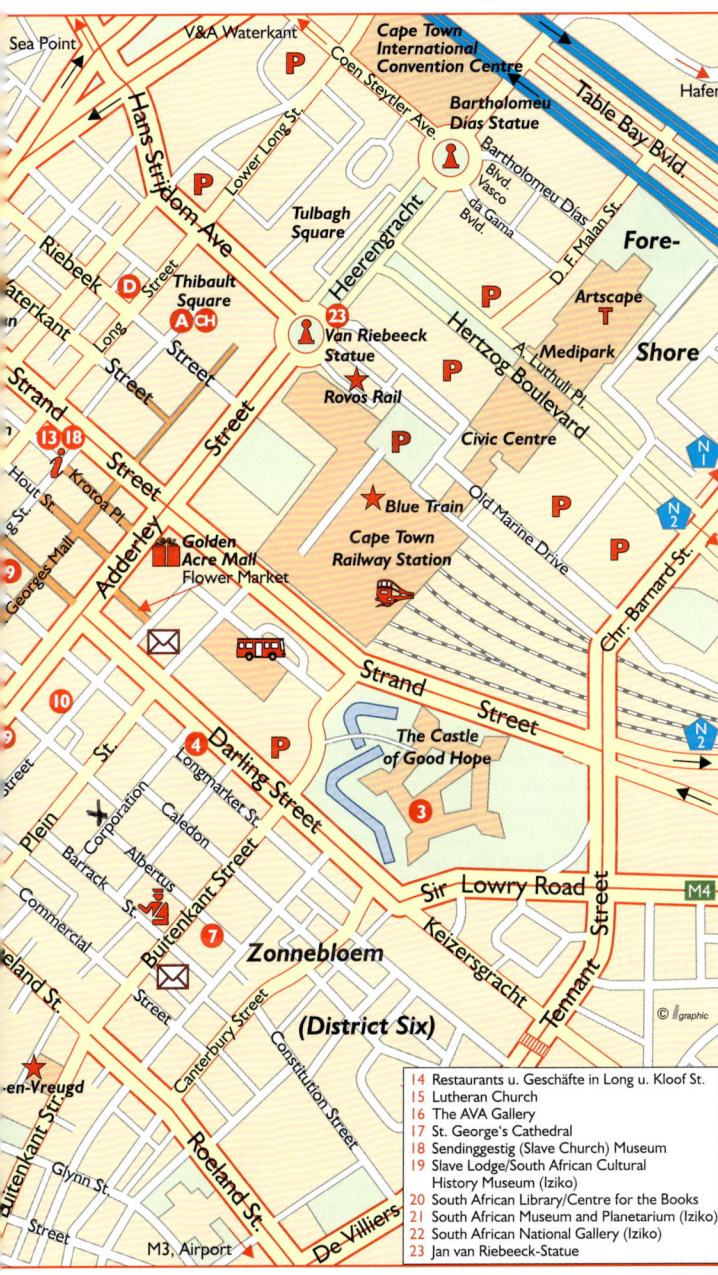

14 Restaurants u. Geschäfte in Long u. Kloof St.
15 Lutheran Church
16 The AVA Gallery
17 St. George's Cathedral
18 Sendinggestig (Slave Church) Museum
19 Slave Lodge/South African Cultural History Museum (Iziko)
20 South African Library/Centre for the Books
21 South African Museum and Planetarium (Iziko)
22 South African National Gallery (Iziko)
23 Jan van Riebeeck-Statue

Im Company's Garden

Lodge, das South African Museum und die SA National Gallery. So kann man hier ohne Weiteres einen ganzen Tag verbringen, mit Museumsbesuchen und lauschigen Pausen zwischendurch.

De Tuynhuys (6)

De Tuynhuys, zwischen den Houses of Parliament und der Roeland Street gelegen, wurde 1700 als *Company Guest House* für hochrangige Gäste gebaut, die das Castle nicht betreten durften. Mit den Jahren gealtert, wurde es renoviert und erhielt das Aussehen von 1795. Es diente später den Gouverneuren und ab 1961 dem südafrikanischen Präsidenten als Residenz. Auf seinen Stufen sprach Präsident Frederik de Klerk am 18. März 1992 die Worte: *„South Africa has closed the book on apartheid"*.
De Tuynhuys, *nur von außen zu besichtigen.*

District Six Museum (7)

„District Six", östlich des Stadtzentrums gelegen, war ein multikultureller Stadtteil, wo 60.000 Menschen verschiedener ethnischer Herkunft in einer lebendigen, bunten Gemeinschaft lebten. 1966 wurde das Gebiet als *„For Whites only"* erklärt, und die teilweise schon seit Generationen hier zusammenlebenden Menschen wurden auf die zu ihrer Ethnie passenden Townships verteilt. Als Begründung diente die relativ hohe Kriminalitätsrate, die zunehmend auf die umliegenden (weißen) Wohngebiete übergriff. Heute ist belegt, dass diese Übergriffe kaum stattgefunden haben. Der eigentliche Hintergedanke war, dass die Weißen in der sog. „City Bowl" unter sich bleiben wollten und politische Übergriffe vom District Six befürchteten. Mit der Umsiedlung traf die Apartheid-Regierung den Lebensnerv der Menschen, „zersiedelte" sie und nahm ihnen damit

Zwangsweise Umsiedlung der nichtweißen Bevölkerung

ihre Identität. Der gesamte Stadtteil wurde dem Erdboden gleichgemacht. Heute befindet sich hier immer noch viel brachliegendes Land. So wird es wohl in einigen Abschnitten bleiben, trotz der in den 1980er-Jahren bereits gebauten Gebäude (Technicon u. a.), einiger Neubauprojekte am Rand des Gebiets und der Tatsache, dass Grundstücke an ehemalige Bewohner und ihre Hinterbliebenen zurückgegeben werden sollen. Letzteres erweist sich aber als ein sehr zäh vorangetriebenes Vorhaben.

Grundstücke sollen zurückgegeben werden

Im Museum gibt es eine Fotoausstellung, eine Sammlung von Straßenschildern und anderen Überbleibseln zu sehen. Schautafeln erläutern die Geschichte und zeigen die unbegreiflichen Regeln der Apartheid auf. Ein Besuch des Museums ist in den meisten Township-Touren enthalten, doch hat man in diesem Rahmen nicht viel Zeit und sollte daher einen Extrabesuch einplanen.
District Six Museum, *25A Buitenkant St., Ecke Caledon St., Mo 9–14, Di–Sa 10–16 Uhr, www.districtsix.co.za.*

Flower Market
In einer kleinen Seitengasse an der Adderley Street (zw. Strand u. Darling Sts) werden seit über 100 Jahren frische Blumen, u. a. auch Proteas, verkauft. Wasserbecken sorgen für die Wasserversorgung. Ein wahrhaft farbenfroher Anblick!

Gold of Africa Museum (Martin Melck House) (8)

Gold hat bekanntlich einen hohen Stellenwert im Wirtschaftsleben Afrikas. Deshalb hat man sich entschlossen, ein Museum einzurichten, das vornehmlich Kunstwerke aus Gold zeigt. Dabei handelt es sich aber nicht nur um südafrikanische Kunstwerke, sondern auch um Stücke aus Ghana, Côte d'Ivoire, Senegal, Simbabwe und anderen Ländern des Kontinents. Ein wirklich lohnendes Museum – und wer möchte, kann hier sogar an einem Goldschmiede-Workshop teilnehmen. Das Martin-Melck-Haus ist eines der wenigen erhaltenen Häuser mit einer *dakkamer* – einer Dachkammer mit einem Fenster zur Seeseite. Martin Melck war ein wohlhabender Händler. Die benachbarte **Lutheran Church (15)**, ebenfalls von Melck erbaut, war das erste lutherische Gotteshaus in Südafrika.
Gold of Africa Museum, *Martin Melck House, 96 Strand St., www.goldofafrica.com, Mo–Sa 9.30–17 Uhr.*

Goldkunst aus ganz Afrika

Greenmarket Square und Old Town House (9)

Der 1710 erbaute Platz an der Burg Street (zwischen Longmarket und Shortmarket Streets) ist der zweitälteste der Stadt. Hier findet Mo–Sa 9–16 Uhr ein lebendiger, afrikanischer **Flohmarkt** statt und zahlreiche Cafés laden zu einer Pause ein. Hier steht zudem an der Longmarket Street das erste öffentliche Gebäude der Stadt, das im Rokoko-Stil erbaute **Old Town House**, von dessen Balkon im ersten Stock sich das Treiben auf dem Platz gut beobachten lässt. Das Gebäude diente 1761–1905 als Gericht und später als Rathaus. Heute beherbergt es die **Michaelis Collection**, die holländische und flämische Gemälde aus dem 17. Jh. zeigt.
Michaelis Collection, *www.iziko.org.za, Mo–Sa 10–17 Uhr.*

Groote Kerk (10)

Erste Kirche des Landes

Die Kirche steht am Standort zweier älterer Kirchen, wovon die älteste bereits 1678 erbaut wurde und damit die erste Kirche Südafrikas überhaupt war. Das heutige Gotteshaus, dessen Glockenturm noch aus dem Jahr 1703 stammt, entstand 1841. Die Groote Kerk ist das Mutterhaus der Holländisch-Reformierten Kirche, von den Afrikaanern einst „die moeder van ons almal" („Die Mutter von uns allen") genannt. Besonders die Kanzel von Anton Anreith ist sehenswert.
Groote Kerk, *Adderley St., Eingang vom Church Square, Parliament St., Mo–Fr 10–14 Uhr.*

Houses of Parliament (11)

Die Houses of Parliament wurden 1885 eröffnet und später mehrmals erweitert. Hier tagt das Parlament in der Zeit von Januar bis Juni. Die Houses of Parliament kann man besichtigen bzw. den Sitzungen beiwohnen. Im Garten der Houses of Parliament steht eine Statue von Queen Victoria (1837–1901).
Houses of Parliament, *Eingang von der Plein Street, Gebäude: Mo–Fr 9–16 Uhr; Touren: Mo–Fr i. d. R. 9, 10, 11, 12 Uhr, 1 Woche im Voraus reservieren:* ☏ *(021) 403-2266 bzw. 2201; Infos zu Sitzungen:* ☏ *(021) 403-2197, www.parliament.gov.za. Ausländer müssen ihren Reisepass mitbringen.*

Jewish Museum und Cape Town Holocaust Centre (12)

Vorfahren aus Europa

Durch die älteste Synagoge Südafrikas, 1863 erbaut und im Zuge des Umbaus 1999 wieder in ihr ursprüngliches Aussehen versetzt, gelangt man in das **Museum**. Bücher und andere Gegenstände der jüdischen Zeremonien informieren umfassend über das Leben und die Entwicklung der etwa 75.000 in Südafrika lebenden Juden, deren Vorfahren übrigens großenteils aus Litauen, Lettland und Weißrussland eingewandert sind. Angeschlossen ist das **Cape Town Holocaust Centre** mit einer ebenfalls interessanten Ausstellung. Direkt neben dem Museum steht die 1905 errichtete **Great Synagogue**, die aufgrund von finanziellen Schwierigkeiten beinahe zum Kino umfunktioniert worden wäre. Heute dient sie mit ihrer gewaltigen zentralen Kuppel als Gebetsstätte für Kapstadts jüdische Gemeinde.
Jewish Museum & Holocaust Centre, *88 Hatfield St., Company's Garden, www.sa jewishmuseum.co.za bzw. www.ctholocaust.co.za, So–Do 10–17, Fr 10–14 Uhr (Jewish Museum), So–Do 10–17, Fr 10–14 Uhr (Holocaust Centre).*

Koopmans-de Wet Museum (Iziko) (13)

Das Koopmans-de Wet House von 1701 wurde in der heutigen Form im frühen 19. Jh. fertiggestellt. Die klassizistische Fassade haben die Architekten Louis Michel Thibault und Anton Anreith entworfen. Einst als „kultureller Salon Kapstadts" bekannt, gehörte das Haus Marie Koopmans-de Wet (1834–1906), einer wohlhabenden Persönlichkeit des sozialen und politischen Lebens in Kapstadt im 19. Jh. Das Museum zeigt eine umfangreiche Sammlung von Kap-Möbeln, chinesischer und japanischer Keramik sowie

holländischer Kupferware. Die großzügige Architektur beeindruckt ebenfalls. Um das gesamte Haus zu besichtigen, benötigt man mindestens eine Stunde.
Koopmans-de Wet Museum, *35 Strand St., www.iziko.org.za, Mo–Fr 10–17 Uhr.*

Long Street und Kloof Street (14)

In der über 300 Jahre alten **Long Street**, mit ihren teilweise wunderschön restaurierten viktorianischen Häusern mit schmiedeeisernen Balkongeländern, befinden sich viele Trödel- und Antiquitätenläden, Antiquariate, Modedesigner sowie Restaurants, trendy Cafés und Pubs. Zudem siedelten sich viele Hostels (Backpacker) rund um die Straße an. Der interessante Abschnitt dieser Straße liegt zwischen Wale Street und Buitensingel. Zwei Moscheen, die Hanafee Mosque und Palm Tree Mosque, liegen an der Straße. Die Verlängerung nach Süden bildet die **Kloof Street**, in der man ebenfalls nette Restaurants und zunehmend ausgesuchte Wohnaustatter und Boutiquen findet.

Typische Balkone in der Long Street

The AVA Gallery (16)

In der Galerie werden zeitgenössische Werke südafrikanischer Künstler ausgestellt. Oft handelt es sich dabei um noch unbekannte Künstler. Alle vier Wochen wechselt die Ausstellung und gleichzeitig können vier Künstler ausstellen.
The AVA Gallery, *35 Church St., ☏ (021) 424-7436, www.ava.co.za, Mo–Fr 10–17, Sa 10–13 Uhr.*

St. George's Cathedral (17)

1834 von dem berühmten südafrikanischen Architekten Herbert Baker als anglikanisches Gotteshaus entworfen, das sich in seinem gotischen Stil nicht groß von europäischen Kathedralen unterscheidet. Bewunderswert ist das große Bleiglasfenster auf der Nordseite. Erzbischof und Friedensnobelpreisträger Desmond Tutu hat hier massiv gegen die Apartheidpolitik protestiert. Bekannt für seinen Humor, trug er bei seinen öffentlichen Auftritten oft ein T-Shirt mit der Aufschrift „Just call me Arch". Regelmäßig finden Messen und musikalische Veranstaltungen statt. Die Akustik ist atemberaubend!
St. George's Cathedral, *5 Wale St., www.stgeorgescathedral.com.*

Wirkungsstätte von Desmond Tutu

Sendinggestig (Slave Church) Museum (18)

Das kleine Museum für Missionsarbeit ist in der hübschen, pastellfarbenen Missionskirche, die 1804 von der South African Missionary School erbaut wurde, untergebracht. Sie wurde früher als Ausbildungsstätte für Sklaven und Nichtchristen genutzt.
Sendinggestig Museum, *40 Long St., Mo–Fr 9–16 Uhr.*

Slave Lodge/South African Cultural History Museum (Iziko) (19)

Das nach dem Castle zweitälteste Gebäude (1679) diente über 200 Jahre als Sklavenquartier der Holländisch-Ostindischen Kompanie. Dabei galt es auch als das größte Bordell des Landes. Später war es das erste Post-, anschließend Bibliotheks- und dann Gerichtsgebäude. Heute wird hier die Geschichte der Sklaven erzählt, zudem Keramiksammlungen, Textilien, Silber, Spielzeug sowie archäologische Funde der Ägypter, Griechen und Römer gezeigt. Hervorzuheben sind die frühen Poststeine, unter denen die ersten Seefahrer ihre Briefe in ölgetränktem Tuch für nachfolgende Schiffe hinterließen. Auf den Steinen waren meistens der Name des Schiffes, die geplante Route, das Ankunfts- und Abfahrtsdatum sowie der Name des Kapitäns eingraviert.

Briefe unterm Stein

Allein schon wegen des historischen Gebäudes lohnt sich ein Besuch. Am Eingang erhält man eine Beschreibung der Entwicklung des Hauses. Hier lohnt die Audiotour besonders!
Slave Lodge/South African Cultural History Museum, *Ecke Adderley/Wale Sts., www.iziko.org.za, Mo–Sa 10–17 Uhr.*

South African National Gallery

South African Library (National Library) (20)

Die im Jahr 1818 von Lord Charles Somerset gegründete South African Library ist das älteste kulturelle Institut in Südafrika und eine der ersten freien Bibliotheken in der Welt. Auch als Gast in der Stadt erhält man Einblick in die Bücher, und allein schon das alte Gebäude selbst ist sehenswert. Im Inneren herrscht eine arbeitsame Atmosphäre, ganz im Stil einer alten Bibliothek. Hier ist es nicht nur möglich, in der Geschichte der Stadt zu stöbern, man kann sich auch über die aktuellen Entwicklungen des Landes informieren.

Älteste Bibliothek

South African Library, *62 Queen Victoria St., www.nlsa.ac.za, Mo–Fr 9–18, Sa 9–13 Uhr.*

South African Museum & Planetarium (Iziko) (21)

Das naturkundlich-ethnologische Museum, untergebracht in einem imposanten Gebäude, ist das älteste Museum Südafrikas (1825). In der ethnologischen Abteilung werden Elemente aus den verschiedenen Kulturen der südafrikanischen Stämme gezeigt. Die lebensgroßen Figuren von San in einer künstlichen Kalahari-Umgebung sehen ungewöhnlich echt aus, was oft zu Kritiken geführt hat. Damals ließ man Gipsabdrücke anfertigen. Die als sehr humorvoll geltenden Buschmänner sollen sich vor Lachen gebogen haben, als ihnen die Modelle gezeigt wurden. Weitere, interessante Abteilungen beschäftigen sich mit südafrikanischen Möbeln, Silber, geologischen Funden (tolle Fossilien) sowie Dinosauriern und Karoo-Reptilien aus prähistorischen Zeiten.

Besonders eindrucksvoll ist die Ausstellung „**World of Water**". Neben einer Nachbildung des Kelp-Forest, einer in den Gewässern vor Südafrika besonders groß und schnell wachsenden Alge, sind sämtliche hier vorkommenden Meerestiere sowie teilweise über mehrere Stockwerke ragende Walskelette ausgestellt. Im **Discovery Room** haben Kinder die Möglichkeit, die Flora und Fauna Südafrikas spielerisch zu entdecken.

Meerestiere

Im **Planetarium** im Nebengebäude wird der Sternenhimmel der südlichen Hemisphäre erklärt. Dazu gibt es tägliche Vorführungen, u. a. auch speziell für Kinder, über deren Zeiten man sich vorher schon erkundigen sollte.

South African Museum & Planetarium, *25 Queen Victoria St., Company's Garden, ☏ (021) 481-3900 (Planetarium), www.iziko.org.za, tgl. 10–17 Uhr.*

South African National Gallery (Iziko) (22)

Die Galerie enthält eine umfassende Sammlung zeitgenössischer südafrikanischer Kunst. Neben Gemälden und Skulpturen findet man Recycling-Kunst aus den Townships, farbenprächtige Malereien der Ndebele, Beadworks der Zulu sowie Werke anderer südafrikanischer Völker. Bemerkenswert sind zudem die Werke britischer, französischer, flämischer sowie europäischer Künstler, die in Südafrika gelebt haben. Regelmäßig finden Sonderausstellungen statt.

South African National Gallery, *Government Avenue, Company's Garden, www.iziko.org.za, tgl. 10–17 Uhr.*

Die Innenstadt („City Bowl")

Vorschlag für einen Spaziergang durch Kapstadts Innenstadt

Bevor man den Spaziergang beginnt, sollte man die **Öffnungszeiten der Museen** beachten. Ausgangspunkt für einen Spaziergang ist das **South African Museum** im Company's Garden. Hier kann man noch die **SA National Gallery** und das **Jewish Museum** besuchen.

Anschließend verlässt man die Gardens in Richtung **Long Street**, die für sich (besonders im oberen Abschnitt) eine Sehenswürdigkeit ist, und zweigt dann nach links in die Wale Street ab, überquert die Buitengracht und befindet sich dann im farbenfrohen **Bo-Kaap** (Malay-Quarter). Im **Rose Corner Café** (Ecke Wale/Chiappini Sts.) sollte man nun die ersten Eindrücke bei einem typischen Cardamom-Tea und einem Snack sacken lassen.

Frisch gestärkt geht es entlang der Strand Street in Richtung Stadtzentrum bis zum **Koopmans-de Wet House**. Weiter führt der Weg wieder durch die Long Street, diesmal in die andere Richtung, bis zum **Sendiggestig Museum**.

Von dort spaziert man bis zur **Church Street** und biegt in diese nach links ab. Hier findet Mo–Sa ein **Antikmarkt** statt. Noch einmal links, und man kommt direkt auf den berühmten **Greenmarket Square**, auf dem Mo–Sa afrikanische Kunsthandwerke verkauft werden. Von den umliegenden Straßencafés lässt sich schön das bunte Treiben verfolgen.

Weiter geht es durch die Longmarket Street rechts in die St. George's Mall. Am Ende (Wale St.) trifft man auf die **St. George's Cathedral**. Nach links schauend, fällt das Gebäude der **Slave Lodge** auf. Hier gilt es zu entscheiden: Entweder man macht eine weitere Schleife durch die Adderley Street, rechts in die Castle Street zum **Castle of Good Hope** und zurück durch die Darling Street an der City Hall vorbei, oder man geht direkt durch die Government Lane zwischen SA Library auf der rechten Seite und der Rückseite der Houses of Parliament und De Tynhus auf der linken Seite, um sich dann im **Company's Garden** auf einer der vielen Bänke im Schatten auszuruhen bzw. eine Erfrischung im Café in den Gardens einzunehmen. Sollte ein kleiner Hunger aufkommen, wäre ein Besuch im **Mount Nelson Hotel** zum „Afternoon Tea" mit Tee, Sandwiches und Kuchen eine weitere Alternative. Dies muss aber mind. einen Tag im Voraus angemeldet werden (s. S. 205).

Jan van Riebeeck-Statue (23)

Das Standbild von Jan van Riebeeck im Rondell der Heerengracht (Ecke Hans Strijdom Avenue) wurde von John Tweed aus London gestaltet, die Statue seiner Frau Maria de la Quellerie schuf Dirk Wolbers aus Den Haag. Etwa an dieser Stelle wurde nach Ribeecks Ankunft am 6. April 1652 das erste Lager aufgeschlagen. Dazu muss man sich bewusst machen, dass das davor liegende Gelände damals noch unter Wasser stand und erst später dem Meer abgerungen wurde. Heute befindet sich hier u. a. das monströse **Civic Centre**, in dem die Büros der Stadtverwaltung untergebracht sind. Das hafenwärts anschließende Gebäude beherbergt das **Artscape Theatre**.

Sehens- und Erlebenswertes in Kapstadts Innenstadt

Auf dem Weg zur Victoria & Alfred Waterfront gilt es noch einen kleinen Schlenker durch den historischen Stadtteil **De Waterkant**, oberhalb der Waterfront (zwischen High Level und Somerset Sts.), zu machen. Hier wurden alte Townhouses renoviert. Eine elegante Yuppie- und Schwulenszene sowie kleine Boutique-Hotels, Restaurants und Cafés haben sich hier angesiedelt. Zudem hat sich in einer ehemaligen Gießerei das kleine **Design Museum** eingerichtet, welches zurzeit mit Wechselausstellungen auf sich aufmerksam macht, später aber Größeres vorhat … Es beschäftigt sich mit Architektur-, Textil, Schmuck- und Möbeldesign.
Design Museum, *Foundry, Ebenezer Rd., Di–Fr 9–17, Sa 9–13 Uhr.*

Hipper Stadtteil

Alternativ bieten sich schicke kleine Restaurants und Weinbars am **Heritage Square** für einen Zwischenstopp an.

Victoria & Alfred Waterfront
Überblick

> **Information**
> **V&A Waterfront Information Centre**, *Dock Road (gegenüber Ferryman's Tavern)* sowie **Waterfront Information Kiosk** *in der Victoria Wharf Mall.*

> **Anreise**
> **MyCiti-Busse** verkehren zwischen Civic Center und V&A Waterfront. Kostenpflichtige Parkplätze und -häuser stehen ausreichend zur Verfügung.
> In Planung sind **Watertaxis**, Boote, die auf dem Canale Grande in Richtung Innenstadt pendeln sollen.

Seit den 1990er-Jahren zieht die Waterfront Geschäftsleute und Touristen an und sorgt dafür, dass Kapstadt in der Gunst der Reisenden noch mehr an Ansehen gewinnt. An die 300 Geschäfte, 80 Restaurants und Snackbuden, Pubs, Hotels, Kinos, Museen, Hunderte von Büroräumen, ein Mega-Kongresszentrum, ein Kasino, luxuriöse Wohnungen an den Jachthäfen – sie kosten mittlerweile Millionen von Rand – haben dieses Areal zur Top-Destination in Südafrika werden lassen. Dabei besitzt das Areal, von dem man mit Ausflugsbooten jeder Art oder zu Helikopter-Rundflügen starten kann, immer noch das gewisse Hafen-Flair.

Top-Destination mit Hafenflair

Kein Ort im Land wird von mehr Menschen aufgesucht, pro Jahr sind es über 30 Millionen! Sie kommen zum Schauen, Shoppen, Essen und auch abends, wenn in einigen Lokalen Livemusik geboten wird. Die Grundidee war und ist nicht schlecht: Tradition, Arbeit, Lernen und Spaß sollten hier miteinander verbunden werden, und das ist ohne Zweifel gelungen. Und zwar so gut, dass sich schon bald in Kapstadts Innenstadt alles um die Waterfront drehte. Geschäfte sind abgewandert aus den traditionellen Shopping-Arkaden um die St. George's Mall, alteingesessene Restaurants in Sea Point galten nur noch etwas, wenn sie hier an der Waterfront servieren, und auch die Kneipenszene in der City Bowl und in Sea Point war lange Zeit zugunsten der Waterfront

Wiederbelebte Viertel

regelrecht ausgeblutet. Nur allmählich konnten sich Innenstadt und Sea Point davon erholen und mit Hilfe von „Wiederbelebungsmaßnahmen" kommen auch sie wieder in Fahrt. Mittlerweile wird das Gebiet der Foreshore (zwischen Innenstadt und Table Bay) komplett neu gestaltet. Rogge Bay, der Teil der Foreshore am Fuß der Heerengracht, war noch bis in die 1920er-Jahre von kleinen Kanälen und Hafenbecken unterbrochen und hier landeten vor allem die Fischer an.

Die Waterfront ist sicher, einfach zu erreichen, hier gibt es alles und der maritime „Duft der weiten Welt" ist immer noch präsent: „Er liegt in der Luft und schippert an den Menschen vorbei, wenn auch in Form kleiner Barkassen und Fischerbötchen", so ein Kapstädter. Was die nahe Zukunft auch bringen wird, die Waterfront ist ein Muss für jeden Kapstadt-Besucher. Doch sollte man nicht der Versuchung unterliegen, hier täglich hinzugehen. Die Geschäfte sind teurer, viele bieten zudem nur, was man überall auf der Welt findet, der Livemusik fehlt oft der rechte Kick und die Restaurants sind gut, aber oft zu durchgestylt. Kapstadt hat auch andere Seiten zu bieten.

Geschichte

Bis zur Mitte des 19. Jh. reichte die Wasserlinie bis zum Old Castle und zu dem Punkt, wo heute Adderley und Darling Street aufeinandertreffen. Der Hafen war klein, Prostitution und Verbrechen waren an der Tagesordnung. Daher lagen die Schiffe oft auf Reede. Dort aber fielen sie nicht selten den berüchtigten Stürmen zum Opfer. Das geschah so häufig, dass selbst die für ihre Risikobereitschaft so bekannte Lloyds-Versicherung 1860 keine Policen für Schiffe am Kap ausgab. Noch im selben Jahr vollzog Prince Alfred, englischer Thronfolger und Sohn Queen Victorias, den ersten Spatenstich für einen, durch einen Schutzwall („Breakwater") gesicherten, Hafen. Zehn Jahre später war das Alfred-Becken fertig, 1905 folgte das doppelt so große Victoria-Becken. Bis Mitte der 1930er-Jahre wurden hier die meisten Güter Kapstadts umgeschlagen, dann genügten die Becken den Anforderungen nicht mehr. Östlich davon baute man das größere Duncan-Dock, dem 30 Jahre später das Ben-Schoeman-Dock angefügt wurde. Dadurch verloren die alten Becken rapide an Bedeutung und seit der Zeit der großen Tanker und Containerschiffe verkamen sie regelrecht.

Spatenstich für den Hafen durch Prince Alfred

Erst Mitte der 1980er-Jahre entschlossen sich Stadtverwaltung und private Investoren, die Hafenbecken zu neuem Leben zu erwecken. Die ersten Pläne sahen noch bescheiden aus: Man siedelte den Seenot-Rettungsdienst (NSRI) an (der heute zu besichtigen ist), verlegte die Fischereiflotte komplett hierher, ließ die Schlepper im Alfred-Becken auf ihre Aufträge warten und unterstützte zwei kleine Werften, die sich vornehmlich auf Reparaturaufträge sowie den Bau von Jachten spezialisiert hatten. Wenig später kamen die Museen, so das Maritime Museum und das Two Oceans Aquarium, hinzu. Wichtig war den Investoren, dass die alten Gebäude restauriert wurden und erhalten blieben. Somit hat auch heute vor allem der Kernbereich des gesamten Areals den meisten Charakter. Doch schon bald platzte dieser Bereich aus allen Nähten und ab Mitte der 1990er-Jahre begann man, immer weiter in die Peripherie zu bauen. Letzte große Projekte waren der Kanal zur Innenstadt, das New Basin, das Apartmenthaus-Projekt an der Granger Bay und der Ausbau des Foreshore-Bereichs (s. o.).

Es bleibt nur zu hoffen, dass die neuen Anlagen nicht dem historischen Kern die Show stehlen.

Bootstouren

Es gibt von der Waterfront **Bootstouren** *aller Art: Sunset-Cruise, Hafenrundfahrten, Champagner-Touren etc.* **Tipp***: Die kleine, historische – aber unregelmäßig verkehrende – „***Penny Ferry***", (Ruderboot) sowie das Mini-Dampfschiff „***Vicky***", die am Pierhead ablegen und meist auch an den Seehunden vorbeifahren. Auf keinen Fall versäumen sollte man die erläuterte* **Bootsfahrt zur Robben Island** *(s. S. 192).*

Kapstadts „Canale Grande"

Lange wurde verhandelt, bis eine Investorengruppe unter der Leitung von *SunWest* endlich den Zuschlag erhielt für den Bau eines Kasinos und des Kanals zwischen Waterfront, Hafen und Innenstadt. 2003 wurde das 500 Mio. Rand teure *Cape Town International Convention Centre* fertiggestellt. Für Kapstadts Wirtschaft bedeutet es 5.000–6.000 Arbeitsplätze. Ziel war es auch, die Innenstadt wiederzubeleben. Der angekündigte Kanal zwischen Innenstadt und Waterfront ist aber immer noch nicht ganz fertig. Entlang dem teilweise auf alten Grachtenanlagen basierenden Kanal soll dann ein Watertaxi verkehren zwischen dem Hotel am Convention Center und dem Grace Hotel in einer Richtung sowie über einen kleineren Kanal durch den umgebauten Stadtteil Rogge Bay (s. o.) und weiter Richtung Herrengracht ... Termin der Fertigstellung: unbekannt.

Clock Tower und Nelson Mandela Gateway

Sehens- und Erlebenswertes an der Victoria & Alfred Waterfront (alphabetisch geordnet)

Cape Medical Museum (24)

In der ehemaligen Villa des Krankenhauschefs ist eine Ausstellung zur Geschichte der Medizin zu sehen. Dabei erfährt der Besucher einiges über die Praktiken frühester Medizin, die traditionellen afrikanischen Heilmethoden und medizinische Pflanzen und Heilkräuter. Ein wenig erschaudern lässt das Behandlungszimmer des Zahnarztes.
Cape Medical Museum, Portswood Rd., ☏ (021) 418-5663, Mo–Fr 9–16 Uhr.

Clock Tower (25)

Wahrzeichen

Der „Uhrenturm" an der Passage zwischen Victoria und Alfred Basin galt für die Schiffe als Richtwert für die Ein- und Auslaufzeiten. Der Hafenkapitän im gegenüberliegenden Gebäude auf dem Pierhead hatte ihn ebenfalls im Visier. So konnte es keine Streitereien über Liegezeiten geben. Heute tummeln sich die Seehunde im Wasser unterhalb des Turms. Die **Clock Tower Shopping Mall** beherbergt u. a. ausgesuchte Juweliergeschäfte. Bei *Shimansky Jewellers* wird das Diamantschleifen vorgeführt. Im First Floor befindet sich das **Diamond Museum**, das sich mit der Geschichte der Diamanten beschäftigt. Das **Moyo**, eine weiteres schickes Restaurant der kleinen Kette mit nordafrikanischem Flair, lockt besonders mittags und nachmittags viele Gäste an.
Cape Town Diamond Museum, Touren: ☏ (021) 421-2488, www.capetowndiamondmuseum.org, tgl. 9–21 Uhr.

Seehunde
Die Seehunde („Cape Fur Seals") tummeln sich meist an Berties Landing, gegenüber dem Pierhead (Old Captains Building).

Direkt neben dem Clock Tower wurde der **Nelson Mandela Gateway** eingeweiht. Von hier legen die Fähren zur ehemaligen Gefängnisinsel **Robben Island** ab. Wechselnde Ausstellungen und Multimediapräsentationen im Nelson Mandela Gateway informieren vor der Abfahrt über die Insel. Infos und Reservierungen unter www.robben-island.org.za. Mehr über Robben Island ab S. 192.

Das **Chavonnes Battery Museum (26)** am Clock Tower Precinct wurde dort eingerichtet, wo man bei Bauarbeiten die Ruinen einer alten holländischen Kanonenbatterie entdeckt hatte. Gezeigt werden die Überreste der ehemaligen Militäranlage sowie Kanonen und Uniformen aus der Zeit bis 1918.
Chavonnes Battery Museum, www.chavonnesmuseum.co.za, Mi–Sa 9–16 Uhr.

Fort Wyngard (27)

Das Fort samt dem Museum in der Fort Wyngard Road, einer Seitenstraße zur Portswood Road, ist zzt. für Besucher nicht geöffnet. Sollte es wieder eröffnen, erwarten einen hier militärische Geräte und Waffen aus der Zeit nach 1900, als das Fort ausgebaut wurde, um in den Weltkriegen drohende Feinde abzuhalten.

Sehens- und Erlebenswertes an der Victoria & Alfred Waterfront **167**

Market Plaza (28)

Die Plaza ist der Mittelpunkt der Waterfront und umringt vom Union Castle House (s. u.), dem Waterfront Information Centre (s. o., versteckt hinter dem alten Pub Ferryman's Tavern und der angeschlossenen Privat-Bierbrauerei Mitchell's Brewery), der

Unterkünfte
- 6 The Village Lodge
- 8 Cape Grace
- 9 The Table Bay
- 10 Victoria & Alfred Hotel
- 12 De Waterkant Village & De Waterkant House
- 17 Breakwater Lodge
- 18 City Lodge Waterfront
- 22 St. John's Waterfront Lodge

Sehenswürdigkeiten
- 24 Cape Medical Museum
- 25 Clock Tower, Nelson Mandela Gateway
- 26 Chavonnes Battery Museum
- 27 Fort Wynyard
- 28 Market Plaza/Amphitheater
- 29 Nobel Square
- 30 Old Port Captain's Building
- 31 Robinson Graving Docks
- 32 South African Maritime Centre (Iziko)
- 33 Time Ball Tower und Harbor Master's Residence
- 34 Two Oceans Aquarium
- 35 Victoria & Alfred Hotel & Shopping Mall
- 36 Victoria Wharf Mall
- 37 Waterfront Craft Market
- 50 Cape Technikon/ Cape Town Hotel School-Restaurant
- 51 Cape Town (Green Point) Stadium
- 52 Green Point Urban Park

Old Port Captain's Building

riesigen Shoppingmall Victoria Wharf (Geschäfte/Restaurants) samt Kunsthandwerkermarkt im Red Shed Craft Market, Vaughan Johnson's Wine Shop, einem heiß begehrten Fischrestaurant (Harbour House) und dem Quay 5, von dem zahlreiche Bootstouren (u. a. Hafenrundfahrt) abgehen. Die Plaza ist auch Mittelpunkt für Straßenmusiker und Picknicker. Oft werden kulturelle Veranstaltungen im AGFA Amphitheatre auf der Mitte des Platzes geboten.

Nobel Square (29)

Am Platz zwischen Victoria & Alfred Hotel und Waterfront Craft Market stehen die überlebensgroßen Bronzestatuen der Nobelpreisträger Nelson Mandela, Frederik de Klerk, Bishop Desmond Tutu sowie Albert Luthuli. Neben diesen zu posieren für ein Foto (Table Mountain bzw. Cape Grace Hotel im Hintergrund) ist sehr beliebt.

Old Port Captain's Building (30)

Zentral gelegen an der Nordseite der Passage zwischen Victoria und Alfred Basin, mussten sich im Amt des Hafenkapitäns früher alle Schiffe melden, die Kapstadt angelaufen hatten. Durch die Fensterscheiben kann man auch heute noch in den ehemaligen „Log-Room" schauen. Am Kai legt hier zu unregelmäßigen Zeiten die historische **„Penny Ferry"** ab, die schon seit 1871 als Ruderboot-Service den „Cut" zur Alfred Basin überquert.

Robinson Graving Docks (31)

In dem massiven Trockendock wurden schon vor hundert Jahren Schiffe gebaut bzw. repariert. Auch heute noch wird das Dock genutzt, obwohl die Hauptwerft 1 km entfernt liegt. Manchmal werden noch asiatische Seelenverkäufer neu angestrichen, immer häufiger aber okkupieren Hochseejachten das Halboval, zumeist die, die sich auf Segelrennen um die Welt befinden.

South African Maritime Centre (Iziko) (32)

Das Museum porträtiert den Einfluss des Meeres auf die Menschen in Kapstadt, die Geschichte der Table Bay, der Schiffwracks, der Schiffahrtslinien und der Fischerei. Toll ist das Modell des Hafens von Kapstadt um 1886. Kinder jeglichen Alters werden begeistert sein von der Entdeckungshöhle und den Schiffsmodell-Werkstätten. Im 1919

erbauten Union Castle Building residierte einst die Union Castle Line, die bis 1977 die meisten Postsäcke zwischen Kapstadt und England beförderte.
South African Maritime Centre, Dock Road, Union Castle Building, www.iziko.org.za, tgl. 10–17 Uhr.

Time Ball Tower und Harbor Master's Residence (33)

Oberhalb der Kurve in der Dock Road steht gegenüber dem Victoria & Alfred Hotel auf der Anhöhe die 1860 erbaute Residenz des Hafenkapitäns. Von hier aus konnte er das Treiben im Hafen überschauen. Der **Time Ball Tower**, eine Turmuhr, wurde 1894 errichtet und galt als noch exakter als der Clock Tower. Täglich um 12 Uhr fiel der Ball nach unten.

Two Oceans Aquarium (34)

In dem wohl interessantesten Aquarium Südafrikas können die Bewohner der beiden Ozeane genauso wie die der Süßwasserseen und Flüsse bewundert werden. Das sind insgesamt rund 4.000 Fische von 300 verschiedenen Arten. So gibt es u. a. einen offenen Ozean-Pool, ein tropisches Aquarium sowie Becken für Pinguine und Robben. In einer weiteren Anlage ist der ökologische Kreislauf, vom Bergquell bis zur Flussmündung, dargestellt. Kinder können ihre Erfahrungen beim Berühren unterschiedlicher Lebewesen machen, z. B. Anemonen und Seesterne. In einem über mehrere Stockwerke hohen Tank tummeln sich Haie und Fischarten, die die Haie neben sich dulden. Täglich finden Fischfütterungen statt, etwa durch Taucher im Raubfischtank. Am besten genügend Zeit für den Besuch einplanen und voher schon erkundigen, welche Tiere wann gefüttert werden.
Two Oceans Aquarium, Dock Road, www.aquarium.co.za, tgl. 9.30–18 Uhr.

Im Two Oceans Aquarium

Victoria & Alfred Hotel und Shopping Mall (35)

Das Hotel hat seinen historischen Charakter in vielen Räumen noch bewahrt. Für schmale Geldbeutel ist die Unterkunft hier nicht geeignet, das Hotel ist aber immerhin noch günstiger als das Cape Grace bzw. das Table Bay Hotel. Die Geschäfte sind okay, lohnen aber nur bei speziellem Interesse. Hinter dem Hotel, im Alfred Basin, liegen oft beeindruckende Luxusjachten.

Victoria Wharf Mall (36)

Zu der mit Abstand größten Mall der Waterfront zählt auch das **King's Warehouse** mit seinen ausgesuchten Lebensmittelgeschäften und kleinen Gourmet-Futterbuden und -restaurants. Im **Red Shed Craft Market** kann man kunsthandwerkliche Produkte aus dem südlichen Afrika erstehen. In der tgl. bis 21 Uhr geöffneten **Victoria Wharf** selbst decken die zahlreichen Geschäfte alle Bereiche des täglichen und nichtalltäglichen Bedarfs ab: Supermärkte, Designer, Buch- und Spielzeugläden, Juweliere, Reiseausstatter, Optiker, Küchenausstatter u. v. m. Der Standard ist hoch, die Preise entsprechend. Natürlich gibt es auch hier viele Restaurants.

Waterfront Craft Market (37)

Wie im Red Shed Craft Market werden auch hier an der Dock Road kunsthandwerkliche Produkte aus dem südlichen Afrika angeboten. Gegenüber an der Dock Road lädt der **Scratch Patch Shop** alle Mineraliensammler zum „Stöbern" ein. Nahezu alle Steine, die Südafrika zu bieten hat, stehen hier zum Verkauf, darunter auch sehr schöne und günstige Steine.

Hinweis
Zu Green Point, Mouille Point und Sea Point s. S. 180.

Die Stadtteile südlich der Innenstadt (Woodstock, Observatory, Rondebosch und Newlands)

Überblick, Hinweise und Tipps

Cafés, Kneipen und Künstlerateliers

Ein Tagesausflug zu diesen Stadtteilen hat mit Sicherheit seine Reize, ist aber eher für diejenigen zu empfehlen, die entweder genügend Zeit für Kapstadt haben bzw. die Stadt schon ein bisschen kennen. Sollte der Ausflug nicht die Kirstenbosch National Botanical Gardens bzw. die Weingüter im Constantia Valley mit einschließen, können die hier beschriebenen Sehenswürdigkeiten eher als „Nischen-Attraktionen" angesehen werden. Doch wo hätte man sonst die Gelegenheit, sich mit der Geschichte des Rugby oder der ersten Herztransplantation zu befassen und wo sonst finden sich so urige Studentenpinten, Secondhand-Buchläden und „New Age"-Läden wie in Observatory um die Lower Main Road? Nicht zu vergessen, der innenstadtnahe und aufstrebende Stadtteil Woodstock mit seinen Hinterhofgalerien, Lofts, kleinen Cafés, Künstlerateliers in alten Fabrikgebäuden und dem organischen Wochenmarkt. Natürlich kann man nicht alle hier beschriebenen Punkte an einem Tag besuchen. Doch bietet sich bereits auf der Fahrt mit dem Auto ein Einblick in sehr unterschiedliche Strukturen der Stadt.

In **Woodstock**, einem ehemaligen Industriegebiet, dienen heute viele alte Lager- und Fabrikgebäude als Studios und Loftwohnungen oder wie im Fall der Foundry (160 Albert Rd.) als Künstlerateliers. Zahlreiche Hauswände tragen Graffitis und Wandmalereien. In das Gebäude einer alten Brauerei sind z. B. moderne Kleinunternehmen eingezogen.

Besonders beliebt ist der samstags stattfindende **Ökomarkt** in der **Old Biscuit Mill** (Albert Rd., zwischen Mill und Stowe Sts.) mit seinen Markt- und Snackständen. Einen Besuch lohnt auch **Delos** (181 Albert Rd.), Kapstadts

In Woodstock findet man Geschäfte aller Art

größter Antiquitätenladen. In Woodstock tut sich was und man redet heute davon, wie von New Yorks SoHo vor dem Einzug der extravaganten Boutiquen und Galerien. Das Kerngebiet dieser Szene befindet sich um den Kreisel, wo sich Salt River, Voortrekker und Albert Road treffen.

Observatory und **Mowbray**, ehemals die Wohngegend der Arbeiter, sind heute studentisch geprägt, was sich besonders in den Restaurants und Kneipen entlang der Lower Main Road in Observatory widerspiegelt. Die kleinen Wohnhäuser, dicht aneinander gebaut, versprechen günstige Mieten, dafür aber auch eine schlechte Isolation. An der wurde damals gespart. So verwundert es nicht, dass direkt unter den Holzböden oft bereits der nackte Sandstein liegt.

Studentisch geprägt

Observatory (kurz „**Obz**" genannt) war einst auch der „astronomische Nabel der südlichen Halbkugel". Hier steht auch heute noch eine große **Sternwarte** (S.A. Astronomical Observatory), die dem Stadtteil ihren Namen verlieh. Seit der Errichtung der Sternwarte in Sutherland (s. S. 483) in der Karoo hat die Sternwarte in Kapstadt an Bedeutung eingebüßt. Trotzdem ist sie noch in Betrieb. An jedem zweiten Samstag im Monat werden Führungen angeboten.
S.A. Astronomical Observatory, *Observatory Rd.,* ☏ *(021) 447-0025.*

Fabrikverkauf

Kapstadt ist die Stadt der Fabrikläden. Hier wird nahezu alles zu günstigen Preisen angeboten. Die Zentren dieser Fabriken sind zum einen in Observatory, entlang der Upper Main Street, und zum anderen in Kenilworth/Claremont: Zwischen Lansdowne Rd. und Chichester Rd., an der M 5, gibt es das große **Access Park Center** mit 60 Läden. Ein weiterer Access Park existiert in Bellville/Kuilsriver, Ecke Voortrekker Rd./La Belle Rd. Zu den Factory Shops werden nicht nur Textilien angeboten, sondern auch Autoteile, Möbel, Gewürze und anderes. Empfehlenswert ist der Kauf von Lederwaren und Stoffen.

*Die Stadtteile südlich der Innenstadt
(Woodstock, Observatory, Rondebosch und Newlands)*

Das **Rhodes Memorial**, einst Huldigungsstätte an den Kolonialisten Cecil Rhodes, hat heute eher den Charakter eines Ausflugsorts mit Aussicht. Das **Groote Schuur Hospital**, ein immer größer werdender Häuserkomplex, erinnert an die Pionierleistungen in der Herztransplantation.

Die Stadtteile **Newlands** sowie **Bishopscourt** sind eine beliebte Wohngegend des „Old Money". Hinter hohen, grünen Hecken verstecken sich hier die Wohnhäuser der gehobenen Mittelschicht – ruhig gelegen, aber auch noch relativ nahe zu Kapstadts Zentrum. **Claremont**, die Einkaufszone dieser städtischen Region, weist alte und besonders moderne Konsumtempel auf, verliert dafür aber auch zunehmend an Flair.

> **Hinweis**
> Zu den Constantia Winelands s. S. 275, zu Groot Constantia s. S. 276 und zur Main Road zwischen Muizenberg und Innenstadt s. S. 274.

Sehens- und Erlebenswertes in Kapstadts Stadtteilen südlich der Innenstadt

Old Castle Brewery (38)

Das ehemalige und erste Gebäude der südafrikanischen Brauereigesellschaft in Kapstadt zeigt heute deutlich, wie sich das Bild einer Stadt verändern kann. Woodstock war einst die Region der Kleinindustrien, veränderte dann seinen Charakter ab den 1970er-Jahren zu einem Lagerhaus- und Großhandelsdistrikt und wandelte sich anschließend zu einer Brutstätte von Trends setzenden Kleinunternehmen. Softwareentwickler, Filmproduzenten, Künstler, Marketingstrategen, Textildesigner und viele andere verbergen sich heute hinter den schweren Türen zu ehemaligen Kühlräumen und Lagerhallen. Dass viele dieser Kleinunternehmen nach nur kurzer Zeit wieder aufgeben müssen oder aber aus diesen Räumen herauswachsen und in die modernen Industrieareale in den Vorstädten abwandern, ist ein bekanntes Phänomen. Es ist interessant und urig zugleich, durch die verwinkelten Gänge des Gebäudes zu laufen und dabei auf immer wieder neue, innovative Betriebe zu stoßen. Die einen bemalen T-Shirts, woanders werden Filmrequisiten zusammengestellt, an anderer Stelle schreibt ein Softwareentwickler Programme für die Stadtverwaltung. Heute sind es vielleicht schon wieder andere. Natürlich ist dieses Gebäude nur für wenige ein Highlight, aber wer ein wenig Lust verspürt, einmal etwas anderes zu sehen, der sollte hier reinschauen.

Innovative Betriebe

Old Castle Brewery, *6 Beach Rd., N 1-Exit Woodstock, dann gleich die erste Straße nach rechts, www.oldcastlebrewery.co.za.*

Heart of Cape Town Museum (Transplant Museum) (39)

Professor Dr. Christiaan Barnard hat im Groote Schuur Hospital am 3. Dezember 1967 die erste erfolgreiche Herztransplantation durchgeführt. In einem fünfstündigen Eingriff setzte Barnard einem 55-jährigen Patienten das Herz einer verunglückten jun-

Sehens- und Erlebenswertes in Kapstadts Stadtteilen südlich der Innenstadt 173

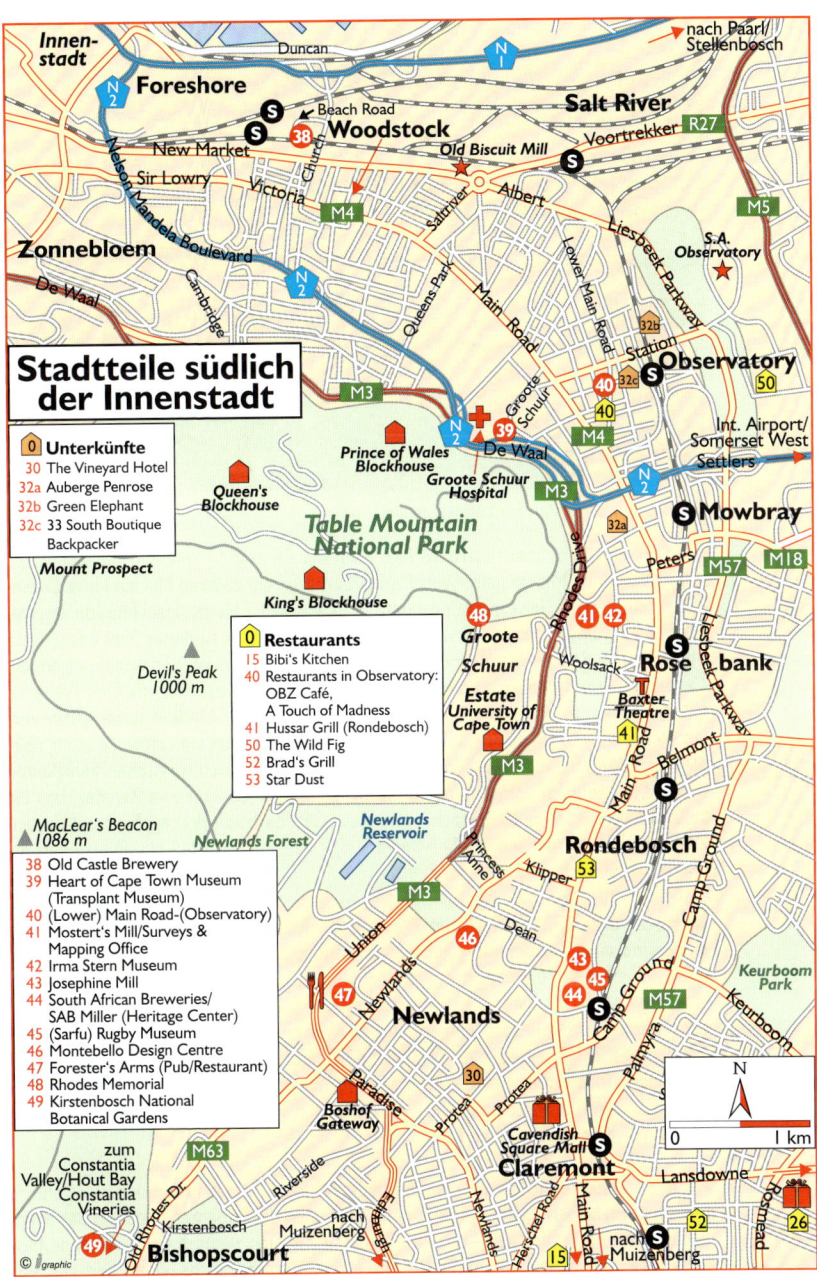

Die Stadtteile südlich der Innenstadt
(Woodstock, Observatory, Rondebosch und Newlands)

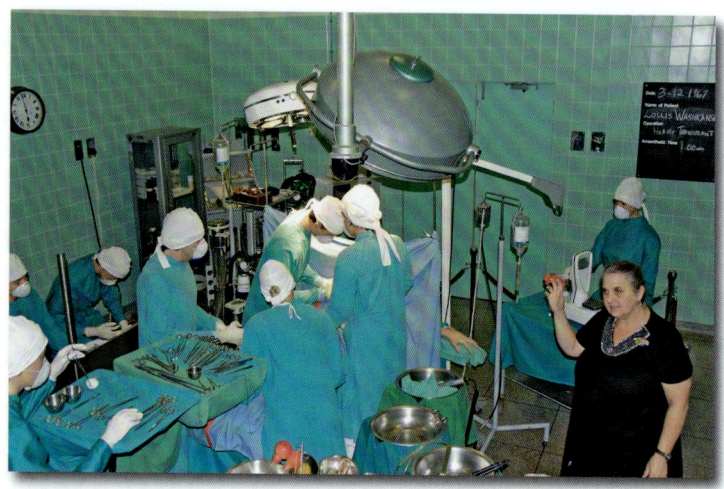

Im Museum der ersten Herztransplantion

Erste Herztransplantation

gen Frau ein. Der Patient starb 18 Tage nach der Operation an einer Lungenentzündung. Nur einen Monat später verpflanzte Barnard zum zweiten Mal ein Herz. Dieser Patient lebte nach der Operation noch 19 Monate. Die Herztransplantation war damals nicht unumstritten, denn nur in Südafrika erlaubte es zu dieser Zeit das Gesetz, Menschen, die für Hirntod erklärt wurden, mit Zustimmung der Angehörigen, ein Organ zu entnehmen. Das erst machte diese Pionierleistung möglich. Des Weiteren hat der Schwarze Hamilton Naki, ein Autodidakt in Sachen Medizin, Jahre später verlauten lassen, dass er maßgeblich an der Operation beteiligt war, diese Leistung aber während der Apartheidzeit nicht gewürdigt wurde. Seine chirurgischen Fähigkeiten wurden später auch vom OP-Team gewürdigt. Es gibt jedoch keine Zweifel, dass die geistige Leistung sowie die Tatsache, dass diese OP überhaupt durchgeführt wurde, einzig Barnard zu verdanken ist. Eine junge Südafrikanerin, die 1969 ein neues Herz erhielt, überlebte damit zwölf Jahre.

Barnard wurde 1922 in Beaufort-West als Sohn eines protestantischen Missionars niederländischer Abstammung geboren. Er studierte ab 1940 an der Universität von Kapstadt Medizin und arbeitete zunächst als Assistenzarzt am Groote-Schuur-Hospital. Später absolvierte er eine chirurgische Fachausbildung in den USA an der Universität von Minnesota. Wegen einer schweren Arthritis operierte Barnard seit 1983 nicht mehr. Er leitete eine Klinik auf der griechischen Insel Kos und arbeitete als Wissenschaftler in Oklahoma, wo er sich mit der Erforschung des Alterungsprozesses befasste. Am 2. September 2001 starb Barnard im Alter von 78 Jahren auf Zypern an den Folgen eines Asthmaanfalls.

Auf der erläuterten Tour wird man durch die rekonstruierten Operationssäle geführt. Das Museum befasst sich zudem mit den Schicksalen der Patienten und auch der Spender und ihrer Angehörigen. Aber Achtung! Es sind auch ziemlich echt wirkende Modelle (u. a. offene Brust, Blutimitate) ausgestellt. Das mag nicht jedem behagen, vor

allem Kindern nicht. Der hohe Eintrittspreis (besonders für Ausländer) mag ebenfalls abschrecken, doch muss dazu gesagt werden, dass die gesamte Ausstellung aus privaten Mitteln finanziert wurde und wirklich etwas zu bieten hat.
Heart of Cape Town Museum, *Groote Schuur Hospital, Zufahrt über den Haupteingang von der Main Rd., Observatory, Touren tgl. 9, 11, 13 und 15 Uhr (relativ teuer). Vorher anmelden: ☏ (021) 404-1967, www.heartofcapetown.co.za.*

Lower Main Road – Observatory (40)

Die enge Lower Main Road verläuft, gegenüber dem Groote Schuur Hospital, einige Querstraßen östlich parallel zur Main Road. Sie bildete einst das Geschäftszentrum dieses Viertels. In der Bauweise erinnert sie an kleine englische Städtchen. In den Nebenstraßen, wo heute in den winzigen, viktorianisch geprägten Einfamilienhäusern viele Studenten und junge Leute wohnen, lebten einst die Arbeiter, die ihr Brot in den Betrieben von Woodstock verdienten. Lange sind diese Zeiten vorbei und der Charakter der Straße hat sich gewandelt. In wenigen Jahren wurde aus einem heruntergekommenen Stadtteil ein „Trendy Spot" mit zahlreichen In-Lokalen, einem experimentellen Theater und ausgefallenen Geschäften. Ein Blick auf die Hauspreise in den Fenstern der Immobilienmakler unterstreicht diesen Eindruck.

In-Viertel

Die Lower Main Road lohnt wegen einiger Ramschläden, in denen man noch ein Schnäppchen machen kann, aber vor allem am Abend den Besuch. Trendy speisen oder aber Bistro-Küche genießen, hier ist das möglich und zudem günstiger als in der Innenstadt. Angesagt ist Atmosphäre, die auf junges Publikum ausgerichtet ist.

Mostert's Mill (41)

Diese kleine holländische Mühle direkt an der M 3 stammt aus dem Jahr 1796 und wird noch heute zum Mahlen von Getreide genutzt – natürlich nur noch zur Vorführung. Einst standen an diesem Abschnitt des Table Mountain mehrere solcher Mühlen. Hier waren die Windverhältnisse optimal, um die segelbespannten Flügel zu bewegen.
Mostert's Mill, *Rhodes St, von Main Rd., Mowbray bzw. über M3 (Exit Mowbray), nur selten geöffnet, Infos: ☏ 088-129-7168, (021) 761-9680, www.mostertsmill.co.za*

Nur 100 m weiter die Straße hinunter befindet sich das staatliche **Surveys & Mapping Office** (Katasteramt), wo man Karten und Luftbildaufnahmen von Kapstadt, aber auch von vielen Teilen Südafrikas kaufen kann. Die Karten sind z. T. sehr detailliert, eignen sich aber weniger als Straßenkarten.

Die holländische Mostert's Mill

Irma Stern Museum (42)

Bedeutende Kunstsammlerin

Irma Stern (1894–1966), Tochter deutsch-jüdischer Eltern, war eine der innovativsten, aber auch umstrittensten Künstlerinnen in Südafrika. Sie studierte u. a. an der Kunstakademie in Weimar, kämpfte zeitlebens gegen die konservative Haltung in der Kunstszene und machte sich so auch zahlreiche Feinde. Ihr Malstil reichte von naiver Kunst bis hin zu impressionistischen „Kopien" gauguinscher Gemälde. Doch nicht ihre Werke, sondern die Einführung avantgardistischer sowie anderer Kunstrichtungen aus afrikanischen Ländern machten die reiselustige Frau berühmt und zu einer der bedeutendsten Kunstsammlerinnen des Kontinents. Neben einigen ihrer Werke kann man heute in Sterns Wohnhaus (sie lebte hier 1928–1966) eine Sammlung von Kunstwerken aus Europa, Asien und Afrika bewundern. Zudem gibt es ständig Sonderausstellungen. Zumeist bemüht sich das Museum betreuende Universität in Sterns Sinn zu handeln und lässt Künstler ausstellen, die provozieren bzw. noch wenig bekannt sind.
Irma Stern Museum, *Cecil Rd., über Chapel Rd. von Main Rd., Rosebank, www.irmastern.co.za, Di–Sa 10–17 Uhr.*

Josephine Mill (43)

Im Gebäude der ältesten noch erhaltenen Wassermühle Kapstadts (1840) werden Kulturveranstaltungen (Lesungen, Kammerkonzerte etc.) abgehalten sowie Kunstausstellungen geboten. In einem **Geschäft** gibt es organische Produkte, natürlich auch das hier gemahlene Mehl. Und im **Caveau Wine Bar & Deli** (Di–Sa, Garten) lässt es sich gut speisen.
Josephine Mill, *Boundary Rd., über Main Rd., Newlands, www.josephinemill.co.za, Mo–Fr 9–16 Uhr (Shop und Restaurant länger).*

South African Breweries/SABMiller (Heritage Center) (44)

Die SAB ist Afrikas größte Brauerei. Zum Konzern gehören u. a. die Brauereien *Pilsener Urquell* (CZ), *Miller* (USA), *Grolsch* (NL), *Peroni* (I), *Foster's* (AUS) sowie eine große Brauerei in China. Damit zählt *SABMiller* zu den größten Brauereikonzernen der Welt. Südafrikanische Marken wie *Castle*, *Lion* und *Black Label* gehören ebenfalls zum Sortiment. Andere Biersorten sowie Softdrinks werden hier in Lizenz hergestellt. Auf den Führungen werden Brauvorgänge sowie ein kleines Museum gezeigt.
South African Breweries Heritage Center, *Boundary Rd., über Main Rd., Newlands, Führungen Mo–Fr 10, 12, 14, Sa 10 Uhr. Unbedingt anmelden unter ☏ (021) 658-7440, www.newlandsbrewery.co.za.*

(Sarfu) Rugby Museum (45)

Das Museum im Anbau des Newlands Stadions unterstreicht, wie Rugby-fanatisch das Land ist. Bei jeglichen internationalen Begegnungen sind die Straßen so leergefegt, wie es bei uns nur bei bedeutenden Fußballspielen vorkommt. 1995 und 2007 wurde Südafrika – bis 1990 wegen der Apartheid von der internationalen Sportszene verbannt

– Weltmeister, und spielt immer an der Weltspitze mit, findet aber in Australien und Neuseeland ebenbürtige Gegner. Die Exponate im Museum stammen teilweise sogar aus dem späten 18. Jh. Der Schwerpunkt wird auf Südafrikas Erfolge und die Herstellungsgeschichte des Rugbyballs gelegt. Auf den Touren wird das Stadion gezeigt.
Rugby Museum, Sport & Science Institute, *Boundary Rd., über Main Rd. in Newlands, Mo–Fr 8–16 Uhr, Touren buchen: ☏ (021) 686-2150, www.newlandstours.co.za.*

Erfolgreich im Rugby

Montebello Design Centre (46)

Diese kleine Künstlerkolonie versteckt sich hinter einem recht unscheinbaren Wohnhaus in einem noch unscheinbareren Wohngebiet. In etwa 18 Künstlerwerkstätten werden Gemälde, Fotografien, Steinmetzarbeiten, Textilien, Designerschmuck und andere Dinge gezeigt und verkauft. Wenn auch die Künstler in den Jahren immer wieder wechseln, wird stets darauf geachtet, dass ein breites Spektrum an Arbeiten geboten wird. Ein Restaurant mit Tischen im schattigen Garten lädt zu einer Pause ein.
Montebello Design Centre, *31 Newlands Ave., zwischen Dean St. und Palmboom Rd., Newlands, www.montebello.co.za, Mo–Fr 9–17, Sa/So 9.30–15 Uhr.*

Forester's Arms (47)

Der große, historische Pub in der Newlands Avenue (zwischen Cypress und Magnolia Sts.) galt früher als „Waterhole" auf dem Weg von Kapstadts Innenstadt zum Badeort Muizenberg. Oft diente er auch nur als Ausflugsziel. Auch heute locken deftige Pubgerichte und die Übertragungen von Sportveranstaltungen viele Gäste an. Liegt nichts an, wird bereits um 22 Uhr geschlossen!

Sportübertragungen

Rhodes Memorial (48)

Der klassisch-griechische Säulenbau auf Cecil Rhodes ehemaligem Anwesen (Groote Schuur) am Hang des Devil's Peak spricht bereits Bände über dessen imperialistische Ziele. In der offenen Halle befindet sich eine Büste des wohl bekanntesten Imperialisten englischer Herkunft, und ein Reiter unterhalb der Treppen blickt energiegeladen nach Norden, in die Richtung, in die Rhodes das britische Empire vergrößern wollte. Vom Rhodes Memorial aus hat eröffnet sich ein fantastischer Ausblick über die Cape Flats. Es ist (unter der Woche) ein so ruhiger Ort, dass man dort in aller Ruhe sitzen und etwas lesen kann. Spaziergänge, bis hin zum **Kings Blockhouse** (1 Std. je Rich-

Cecil Rhodes

tung) sind ebenfalls möglich. Ein **Café-Restaurant** mit gemütlicher Terrasse ist bis 17 Uhr geöffnet.

Rhodes Memorial, *Rhodes Drive, Zufahrt über M3-Exit 8 (Rondebosch), gut ausgeschildert, www.rhodesmemorial.co.za, durchgehend geöffnet.*

Cecil Rhodes – ein Imperialist prüfte das Südliche Afrika

Cecil Rhodes hat in besonderer Weise die Entwicklung Südafrikas mitgeprägt. Er wurde am 5. Juli 1853 in Bishop's Stortford geboren. 1870 kam er nach Südafrika in der Hoffnung, dass seine Tuberkulose im milden Klima geheilt werde. Zunächst arbeitete er auf der Baumwollfarm seines Bruders in Natal, doch bereits im ersten Jahr seines Aufenthalts brach der Diamantenrausch in Kimberley aus. Die Brüder gaben die Farm auf und besorgten sich drei Claims, die ihnen bald viel Geld einbrachten. Cecils Bruder kam jedoch kurz darauf bei einem Brand um. In den nächsten Jahren vermehrte Rhodes in unvorstellbarer Weise sein Vermögen, bis er 1880 sogar seinem stärksten Gegenspieler, Barney Barnato, dessen Minenrechte im Big Hole abkaufen konnte. Rhodes fand auch noch Zeit für Studien an der Oxford Universität. 1887 weitete er sein Imperium aus, indem er die *Gold Fields of South Africa Company* gründete und damit auch Herr am Witwatersrand (Johannesburg) wurde.

Auch politisch engagierte er sich, wurde 1884 Finanzminister und im Jahr 1890 Premierminister der Kapkolonie. 1889/90 drang die *South Africa Company* unter Cecil Rhodes mit Siedlern und Truppen in das Gebiet zwischen Limpopo und Sambesi ein, das daraufhin auch nach ihm „Rhodesien" benannt wurde. Später wurde sogar die Gegend nördlich des Sambesi erobert. Er war es auch, der den Eisenbahnbau nach Rhodesien vorantrieb und die Brücke über den Sambesi an den

Rhodes Memorial

Victoria-Fällen initiierte, um eine wirtschaftliche Erschließung dieser landwirtschaftlich so wertvollen Räume für Südafrika zu ermöglichen. Als britischer Imperialist verfolgte er hartnäckig das Ziel, die Burenrepubliken Transvaal und Oranje-Freistaat an das britische Südafrika anzugliedern und die legendäre Cape-Kairo-Achse in Form einer Eisenbahnlinie zu realisieren.

Am 26. März 1902 starb Rhodes im Alter von 49 Jahren in seinem Ferienhäuschen in St. James. Sein Leichnam wurde mit dem Zug nach Rhodesien, dem heutigen Simbabwe, gebracht. Dort wurde er in einem Grab auf einem Granithügel der Matopos Hills bei Bulawayo bestattet. Man kann das *Rhodes Cottage* in Muizenberg besichtigen (s. S. 273).

Hinweis
Zum Constantia Valley und seinen Weingütern s. S. 275.

Alternativroute

Sollte es die Zeitplanung zulassen, kann man der M 3 und dann der M 63S nach Süden folgen und zu den **Kirstenbosch National Botanical Gardens (49)** (S. 277) fahren. Für die Gärten sollte man mindestens drei Stunden einplanen. Von den Botanischen Gärten aus böte sich schließlich noch bei ausreichender Zeit eine Fahrt über den Constantia Kloof nach Hout Bay und an der Atlantikseite zurück nach Kapstadt an.

Die Stadtteile am Atlantik: Green Point, Sea Point, Clifton und Camps Bay

Überblick, Hinweise und Tipps

Der Küstenabschnitt zwischen Innenstadt und Hout Bay macht deutlich, warum sich so viele Menschen in Kapstadt ansiedeln wollen und vor allem warum gerade in diesen Stadtteilen am Atlantik: Stadtnah und wo die Sonne den ganzen Tag über scheint, haben sich Kapstädter, Johannesburger und Europäer ihre Ferienwohnungen und Alterssitze eingerichtet.

Sea Point wird beherrscht von mehrstöckigen Apartmentblocks und einer Reihe von Restaurants und Mittelklassehotels, während **Clifton** mit seinen vier schönen Strandbuchten und schicken Villen und Apartments nur etwas für diejenigen ist, die mindestens siebenstellige Rand-Preise für die eigenen vier Wände hinlegen können. **Camps Bay** schließlich, mit seinem großen Sandstrand, ist Badeort, Partytreff und Trendsetter zugleich. Hier kommen vor allem jüngere Leute gerne am Wochenende hin, um in einem Terrassencafé Cappuccino zu schlürfen und vor allem natürlich zum „Sehen und Gesehen werden". Wochenenden sollte man daher meiden, z. B. auf der

Beliebte Strandlage

Blick auf die 12 Apostel

Fahrt zum Kap, denn dann staut sich der Verkehr an Camps Bays Strandpromenade und die Parkmöglichkeiten sind auch vollkommen ausgereizt. Unter der Woche aber, wenn nicht gerade Ferienzeit ist, ist die Straße gut zu befahren, und man sollte die Gelegenheit nutzen, hier und dort anzuhalten und auf die tosende See, die bezaubernden Sandstrände sowie die Bergkette der 12 Apostel zu schauen ... kaum einer wird der Versuchung widerstehen, die einzelnen Zipfel zu zählen. Sehenswürdigkeiten und Museen gibt es in diesen Stadtteilen nicht, sieht man einmal vom Leuchtturm am Green Point ab.

Anreise
Zwischen Innenstadt (Civic Center) und **Camps Bay** sowie auch **Hout Bay** verkehren **MyCiti-Busse** via **Sea Point** bzw. **Tamboerskloof** (nur nach Camps Bay). Abfahrt: Civic Center.

Sehens- und Erlebenswertes in Kapstadts Stadtteilen am Atlantik

Cape Town Hotel School-Restaurant (50)

Ausbildung für die Hotellerie

Hier wird Hotelpersonal ausgebildet, dazu gehören auch das spätere Küchenpersonal sowie die Bedienung. Die Schule selbst ist nicht zu besichtigen, doch die Schüler werden auf die Gäste „losgelassen". Wie sollten sie sonst Erfahrungen sammeln? So kommt man hier in den Genuss von bester Küche, erstklassigem Service und alles zu fairen Preisen. Die langweilige Architektur des 70er-Jahre-Baus mag etwas abschrecken, dafür aber ist die Lage direkt am Meer beeindruckend. Mittag- und Abendessen Mo–Fr, sonntags Mittagsbuffet (12–15 Uhr).
Cape Town Hotel School-Restaurant, *Green Point Common, Beach Rd., Mouille Point,* ☎ *(021) 440-5736, http://active.cput.ac.za/CTHS/*

Wer alternativ der **Somerset Road** folgt, gelangt gleich hinter der Innenstadt ins sogenannte **Pink Village**, Kapstadts Schwulenviertel mit zahlreichen Bars und Restaurants, die sich besonders in den Nebenstraßen angesiedelt haben. Ein Stück weiter lockt linkerhand die exquisite Einkaufsmall **Cape Quarters** u. a. mit Designerläden bekannter Künstler sowie dem Village Market am Sonntagvormittag.

Green Point

Schöner ist die Straße entlang der Küste. Green Point, der nördlichste Stadtteil der Innenstadt, wird großenteils von den **Green Point Commons**, einer parkähnlichen Fläche, sowie dem für die WM 2010 nach neuesten Erkenntnissen und allen Finessen erbauten **Cape Town (Green Point) Stadium (51)** *(s. Karte Victoria & Alfred Waterfront, S. 167)* eingenommen. Im 57.000 Menschen (zur WM: 68.000) fassenden Stadion finden Fußballspiele und andere Sportereignisse sowie Mega-Livekonzerte, das alljährliche „The Mother City Queer Project" (größte Schwulenparty Afrikas) und große Wohltätigkeitsveranstaltungen statt. Zwischen Stadion und dem Gebiet am Green

Point Lighthouse wurde der landschaftsarchitektonisch beeindruckende **Green Point Urban Park (52)** angelegt, der zum Spazierengehen und Verweilen einlädt. Er soll den Besuchern die biologische Vielfalt der Region näherbringen (Blütenpracht im Frühjahr; 300 Pflanzenspezies).

Artenreiche Flora

Cape Town Stadium, *90-minütige Touren: Di, Do–Sa 10, 12, 14 Uhr. Vorher reservieren: ☏ (021) 430-7346, 430-7300, visitors@sailstadefrance.co.za.*

Das 20 m hohe, rot-weiße und quadratisch angelegte **Green Point Lighthouse (53)** ist der älteste Leuchtturm Südafrikas. Er wurde 1824 in Dienst gestellt, 1926 mit einem Nebelhorn versehen und 1929 elektrifiziert, wodurch sein Feuer eine Reichweite von 40 km erreichte. Nicht weit vom Leuchtturm kann man auf Bänken ausruhen und aufs Meer schauen. Ansonsten gibt es in Green Point Selbstversorger-Apartments und mittlerweile hat sich sowohl an der **Main Road** als auch an der **Beach Road** eine lebendige Restaurant- und Kneipenszene angesiedelt.

Three Anchor Bay und Sea Point

Beide Stadtteile sind bereits vor Jahrzehnten zusammengewachsen, wobei Sea Point größer und bekannter ist. Zu Apartheidzeiten galt es als der am dichtesten besiedelte, weiße Stadtteil Südafrikas. Die weiße Mittelschicht wollte innenstadtnah wohnen, ohne dabei mit Townships in Berührung zu kommen. Kantige Apartmentblocks aus den 1960er- und 1970er-Jahren bestimmen das Bild, unterbrochen von vereinzelten viktorianischen Relikten. Natürlich

Miltons Swimming Pool

hat auch Sea Point einen Strand, dieser eignet sich jedoch nur zum nachmittäglichen Sonnen, denn wegen der Strömung und der Felsen kann man dort leider nicht schwimmen.

Ein nachmittäglicher Spaziergang entlang der **Sea Point Promenade** (Beach Rd.) lässt die Seele baumeln. Hier weht einem so richtig der Wind um die Nase. Kinder vergnügen sich auf den Spielplätzen, Grünflächen werden zu Picknicktischen für Familien und Jogger laufen mit den Seevögeln um die Wette. Der schönste Abschnitt liegt auf Höhe des Winchester Mansion Hotels zwischen Rocklands Rd. und Marais Rd. Natürliche Felsenbecken und das tolle Meerwasser-Schwimmbad, der **Miltons Swimming Pool** am Südende der Promenade, locken die Badefreunde an, besonders während der Stunden vor Sonnenuntergang.

Der Ortskern von Sea Point um die Main Road mit seinen auch äußerlich unattraktiven Apartmentblocks und den Hotels der unteren Mittelklasse befand sich lange Zeit im Umbruch. Kriminalität und der Abzug der Restaurants in Richtung Waterfront hatten Spuren hinterlassen. Doch diese Krise scheint überwunden. In Richtung Meer öffnen immer mehr Boutique-Hotels, Apartments werden aufwendig renoviert. Die Kleinkriminalität wurde ebenfalls ausgemerzt und neue, oft trendige Restaurants siedeln sich in der Main Road an. Sea Point ist wieder angesagt … wenn auch kein Highlight.

Bantry Bay und Clifton

Südlich von Sea Point windet sich die M 6 durch Bantry Bay und Clifton an der Felsküste entlang. Atemberaubend kleben die Häuser an den Felsen. Nirgendwo in Afrika ist Grund teurer. Bald darauf erhält man einen ersten Ausblick auf die **12 Apostel**.

Clifton zeichnet sich zudem durch die wunderschönen, **durch Felsbuchten geschützten vier Strände** (1st, 2nd, 3rd und 4th Beach) aus. Parkmöglichkeiten gibt es kaum, und wer hier nicht mit entsprechend gebräuntem Körper antritt, wird sich als Außenseiter fühlen. Möchte man sich an einem dieser Strände oder dem von Camps Bay sonnen, sollte man in der Hochsaison und an sonnigen Wochenenden auf öffentliche Verkehrsmittel ausweichen. Lohnend ist ein Spaziergang von Clifton Richtung Süden mit immer wieder anderen Ausblicken auf Strände und Berge. Hier und dort führen auch Pfade hinunter zu den Stränden.

Camps Bay

In Camps Bay, wunderschön unterhalb der 12 Apostel gelegen, säumen Terrassenrestaurants, Bars und Shops die Uferpromenade. Die große Strandbucht ist von den stadtnahen die größte. Entsprechend kommen hier die jungen Leute hin, um sich zu sonnen, Beachvolleyball zu spielen bzw. am Wasser zu joggen. Die Atmosphäre an der Camps Bay ist ausgelassen und nicht so versnobt wie in Clifton. Surfer erfreuen sich an den relativ ruhigen Wassern am nördlichen Glen Beach. Zwischen Strand und Straße gewährt ein breiter Grünstreifen mit schattenspendenden Bäumen Gelegenheiten für ein Picknick. Camps Bay eignet sich auch für einen abendlichen Ausflug: einen Strandspaziergang zum Sonnenuntergang in Verbindung mit anschließendem mediterranen Dinner.

Camps Bay

Südlich der Camps Bay liegt der **Whale Rock** direkt vor der Landspitze. Der Name leitet sich aus der Form des Felsens ab. Die **Bakoven Bay** südlich von Camps Bay erhielt ihren Namen aufgrund einer großen Höhle, die einem Bäckerofen ähnelt. Der kleine Strand gilt als kindersicher und Schnorchler kommen hier ebenfalls auf ihre Kosten. Schöne, am Wochenende aber volle, Picknick- und Braai-Gelegenheit.

Kindersicherer Strand

Oudekraal, ein Stück weiter, hat keinen guten Ruf. Der exponierte Hotelkomplex, heute das „Twelve Apostel Hotel", soll nämlich erst mit Hilfe von Bestechungsgeldern errichtet worden sein. Kaum verwunderlich, denn warum musste unbedingt an diesem schönen Naturabschnitt ein solches Gebäude gebaut werden? Nun steht es, und die tolle Lage verhilft der Luxusherberge zu zahlungskräftigen Gästen.

Der Oudekraal Beach ist beliebt bei Sonnenanbetern und Tauchern zugleich. Vor ihm liegen in den Tiefen des Meeres die Überreste des 1608 gesunkenen Seglers *„Huis te Kraaiensteing"*, damals beladen mit viel Gold. Die Felsen des Oudekraal Beach tragen markante Namen: Geldkis, Klein-Pannekoek und Groet Pannekoek.

Hinweis
Zur weiteren Rundtour um das Kap s. S. 250.

Alternativroute

Zurück über den Kloof Nek in die Innenstadt
Nördlich von Camps Bay in die Lower Kloof Road abbiegen. Nach etwa 2 km einen kleinen Abstecher zum Round House, einer ehemaligen Schießanlage (heute Restaurant), unternehmen (wunderbarer Blick über Camps Bay). Dann weiter zum Kloof Nek, mit der Möglichkeit zum Sonnenuntergang auf den Signal Hill hinaufzufahren. Schließlich entlang der Kloof Nek Road in die Innenstadt.
Von Bakoven oder Camps Bay den Schildern folgen und über den Camps Bay Drive (M 62) zum Kloof Nek hinauffahren.

Ausflug auf den Table Mountain
Überblick

Hoerikwaggo, der „Meeresberg", so nannten die ersten Bewohner am Kap den Table Mountain. Schon seit die ersten Seefahrer um das Cape of Good Hope gesegelt waren, galt der 1.086 m hohe **Table Mountain** (Tafelberg) als ein Wahrzeichen, welches bei gutem Wetter über 100 km weit auszumachen war. Er ist auch heute so berühmt wie Zuckerhut, Big Ben, Empire State Building oder Eiffelturm und wurde jüngst bei einer weltweiten Umfrage aus über 440 Bewerbern zu den „Neuen 7 Naturwundern" gewählt, u. a. neben dem Amazonas, der Halong-Bucht, den Iguazú-Wasserfällen. Die über 500 m steile Sandsteinwand bildet einen markanten Abschluss zur City Bowl von Kapstadt. Darunter läuft der Berg allmählich aus bis hin zum Hafen.

Weltberühmter Tafelberg

Ausflug auf den Table Mountain

Heute nehmen 800.000 Besucher jährlich die Seilbahn auf die Spitze, um den grandiosen Ausblick vom Kap im Süden über die City Bowl bis hin zu den Bergen hinter Ceres genießen zu können. Auch der Blick auf den Atlantischen Ozean und Robben Island beeindruckt. Berge, wie der Lion's Head und der Signal Hill, liegen dem Betrachter ebenfalls zu Füßen.

> **Tipp**
> *Gutes Kartenmaterial für den Table Mountain besorgen, z. B. Table Mountain National Park von Slingsby Maps (S. 107).*

Geologische Entwicklung des Table Mountain

Entstehungsgeschichte

Alles begann vor mehr als 700 Mio. Jahren, als ein großes Meer die Oberfläche am heutigen Kap bedeckte und das Gondwanaland noch die heutigen Kontinente Amerika und Afrika zusammenhielt. Auf dieser Oberfläche lagerten Schlamm und Sand. 100–150 Mio. Jahre später begann sich der Boden zu heben und zu falten. Granit „floss" um und über die sandigen Schichten. Eine Bergformation bildete sich. Vor gut 480 Mio. Jahren waren die obersten Gesteinsschichten aber wieder aberodiert, und das Meer bedeckte erneut große Abschnitte der Oberfläche der heutigen Kaphalbinsel. Diesmal hinterließ es Spuren von Fossilien und Schlammschichten, die an einigen Stellen noch heute zu erkennen sind. Anschließend, vor etwa 440 Mio. Jahren, begann sich eine dicke Eisschicht über das Gebiet zu legen, die die Restberge abschliff. Deren Ablagerungen lassen sich heute bis zu den Cedarbergen sowie im Meer nachweisen. Vor knapp 280 Mio. Jahren setzte ein erneuter Hebungsprozess ein. Dieser schloss ein so großes

Blick auf Kapstadt

Gebiet ein, dass das Table-Mountain-Massiv nicht als Berg herausstach. Vor 150 Mio. Jahren brach der Gondwana-Kontinent auseinander. Der Berg begann durch Verwerfungen und entlang von Bruchkantenlinien aus der Hochebene herauszuwachsen und erreichte seine größte Höhe vor 100 Mio. Jahren. Zu dieser Zeit stieg der Meeresspiegel erneut an und überflutete die heutigen Cape Flats. Die oberste Granitschicht des Table Mountain erodierte bereits seit langem. Vor knapp 30 Mio. Jahren waren die Konturen des heute sichtbaren Berges geschaffen. Seither sorgen Wind und Wetter für den Feinschliff: Kleine Canyons, raue Schluchten und bizarre Felsformationen konnten sich entwickeln.

Cape Flats unter Wasser

Das heute sichtbare Table-Mountain-Massiv zieht sich über den Höhenrücken der Kaphalbinsel, wird aber auf der Linie Noordhoek – Fish Hoek unterbrochen. Satelliten des Massivs sind u. a. der Lion's Head und der Sentinel (bei Hout Bay).

Wege auf den Table Mountain

Mit der Seilbahn
Sobald der Berg **wolkenfrei** ist und es nicht zu sehr windet, sollte man unverzüglich auf den Table Mountain hinauf fahren. Leicht kann man das Vergnügen verpassen, denn oft ist der Berg tagelang in Wolken gehüllt. Die **Talstation der Seilbahn** (I-25) befindet sich an der Table Mountain Rd., die vom Kloof-Nek-Kreisel zwischen Table Mountain und Lion's Head abzweigt. Der Bus nach Camps Bay (vom Busbahnhof) hält am o.g. Kreisel. Von dort sind es noch 1,5 km zu Fuß/per Taxi zur Talstation.

*Der **Seilbahnverkehr** wird wegen des oft starken Windes für ganze Tage eingestellt. Aktuelle Infos Table Mountain Aerial Cableway: ☏ (021) 424-8181, http://tablemountain.net. Die Tickets sind bei Online-Buchung 10 % günstiger. **Fahrplan**: Je nach Monat: Zwischen 8.30–18 Uhr (letzte Abfahrt) im Winter und 8–21.30 Uhr (letzte Abfahrt) im Sommer. Achtung! Die Zeiten können, je nach Wetter, stark variieren.*

Wanderwege
Auf über **300 Wanderwegen** kann man auf den Table Mountain hinaufgelangen, und der Schwierigkeitsgrad reicht von relativ leichten Aufstiegen bis hin zum Erklimmen mit Seil und Haken. Für eine normale Gipfelbesteigung muss man ca. 3–4 Std. ansetzen. Und: Es ist einfacher aufzusteigen, als hinunterzulaufen. Unbedingt vor der Wanderung über die **Wetterlage** erkundigen, denn in kürzester Zeit kann sich diese ändern und ein Gewittersturm die Wanderung zu einem Albtraum machen.

3- bis 4-stündige Wanderung

Ausrüstung: Festes Schuhwerk, entsprechende Wetterkleidung (oben ist es kühl bis kalt!), ausreichend Trinkwasser, etwas zu essen, einen Sonnenhut, Sonnencreme, Geld und eine Wanderkarte gehören zur Grundausstattung. Außerdem: Aufstieg ruhig angehen, **nicht alleine laufen** und besonders die heißen Tageszeiten meiden. Am besten früh morgens starten.
Infos zu Wanderwegen: Beim Parkranger im National Parks Office im Visitor Bureau in der Innenstadt und beim Parkranger nahe des Kloof Nek. Zu empfehlen sind die erläuterten Wandertouren von speziellen Anbietern sowie den Parkrangern, über die ebenfalls die Visitor Bureaus informieren. Eingehender informieren Bücher und Karten, die es in ausgesuchten Buchläden zu kaufen gibt.

Die bekanntesten Wanderwege auf den Berg sind:

Pipe Track: Der 7 km lange Weg beginnt nahe dem Kloof-Nek-Kreisel und folgt den Wasserrohren („Pipes"). Dieser Weg gilt als der am wenigsten anstrengende. Start auch möglich oberhalb Bakoven (Camps Bay, Theresa Ave.). Dauer: 3 Std.

Platteklip Gorge/Maclear's Beacon Trail: Beginnt ca. 2 km östlich der Talstation an der Table Mountain Road. Er hat steile, aber zu bewältigen Abschnitte. Ihm folgte bereits der erste Europäer zur Spitze, der portugiesische Kapitän Antonio de Saldanha. Dauer: 2 ½–3 Std.

Mitunter steile Abschnitte

Skeleton Gorge/Nursery Ravine Trail: Start an den Kirstenbosch National Botanical Gardens. Es müssen einige Holzplanken, -leitern und -stufen bewältigt werden und der Weg ist nicht an allen Stellen fest. Somit ist dieser Wanderweg nur bei trockenem Wetter zu empfehlen und auch nicht für den Abstieg, da es schwierig werden kann, auf den Holzleitern zu balancieren. Dauer: 4 Std. Einer ähnlichen Route, ebenfalls an den Kirstenbosch National Botanical Gardens beginnend, folgt der **Smuts Track**. Er ist etwas einfacher zu laufen, dauert aber nahezu 5 Std., da er über den 1.095 m hohen Maclear's Beacon führt. Jan Smuts ist diesen Weg unzählige Male gelaufen.

Kasteelspoort/Valley of the Red Gods: Beginnend oberhalb Bakoven (Camps Bay, Theresa Ave.), ist dieser Trail bei Wanderfreunden der beliebteste, aber auch schwieriger und anstrengender als der Pipe Track. Dauer: 4 Std. Wer nicht so steil aufsteigen möchte, folgt vom selben Parkplatz aus der Route durch den **Woody** bzw. den **Corridor Ravine**. Dauer 5 Std.

Constantia Corner Path: Start am Constantia Nek. Durch den Cecilia Forest und dann dem Pfad links von der Piste auf die Constantia Ridge folgen. Anschließend Service Road zur Cecilia Plantation und zum Woodhead Reservoir. Von hier weiter auf dem Nursery Ravine Trail.

Hinweis
Die Auflistung dient nur als Planungshilfe. Vor einer Wanderung müssen Sie sich über die genauen Begebenheiten selbst vertraut machen.

Ebenfalls beliebt sind die **Rundflüge** *mit einem Helikopter über den Table Mountain. Oft wird dabei sogar auf dem Plateau gelandet.*

Mehrtägige Wanderungen auf und um den Table Mountain

Mittlerweile wurde ein kleines *Tented Camp* im Orange Kloof eingerichtet. Damit können jetzt verschieden lange (organisierte und geführte) Wanderungen auf und um den Table Mountain unternommen werden. Die zweitägige Wanderung nennt sich **Orange Kloof Trail**. Sie beginnt am Silvermine Dam, führt dann über Constantiaberg, Vlakkeberg und Constantia Nek zum Zeltcamp. Am zweiten Tag folgt der Aufstieg durch die Disa Gorge hinauf zum Table Mountain. Runter geht es dann mit der Seilbahn.

Eine drei- bis sechstägige Wanderung, der sog. **Hoerikwaggo Classic Trail**, beginnt am Cape of Good Hope und endet, je nach Länge, zwischen Noordhoek und dem Table Mountain (3–5 Tage). Unterwegs wird in gut ausgestatteten Hütten bzw. Zelten genächtigt. Versorgen muss man sich selbst. Das Ganze wird vom Table Mountain National Park organisiert: ☏ (021) 465-8515/9, www.hoerikwaggotrails.co.za.

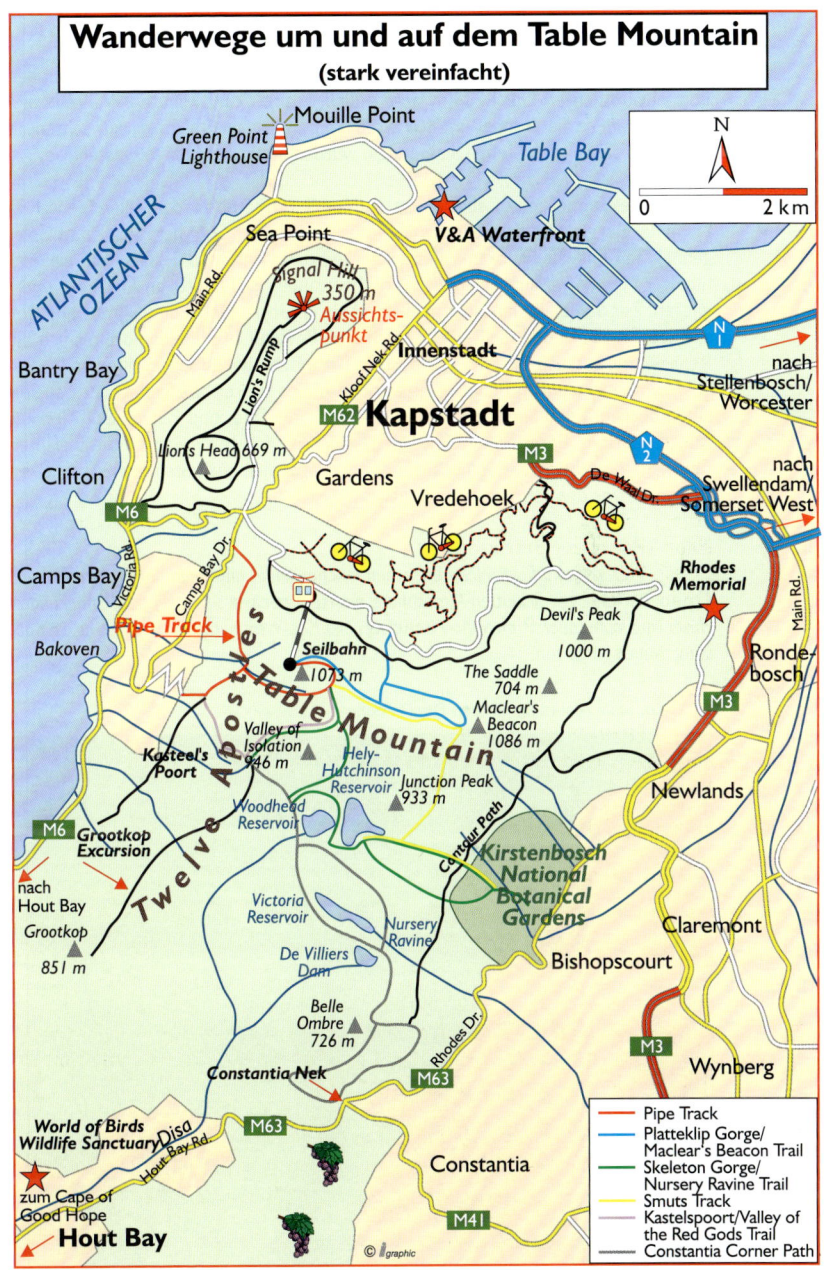

Weiteres Erlebenswertes am Table Mountain

Die meisten werden es sicherlich vorziehen, mit der bequemeren **Seilbahn** auf den Berg hinaufzufahren. Die 1.224 m lange Auffahrt dauert ca. 7 Minuten. Während dieser Zeit rotiert die Gondel um 360 Grad. Somit muss man nicht darauf achten, an welchem Fenster man steht. Die Gondeln wurden in der Schweiz hergestellt.

Tolle Ausblicke

Oben angekommen, enttäuscht im ersten Moment der Anblick der vielen Menschen. Nahe der Bergstation der Seilbahn findet man an schönen Sommertagen kaum Gelegenheit, in Ruhe das Panorama auf sich wirken zu lassen. Doch bereits nach ein paar hundert Metern verlaufen sich die Menschnetrauben und die tollen Ausblicke überwiegen. Zur Stadtseite hin sieht man linker Hand **Lion's Head** und **Signal Hill**, vor sich die City Bowl und rechter Hand den **Devil's Peak**. Nach Süden breitet sich die Kaphalbinsel aus, u. a. mit den 12 Aposteln. Botanisch Interessierte sollten an ihr Bestimmungsbuch denken, denn auch hier oben gibt es zahlreiche Pflanzen der *Capensis* zu entdecken. 1.400 Spezies sollen es sein, darunter *Disas* und *Proteas*. Zur Tierwelt zählen Baboons, Bergziegen, Rock Dassies (deren nächste Verwandte die Elefanten sind!), Stachelschweine, Kapmangusten und gelegentlich auch Steinböcke, wobei sie sich gerne vor den Touristen verstecken.

Pause zur Stärkung
Wer sich in luftiger Höhe erfrischen möchte, findet unterhalb der Bergstation eine **Open-Air-Bar** *mit Skihütten-Atmosphäre, ein* **Restaurant** *sowie ein paar Snackbuden. Unser Tipp lautet aber:* **Picknick-Päckchen** *inkl. Kap-Wein mitnehmen, so wie es die Kapstädter auch gerne tun.*

Blick vom Table Mountain auf den Devil's Peak

Weiteres Erlebenswertes am Table Mountain | **189**

Es gibt drei kürzere **Wanderwege auf dem Plateau** (5 und 30 Min. Länge). Wanderwege, die zu den 12 Aposteln und den Wasserreservoirs führen, dauern ihre Zeit und sind z. T. recht anstrengend, aber allemal zu empfehlen.

Kapstadts „andere Spitzen"

Signal Hill
Die 350 m hohe Erhebung wurde einst als Signalposten genutzt. Doch nicht den Schiffen galten die Signale, sondern den Kaufleuten und Kneipiers in der Stadt. Sobald der Signalgast ihnen zu verstehen gab, dass sich ein Handelsschiff dem Hafen näherte, bereiteten sie ihre Waren und Bierhumpen vor. Täglich, außer sonntags, wird auch heute noch die Kanone um 12 Uhr abgefeuert. Eine Tradition, die den Kapstädtern die Möglichkeit bietet, ihre Uhren korrekt einzustellen, denn die Kanone ist heute an Kapstadts Atomuhr gekoppelt. Die Kanone steht unterhalb des Gipfels am Hang am Noon Gun Café. Man erreicht sie am besten zu Fuß (oder mit dem Auto) vom Bo-Kaap-Viertel aus über die Longmarket Street. Besonders schön ist die Fahrt auf den Signal Hill bei Sonnenuntergang bzw. bei Dunkelheit. Das Stadtpanorama, die untergehende Sonne und das faszinierende Lichtermeer lohnen den kurzen Ausflug, den viele Kapstädter für ein gemütliches Picknick nutzen. Ehemals war der Signal Hill auch bekannt als „Lion's Rump", denn er ist ja der hintere Ausläufer des „Lion's Head" und somit Teil des Löwenkörpers.
Anfahrt: Auf der Kloof Nek Rd. bis zum Kreisel auf dem Grad zwischen Lion's Head und Table Mountain (Kloof Nek) und dann nach rechts der Signal Hill Rd. bis zum Gipfel folgen.

Lion's Head
Der 669 m hohe „Löwenkopf" ist nur zu Fuß zu erreichen. Die Besteigung ist ziemlich anstrengend, denn es müssen 350 Höhenmeter überwunden werden. Also: Feste Wanderschuhe und Proviant dabeihaben – und die Mittagshitze meiden! Schwierige Passagen führen über Metallleitern. Oben angekommen, belohnt ein einmaliges Panorama über Stadt und Atlantik für die Mühen. Ebenfalls ein hervorragendes Plätzchen für ein Picknick. Für den Auf- und Abstieg benötigt man ca. 2 ½ Std.; doch nur, wer sich gesundheitlich fit fühlt, sollte hinaufklettern.
Anfahrt: Auf der Kloof Nek Rd. bis zum Kreisel auf dem Grad zwischen Lion's Head und Table Mountain (Kloof Nek) und dann nach rechts der Signal Hill Rd. bis zum ausgeschilderten Parkplatz folgen (ca. 700 m vom Kloof Nek).

Devil's Peak
Der 1.002 m hohe Berg flankiert die Ostseite des Table Mountain und wurde bereits von den britischen Invasionstruppen 1795 als „Rückhalt" genutzt. Ihr General Sir James Craig ließ damals drei Blockhäuser an den oberen Hängen errichten, von denen eines, das King's Blockhouse, heute ein National Monument ist. Es steht am Ende der Straße. Der Aufstieg zur Bergspitze ist aber nur etwas für erfahrene Kletterer.
Anfahrt: Über die Kloof Nek Rd. und dann am Kloof Nek abbiegen auf die Table Mountain Rd. Dieser bis zum Ende folgen.

info

Die „Tischdecke" und der „Southeastern"

An einem Sommertag vor langer Zeit unternahmen der Teufel und der Pirat Jan van Hunks, der auf dem Devil's Peak lebte, einen Pfeifen-Rauchwettbewerb. Diesen verlor der Teufel, und seither erinnert ihn die Tischdecke über dem Table Mountain an nahezu jedem Sommertag an diese Schmach. (**Alte Legende**)

Der südöstliche Sommerwind, bekannt als **Cape Doctor**, weht in die City Bowl, wird dort „gefangen" und bildet in den kühleren Höhen die Wolken, die sich sanft über den Berg legen. Der Name wurde diesem Wind vor langer Zeit von den Einheimischen gegeben: Er wehte die schmutzigen Straßen sauber, lange bevor es die Straßenreinigung gab. (**Tatsache**)

Ausflug nach Robben Island

Überfahrt
Ausflugsdauer: mind. ½ Tag. **Abfahrten**: *stündl. 9–15 Uhr, im Sommer 8–18 Uhr. Zumeist wird die* **Schnellfähre ab Nelson Mandela Gateway** *genutzt (25 Min.), es gibt aber auch noch eine* **historische Fähre**. *Vorherige, rechtzeitige Anmeldung ist erforderlich.* **Wichtig**: *Nur die am Nelson Mandela Gateway gebuchten Touren ermöglichen den Besuch der Insel selbst. Ticketverkäufer auf der Straße bzw. sonstwo an der Waterfront können nur Bootsfahrten anbieten, die an die Insel führen, deren Zutritt aber nicht einschließen!*

Geschichte

Die Geschichte der 575 ha großen Insel – bekannt als Nelson Mandelas „Gefängnis" – reicht einige tausend Jahre zurück. Lange vor der Kolonisation lebten hier bereits Menschen. Zumeist waren es San-Fischer, die hier während der klimatisch angenehmen Jahreszeit verweilten und ihre Fangtouren von der Insel aus starteten.

Keine Fluchtmöglichkeit

Die ersten Holländer erkannten früh das eigentliche „Potential" der Insel, nämlich das einer Sträflingsinsel: Zu weit vom Land entfernt (7 km bis Bloubergstrand), um von ihr fliehen zu können, und nahe genug für die Versorgung. Seit Mitte des 17. Jh. wurden hier Gefangene gehalten, meist politische Aktivisten, Sklaven und später auch Muslime, die sich den Gesetzen der Kolonialherren widersetzt hatten. Erster Häftling soll 1658 der „Strandloper" Autshumato gewesen sein. Er dolmetschte und handelte mit den Engländern. Man warf ihm vor, die Holländer bestohlen zu haben.

Viele Häftlinge versuchten von der Insel zu fliehen. Der überwiegende Teil scheiterte und ertrank (Autshumato aber ist die Flucht geglückt). Auch die Briten nutzten Robben Island für die Deportation von *„unwanted subjects"*. Sie schickten im 19. Jh. die im Eastern Cape für neun Grenzkriege verantwortlichen Xhosa-Führer, Zulu-Chiefs, die gegen die britischen Expansion kämpften, aber auch Prostituierte, Taschendiebe, Leprakranke sowie chronisch und mental Kranke ins Insel-Exil. Später, während des Zweiten Weltkriegs, folgten Kriegsgefangene und letztendlich, ab 1961, die politischen

Geschichte

Vom Boot nach Robben Island: Ein herrlicher Blick auf die Mother City

Häftlinge der Apartheid, zusammen mit Schwerverbrechern, um den äußeren Schein zu wahren. Bis zu 900 Häftlinge gleichzeitig wurden während der Apartheidzeit hierhin abgeschoben. Der letzte Häftling verließ Ende 1996 die Insel, zusammen mit dem gesamten Gefängnispersonal.

Doch die Insel wurde nicht ausschließlich als Gefängnis genutzt, zwischenzeitlich und auch parallel dazu war sie Versorgungsstation für Seefahrer und Kolonialisten sowie Walbeobachtungsstation, Krankenhaus und militärische Basis. Oft wurden diese Vorhaben aber nach wenigen Jahren wieder abgebrochen, da der dafür nötige Fährverkehr zu häufig auch den Gefangenen als Fluchtmöglichkeit diente.

Krankenhaus und Versorgungsstation

Seit 1997 ist die Insel **National Monument** sowie **National Museum** und steht seither unter der Leitung des Ministeriums für Kunst, Kultur, Wissenschaft und Technik. 1999 folgte die Anerkennung als **Weltkulturerbe** *(UN World Heritage Site)*.

Das **Robben Island Museum** (das die Insel als Ganzes einschließt) versucht, Grundlagen und Aktivitäten so zu leiten, dass „ihr einzigartiges Symbol, ihre Kreativität und Innovationen einen Beitrag zur sozialökonomischen Entwicklung und Änderung der südafrikanischen Gesellschaft und Bereicherung der Menschheit wird".

Seit Jahren gibt es Pläne, hier ein Nobelhotel bzw. ein Ferienresort zu errichten. Selbst die Einrichtung eines Universitätscampus ist im Gespräch. Sicher ist nur, dass die Tierwelt auf der Insel geschont werden soll. Elenantilopen, Böcke, Seemöwen und die namengebenden Robben haben sich wieder etabliert. Ob die im 17. Jh. von den Holländern hier ausgesetzten Kaninchen geschützt werden, ist noch fraglich. Denn die Legende behauptet, dass James Cook Mitte des 18. Jh. hier anlandete und anschließend ein paar der Hoppler nach Australien mitnahm, wo es dadurch später zur allbekannten Kaninchenplage kam. Hierzu gibt es auch andere Gerüchte.

Zukünftige Nutzung unklar

Besuch auf Robben Island

Ausgangspunkt für den Besuch der Insel ist der Fähranleger am **Nelson Mandela Gateway** neben dem Clocktower an der Waterfront. Wechselnde Ausstellungen und Multimedia-Präsentationen informieren hier bereits vor der Abfahrt über die Insel. Es werden auch **spezielle Touren** zur Insel angeboten, so z. B. die Überfahrt mit einem historischen Dampfer, BBQ auf der Insel und anderes. Infos dazu unter ☏ (021) 411-1037, www.robben-island.org.za.

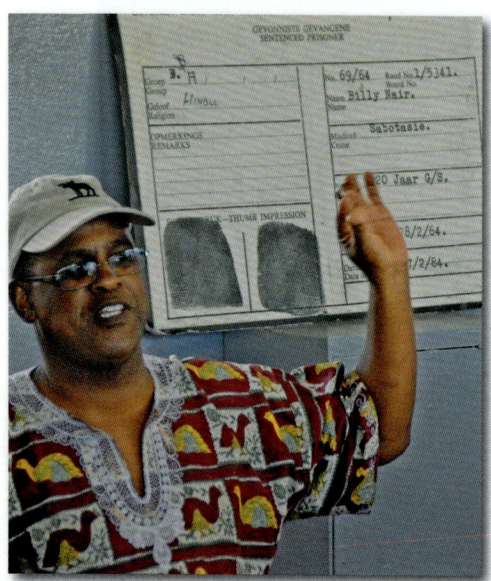

Ehemalige Insassen erklären die Haftbedingungen auf Robben Island

Der Besuch auf Robben Island dauert ca. 2,5 Std. und sieht meist so aus: Zuerst werden die Besucher mit dem Bus über den südlichen Teil der Insel gefahren, vorbei an **Robert Sabukwe's Haus**, durch das **Inseldorf** und zum **Kalksteinbruch**, in dem die Gefangenen arbeiten mussten. Bei dieser Arbeit haben viele Gefangene durch den feinen Staub ihre Augen verletzt, so auch Mandela. Schon im 17. Jh. wurde Kalkstein abgebaut und damit das „Castle" und andere Gebäude im Kapland erbaut. Anschließend folgt der Besuch des **Gefängnisses** unter der Leitung eines ehemaligen Gefangenen. Man sitzt in einer Zelle, in der ehemals 80 Gefangene übernachteten und hört fassungslos den Berichten des ehemaligen Gefangenen zu. So wurden in den 1960er-Jahren Gefängniswärter auf Robben Island strafversetzt. Hier ließen sie dann ihre Frustration an den Gefangenen aus. Kriminelle und politische Gefangene wurden getrennt behandelt. Es wurde auch ein Unterschied zwischen Farbigen und Schwarzen gemacht. Die Farbigen hatten etwa das Privileg, Unterwäsche zu tragen oder im Winter lange Hosen und Socken. Zwischen 1961 und 1971 durften Schwarze nur alle sechs Monate für 30 Minuten Besuch empfangen oder alle halbe Jahre einen Brief mit maximal 500 Wörtern senden bzw. empfangen.

Verbesserte Haftbedingungen

Umso erstaunlicher ist es, wie die Gefangenen über die Jahre bessere Haftbedingungen durchsetzen konnten (durch Hungerstreiks und andere Proteste), studierten und Informationen mit der Außenwelt austauschten. Was die Behörden nämlich nicht bedachten, war die Tatsache, dass die Isolation der Insel auch eine gewisse Solidarität zwischen Gefangenen und Gefängnispersonal schürte und einige Wärter sich sogar mit den Sträflingen anfreundeten und teilweise von ihnen unterrichtet wurden! Wenn internationale Presse kam, durften einige Gefangene Näharbeiten ausführen, statt Steine zu schlagen. Dann gab es sogar besseres Essen.

Natürlich fehlt zum Abschluss nicht der Besuch der Zelle Nelson Mandelas. Nur schwerlich vorzustellen, 27 Jahre lang, 16 Stunden täglich, in einer 2 x 2,5 m großen Zelle zu leben! Bis zu den Hafterleichterungen in den 1970er-Jahren schliefen die Gefangenen sogar auf einfachen Strohmatten auf dem kalten Steinfußboden. Die höchste Belegung des Gefängnisses war Ende der 1960er-Jahre zu verzeichnen: 1.100 Gefangene. Bei der Schließung waren es dann „noch" 300. Heute leben ca. 230 Einwohner auf Robben Island, die fast alle für das Museum tätig sind.

27 Jahre auf 5 m²

Ein großes Manko ist der hohe Preis für den Besuch. So können sich viele Südafrikaner einen Besuch auf der für ihre Geschichte wichtigen Insel kaum leisten.

Touren in die Townships

Township-Tour
*Das **Direct Action Center for Peace and Memory** bietet besondere Touren, **Journey of Remembrance**, durch Kapstadts Townships an: Menschen, die früher aktiv im Widerstand gegen das Apartheidsystem gekämpft bzw. ihre nächsten Verwandten verloren haben, führen nun Touristen und Einheimische in kleinen Gruppen zu historisch bedeutsamen Plätzen des Befreiungskampfes. Halbtagestouren sowie Ganztagestouren inkl. Mittagessen. Buchung und Infos: ☏ (021) 448-5760, www.dacpm.org.*

Auf kommentierten vier- bis sechsstündige Township-Touren mit einem Kleinbus erzählen Führer alles Wesentliche über das Leben in den äußerlich wenig attraktiv erscheinenden Wohngegenden und versuchen viele Fragen zu beantworten. Die Touren der verschiedenen Anbieter unterscheiden sich kaum in den Kernpunkten. Trotzdem macht es Sinn, sich vorher nach der Route und den „Anlaufstellen" zu erkundigen, da immer etwas anderes Besonderes auf dem Programm steht. So gibt es z. B. auch Shebeen-Touren und Touren zu Musiklokalen. Ein Kunsthandwerkermarkt sollte aber immer dabei sein.

Einblick in das Leben im Township

Kernpunkte einer Township-Tour

Zuerst geht es zum **Bo-Kaap**, dem historischen Kapmalayen-Viertel (s. S. 151), und dann zum **District Six Museum** (s. S. 156), in dem gezeigt wird, dass die Zerstörung dieses Stadtteils nicht nur wirtschaftlich negative Folgen hatte, sondern vor allem zu einem moralischen Einbruch bei den Vertriebenen geführt hat.

Hauptziel der Fahrt sind schließlich die Stadtteile in den **Cape Flats**. Hier wohnt die überwiegende Mehrheit der Coloureds und Schwarzen. Der Begriff „Cape Flats" steht auch heute, wie eh und je, für Armut, Arbeitslosigkeit, Hoffnungslosigkeit und Gewalt. Wer hier rauskommt, hat es geschafft, wer hier hängenbleibt, hat keine Zukunft, so das gängige Vorurteil. Trotz massiver staatlicher Unterstützung, selbst zu zweifelhaftesten Zeiten während der Apartheid, konnten die Cape Flats niemals den Slum-Charakter ablegen. Wohnungsbauprojekte für Tausende wurden und werden ad absurdum geführt durch den gleichzeitigen Zuzug von noch mehr Menschen aus den ländlichen Regionen. Ein Haus oder eine Blechhütte, gerade mal groß genug für zwei Personen, wird oft von zehn Personen aus dem weitläufigen Familienclan bewohnt. Nicht selten wird auf den wenigen Betten nach Zeitplan geschlafen.

Mangelnde Infrastruktur

Die sanitären Einrichtungen reichen nur bedingt, können mittlerweile aber als verbessert angesehen werden, besonders wenn man sie mit denen gleicher Viertel in anderen Ländern vergleicht. Ausreichend sind sie aber nicht. Und der Müll? Natürlich gibt es zentrale Müllplätze, aber wer bringt schon gerne seinen Müll 3 km weit weg und das noch ohne Fahrzeug? Die geregelte Müllabfuhr funktioniert nur bedingt, da keine Zahlungsmoral für so etwas existiert. Doch mag man das bei den niedrigen Löhnen – falls überhaupt ein Einkommen vorhanden ist – kritisieren? Mit dem Strom hat sich die Stadtverwaltung daher etwas anderes ausgedacht: Strom wird nur mit einer vorbezahlten Chipkarte, die an dem hauseigenen Zähler eingesteckt wird, abgegeben. Oft fehlt es dann zum Monatsende an Licht.

> **Kapstadts Townships während der Apartheid**
>
> 1950 wurde bestimmt, dass Schwarze in Südafrika nur nordöstlich des Great Fish River (zwischen Port Elizabeth und East London) permanent siedeln dürfen.
> Es durften **nur Männer** in Kapstadts Townships wohnen.
> Eine **permanente Ansiedlung** in Kapstadts Townships war untersagt. Eine schlechte Versorgung und Infrastruktur der Townships sollten dieser „Regelung" Nachdruck verleihen.
> 1972 gab es in den Townships auf **zehn Männer nur eine Frau**.
> **Schwarze Frauen** durften in Kapstadt keine Arbeit annehmen.

Die bekanntesten Townships der Cape Flats

„Vorzeige-Township"

Athlone, einst berüchtigt wegen seiner zahlreichen Anti-Apartheid-Unruhen, ist heute friedlich und gilt selbst bei den Weißen als das „Vorzeige-Township". Das mag natürlich auch daran liegen, dass hier eine alte Bausubstanz erhalten geblieben ist und sich mittlerweile kleinere Firmen niedergelassen haben. Hier wohnt vor allem die farbige Mittelschicht. Beliebtes Ziel sind ist der Halaal-Diner *Wembley Road House* (Ecke Belgravia/Brand Rd.)

Rylands, östlich von Athlone, gilt als Wohngegend der Südasiaten, vor allem der Inder. Hier leben viele Muslime. Hinter vorgehaltener Hand galt Rylands als Brutstätte der PAGAD-Initiativen (s. S. 152), davon spürt man aber wenig. Rylands wirkt eher wie ein Basar mit ruhigen, z. T. relativ vornehmen Wohngegenden. Interessant ist auch, dass, anders als in Indien, sich hier die Muslime gut mit den Hindus verstehen. Ausgerechnet hier aber sind Club und Disco *The Galaxy/West End Jazz Club* im Cine 400 (College Rd.) angesiedelt.

Langa ist das älteste schwarze Township. Im Vergleich zu den neueren ist es flächenmäßig recht klein, womit schon erklärt ist, warum sich während der Apartheidzeit so viele Slums weiter außerhalb entwickelt haben. In Langa befindet sich z. B. die **Eziko Cooking School** (Ecke Washington St./ Jungle Walk), die auf einigen Touren angefahren wird. Die erlernten Pap-Gerichte (Maisbrei) werden im angeschlossenen Restaurant serviert. Wer auf eigene Faust dieses Township erkunden möchte, sollte sich im **Guga S'Thebe Arts & Culture Center** *(Ecke Washington/Church Sts., ✆ 021-695-5098)* anmelden. Hier gibt es ein Visitor Center und von hier starten geführte Spaziergänge durch Langa. Auch das *Naledi Pottery Project* im **Tsoga Environmental Resource Center** (Washington St., zwischen Mendi Ave. und Jungle Walk) ist einen Besuch wert. Die hier angebotenen Töpferwaren sind spülmaschinenfest, mikrowellengeeignet und enthalten kein Blei.

Blick über die Townships auf den Table Mountain

Gugulethu, ein Township der Xhosa *(igugu lethu* = unser Stolz), ist wohl das „bunteste" und zugleich traditionellste Township von Kapstadt. Hier bemüht sich die Stadtverwaltung besonders um Veränderungen und die Finanzierung neuer Häuser. Ein schwieriges Unterfangen, da Gugulethu über Jahrzehnte von der Apartheid-Regierung vernachlässigt wurde und nur durch afrikanische Traditionen und Lebensformen seine Eigenständigkeit bewahren konnte. Die vielen illegalen Shebeens, Straßenhändler und Kleinkriminellen auf die „neue Linie" zu bekommen, fiel den Stadtvätern verständlicherweise schwer. Und noch immer haben die Straßennamen Apartheid-Charakter: Das „NY", nach denen sie durchnummeriert sind, steht nämlich für „Native Yard" (= Eingeborenenbezirk). **Nyanga**, ein Stadtteil von Gugulethu, wurde eingerichtet, als die vorherigen Townships aus allen Nähten platzten.

Veränderungen schwierig

Mitchell's Plain: In das größte, ehemalige Coloured-Township wurden u. a. viele Menschen aus dem District Six zwangsumgesiedelt. Mitchell's Plain galt lange als „Vorzeige"-Township, da hier das Leben geregelter ablief. Das lag u. a. daran, dass in Mitchell's Plain ganze Familien siedeln konnten, denn die Coloureds waren von der Regelung ausgeschlossen, dass Nicht Weiße nur östlich des Fish River siedeln durften. Trotzdem gingen mit den Zwangsumsiedlungen viele Strukturen kaputt, und heute ist die Kriminalitätsrate in Mitchell's Plain, besonders wegen der vielen Jugendgangs, recht hoch.

Crossroads, ein im Vergleich winziges Gebiet zwischen M 22, M 9 und M 36, steht auch heute noch für „Slum". Es entstand, als die Apartheid-Regierung beschlossen hatte, keine weiteren Zuwanderer mehr zuzulassen und entsprechend für keine In-

In den Kulturzentren wird oft traditionelle Musik gespielt

frastrukturen sorgte. Den Neuankömmlingen, die in den 1980er-Jahren in aufsehenerregenden Aktionen immer wieder auf Lkws geladen und in ihre Homelands zurückgebracht wurden, blieb in dieser Zeit nichts anderes übrig, als immer wieder zurückzukehren. Ein Teufelskreis entstand, denn bei jeder Rückkehr brachten sie noch mehr Freunde und Verwandte mit. Ihre Hütten, die so oft mit Bulldozern niedergewalzt wurden, bauten sie jedesmal wieder auf. Dies geschah natürlich nur sporadisch und mit geringen Mitteln, denn wussten sie, wann der nächste Lkw kam? Die Stadtverwaltung tat nichts, um die Menschen zu halten. So gab es hier über viele Jahre keinen Strom, kein fließendes Wasser und auch keine Müllabfuhr. Im Gegenzug schürte diese Politik immer wieder Unruhen. Die Polizei überwachte den „Schandfleck" nur von Türmen aus bzw. drang bei Razzien in Armeestärke ein. Man stelle sich einmal vor, dass hier damals bis zu 600.000 Menschen gelebt haben! Heute bemüht man sich natürlich um geordnetere Verhältnisse. Straßen wurden ausgebaut, Minibus-Linien genehmigt und Wasser- sowie Stromleitungen gelegt. Die Straßen erhielten erst nach 2000 Namen.

Immer wieder vertrieben

Khayelitsha (Xhosa = „Neue Heimat"): Das erst 1985 gegründete Township liegt 25 km von Kapstadts Innenstadt entfernt. Hier hat man sich bemüht, von Anfang an eine Struktur aufzubauen, die Geschäftszentren, Kirchen, Schulen, asphaltierte Straßen u. a. mit einschließt. Das ist zwar nicht in allen Bereichen gelungen, doch wirkt Khayelitsha um einiges moderner. Trotzdem: Holz- und Blechhütten gibt es schon wieder zur Genüge, und täglich kommen neue hinzu. Geplant wurde die Stadt zuerst für 40.000, dann für 150.000, schließlich für 500.000 Menschen. Doch heute geht man von über 1,5 Mio. Einwohnern aus. Doch wie will man die wirkliche Zahl erfassen? Die Hälfte der Einwohner lebt also wieder in Hütten aus Wellblech und Holzresten (Tendenz: zunehmend) und die Arbeitslosenrate liegt bei ca. 75 %! In Khayelitsha wird die Misere am deutlichsten. Obwohl die Verwaltung mit aller Kraft versucht, von Grund auf geordnete Verhältnisse zu schaffen, droht ihr wieder alles aus den Händen zu gleiten. Zentrum des Townships ist die vor einigen Jahren fertiggestellte **Kayelitsha Mall.** In über 50 Geschäften werden Waren angeboten. Restaurants und selbst Shebeens sowie Jazz-Bars wurden angesiedelt. So ganz fruchten mochte das aber nicht, denn beim Gros der Geschäfte handelt es sich um die üblichen Franchise-Läden und in den „künstlichen" Shebeens kommt nur bedingt Stimmung auf. Khayelitsha hat aber eine **Touristeninformation**: Lookout Point, Ecke Mew Way/Spine Rd.

Der Zuzug aus den benachteiligten Regionen Südafrikas, auf der Suche nach Arbeit, nimmt stetig zu. Es bleibt abzuwarten, ob sich Südafrikas Townships in absehbarer Zeit wieder zu Unruheherden entwickeln werden, wenn auch jetzt vorwiegend aus wirtschaftlichen Gründen. Die Prognosen, so gut sie vordergründig aussehen mögen, lassen keinen Zweifel daran, dass auch in diesem Lande die Job-Rationalisierung verstärkt durchgesetzt wird – und das besonders im Bereich der ungelernten Arbeiter. Wird nicht schnell mit mehr Druck auf die fachgerechte Ausbildung der Township-Bewohner **in den Townships** gesetzt, sieht es nicht gut aus. Dass die Menschen hier nicht selbst die Perspektiven entdecken, den Zugang zu besseren Schulen schaffen bzw. überhaupt von Möglichkeiten hören, mag nach einer Township-Tour jedem klar sein. Die kleinen Strohfeuer, wie etwa die Kunsthandwerks-Kooperativen, die kirchlichen Sozialdienste und Kochschulen für afrikanische Gerichte, sind da nur ein Tropfen auf den heißen Stein.

Pulverfass Arbeitslosigkeit

Ein paar Regeln für den Besuch der Townships

- Personen nicht ungefragt fotografieren.
- Münzgeld mitnehmen, um z. B. an einem Stand Obst zu kaufen.
- Oft werden Institutionen wie Schulen oder Kindergärten besucht. Hier wird dann um eine kleine Spende gebeten. Hier nicht zu viel Geld geben, denn das würde arrogant wirken.
- Sheebeen-Besuch: Unbedingt das lokale, selbst gebraute Bier probieren. Man wird es als ausgesprochen „gewöhnungsbedürftig" beschreiben, aber es gehört zur Kultur.
- Bedeckte Kleidung tragen.

Weitere Tagesausflüge in Stichworten

Wer hat schon Lust aufs ewige Koffer ein- und auspacken? Viele Ausflüge im Umkreis von 100 km kann man auch vom Hotel in Kapstadt aus unternehmen. Im Folgenden ein paar interessanteste Ausflugsmöglichkeiten, zu denen natürlich noch die Kapumrundung (S. 250) inklusive Hout Bay (S. 254), den Kirstenbosch Botanical Gardens (S. 277) und den Weinanbaugebieten im Constantia Valley (S. 275) hinzugefügt werden müssen.

Bloubergstrand/Big Bay

Dauer des Ausflugs: 3–5 Stunden.
Der Blick auf den Table Mountain von den Küstenorten Table View, Bloubergstrand sowie der modernen Apartmentsiedlung Big Bay ist grandios, besonders zum Sonnenuntergang.

Strand mit Ausblick

Bloubergstrand: Der Name *Blouberg* entstammt der Tatsache, dass der Table Mountain häufig in blauen Dunstfarben zu sehen ist. Klassiker hier: abends auf die Rasenfläche des *Blue Peter Hotels* (nördlicher Abschnitt der Beachfront) oder an den Strand davor setzen und die Aussicht auf den angestrahlten Berg genießen. Auch tagsüber ist die Aussicht ein Erlebnis, besonders wenn die Wellen sich an den Felsen vor dem Strand brechen und ein Farbenspiel aus „blauem" Table Mountain, grünem Wasser, weißer Gischt und braunem Fels nicht nur Urlauber verzückt, sondern auch Liebespärchen und Filmteams anlockt. Das Restaurant *Ons Huisie* in der Stadler Road mit seinen Fisch- und Cape-Dutch-Gerichten ist ebenfalls ein beliebtes Ziel (S. 217).

Beliebtes Fotomotiv

Big Bay, wenige Kilometer nördlich, wirkt dagegen mondän und schick. Mittelpunkt ist das *Eden on the Bay*, eine Shoppingmall mit Ferienapartments und leger-eleganten Restaurants nahe dem Strand (s. S. 224). Hier kann man bei einem Latte Macchiato, einem Shrimpscocktail oder einem Glas Sekt sitzen (bzw. sich auf großen Kissen flätzen) und schauen, wer so vorbeikommt. Bei Sonnenuntergang wird's aber voll, wenn auch der Tafelberg vom Bloubergstrand viel schöner zu sehen ist.

Weinanbaugebiete von Stellenbosch und Franschhoek

Dauer des Ausflugs: 1 Tag, Beschreibung s. S. 286
Nach **Stellenbosch** fahren und von dort der **4-Pässe-Tour** über **Franschhoek** und Somerset West folgen. Wer früh startet und sich nicht den ganzen Tag in den Weinanbaugebieten aufhält, kann zudem den großen Schlenker über **Hermanus** (s. u. bzw. S. 453) zum Wale Anschauen unternehmen. Weitere Alternative: 4-Pässe-Tour vollständig abfahren bis Stellenbosch und abends dort speisen.

Tipp
Viele der Weingüter bieten **Picknicks zum Lunch** an. Dabei kauft man das Essen dort (meist Brot, Käse, Aufschnitt, Obst etc.), kann dafür aber die schönen Anlagen samt Tischen und Bänken benutzen (s. dazu S. 294).

West Coast National Park

Dauer des Ausflugs: 1 Tag, Beschreibung s. S. 494
In Richtung Norden zum **West Coast National Park** fahren und durchs Landesinnere dann zurück nach Kapstadt. Wer sich einen (sehr) langen Tag zutraut, der kann der Küstenstrecke (S. 504) bis **Lamberts Bay** folgen, dort z. B. am Strand speisen und anschließend über die Schnellstraße im Landesinneren (N 7) bis Kapstadt zurückfahren. Alternative: Besuch des **West Coast Fossil Parks** bei Hopefield (S. 499) oder des kleinen Küstenorts **Paternoster**.

Ausflug in den Norden

Nach Hermanus, um Wale anzuschauen

Dauer des Ausflugs: 1 Tag, Beschreibung s. S. 453
Über die N 2 nach Somerset West und sich dort das **Weingut Vergelegen** (S. 303) anschauen. Dann geht's weiter nach Botriver, um von dort in Richtung Hermanus an die Küste zu gelangen. Dort steht **Walbeobachtung** auf dem Programm (S. 455). Mit der untergehenden Sonne fährt man dann entlang der Küste (R 43/44) über Kleinmond, Pringle Bay und ab Strand/Somerset West wieder über die N 2 zurück nach Kapstadt. Ein Schlenker über **Muizenberg** bzw. ein Meeresfrüchte-Dinner in **Gordon's Bay** (S. 305) mag auch noch drin sein.

Einkaufsmekka Canal Walk und Vergnügungspark „Rataga Junction"

Dauer des Ausflugs: Mind. ½ Tag, bei Besuch von Park und Einkaufsmall 1 Tag
Century City und der Canal Walk: Der im Jahr 2000 eröffnete und seither immer mehr erweiterte Stadtteil Century City sucht seinesgleichen am Kap. Er ist Teil eines überdimensionalen Büro- und Erlebnisparks sowie einer angeschlossenen, hypermodernen Wohngegend samt Golfanlage. Eine Milliardeninvestition. Waren es zuerst nur das Einkaufszentrum Canal Walk und der Vergnügungspark Rataga Junction, werden die Wasserläufe rundherum (Kanutouren möglich) und die modernen Wohntrakte hinter gesicherten Mauern noch weiter ausgebaut. Diese sind teilweise auf spezielle Zielgruppen ausgerichtet, so gibt es etwa ein altersgerechtes Wohnviertel, aber auch Yuppi-Wohnungen in einem Gebäude mit dem Namen „Manhattan". Riesige Bürobauten, mal in Form von altrömischen Tempelanlagen, mal reine Glaspaläste, sorgen für den wirtschaftlichen Betrieb in dieser so ganz eigenen „Stadt in der Stadt".

„Stadt in der Stadt"

Afrikas größte Shopping-Mall

Hauptattraktion ist ohne Zweifel die **Einkaufsmall Canal Walk**: Über mehrere Etagen verteilt und mit aufwendigen Glaskuppeln und -reihen überdacht, beherbergt Afrikas größte Shoppingmall über 200 Geschäfte für jeden Geschmack. Die Kuppeln sind früheren viktorianischen Gewächshäusern abgeschaut, so wie man sie heute noch in London, San Francisco und New York vorfindet. Entertainment-Areas, Kinos, Restaurants und Food-Courts runden das Bild ab. So ist der Kunde versucht, hier den ganzen Tag zu verweilen und sein Portemonnaie zu leeren. Wer sich eindecken möchte mit Kleidung, Outdoorartikeln, Wein, Biltong und Souvenirs (diesbezüglich ist man an der Waterfront aber besser beraten), der sollte sich getrost Zeit nehmen für dieses Einkaufsmekka, das einer amerikanischen Mega-Mall in nichts nachsteht. Da die meisten Geschäfte bis nach 18 Uhr geöffnet sind, kann der Einkaufsbummel etwa auch im Anschluss an einen Besuch des Weinlands um Stellenbosch stattfinden. Informationen: *www.canalwalk.co.za*.

Ratanga Junction: Eltern mit Kindern mögen erwägen, dem Vergnügungspark einen Besuch abzustatten. Er liegt an der N 1 in Richtung Paarl neben der Shopping Mall und ist über den Exit 10 zu erreichen. Der Themenpark (Thema: historische Minensiedlung), angelegt um die künstliche Insel Ratanga Island, wurde 1998 eröffnet und versucht sich mit ähnlichen Parks in Florida zu messen. Auf der Insel findet oft ein Abendprogramm für Erwachsene statt: Livemusik, Disco sowie Filme auf großer Leinwand. Zu den Parkattraktionen zählen die „Cobra", eine superschnelle Achterbahn, die eine Geschwindigkeit von 100 km/h erreicht, „Monkey Falls" (Fahrt in einem Holzstamm-Boot aus 19 m Höhe), „Crocodile Gorge" (500-m-Wildwasserfahrt), „Diamond Devil Run" (Minenbahn „ohne Bremse") und „Buschwacker" (Achterbahn ohne Loopings). Zudem werden Puppenshows, Varieté-Veranstaltungen, Theateraufführungen, Videovorführungen, Dampfzugfahrten und Stuntshows geboten.
Erkundigen Sie sich vorsichtshalber vor dem Besuch nach den sehr unregelmäßigen Öffnungszeiten: ☎ *(021) 550-8504, www.ratanga.co.za*

Reisepraktische Informationen Kapstadt und Kaphalbinsel

Information
Cape Town Tourism, The Pinnacle, Ecke Burg/Castle Sts., Innenstadt, ☎ *(021) 487-6800, (021) 426-4260, www.capetown.travel oder www.tourismcapetown.co.za*, Mo–Fr 8–18, Sa/So 9–13 Uhr, im Sommer länger. Dieses Infocenter bietet nahezu alles: Informationen, Hotel- und Veranstaltungsreservierungen, geführte Touren (z. B. Township- und Weinlandtouren), Buchungen und Infos zu allen Nationalparks sowie allen Parks von Cape Nature. Internetcafé und Souvenirshop im Gebäude.
Weitere Infocenter u. a.: Victoria & Alfred Waterfront, Canal Walk Mall (Entrance 10), am Flughafen, im Kongresszentrum (CTICC).

Hinweis
Kapstadt, „World Design Capital" 2014. *www.capetown2014.co.za*

Wichtige Telefonnummern
Notruf allgemein von allen Festnetzanschlüssen *(kostenlos):* ☎ 107
Landesweiter Notruf für Polizei/Feuerwehr: ☎ 10111

Landesweiter Notruf Ambulanz: ☏ 10177
Notruf allgemein aus dem Mobilfunknetz (Ortstarif): ☏ (021) 480-7700
Landesweiter Notruf aus dem Mobilfunknetz: ☏ 112
Touristen-Polizei („Tourist Distress"): ☏ 0800 1101-32, (021) 418-2852
Automobilclub Notruf: ☏ 0800-010-101
Bergrettungswacht („Mountain Rescue"): ☏ (021) 948-9900
Seerettung (National Sea Rescue): ☏ (021) 449-3500
Wettervorhersage: ☏ 082-234-6390, **für Surfer**: ☏ 082-234-6370
Taxi: (021) 434-4444
Nationale Telefonauskunft: ☏ 1023
Internationale Telefonauskunft: ☏ 1903

Infos zu weiteren, wichtigen Telefonnummern für Kapstadt und Umgebung:
www.uncoverthecape.co.za/phone-numbers.htm

Spezielle Adressen und Informationen zu Kapstadt und seiner näheren Umgebung

Polizei
Notrufnummer: ☏ 10111
Kapstadt verfügt über eine **Touristenpolizei** (Tourist Assistance Police): Tulbagh Square, Foreshore/Innenstadt, ☏ (021) 418-2852/3.
Die **Polizeistation** der Innenstadt befindet sich Ecke Buitenkant/Barrack Sts., ☏ (021) 467-8000. Daneben gibt es eine Reihe kleiner Polizeistationen im Innenstadtbereich, und sonst sind auch viele Polizisten überall auf Streife.
Polizeiämter im Telefonbuch: unter „Police Service" in den „Government Departments" (auf den letzten Seiten.)

Krankenhäuser/Apotheken
Groote Schuur Hospital, zwischen M 3 und Main Rd., Observatory, ☏ (021) 404-9111
Mediclinic Cape Town, 21 Hof St., Oranjezicht, ☏ (021) 464-5500 (allg.), ☏ (021) 464-5555 (24-Std.-Notfallnummer), www.mediclinic.co.za.
Medi-Travel International, 1st Floor, Clock Tower Centre, V&A Waterfront, ☏ (021) 419-1888. Speziell für Impfungen, Tropenkrankheiten und Prophylaxen zuständig. Hier erhalten Sie versierte Auskünfte und die entsprechenden Medikamente.
Lite-Kem Pharmacy, Scotts Building, 24 Darling St., Innenstadt, Mo–Sa 7.30–23, So 9–23 Uhr, ☏ (021) 461-8040.
M-Kem-Pharmacy, Ecke Durban Rd./Raglan St., Bellville, nahe N 1-Exit Durban Rd./R 302, ☏ (021) 948-5702/6/7, www.mkem.co.za. Einzige 24-Std.-Apotheke.

Deutsch sprechende Ärzte und Zahnärzte
Dr. Wolfgang Waschnig, 1 Milner Rd., Tamboerskloof, ☏ 021-424 2590, Praktischer Arzt, Tropenmedizin.
Dr. Hans Joachim Woermann, 2A Hofmeyr St., Gardens, Praktischer Arzt.
Dr. J.U. Pieper, 22 Kloof Nek Rd., Tamboerskloof, ☏ (021) 424-4257. Praktischer Arzt.
Dr. Ilsa Orrey, Constantiaberg Medi-Clinic, Suite 206, Burnham Rd., Plumstead, ☏ (021) 762-0760, Internistin.

Dr. Erwin Gärtner, Med Clinic, Hof St., Gardens, ☏ (021) 453-5310. Gynäkologe.
Dr. Uwe Esdar, 1 Milner Rd., Tamboerskloof, ☏ (021) 424-1992, Zahnarzt.
Dr. Olaf Erlank, 36a Bowwood Rd., Claremont, ☏ (021) 683-0120.
Zahnarzt, Schwerpunkt Implantate.

Weitere **Infos zu deutschsprachigen Ärzten**: www.germansincapetown.com

Deutschsprachige Anwaltskanzleien
IBN – International Business Network, 302 Newport House,
Ecke Prestwich/Ebenezer Sts., Green Point, Cape Town,
☏ (021) 421 8338, www.ibn.co.za.
Unternehmensgründung, Visa, Immigration u. a.
Pohl und Stuhlinger, 60 St. George's Mall, 12th Floor, SA Reserve Bank Building,
☏ (021) 424-7030.

Banken/Geld tauschen
Das **Bankenviertel** von Kapstadt befindet sich in der Innenstadt, wobei die meisten Banken ihre Filialen zwischen Adderley und Long Street haben. Öffnungszeiten i. d. R. Mo–Fr 9–15.30, Sa 8.30–11 Uhr.

Geld tauschen können Sie auch an der V&A Waterfront, wo u. a. American Express (V&A-Building) und Thomas Cook (Victoria Wharf) eine Filiale unterhalten.
Bankautomaten (ATM = Automatic Teller Machine) gibt es überall. Hier kann man mit Kreditkarte und Giro- bzw. Debitkarte der Banken (Maestro-System) Geld abheben.

Achtung: Nicht alle Tankstellen akzeptieren Kreditkarten! Achten Sie darauf, beim Geldabheben nicht beobachtet zu werden nehmen Sie keine Hilfe dabei an.

Konsulate/Diplomatische Vertretungen
in Kapstadt s. Allgemeine Tipps von A–Z, S. 91

Goethe-Institut
Das **Goethe-Zentrum Kapstadt** ist eine Nebenstelle des Goethe-Instituts Johannesburg. Hier bemüht man sich um den Kulturaustausch zwischen Deutschland und dem Kap und es werden deutsche Sprachkurse angeboten. Lesungen, Filmvorführungen u.a. 155 Buitenkant St., Gardens, ☏ (021) 465-1317, www.goethe.de/kapstadt, Mo–Do 10–17, Fr 10–14 Uhr.

Sprachschulen
Es gibt zahlreiche Sprachschulen in Kapstadt. Eine Übersicht findet man im Internet unter www.kapstadt.de/business/kapstadt-sprachschulen/. Bevor man sich für eine Sprachschule entscheidet, sollte man einige Dinge beachten: Klassengröße, Zusatzservice, liegen die Unterkunft nahe zur Schule, ist die Schule Mitglied von ELTASA oder English SA (garantiert eine hohe Qualität). Einen guten Ruf hat:
Eurocentres, 50 Long St./Ecke Hout St., Innenstadt, ☏ (021) 423-1833, www.eurocentres.co.za. Die Schule arrangiert ebenfalls Unterkünfte in Gastfamilien und Freizeitaktivitäten. Das Angebot reicht vom Anfängerkurs bis hin zu TOEFL-Examen, Fachkursen und Einzelunterricht.

Kirchenbesuch/Gottesdienst

I. d. R. werden Gottesdienste sonntags ab 10 Uhr abgehalten. Um sicherzugehen, kann man vorher anrufen und genaue Zeiten erfragen (im Telefonbuch unter „Church"). Der Besuch der anglikanischen **St. George's Cathedral** (Ecke Adderley/Wale Sts., Innenstadt, ☏ 021-424-7360), Sitz der Diözese, verspricht einen klassischen Gottesdienst und gute Akustik. Wer einmal einen „**Happy-Clapping-Gottesdienst**" miterleben möchte, sollte sich über den nächsten Gottesdienst der ökumenischen Glaubensgemeinschaft „**His People**" erkundigen. Die Gottesdienste werden nach amerikanischem Muster abgehalten und finden an verschiedenen Orten statt. Nahezu eine Stunde lang wird gesungen und geklatscht, frei nach dem Motto: „Praise The Lord". Die anschließende Predigt sprengt alle konventionellen Vorstellungen. Einige mögen dieser Art von Gottesdienst vielleicht mit Unverständnis gegenüberstehen, es nur als Show bezeichnen, aber in Kapstadt hat er Erfolg, fast immer sind die Veranstaltungsorte bis auf den letzten Platz besetzt. Um eine Sekte handelt es sich nicht! ☏ (021) 595-8900, www.hispeople.org.

Postamt

General Post Office, Ecke Darling/Plein Sts. Zudem gibt es noch eine Reihe kleinerer Postämter, z. B. in der Victoria Wharf, Ecke Loop/Pepper Sts. und in der Mill St. gegenüber dem Gardens Shopping Center.

Nationalparkbehörde/Cape Nature Parks

Sowohl die **Nationalparkbehörde** (www.sanparks.org) als auch **Cape Nature** (www.capenature.co.za) unterhalten einen Infostand in der Touristeninformation Ecke Castle und Burg Sts. in der Innenstadt. Hier gibt es Infos zu den einzelnen Parks und hier kann man Unterkünfte buchen. Die Vorausbuchung ist ratsam, da die Parkunterkünfte oft ausgebucht sind.
Hauptquartier von Cape Nature, Bosduif/Volstruis Rd., 7764 Bridgetown, Kapstadt, ☏ (021) 483-0190, internationale Anrufer ☏ 0027-861-227-362-8873.
Hauptquartier der Nationalparkbehörde: National Parks Board, P.O. Box 787, Tshwane 0001, (012) ☏ 428-9111.

Tickets/Eintritt

Bei **Computicket** kann man telefonisch, übers Internet oder am Schalter Tickets für alle Arten von Veranstaltungen (Theater, Sport, Musik etc.) in ganz Südafrika erwerben. ☏ 0861-915-8000, http://online.computicket.com/web/. Es gibt mehrere Schalter in Kapstadt, u. a. in der Touristeninformation (Ecke Castle/Burg Sts.), V&A Waterfront, Victoria Wharf Mall, und auch in größeren Orten entlang der Garden Route. Die komplette Liste aller Schalter im Internet (Button „Store Locator").

Go Cape Town & Beyond Card

Mit dem Kauf des Passes (1-, 2-, 3- und 7-Tage-Pässe) erhält man kostenlosen Eintritt zu vielen Attraktionen sowie Discounts in einigen Restaurants und bei ausgesuchten Auto- sowie Motorradverleihern. Es lohnt aber nur, wenn man wirklich viel besichtigen möchte. Es ist unbedingt zu beachten, was in dem Pass enthalten ist und was nicht! Der Pass kostet ab 32 € (1 Tag) bis über 80 € (7 Tage). Infos: ☏ (021) 552-5699, www.gocards.co.za.

Zeitungen
Regionale Zeitungen
Die zwei großen Zeitungen sind die etwas konservativere „**Cape Times**", die morgens erscheint, sowie der „**Cape Argus**", der nachmittags herauskommt. Beiden liegen in der Freitagsausgabe die Veranstaltungshinweise für die kommende Woche bei. Die beste Sonntagszeitung ist die „**Sunday Times**". Ein monatlich erscheinendes Veranstaltungsmagazin gibt es zzt. nicht.

Internationale Zeitungen
Deutschsprachige Zeitungen gibt es in **Ulrich Naumanns Buchladen** (17 Burg St.). Internationale Zeitungen (teilweise aber alt) sind in den größeren **CNA-Geschäften** erhältlich, z. B. in dem im **Golden Acre Shopping Center** (Ecke Adderley/Strand Sts.), in der **Victoria Wharf Mall** an der V&A Waterfront und in vielen anderen Malls. In Zeiten des Internets wird dieses Angebot aber bereits deutlich heruntergefahren.

Mobiltelefon-Verleih
Geschäfte, die Handyverträge/SIM-Karten verkaufen, gibt es genügend, so z. B. in jeder größeren Mall, am Flughafen, nahe dem Bahnhof sowie an der Waterfront. Handys (cellphones bzw. cells) mieten kann man bereits an den Stationen am Flughafen und diese am Ende der Reise an einer anderen, vorher vereinbarten Stelle wieder abgeben. Bezahlt wird mit Kreditkarte. Weitere Infos s. Allgemeine Informationen von A–Z, S. 119.

Unterkünfte und Campingplätze im Raum Kapstadt
Hotels, Gästehäuser und Bed & Breakfast-Unterkünfte
Bereich Innenstadt, Waterfront, Green Point & Gardens (City Bowl)
Cape Grace (8) $$$$$, V&A Waterfront, West Quay, ☎ (021) 410-7100, www.capegrace.com. Das 102-Zimmer-Luxushotel zählt zu den vornehmsten Adressen in Kapstadt. Hier wohnte schon Bill Clinton. Atmosphäre, Service und Einrichtung erinnern eher an Vorbilder

Am Tor des Mount Nelson wird man persönlich begrüßt

Unsere ganz persönlichen Favoriten für den Raum Kapstadt

Mount Nelson Hotel (1) $$$$$, 76 Orange St., Gardens, ☏ (021) 483-1000, www.mountnelson.co.za. Viktorianisch gestaltetes Luxushotel von 1899. Direkt unterhalb des Table Mountain. Besticht durch koloniale Plüschromantik. Bereits an der Hoteleinfahrt wird man von einem Wachmann mit Tropenhelm begrüßt. Ein Klassiker unter den Top-Hotels Afrikas. Dieses genossen schon Lady Churchill, Agatha Christie und Edward, Prince of Wales. Wem das Hotel zu teuer ist, der kann sich zum „**Afternoon Tea**" her begeben (14.30–17.30 Uhr, mind. 1 Tag vorher anmelden: ☏ 021-483-1948, www.mountnelson.co.za) in der schicken **Hotelbar** einen Cocktail genießen bzw. im innovativen **Planet Restaurant** speisen. Hier wohnt man nach dem Motto: Wenn schon, denn schon!

Bergzicht (2) $$$$, 5 Devonport Rd., Tamboerskloof, ☏ (021) 423-8513, www.bergzichtguesthouse.co.za. An den Hängen des Signal Hill. Das Haus aus dem späten 19. Jh. ist geschmackvoll eingerichtet. Besonders schön ist die Aussicht auf Stadt und Table Mountain, vor allem abends: Lichtermeer! Keine Kinder unter 5 Jahren. Schöner Pool. Gästehäuser haben einen persönlichen Charakter, und dieses ist ohne Zweifel eines der besten der Stadt.

Jardin D'ebene (3) $$$$, 21 Warren St., Tamboerskloof, ☏ (021) 426-1011, www.jardindebene.co.za. Schön restauriertes Cape-Dutch-Haus mit einem Touch „Boutique"-Guesthouse. Besonders jüngere Reisende werden das schätzen. Geschmackvoll dekoriert, schnörkellose Eleganz sowie schickes Ambiente in guter Lage. Sonnendeck, Pool. Schweizer Gastgeber.

Dutch Manor (4) $$$–$$$$, 158 Buitengracht St., Bo-Kaap, ☏ (021) 422-4767, www.dutchmanor.co.za. Bezaubernd restauriertes Boutique-Gästehaus nahe der Innenstadt. Gebäude von 1812 und mit ausgesuchten Antiquitäten ausgestattet. 6 Zimmer. Historisches Ambiente in zentraler Lage, dazu bezahlbar.

Sonnekus Guest House (5) $$$, 88 Main Rd., St. James, ☏ (021) 788-4789, www.sonnekus.co.za. Gebäude von 1926 und schön renoviert. Abends kann man auf der Veranda verweilen. Die Zimmer sind sehr groß und gemütlich eingerichtet (3 haben einen eigenen Kamin). Die **Executive Suite** ($$$$) hat sogar ein eigenes Wohnzimmer. Abseits des Rummels in Kapstadt. Gut geeignet für die letzten zwei Nächte am Kap.

The Village Lodge (6) $$–$$$, 49 Napier St., Waterkant, ☏ (021) 421-1106, www.thevillagelodge.com. 15 nette Zimmer, nahe der V&A Waterfront. Dachterrasse mit Pool und tollem Blick auf Hafen. Es können auch Townhouses gebucht werden. Gutes Preis-Leistungs-Verhältnis.

Kopanong Bed & Breakfast (7) $$, C329 Velani Crescent, Khayelitsha 7784, ☏ (021) 361-2084, www.kopanong-township.co.za. Hier wohnt man mitten in einem Township. Thope Lekau, die Besitzerin des B&B, kennt sich hervorragend in Kapstadts Townships aus, organisiert Township-Touren und weiß auch, wo beispielsweise Livemusik gespielt und selbst gebrautes Bier verkauft werden. Zudem ist Thope eine exzellente Köchin. Anfahrt über N 2-Exit M 44/Mew Way. Es ist jedoch besser, man lässt sich von der Besitzerin selbst lotsen.

Kapstadt
Unterkünfte

Unterkünfte

1. Mount Nelson Hotel
2. Bergzicht
3. Jardin D'ebene
4. Dutch Manor
6. The Village Lodge
8. Cape Grace
9. The Table Bay on the Waterfront
10. Victoria & Alfred Hotel
11. Cape Milner Hotel
12. De Waterkant Village & De Waterkant House
13. Villa Lutzi
14. Daddy Long Legs Art Hotel
14b. The Grand Daddy
15. Cape Victoria Guest House
16. Cape Heritage Hotel
17. Breakwater Lodge
18. City Lodge Waterfront
19. Inn with a View
20. Cactusberry Lodge
21. Ashanti Lodge Gardens
22. St. John's Waterfront Lodge
23. Ellerman House
24. Winchester Mansion
25. La Splendida
26. Olaf's Guest House
40. Backpacker in der Long Street
41. The Backpacker, Zebra Crossing
42. Stans Halt
43. Gardens Center Holiday Flats, Hiddingh Village Studios
44. Cascades Holyday Apartments
45. Cape Lofts (Büro)

Legendenpunkte die hier nicht aufgeführt sind, finden Sie auf der Karte V+A Waterfront (S.167) sowie der Karte über die Stadtteile südl. der Innenstadt (S.173).

Wanderwege (grob skizziert)

Reisepraktische Informationen Kapstadt und Kaphalbinsel

Direkt am Alfred Basin: Victoria & Alfred Hotel

amerikanischer Großstadt-Herbergen der Oberklasse (Bademäntel, Zeitung, Schokolade auf dem Kopfkissen etc.). Auf drei Seiten vom Wasser umgeben, ist stets für eine tolle Aussicht gesorgt. **Tipp**: Zimmer mit Ausblick auf das Treiben an der Waterfront und den Table Mountain dahinter. Auszeichnungen, wie „Best individual Hotel of South Africa" u. Ä., hat das Cape Grace bereits eingeheimst. Fazit: An Luxus fehlt es nicht, hier wird an (nahezu) alles gedacht, doch dafür … zahlt man einen Preis, den sich wohl nur ganz wenige leisten möchten.

The Table Bay (9) $$$$$, V&A Waterfront, Quay 6, ☎ (021) 406-5000, www.suninternational.com. Ebenfalls ein Hotel der Luxusklasse, doch gibt sich das Table Bay weniger distinguiert als das Cape Grace und wurde somit von Stars wie Michael Jackson bevorzugt. Das Ambiente wirkt eklektisch. Großzügig sind die Gemeinschaftsanlagen angelegt: großer Kamin in der Lounge, großzügige Fitnesscenter, beheizter Meerwasser-Pool, internationale Zeitungen etc. Die Zimmer enttäuschen dagegen ein wenig.

Victoria & Alfred Hotel (10) $$$$, V&A Waterfront, Pierhead, ☎ (021) 419-6677, www.vahotel.co.za. Viktorianisch gestaltetes Hotel der oberen Mittelklasse im Waterfront-Gebiet am Alfred Basin. Günstiger Ausgangspunkt für alle Unternehmungen in Kapstadt.

Cape Milner Hotel (11) $$$$, 2a Milner Rd., Tamboerskloof, ☎ (021) 426-1101, www.capemilner.com. Privathotel in schön renoviertem, historischem Haus. Pool, Restaurant, Bar. 57 Zimmer. Nahe der Innenstadt. Versuchen Sie, ein Zimmer im alten Trakt des Gebäudes zu bekommen.

De Waterkant Village & De Waterkant House (12) $$$–$$$$, Rezeption: 1 Loader St., De Waterkant, ☎ (021) 437-9706, www.dewaterkant.com. In historischem Distrikt nahe der Waterfont. Verschiedene Gebäude (Gästehäuser, Selbstversorger-Cottages, Apartments). Die gut 150 Jahre alten Gebäude mit z. T. ausgesuchten Antiquitäten strahlen ein schönes Ambiente aus. Vom Dachgarten des De Waterkant House aus hat man einen schönen Ausblick auf Waterfront, Table Mountain und Innenstadt. Pool, Sauna, Dampfbad.

Villa Lutzi (13) $$$–$$$$, 6 Rosemead Ave., Oranjezicht, ☎ (021) 423-4614, www.villalutzi.com. Komfortable, fast luxuriöse Unterkunft. Schöner Garten und Jacuzzi. Einst der Gästehaus-Tipp für Kapstadt. Eine kleine Aufpolierung des Hauses könnte aber nicht schaden. 15 Minuten zu Fuß in die Innenstadt.

Daddy Long Legs Art Hotel (14) $$$, 134 Long St., Innenstadt, ☎ (021) 422-3074 (Hotel), ☎ (021) 424-1403 (Apartments), www.daddylonglegs.co.za. Boutique-Hotel, dessen

13 Zimmer jeweils von einem anderen Künstler entworfen und z. T. exzentrisch dekoriert wurden. Es gibt z. B. einen knallroten „Emergency Room" mit Röntgenbildern an den Wänden und ausgestelltem OP-Bestecken. Lassen Sie sich überraschen. Das dazugehörige **(14b) The Grand Daddy** (263 Long St.) weist einen anderen Clou auf: Sieben amerikanische Airstream-Wohnwagen auf dem Dach, in denen man nächtigen kann.

Cape Victoria Guest House (15) $$$, Ecke Wigtown/Torbay Rd., Green Point, ☏ (021) 439-7721, www.capevictoria.co.za. Bezaubernd restauriertes Haus mit 10 Zimmern, die alle nach unterschiedlichsten Themen dekoriert sind (z. B. viktorianisch, afrikanisch, gelb, Art déco, Blick auf Bucht). Besonders toll ist der „Roof Room" unter dem Dach, denn durch die Dachfenster sieht man in den Sternenhimmel. Beliebt bei Filmleuten und Designern. Pool. Wenig Parkmöglichkeiten.

Cape Heritage Hotel (16) $$$–$$$$, 90 Bree St./Heritage Square, Innenstadt, ☏ (021) 424-4646, www.capeheritage.co.za. Kleines Boutique-Hotel in historischem Stadthaus. Große Zimmer. Eine wirkliche Oase, doch die hat ihren Preis.

Breakwater Lodge (17) $$–$$$, Portswood Rd. oberhalb V&A Waterfront, ☏ (021) 406-1911, www.breakwaterlodge.co.za. Kleine, aber modern eingerichtete Zimmer. 5 Minuten zu Fuß zur Waterfront. Gutes Preis-Leistungs-Verhältnis. Übrigens befand sich in dem Gebäude früher ein Gefängnis (man wohnt also in ehemaligen Zellen).

City Lodge Waterfront (18) $$–$$$, Ecke Dock/Alfred Rd., zwischen Waterfront und Innenstadt, ☏ (021) 419-9450, www.citylodge.co.za. Hotel der bekannten und preiswerten „City-Lodge"-Kette. Hier zahlt man für nichts „Überflüssiges". Das Frühstück ist minimal, die Räume klein, der Service nahezu nicht vorhanden. Doch wer nicht viel Schnickschnack braucht, ist hier absolut richtig. Sauber und adrett.

Inn with a View (19) $$$, 127A Kloof Nek Rd., Gardens, ☏ (021) 424-5220. Wie der Name schon sagt: Der Blick auf den Table Mountain und die City ist unschlagbar. Tipp: „Honeymoon Room". Der liebevolle Service lässt nichts zu wünschen übrig.

Cactusberry Lodge (20) $$$, 30 Breda St., Oranjezicht, ☏ (021) 461-9787, www.cactusberrylodge.com. 6 liebevoll eingerichtete Gästezimmer in viktorianischem Stadthaus mit der Mischung aus Flair und modernem Komfort. Innenhof mit Grillplatz und kleinem Pool, Lounge mit TV und Bar, vom Sonnendeck schöne Sicht auf den Tafelberg.

Ashanti Lodge Gardens (21) $–$$$, 11 Hof St., Gardens, ☏ (021) 423-8721, www.ashanti.co.za. Eine Mischung aus gutem Backpacker Hostel und Hotel (Schlafsaal, Doppel- bis Vierbett-Zimmer). Pool, Internet, günstiger Wäscheservice. Restaurant und Bar im Hause. Also genau richtig für diejenigen, die sparen möchten, aber nicht gleich in Selbstversorger-Apartments wohnen wollen. Im Garten kann sogar gezeltet werden.

St. John's Waterfront Lodge (22) $–$$, 4 u. 6 Braemar Rd., Green Point, ☏ (021) 439-1404, www.stjohns.co.za. Nettes Gästehaus nahe der Waterfront (15 Gehminuten). Von Schlafsälen bis zu einfachen, sehr sauberen Zweibett-Zimmern gibt es alles. Nur ein Zimmer mit eigenem Bad! Sehr beliebt bei jüngeren Leuten.

Mouille Point, Sea Point und Bantry Bay

In Sea Point gibt es auch viele Selbstversorger-Apartments (s. dazu S. 214).

Ellerman House (23) $$$$$, 180 Kloof Rd., Bantry Bay, ☏ (021) 430-3200, www.ellerman.co.za. Sehr exklusives (Villen-) Haus am Hang des Lion's Head. Atemberaubende Ausblicke auf Meer und Berge. Geräumige Zimmer mit viel Komfort und mit Kunstwerken geschmackvoll dekoriert. 9 Zimmer, 2 Suiten sowie die Villa mit weiteren 5 Zimmern. First-Class-Unterkunft, die sich mit den Luxushotels der Innenstadt messen kann, dabei individuell bleibt, aber ihren Preis hat!

Ein Hotel alter Schule: Winchester Mansion

Winchester Mansion (24) $$$$–$$$$$, 221 Beach Rd., Sea Point, ☎ (021) 434-2351, www.winchester.co.za. Typisches Kolonialhotel, das bei Weitem nicht so snobistisch erscheint wie das „Mount Nelson". An der Sea Point Promenade. Die 51 Zimmer sind schön eingerichtet, und die Suiten (teuer) bestechen zudem durch eine eigene Küche und einen eigenen Wohnraum. Der Knüller aber ist der Courtyard (Innenhof), der den ganzen Tag über gerne genutzt wird, vom Frühstück, über den Mittagssnack bis hin zum Sundowner. Sunday-Jazz-Brunch! **Harvey's Restaurant** im Hause ist ebenfalls beliebt, auch bei „Non-Residents". Kleines Spa. Unbedingt nach Zimmer mit Blick aufs Meer sowie nach Sondertarifen fragen.

La Splendida (25) $$$, 121 Beach Rd., Mouille Point, ☎ (021) 439-5119, www.newmarkhotels.com/hotels/la-splendida. Sauberes Haus direkt an der Meerpromenade (dazwischen Straße). Helle, moderne Zimmer, nette Atmosphäre. Der äußere Anschein (Zweckbau) täuscht. Toll für den Preis.

Olaf's Guest House (26) $$$(–$$$$), 24 Wisbeach Rd., Sea Point, ☎ (021) 439-8943, www.olafs.co.za. Mehrfach prämiertes, sehr gemütliches Gästehaus. Persönlich und liebevoll ausgestattet, tolles Frühstück. Pool.

Camps Bay

Moderne, weiße Villen säumen die Hänge unterhalb der 12 Apostel. Diese feinen Adressen wechseln nur für Millionen den Besitzer. Hier und dort mischt sich ein vornehmes Gästehaus dazwischen. Natürlich liegen diese Gästehäuser in der $$$$-Preiskategorie, doch dafür werden Ausblicke, Ruhe, Pools und schön eingerichtete Apartments geboten. Jedes Gästehaus hat einen eigenen Charakter und „Einheitszimmer" sind eher selten. Daher gilt, vorher erkundigen, ob die Apartments den Wünschen entsprechen. Grundsätzlich: Je länger man bleibt, umso günstiger die Nacht.

Ocean View House (27) $$$$, 33 Victoria Rd., Bakoven/Camps Bay, ☎ (021) 438-1982, www.oceanview-house.com. Schön am Hang über Camps Bay gelegenes Gästehaus. Modern eingerichtet. Pool und großer Garten. Auch Suiten ($$$$$). Blick auf die Camps Bay. Attraktive Nebensaison-Preise.

Etwas günstiger ist das (Villa) **Ambiente Guesthouse (27)** $$$$, 58 Hely Hutchinson Ave., oberhalb Camps Bay, ☎ (021) 438-4060, www.ambiente-guesthouse.com. Vier individuell, im afrikanischen Stil eingerichtete Suiten. Außergewöhnliche Bäder, aus denen man über den Garten aufs Meer schauen kann. Der Frühstücksraum im Erdgeschoss grenzt an den romantischen „Felsenkeller", den man zufällig bei den Umbauten entdeckt hat. Swimmingpool, Zimmer mit Balkonen (Sonnenuntergang!). Hier stimmen Preis und Leistung.

Diamond Guest House (27) $$$–$$$$, 61 Hely Hutchinson Ave., oberhalb Camps Bay, ☎ (021) 438-1344, www.diamondhouse.co.za. Ruhig gelegene, moderne Villa mit schönem Blick auf das Meer. Alles ist sehr liebevoll eingerichtet, die Besitzer kümmern sich sehr um ihre Gäste

Hinweis
Unterkünfte s. Karten S. 146, 173, 206

Mowbray, Newlands, Constantia und Tokai

Alphen Hotel (28) $$$$–$$$$$, Alphen Drive, Constantia, ☏ (021) 794-5011, www.alphen.co.za. Boutique-Hotel in kapholländischem Haus (National Monument) auf ehemaligem Weingut. Eine gelungene Mischung aus antikem und modernem Mobiliar. Gepflegtes Ambiente. Hier wohnten bereits Cecil Rhodes, George Bernhard Shaw und Mark Twain. Freitagnachmittag sind Pub und Outdoor-Bar ein beliebtes Ziel für Kapstädter zum „Einläuten des Wochenendes". Das Restaurant mit erlesener Weinkarte ist ebenfalls zu empfehlen.
Constantia Uitsig (29) $$$$$, Abzweig von Spaanschemat River Rd. (M42), Constantia, ☏ (021) 794-6500, www.constantiauitsig.co.za. In der ruhigen Umgebung des historischen Weinguts am Hang des Constantia-Berges stehen die komfortabel eingerichteten Country Cottages. Pool, Spa und Restaurant. Frühzeitig reservieren!
Cellars-Hohenort Country House (29) $$$$$, 93 Brommersvlei Rd., Constantia, ☏ (021) 794-2137, www.collectionmcgrath.com/cellars/. Fünf-Sterne-Country-Hotel am Fuß des Table Mountain. Das Haupthaus ist das Herrenhaus der ehemaligen Klaasenbosch Wine Estate, ein Weingut aus dem 18. Jh. Heute schmücken englische Antiquitäten das Innenleben (große Zimmer!). Gepflegter Garten mit schöner Aussicht auf False Bay. Die ruhige Lage und der „geringe Bekanntheitsgrad" im Vergleich zu anderen Top-Unterkünften setzen dem Ganzen noch die Krone auf. Im **Restaurant** (s. S. 216) werden u. a. schmackhafte Cape-Dutch- und kapmalayische Gerichte serviert. Chefköchin Martha Williams bietet nach Voranmeldung eine 2- bis 3-stündige Einführung in kapmalayisches Kochen an („Cape Malay Experience").
The Vineyard Hotel (30) $$$$, Colinton Rd., Newlands, ☏ (021) 657-4500, www.vineyard.co.za. Vier-Sterne-Hotel mit historischem Touch. Attraktive Spätbucher-Rabatte. Zwei Restaurants im Hause. Von dort schöner Blick auf den Table Mountain. Stilvoll eingerichtet, u. a. mit südafrikanischen Kunstwerken. 200 Zimmer und **Cottages** ($$$$$), Pool, Spa.
Elephant's Eye Lodge (31) $$$, 9 Sunwood Drive, Tokai, ☏ (021) 715-2432, www.elephantseyelodge.co.za. B&B mit 6 Zimmern in einem umgebauten Cape-Dutch-Haus. Pool, Garten. 2 Zimmer mit einfacher Küche. Gutes Preis-Leistungs-Verhältnis.
Auberge Penrose (32a) $$, 9 Rhodes Ave., Mowbray, ☏ (021) 685-7700. Zwei Häuser für anspruchsvolle Individualisten: Das „Auberge Penrose" ist viktorianisch gehalten (Pool und Garten), während das „**Charlton House**" als modern, elegant und leger bezeichnet werden kann. Einige der 27 Zimmer haben Blick auf den Table Mountain von der Terrasse.

An der False Bay (von Muizenberg bis Simon's Town)

Colona Castle (33) $$$–$$$$$, 1 Verwood St. (abgehend vom Old Boyes Drive), Muizenberg, ☏ (021) 788-8235, www.colonacastle.co.za. Luxuriös eingerichtetes Gästehaus in imposanter, renovierter Villa von ca. 1930. Oberhalb von Muizenberg. Viele Antiquitäten. Panoramablick von den Constantia-Bergen bis auf die False Bay. Die Zimmer haben alle Namen, die in Beziehung zu der Einrichtung stehen (marokkanisch, englisch, chinesisch, mogul, grün) Außerdem gibt es eine große Penthouse Suite. Einige Zimmer mit Balkon. Sollte man bereit sein, mehr auszugeben, dann ist dies die Empfehlung für diesen Küstenabschnitt.
Whale View Manor (34) $$$–$$$$$, 402 Main Rd., Murdock Valley, Simon's Town, ☏ (021) 786-3291, www.whaleviewmanor.co.za. Schöne Gästehaus-Villa nahe dem Strand am Südende des Ortes. Pool, Spa, Restaurant. Fragen Sie nach einem Zimmer mit Meerblick.
Boulders Beach Lodge (34) $$$–$$$$$, 4 Boulders Place, Simon's Town, ☏ (021) 786-1758, www.bouldersbeachlodge.com. Schönes Gästehaus nahe dem Pinguin-Strand.

14 Zimmer (zwei davon für Selbstversorger). Versuchen Sie, ein Zimmer mit Blick aufs Meer zu bekommen. Angeschlossen ist das **Pinguin Point Restaurant**.
Sonstraal (33) $$$, 6 Axminster Rd., Muizenberg, ☏ (021) 788-1611, www.sonstraal guesthouse.com. 8 Zimmer sowie ein Selbstversorger-Apartment (2 Schlafzimmer) und 2 Selbstversorger-Cottages (je 2 Schlafzimmer). Wer also gerne etwas Platz hat und nicht zu tief in die Tasche greifen möchte, ist hier richtig. Nur eine Minute zum Strand.

Auch in Simon's Town kann man nett wohnen

Sunny Cove Manor (34) $$$, 72 Simon's Town Rd., Fish Hoek, ☏ (021) 782-2274, http://sunnycove manor.co.za. B&B-Gästehaus in einer renovierten Villa (englischer Tudor-Stil). „Old World Charme".
Lala Phantsi Inn (35) $$, 6 Outspan Rd., Fish Hoek, ☏ (021) 782-3345, www.lalaphantsi.com. Günstiges B&B mit Blick über Fish Hoek. Pool und Jacuzzi sowie kleine Bar mit Veranda.

 Hinweis
Unterkünfte s. Karten S. 146, 173, 206

Am Atlantischen Ozean (zwischen Camps Bay und Kommetjie)
Monkey Valley Beach Nature Resort (36) $$$$, Mountain Rd., Noordhoek, ☏ (021) 789-8000, http://monkeyvalleyresort.com. Die Lodge liegt wunderschön nahe dem Chapman's Peak Drive (M 6). Gut bis luxuriös ausgestattete Häuser aus Holz und Stein, viele mit Blick auf die Noordhoek Bay. Mit Pool und Restaurant.
Hout Bay Lodge (37) $$$, 6 Bisschop Rd., Hout Bay, ☏ (021) 790-1158, www.hout baylodge.co.za. Sauberes und gemütliches Gästehaus oberhalb von Hout Bay. Eine ruhige Alternative zu den Hotels in Kapstadt. 8 Zimmer, davon ein Familienzimmer. Es wird deutsch gesprochen.
Brightwater Lodge (37) $$-$$$, 9 Brighton St., Hout Bay, ☏ (021) 790-2031, www.brightwaterlodge.co.za. Sehr ordentliches B&B sowie Selbstversorger-Apartment (4 Personen). Mitten im Ort, 5 Minuten zum Strand und zur Mariner's Wharf. Garten.
Afton Grove (36) $$-$$$, Main Rd., Noordhoek, ☏ (021) 785-2992, www.afton.co.za. 6 Zimmer und ein **Selbstversorger-Cottage** ($$$). Das kleine Gästehaus strahlt absolute Gemütlichkeit aus. Die Spenglers sind Naturliebhaber und können viele Tipps für Wanderungen, zur Beobachtung von Vögeln und anderen Dingen geben, arrangieren auf Wunsch auch Ausritte und Picknicks. Der Strand von Noordhoek ist auch nicht weit (15 Min. zu Fuß).

Am Atlantischen Ozean nördlich der City Bowl
Blouberg Manor Boutique Hotel (38) $$$$, 6 Verkouteren St., Bloubergstrand, ☏ (021) 554 3135, www.blouberg manor.co.za. Nahe dem Strand und den Restaurants von Big Bay gelegenes Hotel der gehobenen Klasse. Cape-Dutch-Gebäude. 12 Zimmer-Suiten. Besonders der Blick vom Restaurant auf die Table Bay ist wunderschön.
The Blue Peter Hotel (38) $$-$$$, Pophan Avenue, Bloubergstrand, ☏ (021) 554-1956, www.bluepeter.co.za. Dezent und schlicht eingerichtete Zimmer. Hier wohnt man di-

rekt vor dem bekannten Fotomotiv „Kapstadt, Table Mountain und Table Bay". Toll, um abends den Sonnenuntergang zu genießen. Nicht alle Zimmer zum Meer! Im Erdgeschoss befindet sich das bekannte **Ausflugslokal**, das in der Saison und dann besonders an den Wochenenden stark frequentiert ist.

Shenandoah Guest Home (38) $$$, 12 Gull Rd., Bloubergstrand, ☏ (021) 554-0576, www.shenandoah-guesthome.co.za. Kleines, modernes und ruhig oberhalb des Ortes gelegenes Gästehaus mit 3 Zimmern. Grandioser Blick auf Table Bay und Table Mountain (Sonnenuntergang!)

Elements (39) $$, 49 Sandpiper Crescent, Flamingo Vlei (südl. von Table View), ☏ (021) 557-8847, www.elements-capetown.com. Die Zimmer sind nach den vier Elementen der Erde gestaltet, individuell und gemütlich. Sehr nette Gastgeber. Internetcafé im Haus, schöner Garten, Pool. Es wird deutsch gesprochen.

Bed & Breakfast in Kapstadts Townships (s. Karte Kapstadt Großraum, S. 146/147) Es gibt auch Unterkünfte in den Townships, zumeist Bed & Breakfast, doch in einigen Fällen wird auch ein Abendbrot zubereitet (vorher anmelden). Entgegen einigen Vorurteilen sind die Unterkünfte sauber und vor allem auch sicher. Wie könnte man diese Seite von Südafrika besser kennenlernen, als hier zu wohnen? Die Kapstädter Touristeninformation vermittelt die Unterkünfte, doch selbst dort buchen ist ebenfalls möglich.

Kopanong Bed & Breakfast (7) $$, s. „persönliche Favoriten", S. 205

Ma Neo's B&B (40) $–$$, Zone 7, Nr. 30, Langa 7455, ☏ (021) 694-2504, www.mycapetownstay.com/Ma_Neo_s. Das nächste zum Stadtzentrum B&B. Die Besitzerinnen sind Thandiwe Peter und ihre Tochter Neo – daher der Name.

Vicky's B&B (7) $–$$, C-685A Kinyani St., Site C, Khayelitsha 7784, ☏ (021) 387-7104, www.mycapetownstay.com/Vicky_s_Bed_and_Breakfast. Einfaches, aber sehr persönlich geführtes B&B – ein echtes Townshiperlebnis.

Majoro's (7) $–$$, 69 Helena Crescent, Graceland, Khayelitsha, ☏ (021) 361-3412, www.mycapetownstay.com/MajorosBB.

Jugendherbergen/Backpacker-Lodges im Raum Kapstadt

Es haben sich in Kapstadt unzählige Backpacker-Lodges etabliert, die fast alle gut und billig ($) sind. Die meisten verfügen zudem über einfache Doppelzimmer. Gut zu buchen sind die Backpacker über www.hostelz.com/hostels/South-Africa/Western-Cape/Cape-Town. Viele Backpacker-Lodges befinden sich in der **Long Street (40)** zwischen Wale Street und Buitensingel/Orange Street (City Bowl/Innenstadt), so z. B.: **Long Street Backpackers** (209 Long St., ☏ (021) 423-0615, www.longstreetbackpackers.co.za) und **Cat and Moose** (305 Long St., ☏ (021) 423-7638, www.catandmoose.co.za) und das **Travellers Inn** (208 Long St., ☏ (021) 424-9272, www.travellersinn.co.za.

Ashanti Lodge Gardens (21), s. unter Unterkünfte S. 209

The Backpack (41), 74 New Church St. (nicht verwechseln mit der Church St.), Tamboerskloof, ☏ (021) 423-4530, www.backpackers.co.za. Große Herberge. Sehr professionell aufgezogen. Es gibt ein Reisebüro (u. a. Buchungen von Touren ins Outback), ein kleines Restaurant und eine Bar. Ein Favorit!

Zebra Crossing (41), 82 New Church St. (nicht verwechseln mit der Church St.), Tamboerskloof, ☏ (021) 422-1265, www.zebra-crossing.co.za. Hier geht es etwas ruhiger zu. Zudem preiswerte Einzel- und Doppelzimmer. Ein Favorit!

Green Elephant (32b), 57 Milton Rd., Observatory, ☏ (021) 448-6359, www.greenelephant.co.za. Im Uni-Gebiet, dafür aber weit entfernt von der Innenstadt. Der Vorteil: Hier

entflieht man der ausgeprägten Backpacker-Atmosphäre in der Innenstadt. Campen ist bedingt möglich.
33 South Boutique Backpacker (32c), 48 Trill Rd., Observatory, ☎ (021) 447-2423, www.33southbackpackers.com. 2- und 4-Bett-Zimmer. Frühstück bei Preisaufschlag ($$) inklusive.
Stans Halt (42), The Glen, oberhalb von Camps Bay, ☎ (021) 438-9037, stanh@new.co.za.
Abe Bailey (33), 11 Maynard Rd., Muizenberg, ☎ (021) 788-2301, www.facebook.com/Baileys.Surf.Shack. Auf Surfer ausgerichtet. 3 Minuten zum Strand.

Hinweis
Viele Backpacker-Unterkünfte verweigern die Bezahlung mit Kreditkarte oder nur gegen hohen Aufschlag (Bankgebühren).

Holiday Apartments und Cottages im Raum Kapstadt
Ferien- und Selbstversorger-Apartments bieten für längere Aufenthalte eine günstige Übernachtungsalternative, besonders für Familien mit Kindern. Während der Hochsaison ist eine Mindestaufenthaltsdauer von einer Woche üblich, in der Nebensaison geht es auch kürzer. I. d. R. werden die Apartments täglich gesäubert. Eine gute Buchungsadresse ist **www.wimdu.de**.
Viele Ferienapartments befinden sich **zwischen Waterfront und Bantry Bay**, vor allem in **Sea Point**.

Bay Reflections (27) $$$$$, 19a Francolin Rd., Camps Bay, ☎ (021) 438-0083, www.bayreflections.com. Oberhalb von Camps Bay gelegen. Zwei Luxusapartments mit Balkonen (Sonnenuntergang!). Jeweils zwei Schlafzimmer. Frühstück inbegriffen.
Tudor House Luxury Holiday Apartments (34) $$$$, 43 Simon's Town Rd., Fish Hoek, ☎ (021) 782-6238, www.tudorhouse.co.za. Gut ausgestattete Zimmer. Blick direkt auf die False Bay.
De Waterkant Village & De Waterkant House (12) $$$–$$$$, De Waterkant, s. S. 214
Gardens Center Holiday Flats (43) $$$, Mill St., Gardens, ☎ (021) 461-8000, www.gardensapartments.co.za. Meist einfach. Über der City gelegen; zu empfehlen sind die oberen Etagen.
A Whale Of A Time Guesthouse (35) $$$, 11 Echo Rd., Fish Hoek, ☎ (021) 782-5040, www.awhaleofatime.co.za. Bezaubernd gelegen mit atemberaubendem Blick aufs Meer. 5 Selbstversorger-Apartments und ein Cottage. Fish Hoek ist bequem zu Fuß zu erreichen.
Hiddingh Village Studios (43) $$$, direkt am Gardens Center (Gardens), ☎ (021) 422-4254 oder 072-158-6828. Voll ausgestattete, sonnige Apartments, 15 Gehminuten zur Innenstadt. CT Rentals vermietet auch Zimmer in anderen Teilen der Stadt.
Horizon Holiday Cottages (36) $$–$$$, 9 Sea Cottage Drive, Noordhoek, ☎ (021) 785-1604, www.horizoncottages.co.za. Rustikale Holz-Cottages ($$$, 4 Pers.) und Cabanas ($$, 2 Pers.) mitten in Noordhoek (nahe Shopping Mall, 15 Min. zu Fuß zum Strand). Gutes Preis-Leistungs-Verhältnis.
Cascades Holiday Apartments (44) $$, 8 Vesperdene Rd., Green Point, ☎ (021) 434-3385, www.cascadescapetown.co.za. Nahe Innenstadt und Waterfront, in ruhiger Seitenstraße. Einfach, aber komfortabel eingerichtet und sauber.

Cape Lofts (45) $$–$$$$, Büro: 29 Montrose Ave. Oranjezicht, ☏ (021) 465-0884, www.cape-lofts.com. Vermittelt gut ausgestattete Stadtwohnungen aller Größen.

Tipp
Eine gute Website für das Buchen von Ferienwohnungen/Apartments im Internet ist: **www.airbnb.de**.

Campingplätze im Raum Kapstadt
Es gibt unzählige Campingplätze im Großraum von Kapstadt. Einige davon werden von Leuten genutzt, die in Kapstadt arbeiten und hier günstig mit Zelt bzw. Wohnwagen unterkommen. Diese Plätze sind meist laut und nicht so sauber. Achtung auch wegen der Baboons, besonders an Plätzen auf der Kaphalbinsel (unbedingt Nahrungsmittel sichern!).

Stadteigene Plätze/Resorts im Internet: www.capetown.gov.za/en/SportRecreation/Pages/Resorts.aspx, resort.bookings@capetown.gov.za.

Chapman's Peak Caravan Farm (36), Noordhoek (am Ortseingang am Chapman's Peak Drive), ☏ (021) 789-1225, www.capestay.co.za/chapmans-peak. 30 km bis zur Innenstadt. Schattenplätze, zwei Chalets, Pool, Spielplatz. Nahebei können Pferde für Strandausritte ausgeliehen werden.

Imhoff Park – Kommetjie (46), Kommetjie (Wireless Rd.), ☏ (021) 783-1634, www.imhoff.co.za. Ebenfalls abseits des großen Trubels. Spaziergänge am Wasser: 500 m zum Strand. 40 km bis zur Innenstadt. Kleine Chalets, Zelte und Caravans. Motorräder nicht erlaubt. Gepflegt.

Soetwater Resort (47), südl. von Kommetjie, Zufahrt über Witsand, ☏ (021) 783-1747. Relativ neu eingerichteter, stadteigener Campingplatz. Direkt am Wasser, nahe dem Leuchtturm. Einige, sonnen- und windschattige Plätze mit Strom. An Wochenenden kann es laut werden. 45 km bis zur Innenstadt.

Oatlands Holiday Village (34), 2 km südl. des Zentrums von Simon's Town, Froggy Pond, ☏ (021) 786-1410, www.oatlands.co.za. Auch Hütten und Selbstversorger-Apartments. Blick auf die False Bay (aber Achtung! Wind!). 40 km bis zur Innenstadt.

Millers Point Caravan Park (48), Millers Point, südlich von Simon's Town, ☏ (021) 786-1142. Stadteigener Campingplatz, sauber, nur 17 Stellflächen. Schattig und schön gelegen oberhalb der False Bay, zu der man gut hinunterlaufen kann. 48 km bis zur Innenstadt.

Ou Skip Caravan Park & Chalets (49), Melkbosstrand, an der West Coast, nicht weit vom Meer, ☏ (021) 553-2058, www.ouskip.co.za. 28 km zur Innenstadt. Über 200 zumeist schattige Grasplätze, Selbstversorger-Chalets.

Adressen Camping/Caravaning im Internet
Die beste Internetseite für eigene Recherchen ist **www.caravanparks.com**. Ferner kann man noch **www.caravansa.co.za** und **www.campsa.co.za** probieren.

Essen gehen im Raum Kapstadt: Vom Gourmettempel bis zum Fish & Chips-Imbiss
Kapstadts Restaurants gehören zu den besten und vielseitigsten der Welt. Es gibt nahezu alles. Zum einen dank der ethnischen Vielfalt der Stadtbevölkerung, zum anderen, weil sich immer mehr Köche aus aller Welt hier ausprobieren möchten. Fine Dining bei Kerzenlicht in einem Gourmettempel, asiatische Leckereien, regional typische Gerichte der Afrikaner bzw. der Kapmalaien, krosse Pizza, saftige Steaks oder ganz einfach Fish & Chips am Hafen. Einfach auswählen!

Hinweis
Die Restaurants finden Sie auf den Karten S. 146, 173 sowie 218.

Kapmalayisch/Cape-Malayan

Cape-Malayan-Restaurants werden von muslimischen Inhabern geführt, daher darf hier kein Alkohol getrunken werden. I. d. R. kann man nur bis 21 Uhr bestellen und sollte so höflich sein, bis spätestens 22 Uhr das Restaurant zu verlassen. Ein typisches Hauptgericht ist **Bobotie**: kräftig gewürztes Hackfleisch (Rind und Lamm, inkl. Curry, Rosinen), mit Ei überbacken. Als Beilage serviert man Sambal und Chutney (oft Banane, süß-sauer) sowie Reis.
Noon-Gun Tea Room & Restaurant (1), 273 Longmarket St. (Anfahrt über Wale St./Yusuf Drive – Schildern folgen), Signal Hill, oberhalb des Malay Quarter, ☏ (021) 424-0529. In dem hoch am Hang gelegenen Gebäude speist man authentisch und genießt dazu eine prachtvolle Aussicht. Also Platz am Fenster reservieren! Auch für einen Nachmittagssnack, z. B. Malay-Cake und Kardamom-Tee, ist dieses Haus ein Tipp. Sonntags geschl.
Biesmiellah (2), 2 Upper Wale St., Malay Quarter, ☏ (021) 423-0850. Kleines Restaurant, ein Take-away ist ebenfalls angeschlossen. Die Atmosphäre ist authentischer als im Noon-Gun, dafür sitzt man aber nicht so schön. Das Essen ist erstklassig. Sonntags geschl.
Cape Malay Experience, im Cellars-Hohenort Country House (s. S. 211), 93 Brommersvlei Rd., Constantia, ☏ (021) 794-2137. Hier schaut man bereits beim Zubereiten der Mahlzeiten zu. Elegantes Setting, erstklassige Cape-Malay-Küche mit kleinen Nuancen. Anmeldung erforderlich, Mindestteilnehmerzahl: 6 (man kann sich aber zu einer bereits gebuchten Gruppe gesellen). Das Restaurant hat seinen Preis, ist aber ein Erlebnis für den „besonderen Abend". Hier wird auch Alkohol serviert.

Kap-Holländisch/Cape-Dutch

Die Szene in diesem Segment ändert sich ständig, da die Vielfalt dieser Küche begrenzt ist und doch viele der Gerichte eher am Grill im Garten zubereitet werden. Zu empfehlen sind zzt. die **Volkskombuis (3)** in Stellenbosch (s. S. 298) und das **Ons Huisie (12)** (18 Generaal Jansen Rd., Bloubergstrand, ☏ 021-554-1553). Im exquisiten **Catharina's (5)** im Steenberg Hotel (Tokai Rd., Tokai, ☏ 021-713-2222) gibt es gelegentlich Cape-Dutch-Gerichte. Allemal leckeres Lamm und deftige südafrikanische Nachtische.

Seafood

Sollte man keine Lust auf Langusten (Crayfish) verspüren, bietet sich immer der Linefish („frisch von der Leine") an, besonders wenn es sich um Cod (Kabeljau) oder Kingklip (Barschart) handelt. Für einen „Rundumschlag" lohnt sich oft eine Seafood-Platter (man kann sie ja teilen). Bezüglich Seafood ist auch **La Perla (6)** (s. S. 223) beachtenswert.
Panama Jacks (7), Eastern Mole Rd., Quay 500 (3. Straße östl., hinter dem Royal Cape Yacht Club nach links), ☏ (021) 448-1080. Untergebracht in einer alten Baracke inmitten der Hafenanlagen. Die frischen Langusten (Nov.–April) sind der Renner und werden nach Gewicht berechnet. Die Speisekarte lässt auch sonst keine Wünsche übrig für Liebhaber von Fisch und Meeresfrüchten. Toll: Die Seafood-Platter – mit oder ohne Languste. „Panama Jacks" ist nicht ganz billig, besonders wenn man die Weinkarte betrachtet. Unbedingt vorher reservieren!
Theo's (8), 163 Beach Rd., Mouille Point, ☏ (021) 439-3494. Unauffällig, aber ein Klassiker, wenn es um Seafood geht. Austern, Prawns im Kilo, ausgesprochen leckere und nicht so ölige Seafood-Platter (Tipp). Die Steaks sowie die ausgesuchte Weinkarte sind ebenfalls gut.

Sevruga (9), V&A Waterfront, Shop 4, Quay 5, ☏ (021) 421-5134. Erstklassiges, vielseitiges, aber nicht ganz preiswertes Angebot an Fischgerichten. Die Sushi-Gerichte sind ebenfalls klasse. Von der Terrasse aus gilt: Cocktail trinken und Leute schauen.

The Codfather (10), Ecke Geneva Drive/The Drive, Camps Bay, ☏ (021) 438-0782. „Heaven for fishlovers". Hier kann man eine eigene Kombination der besten und frischesten Fische zusammenstellen. Außerdem exquisite Sushibar. An der Strandpromenade (Victoria Rd.) von Camps Bay gibt es noch einige andere „In"-Restaurants mit Seafood.

Frische Languste im Panama Jacks

La Med (11), Victoria Rd., Glen Country Club, Camps Bay, ☏ (021) 438-5600. Schön gelegenes Restaurant mit Blick aufs Meer (Sonnenuntergang!). Seafood und andere Leckereien.

Harbour House Restaurant (9), V&A Waterfont, am Plaza/Amphitheater hinter Cape Union Market. Ableger des bekannten Restaurants in Kalk Bay (s. u.). Außenterrasse mit Blick auf den Hafen.

Black Marlin, Main Rd., Millers Point, ☏ (021) 786-1621. Südlich von Simon's Town bietet das Black Marlin gute Fischgerichte mit Aussicht auf die False Bay.

Zum Abschluss einer Kapumrundung bietet sich auch ein Abend in **Kalk Bay** an. Hier gibt es ein paar nette kleine „In"-Restaurants (nicht nur Fisch) und direkt am Meer (unter dem Bahnhof durchgehen) das sehr empfehlenswerte **Brass Bell**, eine ehemalige Hafenpinte, wo heute gute Fischgerichte zubereitet werden: Lockere Atmosphäre, mehrere Restaurantbereiche (einer auch nur mit einfachen Snacks wie Pizza, einer anderer eher eine Bar). Im Restaurant selbst sollten Sie aber unbedingt vorher reservieren: ☏ (021) 788-5456. Über dem Hafen von Kalk Bay thront das exzellente, aber nicht ganz preiswerte Fischrestaurant **Harbour House (11)**, ☏ 021-788-4136 (s. auch S. 271).

Ebenfalls ein wenig entfernt liegt das o. g. **Ons Huisie (12)** in Bloubergstrand. Vor dem Haus, einem denkmalgeschützten ehemaligen Fischerhaus, kann man auf Holzbänken sitzen (schöner Blick). Fish & Chips, Snacks, Austern, Crayfish, aber auch andere landestypische (Cape-Dutch) Gerichte. Mittags ist es hier an Wochenenden oft sehr voll.

Indisch

Viele indische Geschäftsleute sind von Durban nach Kapstadt gezogen und haben damit die indische Restaurantszene in Kapstadt in den letzten Jahren deutlich belebt, denn den Geschäftsleuten sind die Köche gefolgt.

Bukhara (13), 33 Church St. (Greenmarket Square), Innenstadt, ☏ (021) 424-0000. Beliebtes und großes indisches Restaurant. Die Gerichte sind authentisch und gut. Nordindische und zudem mongolische Küche. Die Currysauce gilt als Klassiker, und wegen ihr gab es sogar schon einen Kompetenz- und Rechtsstreit mit dem Saucenfabrikanten Coleman.

Viele kleinere indische Restaurants befinden sich eher in den östlichen, vor allem aber südlichen Stadtteilen, da hier die meisten Inder leben. Zwei Tipps: **Curry Quest (14)**, 89 Durban Rd., Little Mowbray, ☏ (021) 686-3157, südindische Küche, sowie **Bibi's Kitchen (15)**, Medicentre, Broad St., Wynberg, ☏ (021) 761-8365, nord- und südindisch.

Kapstadt
Restaurants

0 Restaurants
1 Noon-Gun Tea Room & Restaurant
2 Biesmiellah
4 Restaurants V&A Waterfront, nahe Clock Tower (u.a. Moyo)
6 La Perla
7 Panama Jacks
8 Theo's
9 Restaurants V&A Waterfront, Victoria Wharf, Plaza, Quays 4+5: Sevruga, Harbour House Rest., Wang Thai, Belthazar, Simply Asia, Quay 4, Ferryman's Tavern, Caroline's Fine Wine Cellars
10 Restaurants in Camps Bay: The Codfather, Hussar Grill
11 La Med
13 Bukhara
16 Mr Chan
18 Yindee's
19 Jewel Tavern
20 Wakame
21 The Tank
22 Minato's
23 Saigon Restaurant
24 Simply Asia (Gardens)
25 Bombay Bicycle Club
26 Five Flies Restaurant & Bar
27 La Mouette
28 Miller's Thumb
29 Aubergine
30 The Roadhouse Restaurant
31 Africa Café
32 Mama Africa
33 Nyoni's Kraal
36 Anatoli
37 Royale Eaterie
38 Sidewalk Café
39 Arnold's
42 Hussar Grill (Green Point)
43 Café Paradiso
44 Savoy Cabbage
45 Cape Town Hotel School & Restaurant
46 Nelson's Eye
47 Dias Tavern
48 Mr. Pickwick's
49 Carlyle's on Derry
51 Col'Cacchio
54 Caroline's Fine Wine Cellars
55 The Grand Café & Beach
56 Fireman's Arms
57 Perseverance Tavern
58 Barbosa Social Café

Legendenpunkte die hier nicht aufgeführt sind, finden Sie auf der Karte V+A Waterfront (S.167) sowie der Karte über die Stadtteile südl. der Innenstadt (S.173).

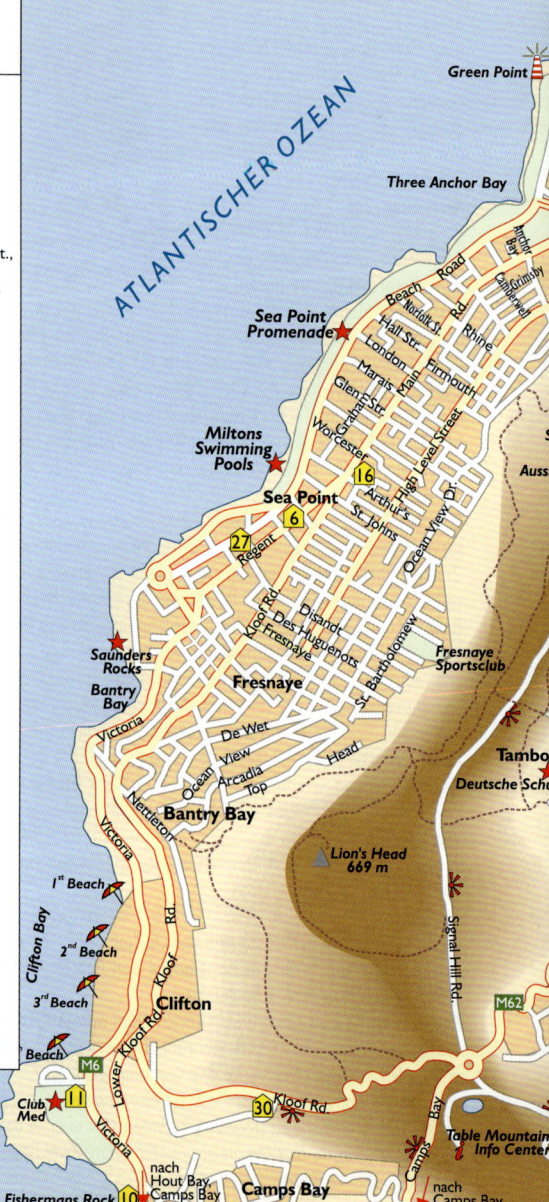

Reisepraktische Informationen Kapstadt und Kaphalbinsel

Asiatisch (u. a. Chinesisch, Thailändisch, Japanisch)
Mr Chan (16), 178A Main Rd., Sea Point, ☏ (021) 439-2239. Typisch chinesische „Auslandsküche". Recht gepflegtes Ambiente.

Als thailändische Restaurants empfehlen sich die Restaurants der **Kette Wang Thai**: z. B. an der V&A Waterfront **(9)**, ☏ (021) 421-8702; in Camps Bay: 1A Promenade, Victoria Rd. **(10)**, ☏ (021) 438-3005 und, unser Favorit, in Milnerton: **Beach Lagoon (17)**, ☏ (021) 551-9254. Von der Terrasse Blick auf Table Bay und teils auf die Stadt. Sonnenuntergang!

Yindee's (18), Ecke Kloof/Camp Sts., Gardens, ☏ (021) 422-1012. Seit Jahren etabliertes, authentisches Thai-Restaurant. Der Koch und Mitbesitzer ist Thailänder. Gemütliches Ambiente. Reservieren!

Jewel Tavern (19), 101 St. George's Mall, Innenstadt, ☏ (021) 422-4041. Authentische chinesische Küche. Das Ambiente ist nicht besonders, dafür aber das Essen. Mit mehreren Leuten lohnt es sich, diverse Gerichte am Drehteller-Tisch zu probieren (dies vorher reservieren).

Wakame (20), Surrey Place, Ecke Beach Rd., Mouille Point, ☏ (021) 433-2377. Sushi, japanische Gerichte und Seafood. Etwas abgehoben, aber frischer Fisch und die gute Weinkarte sprechen für sich. Bei gutem Wetter: Platz auf Terrasse reservieren (Sonnenuntergang).

The Tank (21), 72 Waterkant St., Innenstadt, De Waterkant (im Cape Quarter), ☏ (021) 419-0007. Puristisch eingerichtet. Super-Sushi! Zudem Pasta und „light dishes". Man kann auch draußen sitzen. Publikum: Avantgarde und Yuppies („sehen und gesehen werden"). Unbedingt reservieren!

Minato's (22), 4 Buiten St. (nahe Long St.), Innenstadt, ☏ (021) 423-4712. Kleines, unscheinbares Sushi-Restaurant. Sehr beliebt, da gut und günstig. Reservieren macht Sinn.

Saigon Restaurant (23), Ecke Kloof/Camp Sts, Gardens, ☏ (021) 424-7669. Eigentlich ein vietnamesisches Restaurant. Doch das Ambiente wurde „aufgepeppt" und nun gibt es zudem thailänische Gerichte sowie Sushi. Schade, denn das alte Restaurant hatte ein ganz eigenes Flair.

Simply Asia, Kette. Verschiedene Standorte, u. a. Park St. (Gardens) **(24)**, Blouberg und V&A Waterfront **(9)**, siehe unter www.simplyasia.co.za. Günstige und gute Thai-Gerichte, teils Restaurant, teils „Snackbude".

Wine & Dine
Wine & Dine ist ein beliebtes Dinnervergnügen bei den Südafrikanern. In gepflegter Atmosphäre, oft bei Kerzenlicht, werden erstklassiges Essen (nicht selten neue Kreationen) und erlesene Weine geboten.

Bombay Bicycle Club (Skollywood) (25), 158 Kloof St., Gardens, ☏ (021) 423-6805. Extravagante Küche der Superklasse, z. B. Steaks mit Schokosauce, viele ostasiatische Curry-Gerichte, u. a. als Vorspeise Prawns mit Curry-Wassermelone. Beste Weine und interessante Cocktails. Das Interieur: Eklektisch, Kitsch, Riesen-Tiger ... Geleitet vom ehemaligen Madame-Zingara-Team.

Five Flies Restaurant & Bar (26), 14–16 Keerom St., Innenstadt, ☏ (021) 424-4442. Untergebracht in einem alten Cape-Dutch-Gebäude, gibt es hier ausgezeichnete internationale Küche in tradi-

Fine Dining

tionellem Ambiente. Im Erdgeschoss wird gespeist und oben lockt eine „sophisticated" Cigar Bar. Exquisit!
La Mouette (27), 78 Regent St., Sea Point, ☏ (021) 433-0856. Fine Dining, 6-Gänge-Menü. In Tudor Style Revival House von 1919 (ehemals Bürgermeister-Residenz). Pfiffige französisch-mediterrane Küche sowie einige asiatische Spezialitäten.
Miller's Thumb (28), 10b Kloof Nek Rd., ☏ (021) 424-3838. Einfallsreiche Gerichte in gemütlichem Ambiente. Die Gerichte stehen an der Tafel und wechseln oft. Der Schwerpunkt wird auf Seafood gelegt. Zudem vegetarische Speisen und gute Weine.
Aubergine (29), 39 Barnett St., Gardens, ☏ (021) 465-4909. Mehrfach ausgezeichnetes Restaurant. Küche: Kreativ, französisch angehaucht. Die Speisen werden vornehmlich mit regionalen Zutaten zubereitet. Exzellente Weinkarte. Nicht ganz billig. Eine der Top-Adressen im Land.
Constantia Uitsig, Spaanschemat River Rd., Constantia, ☏ (021) 794-4480. Exklusives Restaurant im Herrenhaus des Weinguts (Aussicht auf Constantia Valley). Die mediterran-provenzalische Küche und die Estate-Weine haben dem Restaurant einen Platz unter den besten Südafrikas eingebracht.
The Roundhouse Restaurant (30), The Glen on Kloof Rd. (Straße, die die Victoria Rd. und den Kloof Nek verbindet), ☏ (021) 438-4347. Französisches Top-Restaurant in altem Schießstand. Hier haben vor 100 Jahren die alten Haudegen am offenen Fenster gestanden und auf das Wild am Hang geschossen. Heute genießt man eher die Aussicht auf die Camps Bay (Sonnenuntergang!) und die exquisiten Speisen.

Afrikanische Küche
Africa Café (31), 108 Shortmarket St., Heritage Square, Innenstadt, ☏ (021) 422-0221. Afrikanische Gerichte aus allen Ländern des Kontinents. Der Knüller ist das „Communal Feast". Hierbei bekommt man Kostproben („as much you can eat") nahezu aller Speisen aus verschiedensten afrikanischen Ländern. Oft wird afrikanische Musik gespielt.

🍴 Gebiete zur kulinarischen Selbsterkundung

Gebiete, wo es eine Reihe von netten Restaurants im nahen Umfeld gibt:
- **Main Road** im Abschnitt **Green Point**.
- **Main Road in Sea Point** mit Schwerpunkt auf dem südwestlicheren Abschnitt.
- **Heritage Square**: An der Nordseite des Platzes finden sich eine Reihe von schicken und hippen Restaurants und Weinbars.
- **Long Street/Kloof Street**: Zwischen Wale Street und Kloof Nek Road. Bunte Auswahl: Fine Dining, gute Burger, Pubfood, afrikanisch, asiatisch, Steaks etc.
- **De Waterkant/Somerset Road**: In-Bars, angesagte Italiener, gesund, Sushi.
- **Durban Road** (100 m östlich des Liesbeek Pkwy., Little Mowbray). Ethnische Restaurants, u. a. das Chai-Yo (65 Durban Rd., thailändische Küche, ☏ 021-689-6156).
- **Studentenlokale** um die Main Road in Rondebosch und Claremont.
- **Lower Main Road in Observatory**: eklektische Studentenlokale
- Und natürlich an der **V&A Waterfront** sowie der **Canal Walk Mall**.
- Für echte „**Foodies**": Auf der Internetseite http://capefusiontours.com wird auf Adressen von ausgesuchten Restaurants, kulinarischen Touren und Kochschulen hingewiesen. Die Auswahl reicht von Afrikanisch im Township über Braai und Märkte bis zum Fine Dining.

Mama Africa (32), 178 Long St., Innenstadt, ☏ (021) 424-8634. Afrikanische Küche bei entsprechender Musikuntermalung (geringe Cover Charge). Spezialität sind die afrikanischen Wildgerichte (Eland, Kudu, Springbok, Krokodil etc.). Schade nur, dass die Atmosphäre etwas überthematisiert-afrikanisch ist. Unbedingt reservieren!

Nyoni's Kraal (33), 98 Long St., ☏ (021) 422-0525. Wild- und Fleischgerichte aus Südafrika, auf Wunsch mit Pap (Maisbrei). Für die Mutigen gibt es Mopani-Würmer und Hühnerfüße!

Eziko Restaurant/Eziko Cooking & Catering Training Center (34), Jungle Walk, Ecke Washington Road, Langa, ☏ (021) 694-0431. Die Kochschule befindet sich in Kapstadts ältestem Township. Hier erlernen zukünftige Köche die afrikanische Küche und bieten im angeschlossenen Restaurant (Lunch und Dinner) die authentisch afrikanischen Gerichte (Pap u. a.) an. Durchaus eine Erfahrung wert. Unbedingt vorher anrufen, wann und ob das Restaurant geöffnet ist. Anfahrt: über N 2 zum Exit Bhunga Road/Langa. Dann Bhunga Rd. entlang bis zur Washington Rd. und in diese dann nach rechts abbiegen und bis zur Kreuzung Jungle Walk fahren. Die Kochschule liegt auf einem Kirchengelände.

Mzoli's (Phunga Restaurant & Bar) (35), Shop 3, NY 115, Gugulethu, ☏ (021) 638-1355. Anfahrt: N 2 Exit 15, rechts auf Dunefontein Rd., dann links in Klipfontein Rd. Über die Bahn- und die Ampelkreuzung fahren, danach die nächste Straße links. Das Lokal liegt nahezu an der Ecke. Offiziell ist Phunga das Restaurant und Mzoli's der Fleischladen. Irgendwann kam dann die Idee auf, man könnte ja alles miteinander verbinden. Das auf der überdachten „Veranda" (Parkplatzboden, Blechdach, Drahtgehäuse, Plastikstühle ...) gekaufte bzw. bestellte Fleisch wird in riesigen Grillöfen im Hinterhof zubereitet und zusammen – oft mit mitgebrachten – Getränken verzehrt. Am besten, man bestellt ein Hühnchengericht.

Andere Küchen

Anatoli (36), 24 Napier St, De Waterkant, Innenstadt, ☏ (021) 419-2501. Gute türkische Küche. Auch Seafood.

Royale Eatery (37), 273 Long St., ☏ (021) 422-4356. Das Royale gehört zu den Restaurants, die von sich behaupten, einen noch besseren Burger als andere kreiert zu haben. Zugegeben, man hat sich hier einiges einfallen lassen ... und dafür stehen die Leute Schlange. Man sollte hier also nicht einkehren, „nur" um den klassischen Cheeseburger zu essen.

Sidewalk Café (38), 33 Derry St., Vredehoek, ☏ (021) 461-2839. Kleines Eckrestaurant abseits der Touristenpfade mit einfallsreich zubereiteten Speisen, auch vegetarischen. Beliebt fürs späte Frühstück – besonders zum Sunday-Brunch – sowie für ein Sandwich bzw. Kuchen zwischendurch.

Arnold's (39), 60 Kloof St., Gardens, ☏ (021) 424-4344. Unscheinbar an der beliebten Restaurantstraße gelegen, empfiehlt sich Arnold's mit guten und bezahlbaren Fleischgerichten (Burger, Steaks, Wild), serviert aber auch Salate. Ebenfalls angenehm: Das Publikum, denn hier geht man hin, um gut und zu fairen Preisen zu essen, ohne viel Schnickschnack. Arnold's ist zudem beliebt als Frühstückslokal („Breakfast all day long").

A Touch of Madness (40), 12 Nuttall Rd., Observatory, ☏ (021) 448-2266. Dining in „Bohemian Style" in viktorianischem Stadthaus. Gute Steaks, Kudu, aber auch vegetarische Gerichte. Der Name verrät es bereits, hier geht es etwas schräg zu – halt Observatory.

Hussar Grill (41), 10 Main Rd., Rondebosch, ☏ (021) 689-9516. Alteingesessenes, gemütliches Restaurant mit zahlreichen Steakvariationen (u. a. Chateaubriand, Steak Madagascar). Abseits der Touristenpfade und von außen recht unscheinbar. **Filialen** gibt es in Green Point **(42)** (107a Main Rd., ☏ 021-433-2081) sowie Camps Bay **(10)** (Camps Bay Drive, ☏ 021-438-0151).

Café Paradiso (43), 110 Kloof St., ☏ (021) 423-8653. Ausgefallene Gerichte, oft mit Pasta, zu vernünftigen Preisen. Schöne Gartenterrasse.

Savoy Cabbage (44), 101 Hout St., Innenstadt, ☏ (021) 424-2626. Einer der „In"-Plätze, wenn's ums Fleisch geht und doch kein typisches Steakrestaurant, denn es gibt auch vegetarische Gerichte sowie Seafood. Modern-eklektisch eingerichtet (viel Glas, viel Stein). Die Steaks sind saftig, die unterschiedlichen Fleischkreationen durchaus eine Versuchung wert. Auch der oft beworbene „Tomato Tart" hat nicht enttäuscht. Angeschlossen: die **Champagne Bar**.

La Perla (6), Beach Rd./Ecke Church Rd., Sea Point, ☏ (021) 434-2471. Authentisches italienisches Restaurant, bekannt für seine Meeresfrüchtespeisen, den 1970er-Jahre-Charme und die angeschlossene Cigar Lounge. Gut schmecken – in der Saison – die Muscheln. Man kann auch draußen sitzen.

OBZ Café (40), 115 Lower Main Rd., Observatory, ☏ (021) 448-5555. Treffpunkt von Leuten aus der Medien- und Werbebranche. Lockere Atmosphäre. Im New-York-Stil aufgezogen. Kombination aus „Deluxe Deli" (mit Barstühlen) und Restaurant (einfache Stühle und Tische) – alles in einem Raum. Zu den Delikatessen zählen z. B. Tapas, Couscous und Lammgerichte. Gerne wird ein süßer Kuchen als Late-Night-Snack bestellt.

Cape Town Hotel School & Restaurant (45), Beach Rd., Mouille Point (zwischen Waterfront und Sea Point), ☏ (021) 440-5736. Hier werden Köche, Kellner und anderes Hotelpersonal ausgebildet. Das Restaurant mit kleiner Terrasse liegt direkt am Meer. Die Küche und der Service sind hervorragend, denn die Schüler/innen müssen ja ihr neu erworbenes Können „ausprobieren". Die Variationsbreite der Gerichte ist groß, aber i. d. R. gibt es immer einige leckere Seafoodgerichte. Sa geschl. Unbedingt reservieren.

Nelson's Eye (46), 9 Hof St., Gardens, ☏ (021) 423-2601. Eines der besten Steakrestaurants der Stadt. Nettes, historisches Ambiente, gute Saucen. Unbedingt reservieren.

Belthazar (9), Victoria Wharf, V&A Waterfront, Shop 153, ☏ (021) 421-3753. Mehrfach prämiertes Steakrestaurant. Es gibt aber auch Boerwors, Biltong und Burger. Feines Ambiente. Bekannt für die größte Auswahl an Weinen per Glas.

Dias Tavern (47), 27 Caledon/Ecke Harrington Sts., Innenstadt/District Six, ☏ (021) 465-7547. Großes, uriges Kneipenrestaurant. Zahlreiche portugiesische und Pub-Gerichte mit Fisch und Hühnchen. Der Tipp aber: Espetada oder das saftig-würzige Portugese Rump. Hier stimmen Preis und Leistung. Oft Livemusik.

Mr. Pickwick's (48), 158 Long St., Innenstadt. Lange geöffnet, einfaches Lokal. Doch die Burger und Sandwiches sind super! Dazu wird ein Korb mit 6–8 absolut leckeren Saucen gereicht.

Quay 4 (9), Waterfront, Pierhead, ☏ (021) 419-2008. Restaurant mit Hafenblick. Fisch- sowie Pub-Style-Gerichte. Nette Atmosphäre.

Carlyle's on Derry (49), 17 Derry St., Vredehoek, ☏ (021) 461-8787. Angesagt bei Jung und Alt. Gute Pizza, Salate und Pasta-Gerichte. Lockeres, aber kein italienisches Ambiente. After-Work-Bar.

The Wild Fig (50), Valkenberg Estate, Liesbeeck Ave., Observatory, ☏ (021) 448-0507. Abseits der Touristenströme wird hier gute Küche geboten. Leckere Lamm-, Wild- und Steakgerichte, gute Salate. Sehr beliebt ist die Roasted Duck.

Col'Cacchio (51), Shop 2, The Spearhead Building, 42 Hans Strijdom Ave., Foreshore, ☏ (021) 419-4848. Schick, in, aber Geräuschkulisse wie in einer Bahnhofshalle! Die wohl größte Auswahl an Pizza (dünn, kross, lecker) in der Stadt. Man kann aus 50 Belagen auswählen.

Brad's Grill (52), 69 Second Ave., Harfield Village, Claremont, ☏ (021) 671-2527. Abseits der bekannten Pfade, doch wer mal Lust auf ein gutes Steak unter Einheimischen hat, ist hier

Moyo in Big Bay

richtig. Unbedingt reservieren. Brad selbst ist eine charismatische Persönlichkeit!

Star Dust (53), 165 Main Rd., Rondebosch, ☎ (021) 686-6280. Marokkanisch-mediterrane Küche. Das Ausgefallene hier sind die Kellner/innen, die auf der Bühne ein musikalisches Entertainment bieten, bei dem man mitsingen kann. Es darf auch getanzt werden. Für die weniger Hungrigen gibt es eine Bar.

Alpenstube, 28 Victoria Ave., Hout Bay, ☎ (021) 790-2059. Deftige deutsche bzw. österreichische Küche (Schnitzel, Brat- und Currywurst, Eisbein). Auch Takeaway.

Maestros on the Beach (17), am Leuchtturm von Milnerton auf Woodbridge Island, ☎ (021) 551-4992. Riesiges Restaurant mit Bar, direkt am Wasser. Tolle Sonnenuntergangs-Location, doch laut und am Wochenende voll.

An der **False Bay** (Indischer Ozean) gibt es in jedem Ort Restaurants. Für frisches Seafood ist der kleine Hafen von **Kalk Bay** der beste Anlaufpunkt. In **Simon's Town** dagegen gibt es mehr „Mainstream-Restaurants", so z. B. Bertha's (Steaks/Fisch, ☎ 021-786-2138) direkt an der Waterfront Mall. **Muizenberg** besticht nicht so sehr durch exquisite, dafür aber durch eine Vielfalt günstigerer Restaurants.

Blue Peter (12), Beachfront, **Bloubergstrand**. 30 Min. von Kapstadt entfernt. Von hier aus erlebt man den grandiosen Blick auf Kapstadt und den Table Mountain (Sonnenuntergang). Pizza und gutes Pubfood, der Knüller jedoch ist der Sundowner mit Snack. Auch vom nahen **On the Rocks Restaurant** (45 Stadler Rd., ☎ 021-554-1988) ist der Blick auf die Stadt klasse. In **Big Bay** lockt **Ciao Baby Cucina** mit bestem und frischestem italienischen Essen (Shop Nr. 57A, Eden on the Bay, ☎ 021-554-5128). Ebenfalls in Big Bay: das große Restaurant **Moyo** mit afrikanischer Küche und marokkanischem Ambiente. Toll zum Abhängen: die Riesenkissen direkt an der Promenade (☎ 021-554-9671).

Hinweis
Nahezu alle unter Bars & Pubs (S. 225) aufgeführten Adressen bieten (z. T. sehr gutes!) Essen an.

Coffeehouses & Teatime

Kapstadt ist bekannt für seine **Coffeehouses**, besonders in der Innenstadt. Sie wurden gegründet für die vielen Büroangestellten und die Shopper, die es leid waren, während der Pausen die wässrigen Kaffees der Schnellimbisse zu trinken. Coffeehouses findet man vorwiegend in der St. Georges Mall, seinen Seitenstraßen, am Greenmarket Square und entlang der Long Street. Viele der Cafés haben Internet bzw. sind WiFi Hot Spots. Zudem verfügt das Café im Touristenbüro von Kapstadt Ecke Burg/Castle Sts. über ein **Internetcafé**.

Teatime ist bekanntlich britischen Ursprungs. Der wahre Teegenießer sollte sich den „Afternoon Tea" im **Mount Nelson Hotel** (Orange Rd., Gardens) nicht entgehen lassen. Er wird tgl. 14.30–17.30 Uhr zelebriert und muss mind. einen Tag im Voraus angemeldet werden, ☎ 021-483-1948, www.mountnelson.co.za). Dazu werden gereicht: Gurken-Sandwiches,

Lachsbrötchen, Torten, Cupcakes und Scones, kapmalayische Snacks und Süßgebäck. In Stellenbosch wird Afternoon Tea im **Lanzerac** (S. 297) serviert. Andere Hotels mit Afternoon Tea sind: **Cape Grace**, **The One & Only** sowie **The Table Bay**.

Sonstiges
Caroline's Fine Wine Cellars (54), Shop 44, Matador Centre, 62 Strand St., Innenstadt, (021) 419-8984. In dem ausgesuchten Weingeschäft kann man nicht nur Weine probieren, sondern zur Lunchtime auch leckere Snacks einnehmen.

Bars, Kneipen und Sundowner-Spots
Sundowner-Spots
Wafu, Beach Rd./Surrey Place, Mouille Point. Die Dachterrasse ist absolut angesagt als Sundowner-Spot. Zum Cocktail gibt es u. a. Sushi-Snacks.
Daddy Cool, im 1. Stock des Grand Daddy Cool Hotel (38 Long St.), ist „hip". Ausgefallenes Design, besondere Cocktails, illustres Publikum, guter Sundowner-Spot (nur bis 20.30 Uhr für Nichthotelgäste). Im Dachgeschoss lockt an Wochenenden die **Airstream Penthouse Trailer Park Bar**.
Blue Peter, Beachfront, Bloubergstrand. 30 Min. von Kapstadt entfernt. Der Blick auf die Table Bay und den Table Mountain ist am Nachmittag und besonders zum Sonnenuntergang mehr als grandios und ein touristisches Muss! Pizza und Pubfood. Nördlich von Bloubergstrand lockt der Strand von Big Bay ebenfalls die Sundowner-Crowd an.
Maestros on the Beach (17), am Leuchtturm von Milnerton (Woodbridge Island). Großes Restaurant mit Bar, direkt am Strand. Tolle Location, doch laut und am Wochenende voll.
La Med, Victoria Rd., Glen Country Club, Clifton. Zwischen Clifton und Camps Bay. Besonders an den Wochenenden (abends Livemusik) mischen sich hier die jugendlichen Urlauber mit den „angereisten" Innenstädtern – „in" … und am Strand.
Winchester Mansion Hotel, 221 Beach Rd., Sea Point. Toller Blick von der Vorderterrasse über die Sea Point Promenade auf den Atlantik.
The Grand Café & Beach (55), Beach Rd., Granger Bay. Nahe der V&A Waterfront. Beach Club mit Sofas, Strand und Bistro-Atmosphäre. Toller Platz, um den Sonnenuntergang

Sundowner-Spot: Maestros on the Beach

zu genießen. Gediegen. Reservierungen für Mahlzeiten nur per E-Mail (beach@thegrand.co.za) oder SMS (072-586-2052).
In **Camps Bay** werben mehrere Bars und Restaurants an der **Victoria Road** mit Sonnenuntergangsstimmung. Der Blick stimmt, doch wirkt die stark befahrene Straße störend und auch die Bäume nehmen einiges von der Sicht. Trotzdem: Hier gilt „sehen und gesehen werden". Klassiker sind das **Café Caprice** und die **Sandbar**.
Sehr vornehm geht es zu in der **Leopard Bar** des Twelve Apostles Hotel an der Victoria Road südlich von Camps Bay. Wer hierher kommt, sollte dabei eher an Champagner und Austern denken, als an Bier und Chips.

Sonnenuntergangspicknick
Wer nicht in ein Lokal einkehren möchte, dem seien die **Strände von Bloubergstrand, Milnerton und Camps Bay** für ein mitgebrachtes Picknick bzw. Sundowner-Package empfohlen. Die Ausblicke vom Table Mountain und Signal Hill sind ebenfalls toll.

Bars & Pubs
Beachten Sie, dass die Pubs in Kapstadt oft schon um 23 Uhr schließen, an Sonntagen oft auch früher.
An der **V&A Waterfront** gibt es einige Bars und Pubs, von denen das **Quay4** (Veranda zum Hafen, Seafood), die alte **Ferryman's Tavern (9)** (Barfood, Fisch- und Fleischgerichte) und gleich daneben **Mitchell's Waterfront Tavern/Scottish Ale House** (bis nach 2 Uhr geöffnet, gemütliche Whiskey Bar im Obergeschoss) die beliebtesten sind.

Tags und nachts beliebt: Mitchell's Waterfront Tavern

Entlang der oberen **Long Street** (und deren Verlängerung **Kloof Street**) – Innenstadt/Gardens – findet man zahlreiche Lokale und Kneipen, z. B. Zigarrenbars, Studentenbars, Cocktailbistros und Schuppen mit lauter Musik. Angesagt sind z. B. die gemütliche, aber oft volle **Tjing-Tjing Rooftop Bar** (165 Longmarket St., Ecke Long St.) und **The Dubliners at Kennedy's** (251 Long St.), ein irischer Pub mit einer ansprechenden Auswahl guter Whiskeys und Cognacs, Pubfood sowie nahezu täglich Livemusik.
Fireman's Arms (56), 25 Mechau St./Ecke Buitengracht, Innenstadt. Trotz der vielen Feuerwehrhelme an den Wänden war der alte Pub (von 1906) ehemals das „Waterhole" der Kohlenstoker auf den Schiffen – zu einer Zeit, als der Hafen nur 150 m entfernt war. Heute treffen sich hier mittags und nach Dienstschluss (Happy Hour) die Büroangestellten und Kaufleute. Voll, wenn Sportveranstaltungen gezeigt werden (besonders Fußball und Rugby). Gute Pubgerichte und krosse Pizza.
Perseverance Tavern (57), 83 Buitenkant St., Innenstadt. Älteste Taverne der Stadt (ab 1808 Herberge und seit 1836 Taverne) und wohl auch die älteste, noch geöffnete in Südafrika. Der älteste Weinstock Afrikas, der hier im Garten stand, ist leider abgestorben. Pubatmosphäre, gemischtes Publikum. Pizza, Steaks, Pubfood und feiste Burger.

Barbosa Social Café (58), 15 Alfred House, Portswood Rd., nahe Main Rd. in Green Point. „It's all about Food, Wine, Cigars and Vibe", so der Slogan, wobei Cigarbar und Vibe dominieren.

Das **Café Gainsborough** („sophisticated"), 64 Kloof St., Gardens, ist sehr beliebt beim jüngeren Publikum.

Forester's Arms Pub, 52 Newlands Ave. (gegenüber Palmwood St.), Newlands, ☎ (021) 689-5949. Großer, alteingesessener Pub in ruhiger Wohngegend. Beinahe möchte man sagen, hier passt er nicht hin. Früher war es ein Ausflugslokal auf halbem Wege zwischen Innenstadt und den Stränden am Indischen Ozean, lange bevor hier Wohnhäuser gebaut wurden. Publikum: Studenten und mittleres Alter. Beliebt sind die Pubgerichte und besonders das „Carvery" am Sonntagmittag, ein ausladendes Buffet, das keine Wünsche offen lässt. Mo–Fr bis 23, Sa bis 20, So nur bis 16 Uhr geöffnet.

Lower Main Road (Ecke Trill St.) in **Observatory**, nahe dem Uni-Viertel: In den ehemaligen Geschäften der mittlerweile zu einer Nebenstrecke umfunktionierten Straße (nicht zu verwechseln mit der Main Road ein paar Blocks parallel davon) gibt es eine Reihe kleiner Restaurants und Kneipen aller Schattierungen: afrikanisch, eklektisch, Trendy-Bars, Cafés, Barrestaurants, Musikkneipen etc. Einige der Lokale sind lange geöffnet, oft auch bis 3 Uhr.

Red Herring, Ecke Pine/Beach Rd., Noordhoek. Ausflugs-Pub mit Außenterrasse (Blick über Noordhoek und das Valley). An Wochenenden voll. Jüngeres Publikum.

Weitere beliebte **Bars** sind an bekannte **Restaurants** angeschlossen, z. B. dem **La Perla** (s. S. 223) und dem **Five Flies** (s. S. 220). Die vornehme **The Union Bar** im **Table Bay Hotel** an der V&A Waterfront ist beliebt bei Zigarrenrauchern, die zum Rauchgenuss einen guten Whiskey oder Rotwein wünschen. Nicht minder elegant sind die Bars im **One & Only Resort** an der Waterfront: Im **Wine** kann man seltene, erlesene Weine aus Südafrika probieren. Die **Vista Bar & Lounge** bietet dreierlei: nachmittags Teatime, abends beste Cocktails und immer einen tollen Ausblick auf Stadt und Waterfront.

Hinweis
Auch in Pubs und einfacheren Lokalen ist es üblich, Trinkgeld („**Tip**") zu geben. Oft steht ein Glas mit einer obskuren, bunten Flüssigkeit auf dem Tisch. In diese wirft man das „Tip" hinein.

Livemusik, Discos, Theater und klassische Aufführungen
Livemusik
Bekannte internationale Bands treten meist in den **Stadien** auf (Buchung über Computicket, ☎ 0861-915-8000, http://online.computicket.com/web/), nationale Bands dagegen eher im **Baxter Theatre**, im **Grand West Casino** oder im **Artscape**. Livemusik in den Townships sollte man nur mit einem Führer aufsuchen, wegen der Sicherheit und vor allem, weil man die kleinen Lokale kaum finden würde. In der Innenstadt und an der Waterfront wird oft nur „Mainstream" angeboten von Bands, die allabendlich im gleichen Establishment auftreten. Doch es gibt auch tolle Gigs! Zumeist wird Jazz angeboten, i. d. R. Modern Jazz, seltener African Jazz.

Ankündigungen zu Veranstaltungen
In den Tageszeitungen „**Cape Times**" und „**Argus**" liegt freitags ein Extrateil bei, welcher für die Veranstaltungen der folgenden Woche gilt. Veranstaltungen werden auch im Internet unter www.capetownjazz.com oder www.capetownlive.com angekündigt.

> **Musik-Tipps**
>
> Touren zu **Livekonzerten** in den **Townships** vermittelt Cape Town Tourism (s. auch S. 200).
> Coffeebeans Routes veranstaltet „**Cape Town Jazz Safaris**" zu bekannten Musikern nach Hause (Musik und Dinner) mit anschließendem Besuch eines Jazzclubs. Die Touren sind aber nicht billig! 70 Wale St., Innenstadt, ☎ (021) 424-3572, www.coffeebeansroutes.com.
> Radiostation mit viel Township-Musik/Kwaito: **Radio Zibonele**, FM 98,2 (www.zibonelefm.co.za).

Im **Quay 4** (☎ 021-419-2008) an der Waterfront gibt es oft stimmungsvolle Livemusik, seltener Jazz. Auch im Amphitheater und auf den Wegen an der Waterfront spielen Bands verschiedenster Richtungen. Der **Rainbow Room** im Keller eines Bürohauses in der Innenstadt (Ecke Wale/Burg Sts., ☎ 021-422-1428) gilt als eines der besten Jazzlokale der Stadt.
Unentschlossene sollten es mal in der **Long und Kloof Street** versuchen: **Im Mama Africa** (178 Long St., www.mamaafricarestaurant.co.za) sorgen afrikanische Rhythmen für den richtigen „Drive" beim Verzehr des Krokodil-Ragouts oder einem Drink in der angeschlossenen Bar. **The Dubliner's** (251 Long St., www.thedubliner.co.za) bietet nahezu jeden Abend Live-Gigs (Rock, Folk). Die **Asoka Bar** (68 Kloof St., www.asokabar.co.za) veranstaltet dienstags einen Jazzabend. Ein glamoröses Cabaret-Restaurant ist **On Broadway**, 44 Long St., ☎ (021) 424-1194, www.onbroadway.co.za.
La Med, Victoria Rd., Glen Country Club, Clifton. Zwischen Clifton und Camps Bay, www.lamed.co.za. Oft Livemusik an Wochenenden. „In"-Club nahe Strand.
Viele **Hotels** bieten an den Wochenenden (tagsüber) „leichte Kost", und wer sich einfach mal zurücklehnen möchte mit einem Cocktail in der Hand oder beim Lunch neueste Rhythmen hören will, der sollte sich genauer informieren. Beliebt und bereits eine Legende in der Stadt ist der sonntags stattfindende **Jazz-Brunch im Harveys at Winchester Mansions**, 221 Beach Rd., ☎ (021) 434 2351, www.winchester.co.za.
Dizzy Jazz Café, 41 The Drive, Camps Bay, ☎ (021) 438-2686, www.dizzys.co.za. Die Küche wird mit dem **Codfather** geteilt (s. o.). Hier spielen Coverbands.
Kirstenbosch Botanical Gardens, Rhodes Drive, Newlands, ☎ (021) 799-8782, www.sanbi.org. Im Sommer regelmäßig **Open-Air-Konzerte** (alle Stilrichtungen). Picknick und Decke einpacken und einfach genießen.
Swingers Pub & Restaurant, 1 Wetwyn Rd. in Lansdowne (am Gewerbegebiet), ☎ (021) 762-2443. Jazz und manchmal auch Rock oder Disco. Ein Geheimtipp. Die Jam-Session/Jazznight am Montag ist der Knüller!
Marimba Restaurant, CTICC, Ecke Coen Steytler Ave./Heerengracht, ☎ (021) 418-3366, www.marimbasa.com. Afrikanische Livemusik. Oft tritt eine Marimba-Band auf. Schickes Ambiente.
In der **Lower Main Road** (Ecke Trill St.) in Observatory, nahe dem Uni-Viertel. Hier treten in kleinen Bars und Clubs Bands auf, meist Rock oder moderne Rhythmen.
Baxter Theatre Center, Main Rd., Rondebosch, www.baxter.co.za. Hier spielen oft Bands, auch afrikanische. Tickets über Computicket: ☎ 0861-915-8000, http://online.computicket.com/web/.
Viele weitere Lokale und Institutionen bieten oft Livemusik und kündigen diese in den Veranstaltungsblättern an. Beachtenswert sind auch die Auftritte im **Hanover Street Jazz**

Club im Grand West Casino (Hanover St., Goodwood, ☎ 021-505-7551) sowie im **West End Jazz Club** (Cine Building 400, College Rd., Rylands, ☎ 021-637-9132).

Discos/Nachtclubs

Generell gilt, dass Kapstadts Disco-Szene, besonders in der Innenstadt, sich schnell verändert. Manchmal haben kleinere Schuppen nur für eine Sommersaison geöffnet. Kapstädter lieben den Wechsel, bedauern aber auch die „gähnende Leere" während der Wintermonate. Die folgende Auswahl beschränkt sich daher auf wenige Adressen.

Typisch für Kapstadt ist dagegen das „**Partying**". Viele Veranstaltungsorte (Kneipen, Hotels etc.) bieten – nach Vorankündigung – eine Party unter unterschiedlichstem Motto an. Ankündigungen dazu in den Zeitungen. Kapstadts aktuelle Nightlife-Adressen findet man unter www.capetowneguide.com/nightlife.

Auf der Long Street

Kapstadts „Zappelmeile" hat sich in den letzten Jahren vor allem in der **Long Street** (zwischen Wale St. und Buitensingel) selbst und am nahen **Greenmarket Square** bzw. in der **Loop Street** etabliert. Hier geht es besonders an Freitag- und Samstagabenden hoch her. Selbst die Bars und kleinen Kneipen versuchen dann, durch überlaute Musikanlagen die junge Kundschaft anzulocken.

Ein anderes, hippes Gebiet ist **Observatory** in der **Lower Main Road**. Auch hier werden eher die Jüngeren gefallen dran finden.

The Galaxy/The West End, Cine Building 400, College Rd., Rylands, ☎ (021) 637-9132), Livemusik und große Disco.

The Shack/Mercury Live & Lounge, 43–46 De Villiers St., District 6, ☎ (021) 465-2106, Poolbillard, Live-Musik, Disco, Restaurant, Internetcafé, und Bar in einem Komplex.

Der kleine Stadtteil **Waterkant** in Green Point entwickelt sich immer mehr zu einer begehrten Party-Szene.

Gesetzter geht es in der **Bascule Bar** (☎ 021-410-7082) im **Cape Grace Hotel** an der Waterfront zu. Nach Vorankündigung gibt es DJ-Musik in der **Whiskey & Wine Bar**, die gehobenen Ansprüchen gerecht wird.

Theater/Cabaret/Musical/Dinner Theatre

Nur langsam entdecken auch ausländische Künstler die Stadt am Kap als Theaterbühne für sich und ausgewanderte bzw. im Ausland ausgebildete Darsteller kehren hierher zurück. Oft handelt es sich bei Comedys und Cabarets um Dinnershows, wie sie in englischsprachigen Ländern der 1950er-Jahre modern waren.

Spielzeit für die Theaterbühnen ist von April bis Oktober. **Tickets** bucht man am besten über Computicket: ☎ 0861-915-8000, http://online.computicket.com/web/.

Vaudeville, 11 Michau St., Innenstadt, ☎ (021) 419-7000, www.vaudeville.co.za. Unterhaltung für den ganzen Abend. Beginnend um 18 Uhr mit einem Cocktail an der Fez Bar und anschließendem Dinner in der Brasserie (à la carte, nicht nur französische Gerichte). Während des Essens führen Künstler (Artisten, Musiker, Komödianten u. a.) ihr Programm auf. Ab 22.30 Uhr kann man dann in den Fez Club, eine Disco, gehen. Für alles gilt ein kompletter Eintrittspreis, zu dem natürlich noch Essen und Getränke hinzukommen.

Artscape Center, D.F. Malan St., Foreshore, ☎ (021) 410-9838, www.artscape.co.za. Große Bühne, auf der bekannte Theaterstücke, Musicals, Ballett und Opern aufgeführt werden. Meist handelt es sich um Gastspiele angereister Ensembles.
Baxter Theatre Center, Main Rd., Rondebosch, www.baxter.co.za. Modernes Theater und Tanz. Besonders die Tanzvorstellungen sind von sehr hoher Qualität.
Theatre on the Bay, Link St., Camps Bay, ☎ (021) 438-3301, www.theatreonthebay.co.za. Unterhaltendes Theater (Komödien, Shows). Die Stücke wechseln alle 3–6 Wochen. Angeschlossen sind ein Restaurant und eine Cocktailbar.
In der Innenstadt gibt es einige wenige kleine **Cabaret-Bühnen und -Theater**, z. B. das **On Broadway** (s. o. unter Livemusik).

Klassische Konzerte

In Kapstadt hat sich eine Szene mit klassischen Konzerten etabliert. Dazu hat sicherlich auch das gute **Cape Town Philharmonic (Symphony) Orchestra** beigetragen.
Im **Baxter Theater Center** (Main Rd., Rondebosch, www.baxter.co.za) finden Konzerte der sog. **Cape Town Concert Series** statt. Infos unter www.ctconcerts.co.za sowie in Veranstaltungsblättern.
Sehr gut sind die unregelmäßig stattfindenden klassischen Darbietungen in der **St. George's Cathedral** an der Wale Street (Innenstadt) sowie die **Dinner mit klassischer Musik** in den Kellern historischer **Weingüter**, besonders im Constantia Valley und in der Gegend um Stellenbosch. Nähere Infos erteilen die Touristenämter.
Beliebt sind die **Musikveranstaltungen in den Kirstenbosch National Botanical Gardens**. Gerade in den Sommermonaten finden hier regelmäßig Konzerte an den Wochenenden statt, ☎ (021) 799-8782, www.sanbi.org.

Einkaufen in und um Kapstadt

Die Preise in Südafrika verlocken oft zum Kaufrausch, doch auch hier gilt: Preise vergleichen und Qualitätsstandard beachten. Südafrikanische Produkte sind zwar i. d. R. von guter Qualität, erreichen jedoch nicht immer den europäischen Standard. Viele Waren stammen auch aus Billiglohnländern in Asien. Aufpassen muss man beim Kauf von Textilien und Outdoorartikeln. Die südafrikanischen Produkte sind günstig und gut. Doch werden daneben viele Importwaren aus Europa, Amerika und China angeboten. Und die sind teurer als bei uns.

Einkaufs-Tipps

➤ Beachten Sie die **Zollbestimmungen** für die Rückreise (S. 126, S. 132).
➤ **Handeln** ist üblich auf den Flohmärkten, aber zu bedenken gilt, dass die Marktfrauen teilweise sehr weite Wege zurücklegen mussten, um die Waren hierher zu schaffen.
➤ In den Geschäften der **Innenstadt** von Kapstadt und an der **Waterfront** ist es am teuersten, dafür aber wird man hier am besten beraten.
➤ Immer erst schauen und **Preise vergleichen**.
➤ Vorsicht beim Kauf von **importierten Waren** aus Europa, USA und Australien! Sie sind i. d. R. teurer.
➤ Vor dem Kauf von **Schmuck**, **Diamanten** und **Gold** informieren (z. B. beim Touristenamt), welche Händler als **seriös** gelten, i. d. R. sind es die größeren Händler.

Wer auf den **Flohmärkten** und an den **Souvenir-Straßenständen** einkauft, muss um den Preis **feilschen**. Die Verkäufer/innen nennen gerne einen doppelt so hohen Preis. Gefällt etwas, sollte man zuerst die Preise in ausgesuchten Geschäften studieren. Auf der Straße bekommt man dieselben Waren i. d. R. zum halben Preis. Doch Achtung vor „Ausschussware", die die Geschäfte nicht angenommen haben. Also: Erst in Ruhe schauen, Preise vergleichen und dann kaufen.

Besonders gut und/oder günstig sind folgende Dinge in Südafrika:
- **Textilien** aller Art, besonders auch Outdoor- und Lederbekleidung, die im Land hergestellt wird,
- **Schmuck**, besonders Goldschmuck und **afrikanisches Kunsthandwerk**,
- **Holzschnitzereien**, obwohl diese zumeist aus anderen afrikanischen Ländern stammen (Simbabwe, Ostafrika)
- **Antiquitäten** und **Secondhand-Bücher**.
- **Township Art**, z. B. Beadwork-Puppen und -tiere, Malereien etc.
- Südafrikanische **Weine** sind zwar meist nicht günstiger, aber die Auswahl spricht für sich.

Einkaufsviertel im Allgemeinen
Victoria & Alfred Waterfront: Geschäfte aller Art, besonders in der Victoria Wharf Mall. Die Geschäfte haben großenteils bis 21 Uhr geöffnet. Dafür zahlt man hier auch etwas mehr.
St. George's Mall: Fußgängerzone in der Innenstadt.
In **Kalk Bay** an der Hauptstraße gibt es einige interessante **Antiquitätengeschäfte**.
Für die Dinge des täglichen Bedarfs, die eher etwas für die Selbstversorger/Camper sind, empfehlen sich die **Shopping Malls** an den Stadträndern.
Antiquitäten, Antikes, Kitsch und Secondhand-Bücher findet man besonders entlang der Upper Long Street, zwischen Wale Street und Buitensingel sowie im Bereich Greenmarket/Church Street. Innenstadt.

Malls (Auswahl)
Viele Malls haben auch am Sonntag geöffnet, oft aber nur bis 14 Uhr.
Victoria Wharf, große, moderne Mall an der Waterfront (s. o.). Zahlreiche Touristengeschäfte, CD-Läden, Buchläden, Schmuckgeschäfte, Textilwarenhäuser und ausgesuchte Bekleidungsgeschäfte. Der Tipp, wenn man nur einen Tag zum Shoppen hat.
Gardens Centre, Ecke Mill St., Buitenkant, Gardens. Kleinere Mall mit vielen „nützlichen" Geschäften und auch ein paar Textil- und Souvenirshops. Hier kaufen eher die Bewohner der Gegend ein.
Cavendish Square Shopping Mall, zwischen Vineyard, Cavendish, Dreyer/Warwick Sts. (nahe Protea St.), Claremont. Große Shopping Mall in einer Vorortregion der gehobenen Mittelklasse. Entsprechend ist das Angebot. Südafrikanische Produkte kosten hier weniger als in der Innenstadt/Waterfront.
Tygervalley Shopping Mall, in Durbanville/Tyger Valley, N1-Abfahrten 23 oder 25, dann Schildern folgen. Große Shopping Mall. Eher Dinge des täglichen Lebens bzw. für die Selbstversorgerküche. Günstig für den Proviantkauf beim Verlassen von Kapstadt entlang der N1.
Cape Quarters, Somerset Rd., Ecke Dixon St., Innenstadt/Sea Point. Exklusiveres Kunsthandwerk wie Teppichknüpfereien, Gemälde, qualitativ gute Township Art und Einrichtungsdekorationen aller Art. Zudem gibt es hier ausgesuchte Accessoires für Küchen, Bäder, den Outdoorladen Drifters sowie ein paar nette Restaurants und Cafés. Sonntags (10–15 Uhr)
Lifestyle Market u. a. mit Snacks, Speisen, Modeausstellungen.

Century City/Canal Walk, an der N 1, ca. 10 km östl. der Innenstadt. Hier wird Amerika Konkurrenz zu machen. Der als „Canal Walk" bezeichnete Shopping District mit Hunderten von Geschäften, riesigen Hallen und Arkaden sowie unzähligen Fastfood- und Entertainment-Läden ist eine der größten Malls in Afrika. Hier lassen sich gut die letzten Rand vor dem Rückflug ausgeben. Zahlreiche Spezialgeschäfte und Afrika-Souvenirs.

Märkte/Flohmärkte

Antiquitätenmarkt auf der **Church Street**, zwischen Long und Burg Sts., Innenstadt. Während der Sommermonate tgl., ansonsten nur Do–Sa.
Victoria & Alfred Waterfront: Der **Waterfront Craft Market**, gleich neben dem Two Oceans Aquarium, und der **Red Shed Craft Workshop** an der Victoria Wharf bieten ständig Kunsthandwerkliches aus verschiedenen afrikanischen Ländern, besonders aber aus Südafrika. Hier findet man bestimmt ein Mitbringsel.
Neighbourgoods Market/Old Biscuit Mill, 375 Albert Rd., Woodstock, www.neighbourgoodsmarket.co.za, Sa 9–14 Uhr. Organische und gesunde Lebensmittel – vorwiegend aus Südafrika, aber auch aus Übersee. Sehr beliebt, daher früh erscheinen. Hier kann man auch frühstücken. Im Umfeld befinden sich die **Foundry** (160 Albert Rd., Künstler, Ateliers), **Delos** (181 Albert Rd.), Kapstadts größter Antiquitätenladen sowie einige Designer- und Vintage-Läden (www.ilovewoodstock.co.za).
Greenmarket Square, zwischen Shortmarket und Longmarket Sts., Innenstadt. Der bekannteste Flohmarkt von Kapstadt ist umgeben von Cafés und Hotels. Hierher kommen Händler aus den verschiedensten Ländern Afrikas. Angeboten werden vornehmlich Textilien, kunsthandwerkliche Produkte und Secondhand-Bücher. Die Preise sind höher als auf anderen Flohmärkten, aber mit etwas Geschick im Feilschen lohnt es sich schon. Mo–Fr 8–16, Sa 9–15 Uhr, selten auch sonntags.
Der **Flower Market** ist seit über 100 Jahren an der gleichen Stelle: Adderley St., zwischen Strand und Darling Sts. Hier kaufen vor allem die Büroangestellten Blumen, bevor sie nach Arbeitsschluss nach Hause fahren. Schöne Fotos sind möglich.
Bo-Kaap Food & Craft Market, Schotschekloof Civic Center, Upper Wale St. Weniger die kunsthandwerklichen Produkte, als vielmehr die kapmalayischen Leckereien lohnen den Besuch. Findet unregelmäßig an Samstagen statt.
Khayelitsha Crafts Market, St. Michael's Church, Khayelitsha, Mo und Do 10–14 Uhr. Kleiner Kunsthandwerkermarkt gleich neben einer Vorschule. Es gibt nur ein Dutzend Stände, aber da es sich um ein sinnvolles Selbsthilfeprojekt handelt, lohnt die Anfahrt. Und für jeden ist bestimmt etwas dabei (Leder, Kleider, Musik etc.). Infos: ☏ (021) 361-5246. Geführte Touren dorthin: ☏ (083) 744-5353. Anfahrt: N 2, dann Exit 25 (Blue Downs/Mew Way/Kayelitsha). Rechts am oberen Ende der Abfahrtsrampe. Nach ca. 5 km links in die Stephen Biko Rd. (1 km hinter Good Hope Col-

Milnerton Fleamarket

lege). Dann erste rechts und wieder rechts an T-Kreuzung. Von hier aus Wegweisern zum Craft Market entlang der gebogenen Straße folgen (1–2 km). St. Michael's Church liegt rechter Hand. Donnerstags oft Musik!
Alphens Antiques & Collectables Market, Alphen Centre, gegenüber Constantia Village, Constantia Main Rd. 2. und 4. Sonntag im Monat, 10–16 Uhr. Ausgesuchter Trödel lohnt die Anfahrt für Schnäppchenjäger.
Ein echter Flohmarkt, auf dem wirklich Secondhand-Gegenstände aus Haushalten verkauft werden, ist der **Milnerton Fleamarket**, N 1 bis zur Ausfahrt R 27, Paarden Island/Milnerton. Nach knapp 2 km liegt der Flohmarkt auf der linken Seite. Sa, So und feiertags 7–15 Uhr. Der Tipp für Kapstadt.
Bay Harbour Market, Harbour Rd., Hout Bay, Fr 17–21, Sa/So 9.30–16 Uhr. Kunsthandwerkliches, Designerstücke u. Ä. Am schönsten ist jedoch die Atmosphäre mit Livemusik, im Winter mit Feuerchen sowie leckeren Snacks. Der Markt findet in der Halle einer ehemaligen Fischfabrik am Südwestende des Hafens statt.
Für das Auffinden von **Antiquitätengeschäften** gibt es im Kapstädter Touristenamt spezielle Karten.

Bücher/Zeitungen/Karten
Deutsche und natürlich englischsprachige Bücher, zudem internationale Zeitungen sind erhältlich in **Ulrich Naumann's Buchhandlung**, 17 Burg St., Innenstadt.
Eine große **Buchladenkette**, in der es auch Zeitungen gibt, ist **CNA**. Es gibt allein im Raum Kapstadt 30 CNA-Filialen, allemal in jeder Mall (s. Gelbe Seiten/Telefonbuch unter „Central News Agency").
Exclusive Books ist die beste **Buchladenkette** des Landes. In ausgesuchten Malls, z. B. in der Victoria Wharf.
Wer lieber stöbert, dem sei der Besuch des Buchladens **Book Lounge**, Ecke Roeland/Buitenkant Sts. (District Six) ans Herz gelegt. Hier werden oft Lesungen abgehalten und in den Kellerräumen erwartet den Kunden die Lounge, wo man bequem in einem Sessel sitzend in Büchern blättern kann. Das kleine Café verwöhnt mit Snacks und Kuchen.
Zahlreiche **Secondhand-Buchläden** finden sich entlang der **Long Street** (s. o.). Bekannt und beliebt sind **Clarke's Antiquariat** (211 Long St.), wo man gut sitzen und stöbern kann, sowie der **Readers Den Comic Shop** (161 Long St.) mit der wohl größten Auswahl an Comics in Kapstadt. Das Hauptgeschäft befindet sich in Claremont: **Shop G10**, Stadium on Main, Main Rd.
Surveys & Mapping Office (Katasteramt), Rhodes Ave., am besten erreichbar über M 3, Abfahrt an der Mostert's Mill. Rosebank. Hier gibt es detaillierte, physische Karten und Luftbilder zu kaufen (Kapstadt, aber auch ganz Südafrika). Die Karten eignen sich meist nicht als Straßenkarten.

Lebensmittel/Weine
Zutaten für kapmalayische Gerichte erhält man in Geschäften entlang der **Wale Street**, oberhalb Buitengracht. Hier gibt es auch den ausgesprochen leckeren Kardamom-Tee. Geschäftsempfehlung: **Atlas Trading Co.**, 74 Wale St., Malay Quarter. In diesem kleinen Geschäft gibt es zudem alle Arten von Gewürzen, verschiedene Tees sowie Zutaten für kapmalayische Gerichte.
Raith Gourmet, Gardens Centre Mall, Mill Street. Deutscher Metzger, u. a. Kassler, Eisbein, Aufschnitt, Wild und Sauerkraut. Super Grillfleisch. Ein Imbiss ist angeschlossen und sorgt für eine kleine Mahlzeit zwischendurch.

> **Die Zubereitung von Kardamon-Tee**
>
> Wer Interesse hat, sich diesen schmackhaften Tee zu Hause zuzubereiten, sollte Kardamom von Kapstadt mitbringen, da er bei uns teuer und schwer zu bekommen ist:
> 2 Teelöffel Kardamom mit 1 l heißer Milch aufgießen und ziehen lassen. In einem Extratopf zwei Teebeutel (schwarzen Tee) mit nur etwas kochendem Wasser begießen und 3–4 Minuten ziehen lassen. Beides zusammengießen sowie mit Zucker und – bei Bedarf – etwas heißem Wasser vermengen.

Food Lover's Market, Icon Building, Ecke Loop/Hans Strijdom Ave., Innenstadt. Alles unter einem Dach: Supermarkt, Frischemarkt, Schlachterei, Bäckerei, Deli.

Knead Bakery, Shop 16, Lifestyle on Kloof, 50 Kloof St., Gardens. Sehr gute Backwaren (tolle Brote) sowie **Café** (Burger, Brunch, Sandwiches). Weitere Adressen: Wembley Square, McKenzie St., Gardens, Palmyra Junction, 9 Palmyra Rd., Claremont, Dean Street Arcade, Main Street, Newlands.

Giovanni's Deliworld, 103 Main Rd., Green Point. Italienische Leckereien, große Auswahl an Käsesorten und hausgemachter Pasta. Hier kann man bis 21 Uhr speisen.

Die Franchisekette **Fruit & Veg** hat sich in Südafrika einen guten Namen verdient mit frischem Obst und Gemüse, frisch gepressten Säfte sowie einer Reihe von Bioprodukten. Den meisten Läden ist zudem eine Schlachterei angeschlossen. Ein Laden befindet sich z. B.: Ecke Drury/Roeland Sts, District Six.

Weine

„**Liquor Stores**" verkaufen Weine und natürlich spezielle **Weinhändler** sowie die **Weingüter** selbst. Am besten, man lässt sich von Einheimischen oder einem Weinhändler, bei dem man oft auch probieren kann, beraten. Alternativ empfiehlt es sich beim Essen in Restaurants ein paar Tage lang zu „testen" oder an einem „**Wine Tasting**" bei der Besichtigung eines Weinguts teilzunehmen. Gute Weingeschäfte in Kapstadt sind:

Vaughan Johnson's Wine Shop. Die wohl bekannteste Weinhandlung in Kapstadt liegt am Market Square an der Waterfront und lockt immer wieder mit einer Reihe günstiger und guter Angebote. Eine Verschiffung der Weine kann organisiert werden.

Ebenfalls ausgesucht ist die Weinhandlung **Caroline's Fine Wine Cellars** (Shop 44, Matador Centre, 62 Strand St.), wo es mittags auch exquisite Snacks gibt. Caroline's hat eine Filiale in der Victoria Wharf Mall.

Bekleidung/Outdoorartikel

Cape Union Mart, Kette für Outdoorausrüstungen aller Art (Kleidung, Zelte, Kocher, Wasseraufbereiter etc.). Läden befinden sich u. a. in der Gardens Centre Mall (Ecke Mill St., Buitenkant), an der Waterfront (Victoria Wharf) und im Canal Walk/Century City.

Drifters, in der Cape Quarters Mall, Somerset Rd./Ecke Dixon St., Innenstadt/Sea Point. Oudoorartikel aller Art.

Grundsätzlich gelten die **Victoria Wharf** an der V&A Waterfront sowie **Canal Walk/Century City** auch als die besten Adressen, um sich nach Bekleidung umzusehen. Hier gibt es Boutiquen und Textilwarenhäuser.

Jüngere Leute sollten sich auf dem **Greenmarket Square Market** (Innenstadt) umschauen. Hier gibt es viele neue Textilien, auch aus anderen afrikanischen Ländern.

Wer etwas **Ausgefalleneres** sucht, erkundigt sich mal den neuesten Boutiquen junger Designer im Stadtteil **Woodstock**. Im Touristenamt liegen dazu Broschüren aus bzw. ist man bei der Suche behilflich.

Schmuck/Antikes/Kunst
Afrogem – Shop & Factory, 181 Buitengracht, Innenstadt, ☏ (021) 424-0848. Großes Geschäft mit ausgesuchtem Schmuck aus afrikanischen Edelsteinen. Man kann bei der Herstellung des Schmucks zusehen.
Uwe Koetter, Hauptgeschäft: 4th Floor, Amway House, Dock Road, Foreshore, ☏ (021) 425-7770 sowie in der Cape Quarters Mall in der Somerset Rd./Ecke Dixon St., Innenstadt/Sea Point, www.uwekoetter.co.za. Ein weiteres Geschäft gibt es in Kleinmond (R 44 in Richtung Hermanus) im Arabella Golf Estate. Designerschmuck und Juwelen. Es werden auch Schmuckstücke auf Wunsch hergestellt.
Shimansky Collection, Clock Tower, V&A Waterfront, ☏ (021) 421-2788. Spezialisiert auf Diamantenschmuck. Angeschlossen ist ein kleines Diamanten-Museum. Zudem kann man beim Diamantenschneiden zusehen.
Gleich gegenüber: **Tanzanite International**, ☏ (021) 421-5488. Hier wird der beliebte blaue Edelstein in allen Qualitäten verkauft.
Jewellery Avenue, Ecke Hout/Burg Sts., ☏ (021) 446-4600. Zusammenschluss von 20 Juwelieren in kleinen Shops.
Auf Mineralien spezialisiert ist **The Scratch Patch Shop**, Waterkant, gegenüber dem Waterfront Craft Market.
Ausgesuchte **Antiquitätengeschäfte** findet man um die **Church Street** (Innenstadt, zwischen Burg und Long Sts.). Im Bereich **Long Street** und umliegender Blocks gibt es zudem Secondhand- und Ramschgeschäfte, die sowohl Stilvolles als auch „Junk" verkaufen. Hier lohnt das Stöbern. An Vormittagen ist in der Church Street auch noch **Flohmarkt**.
In **Simon's Town** und besonders **Kalk Bay** gibt es entlang der Hauptstraße (Main Rd./ M 4) zahlreiche Schmuck- und Antikläden. Dazu hat sich eine Kunstszene mit einer Reihe von Galerien etabliert.
Die **Mariner's Wharf** im Hafen von Hout Bay, eine Miniaturausgabe der Waterfront in Kapstadt, lockt neben den Fischgeschäften mit kleinen Souvenirläden und Geschäften, in denen man nautische Antiquitäten erstehen kann.

> **Hinweis**
> Für das Auffinden von **afrikanischen Kunstmärkten** sowie **Antiquitätengeschäften** sind im Touristenamt kostenlose Karten erhältlich: „**Arts & Craft Map**" sowie „**Antiques Collectables Africana Map**".

Afrikanisches Kunsthandwerk

Das **Projekt Wola Nani** kümmert sich um aidskranke und HIV-infizierte Frauen und deren Kinder. Die Frauen erlernen hier kunsthandwerkliche Fähigkeiten und können über die Organisation ihre Produkte in verschiedenen Läden in und um Kapstadt verkaufen, z. B. im **Africa Nova** im Cape Quarters (s. S. 231) und im **Montebello Design Centre**, 31 Newlands Ave. (s. u,). Weitere Shops unter www.wolanani.co.za.

Afrikanisches und anderes lokales Kunsthandwerk

Kunsthandwerkliche Geschäfte und Kunstgalerien *findet man sowohl in der* **Victoria Wharf** *an der Waterfront als auch in der Innenstadt im Bereich* **Church Street**, **Long Street** *und um den* **Greenmarket Square**. *Bekannt sind:* **African Image** *(Ecke Church/Burg Sts.) und* **The Collector** *(59 Church St.).*

Pan African Market, *76 Long St. Über 50 Anbieter, die sich auf zwei Etagen verteilen. Gilt als größter Kunsthandwerksmarkt Südafrikas. Township Art, Holzschnitzereien aus Zentral- und Westafrika sowie Stoffe und Textilien. Der kleine Eingang täuscht!*

Beadwork findet man in allen Variationen

Montebello Design Center, *31 Newlands Ave., Newlands. Die kleine Künstlerkolonie mit rund 18 Künstlerwerkstätten, in denen Gemälde, Fotografien, Steinmetzarbeiten, Textilien, Designerschmuck und andere Dinge präsentiert und verkauft werden (s. u.).*

Afrikanisches Kunsthandwerk, *auch „Township Art" gibt es des Weiteren in Galerien und Workshops, die sich über die ganze Stadt verteilen. Einen informativen Stadtplan erhält man im Touristenamt:, die sog. „Arts & Crafts Map" (s. o.).*

Guga S'Thebe Arts & Culture Centre, *Ecke Washington/Church Sts., Langa. Mo–Sa 9–16 Uhr. Community Project der Xhosas. Hier kann man kunsthandwerkliche Arbeiten anschauen und erstehen sowie z. T. bei deren Fertigung zuschauen. Im Infocenter erfährt man mehr zur Kultur der Xhosa und über das Leben der Menschen in Langa.*

Khayelitsha Crafts Market, *s. S. 232.*

Philani-Flagship. *Der kleine Craftmarket in Kayelitsha gehört zu einer Kooperative von Müttern, die sich auf handbemalte bzw. -bedruckte Textilien (u. a. Tisch- u. Bettdecken), gewebte Matten und Überhänge spezialisiert haben. Man darf nebenan in die Weberei schauen. Anfahrt: N 2-Exit 25 (Blue Downs/Mew Way/Kayelitsha). Nach rechts (Süden) bis zu den Ampeln fahren. Dann wieder rechts in die Lansdowne Rd. Vor der Caltex-Tankstelle rechts in die Walter Sisulu Rd. (Maphongwana Ave.) und dann noch 3-mal jeweils die erste nach rechts (also insgesamt 6-mal nach rechts ab dem N 2-Exit).* ☏ *(021) 374-9160.*

Andere Geschäfte

African Music Store, *134 Long St., Innenstadt. Große Auswahl an CDs traditioneller und moderner afrikanischer Musik.*

Sturk's, *54 Shortmarket St. (Greenmarket), ist die Adresse in der City für Zigarrenfreunde.*

Outdoor Warehouse, *Shop 1, Willowbridge North Value Centre, Ecke Carl Cronje/ Old Oak Rd., Tygervalley, www.outdoorwarehouse.co.za. Ein weiterer Laden befindet sich in Somerset West, N 2, Abfahrt R 44, hinter der Somerset Mall, 5 Dynagel St. Es gibt alles für den Camper: Kocher, Zelte, Kühlboxen, Campingstühle und auch Outdoorbekleidung.*

Access Park Factory Stores, *zwei Malls:* **Bellville**, *Nordwestecke der Kreuzung R 300 mit Strand/Van Riebeeck Rd., und* **Kenilworth**, *zwischen Lansdowne und Chichester Rd., an der M 5, www.accesspark.co.za. Günstige Fabrikläden, u. a. von Nike, Reebok, Cape Union Mart, Levis. Zudem Bekleidungs-, Lederwaren- und Gewürzgeschäfte.*

Touren/Sightseeing in und von Kapstadt ausgehend

Bei der Fülle der Angebote und dem häufigen Anbieterwechsel kann im Folgenden nur eine begrenzte Anzahl von Adressen aufgeführt werden. Der sicherste Weg führt allemal über die **Touristenämter**. Hotels/Gästehäuser verfügen i. d. R. ebenfalls über gute Kontakte zu Touranbietern.

Hinweis

Bei **Township-Touren** gilt es, vorher zu überlegen, was man sehen möchten (Shebeens, Kochschulen, Kunsthandwerkermärkte o. Ä.) und nach diesen Kriterien den Anbieter aussuchen. Es ist i. d. R. nicht ratsam, Shebeen-Besuche (halblegale und illegale Kneipen) in den Townships alleine zu unternehmen.

Sightseeing/Touren

Vorab eine Liste von Möglichkeiten, nach denen man sich erkundigen sollte. Natürlich kann man nicht alles davon unternehmen:
- Stadtrundfahrt
- Fahrt nach Robben Island
- Township-Tour
- Geführte Wanderung auf dem Table Mountain
- Besichtigung von Weingütern, evtl. in Verbindung mit einer erläuterten Führung durch Stellenbosch
- Rundflug über Kapstadt und die Kaphalbinsel
- Wale beobachten bei Hermanus

Bustouren

Coffee Bean Tours, ☏ (084) 162-4944, www.coffeebeansroutes.com. Es gibt wohl kein Unternehmen, das die Musikszene der Stadt besser vermittelt. Touren zu Clubs in den Townships, Abendtouren zu Musikevents und persönliche Touren in kleinen Gruppen zu Musikern nach Hause, inkl. traditionellem Abendessen.

Ebenfalls interessante Musiktouren (Township, Gospel etc.), teilweise mit Trommelkurs, bietet **Our Pride** an: ☏ (021) 531-4291, www.bonanitours.co.za.

Cape Rainbow Tours, ☏ (021) 551-5465, www.caperainbow.com. Alle Arten von Sightseeingtouren in Kleinbussen (max. 8 Pers.). Besonders zu empfehlen: Township-Touren, die City-Tour, Rundtour ums Kap und die Tour zu den Weinanbaugebieten um Paarl, Stellenbosch und Franschhoek. Da die Gruppen klein sind, hat man Gelegenheit, sich bei den gut ausgebildeten Führern Informationen einzuholen. Viele Touren auch in deutscher Sprache (vorher anmelden).

Day Trippers, ☏ (021) 511-4766, www.daytrippers.co.za. Das Unternehmen führt ähnliche Touren wie Cape Rainbow Tours durch, wobei bei diesen teilweise u. a. Wanderungen oder Fahrradtouren eingeschlossen sind.

Legend Tours, ☏ (021) 696-6371, www.legendtours.co.za. Fungiert als Inlandsreisebüro, führt dabei auch Kleinbus-Touren in und um Kapstadt aus. Besonders gut sind die Township-Touren, denn hier werden Shebeens besucht, Gespräche mit Bewohnern vermittelt und neue Housing-Projects angefahren. Alles in Begleitung sachkundiger Führer.

Western Cape Action Tours (WECAT/DACPM), ☏ (021) 448-5760, www.dacpm.org. Western Cape Action Tours haben sich als sehr versierte Touranbieter für Township-Touren her-

Teppichweberin im Philani-Flagship

ausgestellt. Ehemalige Widerstandskämpfer aus der Apartheidzeit leiten die interessanten Touren.

City Sightseeing Cape Town im offenen Doppeldeckerbus. (021) 511-6000, www.citysightseeing.co.za. Alle wesentlichen Sehenswürdigkeiten der Innenstadt und der Waterfront werden angefahren. Hop-on/hop-off, man kann also immer aussteigen und später weiterfahren. Es werden auch spezielle Touren, z. B. ins Weinland, rund ums Kap (inkl. Kirstenbosch, Constantia), „Kapstadt bei Nacht", mit dem Boot auf dem „Canale Grande" angeboten.

Erläuterte Spaziergänge, Wanderungen und naturkundliche Führungen

Tana Baru, ☏ (021) 424-0719. Kommentierte Touren durchs Malaien-Viertel (Bo-Kaap).
Peninsula Ramblers ist eine Gemeinschaft von begeisterten Wanderern, die an Wochenenden Wanderungen in Kapstadts Umgebung unternehmen. Jeder kann teilnehmen. Aktuelle Programme in der Zeitung (z. B. „Argus" am Samstag, Beilagen-Rubrik „Action Planner") oder über www.ramblers.org.za.
Bird Watchers, ☏ (021) 592-7438, www.birdwatch.co.za. Gut erläuterte Touren zu den verschiedensten Vogelgebieten in und um Kapstadt, zum West Coast National Park sowie in die Karoo.
Greencape Tours, ☏ (021) 797-0166, www.greencape.com/tours.htm. Naturkundliche Touren in kleinen Gruppen (max. 7 Pers.), u. a. Wale beobachten, Table Mountain und Kaphalbinsel, Westküste, 4 Tage Garden Route, vogelkundliche Touren. Die Führer sind Kenner des ökologischen Terrains.

Bootstouren

Robben Island Ferry, V&A Waterfront, Clock Tower Precinct, Nelson Mandela Gateway, ☏ (021) 413-4200, www.robben-island.org.za. Geführte Touren nach Robben Island, ca. 3,5 Std., mehrmals tgl. (wetterbedingt). Unbedingt vorher reservieren!
Bootstouren aller Art gehen von der **Victoria & Alfred Waterfront** aus. Interessant sind besonders die Hafenrundfahrten. Es gibt aber auch Boottrips bei Sonnenuntergang,

exklusive Hafentrips mit Abendessen oder eine Fahrt auf einem nachgebauten Piratenschiff. Gehen Sie einfach mal um die Hafenbecken und schauen selbst bzw. fragen im Waterfront-Touristenamt nach dem aktuellen Angebot.

Vom Hafen in **Hout Bay**, **Mariner's Wharf**, legen Boote ab zu Fahrten in die Seehundgebiete und manchmal auch ums Kap. Die Abfahrten und Anbieter variieren, sodass ein Erkundigen vor Ort bzw. beim Kapstädter Touristenamt Sinn macht. I. d. R. fahren die Boote mehrmals am Tag, an schönen Tagen, Wochenenden und während der Hochsaison verkehren sie nahezu stündlich.

Ähnliche Touren, nur in diesem Fall zur **Seal Island** (False Bay, ebenfalls Seehundkolonien), starten ab der **Waterfront in Simon's Town**.

Besichtigung von Weingütern

Natürlich ist es kein Problem, die Weingüter selbstständig anzufahren. Eine andere Methode, Weingüter zu besichtigen und dabei auch die zu finden, die abseits der Touristenpfade liegen, bietet dagegen eine **Tour mit einem Spezialanbieter**. Ein weiterer Vorteil: Alle können trinken. Bekannt und oft empfohlen: **Vineyard Ventures**, ☏ (021) 434-8888, www.vineyardventures.co.za. Glen Christie und ihre Mitarbeiter sind absolut ortskundig, kennen die Winzer und steuern Verkostungen abseits der Touristenpfade an. Krönender Abschluss des Ausflugstags kann nach Vereinbarung ein Sonnenuntergangs-Picknick am Table Mountain sein. Die Touren führen vorwiegend in die Gegend von Stellenbosch und Paarl. Weitere Anbieter sind u. a. **Cape Rainbow Tours** und **City Sightseeing Cape Town** (s. o.).

Sonstiges

Arts & Crafts-Touren, besonders die mit Augenmerk auf afrikanische „Township Art", sind der große Renner. Infos dazu erteilt das Touristenamt.

Downhill Adventures, Overbeek Building, Ecke Long/Kloof/Orange Sts, ☏ (021) 422-0388, www.downhilladventures.com. Hier kann man ausgefallene Trips und Aktivitäten buchen wie Tauchen, Fallschirmspringen, Reiten, Kanutouren, Abseiling, Shark Diving u. v. m. Zudem Fahrradverleih.

Cape Town Helicopters, Victoria & Alfred Waterfront Base (hinter dem Table Bay Hotel), ☏ (021) 462-6755, www.cape-town-helicopter-tours.com. Rundflüge aller Art mit einem Hubschrauber. Nicht ganz billig, aber ein lohnendes Erlebnis.

The Africa Travel Centre, 74 New Church St., beim Backpack Hostel, ☏ (021) 423-5530, www.backpackers.co.za. Hier kann man von Touren bis zum Mietwagen alles preiswert buchen, auch Overland-Touren durchs südliche Afrika.

Sport treiben in und um Kapstadt

Da sich Anbieter und Adressen in Kapstadt gerade bei Adventure- und Sportangeboten sehr oft ändern, ist eine zeitnahe Recherche im Internet zu empfehlen: Unter www.kapstadt-tour.com/aktivurlaub und www.downhilladventures.com findet man aktuelle Infos zu verschiedenen Abenteuer-Sportarten (Bungee Jumping, Abseiling, Drachenfliegen etc.). Zu Sport s. auch Allgemeine Hinweise von A–Z, S. 111.

Abseiling/Kloofing

Beliebteste Abseiling-/Kloofing-Regionen um Kapstadt sind der **Chapman's Peak**, das **Table-Mountain-Gebiet** und der **Kamikaze Kanyon** (bei Gordons Bay). Letzterer beinhaltet eine Wanderung durch eine Schlucht, das Raufkraxeln auf die Kante und schließlich einen Abseil-Sprung 60 m in die Tiefe.

Drachenfliegen/Paragliding

Bevorzugte Gebiete im Raum Kapstadt: Lions Head, Signal Hill, Sir Lowry's Pass, Franschhoek Pass, Dassklip Pass (Porterville) und Noordhoek.

Fahrrad fahren/Fahrradverleih

Fahrrad fahren im Innenstadtgebiet ist wenig sinnvoll, denn: es gibt keine Fahrradwege, Autofahrer sind Fahrradfahrer im Verkehr nicht gewohnt und die Steigungen in der City Bowl sind kein Vergnügen. Beliebt sind dagegen Touren auf der Kaphalbinsel und im Weinland. Dabei wird man samt einem gemieteten Fahrrad in einem Kleinbus an den gewünschten Ausgangspunkt gebracht und stadtnäher wieder abgeholt. Lockere Spazierfahrten sind das aber nicht.

Zudem gibt es auf der Kaphalbinsel und im Umland zahlreiche Mountainbike-Strecken, über die die Fahrradverleiher genauer informieren.

Aktuelle Angebote auch hier über o. g. Internetseiten. Ansonsten liegen im Touristenbüro zahlreiche Broschüren von Fahrradverleihern aus. Zwei Empfehlungen: **Bowman's Cycle Inn**, 153 Bree St., ☏ (021) 423-2527, www.bowmancycles.co.za, sowie **Downhill Adventures** (s. o.). Manche Hostels/Backpacker verleihen auch selbst Fahrräder.

Golf/Golfplätze

Bekannte Golfplätze im Raum Kapstadt sind:
Erinvale, Louresford Rd., Somerset West, ☏ (021) 847-1906, www.erinvale.com. 18 Löcher, 5.892 m, Bar, Restaurant, Hotel. Auf diesem Golfplatz zwischen den Weinbergen von Somerset West wurde 1967 der „World Cup of Golf" ausgetragen. Die 18 Bahnen verteilen sich über ein hügeliges Gelände, das selbst Könner herausfordert.
Royal Cape, 174 Ottery St., Wynberg, ☏ (021) 761-6551, www.royalcapegolf.co.za. 18 Löcher, 5.787 m, Bar, Restaurant. Ältester Golfclub Südafrikas (1885). Austragungsort zahlreicher Meisterschaften. Parklandschaft mit vielen Bäumen.
Milnerton, Bridge Rd., Milnerton, ☏ (021) 552-1047, (021) 552-1351, www.milnertongolf.co.za. 18 Löcher, 5.788 m, Bar, Restaurant. Der Platz liegt in den Dünen (Lagunengelände) direkt vor der Table Bay. Schöner Blick auf Kapstadt und das Table-Mountain-Massiv. Herausforderung: die relativ starken an- und ablandigen Winde, die die Bälle beeinflussen und den Sand in die Augen weht ...
Rondebosch, Klipfontein Rd., Rondebosch, ☏ (021) 689-4176, www.rondeboschgolfclub.com. 18 Löcher, 5.710 m, Bar, Restaurant. Panoramaaussichten von einigen Löchern. Hügelig, durchkreuzt von vielen Kanälen und Wasserläufen. Nach dem **Metropolitan Club** (Mouille Point, nahe Waterfront, ☏ 021-430-6011, www.metropolitangolfclub.co.za, 9 Löcher) zusammen mit Mowbray (s. u.) der innenstadtnächste Platz.
Mowbray, Raapenberg Rd., Mowbray, ☏ (021) 685-3018, www.mowbraygolfclub.co.za. 18 Löcher, 5.904 m, Bar, Restaurant. Einer der schönsten Golfplätze Südafrikas, dafür aber auch stark frequentiert. Viele Bäume und „Bunker" erfordern ein präzises Spiel und die plötzlich einfallenden Bergwinde haben es in sich. Der sehr britische Club belohnt dafür mit wunderschönen Ausblicken aufs Table-Mountain-Massiv. Innenstadtnah.
Stellenbosch, Strand Rd. (R 44), Stellenbosch, ☏ (021) 880-0103, www.stellenboschgolfclub.com. 18 Löcher, 5.581 m, Bar, Restaurant. Meisterschaftskurs inmitten hügeliger Weinfelder. Der wunderschöne Platz besticht auch dadurch, dass er geschützt liegt vor den gefürchteten South-Easter-Winden. Viele Bäume.
Steenberg, Tokai Rd., Tokai/Steenberg, ☏ (021) 715-0227, www.steenberggolfclub.co.za. 18 Löcher, 5.000 m. Golfplatz auf dem Gelände der ältesten Weinfarm Südafrikas. Ein „Klas-

siker", da neue und nahezu vergessene Spielelemente in die Gestaltung einbezogen wurden. Heiß begehrt!
Hervorzuheben sind zudem der von Jack Nicklaus entworfene **Pearl Valley Golf Club** (Paarl, R 301, Wemmershoek Rd., ☎ 021-867-8000, www.pearlvalley.co.za) sowie der **Atlantic Beach Golf Club** (Melkbosstrand, Fairway Dr., ☎ 021-553-2223, www.atlanticbeachgolfclub.co.za), der wegen der unterschiedlich starken Winde eine besondere Herausforderung darstellt. Das **Arabella Country Estate** (☎ 021-430-5302, www.africanpridehotels.com/arabella-hotel-spa) bei Kleinmond bietet Luxus pur sowie ein tolles Setting. Die verschwenderische, riesige Anlage, der für die Region zu hohe Wasserverbrauch und die Umsiedlung ehemaliger Bewohner hat zu zahlreichen Protesten geführt.

Das Western Cape ist ein Paradies für Golfer

Massagen/Wellness

Ein Knüller, wenn auch „altbacken", ist der **Long Street Baths & Swimmingpool**, *Ecke Long/Orange Sts., Innenstadt, ☎ (021) 400-3302. Neben dem Hallenbad von 1929 beeindruckt das türkische Dampfbad, wo man auch eine günstige Massage erhalten kann. Mo, Do und Sa sind Frauentage, Di, Mi und Fr dürfen die Männer ran. Gemischttage gibt es nicht.*
Librisia Spa, *76 Orange St., Mount Nelson Hotel, Gardens, ☎ (021) 483-1000, www.mountnelson.co.za. Luxus Spa, professionelle Betreuung und Behandlung, tolles Ambiente. Einfach gut, wenn auch teuer!*
Angsana Spa, *Colinton Rd., Hotel Vineyard, Newlands, ☎ (021) 674-5005, www.vineyard.co.za. Spezialisiert auf asiatische Anwendungen. Ebenfalls sehr professionell.*
Auch andere Top-Hotels haben eigene Spas, die auch von Nichtgästen besucht werden können. So z. B. **Arabella Spa** *im Westin Hotel (am Convention Center, Innenstadt, ☎ 021-412-8200, www.westincapetown.com),* **ONEwellness Spa** *im Radisson Blu (Beach Rd., Granger Bay, ☎ 021-441-3000, www.radissonblu.de) und Spa-Bereich im* **Twelve Apostle Hotel** *(zwischen Camps Bay und Hout Bay, ☎ 021-437-0677, www.12apostleshotel.com).*

Seakayaking

Diese Sportart erfreut sich großer Beliebtheit in Kapstadt. Meist fährt man mit einem Ein-Personen-Kajak dicht an der Küste oder durch den Hafen. Besondere Vorkenntnisse sind nicht erforderlich, doch sollte man körperlich einigermaßen fit sein. Ratsam ist, zu Beginn an einem kurzen Lehrgang (ca. 2 Std. Kurztrip) teilzunehmen. Dieser dauert aber nur ca. 2 Std. Erfahrene Unternehmen (Ausrüstung, Einweisung, Verleih, organisierte Trips – 2 Std. bis mehrere Tage) sind **Johan Loots' PaddleYak Sea Kayak Store** *(P.O.Box 51508, Waterfront, ☎ 021-790-5611, www.seakayak.co.za) und* **Kaskazi Kayaks** *(179 Beach Rd., Three Anchor Bay/Mouille Point, ☎ 021-439-1134, www.kayak.co.za).*

Segeln

Eine Stadt, die von zwei Weltmeeren umgeben ist, zählt natürlich als Topadresse bei Seglern. Viele Weltumsegler und Profiteams laufen die Stadt an und legen in den Becken der Waterfront oder im vornehmen Royal Cape Yacht Club an. Die Gewässer um Kapstadt sind ein Eldorado, doch muss vor den Strömungen und Wetterumschwüngen gewarnt werden. Bootsverleihe gibt es nicht sehr viele, doch findet man ein paar Broschüren dazu im Touristenamt. Beliebter ist das Chartern eines Bootes. Segelscheine kann man ebenfalls in Kapstadt machen. Und wer mit dem eigenen Boot kommt, ist als Besucher herzlich willkommen im o. g.
Royal Cape Yacht Club, Duncan Rd., Table Bay Harbor, ☎ (021) 121-1354, www.rcyc.co.zu (besonders informativ sind die Links unter „Sailing").
Segelkurse bieten an:
Cape Town Sailing Academy, 5A Bay Point, 179 Beach Rd., Mouille Point, ☎ (021) 418-0350, www.capetownsailing.co.za.
Yachtmaster Sailing School, im o. g. Royal Yacht Club, ☎ (021) 788-1009, www.yachtmaster.co.za.

Strände

Die Strände von Kapstadt und entlang der Kaphalbinsel laden nahezu alle wegen des schönen Sandes und des unvergleichlichen „Ozean-Ambientes" ein. Nur übersteigen die Temperaturen am Atlantik selten das Nordsee-Niveau. Wärmer ist das Wasser an der False Bay und die Wellen sind hier höher.

Die beliebtesten Strände Kapstadts und der Kaphalbinsel sind:
Atlantischer Ozean
Zwischen Melkbos und Blouberg: Einsame Strandabschnitte. Besonders unter der Woche hat man diesen Strand nahezu für sich alleine. R 27 bis Big Bay.
Milnerton – Blouwbergstrand: Weite Sandstrände, oft unterbrochen durch Felsen und windig. Herrliche Aussichten auf Kapstadt.
Sea Point: Oft überlaufen. Felsen und Rockpools, relativ wenig Sand. Vorteil: stadtnah.
Clifton: Weißer Strand, viele „private" Ecken. Der „In"-Strand für die „rich and beautiful". Schwierig mit dem Parken.
Camps Bay: Beliebter Strand, da noch innenstadtnah. Voll am Wochenende und während der Ferien. Immer gut für Strandpartys und diejenigen, die zwischendurch mal shoppen bzw. einen Cappuccino trinken wollen. „Trendy" und schick.
Zwischen Camps Bay und Hout Bay gibt es einige kurze Strände, wobei der von **Oudekraal** durch die natürlichen und geschützten „pools" hervorsticht, in denen das Wasser durch die Sonne aufgewärmt wird. **Sandy Bay Beach** bei Llandudno ist der (inoffizielle) FKK-Strand Kapstadts. Obwohl verboten, wird die Freikörperkultur hier geduldet.

Strand bei Camps Bay

Hout Bay: Schöner Strand, und hinterher lockt ein Seafood-Mahl.
Hout Bay – Cape of Good Hope: Kühleres Wasser, daher sind die Strände eher beliebt zum Spaziergehen bzw. Surfen. Der **Noordhoek Beach** ist mit über 7 km der längste Strandabschnitt am Atlantik südlich der Innenstadt. Hier an allen Stränden auf die starken Strömungen achten.
Cape of Good Hope NR/Table Mountain NP: Hier gibt es keine nennenswerten Strände. Das Wasser ist zu kalt und die Strömung zu stark. Außerdem sind die Küstenabschnitte umständlich zu erreichen.

False Bay
Gordon's Bay: Windgeschützt durch die Hottentots Holland Mountains. Beliebt bei Familien.
Strand: 5 km langer Sandstrand, der sehr flach ins Wasser verläuft und am Pavillon von Strand endet.
Zwischen Strand und Muizenberg: Der lange, weiße Sandstrand lädt zwar wegen seiner natürlichen Beschaffenheit ein, doch werden die Strände hier nicht kontrolliert. Zudem ist gerade dieser Küstenabschnitt oft sehr neblig und wird gerne als Partyzone von Bewohnern aus den Townships (besonders nahe dem Strandfontein Pavilion) sowie von Strandanglern frequentiert.
Muizenberg: Ein wunderschöner, weißer und feiner Sandstrand und die größte Ansammlung der bekannten, bunten Holzstrandhäuser machen diesen Strand immer noch zu einem Favoriten. Leider befindet sich der Ort Muizenberg zzt. im Umbruch, ist aber sozusagen auf dem Weg der „Besserung". Früher war Muizenberg die Nobeladresse der kapländischen Badekultur.
St. James und Kalk Bay haben kleine Strände, deren natürliche Pools zudem einladen. Der Strand von **Fish Hoek** ist zwar größer, doch hier herrscht in der Saison und an Wochenenden reger Betrieb, da der Ort selbst zahlreiche Hotels hat.
Neben Muizenberg ist **Seaforth** (bei Simon's Town) der beste Strand an der False Bay. Statistisch betrachtet, ist es hier am windärmsten.
Oft wird auch **Boulders** ein Stück weiter empfohlen – besonders wegen der Pinguinkolonie und der Beschaffenheit (abgerundete Felsen, weißer Strand). Doch am **Pinguin-Strand** darf man nicht baden und ob man sich in der Umgebung mit den befrackten Tierchen nun das Wasser streitig machen sollte ...?
Smitswinkel Bay: Kleiner Ort in Bucht direkt nördlich des Cape of Good Hope NR (Table Mountain NP). Nur zu Fuß von der M 4 erreichbar (30 Min.). Idyllischer Ort, guter Sandstrand. Ein Geheimtipp bei Nicht-Kapstädtern, am Wochenende aber voll.
Im **Cape of Good Hope NR** (Table Mountain NP) lockt schließlich noch der **Bordjiesrif an der Buffels Bay**. Besonders unter der Woche ist dieser Strand wenig besucht, da er von der Stadt weit entfernt liegt. Eine extra Anfahrt mag nicht lohnen, aber bei einer Kapumrundung spricht er allemal für das Einpacken der Badehosen. Der Gezeitenpool sorgt zudem für sichere Verhältnisse für Kinder.

Sicherheit
Die Strände um Kapstadt gelten als sicher, zumindest was die Haie angeht (wobei es – sehr vereinzelt – auch schon Hai-Attacken auf Surfer in der False Bay gegeben hat!). An den belebtesten Stränden gibt es „Life Guards" und z. T. werden auch Polizeipatrouillen eingesetzt, da es gelegentlich doch Diebe gibt. Vorsicht ist allemal geboten und keine Wertsachen im Fahrzeug lassen.

Windsurfen/Wellensurfen/Surfverleih

Kapstadt und die Kaphalbinsel gelten als Surferparadies. In den Monaten September bis Mai sorgt die Hochdrucklage für starke Südostwinde ("Cape Doctor") am Atlantik, während die Tiefdruckwinde während der Wintermonate eher für abenteuerliche Wellen an der False Bay verantwortlich sind. Dann sind die Wellensurfer gefordert.

Die besten Windsurfgebiete um Kapstadt liegen südlich von Hout Bay, allen voran **Noordhoek/Kommetjie (Long Beach)***. Beliebt ist auch* **Bloubergstrand (Big Bay)***. Die Wellensurfer zieht es vor allem an die Küste* **zwischen Muizenberg und Fish Hoek***.*

Allgemeine Infos und aktuelle Surfbedingungen (Wetter, Wellen etc.) bei **Surfing South Africa** *unter www.wavescape.co.za.*
Surfläden*, die Infos erteilen und Boards ausleihen, gibt es u. a. in Muizenberg und Camps Bay.*

Tauchen/Shark Diving

Das Revier ums Kap ist sehr beliebt fürs Tauchen, u. a. weil es hier viele Schiffswracks zu erkunden gibt. Bekannt ist auch das **Shark Diving** *vor Gans Bay. Weitere Infos s. Allgemeine Informationen von A–Z, S. 115. Anbieter haben ihre Broschüren im Touristenamt ausliegen.*

Wandern/Wanderführer

Peninsula Ramblers *ist eine Gemeinschaft von begeisterten Wanderern (s. S. 238).*
Mountain Club of South Africa*, 97 Hatfield St., Innenstadt, ☏ (021) 465-3412, mcsa capetown.co.za und www.mcsa.org.za. Wanderungen und Bergsteigen mit ausgebildeten Bergführern. I. d. R. nur etwas für geübte Bergwanderer.*
Weitere Infos s. Allgemeine Informationen von A–Z ("Wandern"), s. auch Infokasten S. 385 sowie die Beschreibung des Table Mountain auf S. 185.

Sport ansehen
Allgemeine Sportveranstaltungen

Wie bei uns werden Sportveranstaltungen jeder Art live und im Fernsehen mit Begeisterung verfolgt. In vielen Kneipen werden die Bildschirme voller Erwartungen eingeschaltet, wenn etwa die "Bokkies" (Springboks), das nationale Rugby-Team, antreten. Dann geht es hoch her, wobei der "britische" Sportsgeist nie zu kurz kommt.

Doch die bekanntesten Sportarten haben sich noch nicht recht lösen können von den ehemaligen "Ausspaltungen" während der Apartheid. Natürlich kann heute in jeder Sportart jeder schauen bzw. mitmischen, doch bleibt **Cricket** wohl für alle Zeiten das versnobte und zu komplizierte Spiel der britischen Aristokratie, dem neben wenigen Weißen nur die "Coloureds" etwas abgewinnen können, während dem **Rugby** der burische Charakter noch lange anhaften wird. Dabei ist Südafrikas (mittlerweile gemischte) Rugbymannschaft eine der besten der Welt. Übrigens wird in Südafrika nach den Regeln der Rugby Union gespielt, die härter sind als die der sog. "League".
In den Townships dagegen wird **Fußball (Soccer)** großgeschrieben, trotz des unsteten Auftretens der Nationalmannschaft. Die erste Liga erreicht, nach europäischen Maßstäben, nur zweitklassiges Niveau.

Sonstige Sportarten rangieren in der Zuschauergunst eher unter „ferner liefen". Leichtathletik zieht nur in den großen Sportanlagen in Johannesburg, Golf gehört eher zum Establishment, d. h. man spielt es, redet aber nur unter seinesgleichen darüber, und die südafrikanischen Tennisprofis zeigen ihr Können gegen internationale Gegner nur selten zu Hause.

Tickets

Bei **Computicket** kann man telefonisch, übers Internet oder am Schalter Tickets für alle Arten von Sportveranstaltungen erwerben: ☏ 0861-915-8000, http://online.computicket.com/web/. Es gibt mehrere Schalter in Kapstadt, u. a. Touristenamt (Ecke Castle/Burg Sts.), V&A Waterfront, Victoria Wharf Mall, und auch in größeren Orten entlang der Garden Route. Auflistung aller Schalter im Internet (Button „Store Locator").

Wo wird gespielt (große Veranstaltungen):
Cricket: Gespielt wird im Newlands Grounds (Traverse Road, Newlands), wobei dieser Sport nur bei internationalen Begegnungen gut besucht ist. Team: „Western Province Cricket".
Fußball: Die beiden großen Kapstädter Mannschaften sind „Ajax" (Heimat-Stadion: Newlands Stadium, Boundary Rd., Newlands) und „Santos" (Heimat-Stadion: Athlone Stadium, Klipfontein Rd., Athlone). Die ganz großen Spiele finden im Cape Town Stadium (Green Point) statt.
Rugby: Newlands Stadium, in dessen Umfeld sich ja auch das Rugby Museum befindet. Die lokale Mannschaft heißt „Stormers", doch oft tritt eine Provinzmannschaft, das „Western Province"-Team in speziellen Cups an.

Zum großen **Radrennen Cape Argus Pick'n Pay Cycle Tour** sowie dem **Two Oceans Marathon** s. S. 116.

Casino

Das **Grand West Casino** in Goodwood (Vanguard Drive, ☏ 021-505-7777, www.suninternational.com) gilt zzt. als eines der größten seiner Art im südlichen Afrika. Die Gebäude sind dem Baustil Kapstadts um 1900 (viele Gebäudereplika aus dem District Six) nachempfunden. Neben Spielautomaten und Roulettetischen gibt es verschiedenste Unterhaltungslokale, z. B. den Hanover Street Nightclub, in dem neben DJs auch Livebands (oft flotter, moderner Jazz) für Stimmung sorgen. Die Restaurants decken alle Sparten ab (Steak, Japanisch, Chinesisch, Mexikanisch etc.). Für die ganzjährig geöffnete **Eisbahn** können Schlittschuhe ausgeliehen werden.

Cape Town Stadium

Verkehrsmittel
Flughafen
Die wichtigsten Fluggesellschaften (Auswahl)
Air Namibia, ☎ (021) 936-2755
British Airways, ☎ (021) 936-9000
Lufthansa, ☎ (021) 415-3735
KLM, ☎ (021) 935-8500
SAA, ☎ (021) 936-2230
Air Berlin, ☎ 0800 98-1393 (zzt. keine Flüge nach CPT)
Kulula.com, ☎ 086-158-5852
Emirates, ☎ (021) 403-1100

Flugverbindungen nach Kapstadt
Kapstadt wird nur selten direkt von Deutschland aus angeflogen (zzt. nur Lufthansa/SAA). Meistens steht ein Umstieg in einer europäischen Stadt an (Paris, London, Amsterdam etc.) und/oder man muss noch in Johannesburg umsteigen.

Cape Town International Airport (CPT)
Mit knapp 9 Mio. Fluggästen pro Jahr rangiert Kapstadts Flughafen an Größe deutlich hinter dem von Johannesburg (ca. 19 Mio. Passagiere).
Fluginformationen: ☎ (021) 934-0407
Flughafen (allg.): ☎ (021) 937-1200, www.airports.co.za („Airports", dann „Cape Town")
Kapstadts Flughafen liegt ca. 23 km von der Innenstadt entfernt und ist über die Autobahn N 2 an diese angebunden. Mit dem Auto benötigt man ca. 30 Min. für die Distanz, was sich aber auf 1 Std. während der Rushhour ausdehnen kann.

Die Orientierung auf dem Flughafen ist relativ einfach. Grundsätzlich gibt es ein **internationales** und ein **nationales Terminal**, die beide nur wenige Gehminuten voneinander entfernt liegen. Internationale Abflüge werden im zentralen Terminal abgefertigt.

Im Flughafengebäude gibt es einen **Informationsschalter der Western Cape Province**, der aber oft früh schließt.

Alle größeren **Mietwagenfirmen** haben am Airport eine Niederlassung. Deren Schalter befinden sich außerhalb, vor dem zentralen Flughafengebäude.

Die größeren Hotels und auch viele Herbergen bieten einen **Shuttleservice** zum/vom Flughafen an. Dieser muss vorher reserviert werden. Für den Aufwand wird ein Entgelt berechnet (i. d. R. ab R 120 für die erste Person, jede weitere Person ist dann günstiger).
Eine **Taxifahrt** in die Innenstadt kostet ab R 260 zzgl. 10 % Trinkgeld.
Airport-Shuttle: MyCITI-Bus (s. u.) pendelt tgl. zwischen 4.20 (1. Fahrt ab Innenstadt) bis 21.50 Uhr (letzte Fahrt ab Airport) zwischen Civic Center (Hertzog Boulevard) und Airport. ☎ 0800-656463, www.capetown.gov.za/en/MyCiti

Bahnhof/Eisenbahnverbindungen
Hauptbahnhof von Kapstadt: Adderley Street, gegenüber der Strand Street, ☎ (021) 449-2991. Es gibt nur wenige Personenzugverbindungen in Südafrika; diese verbinden vor allem die Großstädte miteinander sowie die Innenstadt von Kapstadt mit seinen

Vororten.

Von touristischem Interesse bei den lokalen Zügen ist nur die gut einstündige **Strecke nach Simon's Town** mit der Metrorail. Sie führt durch facettenreiche Stadtteile. Das Highlight ist die Strecke, die dicht am Ufer der False Bay entlangführt. Hier gibt es auch Züge, die mit einem (einfachen) Speisewagen ausgestattet sind: beliebt als „Brunch-Train". Infos: ☎ (0800) 656-463, www.capemetrorail.co.za.

Mi, Fr und Sa fährt der **„Shosholoza Meyl"** nach Johannesburg: ☎ (086) 000-8888, www.shosholozameyl.co.za. Weitere Infos s. Allgemeine Infos von A–Z, S. 127.

Luxuszüge Blue Train und Rovos Rail
Buchungen **Blue Train**: ☎ (021) 449-2672, www.bluetrainsouthafrica.com. **Rovos Rail**: ☎ (021) 421-4020, www.rovos.com. Letzterer hat seine Abfahrtshalle am Old Marine Drive direkt nördl. vom Bahnhof. Weitere Infos s. Allgemeine Infos von A–Z, S. 126.

Busse
Städtisches Bussystem

Der **Hauptbusbahnhof** für die unbequemen, aber flächendeckend bis in die Vorstädte eingesetzten **Golden Arrow-Busse** ist am Grand Parade (Castle Street). Zum Indischen Ozean (Muizenberg, Simon's Town) gelangt man am besten mit der **Metro Rail** (s. o.).

Viel besser fährt man entlang der Atlantikküste (Melbosstrand bis Hout Bay), in der Innenstadt, zur V&A Waterfront, nach Woodstock, Vredehoek, Oranjezicht sowie zum Airport und zur Century City/Canal Walk mit den neuen **MyCITI-Bussen**. Das Netz wird noch ausgebaut und die Routen teilweise noch umgestellt. Zentraler **Start- und Zielpunkt für alle Linien ist das Civic Center** (Hertzog Blvd.) in der Innenstadt. Die Tickets kosten zwischen R 6 (einfache Strecke) und ca. R 60 für die Fahrt zum/vom Airport. Etwas umständlich erweist sich das Bezahlen – nur bargeldlos – (außer Airport-Bus), denn dazu muss man sich an den größeren Haltepunkten (MyCITI-Kioske) bzw. in Geschäften entlang den Strecken (Spar-Supermärkte, Tankstellen, Cafés etc.) einmalig die **Myconnect-Karte** kaufen (R 23) und sie hier auch aufladen. Daher sollte man überschlagen, wie oft man fahren möchte, denn es gibt kein Geld zurück. Die Karte hält man im Bus an den Fahrscheinautomaten (1 Piep = okay, 2 Piep = okay, aber weniger als R 20 übrig, 5 Piep = fehlgeschlagen / nicht genug Geld übrig). Klingt aufwendig, doch hat man erst einmal eine aufgeladene Karte, freut man sich über ein modernes, im 10- bis 30-Minutentakt und zwischen ca. 6 und 22 Uhr verkehrendes Bussystem. Infos: www.capetown.gov.za/en/MyCiti, ☎ 0800-656463.

Minibusse („überbelegte" 9- bis 16-Sitzer) bedienen ein engmaschiges Routennetz, das sich über ganz Kapstadt und sein Umland verzweigt. Sie fahren vom **Obergeschoss am Hauptbahnhof (Strand Street)** ab und sind dort gut organisiert, sodass man schnell die Haltestelle für sein Ziel finden kann. Anders verhält es sich dagegen in der Stadt. Dort sind die Haltestellen vorgegeben, aber nicht sonderlich gekennzeichnet. Wenn man nicht nachfragt, kann man schnell mal im falschen Bus landen. Abenteuergeist und wenig Platzanspruch gehören also dazu. Grundregeln: Vorne sitzen die Fahrgäste mit Gepäck; wer auf dem Klappsitz sitzt, hat die Schiebetür an den Haltestellen zu öffnen und gezahlt wird an eine Person in der vorderen Reihe, nicht an den Fahrer.

Auf ausgebauten Busspuren verkehrt die **IRT-„Bahn"** (Integrated Rapid Transit System). Ihr Netz reicht zzt. von der Innenstadt (bei Veranstaltungen vom Green Point Stadium) bis Table

View und teilweise nördlich davon sowie zum Flughafen. Die erstgenannte Strecke folgt der Küstenlinie mit Stopps in Milnerton. Der Ausbau des IRT-Netzes wird konsequent vorangetrieben, sodass später die südlichen Vororte sowie Kayelitsha hinzukommen werden. Infos unter www.capetown.gov.za/en/irt.
Airport-Shuttlebus: s. unter „Flughafen".

Überregionales Bussystem
Der Busbahnhof für die überregionalen Strecken befindet sich ebenfalls am Hauptbahnhof. Von hier verkehren die großen Busunternehmen zu allen mittleren und größeren Städten Südafrikas. Letztere werden mehrmals täglich bedient.

GREYHOUND Cityliner, ☏ 083-915-9000, (021) 418-4310, www.greyhound.co.za
TransLux Intercity, ☏ 086-158-9282, www.translux.co.za.
INTERCAPE/MAINLINER, ☏ 086-128-7287, (021) 386-4400, www.intercape.co.za
Der **Baz Bus** zielt auf Backpacker und verkehrt mittlerweile auf allen wichtigen Touristenrouten. Der Clou: Man wird vom Hotel/Hostel abgeholt, am Zielort dort abgesetzt und die gesamte Route kann nach dem Hop-on/hop-off-System abgereist werden. 32 Burg St., Innenstadt, ☏ (021) 422-5202, www.bazbus.co.za.

Tickets
Tickets für die überregionalen Busse können über alle Computicket-Schalter (z. B. V&A Waterfront oder Golden Acre Shopping Center) gebucht werden: ☏ 0861-915-8000, http://online.computicket.com/web/.

Taxis
Es wird nach drei Taxiarten unterschieden: „normale" Taxis, Minibus-Taxis und Rikkis. Taxis können herbeigewunken, telefonisch angefordert oder an einem der Taxistände belegt werden. Preise stehen deutlich am Fahrzeug angeschrieben.
Ein **Trinkgeld** von 10–15 % wird erwartet.

Große **Taxistände** befinden sich am Hauptbahnhof, an der Grand Parade, vor großen Hotels sowie an der V&A Waterfront (nahe dem Busstop und Hotels).
Rufnummern für Taxis: ☏ (021) 448-4444 (Excite), ☏ (021) 424-2222 (KwikCabs)

Eine Alternative zu Bussen und Taxis sind die **Rikki-Taxis**. Sie kosten weniger als die normalen Taxis, sind dafür aber oft voll und müssen telefonisch bestellt werden unter ☏ (0861) 745-547, bookings@rikkis.co.za.
Zu **Minibus-Taxis** s. S. 247.

Mietwagen/Campmobile/Mietmotorräder
Weitere Infos s. Allgemeine Infos von A–Z, S. 89.
Internationale Firmen
Alle großen Firmen haben Niederlassungen am Flughafen sowie oberhalb Buitengracht im Bereich um die Strand Street.
Avis, ☏ (021) 424-1177
Budget-Rent-a-Car, ☏ (021) 418-5232
Europcar/Interrent, ☏ (021) 418-0670
Hertz, ☏ (021) 400-9630

Lokale Mietwagenfirmen
Lokale Mietwagenfirmen bieten sich für Kurzentschlossene und aufgrund ihrer günstigeren Tarife an. Wer weite Strecken durchs Land plant, sollte sich darüber im Klaren sein, dass es meist keine Vertretungen außerhalb von Kapstadt gibt. Bleibt man also wegen einer Autopanne liegen, dauert es eine ganze Weile, bevor man Hilfe bzw. Fahrzeugersatz erhält. Lokale Mietwagenanbieter finden sich in den Gelben Seiten unter „Car & Camper Hire". Zwei Anbieter in Kapstadt:

Value Car Hire, *am Airport*, ☏ 086-143-7483, www.valuerentalcar.com.
Best Beetle Car Rental, *7–12 Staal St., Brackenfell, Kapstadt*, ☏ 073-115-7988, www.bestebeetle.co.za. *Vermietung alter, kultiger VW-Käfer. Für lange Fahrstrecken sind die alten Fahrzeuge aber nicht mehr ausgelegt.*

Einige lokale Anbieter haben Broschüren im Touristenamt ausliegen. Dort kann man sich preislich orientieren.

Campmobile/4x4-Geländewagen
Explore Africa, *Gert Schlorf, Gillian St. 90, Bellville, Kapstadt*, ☏ (021) 910-2228, www.kapstadt.de/explore/. *Spezialisiert auf Geländewagen mit Campingaufsatz (Nissan) sowie kleine Wohnmobile (Mercedes/Nissan). Etwas teurer als bei den großen Firmen, dafür aber fürs Campen besser ausgestattet und bei Campmobilen ist ein persönlicher Kontakt vor Ort viel Wert! Annahme/Abgabe auch möglich in Windhoek und Johannesburg.*

Maui Rentals, *101 Ferndale Rd., Brackenfell, Kapstadt*, ☏ (021) 982-5107, www.maui.co.za (*gute Internetseite rund ums Campen sowie Reisen mit dem Campmobil in Südafrika*). *Einer der führenden Campervermieter. Über den Partner* **Britz** (www.britz.co.za) *auch Anmietung gut ausgestatteter Geländewagen mit Campingausrüstung. Annahme/Abgabe auch möglich in Windhoek und Johannesburg.*

Motorradverleih
Toll! Auf BMW-Motorradvermietung sowie -reisen (mit und ohne Begleitung) haben sich spezialisiert: **Karoo-Biking**, ☏ (082) 533 6655, www.karoo-biking.de *und auch* **SA Motorcycle Tours & Hire**, www.sa-motorcycle-tours.com.

Cape Bike Rentals, *189 Buitenkant St., Cape Town 8001*, ☏ (021) 465-6883 *oder* (072) 250-1691, www.kapstadt-motorradvermietung.de. *Motorradvermietung.*

Le Cap Motor Cycle Hire, *Unit B9, Edgemead Business Park, Southdale Road, Edgemead*, ☏ (072) 259-0009, www.lecapmotorcyclehire.co.za. *Motorradwerkstatt und Verleih von robusten Bikes.*

Organisation von Harley-Touren sowie Harley-Davidson-Vermietung: **Cape Harley Tours & Rentals** (☏ 082-341-3584) *sowie* **Viper Lounge** (☏ 087-808-3750, www.viperlounge.co.za).

Auf Vermietung und Touren mit BMWs und/oder Harleys hat sich schließlich **Cape Bike Travel** (☏ 084-606-4445, www.capebiketravel.com) *spezialisiert.*

Wer es kleiner mag, mietet einen **Scooter** *(Größe einer Vespa). Entsprechende Vermieter findet man z.B. in der Long Street, im Studentenviertel von Observatory (z. B.* **African Buzz**, *3 James St.*, ☏ 083-258-7343). *Einzig im Internet kann man buchen bei* **Scooter Hire**, www.capetownscooter.co.za.

Hinweis
Harleys und BMWs rechtzeitig buchen, besonders während der Saison! Weitere Vermieter findet man in den Gelben Seiten unter „Motor Cycle & Scooter Hire".

5. RUND UM DIE KAPHALBINSEL

Allgemeiner Überblick

Ein Ausflug zum **Cape of Good Hope** gehört zu einem Kapstadt-Besuch. Wenn auch nicht das südlichste Kap Afrikas, spinnen sich viele Gedanken und Legenden um dieses natürliche Wahrzeichen. Irgendwo vor dem Kap sollen sich der warme Agulhas- und der kalte Benguelastrom treffen, und Betrachter behaupten oft, die Vermischung der Wasser erkennen zu können. Wissenschaftler aber sagen, dass das Aufeinandertreffen weiter östlich stattfindet. Für das **Cape of Good Hope Nature Reserve** (Teil des Table Mountain National Park) selbst sollte man ein paar Stunden Aufenthalt einplanen, evtl. auch ein Picknick hier am Strand oder eine Wanderung, von der aus man auch Schiffswracks sehen kann. Vor den Toren des Parks bietet sich die Gelegenheit, eine Straußenfarm zu besuchen.

Wahrzeichen Kapstadts

Doch nicht alleine das Kap ist den Tagesausflug wert, auch die Fahrt an sich. Auf ihr beeindrucken die Ferien- und ehemaligen Fischerdörfer, die Hafenatmosphäre von **Hout Bay** mit Fischimbissen und Waterfront, der atemberaubende **Chapman's Peak Drive**, die **Pinguinkolonie** bei Simon's Town, die Antikläden in **Kalk Bay**, die bunten Strandhäuser von **St. James** und **Muizenberg** sowie die historischen **Constantia-Weingüter**. Botaniker werden von der **Pflanzenwelt** der *Capensis* auf dieser Rundtour begeistert sein.

Grundsätzlich sollte man sich auf die Sehenswürdigkeiten südlich von Hout Bay und auf der False-Bay-Seite konzentrieren. Camps Bay, Hout Bay, Muizenberg und das Constantia Valley lassen sich notfalls an einem anderen Tag erkunden. Die Weingüter schließen oft bereits am frühen Nachmittag.

Eine ewige Diskussion: „Wie herum"?

„Wie herum" soll man um die Kaphalbinsel fahren? Dazu gibt es zahlreiche Argumente, wobei schon die Geschwindigkeit der Umrundung von Bedeutung ist. Denn am Nachmittag bzw. frühen Abend entscheidet sich, ob man z. B. noch in Kalk Bay Fisch essen oder lieber in Camps Bay einen Cocktail bei untergehender Sonne genießen möchte. Die meistgenannten Vor- und Nachteile beider Fahrtrichtungen:

Kapstadt – Hout Bay – Kap – Simon's Town – Muizenberg – Constantia Valley – Kapstadt (gegen den Uhrzeigersinn)
Vorteile: Ein eher langsamer und typischer „Ausstieg" aus dem Rummel von Kapstadt (die Orte werden nach Süden hin zunehmend ruhiger) – schönere Aussichten nach vorne und weniger blendende Sonne am Vormittag entlang des Chapman's Peak Drive – nach Besichtigung des Kaps zum Entspannen Fisch essen bzw. die weniger touristischen Orte Simon's Town und Kalk Bay genießen – nachmittags evtl. Wale in der False Bay
Nachteile: Spätnachmittags bereits z. T. im Lichtschatten der Berge (wichtig beim Fotografieren der bunten Strandhütten) – stehen ein Weingut im Constantia Valley oder die Kirstenbosch National Botanical Gardens auf Ihrer Liste, ist es

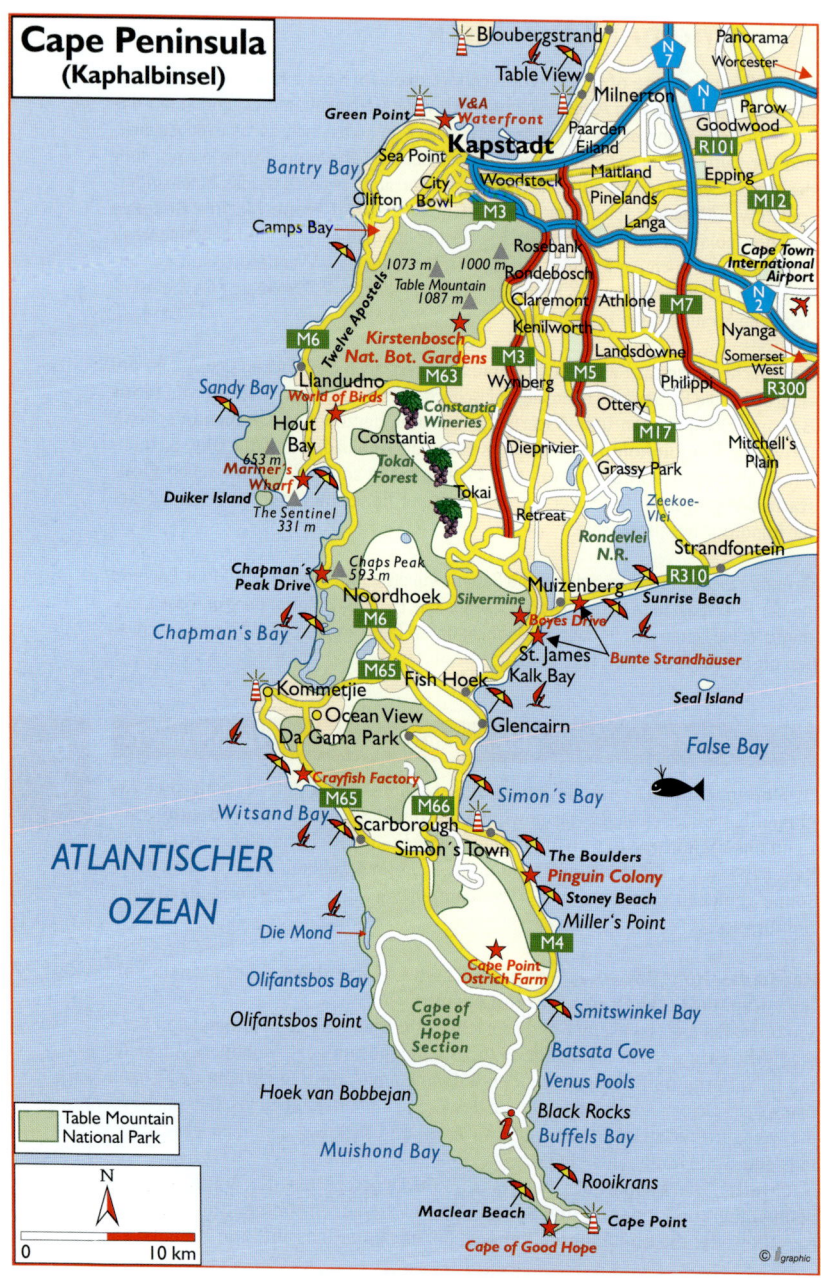

am Ende des Tages meist zu spät für die Besichtigung – Sie fahren auf der meerabgewandten Straßenseite

Kapstadt – Constantia Valley – Muizenberg – Simon's Town – Kap – Hout Bay – Kapstadt (im Uhrzeigersinn)
Vorteile: Schöne Nachmittagssonne auf der Atlantikseite (bestes Licht für einen Sundowner in Camps Bay) – Fahrt auf der meerzugewandten Straßenseite
Nachteile: Die Gefahr, bereits zu viel Zeit in den Kirstenbosch National Botanical Gardens bzw. im Constantia Valley zu verbringen, ist groß – wer nicht rechtzeitig startet, kommt nicht mehr in den Genuss des Lichtvorteils auf der False-Bay-Seite.

Kombinationsmöglichkeit: Man fährt auf der Westseite zügig bis Kommetjie, dann in Ruhe zum Kap, von dort nach Simon's Town und Kalk Bay und quert anschließend die Kaphalbinsel nach Noordhoek und genießt den Chapman's Peak Drive, Hout Bay und Camps Bay am späten Nachmittag.

Routenbeschreibung

Von Kapstadts Innenstadt der M 6 folgen über **Camps Bay**, **Hout Bay**, **Noordhoek** bis nach **Sun Valley**. Von dort auf der M 65 über **Kommetjie** bis zum Eingang des **Cape of Good Hope Nature Reserve/Table Mountain National Park**. Vom Eingang bis hin zum Kap führt eine Parkstraße, von der noch einige Stichstraßen zu anderen Küstenpunkten im Naturreservat abgehen. Zurück am Eingang geht es entlang der M 4, die im Grunde bis in die Innenstadt zurückführt. Mehrmaliges Abzweigen ist aber nötig. An der M 4 liegen u. a. die **Pinguinkolonie**, **Simon's Town**, **Fish Hoek**, **Kalk Bay** und **Muizenberg**. Schneller geht es nördlich von Muizenberg entlang der M 3.

Nennenswerte Routenalternativen sind der **Boyes Drive**, der oberhalb von Kalk Bay und Muizenberg entlangführt, sowie die M 42, M 41 und später die M 63. Die beiden ersten führen entlang der Weingüter im **Constantia Valley**, die Letztere dann vorbei an den **Kirstenbosch National Botanical Gardens**.

☞ Entfernungen

Kapstadt (Innenstadt) – Hout Bay: 25 km
Hout Bay – Eingang Cape of Good Hope NR: 50 km
Eingang Cape of Good Hope NR – Cape Point – Cape of Good Hope – Eingang NR: ca. 35 km
Eingang Cape of Good Hope NR – Simon's Town: 10 km
Simon's Town – Muizenberg: 14 km
Muizenberg – Constantia Valley (Groot Constantia) – Kirstenbosch National Botanical Gardens: 20 km
Kirstenbosch National Botanical Gardens – Kapstadt (Innenstadt): 18 km
Gesamt: ca. 170 km, die z. T. sehr langsam zu fahren sind (Geschwindigkeitsbegrenzungen, kurvenreiche Strecken).

Sehens- und Erlebenswertes bei der Rundfahrt um das Cape of Good Hope

Entlang der Westküste zum Cape of Good Hope

Hinweis
Die Strecke bis Camps Bay ist ab S. 179 beschrieben. Adressen zu Unterkünften, Restaurants etc. s. unter Reisepraktische Informationen Kapstadt und Umgebung.

Zwischen Camps Bay und Hout Bay

Hinter Camps Bay passiert man das direkt am Meer gelegene Dorf **Llandudno**, das mit viel Geschick seine Exklusivität bewahrt: Niemals wurde eine Durchgangsstraße gebaut, Geschäfte und Restaurants sucht man hier vergebens und für Auswärtige lockt allerhöchstens der inoffizielle, aber geduldete FKK-Strand **Sandy Bay**. Um diesen zu erreichen, fährt man im Südteil des Ortes zum „Sunset Rocks Parking" und läuft dann noch 15–20 Minuten.

Der Hafen von Hout Bay

Kurz vor Hout Bay führt eine Straße nach rechts zum **Mount Rhodes** (unterhalb des „Little Lion's Head"), von dem aus man einen schönen Blick über Hout Bay und Chapman's Peak hat.

Hout Bay

Der Fischerei- und Touristenort liegt malerisch an der gleichnamigen Bucht, die im Südosten von Noordhoek Peak und Chapman's Peak sowie im Westen vom Karbonkelberg (653 m) und dem kleineren, aber auffälligeren **The Sentinel** (331 m) umgeben ist.

Schon früh wurde die bezaubernde und auch strategisch wichtige Lage des Ortes von den Europäern erkannt. Jan van Riebeeck bezeichnete die waldreiche Bucht **Houtbaaitjen** (kleine Holzbucht) und veranlasste 1662 den Bau einer kleinen Straße. 1681 wurden hier die ersten Farmländereien Südafrikas zugelassen und gut 100 Jahre später begann man mit dem Fischfang. Die weitere Geschichte war abwechslungsreich: 1781 bauten die Franzosen hier drei Forts, wurden dann aber von den Engländern verdrängt, die ihrerseits Fortanlagen errichteten, von denen heute noch die Überreste der **Eastern Battery** am südlichen Ortsausgang (am Chapman's Peak Drive) zu erkennen sind. 1873 entdeckte man Manganvorkommen in den Constantiabergen, die schließlich in den Jahren vor dem Ersten Weltkrieg abgebaut wurden. Zu dieser Zeit florierte die Fischerei (Hummer, Hecht). Die Menschen machten sich nun daran, Fisch nicht nur zu fangen, sondern auch in Konserven zu verpacken und weithin zu verschicken. Der Hafen entwickelte sich zu einem bedeutenden Standort der südafrikanischen Fischindustrie. Auch heute noch ist die Fischfabrik am südwestlichen Ende des Hafens deutlich sicht- und riechbar. Hier befinden sich zudem die Reste des Gegenstücks zum Fort, der **Western Battery**.

Mittlerweile ist Hout Bay ein beliebtes Wochenendziel. Zwei kleine Museen, ein Vogelpark, Bootstouren vom Hafen (nahe Mariner's Wharf aus) zur **Duiker Island**, der **Bay Harbour Market** (s. u.) sowie leckerste Fish & Chips im Industriehafen können begeistern. Touren in das Township organisiert zudem das Touristenamt.

Sehenswertes in/um Hout Bay

In Hout Bay gibt es einen der größten Vogelparks Südafrikas, die **World of Birds**. Auf dem 4 ha großen Gebiet sind rund 3.000 Vögel und Kleintiere (400 Arten) von Wanderwegen aus zu beobachten. In dem Park leben auch Affen sowie Reptilien.
World of Birds, Valley Rd., www.worldofbirds.org.za, tgl. 9–17 Uhr.

Essen und Trinken

Restaurants bieten sich in Hout Bay an der Mariner's Wharf an sowie Fischimbisse am Industriehafen. **Tipp**: das Imbisslokal **Snoekies** (tgl., meist nur tagsüber) inmitten des Fischereihafens. Frischer, echter und deftiger kann es nicht sein. Nebenan, im Laden, kann man zudem frischen Fisch kaufen. Ganz am Ende der Straße lockt mit bunten Farben das **Fish on the Rocks**, ein Imbissrestaurant mit Aussicht auf die Ausfahrt des Fischereihafens.

Redaktionstipps

▶ **Grundsätzlich:** Früh starten, **Fernglas**, warme und wetterfeste **Kleidung** (es stürmt oft am Kap, und Regen bzw. Nebel sind auch nicht selten) mitnehmen und **Unterkünfte** auf der Halbinsel vorher reservieren. Beachten Sie, dass die Strecke inkl. Abstechern **mind. 170 km, eher 200 km** lang ist. Unbedingt gutes **Kartenmaterial** für die Kaphalbinsel besorgen. Am besten: Cape Peninsula von Slingsby Maps (S. 107).

Die schönsten Naturerlebnisse
▶ Bootstour zu den **Robben** auf Duiker Island (S. 256).
▶ Fahrt auf dem **Chapman's Peak Drive** (S. 256).
▶ **Reiten** am Strand von Noordhoek (S. 257).
▶ Besuch der **Pinguine** an den Boulders (S. 266).
▶ Die einzigartige **Fynbos-Vegetation** im Cape of Good Hope NR (S. 259).
▶ Zwischen Juli und November **Wale beobachten** vom Cape of Good Hope aus oder in der False Bay (S. 269).

Kulturelle Höhepunkte
▶ **Bay Harbour Market** in Hout Bay (S. 233, 256).
▶ Die **maritime Geschichte** des Cape of Good Hope nachvollziehen im kleinen Museum im Cape of Good Hope NP (S. 263).
▶ Die Geschichte der Marine und Navy erkunden im **SA Naval Museum** sowie **Simon's Town Museum** (S. 268).
▶ Die **bunten Strandhütten** von St. James und Muizenberg (S. 272).
▶ Besuch eines **Weinguts** im Constantia Valley (S. 275).

Außergewöhnliche Höhepunkte
▶ Besuch der **Cape Point Ostrich Farm**, einer Straußenfarm (S. 259), sowie Stöbern in den **Antikläden in Kalk Bay** (S. 271).

Am Hafen: Von der **Mariner's Wharf** und den Imbissen am Industriehafen hat man einen herrlichen Blick hinüber zum Noordhoek (754 m) und zum Chapman's Peak (592 m). Das kleine **SA Sea Fishery Museum** *(Di–So)* am Hafen nahe der Mariner's Wharf widmet sich der Fischereiindustrie (einst und heute). Hier werden u. a. Videos gezeigt und man kann am Computer Fragen zu den Themen Fischfang und Fischverarbeitung stellen.

Lohnender Markt

Ein ganz besonderer Anziehungspunkt ist der **Bay Harbour Market** ganz am Ende vom Hafen in einer ehemaligen Lagerhalle. Hier wird getanzt, Kunsthandwerkliches verkauft, Musik gespielt und werden leckere Kleinigkeiten zum Essen angeboten. Ein Hit auch bei den Einheimischen und oft gut besucht.
Bay Harbour Market, *31 Harbour Rd., www.bayharbour.co.za, Fr 17–21, Sa/So 9.30–16 Uhr.*

Vom Hafen aus gehen ein- bis mehrstündige **Bootsfahrten** ab, u. a. zur 1.500 m² großen **Duiker Island** (Seehundkolonie mit bis zu 5.000 Seehunden, Vogelwelt). Andere Touren gehen zu Wracks bzw. verbinden eine Champagner-Fahrt nach Camps Bay mit einem Sonnenuntergangserlebnis.

Das **Hout Bay Museum** *(Di–Sa)* in der Andrews Road zeigt eine Ausstellung zur Geschichte Hout Bays, von den Strandloipers bis hin zur modernen Fischindustrie. Zudem organisiert es Naturwanderungen. Entlang der Main Road (M 6) findet man weitere Geschäfte und Restaurants. Am südlichen Ortsausgang passiert die Straße die Überreste der **Eastern Battery** von 1796.

Wandern

Wanderfreunde können den schönen Wanderweg, nahe dem Meer, **zwischen Hout Bay und Llandudno** entlanglaufen oder südlich der Eastern Battery starten und die ehemaligen **Manganminen** zu Fuß erkunden. Wer sich viel Zeit nehmen will, kann weiter auf den **Chapman's Peak** bzw. den 928 m hohen **Constantiaberg** hinauflaufen, von dem man eine grandiose Rundumsicht über die gesamte Kaphalbinsel hat. Der Aufstieg von der Atlantikseite ist jedoch anstrengend. Unkomplizierter geht es von der anderen Bergseite (Silvermine North Gate, Tokai Fire Lookout), und dabei geht es vorbei an der Elephant's Eye.

Zwischen Hout Bay und Cape of Good Hope Nature Reserve

Atemberaubende Küstenstraße

Weiter Richtung Süden geht es auf dem **Chapman's Peak Drive**, einer der atemberaubendsten Küstenstraßen überhaupt. 150 m über dem Meer und 450 m unter dem Gipfel schlängelt sich die 10 km lange Strecke dicht am Felsen und direkt am Abgrund entlang. Die sagenhaften Aussichten sind kaum zu beschreiben. Bereits kurz hinter Hout Bay locken Picknickplätze mit Ausblicken auf die Hout Bay und den dahinter liegenden, 331 m hohen **The Sentinel** („Die Wache"), der im wahrsten Sinne des Wortes über die Bucht zu „wachen" scheint. Auf etwa halber Strecke führt ein Wanderweg hinauf auf die Berge bzw. zurück nach Hout Bay. Weitere Haltebuchten bieten sich für Foto- und Genießerstopps an.

Chapman's Peak Drive: Bau und Probleme

Der **Chapman's Peak Drive** wurde zwischen 1915 und 1922 angelegt. Massive Sprengungen waren nötig, um die kühne Konstruktion am Steilabhang der 450 bis 600 Mio. Jahre alten Gesteinsablagerungen zu verwirklichen. Ende der 1990er-Jahre mussten immer wieder Abschnitte kurzzeitig gesperrt werden, da die Eisenstützträger vom Salzgehalt der Luft so sehr angenagt waren, dass bei immer höher werdendem Verkehrsaufkommen nicht mehr für die Sicherheit garantiert werden konnte. Noch schlimmer war, dass laufend Felsbrocken auf die Strecke fielen. Daher entschloss man sich 2002, die Straße komplett instand zu setzen, inklusive der Anbringung von Schutznetzen und des Baus von Überhängen. Über zwei Jahre hat dies gedauert und seither gilt die atemberaubende Straße als sicher. Die Nutzungsgebühr für die komplett restaurierte Straße ist in ihrer Höhe absolut gerechtfertigt (Infos und Tarife unter www.chapmanspeakdrive.co.za).

info

Schließlich, nach der letzten scharfen Kurve, breitet sich der 6 km lange, weiße Sandstrand von **Noordhoek**, an der **Chapman's Bay**, vor einem aus. Er ist der **Tidal Lagoon** vorgelagert. Aufgrund der Temperaturen und der starken Strömungen empfiehlt sich das Baden aber nicht. Besser, man nimmt die Chance wahr, mit dem Pferd am Strand entlang zu reiten, was diverse **Reiterhöfe** in der Umgebung von Noordhoek anbieten, oder läuft diesen zu Fuß ab. Zu erreichen ist der

Blick vom Chapman's Peak Drive auf Hout Bay und den Sentinel

Strand gleich über den ersten Abzweig nach rechts: Avondrust Street, dann Mountain (Beach) Road und schließlich Rateklip (Beach) Road. Eine weitere Variante bietet die Anfahrt von Süden: In Kommetjie via Wireless Road und Pilot Way.

In und besonders um Noordhoek gibt es eine Reihe von Cafés, Pubs und Restaurants. Eine Shopping Mall in **Sunnydale** versorgt die immer größer werdende Gemeinde. Oberhalb des Ortes, am Oude Kaapse Weg (M 64), liegt das **Silvermine Nature Reserve**, dessen Fynbos-Vegetation, Wanderwege, Mountainbike-Strecken und Picknickplätze viele Kapstädter für einen Wochenendausflug anziehen. In Sunnydale zweigt die Route auf die M 64 ab und kurz darauf wieder rechts auf die M 65 in Richtung Kommetjie.

Wochenendausflug

Die **Imhoff Farm** bietet Ausritte an, u. a. auf Kamelen, sowie Tierprogramme aller Art für Kinder. Ein Restaurant lädt zu einer Verschnaufpause ein und im Farm Shop gibt es

alles für den Picknickkorb. Die Farm ist Teil von zwei Naturparks, u. a. dem Nature Park & Wildlife Sanctuary, das der „World of Birds" (Hout Bay, s. o.) angeschlossen ist. Bemerkenswert ist die Brutstation des Afrikanischen Kranichs.
Imhoff Farm, *M65, Kommetjie Rd., Kommetjie, gegenüber Ocean View,* ☏ *(021) 783-4545, www.imhofffarm.co.za*

Strandlagune von Noordhoek

Kommetjie, 1815 mit einer Jagdlodge von Lord Charles Somerset ins Leben gerufen, ist heute ein Ferienort mit zahlreichen Wochenendhäusern. Deren Bewohner wahren den ruhigen Charakter, indem sie ebenfalls nur begrenzt Restaurants zulassen. Das ist wohl auch gut so. Auch von hier gibt es einen Weg zur **Strandlagune von Noordhoek** (am Ortseingang nach rechts in die Wireless St. und dieser bis zum Ende folgen). Der **Long Beach** im Ort gilt als einer der besten Surfstrände auf der Kaphalbinsel.

Am südlichen Ortsende steht das 1914–1919 erbaute schneeweiße **Slangkop Point Lighthouse** *(Besichtigung: Mo–Fr 10–15 Uhr).* 60 km reicht sein Lichtstrahl. Südlich davon schließt sich das von der Stadt verwaltete **Soetwater Resort** mit sehr schön gelegenen Campingplätzen, sicherem Tidenpool und Pickinickplätzen an. Es kann nur von Süden über Witsand angefahren werden.

Hummerfabrik

Vier verschiedene Arten von Kormoranen treffen sich an diesem Küstenabschnitt. Hier finden sie ausreichend Nahrung in Form von Insekten, die ihrerseits hervorragende Brutbedingungen in dem angeschwemmten Seetang haben. **Witsand** ist bekannt für seine **Crayfish Factory**. Über 100 Tonnen Hummer werden jährlich verarbeitet. Die Fabrik kann nach Anmeldung besichtigt werden (☏ 021-783-1757) und mit etwas Glück wird gerade frisch gefangener Hummer angeboten. Die Hummer werden vorwiegend vor der Küste zwischen Kommetjie und Witsand gefangen bzw. gezüchtet. Surfer und Kitesurfer lieben diesen Spot, besonders während der windigen Wintermonate.

Die nun folgende Küstenstraße weist eine typische Küsten-Fynbos-Vegetation auf. **Misty Cliffs**, ein kleines Nest mit extravaganten Ferienhäuschen, macht seinem Namen alle Ehren: Unentwegt zieht ein Gischtschleier den Hang des 308 m hohen Platbergs hinauf. Wieder einmal wird deutlich, welchen Einfluss das salzhaltige Meer auf Vegetation und Mensch hat.

Scarborough, das wohl letzte Relikt eines Dorfes aus bedächtigeren Zeiten am Kap, ist bekannt für den (recht kleinen) **Camel Rock** (Main Road) und den einsamen Sandstrand an der dem Ort vorgelagerten Schuster's Bay. Das **Camel Rock Restaurant** schräg gegenüber dem gleichnamigen Felsen empfiehlt sich durch leckere Fischgerichte. Ab Scarborough führt die Straße durchs Landesinnere, entlang Wiesen mit bunten Blumen, Bäumen und natürlich den Bergen. Achtung! 4 km östlich von Scarborough, wo sich zahlreiche Kunsthandwerkstände (u. a. Steinskulpturen aus Simbabwe) tummeln, nach rechts abzweigen (weiterhin M 65).

Kurz vor dem Eingang zum Cape of Good Hope Nature Reserve liegt linker Hand die **Cape Point Ostrich Farm**. Ein Besuch auf der 65 ha großen, 1996 von Deutschen gegründeten Straußenfarm ist auf jeden Fall empfehlenswert. Allein schon die bunt blühenden Pflanzen sowie die Gebäude im kapholländischen Stil sind sehenswert. Anders als bei den Straußenfarmen in Oudtshoorn handelt es sich hier um einen richtigen Farmbetrieb, der Gelegenheit bietet, während der Brutzeit (Sept.–Mai) Strauße in allen Altersstufen zu sehen. Diese am schnellsten wachsenden Tiere – am ersten Tag wiegen sie 800–1.000 g, nach 12 Monaten bereits 100 kg – werden bis zu 80 Jahre alt und können bis 80 km/h schnell rennen. Schon im Alter von 14 Monaten sind sie ausgewachsen und geschlechtsreif. Straußenleder, das zweitstärkste Leder nach dem der Elefanten und das teuerste nach dem Krokodilleder, macht 80 % der Produkte der Farm aus. Im Shop werden Erzeugnisse aus Straußenleder sowie bemalte Eier zu günstigeren Preisen als in Kapstadt angeboten. 20 % der Produktion macht das Straußenfleisch aus. Aus einem 150 kg schweren Tier werden 20–30 kg Fleisch gewonnen, überwiegend aus den Schenkeln. Die langen Flügelfedern werden eingefärbt und als Boas verkauft. Das Restaurant schließlich lockt mit Straußenspezialitäten. Zum Thema Strauße s. auch unter Oudtshoorn auf S. 340.
Cape Point Ostrich Farm, *www.capepointostrichfarm.com, tgl. 9.30–17.30 Uhr.*

Interessantes über Strauße

Cape of Good Hope Nature Reserve

i **Information**
Buffelsfontein Visitor Center, *7,2 km vom Gate,* ☎ *(021) 780-9204, an der Hauptstraße, ein Stück südlich der Abzweigung zum Vasco da Gama Monument. Museum. Am großen* **Parkplatz am Cape Point** *(13 km vom Gate) erhält man ebenfalls Infos. Bei beiden VCs gibt es Kleinigkeiten zu essen.* **Parkzeiten**: *tgl. 7–17, Okt.–März 6–18 Uhr.*

Die ersten Menschen am Kap waren fischende Khoi, die hier wegen des rauen Klimas aber nur bedingt permanente Siedlungen unterhielten. Seit Bartolomeu Diaz 1488 auf der Suche nach einem Seeweg nach Asien das Kap als erster Europäer entdeckt hat, spinnen sich Wahrheiten, Geschichten, Tragödien und Sagen um diesen geografisch auffälligen Punkt. Diaz geriet hier in einen Sturm und nannte das Kap sodann „Cabo das Tormentas" („Kap der Stürme"). Bereits wenige Jahre später entschied man sich für einen weniger Furcht einflößenden Namen: **Cabo da Boa Esperança** (Kap der Guten Hoffnung). „Südlichster Punkt Afrikas" und „dort, wo sich die zwei Ozeane treffen" sind gängige, wenn auch falsche Attribute, die dem Cape of Good Hope sowie dem östlich benachbarten Cape Point anhaften. Ersteres trifft natürlich auf das 140 km südöstlich gelegene Cape Agulhas zu, zweitgenanntes auf eine Region südlich und östlich des Cape Point. Die Vermischung aus warmen und kalten Strömungen führt letzt-

Entdeckung durch Bartolomeu Diaz

Sehens- und Erlebenswertes bei der Rundfahrt um das Cape of Good Hope

endlich zu den häufigen Stürmen. Die geografischen Spitzfindigkeiten interessieren hier wenige, denn schon die ersten Seefahrer haben dieses Kap als den Wendepunkt angesehen. Sobald das felsige, oft im Nebel verhüllte und sturmanfällige Cape of Good Hope umrundet war, hatten sie es geschafft.

Diaz folgte 1497 bereits der nächste Entdecker, Vasco da Gama, der 1498 auf dieser Reise schließlich auch Indien erreichte. Beiden wurde im heutigen Nature Reserve jeweils ein Monument gewidmet, Diaz in Form eines christlichen Kreuzes (Replik des von ihm errichteten Kreuzes) und da Gama in der eines Navigationsmals. Die weltbekannte Legende um den „Flying Dutchman" („Fliegender Holländer") findet eben-

falls hier ihre Wurzeln. Denn der Kapitän dieses holländischen Schiffs, Hendrik van der Decken, schwor 1680 bei stürmischer See, „dass er das Kap umrunden würde und wenn er auf die Hilfe des Teufels zurückgreifen müsse". Doch dieser konnte (oder wollte) ihm nicht helfen. Der Segler verschwand spurlos und ist seither dazu bestimmt, immer wieder im Nebel aufzutauchen – fliegend und mit zerstörten Aufbauten und Segeln –, um andere Seefahrer zu warnen. Vielleicht aber auch, um sie zu erschrecken. Seefahrer behaupten immer wieder, das sagenumwobene Schiff gesichtet zu haben, unter ihnen auch der spätere englische König George V. Daran, dass die Warnung selbst in Zeiten moderner Navigationstechniken noch Bedeutung hat, erinnern zahlreiche Schiffswracks an den Ufern entlang der Kaphalbinsel. Von einigen Wracks sind noch Überreste zu sehen. Bisher letztes Sturmopfer war 2001 der Frachter „Ikan Tanda", der zwischen Scarborough und Slangkop Point auf Grund lief. Das Schiff konnte schließlich noch auf offene See geschleppt werden, musste dort aber versenkt werden.

Legende um den „Fliegenden Holländer"

1939 wurde das nahezu 8.000 ha große Areal am Kap zu einem *Nature Reserve* erklärt und untersteht heute der Nationalparkbehörde, die große Teile der Kaphalbinsel als Table Mountain National Park unter Naturschutz gestellt hat. Die Uferlinie des Nature Reserve misst zwischen Schuster's Bay im Nordwesten und der Smitswinkel Bay an der False Bay über 40 km.

Neben dem Ziel, das Kap zu besuchen, bietet das Nature Reserve aber auch andere, interessante Dinge, z. B.:
- eine einzigartige **Fynbos-Vegetation** mit Orchideen, Proteen und Erikaceen. Über 1.300 Pflanzenarten (mehr als in ganz Großbritannien!) wurden bereits gezählt, von denen 15 nur hier vorkommen.
- Die **Tierwelt** hat zwar weniger Bedeutung (nährstoffarmer Bewuchs), doch beeindrucken die Elenantilopen, Bergzebras, Paviane (Baboons), Dassies, Schildkröten, Echsen, Strauße, Buntböcke und andere Bockarten. Es gibt zudem giftige Schlangen, so die Puffotter und die Kobra. Einige Strandabschnitte, besonders an der False Bay, locken bestimmte Wasserratten an.
- Die **Vogelwelt** zählt 150 Spezies.

Interessantes im Nature Reserve

☞ **Achtung Paviane!**
Paviane (Baboons) hocken an der Straße, nähern sich dem Picknick und lieben alles Essbare. Doch sie sind nicht nur neugierig, sondern auch angriffslustig. Daher gilt: **Autofenster schließen und vor allem nicht füttern!** *Wer ein Picknick veranstaltet, sollte unbedingt darauf achten, dass die Baboons nicht zu nahe ans Lager kommen. Denn Sie haben die Angewohnheit, sich langsam anzuschleichen. Der beste Trick dagegen: mit Steinen nach ihnen zu werfen – das aber rechtzeitig und solange sie noch weit genug entfernt sind.*

Neugierige Paviane

Tipps für den Besuch des Cape of Good Hope

▶ Früh zum Cape Point sowie zum Cape of Good Hope fahren, da ab mittags die Reisebusse kommen. Drei Stunden sollte man mindestens für das Nature Reserve einplanen
▶ Zeit einplanen für eine **Wanderung**, z. B. entlang des Shipwreck Trails am Olifantsbos Point oder/und eine **Bade- bzw. Picknickpause** an der Buffels Bay (vielleicht tummeln sich ja gerade Wale in der False Bay).
▶ Die Seitenstraßen sind weniger befahren, und auch die Wanderwege werden nur von einem kleinen Teil der Parkbesucher genutzt.

Sehens- und Erlebenswertes im Cape of Good Hope Nature Reserve

 Hinweis
Die hier beschriebene Route zielt darauf ab, zuerst zum Kap zu fahren und auf dem Rückweg die Abzweigemöglichkeiten zu nutzen.

Der Hauptstraße folgend, beeindruckt bereits 800 m hinter dem Gate ein Aussichtspunkt mit einem atemberaubenden Ausblick auf die **Smitswinkel Bay**, einer kleinen Bucht in der **False Bay**. Die „Falsche Bucht" verdankt ihren Namen der Tatsache, dass früher Schiffe versehentlich hier hineingefahren sind in der Annahme, dass sie auf diesem Wege nach Kapstadt gelangen würden.

Weg zum Cape of Good Hope

Die zwei Strömungen

Wenn auch nicht direkt vor dem Cape Point, treffen Benguela- und Agulhas-Strom irgendwo 200 km vor der Küste aufeinander. Beide Ströme lassen sich wie folgt charakterisieren:
Benguelastrom: Vom Süd-Atlantik nordwärts fließend; Geschwindigkeit: 16–40 km pro Tag; Temperatur 14–15 °C. Das Oberflächenwasser wird vom Küstenwind weggeblasen und nährstoffreiches Tiefenwasser kommt hoch. Dieses sorgt für eine starke Planktonbildung, welches wiederum die Nährstoffkette in Gang bringt. Daher gibt es an der Westküste besonders viele Fischschwärme, Robbenkolonien und Seevögel.
Agulhas-Strom: Entlang der Küste von Nordosten kommend. Wird mit dem Auftreffen auf den Benguelastrom nach Ost-Südost abgedrängt; Geschwindigkeit: 90–230 km pro Tag. Das warme Wasser verdunstet schneller zu Wolken, sodass die Ostküste des Kaplands mehr Regen erhält.

Ein kleiner, wenig belaufener **Wanderweg** führt vom Parkplatz an den **Judas Peak** und von dort weiter oberhalb der Küste bis zum Cape Point. Ein steiler Weg (15 Min.) hinunter zur Klippe verspricht einen Blick auf das kleine **Smitswinkel Bay Village**, das erstaunlicherweise nicht ans Straßennetz angeschlossen und nur über einen Fußweg (Zugang von der Straße nach Simon's Town) zu erreichen ist.

Nach etwa 7 km liegt linker Hand das **Buffelsfontein Visitor Center**. Angeschlossen ist ein kleines, vornehmlich naturkundlich orientiertes **Museum**.

13 km vom Gate, am großen Parkplatz des **Cape Point** befinden sich ein Souvenirshop, ein Infocenter sowie ein Restaurant mit Außenterrasse, in dem man allerdings den Blick auf die False Bay mit bezahlen muss. Daher erscheint es sinnvoller, sich vorher mit Proviant für ein Picknick an einer der schönen Buchten im Nature Reserve einzudecken. Neben dem Infocenter führt ein befestigter, steiler Weg (über 120 Treppenstufen) hinauf zum **Historical Lighthouse**. Alternativ dazu fährt eine **Zahnradbahn** hinauf. Zu Fuß kann man jedoch die vielen schönen Ausblicke und Fotomotive genießen und dabei am Weg eine Vielfalt an Pflanzen und die zwischen den Steinen vorbeihuschenden Geckos beobachten. Das Historical Lighthouse wurde 1860 aus vorgefertigten Eisenteilen auf dem **Cape Point Peak**, 249 m über dem Meer, errichtet. Jedoch erwies sich dieser Leuchtturm als unbrauchbar, da er oft in Wolken oder Nebel gehüllt war. Nachdem an dieser Stelle der portugiesische Liner „S.S. Lusitania" 1911 gesunken war, beschloss man, einen neuen Leuchtturm („**Second Lighthouse**") am südlichsten Zipfel der Landzunge nur 87 m über dem Meeresspiegel zu bauen. Dieser wurde 1936 elektrifiziert, hat eine Reichweite von 63 km und ist damit der stärkste an Südafrikas Küste.

Schöner Spaziergang

Das **Historical Lighthouse Cottage**, in den 1860er-Jahren erbaut, diente zunächst als freie Unterkunft für Besucher. Die Möglichkeit, hier kostenlos zu übernachten, sollte Besucher anregen, die hier in der Einsamkeit lebenden Leuchtturmwärter und ihre Familien zu besuchen. Ab 1977 diente das Gebäude als Labor für atmosphärische Untersuchungen und wurde 1994 Teil des *World Meteorological Organisation's Global*

Atmosphere Watch Network. Das ehemalige Wohnhaus des Leuchtturmwärters beherbergt heute einen Souvenirshop.

Nur bei guter Sicht

Ein **Wanderweg** führt von hier weiter zum „Second Lighthouse". Bei Sturm oder schlechter Sicht sollte man jedoch auf diesen Ausflug verzichten. Die angegebenen 1 ½ Std. Wanderzeit sind sehr großzügig berechnet. Man kommt auch mit der Hälfte aus. Bei entsprechendem Wasserstand zeigen sich auf der westlichen Seite die Reste eines Wracks.

Vom Cape Point Parkplatz führt ein Wanderweg hinunter zum **Diaz Beach** (auf Kormorane achten) und zum westlich gelegenen Cape of Good Hope (50 Min. runter, 1 ½ Std. rauf). Dieser Weg verläuft weiter bis Hoek van Bobbejaan und ist Teil des **Good Hope Coastal Walk** (Cape Point – Hoek van Bobbejaan: 12 km).

Rooikrans

11,5 km vom Gate. An diesem kleinen Abzweig beginnen **Wanderwege**, die in beide Richtungen entlang der False-Bay-Küste führen. Hier könnte z. B. ein Teil der Gruppe zum Cape Point bzw. zur Buffels Bay laufen und dort vom Fahrer wieder eingesammelt werden. Festes Schuhwerk ist wegen der relativ steilen Auf- und Abstiege und der felsigen Uferpartien sinnvoll. Ein anderer Weg führt zu einer Klippe, von der es sich gut angeln lässt. Oberhalb des Parkplatzes befinden sich die Wohnhäuser der Parkangestellten und nahebei eine kleine Forschungsstation samt Unterrichtszentrum für Naturprogramme. Ehemals handelte es sich bei den Gebäuden um einen militärischen Stützpunkt.

Cape of Good Hope (Kap der Guten Hoffnung)

Pflichtbesuch

10 km vom Gate abbiegen und dann noch 3,4 km bis zum **Parkplatz Maclear Beach**. Das namengebende Kap galt lange als der geografische Wendepunkt. Doch da der Cape Point über einen Hügel verfügt, wurden dort Leuchtturm und Forschungsgebäude eingerichtet und dem Cape of Good Hope somit seine Bedeutung genommen. Trotzdem gehört der Besuch des Cape of Good Hope zum Pflichtprogramm. Ein Weg führt von hier zum **Cape Point** (1 ½ Std.), in dieser Richtung bergauf. Nach nur einem kurzen Stück geht es nach rechts zu einem schönen Aussichtspunkt mit Blick auf den Cape Point. Der Wanderweg selbst führt über den **Maclear Peak** zum Diaz Beach und schließlich weiter zum Cape Point. In die andere Richtung führt der Weg über 10 km bis Hoek van Bobbejaan und ist, wie oben erwähnt, Teil des **Good Hope Coastal Walk**.

Diaz Cross

8 km vom Gate abbiegen, dann gleich wieder nach rechts. Das Kreuz, ähnlich denen, die sich an anderen markanten Punkten entlang der Küsten zwischen Angola und Mosambik finden, wurde aber nicht von Diaz aufgestellt, sondern, wie das Vasco da Gama Monument, 1965 vom portugiesischen Botschafter gestiftet. Es ersetzte eine Marke für Seefahrer, die vorher dort stand. Auf einer Seite ist das Kreuz schwarz angemalt, sodass Seefahrer es von der False Bay aus gegen die weißen Wolken bzw. den blauen Himmel gut erkennen können. Einige Kilometer weiter auf der Stichstraße erreicht man **Platboom**, eine Küstenlandschaft aus Dünen, Felsen und Strand. Hier gibt es Picknickplätze, und auch hier führt der **Good Hope Coastal Walk** vorbei.

Buffels Bay

7,7 km vom Gate abbiegen. Die Bay ist während der Sommermonate ein beliebtes Ausflugsziel. Ein schöner Strand, wärmeres Wasser als am Atlantik, ein vor Wellen schützender Tidenpool sowie zahlreiche Grill- und Picknickplätze locken viele Besucher an. Schattenspendende Bäume gibt es hier auch. Der **Küstenwanderweg** entlang der False Bay führt hier vorbei.

Beliebtes Ausflugsziel

Bordjiesrif/Kanonkop/Black Rocks

6,6 km vom Gate abbiegen. Nach einem kurzen Stück geht es nach rechts zum **Bordjiesrif**. Die Straße führt vorbei am **Vasco da Gama Monument**, das 1965 vom portugiesischen Botschafter eingeweiht wurde und als Navigationspunkt für Seefahrer dient. Am Bordjiesrif kann man ebenfalls picknicken, grillen und in einem Tidenpool baden, wobei die Plätze an der Buffels Bay schöner sind.

In nördliche Richtung führt die Stichstraße erst vorbei an dem Startpunkt des zweistündigen Rundwanderwegs zum **Kanonkop**. Früher warnte hier eine Kanone den Hafen von Simon's Town vor ankommenden Schiffen, heute besticht eher die Aussicht auf die False Bay. Die starken Küstenwinde, hervorgerufen durch die steilen Berghänge zwischen den **Black Rocks** und den (natürlichen) **Venus Pools**, werden gerne von Surfern genutzt. Zum Baden eignet sich die Region wegen der Wellen, Felsen und vor allem immer wieder auftauchenden Baboons nicht. Letztere freuen sich nämlich über die Fische, die in die Pools gespült werden.

Baden an der False Bay möglich

Gifkommetjie

5,7 km vom Gate abbiegen. Der Straße direkt bis Gifkommetjie folgen und unterwegs nicht abbiegen. Es gibt auch die Möglichkeit einer Rundfahrt (s. Karte S. 260). Die Chance, unterwegs Tiere zu sehen, ein wunderschöner **Ausblick von zwei Plattformen** aus auf den Küstenabschnitt, zwei kurze Trails hinunter ans Ufer sowie der längere Rundwanderweg nach **Hoek van Bobbejaan** belohnen hier für den Abstecher. Am Hoek van Bobbejaan, einer spitzen Landzunge, tauchen heute noch die Überreste der 1968 gestrandeten „Phyllisia", einem 452-Tonnen-Dampfschiff, auf.

Abstecher zur Olifantsbos Bay

1,8 km vom Gate abbiegen, unterwegs an der T-Kreuzung nach links, bis man knapp 11 km nach dem Abzweig von der Hauptstraße Olifantsbos Bay erreicht. Diese wenig befahrene Strecke hat einiges zu bieten. Bereits auf der Fahrt faszinieren die Fynbos-

Schiffswracks

Vegetation sowie Tiere (auch Schlangen). Der Knüller aber ist der 90-minütige **Shipwreck Trail**, der zu den Überresten zweier Wracks führt:

„**Thomas T. Tucker**": Amerikanischer Frachter, 7.176 t, gestrandet 1942. Das Schiff hatte Kriegsmaterial für die Region des Roten Meeres an Bord. Der Kapitän wollte eigentlich Kapstadt als Zwischenstation anlaufen. Als das Schiff strandete, meldete er zuerst Seenot von der 23 Seemeilen nördlich gelegenen Robben Island. Gründe für die falsche Ortung waren ein um 37° missweisender Kompass, starker Nebel und die Tatsache, dass der nächste Leuchtturm während des Unglücks ausgeschaltet war.

„**Nolloth**": Holländisches Küstenmotorschiff, 347 t, aufgelaufen 1965 am Duikerklip. Es hatte Nahrung und alkoholische Getränke an Bord. Letztere verschwanden größtenteils, bevor der Zoll sie konfiszieren konnte.

Vom Cape of Good Hope Nature Reserve nach Muizenberg

Die Straße schlängelt sich zuerst entlang steiler Berghänge. Auch hier sitzen die Baboons gerne am Straßenrand. Nächster interessanter Stopp wäre der Parkplatz 1 km vom Gate. Von hier führt ein Wanderweg hinunter zum malerisch gelegenen Örtchen **Smitswinkel Bay** (s. o.), zu dem ein schöner Sandstrand gehört. 3 km weiter ist **Miller's Point** erreicht. Hier lohnt es sich, in das wegen des frischen und guten Fisches geschätzte **Black Marlin Restaurant** einzukehren (Reservierung empfohlen: bei wenig Wind auf der Außenterrasse bzw. drinnen mit Aussicht). Der kleine Strand und die Salzwasser-Pools erfreuen viele Ausflügler und die Gäste des nahen Campingplatzes. Von hier lassen sich auch gut die Wale beobachten.

The Boulders, der Küstenstreifen südlich von Simon's Town, erhielt seinen Namen aufgrund der großen, abgerundeten Granitfelsen, die der Verwitterung und dem Angriff des Meeres besser standgehalten haben als die sie ehemals überlagernden Sandsteinformationen des Table-Mountain-Massivs. Zwischen den Granitblöcken laden zwei nette, wellenarme Strände zum Baden ein. Im Sommer sind diese aber ziemlich überlaufen.

Das kleine Paradies, Teil des Nationalparks, weist noch eine ganz andere Attraktion auf, für die Hunderttausende von Besuchern jedes Jahr kommen und sich auf den Boardwalks drängen: Die **(African) Penguin-Colony**. 1983 fand man hier unter den windgeschütz-

African Penguin

ten Büschen ein einsames Pinguin-Pärchen. Mittlerweile haben diese sich vermehrt und andere Familien angezogen, sodass sich jetzt über 3.000 Afrikanische Pinguine an dem kleinen Strandabschnitt tummeln. Doch die große Zahl der Pinguine macht auch Probleme. Der Guano führt zur Vernichtung sensitiver Pflanzen und der Lärm der nachtaktiven Frackträger wird von den Anwohnern als ausgesprochen störend empfunden. Doch da der Afrikanische Pinguin auf der Liste der bedrohten Tiere steht (1900: 4 Mio. Tiere, heute: 150.000) und es auf dem Festland im südlichen Afrika neben Boulders Beach nur noch Brutstätten bei Betty's Bay und in Namibia gibt, bleibt den Bewohnern keine Wahl. Weitere Pinguine leben noch auf 24 Inseln zwischen Namibia und Algoa Bay, z. B. Dassen Island. Afrikanische Pinguine wiegen ca. 2–4 kg und tragen den Spitznamen „Eulen des Meeres", da sie nachts im Wasser genau so gut sehen können wie tagsüber. Ihre Beine benutzen sie beim Schwimmen zum Steuern, während ihre kurzen „Flügel" bei der Fortbewegung im Wasser als Propeller eingesetzt werden.

3.000 Afrikanische Pinguine

Simon's Town

Die windgeschützte Lage veranlasste die Dutch East Indian Company 1687 dazu, an dieser Stelle einen Hafen einzurichten, den sie nach dem früheren Gouverneur Simon van der Stel benannte. Die „Siedlung" drumherum war die dritte europäische Stadt des Landes. Der Ankerplatz wurde besonders in den Wintermonaten genutzt, da dann die starken „Northeastern"-Winde den Schiffen in der Table Bay arge Probleme bereiteten. 1795 landeten die Briten in Simonstad. Simon's Town wurde zum Brückenkopf der britischen Armee, von wo aus u. a. die siegreiche Schlacht von Muizenberg organisiert wurde. 1801 verließen die Briten Südafrika erneut, um dann 1806 gänzlich zurückzukehren. 1807, als ein holländisches Schiff mit ostasiatischen Sklaven im Hafen lag, befahl die britische Regierung deren Freilassung, da die Sklaverei von den Briten verboten war. Die zumeist muslimischen Menschen siedelten sich in Simon's Town an.

1814–1957 war Simon's Town ein bedeutender britischer **Marinestützpunkt**. Von dieser Epoche zeugen heute noch viktorianische Stadthäuser entlang der Hauptstraße in der Innenstadt sowie Hafen- und Befestigungsanlagen überall. Jetzt ist es die südafrikanische Marine, die ihre Einheiten hier postiert hat. Die Marinewerft repariert Kriegsschiffe aus vielen Ländern und Offiziere in herausgeputzten Uniformen gehören zum Straßenbild. Marineorientierte und andere **Museen** sowie die **Quayside Marina** nahe dem Jubilee Square mit ihren Shops und Restaurants erfreuen sich heute großer Beliebtheit. Aus den alten Geschäften, Pubs und britischen Hotels erwächst allmählich, nach einer langjährigen Durststrecke, eine neue Generation an Antik- und Souvenirshops, Backpackern, Boutique-Hotels und Galerien. Sie alle sorgen für einen wirtschaftlichen Aufschwung. Und auch Simon's Town hat seinen Fish & Chips-Imbiss: **Salty Sea Dog**, direkt an der Marine, links in der Wharf Street. Beachtenswert sind die kleinen Gassen („Steps"), die von der St. George Street hinaufführen.

Geprägt durch die Marine

Simon's Town ist als südlichster Punkt an das Kapstädter Metronetz angeschlossen, sodass man auch die Möglichkeit hat, mit der **Metro Rail** hierherzufahren. Besonders der Abschnitt zwischen Muizenberg und Simon's Town am Meer entlang ist schön. In der Sommersaison werden sogar Züge mit Restaurationsbetrieb eingesetzt! Am Bahnhof erwarten Taxis Reisende, die weiter zu den Boulders oder sogar zum Kap wollen.

Sehenswertes in Simon's Town

Das stadthistorische **Simon's Town Museum** ist in der „Old Residency" (1777 erbaut) des damaligen Gouverneurs der Dutch East India Company untergebracht. Die Schwerpunkte liegen beim Thema Seefahrt (Werften, Marine, Kriegshafen, Schiffswracks, Schiffsbücher), doch auch die Besiedlung durch jagende Khoi, die ersten Menschen in der Region, findet Beachtung.
Simon's Town Museum, Court Rd., www.simonstown.com/museum, Mo–Fr 10–16, Sa 10–13 Uhr.

In der Innenstadt erinnert das **SA Naval Museum** im ehemaligen Magazin, Lager und „Mast-Haus" der Werft (1744 erbaut) an die Marinegeschichte Südafrikas, mit Schwerpunkt auf den beiden Weltkriegen. Zum Museum gehört zudem ein U-Boot, das mit einer Fähre erreichbar ist und besichtigt werden kann.
SA Naval Museum, Naval Dock Yard, www.simonstown.com/navalmuseum, tgl. 10–16, Fähren zum U-Boot tgl. 10–14.30 Uhr.

St. Georges Street in Simon's Town

Der 1796 eingeweihte, runde **Martello Tower** (nahe St. George St./Martello Rd.) ist heute das älteste noch erhaltene britische Gebäude in Südafrika. Er wurde einem Verteidigungsturm auf Korsika nachempfunden, an dem sich britische Truppen während der napoleonischen Kriege die Zähne ausgebissen hatten.

Das **Warrior Toy Museum & Collectors' Shop** lässt bestimmt viele Männerherzen höherschlagen. Ausgestellt ist eine Sammlung von Bleisoldaten, Spielzeugautos und -eisenbahnen (samt Modellbahn). Matchbox, Märklin und vor allem viele englische und amerikanische Automodelle sind der Knüller. Es gibt aber auch eine Abteilung mit Puppen, darunter alte Barbies und Meckis.
Warrior Toy Museum & Collectors' Shop, St. Georges St., tgl. 10–16 Uhr.

50 m unterhalb des Spielzeugmuseums befindet sich das **Heritage Museum**. 1965, während der Apartheidszeit, wurde Simon's Town zu einer „rein weißen Stadt" erklärt. So wurden 7.000 „Nichtweiße" 1968–1973 mit der Begründung des *(White) Group Area Act* aus der Stadt verbannt und vornehmlich in das Township Ocean View auf der anderen Seite der Kaphalbinsel umgesiedelt. Eine der letzten war die Familie Amlay, die hier in dem Gebäude gewohnt hatte. 1995 erhielten die Amlays wieder die Gelegenheit, das Haus zu nutzen, das jetzt unter der Leitung eines Mitglieds der Fa-

milie als Museum zur Geschichte der Umsiedlung Besucher willkommen heißt.
Heritage Museum, *King George Way, www.simonstown.com/museum, Di–Fr 11–16, Sa 11–13 Uhr.*

In der **Stempastorie** komponierte der Dominee M. L. de Villiers „Die Stern", eine der beiden südafrikanischen Nationalhymnen. Im Museum sind Flaggen, Embleme und Wappen aus aller Welt ausgestellt.
Stempastorie, Museum for National Emblems, *2 Church St., Di–Sa 9.30–16.30 Uhr.*

Die **Marina/Quayside** (St. George Street, nahe Jubilee Square) ist die Miniaturausgabe der Kapstädter Waterfront und heute touristisches Zentrum der Stadt. Ein kleiner Infostand an der Ecke St. George /Kerk Sts., Restaurants mit Blick auf den Hafen und Souvenirshops locken viele Gäste an.

Zu Ehren einer Dogge

Just Nuisance, einer dänischen Dogge, deren Bronzeskulptur am Jubilee Square zu sehen ist, wird im **Simon's Town Museum** gedacht. Der am 1937 geborene Hund war Maskottchen des britischen Marinestützpunkts vor und während des Zweiten Weltkriegs und wurde sogar als Marinesoldat (Beruf: „Bone-Crusher", Rang: Matrose zur See) gelistet! Als Soldat durfte der Hund kostenlos Bahn fahren, was zu abenteuerlichen Legenden führte. So soll er z. B. betrunkene Soldaten aus den Pubs in Kapstadt abgeholt und sie heil auf ihre Schiffe im Hafen von Simon's Town zurückgeführt haben, inkl. Bahnfahrt. Oder er wollte angeblich nicht aus den Lokalen gehen, nachdem zum Zapfenstreich geblasen wurde. Der Name steht für „Du Quälgeist", denn nicht selten war der riesige Hund auf den engen Schiffen im Weg. 1944 wurde *Just Nuisance* mit allen militärischen Ehren beigesetzt. Jedes Jahr am 1. April, dem Geburts- wie Todestag, wird dem Hund zu Ehren auch heute noch eine große Parade abgehalten. Das Grab liegt hoch über der Stadt an der Naval Signal School (Redhill Drive).

Wale!
Sobald man Simon's Town in Richtung Norden verlassen hat, gilt es zwischen Juli und November auf das Wasser zu schauen. Die Chance, dass sich auf der Strecke bis Muizenberg Wale im nahen Wasser tummeln, ist sehr groß.

Glencairn beeindruckt durch einen kleinen Strand und Wanderwege oberhalb der Ansiedlung. Hauptattraktion ist aber **Topstones Ltd.** (Dido Valley Rd.), eine der größten Edelsteinfabriken der Welt. Hier kann man bei der Bearbeitung der Steine zusehen und im angeschlossenen Geschäft (Mineral World Scratch Patch) Mineralien und Edelsteine erwerben. Die Firma betreibt auch ein Geschäft an Kapstadts Waterfront.

Der Abzweig des **Glencairn Expressway** (M 6) bietet die Möglichkeit, die Rückfahrt entlang des Chapman's Peak Drive zu unternehmen oder über die Ou Kaapse Road (M 64) – vorbei am Silvermine Nature Reserve – ins Constantia Valley zu fahren.

Fish Hoek

Sieht man einmal ab von dem sicheren und windgeschützten Sandstrand (für Kinder, Surfer, bunte, aber weniger gepflegte Strandhütten, wärmeres Wasser) und den günstigen, wenn auch zumeist wenig attraktiven Unterkünften, ist Fish Hoek wohl keinen langen Stopp wert. Böse Zungen behaupten, dass das billige und lieblose Erscheinungsbild des Ortes darauf zurückzuführen ist, dass bereits seit 1810 und bis in die 1990er-Jahre hinein in Fish Hoek kein Alkohol ausgeschenkt werden durfte. Grund war ein Gesetz von Lord Charles Somerset, der schlechte Erfahrungen mit Transporteuren gemacht hatte, die ihre Waren wegen zu starken Alkoholkonsums nicht rechtzeitig nach Simon's Town beförderten. Auf dieses Gesetz berief sich auch später die Gemeinde, um Trunkenbolde aus der Navy von Simon's Town vom Ort fernzuhalten. Damit war der Fischerort für Geschäftsleute und Investoren unattraktiv und blieb für lange Zeit einzig ein Refugium für Rentner und Familien, die die günstigen Immobilienpreise ausnutzten.

Alkoholverbot

Zwar ist der Ausschank von Alkohol jetzt erlaubt, jedoch mag der äußere Eindruck in der Hauptstraße wenig begeistern: 1960er-Jahre-Läden, langweilige Geschäfte und auffällig viele Werkstätten und Tankstellen bestimmen das Bild. Der kleine **Fish & Chips-Laden** gegenüber der Tankstelle in der Main Street ist aber allemal eine Einkehr wert! Wer deftige Chips und guten fritierten Fisch mag, der sollte dort mal reinschauen. Leider steht zu befürchten, dass der Imbiss Baumaßnahmen zum Opfer fallen wird.

Museum zur Stadtgeschichte

Das rührige **Fish Hoek Valley Museum** beschäftigt sich mit der Geschichte von Fish Hoek, hauptsächlich mit Hilfe von alten Fotografien. Recht interessant sind die Erläuterungen zur Geologie und Archäologie des Umlands (bis zurück zur Steinzeit) sowie die Ausstellung zum Thema Walfang.
Fish Hoek Valley Museum, *59 Central Drive, Di–Sa 9.30–12.30 Uhr.*

Wanderwege

*In den **Bergen oberhalb von Fish Hoek** gibt es einige schöne Wanderwege, die in einer Broschüre des Touristenamts (Main Street) aufgeführt sind. Beliebt ist das Wandern und Picknicken im **Silvermine Nature Reserve**. Auf dem Weg zum Nature Reserve sollte man in die 21st Avenue abbiegen, von der aus ein kurzer, aber steiler Weg die Düne zur **Peers Cage** hinaufführt, in der 1927 neun Grabstätten und ein Skelett aus der Steinzeit (rund 12.000–15.000 Jahre alt) gefunden wurden.*
*Der **Küstenwanderweg Jager's Walk**, der südlich von Fish Hoek beginnt, bietet neben Felsenküste und Sandstrand atemberaubende Ausblicke auf die False Bay.*

Kalk Bay

Der kleine Ort, der sich auf einem schmalen Saum zwischen Meer und Berg entlangzieht, wurde im 17. Jh. von einer Handvoll gestrandeter Seeleute gegründet. Benannt und bekannt wurde Kalk Bay durch seine Brennöfen, in denen aus Muschelkalk Baumaterial für die Dutch East India Company gebrannt wurde. Zu Beginn des 19. Jh. entwickelte sich Kalk Bay mehr und mehr zu einem Fischereihafen, der auch heute noch von großer Bedeutung ist.

Nicht entgehen lassen sollte man sich einen Besuch im Hafen von Kalk Bay. Wenn die bunten Fischerboote in den Hafen einlaufen (meist zur frühen Mittagszeit), kann man den Fischern beim Anpreisen ihres Fangs zuschauen. Da fliegen Fische ans Ufer, und Geldscheine tun selbiges in Gegenrichtung. Die Käufer lassen die Fische dann oft gleich an Land ausnehmen und präparieren.

Seafood

Für frisches Seafood ist der kleine Hafen von Kalk Bay ein lohnender Anlaufpunkt. Direkt **vom Kutter** können Selbstversorger hier den Fisch kaufen. Gleich daneben schickt **Kalky's Imbiss** den Duft von leckeren Fish & Chips in die Lüfte. Das direkt über dem Hafen thronende, recht teure **Harbour House Restaurant** erfreut sich ebenfalls besonderer Beliebtheit. Die **Klipkantien** im Majestic Village an der Main Road ist da schon preiswerter, denn hier werden z. B. Meeresfrüchte-Tapas (Sardinen, Muscheln etc.) gereicht, und auch Schnitzel, Bratwurst, Kartoffelsalat …

Frischer Fisch direkt vom Kutter

An der Main Street, in Höhe des Metrorail-Bahnhofs, reihen sich **Antiquitätengeschäfte** und **Galerien** aneinander. Das Stöbern in den alten Sachen macht richtig Spaß. Von Porzellan und Silber, über Bücher und Möbel bis hin zu alten Rasenmähern wird hier alles angeboten. Schade nur, dass das Gepäck im Flugzeug begrenzt ist, doch Transporte nach Übersee können arrangiert werden.

Zwischen den Läden gibt es Cafés und schnuckelige Restaurants. Der Tipp liegt jedoch gegenüber, unter den Bahngleisen hindurch zu errreichen: Das Pub-Restaurant **Brass Bell**, direkt am Meer: Schmackhafte Fischgerichte im Restaurant, bodenständiges Pubfood in den anderen Räumen, einfaches Bier vom Fass und eine Atmosphäre, gemischt aus Hafenkneipe und Künstlerszene. Diese wohnt, versteckt in kleinen Gassen, oberhalb der Main Street und versucht sich hier und dort mit ebenso versteckten, kleinen Galerien.

Viele Cafés und Restaurants

Das **Kalk Bay Theatre** ist in einer alten Kirche mit nur knapp 50 Sitzplätzen untergebracht. Ein Besuch kann abendfüllend werden, wenn man sich auch am Dinner-Programm beteiligen möchte, das meist um 18.30 Uhr mit der Vor- und Hauptspeise beginnt und anschließend, um 20.30 Uhr mit der eigentlichen Show fortgesetzt wird. **Kalk Bay Theatre**, *52 Main Rd., ☏ (073) 220-5430, www.kbt.co.za*.

Sowohl Kalk Bay als auch St. James sind begehrte Ziele von **Wellensurfern**. Das Zuschauen bereitet alleine schon Spaß.

> **Alternativstrecke**
>
> Am südlichen Ortseingang, kurz hinter dem Hafen, zweigt der **Boyes Drive** (Clairvaux Rd.) zum Berg hin ab und verläuft oberhalb von Kalk Bay, St. James und Muizenberg um die Kalkbay Mountains, um schließlich nördlich von Muizenberg wieder auf die M 4 (Main Rd.) zu treffen. Für diese Strecke sprechen eine grandiose Aussicht auf die False Bay und die südlichen Cape Flats.

St. James

St. James, das seinen Namen der gleichnamigen Seefahrerkirche verdankt, wirkt etwas beschaulicher. Hier wohnt man halt, inklusive Blick auf die False Bay. Bemerkenswert sind aber die bunten Holzstrandhäuser nahe dem Bahnhof am Nordende des Ortes. Man kennt sie von Fotos, und immer heißt es dabei „die Muizenburg-Strandhäuser". Hier sind es zwar weniger als am Muizenberg Strand, dafür stehen sie zumeist in einem besseren Licht. Der Strand von St. James, **Danger Beach**, ist beliebt bei Sonnenanbetern, doch die Strömung kann tückisch sein (daher der Name)! Zum Baden nutzt man besser den schönen Tidenpool. Von St. James führt ein befestigter **Küstenwanderweg** zum nahen Muizenberg (ca. 20 Min.).

Muizenberg

Die Geschichte der Stadt unterhalb des 507 m hohen Muizenberg Mountain geht zurück auf das Jahr 1670, als eine Viehstation am Zandvlei eingerichtet wurde. 1743 gründete der holländische Offizier Wynard Muijs einen Militärposten: *Muyssenberg*. 1795 besiegten die Engländer die Holländer in der **Schlacht von Muizenberg**, etablierten sich aber erst ab 1806 in der Region. Zeugnisse der Schlacht von 1795 findet man im **Battlement Open-Air Museum** an der Main Road (200 m südl. vom Bahnhof). Zum Ende des 19. Jh. hin entwickelte sich Muizenberg zu einem vornehmen Strandresort mit Hotels, die reiche Diamantenbarone und die Oberschicht von Kapstadt als

Wochenenddomizil nutzten. Einige von ihnen, so auch Cecil Rhodes, bauten sich eigene Häuser nahe dem Wasser. Um 1900 konnte sich Muizenberg eines mondänen Rufs erfreuen, der auch die Künstler-Bohème anzog. Muizenburg besitzt heute nicht mehr den Charme des ehemaligen Künstlerdorfs. Man kann heute einige Galerien, das Casa Labia Cultural Center sowie das Rhodes Cottage besuchen. Der Immobilienboom am Kap erreichte die Stadt erst spät, doch ist der Aufstieg an der zunehmenden Zahl von Restaurants, B&B-Unterkünften, Surfshops sowie dem High-Tech-Park **Capricorn** östlich der Stadt zu erkennen.

Mondäner Ruf

Hauptattraktion ist ohne Zweifel der **weiße Sandstrand** mit der größten Ansammlung von **bunten Holzbadehäuschen**, die gerne auch als „*Edwardian Beach Houses*" bezeichnet werden. In knalligen Farben angestrichen, zieren sie so einige Kapstadt-Fotos. Sie werden saisonweise vermietet, dienen als Umkleidekabinen und auch zur Aufbewahrung von Surfboards, die man an dieser (sicheren) Küste gerne nutzt.

Von Süden kommend, passiert man zuerst das **Rhodes Cottage**. Cecil Rhodes erwarb das Haus 1899, denn er genoss die kühle Meeresluft. Er starb hier am 26. März 1902 im Alter von 49 Jahren. Die Einrichtung ist ausgesprochen schlicht, denn das eigentlich als Wohnsitz geplante große Haus (nebenan) wurde erst fertiggestellt, als Rhodes bereits gestorben war. Es kann nicht besichtigt werden. Ausgestellt sind im „Cottage" alte Möbel sowie Relikte und zahlreiche Fotos aus dem Leben des britischen Imperialisten (s. S. 178).
Rhodes Cottage, *242 Main Rd., www.falsebay.biz/museums.html, im Sommer tgl. 10–16 Uhr, im Winter kürzer.*

Die **Casa Labia** ein Stück weiter beherbergt ein Kulturzentrum, in dem wechselnde Kunstausstellungen (afrikanische und moderne Kunst) gezeigt und auch Lesungen, Konzerte und Workshops veranstaltet werden. Sehenswert ist bereits das opulente, 1929 im venezianischen Stil des 18. Jh. erbaute Haus. Es diente zuerst dem italienischen Konsul als Residenz. Beliebt wegen der schmackhaften Snacks und Törtchen ist das mondän erscheinende **Casa Labia Café**.
Casa Labia, *192 Main Rd., http://casalabia.co.za, Di–So 10–16 Uhr.*

Kulturzentrum

Das historische Gebäude einige Meter weiter ist das **Old (Het) Posthuys**. Es wurde 1673 erbaut und ist damit das älteste erhaltene Gebäude an der False Bay. Ein Diorama zur Geschichte der Schlacht von Muizenberg und historische Fotos sind zu sehen.
Old (Het Posthuys), *180 Main Rd., ☎ (021) 788 7972, www.falsebay.biz/museums. html, meist nur nach Anmeldung zu besichtigen.*

Naturreservate Zandvlei und Rondevlei

Direkt nördlich von Muizenberg schließt sich das **Zandvlei Nature Reserve** an, wo über 130 verschiedene Vogelarten gesichtet wurden. Das Naturreservat wird jedoch bereits ziemlich durch die umliegende Freizeitbebauung eingenommen. Windsurfer, die sich noch nicht in die hohen Wellen wagen, erfreuen sich hier der ruhigen Mündungsgewässer. Infos zum Nature Reserve und den Öffnungszeiten für Vogelkundler: *www.zandvleitrust.org.za*.

Das kleine **Rondevlei Nature Reserve** liegt um einen, wie der Name schon sagt, runden Lagunensee und ist bekannt für die Artenvielfalt an Wasservögeln, die hier von verschiedenen Beobachtungsstellen auszumachen sind. Und wer noch keine Flusspferde gesehen hat, hat hier ebenfalls Gelegenheit dazu. Ein kleines Museum informiert über die Tierwelt.
Rondevlei Nature Reserve, *nordöstl. von Muizenberg, Zugang über Perth Rd. in Grassy Park, www.rondevlei.co.za, tgl. 7.30–17 Uhr.*

Alternative Strecke von Muizenberg nach Kapstadt

Die schnellste Route zum Indischen Ozean bzw. zurück in die Innenstadt führt entlang der M 3 und streift dabei die Constantia-Weinregion sowie die Kirstenbosch National Botanical Gardens. Wer diese Strecke aber ein zweites Mal fahren sollte, kann stattdessen zwischen zwei Alternativen wählen: zum einen die **M 5** weiter im Osten, die im südlichen Abschnitt an einigen Townships entlangführt, aber ansonsten doch recht langweilig ist. Interessant dagegen ist die Fahrt entlang der **Main Road** (**M 4**), die sich zwischen Muizenberg und der City durch verschiedenste Stadtteile zieht. Wer diese Route wählt, erlebt einen guten Querschnitt von Kapstadt. Hier wohnt und arbeitet ein großer Teil der Kapstädter. Es ist immer noch eine der Lebensadern der Stadt.

Im Süden, kurz nachdem man Muizenberg verlassen hat, führt die Straße erst einmal durch **Retreat** und **Heathfield**, zwei Vororte, in denen vorwiegend Coloureds wohnen. Entsprechend lebhaft geht's hier zu, besonders in den Seitenstraßen. **Wynberg** dann war und ist z. T. noch die „englische Hochburg". Der Kernbereich macht den Eindruck einer mittelenglischen Stadt: enge Straßen, Geschäftsarkaden und ein Hauch von englischer Aristokratie. Hier befinden sich u. a. die bekanntesten englischsprachigen Highschools des Landes. **Kenilworth** besteht aus Kleinindustrie und am Rande aus einer mittelständischen Wohngegend.

Claremont ist das Einkaufszentrum der südlichen Stadtteile. Modernste Shoppingarkaden und die beliebte Canvendish Square Mall prägen das Bild dieses Stadtteils. **Newlands**, **Rondebosch** und **Rosebank** sind stark beeinflusst durch die Studenten. Unzählige Kneipen, kleine Restaurants und eine Reihe von Boutiquen säumen die Straße.

Mit **Observatory**, dem Stadtteil des Groote Schuur Hospitals und einer weiteren Kneipenszene, und schließlich **Woodstock** erreicht man dann das klassische innerstädtische Industriegebiet von Kapstadt: Kleine Textilfabriken, Autowerkstätten, Handwerksläden sowie Möbel- und Einrichtungshäuser sind hier die zentralen Einrichtungen, während in den Seitenstraßen kleine Wohnhäuser und alte, heruntergekommene Einkaufspassagen im englischen und kapholländischen Stil zu finden sind. Woodstocks ehemalige Lagerhallen erfreuen sich einer Renaissance in Form von einer sich hier ansiedelnden Künstler- und Designerszene (s. S. 171).

Weiter stadteinwärts wird die Main Road zur Sir Lowry Street, passiert das Good Hope Center, das Castle und endet schließlich an der Town Hall im Stadtzentrum. Die Fahrzeit entlang der M 4, verglichen mit der M 3, ist um etwa 45 Minuten länger.

Von Muizenberg entlang der Weinanbaugebiete (Constantia Valley) südlich des Table Mountain zurück in die Innenstadt

Sehens- und Erlebenswertes im Constantia Valley (Weingüter von Süden nach Norden)

Von Muizenberg kommend, fährt man nicht auf die Autobahn (M 3), sondern folgt ab der Main Road der M 42 (beginnt hier als Steenberg Road), später der M 41 (nach Westen) und dann der M 63 (im Süden als Rhodes Drive beginnend). Die einzelnen hier beschriebenen Sehenswürdigkeiten sind dann jeweils ausgeschildert.

Steenberg Wine Estate

Das Steenberg Wine Estate ist das älteste Weingut Südafrikas. Die Cape-Dutch-Gebäude gehen zurück bis auf das Jahr 1682. Die erste Besitzerin kam 1662 hierher und stammte aus der Hansestadt Lübeck. Heute gehört das Anwesen einer Johannesburger Minengesellschaft. Ein Besuch lohnt im Besonderen wegen der Gebäude und des erstklassigen Restaurants. Und wer es sich leisten möchte, kann hier auch nächtigen bzw. das Spa besuchen. Die Weinfelder produzieren einen erstklassigen Wein, doch fehlt ein wenig die „Stimmung" eines historischen Weinguts. Tagesgäste können sich im Bistro kulinarisch verwöhnen lassen. Angeschlossen ist ein wunderschöner 18-Loch-Golfplatz, den sich Hotelgäste, eingetragene Gäste und Clubmitglieder teilen. **Steenberg Wine Estate**, Steenberg Rd. (M 42), www.steenberg-vineyards.co.za, Touren: Mo–Fr 11 u. 15 Uhr, Weinprobe: Mo–Fr 9–18, Sa/So 10–18 Uhr.

Erstklassiges Restaurant

Als nächstes führt die M 42 an der Zufahrt zur **Tokai Estate** vorbei, dessen wunderschönes Herrenhaus von 1795 – wie eine Reihe anderer kapholländischer Prachtbauten – von Louis Michel Thibault entworfen wurde, aber leider nicht zu besichtigen ist. Wein wird hier auch nicht produziert.

Constantia Uitsig

Constantia Uitsig steht nur zum Weintesten, Übernachten und für die erstklassigen Restaurants (mediterrane und Kapküche) offen. Bekannt fürs gute Frühstück und beliebt bei Tagesgästen ist das **River Café**. Zudem gibt es auch hier ein Spa.
Constantia Uitsig, Spanschemat River Rd., www.constantia-uitsig.com, Weinprobe: Mo–Fr 9–17, Sa/So 10–17 Uhr.

Buitenverwachting

Buitenverwachting: „Jenseits aller Vorstellungen" – so verrät uns bereits der Afrikaans-Name – ist die Qualität der Weine. Doch auch die majestätische Eichenallee, das vorzügliche Restaurant (schon oft unter die „Top Ten" Südafrikas) sowie das alte Herrenhaus des 1796 als Weingut gegründeten Anwesens mögen beeindrucken. Wer über Mittag zu Besuch ist, sollte sich unbedingt für das legendäre „**Picnic-Lunch**" unter den schattigen Eichen anmelden (☎ 021-794-1012, Nov.–April Mo–Sa 12–16 Uhr). Ein Blick hinter die Kulissen zeigt, dass Buitenverwachting ein Vorreiter auf dem sozialen Sektor ist. Seine Arbeiter erhalten Lohn und werden nicht, wie auf anderen Gütern

Picknick unter Eichen

Buitenverwachting

noch üblich, teilweise in „Naturalien" ausgezahlt. Zudem werden die Unterkünfte regelmäßig gepflegt und renoviert, einmal pro Woche ein Arzt geschickt sowie zwei Sozialarbeiter gestellt. Neue Angestellte bedürfen zudem der Zustimmung des Personals. Anbauflächen und Weine werden streng nach neuesten, ökologischen Richtlinien behandelt. Das sind Punkte, die in Südafrika meist noch weit von der „Normalität" entfernt liegen. Besonders die Weißweine haben bereits Maßstäbe gesetzt und sich mittlerweile einen internationalen Ruf geschaffen.

Buitenverwachting, *Klein Constantia Rd., www.buitenverwachting.co.za, Touren nach Voranmeldung, Weinprobe: Di–Fr 9–17, Sa 9–13 Uhr.*

Klein Constantia

Klein Constantia ist 1716 hervorgegangen aus der Aufteilung von Constantia. Da die Anbaufläche kleiner als die der anderen Anwesen war, erhielt es somit seinen Namen. Das reizende Herrenhaus im kapholländischen Stil wurde Ende des 19. Jh. erbaut, ist aber weniger opulent als das des größeren Bruders. Klein Constantia wird ebenfalls geschätzt für seine Weißweine, besonders für die süßen, die in Südafrika gerne als Dessertweine gereicht werden. Knüller unter diesen Weinen ist der *Vin de Constance*, der einem Wein aus dem 18. Jh. nachempfunden wurde, den Napoleon und Friedrich der Große schon zu schätzen wussten. Ein Hauch von Muskat gibt diesem feinen Tropfen den besonderen Touch. Ebenfalls gut und etwas günstiger ist der *Cabernet Sauvignon*.

Klein Constantia, *Klein Constantia Rd., www.kleinconstantia.com, Mo–Fr 9–17, Sa 9–15 Uhr, kein Restaurant.*

Groot Constantia (Iziko) (S-9)

Kapholländischer Stil

Eines der schönsten Beispiele des kapholländischen Baustils stellt das Herrenhaus des Weinguts Groot Constantia dar. Inmitten einer anmutigen Landschaft, umgeben von Weingärten und schattigen Bäumen, kann man leicht nachempfinden, weshalb viele Europäer gerne im Kapland geblieben sind. Kein Wunder also, dass sich hier Touristenströme hinbewegen und die Vermarktung des Weinguts sehr professionell abläuft.

Zur Geschichte: 1683 bekam Gouverneur Simon van der Stel aufgrund seiner Verdienste um die Holländisch-Ostindische Handelskompanie das Gut geschenkt. Er sollte ausprobieren, welche landwirtschaftlichen Produkte am besten im Kapklima gedeihen. Bis zum Jahr 1695 pflanzte er 8.400 Bäume an, neben verschiedenen Obstsorten auch Bananenstauden, Olivenbäume und unterschiedliche Reben. Dazu reichten ihm die ursprünglichen 800 ha aber nicht aus, sodass er Gelände von Nachbarfarmen zukaufen musste. Er ließ zudem Eichen aus Europa importieren, in der Hoffnung, deren Holz später für den Fässerbau verwenden zu können. Doch die Eichen wuchsen hier im milden Klima zu schnell, so dass ihr Holz zu weich und damit für Weinfässer ungeeignet war. Außerdem litten viele Bäume an Innenfäule. Nach seiner Pensionierung 1699 zog Van der Stel in das gediegene Wohnhaus, in dem er als 73-jähriger im Jahr 1712 verstarb. Doch seine Erben hatten den stattlichen Nachlass bald aufgebraucht, und 1716 musste das Gut in vier Teile aufgeteilt werden (alle o. g. Weingüter, bis auf Steenberg). Jener Teil, auf dem das Herrenhaus stand, wurde *Groot Constantia* genannt. In der Folgezeit verkam das Gut weiter und wechselte seinen Besitzer.

Erst ab 1778, als Hendrik Cloete, Enkel eines der bekanntesten ersten holländischen Siedler, Groot Constantia kaufte, ging es wieder aufwärts. Der Constantia-Wein wurde weltberühmt, selbst unter Adligen im weinverwöhnten Europa fand er seine Anhängerschaft. Einer der größten Verehrer war Otto von Bismarck. 1885 wurde die Farm samt Wohnhaus an die britische Kolonialverwaltung verkauft. Unter den neuen Herren wurde Groot Constantia erneut Versuchsfarm. Das schöne Wohnhaus diente als Unterkunft für die Landwirtschaftsstudenten, ebenso war die Farmverwaltung hier untergebracht. Am 19. Dezember 1925 brannte das Gebäude aufgrund eines Funkenflugs durch den Küchenschornstein binnen weniger Minuten bis auf die Grundmauern nieder. Man entschied sich, alles neu aufzubauen und das alte Gebäude in ein Museum umzuwandeln. In Alfred Aaron de Pass fand sich ein kapitalkräftiger und engagierter Mäzen, der die Innenräume obendrein mit antiken Möbeln bestücken ließ. Seit 1993 ist das Anwesen Eigentum der Groot Constantia Treuhand-Gesellschaft.

Berühmter Wein

Zu besichtigen sind das mit Möbeln und Geräten zur Herstellung von Wein ausgestattete **Museum** und das historische **Herrenhaus**. Im bzw. auf der Gartenterrasse des **Jonkershuis Restaurant** kann man zum Essen die Gebietsweine verkosten. *Fine Dining* bietet das **Restaurant Simon's**.
Groot Constantia, *Groot Contantia Rd./Constantia Main Rd., www.grootconstantia.co.za, tgl. 10–17.30 Uhr, Kellertouren tgl. 10–16 Uhr zur jeweils vollen Stunde, Tour durch die Weinberge tgl. 14 Uhr.*

Kirstenbosch National Botanical Gardens (S-10)

Am Südost-Abhang des Table-Mountain-Massivs liegt einer der berühmtesten botanischen Gärten der Welt. Inmitten der idyllischen Landschaft, von 100 bis über 1.000 m Höhenlage reichend und sich auf eine großzügige Fläche von annähernd 600 ha erstreckend, ermöglicht die Anlage einen eindrucksvollen Überblick über die Vielfalt der südafrikanischen und im Besonderen der Kapflora. Die Ursprünge gehen auf eine Initiative Cecil Rhodes' zurück. 1895 kaufte er das unberührte, als Kirstenbosch bekannte Gebiet und schenkte es der südafrikanischen Nation. Ihn beeindruckte die ungestörte Welt der Blumen, Büsche und Bäume, die auf dieser Seite des Massivs ausreichend Niederschläge erhält.

Eindrucksvoller Botanischer Garten

Der Name geht auf J. F. Kirsten zurück, einen leitenden Beamten der früheren holländischen Regierung. 1913 schuf man schließlich die **National Botanical Gardens**, deren erster Direktor Professor Harald Pearson wurde. Hier bestand die gute Möglichkeit, die großartige Flora des südlichen Afrika zu sammeln, zu schützen und zu stu-

Sehens- und Erlebenswertes bei der Rundfahrt um das Cape of Good Hope

dieren. Über 4.000 der 18.000 im südlichen Afrika beheimateten Pflanzen sind hier heute zu bewundern. Lohnend ist ein Besuch vor allem im Frühling, wenn unzählige Blumen blühen. Aufgrund der unterschiedlichen Höhenlagen gibt es eine Vielzahl spezifischer Lebensräume für bestimmte Pflanzen. Besonders empfehlenswert ist ein Besuch der **Protea-Felder**, der **Heidegärten**, des **Farnkrauttals**, des **Mathew's Steingartens** sowie des **Comptom Herbariums**, wo etwa 200.000 verschiedene subtropische Pflanzen gesammelt sind. Das Herbarium ist besonders für Botaniker hochinteressant, da neben der Fülle der vorgestellten (getrockneten und zumeist auf

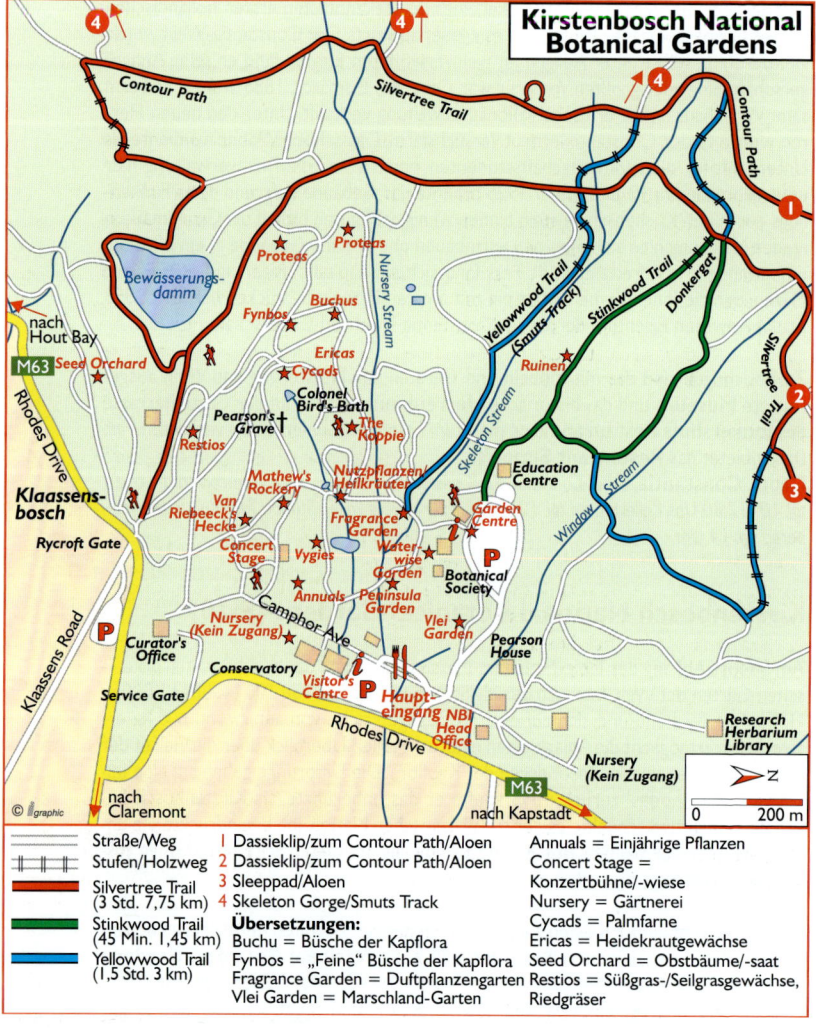

Papierbögen befestigten) Pflanzen eine Vielzahl von zusätzlichen Angaben informativ ist (z. B. Fundort, Sammeldatum, Pflanzengesellschaft, Volksname, Verwendung etc.).

Über den Ursprung der Kapflora gibt es zwei Theorien, die gemeinsam das heutige Erscheinungsbild der **Vegetation am Kap** erklären:
• Im Verlauf der **Kaltzeiten**, als sich Gletscher von Nordeuropa aus nach Süden schoben, mussten die damals vorherrschenden Vegetationsgürtel nach Süden ausweichen und fanden u. a. am Kap ideale Zufluchtsbedingungen.
• Die andere Theorie besagt, dass die Kapflora schon **immer eigenständig** war und sich entwickelte, als sich Afrika – gemeinsam mit den späteren Landmassen Australien, Neuseeland, Indien, Südamerika und Antarktis – aus dem Urkontinent Gondwana herausbildete. So gibt es als Beweis dafür eindeutige Beziehungen zwischen bestimmten Protea-Arten am Kap und in Australien.

Eigenständige Kapflora

Die Kapflora weist – bedingt durch besondere klimatische Verhältnisse – unverwechselbare Charakteristika auf:
• Es ziehen beispielsweise auch in der trockenen, heißen Sommerzeit **Nebelschwaden** um den Table Mountain, die nicht nur Feuchtigkeit spenden, sondern auch extrem heiße Temperaturen verhindern.
• So wächst hier – neben 1.400 anderen blühenden Pflanzenarten – die **Blue Drip Disa**, eine nur in dieser Gegend und sonst nirgendwo auf der Welt lebende Orchidee. Die Vegetation der Kaphalbinsel wird von Fachleuten als „**Fynbos**" bezeichnet. Darunter versteht man dichte, strauchartige Gewächse, die grobes oder feines, weiches oder hartes Blattwerk aufweisen. Berühmteste Vetreterin ist die Protea.

Besichtigung: Die Kirstenbosch National Botanical Gardens sind so umfangreich, dass man dort mindestens 3–4 Stunden verbringen kann. Auch ein ganzer Tag wird mit Sicherheit nicht langweilig. Unter den großen schattigen Bäumen lässt es sich gut picknicken. Ein **Restaurant**, ein Selbstbedienungs-Deli, ein Tea Room (kleine Mahlzeiten) sowie ein gut sortierter **Souvenirshop** (große Auswahl von Botanikbüchern, teilweise auch in Deutsch) runden das Bild ab.
Kirstenbosch National Botanical Gardens, *Rhodes Drive (M 63), Newlands, www.sanbi.org/gardens/kirstenbosch, tgl. 8–18, Sept.–März 8–19 Uhr, Conservatory nur bis 17 Uhr. Erläuterte Touren werden mehrmals tgl. angeboten.*

Konzerte
Im Sommer finden sonntags, i. d. R. um 17 Uhr, Konzerte in den Gärten statt. Zumeist handelt es sich um klassische Konzerte, es werden aber auch mal Jazz und Township-Musik geboten. Ankündigungen dazu in den Tageszeitungen. Infos: ☎ (021) 799-8899. Gerne nutzen die Kapstädter die Konzerte als Anlass für ein Picknick.

Fynbos – typische Vegetation der Kaphalbinsel

6. DIE KLASSISCHEN WEINANBAUGEBIETE DER KAPPROVINZEN

Allgemeiner Überblick

Ob als Tagesausflug von Kapstadt oder als erste Etappe auf der Reise durch das Western Cape, ein Besuch der bekanntesten Weinanbaugebiete am Kap, die sich vor der Kulisse der blau-violetten Berge erstrecken, gehört einfach dazu. Eine gute Möglichkeit, diese geografisch zu verstehen und zu erkunden, ist, sich die Region in zwei Abschnitte aufzuteilen:

Der **erste Abschnitt** folgt der beliebten **Vier-Pässe-Fahrt**, die das **Hottentots' Holland Nature Reserve** umschließt. Sie ist in jedem Fall ein Highlight. Man fährt zuerst von Kapstadt aus auf die N 1 bis zur Ausfahrt nach **Stellenbosch** und folgt von dort der R 304 bis zur historischen, von Universität und Weinanbau geprägten Stadt. Von dort geht es dann im Uhrzeigersinn entlang der R 310 bis zum alten Weingut **Boschendal** und kurz danach auf der R 45 zum beschaulicheren, von französischen Hugenotten gegründeten **Franschhoek**. Wer sich Zeit genommen hat, kann hier übernachten. Das lohnt sich schon wegen der ausgezeichneten Gastronomie im Ort. Weiter geht es über den steilen **Franschhoek Pass** mit seinen Aussichtspunkten auf das **Franschhoek-Tal** und bis zur T-Kreuzung mit der R 321. Von hier geht es in Richtung Süden bis zum Obstanbaugebiet um Elgin und Grabouw, wo die Straße auf die N 2 trifft, die einen dann über den **Sir Lowry's Pass** nach **Somerset West** begleitet. Hier besticht das historische Weingut **Vergelegen** oberhalb der Stadt. Um die Runde abzuschließen, kann man über die R 44 nach Stellenbosch zurückfahren. Die Alternativen wären der direkte Weg auf der N 2 nach Kapstadt oder einen Aufenthalt am Strand von Gordon's Bay einzulegen.

Die **zweite Strecke** liegt vornehmlich nördlich der N 1. Erstes Ziel ist der ebenfalls bekannte Weinort **Paarl**. Er ist zwar weniger attraktiv als Stellenbosch und Franschhoek, wartet jedoch mit ein paar interessanten Weingütern, der KWV-Weinkellerei, dem Sprachenmuseum und dem Sprachenmonument der Afrikaaner auf. **Wellington**, nördlich von Paarl, empfiehlt sich einzig wegen seiner Wein- und Olivenfarmen. Von hier ergibt sich die Möglichkeit, auf den **Bain's Kloof Pass** (R 303) hinaufzufahren. Für die schmale und kurvenreiche Passstraße sollte ein wenig Extrazeit eingeplant werden. Die Landschaft belohnt dafür. Über den Pass hinüber, vorbei an Badestellen (Fluss) und einem Nature Reserve (Wandern), gelangt man zur R 43/46, die in südöstlicher Richtung (evtl. abzweigen auf die schönere Straße über

Redaktionstipps

Die schönsten Naturerlebnisse
▶ Die Pässefahrten: **4-Pässe** (S. 286), **Du Toits Pass** (S. 282) sowie **Bain's Kloof Pass** inkl. Wanderung (S. 314).
▶ Die Big-Five-Game Parks **Fairy Glen** und **Aqulia Safari** (S. 319).
▶ Besuch der **Karoo National Botanical Gardens** in Worcester (S. 317).

Kulturelle Höhepunkte
▶ Das geschichtsträchtige **Stellenbosch** (S. 286): Dorpmuseum, Spaziergang entlang der Dorp Street sowie die Kunstmuseen.
▶ Besichtigung **historischer Weingüter**, z. B.: Boschendal (S. 295), Clos Cabrière (S. 285), KWV (S. 311), Blaauwklippen (S. 295). Weitere empfehlenswerte Weingüter: Morgenhof (S. 295), Rust en Vrede (S. 296), Jordan (S. 296), Thelema (S. 296).
▶ **Huguenot Memorial Museum** in Franschhoek (S. 301) sowie **Language Monument** bei Paarl (S. 308).
▶ Speziell ausgelegte „**Weinrouten**", zu denen es Broschüren in den Touristeninformationen gibt, führen detailliert zu einzelnen Weingütern.
▶ Besuch eines **Weinguts inkl. Dinner und Übernachtung**: Lanzerac (S. 297).

Rawsonville) nach **Worcester** führt. Worcester selbst beeindruckt nur bedingt. Doch die Möglichkeit, eine Brandy-Fabrik sowie die Karoo National Botanical Gardens vor den Toren der Stadt aufzusuchen, spricht für den Abstecher. Die hiesigen Weingüter liegen am Hex River und im Breede River Valley. Auf der N 1 zurück nach Kapstadt, geht es entlang einer teilweise atemberaubenden Gebirgslandschaft. Sollte noch Zeit übrig sein, dann lohnt vor dem Huguenot Tunnel das Abbiegen, um über den bezaubernden **Du Toits Pass** zu fahren, der bei guter Sicht Ausblicke über Paarl bis hin zum Table Mountain verspricht.

Zu **Tulbagh** mit seiner historischen Church Street und dem alten Drostdy s. S. 524.

Entfernungen

Kapstadt (Innenstadt) – Stellenbosch: 48 km
Stellenbosch – Franschhoek: 28 km
Franschhoek – Franschhoek und Viljoen's Pass – Somerset West: 86 km
Somerset West (Innenstadt) **– Kapstadt** (Innenstadt): 45 km = gesamt: 207 km
Nur 4-Pässe-Fahrt: Stellenbosch – Franschhoek – Somerset West – Stellenbosch: 130–140 km (mind. 3 Std. reine Fahrzeit)
Stellenbosch – Paarl: 32 km
Kapstadt (Innenstadt) **– Paarl**: 61 km
Paarl – Bain's Kloof Pass – Rawsonville – Worcester: 84 km
Worcester – Du Toits Pass – Kapstadt (Innenstadt): 125 km = gesamt: 270 km

Weinanbau im Kapland

Schon **Jan van Riebeeck**, der erste Gouverneur am Kap, begann mit dem Weinanbau. Er erkannte schnell, dass sich das Klima am südlichen Ende Afrikas hervorragend für Rebkulturenanbau eignete, sodass er die Herren der Holländisch-Ostindischen Handelsgesellschaft unermüdlich mahnte, ihm Rebstöcke aus Deutschland, Frankreich und Spanien zu schicken. Bereits 1656 – nur sieben Jahre nach seiner Ankunft – erntete er den ersten Wein. Am 2. Februar 1659 schrieb van Riebeeck in sein Tagebuch: „*Heute, der Herr sei gepriesen, wurde erstmals aus Kaptrauben Wein gepresst.*" (aus: Grütter/Zyl: Die Geschichte Südafrikas, a.a.O., S. 11)

Kommandeur **Simon van der Stel** ließ im Jahr 1680 über 100.000 Rebstöcke im Constantia Valley anpflanzen, an der östlichen Seite des Table Mountain und im klimatischen Einfluss des Ozeans gelegen. Kurz darauf wurden hier die weltberühmten **Constantia-Dessertweine** hergestellt, die schnell einen ausgezeichneten Ruf an den Höfen Europas erlangten. Selbst Napoleon soll im Monat mehr als zwei Dutzend Flaschen davon getrunken haben.

Einen weiteren Qualitätsschub erhielt der südafrikanische Weinanbau, als 1688 **Hugenotten-Familien aus Frankreich** Zuflucht in den Tälern des Kaplands suchten. Sie brachten die Erfahrungen des Weinanbaus und differenzierte Kellereikenntnisse (die den ersten holländischen Siedlern fehlten) aus Bordeaux, Burgund und der Provence mit. Damit waren nun auch vom „Know-how" her optimale Möglichkeiten gegeben, Südafrika zu einem der besten Weinanbaugebiete der Welt zu entwickeln. Immer mehr Kapweine erlangten Anerkennung, nicht zuletzt wegen der weltumspannenden Verflechtungen der Holländisch-Ostindischen Handelsgesellschaft, die Länder zwischen Europa und Batavia (heutiges Jakarta/Indonesien) versorgte.

Heute produzieren Südafrikas 3.900 Weinfarmer (viele im Nebenberuf) auf gut 100.000 Hektar etwa 850 Mio. Liter Wein. Damit liegen sie an 9. Stelle in der Welt. Dieser Erfolg ist dem systematischen Ausbau der südafrikanischen Weinwirtschaft zu verdanken, die stark exportorientiert ist, da der produzierte Wein nicht im Lande selbst getrunken werden kann. Für die Einheimischen hat der Drang zum Export eine bittere Seite: Die besonders guten Weine werden nur in limitierten Mengen auf dem heimischen Markt angeboten.

Klimatische und geografische Rahmenbedingungen: Die südafrikanischen Weinanbaugebiete haben etwa die gleiche Breitenlage wie die Weinanbaugebiete am Mittelmeer. Der kalte Benguelastrom an der Atlantikküste mildert die som-

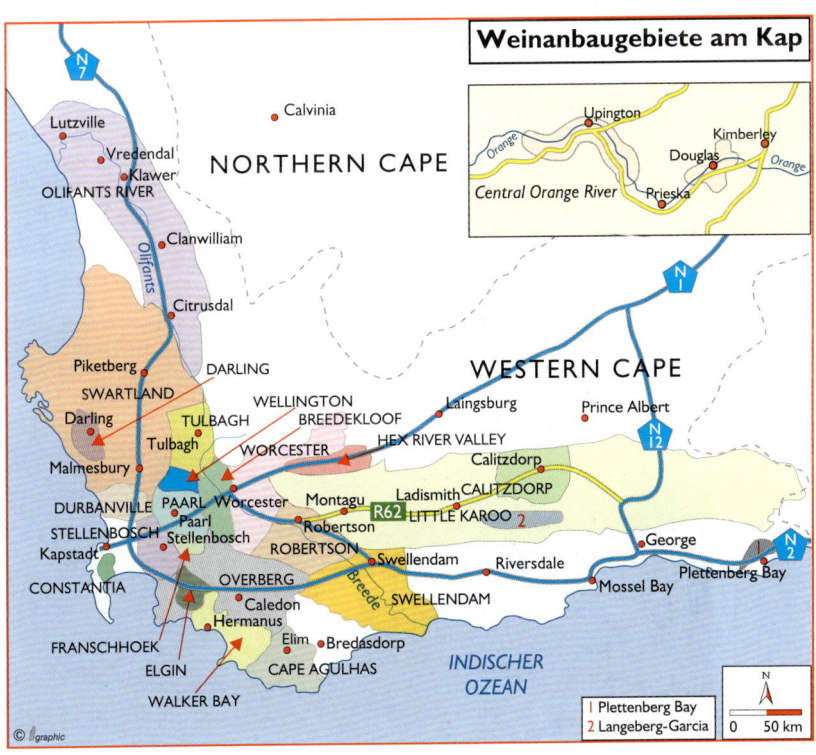

merliche Hitze, und da der meiste Regen im Winter fällt, ist ein optimales Wachstumsklima gesichert. Reben sind Tiefwurzler und können sich auch in trockenen Sommern mit Feuchtigkeit aus tieferen Bodenschichten versorgen. Ausgeglichene klimatische Bedingungen gewährleisten qualitativ und quantitativ gleichmäßige Jahrgänge.

Natürlich gibt es regionale Unterschiede, bedingt durch Mikroklimate und Böden. So sind die Weinangebiete Südafrikas in **16 markante Ursprungsgebiete** unterteilt. Ähnliche Lage sowie gleiche Böden und gleiches Klima gelten als Kriterien für die Gebietsklassifizierung. 61 % der in Südafrika angebauten Weintrauben sind weiß, 33 % rot und 6 % gelten als Tafeltrauben. 47 % der Weinproduktion wird exportiert.

Die dargestellten Anbaugebiete lassen sich zu **drei großen Weinanbauregionen** zusammenfassen:

1. Küstenregion (coastal region)
Gebiete: Stellenbosch, Constantia, Durbanville, Paarl, Swartland und Hermanus. Der kalte Nordwestwind sorgt im Winter für Regenfälle, die sommerlichen Südostwinde dagegen mildern die Hitze. In diesem Raum werden Südafrikas beste Rot- und Weißweine produziert: Cabernet Sauvignon, Shiraz, Pinotage, Pinot Noir und Cinsaut; Chardonnay, Riesling, Clairette, Blanche und Chenin Blanc.

2. Boberg-Region
Das sind die von Gebirgsketten geschützten und damit wärmeren Gebiete von Paarl, Wellington und Tulbagh. Sie sind zudem durch unterschiedliche Bodentypen geprägt. Hier wachsen daher verschiedenste Trauben, aus denen beste Rieslinge, Gewürztraminer und auch Pinotage-, Port- und Schaumweine sowie Sherrys gemacht werden.

Blick über die Weinfelder auf den Kanonkop

3. Breede River Valley/Karoo

Gebiete: Worcester, Robertson, Swellendam sowie die Kleine Karoo. Die Böden bestehen aus kalkhaltigem Schwemmsanden, gelegentlich auch Schiefer. Bei Niederschlägen unter 450 mm/Jahr (oft auch nur 200 mm/Jahr) und den heißen Sommern muss bewässert werden. Bekannt sind diese Anbaugebiete durch ihre sehr trockenen Weißweine (Chardonnay), ebenso werden hier ausgezeichnete Muskat- und andere Süßweine hergestellt.

Das **amtliche südafrikanische Weinsiegel** befindet sich am Flaschenhals. 1972 führte die Regierung ein differenziertes System zur Klassifizierung und Kontrolle der südafrikanischen Weine ein, wobei man sich an europäischen Bestimmungen orientierte. Es muss die Angabe der Herkunft, der Sorte, des Jahrgangs und der Lage erfolgen. Begriffe wie „Estate" und „Superior" wurden festgelegt. So ist die Bezeichnung „Estate" ca. 40 bestimmten Weinkellereien gestattet. Die Bezeichnung „Superior" garantiert, dass der Wein zu 100 % aus der angegebenen Rebsorte gekeltert wurde.

Besuch eines Weinguts: I. d. R. sind die größeren Weingüter in der Zeit zwischen 9 und 16.30 Uhr geöffnet (außer Wochenenden, besonders sonntags oft geschl.). Nur einige bieten Touren an. Unbedingt vorher erkundigen und ggf. nach Touren in der bevorzugten Sprache fragen.

Beispiele von Weingütern in der beschriebenen Region:
- **klassisch/historisch**: Boschendal (zwischen Stellenbosch u. Franschhoek), Neethlingshof und Blaauwklippen (bei Stellenbosch) und Vergelegen (Somerset West).
- **groß und modern**: KWV (Paarl)
- **avangardistisch**: Clos Cabrière (Franschhoek)
- **Spitzenrestaurant**: The Guinea Fowl (Weingut Saxenburg bei Stellenbosch)
- **„klein und gut"**: Jordan, Rust en Vrede und Thelema (Stellenbosch)
- **gut für einen Ausflug inkl. Picknick bzw. Snack**: Backsberg und Fairview (Paarl), Waterford, Morgenhof und Spier (Stellenbosch) sowie Boschendal (zwischen Stellenbosch und Franschhoek)

Wein und Weingüter im Internet
www.wine.co.za, www.winelands.co.za, www.sa-weine.de/weinfuehrer, www.travelenvoy.com/wine/southafrica.htm

Buchtipps
- Platter, John: **South African Wine Guide**, Cape Town. Vorstellung der Weingüter sowie der Weine des entsprechend angegebenen Jahrgangs. Die „Bibel" für den Kauf vor Ort.
- Mullins, Allan, u. Robins, Myrna: **South Africa: Pocket Guide to Food & Wine**, Cape Town. Zuordnung landestypischer (und anderer) Gerichte (inkl. Rezepte) zu bestimmten südafrikanischen Weinsorten.
- Swart, Elamari: **The Essential Guide to South African Wines**, Cape Town. Schönes, teilweise wie ein Reiseführer durchs Weinland aufgebautes Buch. Gute Einleitung zur Geografie. Auf Aktualität der Auflage achten.

Sehens- und Erlebenswertes in den klassischen Weinanbaugebieten

Die klassische 4-Pässe-Fahrt (Stellenbosch, Franschhoek, Somerset West)

Die „4-Pässe-Fahrt" in Stichworten:
Mindestens **3,5 Stunden reine Fahrzeit** einplanen. Picknick-Ausstattung mitnehmen, denn es gibt zahlreiche Stopps mit wunderschönen Aussichten. Mit der Besichtigung von ein bis zwei Weingütern und einem Aufenthalt in Franschhoek benötigt man **einen Tag** für die Rundfahrt.

Hellshoogte Pass: Dieser Pass nur wenige Kilometer östlich von Stellenbosch ist wenig spektakulär. Er verbindet Stellenbosch mit dem Drakenstein Valley. Höhe: 336 m ü.N. *Hellshoogte* bedeutet „Höllenhöhe" und bezog sich ehemals auf die steile Strecke, die die Ochsenkarren nur mühsam bewältigen konnten. Am Anstieg (von Stellenbosch kommend) liegt kurz vor der Höhe linker Hand das **Weingut Thelema**, wo gute Weißweine produziert werden.

Pass mit bezaubernder Aussicht

Franschhoek Pass: Ehemals der „Olifants Pass", da Elefanten diesen Weg ausgetrampelt hatten. 1819 wurde der Weg über die 701 m hohe Passhöhe ausgebaut. Eine bezaubernde Aussicht auf das Weinanbaugebiet von Franschhoek verlangt einige Fotostopps. Achtung vor den Baboons am Rande der Straße.

Viljoen Pass: Namensgeber war Sir Anthony Viljoen, einer der führenden Köpfe der Farmer der Gegend und politisch sehr engagiert. Höhe: 525 m ü.N.

Sir Lowry's Pass: Auch dieser Bergübergang wurde ehemals von Tieren als Pfad ausgetreten. Diesen baute man 1838 zu einem Pass für die ersten Siedler aus. Benannt wurde er nach Sir Lowry Cole, dem ehemaligen Kap-Gouverneur, auf dessen Drängen der Pass gebaut wurde. Herrliche Aussicht auf die False Bay und die Kaphalbinsel. Aber Achtung! Einziger Haltepunkt auf der 402 m hohen Passhöhe (Hinweisschild).

Stellenbosch

Stellenbosch liegt im fruchtbaren Eerste-River-Tal, 111 m über dem Meer. Die zweitälteste Stadt Südafrikas beherbergt etwa 100.000 Einwohner und ist bekannt als Zentrum eines der besten südafrikanischen Weinanbaugebiete und als Sitz der renommierten Stellenbosch Universität (gegründet 1918, 28.000 Studenten). Außerdem ist Stellenbosch berühmt für seinen Reichtum an historischer Bausubstanz. Von allen Siedlungen, die am Kap während der Zeit der Holländisch-Ostindischen Handelskompanie gegründet wurden, ist die Innenstadt von Stellenbosch am besten erhalten geblieben. So kann man in diesem idyllisch gelegenen Städtchen hervorragende Zeugnisse kapholländischer, georgianischer und viktorianischer Architektur bewundern.

Historische Bausubstanz

Geschichte

Auf einer Inspektionsreise ins Landesinnere kam der Gouverneur **Simon van der Stel** 1679 in das Gebiet und wurde von der Schönheit des Landes gefangen genommen, zumal in dieser Zeit viele Blumen blühten und der Eerste River aufgrund der win-

Die klassische 4-Pässe-Fahrt (Stellenbosch, Franschhoek, Somerset West)

terlichen Regenfälle viel Wasser führte. Die Stelle, an der van der Stel campierte, nannte man alsdann Stellenbosch („van der Stel's Busch"). Bereits 1680 ließen sich hier die ersten Siedler nieder und begannen zuerst nur Getreide anzubauen. Ihnen wurde so viel Grund zugesprochen, wie sie selbst bearbeiten konnten. Doch schon nach wenigen Jahren forcierte van der Stel, der ja auch das Weingut Groot Constantia gründete, auch hier den Weinanbau. Mit dem Eintreffen im Weinanbau bewanderter Hugenotten im benachbarten Franschhoek kam dann das „Know-how" in die Region. Das machte sich in der Qualität der hiesigen Weine bald bemerkbar.

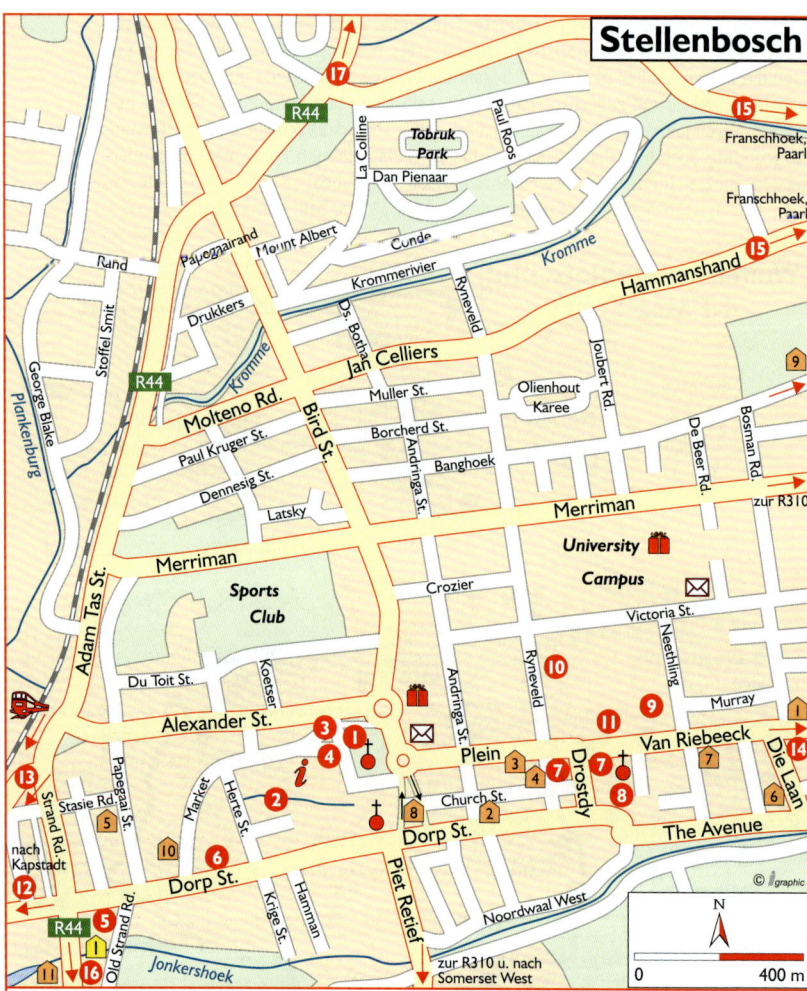

1 Die Braak und St. Mary's on the Braak
2 Kirche der Rheinischen Mission (Rhenish Church)
3 Burgerhuis
4 VOC Kruithuis
5 Libertas Parva, Rembrandt van Rijn Art Gallery, Stellenryk Wine Museum, Old Meester Brandy Museum
6 Oom Samie Se Winkel
7 Dorp Museum/Village Museum
8 Dutch Reformed Mother Church (Moederkerk)
9 Botanical Gardens
10 Stellenbosch Art Museum
11 De Wit House
12 Rupert Museum
13 Oude Libertas Amphitheater/Destill Center
   Weingüter: Spier, Jordan, Saxenburg und Meerlust
14 Jan Marais, Jonkershoek und Assegaaibosch Nature Reserves, Oude Nectar
   Weingüter: Lancerac und Neil Ellis
15 Weingüter: Thelema und Boschendal
16 Weingüter: Kleine Zalze, Blaauwklippen, Waterford und Rust en Vrede
17 Weingüter: Kanonkop, Morgenhof und Backsberg

Die klassische 4-Pässe-Fahrt (Stellenbosch, Franschhoek, Somerset West)

Gemütlich wirkende Häuser wurden gebaut, deren Wände dick, wärmeabweisend und weiß gekalkt waren. Handwerker gestalteten Fenster und Türen aus hartem Yellowwood und Stinkwood, die Dächer waren strohgedeckt. Die angelegten Straßen wurden von Furchen begleitet, die Wasser an jedes Haus brachten. Ebenfalls pflanzte man schattenspendende Eichen an, die größtenteils noch heute stehen und mittlerweile zum „National Monument" erklärt worden sind. Sie verliehen der Stadt auch ihren Spitznamen: *Eikestad*, die Eichenstadt.

Doch Stellenbosch war nicht nur als ein landwirtschaftlicher Mittelpunkt gedacht. Bereits 1682 wurde der Ort Sitz einer örtlichen Behörde und 1685 Gerichtsort für ein Gebiet von rund 25.000 km² und damit für das gesamte Kaphinterland. Der Magistrat kontrollierte die Jäger, die Forschungsreisenden und die Pioniere, die weiter ins Landesinnere vorstießen. Das Stellenbosch der damaligen Zeit war Grenzstadt zum unbesiedelten Südafrika (mit Steuerstelle und „law and order") Unmittelbar hinter den Stadtgrenzen begann afrikanische Wildnis. Simon van der Stel liebte seine Gründung so sehr, dass er jedes Jahr anlässlich seines Geburtstags hierher kam. Er war stets Schirmherr eines Jahrmarkts mit Schießwettbewerben, Spielen und einem Festmahl. Stellenbosch wurde über die Jahrhunderte von drei großen Feuern heimgesucht. Ein Brand zerstörte 1710 viele alte Häuser, die man jedoch wieder aufbaute.

Grenzstation zur „afrikanischen Wildnis"

Die **Stellenbosch University**, 1866 als Gymnasium gegründet, erlangte während der Apartheidzeit einen fragwürdigen Ruf. Zum einen galt sie schon damals als eine der besten Unis des Landes, doch sie war auch Kaderschmiede der Apartheid. Viele spätere Politiker, etwa H.F. Verwoerd, studierten hier, und Afrikaans war nahezu die einzige Unterrichtssprache. Obwohl die National Party, die Dutch Reformed Church und andere „Afrikaaner-Institutionen" hier noch immer ihre Kontakte haben und Afrikaans als Unterrichtssprache dominiert, wandelt sich das Bild zunehmend. Die Universität samt ihrer Studenten hat einen großen Einfluss auf das kulturelle Leben. Theater-, Ballett-, Opernaufführungen, Livemusikauftritte, Lesungen und eine rege Kneipenszene gehören in Stellenbosch einfach dazu.

Bekannte Universität

Leider ist die Stadt tagsüber ziemlich überlaufen. Kleine und große Touristenbusse aus Kapstadt quälen sich durch die Straßen und die Besucher füllen die Sehenswürdigkeiten. Daher empfiehlt es sich, Stellenbosch am frühen Vormittag oder abends, wenn viele Touristen wieder nach Kapstadt zurückfahren, zu besichtigen.

Unterkünfte
1. Lanzerac Manor
2. Stellenbosch Hotel
3. Coopmanhuijs
4. D'Ouwe Werf
5. Yellow Lodge
6. Avenues Guest House
7. Bonne Esperance
8. De Oude Meul
9. Banghoek Place
10. Stumble Inn
11. Mountain Breeze Caravan Park

Restaurant
1. De Volkskombuis

Die Braak (1)

Die Braak diente einst als Parade- und Exerzierplatz. Ebenso feierte man hier die großen Stadtfeste. Das einzige Gebäude, das auf dem Grün gebaut werden durfte, ist **St. Mary's on the Braak**, die 1852 fertiggestellte anglikanische Kirche. Am südlichen Ende des Platzes steht die **Kirche der Rheinischen Mission (Rhenish Church) (2)**, 1823 erbaut und 1840 durch einen Nordflügel erweitert.

Heute wird die Braak als Campus und z. T. als Parkplatzfläche genutzt. Um den Platz herum reihen sich kapholländische, georgianische und viktorianische Gebäude.

Burgerhuis und VOC Kruithuis

Typisches Bürgerhaus

Das **Burgerhuis (3)** an der Bloem Street ist ein typisches Beispiel für ein Haus eines wohlhabenden Bürgers. Es wurde 1797 von Antonie Fick, Enkel eines deutschen Einwanderers, erbaut. Mittlerweile hat die Gesellschaft „*Historical Homes of South Africa*" in dem nur zu Bürozeiten geöffneten Gebäude ihre Räumlichkeiten. Alte Möbel und historische Gemälde können besichtigt werden.

Schräg gegenüber, an der Alexander Street, wohnten einst die Kutschenfahrer in den **Coachman's Cottages**. Auf der anderen Seite steht das **VOC Kruithuis (4)**, das 1777 errichtete Waffenarsenal der Dutch East India Company. Heute beherbergt es ein kleines Militärmuseum.

VOC Kruithuis, *Ecke Bloem/Market Sts., www.stelmus.co.za/voc_kruithuis.htm, Sept.– Mai Mo–Fr 9–14 Uhr.*

Ein Stück weiter entlang der Market Street passiert man die gut ausgestattete **Touristeninformation**. Wer mehrere Weingüter besuchen möchte, sollte sich hier Infos zur „Stellenbosch-Paarl-Weinroute" besorgen. Gleich nebenan, an der Ecke Herte Street, werden kleine und große Kinder gerne einen Blick in das **Toy & Miniature Museum** werfen.

Toy & Miniature Museum, *Market St., www.stelmus.co.za/toy_miniature_museum.htm, Mo–Sa 9.30–17, Sept.–Juni auch So 14–17 Uhr.*

Die weiß gewaschenen **Cottages** in der Herte Street (Nr. 25–35) wurden 1834 für die befreiten Sklaven errichtet.

Libertas Parva mit Rembrandt van Rijn Art Gallery (5)

Libertas Parva ist ein 1783 in typischer H-Form errichtetes, kapholländisches Herrenhaus. Hier wohnten viele berühmte Leute, etwa Cecil Rhodes. Premierminister Jan Smuts hat hier geheiratet. Heute beherbergt das Gebäude die sehenswerte **Rembrandt van Rijn Art Gallery**, in der vor allem südafrikanische Meister ausgestellt sind, zudem ein Panoramagemälde von Kapstadt aus dem Jahr 1808. Das **Stellenryk Wijn Museum** in den benachbarten Kellerräumen sowie im Hof beeindruckt mit alten Weinpressen, Flaschen, Gläsern, Amphoren u. v. m. Daran angeschlossen ist das **Old Meester Brandy Museum** in der Old Strand Road, in dem der Geschichte des Brandy-Destillierens am Kap nachgegangen wird.

Südafrikanische Meister

Libertas Parva, Rembrandt van Rijn Art Gallery, **Wijn Museum**, *Ecke Dorp Street/Old Strand Rd. (Aan de Wagen Rd.), Mo–Fr 9–12.45, 14–17, Sa 10–12.45, 14–17, So 14–17 Uhr.*

Entlang der Dorp Street

Die Dorp Street weist eine der ältesten und besterhaltenen Häuserzeilen Südafrikas auf. Nahezu alle historischen Baustile des Kaps sind hier vertreten. Besonders sehenswert sind:

• **Vredelust**, 63 Dorp St.: Ein Haus mit einem neoklassizistischen Giebel von 1814, der bereits Unterschiede zu dem vom Libertas Parva aufweist.

Die klassische 4-Pässe-Fahrt (Stellenbosch, Franschhoek, Somerset West)

- **Oom Samie Se Winkel (6)**, 84 Dorp St.: Der viktorianische Laden von 1904 gehört heute zu den meistbesuchten Orten in Stellenbosch. Zwischen Souvenirs, Ramsch und Kitsch bietet sich hier die Gelegenheit, alte Postkarten, Antiquitäten, Kleidungsstücke, ausgesuchte Weine, afrikanische Masken, historische Drucke u. v. m. zu erstehen. Das verwinkelte Geschäft lädt wirklich zum Stöbern ein.
- **La Gratitude**, 95 Dorp St.: Das Gebäude (georgianischer Stil) wurde 1798 von Reverend Meent Borcherds erbaut und diente bis 1835 als Pfarrhaus. Der Giebel mit dem „allsehenden Auge Gottes" ist ein gutes Beispiel frühklassizistischer Baukunst. Das Haus wurde im Laufe der Zeit vergrößert und nach einem Feuer erneuert.
- **Voorgelegen**, 116 Dorp St.: Ursprünglich war das 1797 erbaute Haus (georgianischer Stil) mit einem Strohdach versehen. Später wurde es um ein Stockwerk erweitert, wobei der H-förmige Grundriss beibehalten wurde. Viel Authentisches ist heute noch zu sehen, z. B. die batavianische Kachelung in der Vorhalle sowie die Balken und Decken aus Yellowwood. Hinter dem Haus grenzt ein schön angelegter Garten an das Pfarramt der Rheinischen Mission und den Mühlenbach an.

Ramsch ohne Ende: Oom Samie Se Winkel

Dorp Museum (Village Museum) (7)

Das 7.000 m² große Freilichtmuseum ist die eindrucksvollste Attraktion in Stellenbosch, das dem Besucher die einzelnen historischen Baustile am Kap nahebringen will. Man geht von Haus zu Haus, besichtigt dabei Gebäude aus der Zeit zwischen 1709 und 1929 samt Möbel, Mode und Hauseinrichtungen. Die Häuser im Einzelnen:

1. Das Schreuder-Huis (um 1709) ist das älteste Stadthaus Südafrikas. 1709 wurde der deutsche Söldner Sebastian Schröder von der Holländisch-Ostindischen Handelsgesellschaft (VOC) als Verwalter der alten Mühle eingesetzt, erhielt daraufhin als „Sebastian Schreuder" ein Stück Land, auf dem er dann dieses Haus baute. Hausrat und Möbel entstammen der Zeit von 1690–1720. Beachtenswert sind die alte Küche und die bleiverglasten Fenster.

Ältestes Stadthaus

2. Das Bletterman-Huis (um 1789) ist mit sechs Giebeln und einem H-förmigen Grundriss ein typisches Haus aus dem 18. Jh. Es wurde von Hendrik Lodewyk Blettermann, dem letzten Friedensrichter der VOC, erbaut. Hausrat und Inneneinrichtung entsprechen einem wohlhabenden Haus aus der Periode 1750–1780.

3. Ursprünglich hatte das 1782 errichtete **Grosvenor House** ein Strohdach. Später wurden ein zweites Stockwerk und ein Flachdach hinzugefügt, sodass es schließlich 1803 so ausgebaut war, wie man es heute sieht. Es ist ein typisches Beispiel für ein Patrizierstadthaus am Kap. Zahlreiche Gebäude dieser Art standen ehemals in Stellenbosch und Kapstadt. Neoklassizistische Bauelemente, z. B. die Pilaster, unterstreichen den Eindruck wohlhabenden Bürgertums und den englischen Einfluss nach 1795. Die Einrichtung spiegelt die Zeit zwischen 1800 und 1830 wider. Links neben dem Haus befanden sich früher Sklavenquartiere, rechts steht ein altes Kutschenhaus. In der Gartengalerie sind Wanderausstellungen zu sehen.

Wohnung aus der Mitte des 19. Jh.

4. Auch das **Bergh-Huis** (um 1850) hatte einst ein Strohdach. Später wurde es zu dem jetzigen Erscheinungsbild umgebaut und weist viktorianische Charaktere auf. So muss man sich eine Stellenboscher Wohnung in den Jahren 1840–1870 vorstellen. Der stellvertretende Gerichtsvollzieher Olof Martinus Bergh lebte hier 1837–1877.

5. In der **Archäologischen Ausstellung** wird dargestellt, wie Wissenschaftler historische Häuser vorfinden, begutachten und schließlich wieder herrichten. An einigen Stellen wurde der Verputz entfernt bzw. offen gelassen, sodass die kapholländische Baukonstruktion zu erkennen sind.

6. Das imposante, 1876 erbaute **Erfurthuis** wurde nach der deutschen Stadt benannt. Eindrucksvoll sind die schmiedeeisernen Balkone, die das Gebäude komplett umranden. Heute ist hier die Museumsverwaltung.

Die **Blumen- und Kräutergärten** der einzelnen Häuser wurden so angelegt, wie es während der jeweiligen Epochen üblich war.

Dorp Museum/Village Museum, *18–37 Reyneveld St., www.stelmus.co.za/village_museum.htm, tgl. 10–16 Uhr (für den Besuch mind. 2 Std. einplanen).*

Dutch Reformed Mother Church (Moederkerk) (8)

Die Kirche in der Drostdy Street wurde 1717–1722 auf einem kreuzförmigen Grundriss errichtet und 1863/64 von dem Architekten Carl O. Hager einschließlich des Kirchturms erweitert. Damit erhielt der Bau ein neugotisches Erscheinungsbild. In den Gewölben befinden sich alte Gräber Stellenboscher Familien. **Utopia**, das Pfarrhaus an der Ecke Church Street, datiert von 1799 und ist ein weiteres, typisches, H-förmiges kapholländisches Haus.

Botanical Gardens (9)

Die Botanical Gardens sind zwar nicht zu vergleichen mit den Kirstenbosch Botanical Gardens, bieten aber, neben anderem, einen guten Überblick über die Sukkulenten und Orchideen, die in der Umgebung von Stellenbosch heimisch sind. Ein Gartenrestaurant lockt zudem mit kleinen Leckereien.

Botanical Gardens, *Ecke Van Riebeeck/Neethling Sts., www0.sun.ac.za/botaniesetuin, tgl. 9–16, im Sommer 8–17 Uhr.*

Stellenbosch Art Museum (10)

Die Kunstausstellung ist in einem 1907 im Neorenaissance-Stil erbauten Haus untergebracht, das ehemals als Mädcheninternat diente. Sie untersteht der Universitätsverwaltung. Gemälde, Skulpturen, Keramiken und Grafiken, vornehmlich von Künstlern aus der Kapregion, aber auch prähistori-

Weinanbau rund um Stellenbosch

sche Artefakte gibt es zu sehen. Gute Sonderausstellungen. In der **Stellenbosch Art Gallery** ein Stück die Straße hinunter *(34 Reyneveld St.)* kann man zudem Werke südafrikanischer Künstler erstehen.
Stellenbosch Art Museum, *52 Ryneveld St., Di–Fr 9–16.30, Sa 9–16 Uhr.*

Auf dem Rückweg passiert man das **De Wit House (11)** in der Plein Street, einem im Anfang des 19. Jh. erbauten neoklassizistischen Haus. Eine Inschrift erinnert hier an die Hugenotten, die 1688 ins Land kamen.

Südwestlich der Innenstadt
Im **Rupert Museum (12)** wird südafrikanische und internationale Kunst, vorwiegend Gemälde aus der Zeit von 1940–1970 ausgestellt. Highlights sind u. a. Werke von Irma Stern (s. S. 176).
Rupert Museum, *Stellentia Avenue, www.rupertmuseum.org, Mo–Fr 9.30–13, 14–16, Sa 10–16 Uhr.*

Werke von Irma Stern

In den Sommermonaten werden im angeschlossenen **Oude Libertas Amphitheater (13)** Open-Air-Konzerte gegeben. Die Bandbreite reicht von Jazz über Ballett bis hin zu klassischer Musik. Am Oude Libertas Centre findet jeden Samstag ein **Slow Food Market (9–14 Uhr)** statt.
Oude Libertas Amphitheater *am Oude Libertas/Destill Centre, Ecke Libertas/Adam Tas Rd., Tickets: ☎ (021) 809-7474, www.oudelibertas.co.za, www.computicket.co.za.*

Ein kurzer Wanderweg führt von der Distillery Road hinauf auf den **Papegaaiberg**. Die Mühe wird mit einer schönen Aussicht belohnt. Den Namen erhielt der Berg in früheren Zeiten, als Militär und Polizei hier Schießübungen abhielten. Zielscheibe war ein hölzerner Papagei.

Südöstlich von Stellenbosch (Jonkershoek)
Im **Jan Marais Nature Reserve (14)**, östlich vom Zentrum an der Merriman Street, blühen Wildblumen (Mitte Sept.–Ende Okt.). Picknickplätze und ein Labyrinth locken weitere Besucher an.

Weiter entlang der Martinson und dann der Jonkershoek Street liegt rechter Hand das historische **Weingut Lanzerac** *(Jonkershoek Rd., www.lanzerac.co.za, tgl. 9.30–17 Uhr)*, dessen Geschichte auf das ausgehende 17. Jh. zurückgeht. Hier wurde der erste Pinotage überhaupt abgefüllt. Heute hat das neoklassizistische Herrenhaus zudem einen hervorragenden Ruf als Hotel der obersten Klasse (s. S. 297). Spitzenweine des Hauses sind der *Cabernet Sauvignon* sowie der *Pionier Pinotage*. Anschließend passiert man die Hänge des **Weinguts Neil Ellis**. In diesen höheren und kühleren Lagen werden deren ausgezeichnete Weißweinreben angebaut (Weinprobe: *Helshoogte Rd./R 310*). Kurz darauf liegt auf der linken Seite **Oude Nectar**, ein 1780 errichtetes Farmhaus.

Erstklassiges Hotel

Die Straße endet an einem **Tea Garden** am Fuß der 1.504 m hohen **Twin Peaks**. Hier beginnt das 9.800 ha große **Jonkershoek Nature Reserve (11)**. Durch das zugehörige das **Assegaaibosch Nature Reserve** (204 ha) führt ein 2 km langer Wanderweg durch Berg-Fynbos-Vegetation. Im kleinen Wildblumengarten werden die einzelnen Pflanzen vorgestellt, schattige Plätze laden zum Picknicken ein. Im Jonkershoek

Nature Reserve kann man längere Wanderungen unternehmen und sind Mountainbiking-Strecken angelegt. In der **Jonkershoek Fish Hatchery** werden vor allem Forellen gezogen.

Südöstlich des Areals erstreckt sich das weitgehend unerschlossene, 70.000 ha große **Hottentots' Holland Nature Reserve** mit seinen Kloofs, Bergseen und z. T. seltenen Wildblumen. Das Nature Reserve eignet sich aber nur für echte Wandersleute, denn die bis zu 50 km langen Trails erfordern Zeit und Kondition. Der eigentliche Eingang ist die **Nuweberg Station**, die von Südosten (R 321) zu erreichen ist.
Tickets und Permits für alle drei Nature Reserves: **Cape Nature** *(www.capenature.co.za und S. 203).*

Stellenbosch Wine Route

Die von der Touristeninformation und Winzern zusammengestellte Weinroute (www.wineroute.co.za) führt zu den berühmtesten Weingütern der Umgebung. In dieser Region, wo die Winde vom Indischen Ozean kühlere Meeresluft einblasen, gedeihen Weinreben besonders gut. Man vergleicht das Klima mit dem der französischen Bordeaux-Regionen. Die Weingüter, deren gepflegte Gebäude oft im kapholländischen Stil erbaut sind, liegen idyllisch zwischen den weiten Weinfeldern. Neben der Möglichkeit, die Weine zu verkosten, kann man oft auch im winzereieigenen Restaurant hervorragend essen. Für einen Besuch sollte man sich Zeit nehmen. Eine organisierte Tour hätte übrigens den Vorteil, dass alle die Weine testen können. Besonders idyllisch liegen die Weingüter Blaauwklippen, Hartenberg Estate, Morgenhof, Overgaauw, Simonsig, Saxenburg.

☞ Tipp: Picknick zum Lunch oder Lunchmenü

Viele der Weingüter bieten **Picknicks zum Lunch** an. Dabei muss man das Essen (meist Brot, Käse, Aufschnitt, Obst etc.) dort kaufen, kann dafür aber die schönen Anlagen samt Tischen und Bänken, Schatten spendenden Bäumen, Spielplätzen u. a. nutzen. Was es gibt, ist sehr unterschiedlich. Auf Spier gibt es z. B. einen gut bestückten Delikatessladen, auf Fairview dagegen eher leckere Käsesorten und gutes Brot. Oder wie wäre es mit einem **Lunchmenü**, verbunden mit einer kleinen Weinprobe? Auf Backsberg wird z. B. bestes, gegrilltes Karoo-Lamm, auf Spier nordafrikanische Küche unter einem nachgebauten Beduinenzelt und auf dem historischen Boschendal eher Restaurantessen unter hohen Bäumen angeboten. Weitere Weingüter mit Restaurants/Delis: Blaauwklippen, Nethlingshof, Waterford, Delheim, Hartenberg Estate, Morgenhof, Welmoed, Saxenburg. Zum gepflegten Dinner laden Restaurants auf Rust-en-Vrede, Saxenburg und Lanzerac.

Empfehlenswerte Weingüter in und um Stellenbosch

Blaauwklippen: 4 km südl. von Stellenbosch an der R 44. Über 300 Jahre altes, schön am Fuß des Stellenboschbergs gelegenes Weingut mit historischen kapholländischen Gebäuden. Ca. 110 ha Weinanbaufläche, Jahresproduktion: 36.000 Kisten. Es werden Kutschfahrten durch die Weinberge angeboten (Okt.–April) und es kann ein kleines Kutschenmuseum besichtigt werden. Beliebt ist der

Lunch, der auf der Veranda serviert wird. Zu den Top-Weinen des Gutes zählen: *Zinfandel*, *Cabernet Sauvignon*, *Shiraz* und *Special Late Harvest* (Dessertwein). Blaauwklippen, *www.blaauwklippen.co.za, Mo–Fr 9–17, Sa 10–17, So 10–16 Uhr.*
Boschendal: An der R 310, kurz vor der R 45 (Richtung Franschhoek). Das über 300 Jahre alte Weingut wurde von Hugenotten gegründet und ist bis heute eines der größten und edelsten Estates des Landes geblieben. Ca. 400 ha Weinanbaufläche, Jahresproduktion: 240.000 Kisten. Boschendal ist auch bekannt für seine Innovationen. So wurde hier 1978 der erste *Blanc de Noir* am Kap produziert, ein Roséwein aus dunklen Trauben, der aber mit Weißweinmethoden hergestellt wird. Lohnend ist die Besichtigung des schönen Herrenhauses. Wer mittags Appetit verspürt, kann sich im Restaurant leckere Kleinigkeiten bestellen. Herausragende Weine des Guts: *Merlot*, *Pinot Noir*, *Chardonnay*, *Sauvignon Blanc*, *Gewürztraminer* und *Boschendal Brut*. Boschendal, *www.boschendal.com, tgl. 8.30–16.30 Uhr, Touren tgl. 10.30, 11.30 u. 15 Uhr.*
Morgenhof: 5 km nördlich von Stellenbosch an der R 44. 1680 von Hugenotten gegründet und 1993 von der französischen Firma Cointreau-Huchon aus Cognac übernommen. Weniger die Gebäude im französischen Chateaux-Stil überzeugen als vielmehr die Führungen und Picknickgelegenheiten (Lunchboxes werden verkauft). Das Weingut liegt unterhalb des von Weinhängen bedeckten Simonsbergs. 80 ha Weinanbaufläche, Jahresproduktion: 16.000 Kisten. Der Einfluss der Franzosen hat dazu geführt, dass die Weine des Guts zu den „Juwelen am Kap" gezählt werden. Herausragende Weine des Guts: *Sauvignon Blanc*, *Noble Late Harvest*, *Merlot* und *Chenin Blanc*. Morgenhof, *www.morgenhof.com, Mo–Fr 9–16.30, Sa/So 10–15 Uhr, im Sommer jeweils 1 Std. länger.*
Spier: R310, südwestl. von Stellenbosch. Großes Weingut mit historischen kapholländischen Gebäuden, aber auch neueren Imitationen. Spier ist sehr touristisch aufgezogen, eignet sich dafür aber hervorragend für Familien mit Kindern,

Morgenhof überzeugt mit guten Picknickgelegenheiten

Oft reift der Wein noch in alten Holzfässern

denn es gibt u. a. einen Cheetah-Park, eine Greifvogel-Vorführung, Reitgelegenheiten (auch für Kinder) und Spielplätze. Des Weiteren werden im Amphitheater Konzerte und Aufführungen geboten, ein Farmshop verkauft Naturprodukte und Souvenirs, im Deli-Shop lässt sich ein erstklassiges Picknick zusammenstellen und auch der Rosengarten wird einige Liebhaber finden. Weinanbaufläche: 179 ha. Herausragende Weine des Guts: *Chenin Blanc* und *Cabernet Sauvignon*. Spier, www.spier.co.za, tgl. 10–17 Uhr.

Weitere Weingüter, die gute Weine anbieten (in Klammern Adresse, Info und deren Topwein): **Jordan** (westl. von Stellenbosch; Snacks und Picknicktische; Die Boord, an der T 11; *Chardonnay*); **Neil Ellis** (R 310 in Richtung Franschhoek; Weißweine im Allgemeinen), *Rust en Vrede* (südl. von Stellenbosch, östl. der R 44; Rosengarten, Picknicktische, Snacks; *Cabernet Sauvignon*); **Thelema** (R 310, nahe Helshoogte Pass; Snacks; *Ed's Reserve*); **Kanonkop** (15 km nördl. von Stellenbosch an R 44; keine Bewirtung; *Pinotage*); **Meerlust** (15 km südwestl. von Stellenbosch an R 310; keine Bewirtung; Weltklasse-*Rubicon*), **Waterford Estate** (an T 15, Restaurant/Café; 4 km südl. von Stellenbosch; Weißweine).

Reisepraktische Informationen Stellenbosch

Information
Stellenbosch Tourism Bureau, 36 Market St., ☎ (021) 883-3584, www.stellenboschtourism.co.za. Sehr gut organisiertes Touristenbüro. Hier kann man Unterkünfte, Weintouren, aber auch Ausritte in die Weinberge buchen und erhält nützliche Karten.

Unterkunft
Grundsätzlich gibt es in Stellenbosch viele schöne **Bed & Breakfast-Unterkünfte** (ab $$$), doch bezahlt man hier mehr als für die gleiche Qualität in Paarl, Montagu

bzw. die Selbstversorger-Cottages in Franschhoek. Stellenbosch ist eben nicht billig. Die Touristeninformation vermittelt auch kurzfristig Übernachtungen.

Lanzerac Manor (1) $$$$$, Lanzerac Rd., ☎ (021) 887-1132, www.lanzerac.co.za. Historisches Weingut von 1692. Fürwahr ein „Kleinod" in Stellenbosch. Individuell dekorierte, geräumige Zimmer, die alle über einen eigenen Patio verfügen. Nach einem Zimmer mit Ausblick auf die Berge und Weingärten fragen! Weinkeller können besichtigt und hauseigene Weine getestet werden. Oberste Klasse sind die Restaurants (Tipp: Candlelight Dinner), der High Tea, die Kamin Lounge sowie die Cigar & Whisky Lounge. Spa & Wellness-Center, mehrere Pools, Wanderwege durch die Weinberge.

Stellenbosch Hotel (2) $$$–$$$$, Ecke Dorp/Andringa Sts., ☎ (021) 887-3644, www.stellenboschhotel.co.za. Eines der ältesten Hotels am Platz. Wunderschön restauriert. Zentral gelegen und gutes Restaurant. Wer den historischen Charme von Stellenbosch erleben möchte, ist hier richtig. Die 2-Bedroom-Apartments kosten nur unwesentlich mehr.

Coopmanhuijs (3) $$$–$$$$$, 33 Church St., ☎ (021) 883-8207, www.coopmanhuijs.co.za. Bezaubernd eingerichtetes Boutique-Hotel im Herzen der Stadt. Dekor: Cape-Dutch Country Style mit französischen Einflüssen. Gebäude von 1713. Spa, Pool, feines Restaurant.

**D' Ouwe Werf (4) $$$**, 30 Church St., ☎ (021) 887-4608, www.ouwewerf.com. 1802 als Herberge eingerichtet, ist es wohl das älteste Hotel des Landes. Man betritt das Hotel durch das ehemalige Wohnzimmer, dessen Holzboden, Deckenkonstruktion und Antiquitäten bereits beeindrucken. Schön sind die mit weiteren Antiquitäten eingerichteten Zimmer ($$$–$$$$) im alten Gebäude, während die im neueren Teil Räume in gehobenem Standard aufweisen, aber großenteils mit Imitationen eingerichtet sind. Elegantes Restaurant (Cape-Malay-/Fleischgerichte).

Yellow Lodge (5) $$$, 32 Herold St., ☎ (021) 887-9660, www.yellowlodge.co.za. Komfortabel gestaltete, moderne Unterkunft in ehemaligem Pfarrhaus. 8 geräumige Zimmer sowie ein Apartment mit eigener Küche. Garten zum Erholen, mit Springbrunnen und Pool. Üppiges Frühstück. Günstig gelegen. Es wird Deutsch gesprochen.

Avenues Guest House (6) $$$, 32 The Avenue, ☎ (021) 887-1843, www.theavenues.co.za. Kleines, persönlich geführtes B&B in historischem Gebäude (Historical Landmark). Solide eingerichtet. 8 Doppelzimmer, davon 3 mit Zugang zum Patio. Selbstversorger-Cottage im Garten. Gutes Preis-Leistungs-Verhältnis.

Bonne Esperance (7) $$–$$$, 17 van Riebeeck St., ☎ (021) 887-0225, www.bonneesperance.com. Verschieden große Zimmer, alle mit Bad. Gutes Frühstück, Garten-Patio und Pool. Vor Ort das beste Preis-Leistungs-Verhältnis.

De Oude Meul (8) $$–$$$, 10a Mill St., ☎ (021) 887-7085, www.deoudemeul.com. Zentral gelegen und dafür ein Schnäppchen. Kurz: Gut, sauber, aber unspektakulär.

Banghoek Place (9) $–$$, 193 Banghoek St., ☎ (021) 887-0048, www.banghoek.co.za. Sehr günstige Unterkunftsempfehlung für Stellenbosch. Vornehmlich für Backpacker. Doppelzimmer, Pool und Selbstversorger-Küche für alle. Modernes, schickes Gebäude.

Stumble Inn (10) $, 14 Market St., ☎ (021) 887-4049, www.stumbleinnstellenbosch.hostel.com. Zentral gelegenes Hostel. 40 Betten (6-, 4- und 2-Bett-Zimmer) mit gut ausgestatteter Küche für Selbstversorger. Insbesondere für Rucksackreisende zu empfehlen. Sehr sauber. Fahrradvermietung. 5 Plätze für Zelte im Garten.

Camping

Mountain Breeze Resort (11), R 44, 5 km südl. von Stellenbosch, ☎ (021) 880-0200, www.mountainbreezeresort.co.za. In den Stellenbosch Mountains gelegen. Schattige Kiefern. Selbstversorger-Chalets ($–$$), Camping, Spielplätze, Pool, kleines Restaurant.

Essen und Trinken

Boschendal Restaurant, Boschendal Wine Estate, R 310 nordöstl. von Stellenbosch, ☎ (021) 870-4272. Gepflegtes Restaurant im Keller des historischen Manor. Kapgerichte mit französischem Touch. Die hervorragenden Boschendal-Weine runden das Gourmetvergnügen ab. Der Knüller hier ist aber eher das Picknick unter den Bäumen. I. d. R. nur Mittagstisch! Reservierung empfohlen.

The Guinea Fowl, Weingut Saxenburg, M 12 in Richtung Kuils River, 14 km westl. von Stellenbosch, ☎ (021) 906-5232. Exquisite und mehrfach prämierte Kap- und Karoogerichte (Tipp: Karoo Lamb Loin, Perlhuhn, Springbok Medaillons). Und der Blick von der Veranda auf Kapstadt und den Table Mountain, besonders bei Sonnenuntergang – einfach eine Wucht. Teuer, Reservierung empfohlen.

De Volkskombuis (1), Old Strand Rd., ☎ (021) 887-2121. Traditionelle südafrikanische Küche sowie eine Reihe von Cape-Dutch-Gerichten, die man auch als „Sampler" bestellen kann. Im alten Gebäude befanden sich früher Arbeiterunterkünfte und deren Küche, die Volksküche.

Lanzerac Manor, Lanzerac Rd., ☎ (021) 887-1132. Im o. g. Hotel befinden sich zwei Restaurants, eine Bar (mit Mahlzeiten) und ein Terrassencafé. Der Tipp ist das klassisch-historische „**Grosvenors Hall Restaurant**", welches in gepflegter Atmosphäre (weiße Tischdecken, Kerzen, Ölgemälde) beste Kap-Küche bietet. Berühmt ist es auch für die ausladenden Frühstücks- und Lunch-Buffets.

La Pineta, R 44, zwischen Stellenbosch und Somerset West, Abfahrt zum Flugplatz, ☎ (021) 880-0293, nur Mi–So. Schön über den Weinbergen gelegenes Haus. Garten, Veranda und abends die Gelegenheit, einen schönen Sonnenuntergang zu erleben. Es gibt nahezu alles zu fairen Preisen, von Steaks über Wildgerichte bis hin zu Karoo-Lamm und auch Pizza. Hier lässt es sich nach dem Besuch von Stellenbosch gut einkehren. Man kann am frühen Abend eine Kleinigkeit essen und dann über Somerset West und die N 2 nach Kapstadt zurückfahren.

Auf dem **Weingut Spier** (R 310 Richtung N2) gibt es zwei Restaurants. Das **Eight at Spier Restaurant** (kein Dinner, ☎ 021-809-1188) ist beliebt für seine organisch zubereiteten Gerichte, während das **Moyo at Spier** (☎ 021-809-1100) weithin bekannt ist für sein afrikanisches Abendbuffet. Es gibt Köstlichkeiten vom gesamten Kontinent. Gern besucht wird auch die Cocktail- und Weinbar hier.

Wijnhuis, Ecke Church/Andringa Sts., ☎ (021) 887-5844. Hier gibt es unzählige Weine zum Probieren (es können Flaschen gekauft werden). Die Küche des Wijnhuis ist editerran angehaucht, zur Auswahl stehen etwa zahlreiche Pasta-Gerichte, aber auch Schnitzel und Steaks.

Bodega, Dornier Estate, Blaauwklippen Rd. (von R 44), südl. von Stellenbosch, ☎ (021) 880-0557. Exquisite Landhausküche in umgebauter Scheune. Mediterrane und südafrikanische Gerichte, tolle Flammekuchen. Beliebt sind die Sunset-Tapas (15.30–18 Uhr). Dinner nur Do–Sa.

Pubs und Kneipen

Als Universitätsstadt besitzt Stellenbosch viele **Pubs und Kneipen**, die günstige Speisen, Bier und Wein servieren. Die meisten befinden sich entlang der Dorp Street und am unteren Ende der Bird Street, gegenüber der Kirche St. Mary's on the Braak. Viele davon haben eine Veranda, und an Wochenenden wird öfter Livemusik gespielt. Der Pub direkt an der St. Mary's-Kirche ist allein schon wegen seiner Holztäfelungen einen Besuch wert. Drinnen ist es dunkel, dafür an heißen Tagen aber immer schön kühl.

Festival
Stellenbosch Wine Festival, Paul Roos Centre, Ende Juli, www.stellenbosch winefestival.co.za. Über 150 Weingüter stellen sich vor. Besonders interessant ist die Teilnahme an einem Wine Workshop, bei dem das Verkosten erlernt werden kann.

Golf
Stellenbosch Golf Club, Strand Rd. (R44), ☎ (021) 880-0244, www.stellenboschgolfclub.com. 18 Löcher, 5.581 m, Bar, Restaurant. Meisterschaftskurs, inmitten hügeliger Weinfelder gelegen. Der wunderschöne Platz besticht auch dadurch, dass er geschützt vor den gefürchteten South-Easter-Winden liegt. Viele Bäume.

Drakenstein Valley

Das Tal sowie der Bergzug zwischen Franschhoek und Stellenbosch erhielten ihren Namen von Gouverneur Simon van der Stel (Drakenstein = Drachenfelsen). Die Farmer begannen hier vor mehr als 200 Jahren, Weizen, Früchte und Wein anzubauen. Doch gerade mit dem Obst hatte man große Lagerungsprobleme und vieles verdarb. 1886 gelang es erstmals, Trauben bis nach London zu transportieren. Während man zu jener Zeit in Kapstadt für ein Pfund Trauben einen Penny bekam, erhielt man für die gleiche Menge in London 15 Shillinge. Damit war die Fruchtexport-Industrie Südafrikas geboren.

Sonnenuntergang hinter den Drakensteinbergen

Wer sich nun noch gerne historische Herrenhäuser anschaut, dem sei das Manor House auf dem Gut **Bien Donné** (R 45, nördl. der Einmündung der R 310 von Stellenbosch) ans Herz gelegt. Besucher lernen bei den interessanten Führungen nicht nur das kapholländische Herrenhaus kennen, sondern auch den Kräuter- und Obstgarten. Dabei wird erläutert, wie die Zutaten in der Kapküche verwendet werden.

Franschhoek

Die kleine Stadt, 1688 von etwa 200 französischen Hugenotten gegründet (s. u.), zählt heute knapp 4.000 Einwohner. Der Name bedeutet übersetzt „Französisches Eck", womit die bestechende Lage am Ostende des Drakenstein Valley ein wenig umschrieben ist. Ursprünglich hieß die Region aufgrund der hier herumstreunenden Elefanten „Oliphants Hoek". Franschhoek ist seit Langem für seine erstklassigen Weine bekannt, die den Weinen aus den größeren Orten in nichts nachstehen. Der Charakter eines kleinen Ortes ist weitgehend erhalten geblieben. Es ist noch gar nicht so

Bekannt für erstklassige Weine

lange her, dass nur die wenigsten Weingüter Besuchstouren angeboten haben. Mittlerweile hat sich Franschhoek aber mächtig ins Zeug gelegt. Boutiquen, Galerien, Straßencafés, gemütliche Herbergen, eine erstklassige Gastronomie und vieles mehr locken zahlreiche Besucher an, besonders an den Wochenenden! Unter der Woche geht es aber sehr beschaulich zu. Franschhoek ist daher der Übernachtungstipp der Weinbauregion. Hier kann man fast alles zu Fuß erreichen.

Wie kamen die Hugenotten ausgerechnet in dieses Tal?

Ab etwa 1685 entschloss sich die Holländisch-Ostindische Handelskompanie, Menschen zu motivieren, sich im Kapland niederzulassen. Man sprach deshalb die Hugenotten an, die durch die Aufhebung des Edikts von Nantes ihre Glaubensfreiheit verloren, sich aber weigerten, ihren protestantischen Glauben aufzugeben und nun ihre Heimat verlassen mussten.

So erreichten 277 Hugenotten im April 1688 an Bord der „Oosterland" das Kap. Die meisten erhielten Land in der Umgebung von Drakenstein, wo van der Stel bereits zwei Jahre zuvor Holländer auf 26 Siedlungsplätze verteilt hatte. Natürlich legten die Holländer großen Wert darauf, dass sich die Franzosen assimilierten. Sie durften ihre Sprache beibehalten, doch bereits nach einer Generation beherrschten nur noch die Älteren die Muttersprache.

Viele Namen von Wein- und Obstgütern in der Umgebung weisen heute noch auf die französische Herkunft der Siedler hin, so Bien Donné, Cabrière, La Motte, L'Ormarins und La Dauphine. Und wer einen Blick in südafrikanische Telefonbücher wirft, dem werden dort immer wieder im Lande längst typische Namen wie Du Toit, Fourie, Basson, De Villiers, Viljoen, Le Roux, Thibault, Joubert u. a. begegnen.

In Franschhoek kann man einiges zum Thema Besiedlung durch die Hugenotten erfahren. Am Ostende der Huguenot Street sticht das **Huguenot Monument** ins Auge. In seiner (burisch angehauchten) Gestaltung oft umstritten, erinnert es an die Vertreibung der Hugenotten aus der europäischen Heimat, ein Thema, das die gläubigen Buren gerne herausgestellt haben, da sie ihre Vorfahren in einer ähnlichen Situation wähnten. Das Monument wurde 1938 – zum 250. Jahrestag der Ankunft der Hugenotten – eingeweiht und besteht aus Granit, der aus der

Huguenot Monument

Die klassische 4-Pässe-Fahrt (Stellenbosch, Franschhoek, Somerset West)

Region um Paarl stammt. Die Zentralfigur stellt eine Frau dar, die in der rechten Hand eine Bibel hält. Die zerbrochene Kette symbolisiert die Loslösung von religiöser Unterdrückung. Die drei Bögen dahinter stellen die Dreifaltigkeit dar. Auf den Bögen ist die Sonne der Rechtschaffenheit zu sehen, darüber das Kreuz. Die Figur steht auf dem Erdball als Zeichen für das Überweltliche. Auch der Teich davor gehört zur Gesamtgestaltung: Er ist Symbol für die Ruhe, die man hier in Südafrika gefunden hatte.

Das **Huguenot Memorial Museum** gleich daneben widmet sich der Geschichte der Hugenotten, überwiegend französischen Calvinisten – von der Zeit der religiösen Verfolgung in Europa, den Anfängen am Kap (als sie den Siedlern aufzeigten, wie guter Wein produziert wird), bis in die heutige Zeit. Im angeschlossenen genealogischen Institut wird auf den Spuren der ersten Hugenotten geforscht. Interessierte können prüfen lassen, ob sie weitläufige Verwandte am Kap haben. Die Ausstellung alter kapholländischer Möbel ist ebenfalls sehenswert.

Geschichte der Hugenotten

Huguenot Memorial Museum, *Lambrecht St., www.museum.co.za, Mo–Sa 9–17, So 14–17 Uhr.*

Auf dem Weingut **L'Ormarins** gilt es, das **Franschhoek Motor Museum** zu besichtigen, wo u. a. der *Wolsey*, Baujahr 1910 steht, den Cecil Rhodes gefahren ist. Weitere Fahrzeuge sind u. a. ein *Daimler Burgmeister* von 1936, ein *Ford Model T*, ein *Cadillac Cabrio* von 1962, ein *Enzo Ferrari* von 2002. Autofans werden hier ihre Freude haben.
Franschhoek Motor Museum, *www.fmm.co.za, Mo–Fr 10–17, Sa/So 10–16 Uhr.*

Franschhoek Food & Wine Route

info

Entlang dieser Route liegen Restaurants und die zu den „**Vignerons De Franschhoek Valley**" zusammengeschlossenen Weingüter, davon einige, die eigentlich schon zu Paarl zählen: Zu ihnen gehören u. a. Boschendal, L'Ormarins, Bellingham, Môreson, La Motte, La Provence, Dieu Donné, Franschhoek Vineyards, Grande Provence, Haute Cabrière, La Bri, La Couronne, Mouton-Excelsior sowie im Nordosten weitere Weingüter, z.B. Backsberg. Eine Broschüre vom Touristenamt erläutert die Route (Übersicht: *http://franschhoek.org.za/vignerons-de-franschhoek*).

Empfehlenswerte Weingüter in und um Franschhoek
Boschendal: s. unter Stellenbosch, S. 295.
Haute Cabrière: R 45 am Franschhoek Pass. Das Weingut steht unter Leitung des Winzers Achim von Arnim, der für seine unkonventionelle Art, die guten Schaumweine nach Richtlinien der Champagner-Branche herzustellen, und für seine guten Vermarktungsstrategien weithin bekannt ist. Herausragend sind auf diesem Gut nicht nur die Führungen, sondern vor allem das exquisite Restaurant, von dem aus man direkt in den in den Berg gehauenen Weinkeller schauen kann. 11 ha Weinanbaufläche, Jahresproduktion: 10.000 Kisten. Herausragende Weine: fünf Sekte, vor allem *Pierre Jourdan Blanc des Blancs* und *Brut Sauvage*, und der *Pinot Noir-Wein*. Haute Cabrière, *www.cabriere.co.za, Mo–Fr 9–17, Sa 10–16, So 11–16 Uhr.*
La Motte: R 45 (nordwestl. Ortseingang). 1695 gegründetes Weingut, dessen Weinproben zu den besten am Ort zählen. Zahlreiche historische Gebäude (nicht

info

von innen zu besichtigen), wenn auch der Weinprobe-Raum neueren Datums ist. 95 ha Weinanbaufläche, Jahresproduktion: 15.000 Kisten. Herausragende Weine: *Shiraz*, *Millennium* (Blend aus Bordeauxweinen) und *Sauvignon Blanc*. La Motte, www-la-motte.com, Mo–Sa 9–17 Uhr.

Grande Provence: R 45 (nordwestl. Ortseingang). Hier wurden zwei historische Weingüter schon vor langer Zeit zusammengelegt, wobei „La Provence" heute zu besichtigen ist. Das Manor House wurde 1756 errichtet. Das erhöht gelegene „Owner's Cottage" bietet eine ausgefallene, luxuriöse (und entsprechend teure) Übernachtungsmöglichkeit. In der Probierstube ist eine kleine Kunstausstellung. 29 ha Weinanbaufläche, Jahresproduktion: 5.600 Kisten. Herausragende Weine: *Cabernet Sauvignon* und *Larmes des Anges*. Grande Provence, www.grandeprovence.co.za, tgl. 10–18 Uhr.

La Chataigne: 6 km westl. von Franschhoek an R 45. Kleines Weingut mit sehr guten Weißweinen. Geführt von einem Schweden. Daher werden die Weine vornehmlich nach Schweden exportiert und einzig hier in Südafrika auf dem Weingut verkauft. Viele Flaschen werden noch per Hand beschriftet. Zum Weingut gehören drei sehr schöne, voll ausgestattete Cottages. La Chataigne, ☏ *(082) 655-4439*, www.lachat.co.za, Mo–Fr 10–16 Uhr, Wochenende nach Vereinbarung.

Reisepraktische Informationen Franschhoek

Information
Franschhoek Vallée Tourism, 62 Huguenot St., ☏ (021) 876-2861, www.franschhoek.org.za.

Unterkunft
Die Touristeninformation vermittelt **Cottages und Zimmer auf Weinfarmen** (\$\$–\$\$\$). Diese sind gelistet im „Farm-Holiday"-Prospekt.

Le Quartier Français \$\$\$\$\$, 16 Hugenot Rd., ☏ (021) 876-2151, www.lqf.co.za. Topklasse! Boutique-Hotel in einem viktorianischen Haus (Garten, Pool und Bibliothek). Die Zimmer, Suiten und ein Familien-Cottage, alle individuell eingerichtet und mit eigenen Kamin, liegen zum mit Rosen bepflanzten Innenhof. Zwei der Suiten verfügen über einen eigenen Pool. Für das ausgezeichnete Restaurant sollte man am besten gleich bei der Zimmerbuchung reservieren.

Rusthof Guesthouse \$\$\$\$, 12 Hugenot Rd., ☏ (021) 876-3762, www.rusthof.com. Vornehme Unterkunft in altem Cape-Dutch-Haus. Wer etwas tiefer in die Tasche greifen möchte, der sollte die große Suite buchen, denn sie verfügt zudem über ein eigenes Wohnzimmer und einen Patio. Gutes Restaurant im Haus.

Protea Hotel \$\$\$–\$\$\$\$, 33 Huguenot St., ☏ (021) 876 3012, www.proteahotels.com/franschhoek. Zentral gelegenes 30-Zimmer-Hotel der gehobene Mittelklasse.

La Chataigne \$\$\$, R 45, westl. des Ortes (nahe R 301-Abzweig), ☏ (021) 876-3220, www.lachat.co.za. Geräumige, ruhig gelegene Selbstversorger-Cottages. Toller Pool im Weinfeld.

Bo La Motte Farm Guest Cottages \$\$–\$\$\$, Middagkrans Rd., ☏ (021) 876-3067, www.bolamotte.com. 5 schöne Cottages (2–6 Betten) für Selbstversorger auf Weinfarm. Pool, Garten. Nahe Ortskern. Gutes Preis-Leistungs-Verhältnis.

La Provence Vineyard Cottages \$\$, R 45, knapp 3 km westl. von Franschhoek, ☏ (021) 876-3194, www.laprovencevin.co.za. 4 Cottages und ein Doppelzimmer (auch für

Selbstversorger, Küche etc.) auf historischer Weinfarm. Alle Cottages haben einen Kamin. Gutes Preis-Leistungs-Verhältnis.

🍴 Essen und Trinken

Franschhoek ist bekannt für seine exquisiten Restaurants, die natürlich eine ziemliche „Prise" französischer Ideen zu bieten haben. Das kostet ein wenig extra.
The Tasting Room at Le Quartier Français *(s. o.).* Erstklassiges Restaurant mit einer Küche, die eine leckere Mischung aus Kapgerichten und südfranzösischen Rezepten anbietet. Bekannt auch für die ausgezeichneten Desserts und die ausgesuchte Weinkarte.

Eingang zum Haute Cabrière Cellar

Haute Cabrière/Cabrière Estate Cellar Restaurant, ein Stück hinauf am Franschhoek Pass, ☎ (021) 876-3688. Unbedingt reservieren! Die Lage oberhalb des Weinguts und des Ortes ist bereits ein Vorteil. Fragen Sie also bei der Reservierung gleich nach einem Tisch mit Ausblick (es gibt nur zwei davon). Die Küche ist natürlich auch gut und alle Gerichte werden auf die hauseigenen Weine abgestimmt. Und hinterher: selbst gemachte Schokoladen und/oder die vorzügliche Käseauswahl, abgestimmt auf die guten Tropfen des Hauses.
Reuben's, 19 Huguenot Rd., ☎ (021) 876-3772. Modern, minimalistisch. Täglich wechselnde Gerichte. Südafrikanische Speisen, oft mit asiatischen Einflüssen (Chili, Zitronengras u. a.). Tolle Weinkarte. Im angeschlossenen Deli gibt es tagsüber auch kleinere Gerichte.
La Fromagerie at La Grange, 13 Daniel Hugo St. Hier können Sie südafrikanischen Käse testen und dazu ein guten Schluck Wein genießen. Das Bistro gibt auch andere Snacks. I. d. R. nur 12–16 Uhr geöffnet. Im Sommer an Freitagabenden oft Jazz.
Entlang der **Huguenot Street**, der Hauptstraße, gibt es zudem eine Reihe von **Country Pubs** (z.B. Taki's Pub), **Tea Gardens**, trendy **Bistros** etc. mit günstigeren und guten Speisen sowie Bier und Wein.

Somerset West

Die Stadt, 1819 nach Lord Charles Somerset benannt, liegt unterhalb des Helderberges, der wiederum zu den Hottentots Holland Mountains zählt. Ihre Lage am Nadelöhr der N 2 sowie dem südlichen Ende der False Bay (Ortsteil Strand) hat der Stadt wirtschaftlichen Aufschwung beschert, ihr dafür aber auch jeglichen Charme genommen. Einkaufszentren, die N 2 und viele Mittelklasse-Wohnhäuser und -Apartments bestimmen das Bild.

Einzig das historische **Weingut Vergelegen**, ein Juwel unter den Weingütern, 4 km nordöstlich der Stadt, lohnt wirklich den Besuch. Gegründet wurde das Gut von Adriaan van der Stel, der 1699 seinen Vater als Gouverneur abgelöst hatte. 1701 wurde das Herrenhaus eingeweiht. Dabei ging nicht alles mit rechten Dingen zu, denn van der Stel hatte sich das Land durch korrupte Machenschaften angeeignet und die Gebäude wurden von Sklaven der Holländisch-Ostindischen Handelskompanie gebaut. Als man später in Holland diesen und anderen fragwürdigen Machenschaften auf die Schliche kam, wurde beschlossen, das großzügige Herrenhaus wieder abzureißen, um keine Nachahmer zu motivieren. Das Vorhaben wurde aber nur bedingt durchgeführt und das jetzige Herrenhaus sieht dem ehemaligen sehr ähnlich und steht auf dessen Fundamenten. Beeindruckend sind die über 300 Jahre alten Kampferbäume. Weingut sowie Herrenhaus können besichtigt werden, in einem Nebengebäude wird die Geschichte der Estate erläutert, und Rosen- und Kräutergarten können erkundet werden. **Stables at Vergelegen Bistro** lädt im Sommer zum Lunch bzw. einer Nachmittagserfrischung ein. Das elegante **Camphor's at Vergelegen Signatur Restaurant** ist Mi–So zum Lunch und Fr/Sa auch zum Dinner geöffnet. Anbaufläche: 100 ha, jährliche Produktion: ca. 20.000 Kisten. Herausragende Weine: *Chardonnay* und *Sauvignon Blanc*. **Vergelegen**, *Lourensford St. in Richtung Helderberg NR, www.vergelegen.co.za, tgl. 9.30–16 Uhr, Kellertouren tgl. 11.30 u. 15, im Sommer auch 10.30 Uhr.*

Biodiversity & Wine Initiative (BWI)

Die Weinbauern und Farmer bemühen sich heute, Teile ihrer Ländereien wieder in den ursprünglichen Zustand zurückzuversetzen. Dabei geht es vor allem darum, die Fynbos-Vegetation und die Ökosysteme des Renosterveld zu retten bzw. wiederzubeleben. Das Weingut Vergelegen war eines der ersten, die sich dieser Initiative angeschlossen haben. 240 ha landwirtschaftliche Anbaufläche wurden dafür „gesäubert" und werden in ihren ursprünglichen, natürlichen Zustand zurückgeführt.

Nahe Somerset West liegt das aufschlussreiche **Lwandle Migrant Labour Museum**. Es befasst sich mit der Geschichte der schwarzen und farbigen Wanderarbeiter ist, die hier in einem Hostel gelebt haben, tagsüber in die Stadt pendeln mussten und ihre weit entfernt lebenden Familien nur alle paar Wochen besuchen konnten.

Blick über Gordon's Bay auf die Stellenbosch Mountains

Die klassische 4-Pässe-Fahrt (Stellenbosch, Franschhoek, Somerset West)

Neben einer Ausstellung ist das Hostel zu besichtigen. Im **Arts & Crafts Center** kann man kunsthandwerkliche Souvenirs erstehen. Besuche von Familien und eine Walking Tour in den beiden Townships Lwandle und Nomzano können arrangiert werden. **Lwandle Migrant Labour Museum**, *Vulindlela Street, Lwandle, www.lwandle.com. Anfahrt: Auf der N 2 von Kapstadt kommend durch Somerset West und kurz danach am Schild Lwandle abzweigen, das Museum ist dann ausgeschildert, Do–Di 9–16 Uhr (variiert).*

Strand und Gordon's Bay

Direkt vorgelagert an der False Bay liegen die Orte Strand und Gordon's Bay, beides beliebte Wochenendziele. Besonders in **Strand** hat der Immobilienboom einige große Apartmentblöcke sowie eine Art „Waterfront" mit Restaurants und Shops beschert. Ziemlich „betonlastig", aber der westlich davon gelegene Strand ist reizvoll. In **Gordon's Bay** geht es etwas gemütlicher zu. Kleine Restaurants, Fischbuden und Boutiquen werben hier um Kunden. Der hauseigene „Bikini Beach" ist besonders beliebt bei Bräunungsfans, denn es gibt nur wenig Schatten hier. Wer vor dem Rückflug lieber ein, zwei Tage entspannen möchte, der sollte mal schauen, ob er nicht in Gordon's Bay ein Apartement findet.

Reisepraktische Infos Somerset West, Strand, Gordon's Bay

Information
Helderberg Tourism Bureau, *Southey's Vines, 186 Main Rd., Somerset West, ☏ (021) 840-1400, www.tourismcapetown.co.za. Ein weiteres Infocenter befindet sich in der Somerset Mall (Centre Court).*
Gordons Bay Tourist & Accommodation Centre *ist behilflich bei der Suche nach Unterkünften: nur Tel. und Internet: ☏ (021) 856-5204, www.gordonsbaytourism.com.*

Unterkunft
Hinweis: *Wer plant, von hier aus Kapstadt und seine Sehenswürdigkeiten zu erobern, sollte bedenken, dass es nahezu eine Stunde Fahrzeit bis in die City Bowl sind.*
Papyrus Lodge $$$$, *Firgrove Winery Rd., Somerset West, ☏ (021) 842-3606, www.papyruslodge.co.za. Auch für Selbstversorger ideale Holzhäuser. Sehr gepflegt und unter Schweizer Leitung. Die Häuser liegen an einem See und sind auf Stelzen gebaut. Man kann den Sonnenuntergang über dem Tafelberg beobachten – einfach herrlich. Es gibt zudem schöne Suiten im Haupthaus. Frühstück wird serviert, Restaurants gibt es in nächster Umgebung.*
Zandberg Farm $$$–$$$$, *Somerset West, ☏ (021) 842-2945, www.zandberg.co.za. Kleines Weingut an der Stellenbosch-Weinroute (R 44). Kann auch als Unterkunft für Stellenbosch (10 Min.) gelten. Das historische Farmhaus, das Restaurant sowie die Cottages und Suiten liegen in einem parkähnlichen Garten mit viel Schatten. Jedes Cottage hat eine eigene Küche und eine kleine Terrasse. Spezielle Arrangements für Reiter und Golfer.*

Essen und Trinken
Harbour Lights, *Old Harbour, Gordon's Bay, ☏ (021) 856-1830. Romantische Lage mit Blick auf den malerischen Hafen. Empfehlenswert für Meeresfrüchte (frischer Fisch!). Unbedingt vorher anrufen und nach den Öffnungszeiten fragen.*

Von Paarl über den Bain's Kloof Pass nach Worcester und zurück nach Kapstadt

Paarl

> **Hinweis**
> Paarl ist ein Straßendorf und erstreckt sich über 14 km von Süden nach Norden. Ohne Auto geht hier also fast nichts.

Fruchtbarer Boden

Paarl ist eine der ältesten Siedlungen des Hinterlands und liegt an den Ufern des Berg River, 132 m über dem Meer. Das Tal erhält rund 700 mm Niederschlag pro Jahr, davon 80 % im Winter. Da die Böden sehr fruchtbar sind, wurde bereits früh damit begonnen, verschiedene Obst- und Gemüsesorten anzubauen. Dies wiederum bildete die Grundlage für die Konservenfabriken. Der erste bedeutende Industriezweig war jedoch der Wagenbau. Die Granitberge lieferten Steine für Grabsteine und Paarl ist auch bekannt für die Herstellung von „*Eau de Cologne*". Heute zählt die Stadt je nach Quelle, zwischen 150.000 und 200.000 Einwohner (Drakenstein District: 320.000).

Bereits die San und Khoi-Khoi schätzten die guten Weidegründe unterhalb des von ihnen als Schildkröten-Felsen bezeichneten Felsens. Bis dann der Wissenschaftler Abraham Gabbema als erster Europäer 1657 das Tal entdeckte. Ihm erschien der sonnenbeschienene Granitfelsen nach einem Regen oder im Morgentau in perlenähnlichen Farben. Somit nannte er ihn *Peerlberg (Pearl Rock)*. 1687/88 erfolgte die erste Landvergabe an französische Hugenotten, die das gute Klima für den Weinanbau erkannten und die ersten Güter gründeten: Laborie, Picardie, La Concorde, Nancy. Die Khoisan konnten dem nichts entgegensetzen und zogen allmählich nordwärts.

Bau der ersten Kirche 1720

Die Stadtgeschichte begann um 1720 mit dem Bau der ersten Kirche sowie der Anlage der Main Street samt der charakteristischen Eichen. Viele der historisch bedeutsamen Gebäude wurden zwischen 1710 und 1760 erstellt, so z. B. die **Oude Pastorie (1)** im Jahr 1714. Die Pfarrei wurde 1937 von der Stadt Paarl gekauft, restauriert und in das **Paarl Museum** umgewandelt, in dem man alte Möbel, Silber-, Kupfer- und Messinggegenstände sowie Glas bewundern kann.
Paarl Museum, *303 Main St., Mo–Fr 9–17, Sa 9–13 Uhr.*

Das Haus von Malherbe beherbergt das **Afrikaans Language Museum (Afrikaans Taal Museum) (2)** mit Exponaten zur (europäischen) Sprachgeschichte in Südafrika. Übrigens blieb Holländisch bis 1828 offizielle Amtssprache, wurde dann vom Englischen abgelöst und erst 1925 erhielt Afrikaans den Status der zweiten Amtssprache.
Afrikaans Language Museum, *11 Pastorie Ave. (Innenstadt), www.taalmuseum.co.za, Mo–Fr 9–17 Uhr.*

Die an der Main Street gelegene **Strooidakkerk (3)** (Strohdach-Kirche) wurde am 28. April 1805 eingeweiht. Der berühmteste Architekt der damaligen Zeit, Louis Michael Thibault, soll sie geplant haben. Normalerweise ist die Kirche geschlossen, doch kann man im Kirchenbüro um Zutritt bitten.

Paarl und die Afrikaans-Sprache

Eine große Rolle spielte Paarl bei der Etablierung der Afrikaans-Sprache. Eine führende Rolle spielte dabei der aus Holland stammende Arnoldus Pannevis, der am Gymnasium der Stadt klassische Sprachen unterrichtete. Ihm fiel in den 1870er-Jahren auf, dass die eigentlich holländisch-flämische Sprache von den meisten Einwanderern holländischer Abstammung nicht mehr verstanden wurde. Durch die geografische Isolierung hatten diese die Beziehung zum Niederländisch verloren und die Sprache wurde obendrein noch durch den Einfluss immigrierter Franzosen und Deutscher, ja sogar der Malaien und Khoi-Khoi verändert. Nach der Überzeugung Pannevis' handelte es sich bereits um eine eigenständige Sprache, das **Afrikaans**. Er diskutierte diese Beobachtung in Kollegenkreisen.

Am 14. August 1875 kam es zu einer historisch bedeutsamen Versammlung im Hause von Gideon Malherbe, einem Farmer, der mit der Tochter des Gymnasialdirektors verheiratet war. Man gründete bei dieser Gelegenheit die „**Genootskap van Regte Afrikaners**", die „Gemeinschaft der echten Afrikaner" und damit die Afrikaans-Sprache. Innerhalb dieser Institution, die sich zudem der Erforschung der Afrikaans-Sprache widmete, wurde die erste afrikaanse Zeitung, „Die Patriot", am 15. Januar 1876 gedruckt, und zwar mit einer einfachen Druckpresse im Hause von Malherbe. Damit war Afrikaans auch zur Schriftsprache erhoben. Wortschatz und Grammatik wurden aufgelistet, aber erst 1925 wurde Afrikaans neben Englisch als Amtssprache in Südafrika akzeptiert. Heute erstreckt sich die Literatur in Afrikaans auf alle Gebiete der Kultur und Wissenschaft.

Afrikaanse Taalmonument (Language Monument) (6)

An die Entstehung der Afrikaans-Sprache erinnert das **Afrikaanse Taalmonument** am südlichen Ausläufer des Paarl Rock. Der Entwurf des Monuments stammt vom Architekten Jan van Wyk. Das Denkmal wurde am 10. Oktober 1975 eingeweiht. Es besteht aus zermalmtem Granit der Umgebung, der zu Beton verarbeitet wurde. Die drei sich links am Eingang befind-

Symbolträchtig:
Das Afrikaanse Taalmonument

lichen Säulen, die miteinander verbunden sind, symbolisieren den Anteil Afrikas sowie Englands, Hollands (Flamen) und anderer europäischer Länder an der Entstehung der afrikaansen Sprache. In einem Bogen schwingt sich dann eine Verbindung zur 57 m hohen, hohlen Säule hinüber, welche das Afrikaans symbolisiert. Das weder aus Europa noch aus Afrika stammende Malaiisch wird durch die kleine Mauer in der Mitte des Treppenaufgangs dargestellt. Neben der Sprachensäule ragt aus dem Wasser die Republiksäule (26 m hoch) empor, ein mehr politisch gedachtes Symbol, das durch seine Öffnung die Aufgeschlossenheit nach Afrika hin darstellen soll. Diese Säule steht stellvertretend für zwei Staaten Europas (Großbritannien und die Niederlande), die am Entstehen der Republik Südafrika beteiligt waren. Die drei gerundeten Formen im Innenkreis repräsentieren Wunder, Geheimnis und Tradition Afrikas.

Entstehung des Afrikaans

Schön angelegte **Wanderwege** mit Ausblicken auf den Table Mountain, Paarl, False Bay und das Weinland sowie viele bunten Blumen (auch Proteen) umgeben das Monument.
Afrikaanse Taalmonument, *www.taalmuseum.co.za, tgl. 9–17, Okt.–März bis 20 Uhr.*

Rundum lässt sich aber sagen, dass Paarl weder die Geschichte noch das juvenile Flair von Stellenbosch und nicht die Beschaulichkeit von Franschhoek aufweist. Auch die z. T. sehr schönen Weingüter und historischen Bauten in und um Paarl können nicht über den Eindruck einer sehr bodenständigen und wirtschaftlich orientierten Gemeinde hinwegtäuschen. Daher der Tipp: die interessanten Sehenswürdigkeiten anschauen und anschließend weiterfahren.

Interessantes im Umkreis von Paarl

Groot Drakenstein (ehem. Victor Verster Prison), liegt 9 km südlich der N 1 an der R 303/301. Nicht auf Robben Island, sondern in diesem Gefängnis verbrachte Nelson Mandela seine letzten Hafttage. Als er es am 11. Februar 1990 verließ, soll er vor dem Tor das berühmte „Amandla" ausgerufen haben. Das Gefängnis kann nicht besichtigt werden.

In **Klapmuts**, westlich an der N 1, liegt der größte Schmetterlingspark Südafrikas: **Butterfly World** (*www.butterflyworld.co.za, tgl. 9–17 Uhr*).

Das **Wiesenhof Game Reserve** mag besonders Familien mit Kindern gefallen: Picknickareale, Pool, Roller-Skate-Rink, Bootsfahrten auf einem See und afrikanische Tiere (Strauße, Antilopen, Zebras) erwarten die Besucher. Am schönsten ist jedoch der 360°-Rundblick über das Weinland von der 600 m hohen Aussichtskuppe.
Wiesenhof Game Reserve, *R 44 südl. von Klapmuts, www.legacyparks.co.za/park/wiesenhof, tgl. 8–18 Uhr.*

Ideal für Kinder

Essen und Trinken
Wilderer, ☏ *(021) 863-3555, www.wilderer.co.za.* Die kleine Distille wenige Kilometer südl. von Paarl an der Strecke nach Franschhoek (R 45) produziert einen erstklassigen Grappa, aber auch andere hochprozentige Schnäpse, so einen leckeren Kräuterschnaps. *Di–So Lunch und Dinner (vorher anmelden!).*

Krokodile hautnah erleben kann man während einer Tour durch die Krokodilzucht-Anlagen von **Le Bonheur Crocodile Farm**, 7 km südlich von Paarl nahe der R 45 bei Simondium *(www.lebonheurcrocfarm.co.za, Touren alle 45 Min. tgl. 9–17 Uhr).*

Am eindrucksvollsten mag aber eine Rundfahrt entlang des **Paarl Mountain Nature Reserve** sein. Dazu fährt man südlich der Stadt über den **Jan Phillips Mountain Drive** (vorwiegend Schotterpiste), der im Norden wieder auf die Main Street trifft. Unterwegs beeindruckt der **Mill Water Wildflower Garden** u. a. mit seinen 15 Proteenarten. Von der Straße aus nehmen zudem mehrere **Wanderwege** ihren Anfang, die zwischen 2,4 und 10 km lang sind. Wanderer sollten an Sonnenschutz, Getränke und auch ein Schlangenkit denken. Das Gestein des 14 km langen und 6 km breiten Paarl Mountain ist 500 Mio. Jahre alt und wurde im Laufe der Jahrmillionen durch Erosion freigespült. Drei Erhebungen weist der Berg auf (von Osten beginnend): Paarl Rock, Bretagne Rock und der nur sehr mühsam zu erklimmende Gordon's Rock. Von der Straße und den Wanderwegen ergeben sich schöne Ausblicke. Eine gute Gelegenheit für ein Picknick mit Aussicht.

Schöne Wanderwege

Wellington

Wellington, 8 km nördlich von Paarl, war einst für die Siedler die letzte Station, um Güter auf robustere Planwagen umzuladen. Diese wurden großenteils hier hergestellt, weshalb der Ort bis 1840 **Wagenmakersvallei** (bei den Hugenotten: **Val du Charron**) hieß. Anschließend benannte man den Ort nach dem *Duke of Wellington*, dem Feldherrn, der Napoleon bei Waterloo schlug. Im **Wellington Museum** wird die lokale Geschichte, von der Steinzeit bis heute, erzählt.
Wellington Museum, *Kerk Street, zwischen Malan und Berg Sts., ☏ (021) 873-4710, Mo–Fr 9–17, Okt.–Feb. auch Sa 9–13 Uhr.*

Beliebt ist der **Wellington Wine Walk**, auf dem kleine Weingüter sowie, je nach Route, ein Olivenproduzent und eine Käserei besucht werden. *Buchungen: ☏ (083) 313-8383 oder (082) 335-8132, Infos auch unter www.wellington.co.za.*

Zu **Tulbagh** s. S. 524.

Paarl-Wine Route

Diese Weinroute führt zu einigen historischen Weingütern, aber auch zu empfehlenswerten Restaurants am Wege. Informationen samt Karte bekommt man in der Touristeninformation. Die Weinroute trägt auch den Beinamen **Red Route**, wegen der guten Rotweine, die hier produziert werden. Besonders gut sind: *Cabernet Sauvignon*, *Shiraz* und *Portweine*.

Empfehlenswerte Weingüter in und um Paarl
Backsberg Wine Estate: bei Paarl; N 1 bis zur Ausfahrt zur R 44. Nach Süden fahren und gleich hinter der Eisenbahnüberquerung (Brücke) nach links abzweigen

Von Paarl über den Bain's Kloof Pass nach Worcester und zurück nach Kapstadt

Das Weingut Backsberg ist bekannt für besondere Weine und frisch gegrilltes Karoo-Lamm

auf die Straße nach Franschhoek. Nach etwa 4,5 km liegt Backsberg rechter Hand. Im Restaurant wird während der Sommermonate (Rest des Jahres nur sonntags) ein Karoo-Lamm direkt vom Grill serviert. Durchaus lecker und eine gute Idee für einen Snackstopp. Um sicher zu gehen (schlechtes Wetter, private Veranstaltungen mögen es ausfallen lassen), vorher anrufen. Natürlich gibt es auch Weinproben. Herausragende Weine des Guts: *Babylonstoren Cabernet/Merlot, Babylonstoren Chardonnay* sowie *Klein Babylonstoren*. Backsberg Wine Estate, ☏ *(021) 875-5141, www.backsberg.co.za, tgl. 9.30–16 Uhr (oft länger).*

Fairview: Suider-Paarl, an der Verbindungsstraße zwischen R 101 und R 44 (nahe N 1). Fairview ist eines der meistbesuchten Weingüter der Region. Das liegt weniger am Wein, sondern daran, dass es sich auf Besuche von Familien mit Kindern spezialisiert hat und dass hier guter Käse hergestellt wird (Weichkäse aus Ziegen- und Schafsmilch). Ein spiralenförmiger „Ziegenturm" am Gutseingang weist bereits darauf hin. Obwohl die Farmgröße mit 140 ha angegeben wird, gilt Fairview als kleines Weingut, denn ein großer Teil der Fläche wird anderweitig genutzt. Herausragende Weine des Guts: *Merlot Reserve, Shiraz (Reserve), Gamay Noir, Dry Rose, Charles Gerard Reserve* und *Chardonnay*. Im Shop kann man sich fürs Picknick eindecken (Brot, Käse etc.)

KWV: Suider-Paarl, Ecke Kohler/Cecilia Sts. Eigentlich ein Muss ist der Besuch der KWV-Kellereien, der größten südafrikanischen und einer der weltweit größten Winzergenossenschaften. Gegründet 1918 als **Kooperatiewe Wijnbouwers Vereeniging**. Die KWV produziert Weine, Ports, Liköre und Spirituosen (vornehmlich Brandy). In über 30 Länder exportiert man mittlerweile die Erzeugnisse. Etwa 35 Mio. Liter Wein werden in den Kellereien gelagert, wobei die geräumigsten Holzfässer mehr als 200.000 Liter fassen! In den 1980er-Jahren stammten 90 % des exportierten Weins von der KWV. Heute mischen noch viele andere Genossenschaften im Exportgeschäft mit. KWV-Marken sind u. a. *Roodeberg, Laborie* und *Golden Kaan*. Im Laborie, dem Vorzeige-Weingut in der Taillefert Street am Fuße des Paarl Mountain, kann man die Weine gemeinsam mit einem guten Essen genießen. Herausragende Weine (auch Portweine) der Genossenschaft: Weißweine sowie der *Shiraz* von Laborie, die Top-Reihe von KWV: *The Mentors, Abraham Perold Shiraz, Hanepoot Jerepigo, Red Muscadel, Full Tawny Port* und die (süßen) Sherrys. KWV, ☎ *(021) 807-3007, www.kwvwineemporium.co.za und www.kwv.co.za, Weinprobe: Mo–Sa 9–16.30, So 11–16 Uhr, Touren: Mo–Sa 10, 10.30 u. 14.15 Uhr (engl.), 10.15 Uhr (deutsch), So 11 Uhr (engl.). Lohnend ist die „Technical Tour", die die Produktion näher beleuchtet, aber vorher angemeldet werden muss.*

Nelson's Creek: R 44, nördl. von Paarl und westl. der R 45. Das Weingut wurde 1996 dadurch bekannt, dass es das erste war, wo schwarzen Arbeiterfamilien Land zum eigenen Weinanbau überschrieben wurde, und zwar als Belohnung für gute Arbeit. Auf den überschriebenen 11 ha Land produzierten 17 Familien über einige Jahre erfolgreich ihren eigenen Wein, natürlich mit Hilfe des Weinguts. Mittlerweile sind viele Weingüter, u .a. Fairview, diesem Beispiel gefolgt. Leider aber waren viele der Projekte nicht von langer Dauer. Die nachfolgende Generation zog es in die Städte, das Land wurde verkauft. Das Gut produziert u. a. die herausragenden Weine *Sauvignon Blanc, Shiraz* und fassgereifte *Pinotage*. Nelson's Creek, ☎ *(021) 869-8453, www.nelsonscreek.co.za, Mo–Fr 10–16, Sa 11–16 Uhr (variiert).*

In Fairview begrüßt eine Ziege Besucher

Nederburg: 7 km nordöstl. von Paarl. Nederburg ist ein weiteres, über die Landesgrenzen hinweg berühmtes Weingut. Es liegt idyllisch innerhalb von Weingärten, das Nederburger Herrenhaus (um 1800) ist ein gepflegtes Beispiel kapholländischer Baukunst. Die Anfänge des Weinguts Nederburg reichen in das Jahr 1792 zurück. Philip Wolvaart, ein deutscher Einwanderer, erwarb das für den Weinanbau hervorragend geeignete Gelände und gab ihm den Namen „Nederburgh", nach dem Chef-Advokaten der Holländisch-Ostindischen Handelskompanie. Viele Generationen blieben dem Weinbau treu, erweiterten die Flächen und experimentierten mit neuen Rebsorten. 1937 erwarb Johann Georg Graue aus Bremen die Farm und baute das Haus Nederburg zu seinem heutigen Ruf aus. Er nutzte die Naturgegebenheiten optimal, widmete sich dem Anbau insbesondere von Cabernet Sauvignon-

und Riesling-Trauben und verbesserte die Kellereitechniken. Der heutige Winzer, Newald Marais, setzt die Traditionen des Hauses fort. 650 ha Weinanbaufläche, Jahresproduktion: 700.000 Kisten, bzw. 50 verschiedene Weine. In den Fässern lagern bis zu 20.000 t Wein. Herausragende Weine des Guts: *Nederburg Cabernet Sauvignon, Manor House-Kollektion, Noble Late Harvest, Premier Cuvee Brut.* Nederburg, ☏ *(021) 862-3104, www.nederburg.co.za, Mo–Fr 10–17, Sa 10–14, Nov.– März Sa 10–16, So 11–16 Uhr, Touren: Mo–Fr 10.30 u. 15, Sa/So 11 Uhr.*

Reisepraktische Informationen Paarl und Wellington

Information
Paarl Tourism Bureau, *216 Main Rd./Ecke Auret St., ☏ (073) 708-2835, www.paarlonline.com.*
Wellington Tourism Bureau, *Main St., ☏ (021) 873-4604, www.wellington.co.za.*

Unterkunft
Paarl
Grande Roche (1) $$$$$, *Plantasie St., ☏ (021) 863-5100, www.granderoche.com.* Erstklassige (sehr teure) Fünf-Sterne-Herberge auf einem historischen Weingut. Ruhig und idyllisch gelegen. Die Suiten verteilen sich u. a. auf den ehemaligen Stall, das Kutschenhaus, die ehemaligen Sklavenquartiere, aber auch auf die Gärten, die das Haus umgeben. Restaurant (s. u.), Bistro und Zigarren-Bar.
Zomerlust Guest House (2) $$$$–$$$$$, *193 Main St., ☏ (021) 872-2117, www.zomerlust.co.za.* 14-Zimmer-Gästehaus (8 Zimmer im Haupthaus, 4 im alten Stall) in schön restaurierter 19.-Jh.-Villa. Das Haus hat illustre Zeiten erlebt, als sein erster Besitzer, ein Cognac-Produzent, bunte Feste gab. Der Cognac floss damals unter der Straße durch eine „Pipeline" in die heutige Kellerbar. Schöner Garten, Pool und Restaurant. Tipp: die Unterkünfte im alten Stall („Die Stal"). Romantisches Ambiente.
Pontac Estate (3) $$$–$$$$, *16 Zion St, ☏ (021) 872-0445, www.pontac.com.* Mitten im Ort, aber ruhig. Große Zimmer und Bäder. Guter, dezenter Geschmack. Restaurant und Bars (guter Weinkeller). Zwei Pools sowie überdachte Veranda mit Blick auf parkähnlichen Vorgarten. Im Garten kann man unter schattigen Bäumen entspannen.
Rodeberg Lodge (4) $$$, *74 Main St., ☏ (021) 863-3203, www.rodeberglodge.co.za.* Zentral gelegen. Viktorianisches Haus mit 6 Zimmern. Persönliche Atmosphäre, super Frühstück. Der Preis-Leistungs-Tipp!
Mountain Shadows (5) $$$, *Klein Drakenstein Rd. (Verlängerung, dann Zeichen folgen), ☏ (021) 862-3192, www.mountainshadows.co.za.* Historische Wein- (und Oliven-) Farm im kapholländischen Stil, innerhalb der Weinfelder des Drakenstein Valley gelegen. Gutes Essen und edle Weine.
Klein Vredenburg (6) $$, *155 Main St., ☏ (021) 872-9898, www.kleinvredenburg guesthouse.look4.co.za.* Haupthaus: Georgianisch von 1813. Die 6 Selbstversorger-Zimmer sind in einem angrenzenden Cape-Dutch-Haus untergebracht. Frühstück auf Bestellung. Gutes Preis-Leistungs-Verhältnis.

Wellington
Val du Charron Wine & Olive Estate B&B $$–$$$, *Groenberg Farm im Bovlei Valley, östl. von Wellington, ☏ (021) 873-1256.* Fünf Familien bewirtschaften die Farm (Wein

und Oliven) von 1699 im Bovlei Valley, 10 Min. von Wellington entfernt. Für die Gäste stehen 8 komfortable Zimmer (mit Balkon oder zum Garten) zur Verfügung, darunter ein großräumiges Familienzimmer.

Oude Wellington $$–$$$, Bainskloof, R 303, ☏ (021) 873-2262, www.kapwein.com. Rustikale Gästezimmer auf einer Wein- und Brandyfarm. Restaurant und Garten. Zudem gibt es hier auch Alpakas und Lamas.

Welgegund Carignan B&B $$, Blouvlei Rd., südöstl. von Wellington, ☏ (021) 873-2683, www.welgegund.co.za. Ehemalige Obstfarm von Cecil Rhodes. Heute wird hier Wein angebaut. Rustikal eingerichtete Zimmer im ehemaligen Farm Cottage. Gutes Frühstück, aber kein Restaurant. Ruhige Atmosphäre, schöne Grünanlagen. Wanderwege durch die Weinfelder.

Camping
Camper's Paradise/Bergriver Resort (7), R 303, South Paarl, ☏ (021) 863-1650, www.bergriverresort.co.za. Familienresort, Camping und einfache Chalets. Kanuvermietung, Pool mit Rutsche, Minigolf und Trampoline.

Essen und Trinken
Hinweis: Die Restaurants auf den Weingütern haben nicht alle täglich geöffnet. Also vor dem Besuch besser erkundigen.

Bosman Restaurant, Grand Rôche Hotel (s. o.). Sehr vornehmes Restaurant mit Cape-Dutch-Gerichten, typischen südafrikanischen Speisen sowie preisgekrönten Weinen. Bilderbuch-Aussicht vom Restaurant auf die Berge und das Weinanbaugebiet. Fine Dining!

Laborie Restaurant & Wine House, Taillefert St., ☏ (021) 808-7429. Traditionelle, exquisite Landküche und einige Cape-Dutch-Gerichte. Der Knüller sind die Weine des Gutes.

De Leuwen Jagt, Seidelberg Wine Estate, westl. von Paarl, ☏ (021) 863-5222. Kapgerichte unter großen Eichenbäumen, Blick auf die Boland Mountains. Dinner nur: Okt.–März Do–Sa.

Hildenbrand's, Klein Rhebokskloof, Wellington, Hildenbrands Wine & Olive Farm, ☏ (083) 673-7648. Hier gibt es alles, was die Farm selbst hergibt, z. B. auch Schnecken in Knoblauchsauce. Zudem ist die Auswahl an Kapgerichten (Biltong, Bobotjie u. a.) ebenfalls gut.

Golf
Paarl Golf Club, Wemmershoek Rd., Paarl, ☏ (021) 863-1140, www.paarlgolfclub.co.za. 18 Löcher, 6.260 m. Sattgrüner Kurs unter hohen Kiefern. Nebenher plätschert der Berg River, und der malerische Kurs besticht auch durch andere, exotische Bäume. Der Kurs gilt als „fair" und ist somit gut geeignet für Anfänger.

Bain's Kloof Pass

Hinweis
Der Pass ist nicht geeignet für Wohnmobile. Es bieten sich an der Passstrecke mehrere Gelegenheiten für ein Picknick.

Bain's Kloof zählt zu den eindrucksvollsten Bergpässen in Südafrika. Auf der Nordostseite, auf halbem Wege zur Passhöhe, befindet sich der tolle Campingplatz **Tweede Tol**, von dem aus schöne **Wanderwege** abgehen. Gegenüber der Campingplatzeinfahrt stürzt sich der **Witte River** ins Tal, in dessen natürlichem Staubecken es sich gut baden lässt. An ihm führt ein 7,5 km langer Wanderweg zwischen Passhöhe und Campingplatz entlang.

Andrew Geddes Bain, ein legendärer Straßenbaumeister in Südafrika, erbaute die Passstraße 1848–1852. Dafür waren 350 Männer tätig, die mit Gewehrpulver die Felsen sprengen mussten. Die Straßenführung ist heute noch unverändert, wenn auch mittlerweile geteert. Sie steht jetzt unter Denkmalschutz und liegt inmitten des **Limietberg Nature Reserve**, das bekannt ist für seine Wanderwege, Bergvögel, die o. g. Staubecken und Aussichtspunkte. Auf der Passhöhe, **Eerste Tol**, stehen neben einem Hotel noch einzelne Häuser, die ehemals zur Zollstation bzw. Händlern gehörten. Viele von ihnen scheinen verlassen, andere werden als Wochenendhäuser genutzt.

An der R 43/46 angelangt, kann man die landschaftlich schönere Strecke über **Rawsonville** wählen und passiert dabei nochmals ein paar Weingüter. Nördlich der N 1 lockt zudem das Familienresort **Goudini Spa** mit heißen Mineralquellen (s. S. 318).

Reisepraktische Informationen Bain's Kloof-Pass

Unterkunft
Auf dem Kamm des Bain's Kloof-Passes liegt die **Bainskloof Corner Lodge ($–$$)**, *ein einfaches Hotel, von dem aus man Wanderungen in die umliegenden Berge unternehmen kann. Ein* **Restaurant** *ist im Haus.* ☎ *(021) 864-1159, www.bainskloof. co.za.*

Camping/ Wandern
Tweede Tol, *Limietberg Nature Reserve, Campingplatz und Wanderungen müssen vorher reserviert werden über Cape Nature:* ☎ *(021) 483-0190, www.capenature.co.za. Wer hier nicht nächtigen möchte, kann die Picknick-Gelegenheit wahrnehmen (Tische und Bänke etc.).*

Worcester

Auf dem Rückweg von seiner Erkundigungstour in die Karoo kam der Abgesandte von Lord Charles Somerset, Johannes Fischer, durch das Breede Valley. Er erzählte dem Gouverneur von den fruchtbaren Böden und der bezaubernden Landschaft Dieser ließ daraufhin 1820 die Ortschaft gründen und benannte sie nach seinem Bruder, dem *Marquis of Worcester*. Bereits 1822, als die Drostdy (Landvogtei) von Tulbagh durch einen Sturm zerstört worden war, entschloss man sich, die neue Drostdy in Worcester zu etablieren. Das Gebäude steht noch heute am Ende der High Street.

Worcester ist heute jedoch eher eine Industrie- und Handelsstadt, die als zentrale „Großstadt" für das Hex River sowie das Breede Valley fungiert. Weinabfüllanlagen, Obstmärkte und die großen Brandy-Fabriken bestimmen das wirtschaftliche Leben. In vielen alten Häusern sind jetzt Geschäfte oder Büros untergebracht. In Worcester ist der Literaturnobelpreisträger von 2003, **J.M. Coetzee**, aufgewachsen. Sein Roman „Der Junge" spiegelt teilweise seine Jugenderlebnisse in Worcester wider.

> **The Brandy Route**
>
> Südafrika hat sich zu einer Destination der thematisierten Routen entwickelt und so fehlt auch nicht die Brandy Route. Brandy-Destillerien gibt es zum einen in der klassischen Weinbauregion um Paarl, Stellenbosch und Worcester, aber auch in der heißen Little Karoo mit Oudtshoorn als östlichstem Punkt. Mittlerweile haben sich über 20 Destillerien an die Route angeschlossen. Empfehlungen (alle können besucht werden): **Backsberg** (Paarl), **Van Ryn** (Stellenbosch), **KWV** (Worcester), **Klipdrift** (Robertson), **Boplaas** (Calitzdorp) und **Grundheim** (Oudtshoorn). Nähere Infos und Broschüren in den Touristenämtern oder unter ☏ (021) 887-3157, www.brandyroutes.co.za.

Ein Kostprobe beendet die Besichtigung des „House of Brandy"

KWV House of Brandy

Der südafrikanische Brandy galt schon seit jeher als ein hervorragender Tropfen. Der erste Brandy wurde bereits 1672 am Kap destilliert. Nach dem Ende der Apartheidzeit wurde er wieder exportiert, was einen wahren Boom auslöste. Destillerien im gesamten Weinland haben die Produktion seither drastisch heraufgefahren. Worcester rühmt sich sogar damit, die erste offizielle „Brandy Route" zwischen Stellenbosch und Worcester zusammengestellt zu haben (s. u.). Die weitaus größte Brandy-Destillerie und nach eigenen Angaben die größte der Welt ist **KWV-Brandy-Cellar**, wo der Brandy in 120 „Kochern" hergestellt wird. Auf der ca. 90-minütigen Führung wird die moderne Herstellung erklärt, aber auch die früherer Tage. Zudem wird erläutert, wie die großen, kupfernen Bottiche gefertigt werden. Ein Kostprobe beendet die Rundtour.

KWV House of Brandy, Ecke Church/Smith Sts, ☏ (023) 342-0255, www.kwvhouseofbrandy.com, Führungen Mo–Sa 10 Uhr (meist in Afrikaans) und 14 Uhr (meist in Englisch), deutschsprachige Touren auf Anfrage.

Museen und Ausstellungen

Das im Jahr 1841 erbaute **Beck House** veranschaulicht, wie ein typisches viktorianisches Landhaus zur Mitte des 19. Jh. eingerichtet war. Im **Stofberg House** wiederum kann man das kleine Museum besichtigen, das sich der Geschichte von Worcester widmet.

Beck & Stofberg House, Baring St./Church Square, nahe Touristenamt, Mo–Fr 9.30–16, Sa bis 13 Uhr.

Die Kunstausstellung im **Hugo Naudé House** zeigt Werke berühmter Maler, die in Worcester gelebt haben, z. B. Hugo Naudé, Jean Weltz und Bill Davis.
Hugo Naudé House, *Russel St., zwischen Porter und Adderley Sts., Mo–Fr 9–16 Uhr.*

Im **Institute for the Blind** wird im Information Centre sowie dem angeschlossenen **Blindiana Museum** über die Geschichte der Betreuung von und Forschung über Blinde berichtet. Ein *Fossil Trail* macht deutlich, wie Blinde Körper und Formen ertasten können.
Institute for the Blind/Blindiana Museum, *132 Church St., www.blind-institute.org.za, Mo–Sa (Zeiten variieren).*

Worcester Museum
Im Worcester Museum werden die Handwerkskünste der ersten Pioniere sowie der frühen Landwirtschaft vorgeführt. So gibt es z. B. einen Seifenhersteller, eine alte Farm, einen Schmied und eine Wassermühle. Es wird gezeigt, wie früher Kerzen gedreht, Korn gemahlen, Kaffee geröstet und – illegal – der

Dutch Reformed Church in Worcester, bekannt als „Die Moederkerk"

berüchtigte *Witblits*-Schnaps destilliert wurden. Eine Dampflok, alte Farmgeräte, Traktoren und Autos sind ebenso zu bewundern. Angeschlossen ist auch eine **Reptilienfarm**, auf der man u. a. 30 verschiedene Schlangen sowie Krokodile bewundern kann. Es gibt ein Restaurant.
Worcester Museum/Kleinplasie Living Open Air Museum, *Robertson Rd. (R 60/N 15), www.worcestermuseum.org.za, Mo–Sa 9–16.30 Uhr mit Restaurant, Weinladen.*

Karoo National Botanical Gardens
Auf 144 ha natürlichem und 10 ha präpariertem Grund werden in den Karoo National Botanical Gardens die Pflanzen der Karoo und anderer Halbwüstengegenden Afrikas vorgestellt und auf interessante Weise erläutert. Ein Wanderweg führt auf eine kleine Anhöhe, von wo aus sich ein hervorragender Blick auf Worcester und das Breede Valley eröffnet. Im Gewächshaus beeindruckt eine der besten Sammlungen von Steinpflanzen.
Karoo National Botanical Gardens, *Roux Rd., nördl. N 1, www.sanbi.org/gardens, tgl. 7–19 Uhr.*

Reisepraktische Informationen Worcester und Umgebung

Information
Tourism Bureau, 23 Baring St., ☎ (023) 342-6244, www.worcestertourism.com. Informationen zu Unterkünften auf Farmen und Weingütern sowie zur **Worcester Wine Route** (www.worcestervineroute.co.za), der 10 Weingüter angeschlossen sind.

Unterkunft
Merwida Country Lodge $$$–$$$$, südöstl. von Rawsonville (13 km westl. von Worcester), ☎ (023) 349-1435, www.breedekloof.com/merwidalodge.html. Bezaubernde Unterkunft auf einem Weingut. Die Einrichtung ist luxuriös, z. T. etwas plüschig. Die Großzügigkeit der Räumlichkeiten im Herrenhaus, das Weingut und die Landschaft machen diese Unterkunft zu einem Tipp. 12 Zimmer.
Cumberland Protea Hotel $$$, 2 Stockenstroom St., Worcester, ☎ (023) 347-2641, www.cumberland.co.za. 55 Zimmer, das größte Hotel am Platz. Gut ausgestattet, sauber, aber auch ziemlich funktional. Zwei Zimmergrößen (oft gibt es die besseren Zimmer zum kleineren Preis!). Restaurant, Pool, Gym und Squash.
Nuy Valley Restaurant & Guest Farm $$–$$$, Werda Farm, ca. 17 km entfernt von Worcester an der Straße nach Robertson, ☎ (023) 342-7025, www.nuyvallei.co.za. B&B-Unterkunft auf 1871 gegründetem Weingut. Empfehlenswert, da sauber, nett, unkompliziert, preiswert und eben auf echter Weinfarm. U. a. Zimmer im Manor, in den alten Weinkellern, für Selbstversorger und auch Caravanplätze! Restaurant im Hause (vorher anmelden!).
The Habit $$–$$$, 6 Porter St., Worcester, ☎ (023) 342-3537, www.thehabit.co.za. Gemütliches B&B in einem viktorianischen Haus von 1837, in dem ehemals Nonnen lebten. Große Veranda und großer Garten, Pool. Der Tipp fürs Wohnen in der Stadt.
Goudini Spa $$, Stichstraße zwischen Rawsonville und Breesrivier, ☎ (023) 349-8100, www.goudinispa.co.za. Versteckt in einem kleinen Seitental der Bowland Mountains. Heiße Mineralquelle, dazugehörige Bäder und Anwendungen (Massagen etc.). Kleine Selbstversorgerhäuschen, Rondavel und besser ausgestattete Villas. Grillplätze vor jedem Haus. Zudem **Camping**. An Sommerwochenenden unbedingt vorbuchen (oft Mindestaufenthalt). Ein schöner Platz, auch für Spaziergänge. Sollte hier ausgebucht sein, bietet sich ein paar Kilometer nördlich das **Weingut Slanghoek** ($$–$$$) mit Chalets und Safari-Zelten (☎ 023-344-3138, www.slanghoekresort.co.za) sowie einem schattigen **Campingplatz** an. Hier gibt es einen der schönsten Minigolfplätze des Landes (an einer Koppie mit tollem Ausblick auf das Weinanbaugebiet).

Camping
Rustig Holiday Resort, Brandwacht, nördl. der N 1 (Roux St. folgen), Worcester 6849, ☎ (023) 342-7245. Campingplätze und günstige Selbstversorger-Chalets.
Die Nekkies $$, Brandvlei Dam, südl. Worcester, ☎ (023) 343-2909. Schöne Campingplätze und Holz-Chalets. Großer Pool. Aber wenig Schatten.

Essen und Trinken
Das o.g. **Nuy Valley Restaurant** bietet traditionelle Landküche. Die Anfahrt dafür lohnt und die Weinprobe ebenfalls. Fürs Dinner muss man mindestens einen Tag im Voraus buchen.
St. Geran, 75 Church St., Worcester, ☎ (023) 342-2800. Einfach eingerichtet, aber beste Steaks! Es kann auch draußen gesessen werden. Vorher reservieren.

Damas Restaurant, *auf der Kildana Farm in Brandwacht,* ☏ *(023) 342-1477. Südafrikanische Küche, oft Buffet. Ansprechendes Setting unter ehemaligem Farmbecken.*

Golf
Worcester Golf Club, K. Nelson Ave., ☏ (023) 347-2542, www.worcestergolfclub.co.za. 18 Löcher, 5.711 m, Bar, Restaurant. Windstille und steter Sonnenschein in Worcester haben so manches Spiel am Kap gerettet, wenn es auf der anderen Seite der Berge geregnet hat. „Trockene" Halbwüstenvegetation (Kakteen/Aloen) und ein Bergpanorama bestimmen das Bild.

Private „Big Five Reserves"

In der Kapregion gibt es mittlerweile mehrere private Naturparks. Zwei davon liegen nahe der N 1: **Fairy Glen**, ☏ (0861) 244-348, www.capebig5safaris.com, 5 km nördlich von Worcester, und **Aqulia Safari/ Game Reserve**, ☏ (0861) 7373-783, www.aquilasafari.com, an der R 46 bei Touws River. Natürlich können diese nicht mit den großen Nationalparks konkurrieren, aber wer nicht die Möglichkeit hat, bis zum Addo Elephants Park zu fahren, bekommt hier Gelegenheit, die Big Five zu bewundern. Preise inkl. Unterkunft: $$$$–$$$$$.

Giraffe in Fairy Glen

Routenhinweis

Möglichkeiten, um nach Kapstadt zurückzufahren:
a) Direkt durch den **Huguenot Tunnel** oder über den schöneren **Du Toits Pass**. Dieses ist die schnelle Variante.
b) Über die R 43 und durch den Obstort **Villiersdorp** (kleines Regionalmuseum, Tractor & Steam Museum sowie Wild Flower Garden) zur N 2 und dann auf dieser weiter über den **Sir Lowry's Pass** und **Somerset West**.
c) Über die R 43 und durch den Obstort **Villiersdorp** (s. o.) und einige Kilometer dahinter abbiegen auf die R 45, die über den **Franschhoek Pass** ins „klassische" Weinanbaugebiet zurückführt.

7. VON KAPSTADT DURCH DIE LITTLE KAROO NACH PORT ELIZABETH

Allgemeiner Überblick

Heute wird vornehmlich der englische Ausdruck **Little Karoo** verwendet, ebenso wie es *Great Karoo* heißt. Vermarktungsstrategen empfehlen aber immer noch das burische **Klein Karoo**. Die Halbwüste erstreckt sich über ca. 300 km von Montagu bis Uniondale und liegt eingebettet zwischen den Langebergen im Süden und den Swartbergen im Norden. Die durchschnittliche Breite beträgt 60 km, womit klar wird, warum sie die „Kleine" ist. Im Gegensatz zur Great Karoo fällt hier gerade so viel mehr Niederschlag, dass die fruchtbaren Böden in den Talsohlen bewirtschaftet werden können, zumindest, wenn zusätzlich bewässert wird. Montagu ist daher bekannt für seine Dessertweine, Ladismith für sein Obst und Calitzdorp für Portweine. Andere Regionen leben vor allem vom Obstanbau. Das Mehr an Niederschlag im Gegensatz zur Great Karoo wird besonders an den Nachmittagen deutlich, wenn eine Wolkenfront wie ein unheimlicher Schleier von Süden über die Langeberge in die Little Karoo einfällt. Selten bringt sie Regen, doch die Luft wird feuchter, und das eine oder andere Mal tröpfelt es dann doch. Trotzdem besticht auch die Little Karoo vornehmlich durch ihre kargen, bergig-hügeligen Flächen, die nur selten von Nutzfeldern unterbrochen sind. Windräder und gelegentliche, einsam wirkende Farmtore unterstreichen, dass die Menschen sich auch hier um ein Auskommen bemühen.

Von Worcester bis zum Hex River Pass passiert die N 1 Weinfelder und -hänge, an deren Rändern schon deutliche Anzeichen der nahenden Halbwüste zu erkennen sind. Eine Streckenalternative aus der **Great Karoo** (R 318) führt über zwei Pässe in die Little Karoo. Das durch Bewässerung fruchtbare **Keisie-Tal** wirkt dazwischen wie eine Oase und macht deutlich, wie wenig Niederschlag in der Karoo fällt, aber wie viel Potential in ihr steckt. Die alternative Strecke von Worcester durchs Breede-River-Tal findet ihren Höhepunkt in **Robertson**, der Stadt der Rosen und des Brandys. **Montagu** versprüht Gelassenheit und bietet die erste Möglichkeit für eine Übernachtung sowie schöne Wanderwege und heiße Mineralquellen. Von hier folgt die **Route 62** (R 62, www.route62.co.za) der Längsrichtung der Little Karoo über das beschauliche **Barrydale** mit seinem gern besuchten Farmstall, **Ladismith**, Ca-

Redaktionstipps

Grundsätzlich
▶ **Übernachtungen** an Wochenenden/in den Ferien vorher **reservieren**.
▶ **Fahrt durch die Baviaanskloof Wilderness Area**: vorher planen, buchen und Erkundigungen einholen: Übernachtung, Zeltmöglichkeit, Befahrbarkeit, evtl. zusätzl. Ausrüstung (Zelt, Schlafsäcke, Lebensmittel, Getränke etc.).
▶ Gutes **Kartenmaterial** besorgen, am besten: Baviaanskloof von Slingsby Maps.

Die schönsten Naturerlebnisse
▶ **Berge um Montagu** (S. 327), Fahrt in den **Seweweekspoort** (S. 334), **Swartberg Pass** (S. 344), **Gamkaskloof/Die Hel** (S. 345), **Cango Caves** (S. 342), **Baviaanskloof Wilderness Area** (S. 348).

Kulturelle Höhepunkte
▶ **Joubert House** in Montagu (S. 327), **Portwein-Farm** in Calitzdorp (S. 335), **Straußenfarm** und **C.P. Nel Museum** in Oudtshoorn (S. 338).

Außergewöhnliche Höhepunkte
▶ Am Abend unterm Sternenhimmel im Mineral Pool der **Montagu (Avalon) Springs** baden (S. 328).
▶ **Mineralquellen** am Warmwaterberg (S. 331).
▶ Im ehemaligen Palast eines Straußenfarm-Barons übernachten: **Foster's Manor** (S. 347).
▶ **Bewältigung (!) der Passstrecken** in der landschaftlich tollen Baviaanskloof Wilderness Area) (S. 348).
▶ Wanderungen um die **Eagle Falls** bei Uniondale (S. 352).

Routenvarianten

litzdorp bis nach **Oudtshoorn**. Es ist der eindrucksvollste Teil der Strecke und verlockt zu Abstechern, etwa in die Schlucht **Seweekspoort**. Oudtshoorn ist nicht nur die Stadt der Strauße, sondern als inoffizielle Hauptstadt der Little Karoo auch eine gute Ausgangsbasis für die Erkundung der Cango Caves, der Swartberge und anderer landschaftlicher Leckerbissen. Anschließend heißt es sich zu entscheiden: direkt zur **Garden Route** bei George, nach Norden über den **Swartberg Pass** in die Great Karoo oder aber weiter gen Osten über Uniondale und durchs **Langkloof-Tal** in Richtung Humansdorp.

Die beschriebene Strecke durch die **Baviaanskloof Wilderness Area** ist nur Abenteuerlustigen zu empfehlen, die Zeit und Muße haben, eine raue und schmale, z. T. schwierig und langsam zu befahrene Piste zu meistern. Halbwegs schwindelfrei sollte man auch sein. Eine vielseitige Landschaft aus tiefen Tälern, atemberaubenden Passstrecken, Hochwäldern, einsamen Badegelegenheiten an Flüssen sowie lustigen Farmunterkünften belohnt jedoch für die Mühen. Wichtig ist, sich vorher zu erkundigen, ob die Piste aktuell mit einem herkömmlichen Fahrzeug zu befahren ist!

Tipp

Besonders diese Region eignet sich hervorragend dazu, von der Hauptstraße abzufahren, um über atemberaubende Pässe bzw. durch enge Schluchten in die nördliche Great Karoo oder nach Süden hin zum Indischen Ozean zu gelangen.

Allgemeiner Überblick

Farmstalls

Was einst nur als kleiner Nebenerwerb für Farmer diente und für die Angestellten als Lebensmittelladen gemeint war, hat sich mittlerweile als beliebter Stopp für Reisende entwickelt: Farmstalls am Straßenrand, besonders entlang der R 62, der N 1 und der Garden Route. Heute gibt es hier neben frischen Farmprodukten auch Marmeladen, Eingemachtes, Biltong, kalte Getränke, Souvenirs und Kunsthandwerkliches aus der Region zu kaufen, oft werden Kaffee, Kuchen sowie Snacks angeboten. Zudem erhält man Infos und nahe Unterkünfte können gebucht werden.

Entfernungen

Kapstadt – Worcester – Robertson – Montagu: 205 km
Kapstadt – Abzweig der R 318 – Montagu: 242 km
Montagu – Barrydale: 66 km
Barrydale – Ladismith – Oudtshoorn: 180 km
Oudtshoorn – De Rust – Uniondale: 107 km
Uniondale – Kareedouw: 124 km
Kareedouw – Port Elizabeth: 140 km
Gesamt: 822–859 km

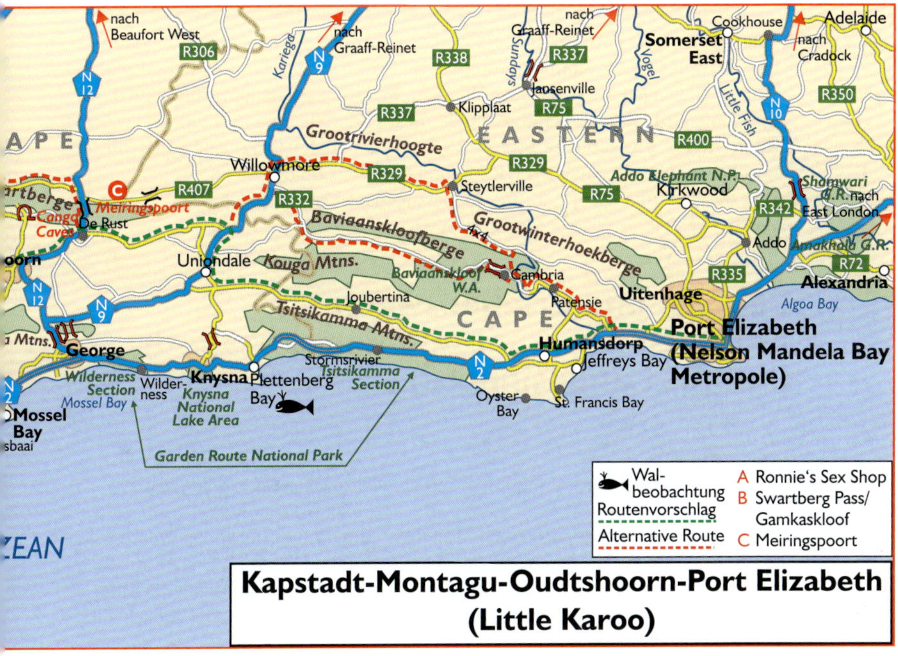

Kapstadt-Montagu-Oudtshoorn-Port Elizabeth (Little Karoo)

Sehens- und Erlebenswertes zwischen Kapstadt und Port Elizabeth (durchs Landesinnere)

Auch die Seitenpisten in der Little Karoo haben ihren Reiz

 Routenbeschreibung

Von Kapstadt aus entweder N 1 bis Worcester, dann N 15/R 60 über Robertson und abzweigen nach Montagu. Alternative: N 1 bis hinter den Hex River Pass, dann abbiegen auf die R 318 nach Montagu. Weiter bis Oudtshoorn auf der R 62 durch die Little Karoo, das „Kernstück" dieses Kapitels. Von dort gibt es zwei Alternativen: die südliche Strecke (N 12/R 62 und N 9/R 62) oder aber die nördlichere über De Rust (N 12, R 341 und R 339) bis Uniondale und weiter entlang der R 62 über Avontuur und Joubertina nach Osten.

Sehens- und Erlebenswertes zwischen Kapstadt und Port Elizabeth (durchs Landesinnere)

 Hinweis
Zum Weinanbaugebiet (Stellenbosch/Paarl) und zu Worcester s. S. 286 und 315.

1. Die schnelle Strecke, um nach Montagu zu gelangen, führt von Worcester über Robertson und Ashton, entlang der gut ausgebauten N 15/R 60. Eine Alternativstrecke führt von Worcester über Aan-de-Doorns durchs bezaubernde Sherpenheuwel Valley auf einer großenteils nicht asphaltierten Straße parallel südlich zur N 15/R 60 nach Robertson.

Sehens- und Erlebenswertes zwischen Kapstadt und Port Elizabeth
(durchs Landesinnere)

Robertson (Wein, Muskadel, Obst, Rosen, Pferdezucht) hat sich in den letzten Jahren nett entwickelt. Mittlerweile gibt es hier einige B&Bs, kleine Restaurants, Souvenirshops, Boutiquen und Weinläden. Bekannt ist die kleine Stadt aber vor allem durch Weingüter wie *Graham Beck* (auch Sekt) und den hier destillierten, im ganzen Land bekannten *Klipdrift Brandy*, der bei den Farmern noch immer sehr beliebt ist (mal mit Wasser, mal mit Cola, mal mit Soda gemischt). **Ashton** (Wein, Obst) bietet nichts Sehenswertes.

Klipdrift Brandy

Grundsätzlich ist die neu ausgebaute N 15/R 60 eine recht stark befahrene Straße, da viele sie wählen, um schnell zur Garden Route zu gelangen. Reizvoll ist der 5 km lange **Kogmanskloof** zwischen Ashton und Montagu.

McGregor, ein kleiner Ort südlich von Robertson, hat sich zu einem Refugium für Städter entwickelt, die jeglichen Trubel meiden. Alte Farm- und Dorfhäuschen wurden von ihnen restauriert und haben die Immobilienpreise deutlich ansteigen lassen. Kleine Restaurants mit frischen Farmgerichten und ein paar schnuckelige Unterkünfte locken die wenigen Reisenden. Auf dem Weingut Tanagara, von einem deutschen Ehepaar geführt, werden erstklassige Obstschnäpse gebrannt und hier kann man auch nächtigen. Eine vor Jahrzehnten geplante Passstrecke über die Berge nach Greyton wurde nur z. T. von McGregor her gebaut, verläuft sich aber im Nichts. Das Ende dient nun als Startpunkt für Wanderungen in die Berge. Hauptattraktion ist heute das **Donkey Sanctuary**, wo Esel, die als Arbeitstiere gehalten wurden, gepflegt werden. Denn viele Arbeitsesel haben Hüftprobleme, da sie jahrelang immer im Kreis laufen mussten, um Mühlen zu betreiben und das immer in eine Richtung.

Pflegestation für Esel

Im ansonsten schmucklosen **Bonnievale**, etwas südlich der N 15/R 60-Strecke Ashton – Swellendam, befindet sich die größte **Käsefabrik** der südlichen Hemisphäre, die unter der Woche zu jeder vollen Stunde besichtigt werden kann.

Reisepraktische Infos Robertson, Ashton, McGregor, Bonnievale

Information
Robertson Tourism Bureau, Ecke Reitz/Voortrekker Sts., ☎ (023) 626-4437, www.robertsonr62.com, www.tourismrobertson.co.za.
Tourism Bureau in McGregor, Ecke Church/Voortrekker Rd., ☎ (023) 625-1954, www.tourismmcgregor.co.za. Auskunft über Farmunterkünfte, Permits für Wanderungen und Mountainbike-Verleih.

Unterkunft
Fraai Uitzicht 1798 $$$$, Klaas Voogds East Rd., Robertson, ☎ (023) 626-6156, www.fraaiuitzicht.com. Schöne Unterkünfte (Cottages, Garden-Suiten) auf Weinfarm. Diese kann besichtigt werden und es bieten sich hier zahlreiche Wandermöglichkeiten an. Das Restaurant im Hause ist ebenfalls gut. Es wird deutsch gesprochen. Ein Geheimtipp! Anfahrt: N 15/R 60 von Robertson 9 km nach Osten folgen, dann links abbiegen.
Tanagra Wine & Guest Farm $$$, Robertson Rd., McGregor, ☎ (023) 625-1780, www.tanagra-wines.co.za. Unterkünfte in liebevoll restaurierten Farm-Cottages (Selbstversorgung möglich) und in einer Loft auf Boutique-Weinfarm (mit Grappa Destillerie). Alle Un-

terkünfte mit Kamin und kleiner Küche. Ideal zum Entspannen! Nahe Naturschutzgebiet. Die Gastgeber stammen von der Mosel. Kein Dinner.
Green Gables Country Inn $$$, Meul St., McGregor 6708, ☏ (023) 625-1841, greengables@mcgregorvillage.co.za. Bezauberndes Guesthouse in alter Mühle (English Country House Style). Geschmackvoll eingerichtete, reetgedeckte Cottages im Garten. Pool, Restaurant (englische „Hausmannskost"), Pub. Toller Ausblick auf die umliegenden Weinfelder.
Gästefarm Merwenstein $$$, Bonnievale, 9 km südöstlich an der Straße nach Swellendam), ☏/🖷 (023) 616-2806, www.merwenstein.co.za. 3 Zimmer auf einem Obst- und Weingut. Farmtouren und Teilnahme am Farmleben. Abendessen auf Vorbestellung. Es wird deutsch gesprochen. Gute Gelegenheit, mehr über das Farmleben zu erfahren.
Bushmanspad Estate $$, N 15/R 60, 15 km südöstl. der Abzweigung in Ashton (bzw. 29 km von der N 2 bei Swellendam), ☏ (023) 616-2961, www.bushmanspad.co.za. Wunderschön am Hang gelegene Selbstversorger-Cottages mit grandioser Aussicht über das Breede Valley (Sonnenuntergang!).
Robertson Backpackers $, 4 Dordrecht Ave., Robertson, ☏ (023) 626-1280, www.robertsonbackpackers.co.za. Untergebracht in einem viktorianischen Haus mit schöner Veranda. Auch Doppelzimmer.

⚠ Camping

Silverstrand Resort, 3 km südwestl. von Robertson am Breede River, ☏ (023) 626-3321. Golfplatz und Squash Courts anbei, Swimmingpool. Auch **Selbstversorger-Chalets ($$)** und **Rondavels ($–$$)**.

🍴 Essen und Trinken

Neben dem Restaurant des o. g. **Green Gables Country Inn** gibt es eine Reihe anderer, sehr vielseitiger kleiner Restaurants in McGregor. Empfehlung in **Robertson**: **Gubas – De Hoek**, 45 Reitz St., ☏ (023) 626-6218, wo neben Fleisch- und mediterranen auch süddeutsche Gerichte zubereitet werden (vorher reservieren).

🍷 Weingüter

Van Loveren Wine Estate, R 317, 16 km von Robertson in Richtung Bonnievale, ☏ (023) 615-1505, www.vanloveren.co.za. Weinprobe Mo–Fr 8.30–17, Sa 9.30–13 Uhr. Gute Weißweine.
Graham Beck, 10 km westl. von Robertson nahe der N 15/R 60, ☏ (023) 626-1214, www.grahambeckwines.com. Weinprobe Mo–Fr 9–17, Sa/So 10–16 Uhr. Shiraz, Chardonnay und gute Sekte (Cape Classiques).
Zwei weitere gute Weingüter sind **De Wetshof** und **Springfield**. Mehr über die Weinregion unter www.robertsonwinevalley.com.

---

2. Die andere Route folgt zuerst weiter der N 1, die sich hinter dem Weinort **De Doorn** den **Hex River Pass** hinaufwindet, um danach in die weite und trockene Great/Central Karoo zu gelangen. Von der Passstrecke aus hat man noch einmal Gelegenheit, auf das saftig grüne **Hex River Valley** zurückzublicken (Obstanbau, wegen der Hitze vornehmlich Tafeltrauben). Kurze Zeit später biegt die R 318 nach Süden ab und windet sich über zwei weitere Pässe, den **Rooihoogte** und den **Burgers Pass**. Beeindruckend ist der drastische Übergang zwischen trockener Halbwüste und fruchtbaren, bewässerten Tälern. An einem kleinen Aussichtspunkt schaut man hinunter auf

Montagu

das Keisie Valley, das sich dort unten wie eine kleine Oase ausnimmt.

Montagu

Der kleine Ort wurde 1851 gegründet und nach John Montagu, dem damaligen Sekretär der Kapkolonie benannt. Montagu galt als vorausschauender Politiker, der vor allem für die Durchsetzung der verkehrstechnischen An-

Viktorianischer Charme in Montagu

schließung des Hinterlands und der Karoo sorgte. Auch der Ort Montagu hat davon profitiert, denn bis 1877 bildete die Passage durch die Kogmanskloof den einzigen Zugang. Dabei musste der Fluss achtmal überquert werden, was einige Verluste mit sich brachte. 1877 legte Thomas Bain einen Tunnel und anschließend den Burgers Pass an. Von da an war Montagu besser zu erreichen. 1899 errichteten die Engländer sogar ein kleines Fort auf dem Berg oberhalb der Stadt, von dem heute noch ein paar Reste zu sehen sind. Vom sog. **Kanonkop** bietet sich ein schöner Ausblick auf die Stadt und die beiden Täler.

Berühmt wurde Montagu schließlich wegen seines vorzüglichen Muscadel-Weins sowie der 43 °C warmen **Thermalquellen**. Schon früh bezeichnete es sich als „Resort Village". Das trockene Klima, ausgewählte Wanderwege, der „*Old World Charme*" aus britischer Zeit, die zahlreichen historischen Gebäude (24 National Monuments) – von denen heute einige zu Hotels und Gästehäusern umgebaut sind – und nicht zuletzt die Beschaulichkeit machen den kleinen Ort am westlichen Ende der Little Karoo zu einem beliebten Ausflugsziel. Besonders im Frühjahr, wenn die Halbwüste blüht, zieht es viele Kapstädter hierher.

Guter Wein und warme Quellen

Extremsportler seien noch auf die anstrengenderen **Wanderwege**, die hervorragenden Möglichkeiten zum Bergsteigen sowie die Mountainbike Trails hingewiesen. Wer es dagegen lieber gemächlich angehen lässt, sollte sich im Touristenamt über die weithin bekannten Trecker-Touren auf den Langeberg Mountain informieren.

Sehens- und Erlebenswertes in und um Montagu

1853 erbaut, ist das **Joubert House** eines der ältesten Gebäude des Ortes. Angelegt war es einst als Farmhaus, und die mit Bienenwachs getränkten Pfirsichholzböden sind typisch für die Region. Die viktorianische Einrichtung aus dem 19. Jh. wurde erhalten bzw. der Zeit nachempfunden. Im Kräutergarten wachsen Heilkräuter, die im Montagu Museum erklärt werden.

Sehens- und Erlebenswertes zwischen Kapstadt und Port Elizabeth (durchs Landesinnere)

Heilkräuter

Das **Montagu Museum**, untergebracht in einer alten Kirche, ist bekannt für seine Ausstellung zum Thema Medizinkräuter und das dazugehörige Projekt. Wissenschaftler haben nachgewiesen, dass Heilkräuter bereits während der frühen Khoi-Khoi-Kulturen von Bedeutung waren und teilweise auch unsere heutige Medizin beeinflusst haben. Einige der Kräuter werden auch verkauft. Zudem sind im Museum ein paar Kunstwerke der Region ausgestellt. Zum Museum gehören auch die **KWV-Gebäude** (Ecke Long/Kohler Sts.), die die frühe industrielle Zeit symbolisieren und wo heute Fossilien und Landmaschinen zu bewundern sind.

Joubert House/Montagu Museum, *25 u. 41 Long St., www.montagu.org.za/information, Mo–Fr 8–17, Sa 10–12 Uhr.*

Spaziergang durch eine Kloof zu den Springs („**Lovers Walk**"): Startpunkt ist das nördliche Ende der Barry Street. Auf einer 45-minütigen, 2,5 km langen Wanderung (eine Strecke) bietet sich die Gelegenheit, eine unbebaute Kloof selbst zu erkunden. Der Weg ist mit festem Schuhwerk gut zu durchlaufen. Einzige Ausnahme: Nach Niederschlägen führt der Keisie River meist zu viel Wasser für die Wanderung. Vorher erkundigen. Am nördlichen Ende der Kloof erreicht man die Montagu Springs.

Beliebtes Ausflugsziel

Die 43–45 °C heißen **Montagu (Avalon) Springs** sind ein beliebtes Ausflugsziel. Zur Anlage gehören das Avalon Springs Hotel sowie eine Feriensiedlung. Tagesgäste können von 8 bis 23 Uhr die Mineralbäder, die Thermen sowie das Schwimmbad nutzen. Tagsüber sind zudem der Massageraum und das Fitnessstudio geöffnet. Besonders viel Spaß macht es, sich bei Dunkelheit im Schwimmbad auf dem Rücken treiben zu lassen und in den klaren Sternenhimmel der Karoo zu schauen. Anschließend locken eine kleine Cocktailbar sowie ein Restaurant im obersten Stockwerk des Hotels.

Montagu Springs, *Anfahrt nördl. über die R318, ca. 3 km von der Stadt, www.avalonsprings.co.za.*

Blick vom Kanonkop auf Montagu

Reisepraktische Informationen Montagu

Information
Tourism Bureau, 24 Bath St., ☏ (023) 614-2471, www.montagu-ashton.info.

Unterkunft
Mimosa Guest Lodge $$$–$$$$, 15 Church St., ☏ (023) 614-2351, www.mimosa.co.za. Ruhige, historische Lodge. Mehrfach prämiert. 10 individuell gestaltete Zimmer. Wunderschöner Garten. Ausgezeichnet ist das Restaurant (Karoo- und Cape-Dutch-Gerichte).
Montagu Country Hotel $$$–$$$$, 27 Bath St., ☏ (023) 614-3125, www.montagucountryhotel.co.za.

Mehrfach prämiert: Die Mimosa Lodge

„Sophisticated" und großenteils im Stil des Art déco eingerichtet. Gutes Restaurant im Hause. Dazu Bar und Mineral-Pool.
Avalon Springs Hotel $$$, Uitvlucht St. (3 km vom Ortskern entfernt), ☏ (023) 614-1150, www.avalonsprings.co.za. Resorthotel an den Mineralquellen in einer Kloof außerhalb des Ortes. Wunderschön gelegen, aber sehr belebt. Empfehlung: nach dem Dinner in die warmen Mineralquellen-Pools legen und die Sterne beobachten. Zimmer und Selbstversorger-Apartments.
Montagu Rose Guest House $$, 19 Kohler St., ☏ (023) 614-2681, www.montagurose.co.za. Gästehaus mit z. T. sehr schönem Ausblick auf Montagu und die Berge. Geräumige Zimmer, reichhaltiges Frühstück.
De-Bos Guest Farm $–$$, am Westende der Bath Street (Flussbett durchqueren), ☏ (023) 614-2532, www.debos.co.za. Zimmer, Schlafsaal und gute Campingmöglichkeit auf einer kleinen Farm (Pferde und Wein). Nahe Ortskern. Schattiger Garten. Hier können Gäste auch selbst kochen und grillen. Ein echter Tipp zum Sparen. Pool im Garten.

Camping
Montagu Caravanpark, Middel St., ☏ (023) 614-3034, www.montagucaravanpark.co.za. Sehr ordentlich, auch Hütten und Backpackerunterkunft. Weitere Campingmöglichkeiten auf der benachbarten De-Bos Guest Farm (s. o.).

Essen und Trinken
In den Hotels: **Mimosa Guest Lodge** und **Montagu Country Hotel** (s. o.).
The Olive House, 20 Bath St., ☏ (023) 614-1095. Restaurant in historischem Gebäude mit gutem und recht preiswertem Essen. Besonders lecker sind die „Hot Pots" und der Käsekuchen.
Jessica's, 47 Bath St., ☏ (023) 614-1805. Gute, südafrikanische Fleischgerichte (Lamm, Springbok etc.). Unkomplizierte, aber gepflegte Atmosphäre. Gartenplätze.

Markt

Jeden Samstag (8.30–12.30 Uhr) findet im Euvrard Park gegenüber dem Tourism Bureau ein Markt statt, auf dem neben lokalen Lebensmitteln (Käse, Kuchen, Saucen) auch Kleinkunsthandwerk angeboten wird.

Wandern

Die Wanderwege um Montagu bieten Touren unterschiedlicher Länge und Schwierigkeitsgrade. Beliebt sind der **Cogman's Kloof Trail** (12 km, 5–6 Std., moderat) und der **Bloupunt Trail** (15 km, 6–8 Std., Anstieg bis auf 1.000 m). Nahe den Trailheads gibt es einfache Übernachtungshütten und Campinggelegenheiten.

Hinweis

Zu Swellendam sowie zum Marloth Nature Reserve s. S. 437 und zum Anysberg Nature Reserve S. 481.

Kurz vor Barrydale zweigt nach Süden die R 324 nach Heidelberg bzw. Swellendam ab. Sie führt über den nur 350 m hohen, aber bezaubernden **Tradouws Pass**, dessen dunkles Gestein und Einsamkeit einen ganz eigenen Charme besitzen. Zu diesem Pass und Suurbraak s. S. 437.

Barrydale

Der kleine Ort, flankiert von den Höhen der Langeberge, wurde 1882 vom Händler John Joseph Barry gegründet. Auf den fruchtbaren Böden – bei Niederschlägen von nur 300 mm/Jahr – gedeihen Obst (Pfirsiche, Äpfel, Birnen) und auch Wein. Hier präsentieren sich die kleine **Barrydale Co-op Winery & Distillery** (auch Brandy-Produktion) und der kleine **Anna Roux Wildflower Garden**. An der Hauptstraße (R 62) befinden sich mehrere Farmstalls und kleine Restaurants, deren Gerichte aus frischen Farmprodukten zubereitet werden. Besonders gut schmeckt es im **Clarke of the Karoo**.

Gute Restaurants

Die von Cape Nature verwaltete **Bosmansbos Wilderness Area** östlich von Barrydale verspricht auf einer zweitägigen Rundtour erfahrenen Wanderern eine unvergessliche Herausforderung, verfügt jedoch nur über einfache Wanderhütten und Zeltgelegenheiten. Nur von Süden (R 322) erreichbar.

Auf der Farm **The Manger** in **Lemoenshoek**, 15 km östlich von Barrydale, erwartet die staunenden Besucher die kleine buddhistische **South African Peace Pagode**, ein nordisches Labyrinth für meditative Spaziergänge. Verwundete, kranke bzw. vernachlässigte Wildtiere werden im **Cape Centre for Rehabilitation of Wildlife** gepflegt. Für den Besuch muss man sich anmelden: ☎ (028) 572-1643, nola@capecrow.co.za, http://thepeaceandawarenesscentre.yolasite.com.

Immer größerer Beliebtheit erfreut sich **Ronnie's Sex Shop** an der R 62, 28 km östlich von Barrydale. Mit der – irreführenden – Bezeichnung vergrault der gleichnamige

Besitzer der angeschlossenen Farm bestimmt viele seiner Gäste. Ronnie ist ohne Zweifel ein Unikum, doch die Kneipe hat nichts mit einem Sexshop zu tun. Freunde malten einst zu der Aufschrift „Ronnie's Shop" (eigentlich als Farmshop gedacht) über Nacht das Wort „Sex" hinzu. Es sollte eine verkaufsfördernde Maßnahme sein. Anfangs gab's also Farmprodukte und halt auch Bier, mittlerweile fließt hier überwiegend

Ronnie's (Sex) Shop

der Gerstensaft und im neueren Seitentrakt gibt es Snacks. Viele Reisende haben sich seither an den Wänden verewigt. Ein einfacher Betonpool gleich neben dem Laden kann an heißen Tagen für Abkühlung sorgen. Wer nun, inmitten der Little Karoo, eine ganz einsame Nacht verbringen möchte, der sollte sich in das 150 m entfernte, ehemalige Schäferhäuschen von Ronnie einmieten. Auf Anfrage dürfen auch Zelte aufgebaut werden.

Ronnie's Sex Shop, ☎ (028) 572-1153 oder 572-1800, www.ronniessexshop.co.za.

Kurz darauf geht es links zu den **radioaktiven Mineralquellen** bei **Warmwaterberg**. Das Warmwasserbassin ist 24 Stunden geöffnet. Hier kann man campieren (tolle Aussicht auf die Little Karoo) oder ein Zimmer bzw. eine Hütte mieten. Eine Bar mit Restaurant gibt es auch. Der Name entstammt der Legende, dass einst die Farmer von Touws River über den Berg hierher kamen, um den leckeren Aprikosenschnaps zu genießen – und den nannten sie das „warme Wasser".

Warmwasserquellen

Reisepraktische Informationen Barrydale, Warmwaterberg

Information
Barrydale Information Office, Van Riebeeck St., ☎ (028) 572-1572, www.barrydale.co.za. Vermittlung von Unterkünften in Gästehäusern und umliegenden Farmen.

Unterkunft
Sanbona Wildlife Reserve $$$$$, ☎ (041) 407-1000, Reservierung: ☎ (041) 509-3000, www.sanbona.com. 25 km vor Barrydale zweigt eine 25 km lange Piste zum 54.000 ha großen Sanbona Wildlife Reserve ab, wo es neben den „Big Five" Cheetahs und Steppentiere auf Fotosafaris zu erleben gibt. Einzigartig sind die frei laufenden seltenen Weißen Löwen. Nicht zu vergleichen mit dem Addo Park oder den Parks im Norden, aber wer für Luxus und afrikanisches Tierleben tief in die Tasche greifen kann, wird hier nicht enttäuscht.

Lentelus B&B $$$, R 62, Joubert-Tradouw Weinfarm, 11 km westl. von Barrydale, ☎ (028) 572-1636, www.lentelus.co.za. Gemütlich-schicke Unterkünfte (1 Cottage, 1 Zimmer) inmitten von Obst- und Weingärten. Weinproben, Wander- und Mountainbike-Strecken. Kein

Das Angebot in den Farmstalls ist vielfältig

Restaurant, aber hier bietet sich ein gut gefüllter Picknickkorb mit Zutaten aus den Farmstalls in Barrydale an.

The Barrydale Karoo Hotel $$–$$$, 30 van Riebeeck St., ☏ (028) 572-1226, www.barrydalekaroohotel.co.za. Die „erste" Adresse im Ort. Das kleine Hotel bezeichnet sich mit Recht als „the Karoo's finest boutique hotel". Zu moderaten Preisen nächtigt man in dem historischen Gebäude elegant und plüschig. Die unwesentlich teurere Suite lohnt den Mehrpreis. Einige Zimmer teilen sich aber das Badezimmer. Restaurant.

Warmwaterberg Spa $$, ☏ (028) 572-1382 oder 572-1609, www.warmwaterbergspa.co.za. Einfache Selbstversorger-Hütten und Zimmer sowie Camping. Beschreibung s. o.

⚠️ **Camping**
Es gibt einen kleinen Campingplatz am Ortsausgang in Richtung Montagu/Tradouw Pass, direkt am Huis River.

Ladismith

Schon weit vor Ladismith fällt eine gespaltene Bergspitze in den Swartbergen auf, der **Towerkop** (2198 m). Die Legende behauptet, dass eine erboste Hexe ihren blitzenden Zorn zur Spaltung nutzte. Heute spricht man eher von der „Zahnlücke".

Das 1852 gegründete und nach Lady Juana Smith, Frau des damaligen Gouverneurs der Kapprovinz, benannte **Ladismith** hat seine Beschaulichkeit und seinen Charme bewahrt. Südafrikaner aus dem Norden des Landes haben dies erkannt und sich hier einen Altersruhesitz geschaffen. Ihnen folgen immer mehr Künstler, die hier Ateliers einrichten. Seither haben auch hier die Immobilienpreise ordentlich angezogen.

Ertragreiche Landwirtschaft

Der **Eden District** um Ladismith (mit „i" geschrieben, um einer Verwechslung mit dem Ort in Natal vorzubeugen) erstarkte landwirtschaftlich bereits während des „Ostrich Feather Booms" um Oudtshoorn und ist, dank guter Böden in den Talsohlen und Bewässerung, zu einem der größten Aprikosenanbaugebiete der südlichen Hemisphäre gewachsen. Schafe, Milchkühe, Pflaumen, Nekatrinen und Pfirsiche tragen zum Wohlstand bei. Viele Farmen haben mittlerweile auf ökologischen Anbau umgestellt. Käseliebhaber seien noch auf die **Ladismith Cheese Company** hingewiesen.

Ladismith Cheese Company, Besichtigung nur mit Anmeldung (Mo–Fr 8–17 Uhr), ☏ (028) 551-1613, www.ladismithcheese.co.za.

Heute ist der kleine Ort Ausgangspunkt für Wanderungen in die Swartberge, Rundtouren nach Zoar, Amalienstein, durch den atemberaubenden **Seweweekspoort** sowie das schöne **Hoeko Valley**. Bergsteiger und Mountainbike-Enthusiasten werden ebenfalls ihre Freude an den Möglichkeiten in der Umgebung haben.

Reisepraktische Informationen Ladismith und Seweweekspoort

Information
Tourism Bureau, Otto Hager Church, South St., ☏ (028) 551-1378, www.ladismith.org.za.

Unterkunft
Bosch Luys Kloof Nature Reserve $$$, Strecke Seweweekspoort zum Gamkapoort Dam, ☏ (023) 581-5046, www.boschluyskloof.co.za. Ökologisch eingestellte Lodge mit geräumigen Chalets sowie Zimmern. Wanderwege, Mountainbiking, Ökotrails und zudem ein guter Platz, um Sterne zu bewundern. Restaurant.
Albert Manor $$–$$$, 26 Albert St., ☏ (028) 551-1127, www.albertmanor.co.za. Viktorianisches Haus in ruhiger Lage, von zwei eingewanderten Deutschen beispielhaft geführt. Viel Ambiente. Panoramablick auf die Swartberge. Nur 3 Zimmer! Auf Vorbestellung wird ein Abendessen serviert.
Aardvark Burrow Lodge $$–$$$, R 323, 28 km südl. von Ladismith, ☏ (028) 551-2562, www.aardvarklodge.co.za. Johan war lange Ranger im Krüger NP und kam hierher, um ein kleines Naturreservat einzurichten. Es gibt nette Wanderwege und Mountainbike-Strecken. Außerdem werden Game Drives und erläuterte Exkursionen angeboten. Ein Aufenthalt verspricht Ruhe und Entspannung. 5 einfache, aber gemütliche Zimmer in einem Gästehaus.
Edlyn Guest Farm $$, 11 km von Ladismith im Knuyswagendrift Valley (Hoeko Rd., R 62 nach Calitzdorp), ☏ (028) 551-2020. Schöne Unterkunft auf historischer Farm. Die Familie besitzt auch eine Selbstversorgungshütte (6–10 Betten) im Seweweekspoort.
Nahebei liegt die familienfreundliche **Bee Catcher Farm $$**, 23 nordwestl., an der Piste nach Laingsburg, ☏ (028) 551-2076, www.beecatcher.co.za. Sie bietet neben Erholung kleine Farmprogramme.
Gamkapoort Dam Cottages $–$$, direkt am Gamkapoort Dam, ☏ (023) 581-5003, www.gamkapoortdam.co.za. Geschäft nur mit dem Nötigsten bestückt, kein Restaurant!

Camping
Saar Garisch Caravan Park, Hospital Ave., ☏ (028) 551-1023. 4 km südl. des Ortes. Einige Plätze mit Schatten. Bei der letzten Besichtigung wirkte der Platz ziemlich verlassen.

Essen und Trinken
Die Auswahl ist nicht groß und am Abend kann es sogar schwierig werden, ein Lokal zum Essen zu finden. Am besten, gleich beim Buchen der Unterkunft fragen, ob ein Dinner zubereitet werden kann.

Sehens- und Erlebenswertes zwischen Kapstadt und Port Elizabeth (durchs Landesinnere)

> **Hinweis**
> **Kanna-Route**: Wer für einen Umweg durch eine herrliche und einsame Berglandschaft der Little Karoo Zeit und Muße hat, nehme diesen Abschnitt der Kanna-Route: Westlich von Ladismith über die R 327 nach Süden bis Van Wyksdorp (mit nettem Coffee Shop) und dann über eine Piste wieder nach Norden über den Rooiberg Pass nach Calitzdorp. Streckenlänge: Ca. 80 km.

Alte Missionsstationen

Zoar und **Amalienstein** sind zwei alte Missionsstationen, in deren Geschichte auch die Berliner Missionsgesellschaft mitgemischt hat. Dies ging nicht immer reibungslos vonstatten, denn die „Konkurrenz" in Form der *Dutch Reformed Church* sowie der Südafrikanischen Missionsgesellschaft wollte natürlich auch ein Wörtchen mitreden. Amalienstein wurde nach Amalie von Stein aus Berlin benannt, die der Missionsstation finanziell unter die Arme gegriffen hatte.

Seweweekspoort

Enge Schlucht

Kurz hinter Zoar zweigt eine Piste ab (keine großen Camper!), die nach wenigen Kilometern durch die atemberaubende Seweweekspoort, eine enge Schlucht aus roten Felswänden, führt. Sie durchquert die Swartberge und verbindet die Little mit der Great Karoo. Sieben Wochen *(Sewe Weeks)* benötigten die Planwagen früher, um die Strecke zurückzulegen, so sagt eine der beiden Legenden. Die andere behauptet, ein Schmuggler sei vor den Behörden geflüchtet, hat den sieben Wochen längeren Weg u. a. durch diese Schlucht gewählt und ist dabei erfolgreich nach Kapstadt durchgekommen.

Die „verbogenen" Steinwände machen wieder deutlich, welche Kräfte die Natur besitzt. Sie sind auf die Riffelungen auf dem ehemals sandigen Meeresboden zurückzuführen, die in der späteren Trockenperiode zu Stein wurden. Die Hin- und Rückfahrt

Zum Gamkapoort Dam geht es steil bergab

dauert je Richtung etwa 30–40 Minuten. An der Strecke laden Picknickplätze unter Schatten spendenden Strohdächern ein. Natürlich besteht die Möglichkeit, der Piste weiter gen Westen bis Laingsburg zu folgen. Sie führt vorbei an Obstfarmen, von denen einige Fremdenzimmer anbieten. Wer hier nächtigt, kann die Einsamkeit der Karoo so richtig erleben. Zwischen Ladismith und Laingsburg (ca. 90 km) gibt es keine verlässliche Tankstelle und kein Restaurant.

Einsamkeit der Karoo

Alternativ führt eine recht gute und landschaftlich abwechslungsreiche Piste zum **Gamkapoort Dam** (zweigt nördlich des Seweweekspoort nach Osten ab). Nach ca. 4 km durchquert man das **Bosch Luys Kloof Nature Reserve** und kurz darauf geht es auf 10 km steil bergab. 11 km weiter, am Ende der Straße (Sackgasse!), ist schließlich der Staudamm am Gamkapoort erreicht. Selbstversorgerhütten, toll gelegen, aber einfach ausgestattet, bieten sich zur Übernachtung an. Von hier aus blickt man auf den Staudamm und die umliegenden Berge. Die Fahrt hierher ist bezaubernd schön, nimmt aber für beide Richtungen (gesamt 50 km) alleine zwei Stunden in Anspruch.

Warum heißen die **Swartberge** eigentlich nicht „Rot"-Berge? Die ersten Siedler haben die Berge nur aus der Distanz gesehen, und von dort wirken sie schwarz und bedrohlich. Sonne, Geomorphologie und Pflanzen haben darüber hinaus die Außenseite der Bergkette dunkel „gefärbt".

Calitzdorp

Der Ort entstand mit der 1821 offiziell anerkannten Farm Buffelsvlei. 1845 wurde das Gemeindehaus erbaut. 25 km entfernte Mineralquellen machten Calitzdorp bereits vor über 100 Jahren zu einem begehrten Touristenort. Das kleine **Museum** in der Andrie Pretorious Street weiß heute mehr über vergangene Tage zu berichten. Vom **Hennie Cloete Nature Garden** blickt man auf den Ort, der eher als Portwein-Metropole Südafrikas sowie für die Sukkulenten im umliegenden Kannaland (Khoi: „Tal ohne Gras") bekannt ist. Drei Weinkellereien bieten den Portwein zur Probe an. Zu empfehlen ist dafür besonders die **De Krans Winery**. Im Ortskern locken kleine Cafés und Restaurants sowie ein Antiquitätenladen mit Schnickschnack jeglicher Art. Calitzdorp ist wirklich ein ansprechender Ort, gut geeignet für die Erkundung der umliegenden Natur, dabei nicht so hektisch wie Oudtshoorn und zugleich lebendiger als Ladismith.

Portwein-Metropole

De Krans Winery, *1 km südl. der R 62 am Ortsrand, www.dekrans.co.za, Mo–Fr 8–17, Sa/So 9–15 Uhr.*

Die R 62 passiert nun nach ca. 18 km die **Rietfontein Farm**. Die älteste Straußenfarm (1879) lädt zu geführten Touren und ins tagsüber geöffnete Restaurant ein. Unterkünfte gibt es ebenfalls.

1. Alternativstrecke nach Oudtshoorn (½ Std. zusätzlich): Entlang Südafrikas erster Betonpiste, die südlich parallel zur stillgelegten Eisenbahnlinie (alte, kleine Stationen) und vorbei an Wein- und Straußenfarmen führt. Zuerst zweigt eine Straße zu den warmen Quellen des **Calitzdorp Spa** ab (auch Tagesbesucher) und einige Kilo-

Sehens- und Erlebenswertes zwischen Kapstadt und Port Elizabeth (durchs Landesinnere)

Wanderungen

meter weiter dann zum von Cape Nature verwalteten **Gamkaberg Nature Reserve**. Dieses verfügt über einen schönen Campingplatz samt einfacher Zeltunterkünfte und einer Hütte (nur Selbstversorger) sowie einem Staudamm-Pool nahe dem Eingang. Der einsam auf dem Berg gelegene Campingplatz Tierkloof ist nur mit einem 4x4-Fahrzeug zu erreichen. Im Naturreservat kann man Wanderungen unterschiedlicher Länge (20 Minuten bis hin zu 2 Tagen) unternehmen. Bergzebras, Elenantilopen, Kuhantilopen (Hartebeeste) und sehr selten Leoparden, zudem eine Vielzahl an Vogelarten, bereichern die Tierwelt hier. Kurz vor Oudtshoorn ergibt sich die Gelegenheit, gleich zu den Straußenfarmen abzuzweigen.

2. Alternativstrecke nach Oudtshoorn (1 Std. zusätzlich): Auf der guten und landschaftlich reizvollen Piste durchs nördliche Groenfontein Valley/Kruisrivier. Dabei geht es vorbei am u. g. **Retreat of Groenfontein**, weiter östlich entlang der **Groot Swartberge** und dem Abzweig zum Swartberg Pass sowie dem zu den Cango Caves und schließlich über die asphaltierte R 328 nach Oudtshoorn.

Reisepraktische Informationen Calitzdorp/Groenfontein Valley

Oase in der Karoo: Retreat of Groenfontein

Information
Tourism Bureau, Ecke Voortrekker/van Riebeeck Sts., ☎ (044) 213-3775, www.calitzdorp.co.za.

Unterkunft
Retreat of Groenfontein $$$, ☎ (044) 213-3880, www.groenfontein.com. 19 km nordöstl. von Calitzdorp an der Strecke nach Kruisrivier (ausgeschildert als Groenfontein). Wunderschön im Straußenfarmgebiet gelegenes, spätviktorianisches Gästehaus mit 8 Zimmern, darunter Luxussuiten und eine Familiensuite. Es wird deutsch gesprochen. Abendessen inbegriffen. Groenfontein ist gut geeignet für Ausflüge in die Umgebung, bietet aber auch eine Reihe von Wanderwegen auf dem eigenen Gelände. Hier sollte man sich mind. für zwei Nächte einbuchen und dabei die Abgeschiedenheit genießen. Ein echter Tipp!
Rietfontein Ostrich Palace $$$, Groenfontein Valley, Abzweig 18 km östl. von Calitzdorp von der R 62, ☎ (044) 213-3784, www.rop.co.za. Unterkünfte in historischen Cottages auf der ältesten Straußenfarm. Erläuterte Farmtouren. Dinner auf Bestellung.
Die Dorpshuis $$, Van Riebeeck St., ☎ (044) 213-3453, www.calitzdorp.co.za/dorpshuis.htm. Kleine B&B-Unterkunft. Schöner Garten mit Pool. Restaurant mit traditionellen Karoo-Gerichten im Haus.
Welgevonden Guest House $$, St. Helena Rd., ☎/📠 (044) 213-3642, www.welgevondenguesthouse.co.za. 4 Zimmer auf kleiner Weinfarm am Ortsrand. Sehr beschaulich.
Calitzdorp Spa $$, 25 km südöstlich von Calitzdorp, an einer Nebenstrecke gelegen, ☎ (044) 213-3371, www.calitzdorpspa.co.za. Familienresort mit heißen Quellen und Bädern. 4- und 6-Bett-Chalets sowie ein schöner Campingplatz. Familienfreundlich. Restaurant zzt. geschl.

Oudtshoorn

Mit ca. 85.000 Einwohnern ist Oudtshoorn die mit Abstand größte Stadt in der Little Karoo. Sie liegt, von den umliegenden Bergen geschützt, in einem sanften Tal. Ursprünglich gab es an dieser Stelle die Farm „Hartenbeesrivier". Als die Bevölkerung in der Region anwuchs, stellte der Farmbesitzer C. P. Rademeyer 4 ha seines Grundes zur Verfügung und stiftete 1839 eine Kirche. Damit war der Grundstein für die spätere Stadt gelegt. Benannt ist Oudtshoorn nach der Baronesse Gesina E. J. van Rheede van Oudtshoorn, der Frau des Kommissars von George, dem obersten Verwaltungsbeamten für die Region um George, einschließlich der Little Karoo.

Zentrum der Straußenzucht

Obwohl die Gegend von Oudtshoorn sehr trocken ist, führen Olifants River und sein Nebenfluss Grobbelaars ausreichend Wasser herbei. So konnte man sich von Anbeginn mit landwirtschaftlichen Produkten versorgen, legte Gärten und Luzerne-Felder an, auf denen sich in den Boomjahren der Straußenfeder-Produktion über 100.000 Strauße tummelten. Die Zeit vor dem Ersten Weltkrieg (1. Boom: um 1870, 2. Boom: vor dem Ersten Weltkrieg) war die wirtschaftlich bedeutsamste Periode, und die reichen Straußenfarmer – als „Feder-Barone" bezeichnet – sowie die zumeist jüdischen Feder-Händler bauten sich „**Straußenpaläste**" und verschnörkelte Villen mit Jugendstileinrichtungen. Ein gutes Beispiel für die „Straußen-Paläste" stellt der 1911 für E. J. Edemeades errichtete „**Pinehurst**" (186 van Riebeeck Rd.) dar. Nach dem Ersten Weltkrieg ging es bergab mit der Federschmuck-Produktion. Nur die „Golden Twenties" ließen die Industrie noch einmal kurz aufflackern.

Rund um Oudtshoorn gibt es Straußenfarmen

Erst in den 1970er-Jahren begann Oudtshoorn sich seiner eigenwilligen Geschichte wieder bewusst zu werden. Museen, Straußenpaläste und -farmen, für die Touristentouren eingerichteten Show- und Tierfarmen und die wunderschöne Natur im weiten Umkreis sorgen seither für eine lebendige und weiter wachsende Tourismusindustrie. Anfang der 1990er-Jahre gab es Hoffnung, dass Federn erneut in Mode kommen. Doch zur gleichen Zeit schossen in anderen Regionen Südafrikas Straußenfarmen für die Fleisch- und Lederproduktion aus dem Boden und sorgten für eine kolossale Überproduktion an Federn. Der Federn-Sektor in Oudtshoorn kam nicht wieder in Gang. Die vielen Strauße auf den Weiden werden ausschließlich für die Fleischproduktion gehalten.

Oudtshoorn macht auf den ersten Blick einen wenig attraktiven Eindruck. Doch verbergen sich in Seitenstraßen und im Umland so einige architektonische Schätze, zumeist in Form von Sandsteinhäusern, aus den Boomjahren der Straußenfedern.

Sehens- und Erlebenswertes zwischen Kapstadt und Port Elizabeth (durchs Landesinnere)

Oudtshoorn versucht sich mittlerweile auch als künstlerisch orientierte Stadt. Jedes Jahr Ende März/Anfang April lockt das **Klein Karoo National Arts Festival** *(www.kknk.co.za)* vor allem mit viel Livemusik, aber auch Kunstausstellungen, Lesungen, Theatervorführungen. Kurzum: Für eine Woche steht die Stadt Kopf und für diese Zeit muss man Unterkünfte monatelang im Voraus buchen.

C.P. Nel Museum (1)

Das C.P. Nel Museum, untergebracht in einem alten Schulgebäude, zählt zu den besten Kleinstadtmuseen des Landes und dieses als erstes zu besuchen macht Sinn, um die Geschichte der Region und besonders der Straußenzucht zu verstehen. Akribisch genau wurden alte Möbel, Kleider, Haushaltsgegenstände und Bücher der Straußen-Epoche (1860–1930) zusammengestellt. Eine nachempfundene Apotheke aus der Zeit

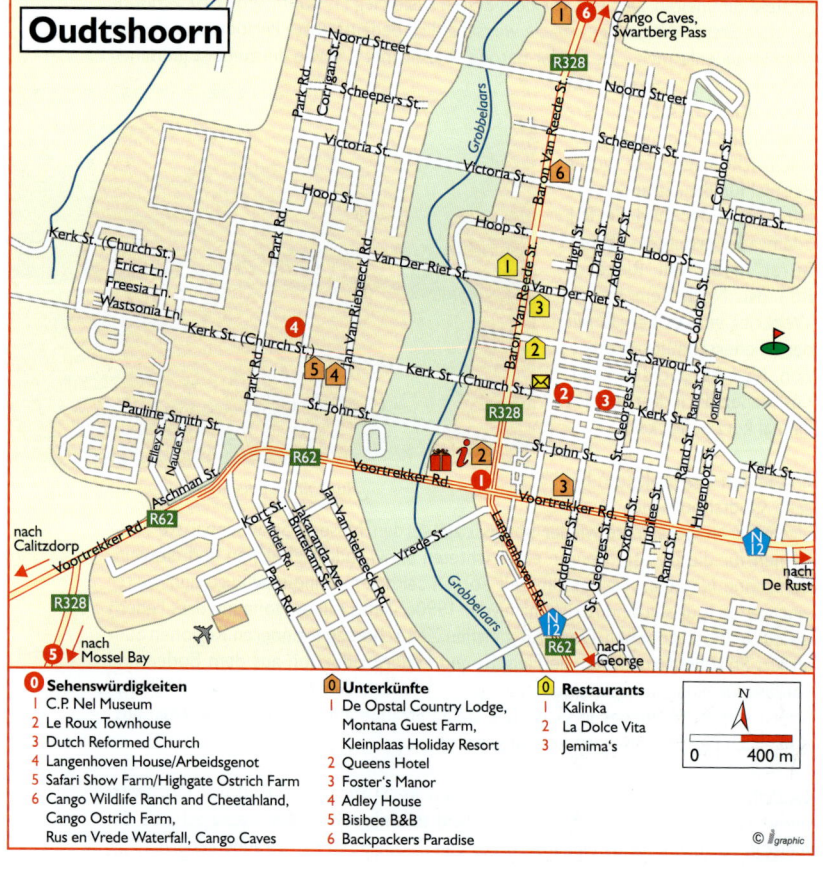

Sehenswürdigkeiten
1. C.P. Nel Museum
2. Le Roux Townhouse
3. Dutch Reformed Church
4. Langenhoven House/Arbeidsgenot
5. Safari Show Farm/Highgate Ostrich Farm
6. Cango Wildlife Ranch and Cheetahland, Cango Ostrich Farm, Rus en Vrede Waterfall, Cango Caves

Unterkünfte
1. De Opstal Country Lodge, Montana Guest Farm, Kleinplaas Holiday Resort
2. Queens Hotel
3. Foster's Manor
4. Adley House
5. Bisibee B&B
6. Backpackers Paradise

Restaurants
1. Kalinka
2. La Dolce Vita
3. Jemima's

um 1900 macht deutlich, wie wohlhabend Oudtshoorn war. Am eindrucksvollsten ist der große Raum, in dem sich alles um die Strauße und ihr Federkleid dreht. Strauße gelten im Sport und bei kriegerischen Wettkämpfen als Symbol für „Ausdauer und Geschwindigkeit". Rugbyteams, Wüstenregimenter und edle Herrenclubs, sie alle schmückten bzw. schmücken sich mit Straußenfederemblemen. Ein Archiv sowie eine Bibliothek im Hause können genutzt werden. Ein Blick in die Geschichte des Straßenbaus bietet dabei z. B. Einblicke in den Bau des Swartberg Passes.

Begehrte Straußenfedern

C.P. Nel Museum, Ecke Baron von Rheede/Voortrecker Sts., www.cpnelmuseum.co.za, Mo–Fr 8–17, Sa 8–13 Uhr.

Historische Wohnhäuser

Das 1909 erbaute **Le Roux Townhouse (2)** gehörte dem Straußenbaron Hendrik Josephus le Roux und seiner Frau Adie, die es während ihrer Besuche in der Stadt nutzten und oft honorige Gäste hierher einluden. Später vermachten sie es den Kindern. Als die Boomjahre vorbei waren, wurde das Geld knapp. Dieser Tatsache ist es zu verdanken, dass nahezu gar nichts in dem Haus verändert wurde und es immer noch so aussieht wie in den 1930er-Jahren. Beachtenswert sind die Jugendstil-Glaspaneele und -Lampen sowie die mondäne Inneneinrichtung. Auch die Linoleumböden wurden erhalten. Damals galten sie als fortschrittlich.
Le Roux Townhouse, 146 High St., Mo–Fr 9–13, 14–17 Uhr.

Einen Straßenblock entfernt lohnt ein kurzer Blick in die opulente **Dutch Reformed Church (3)** (Di, Do u. Sa, 9.30–11.30 Uhr).

Arbeidsgenot (4) ist das Haus des bekannten Afrikaans-sprachigen Dichters C. J. Langenhoven. Der Autor mag den meisten unbekannt sein, aber wer sich für die Wohn-

Opulente Häuser zeugen von der Zeit der wohlhabenden Straußenbarone

verhältnisse im „historischen" Oudtshoorn interessiert, kann hier etwas über die typische Mittelklasse-Einrichtung der Zeit ab 1905 erfahren.
Langenhoven House/Arbeidsgenot, *Jan van Riebeck St., zwischen Church und van der Riet St., www.cjlangenhoven.co.za, Mo–Fr 9.30–13, 14–17 Uhr.*

Straußenfarmen

Zwei Straußenfarmen südlich von Oudtshoorn haben sich darauf spezialisiert, Besuchern alles über Straußenzüchtung zu zeigen und zu erklären:

Safari Show Farm (5): *Auf der R 328 in Richtung Mossel Bay, ca. 6 km von Oudtshoorn, www.safariostrich.co.za, tgl. 8–17 Uhr, Touren alle 30 Min.* Beeindruckend ist das sandsteinerne Haupthaus von 1910. Die Farm zählt heute über 2.500 Strauße.

Highgate (5): *Auf der R 328 8 km in Richtung Mossel Bay, dann nach rechts abbiegen, www.highgate.co.za, tgl. 8–17 Uhr, Touren (auch deutschsprachig). Die Farm war vorübergehend wegen Vogelgrippe geschl. Die Bestände müssen sich wieder erholen.* Die interessanteste Ostrich Show Farm, da auf der Tour alle Vorgänge gezeigt werden, u. a. wie Straußenfedern präpariert, Eier im Inkubator ausgebrütet, Spezialaufträge ausgeführt und Straußeneier bemalt werden und was bei der Aufzucht zu beachten ist. Angeschlossen ist ein kleiner botanischer Garten. Mit Restaurant und Souvenirshop.

Strauße – die größten Laufvögel der Welt

Der Strauß ist der größte heute lebende Vogel und wegen seiner auffälligen Erscheinung zugleich einer der bekanntesten. Große Männchen können bis zu 135 kg schwer und 2,60 m hoch werden, wobei der Hals fast die Hälfte der Körpergröße ausmacht. Weibchen werden nur bis zu 1,90 m hoch und 110 kg schwer. Der Kopf, der größte Teil des Halses und die Beine sind nackt, aber die Augenlider haben lange, schwarze Wimpern. Jeder Fuß hat zwei starke Zehen, die längere ist mit einer stärkeren Klaue versehen.

Das Gefieder des Männchens ist schwarz, ausgenommen die weißen Schmuckfedern an den Flügeln und am Schwanz (oft gelb-braun). Mit dieser Farbe können die Männchen nachts die Brut verhältnismäßig unauffällig beschützen, während die Weibchen dann auf Futtersuche sind. Wegen dieser Schmuckfedern ist der Bestand an Straußen zunächst stark vermindert worden; erst später wurden Straußenfarmen gegründet. Das Gefieder des Weibchens ist braun.

Die Federn zur Flügelspitze hin sind ebenfalls weiß. Umgekehrt wie bei den Männchen, können so die Weibchen tagsüber die Brut bewachen.

Strauße sind tagaktiv und außerordentlich wachsam. Ihr langer Hals gestattet ihnen, schon in großer Entfernung Feinde festzustellen. Sie leben in sehr trockenen Gebieten, stammen ursprünglich aus der südwestlichen Sahara und durchstreifen auf der Nahrungssuche das offene Land oftmals in starken Trupps. Während feuchter Perioden teilt sich die Gruppe in Familien, bestehend aus einem Paar mit Küken und Jungtieren. Ein Hahn oder eine Henne führt den Trupp. Wenn die Gruppe vertrautes Gebiet verlässt oder an eine Wasserstelle kommt, treibt das Leittier die Jungtiere vor sich her, um einen eventuellen Angreifer aus der Deckung zu locken. Erstaunlicherweise können Strauße zur Not auch schwimmen.

Strauße fressen nahezu alles. Vorgezogen werden Pflanzen, Früchte, Samen und Blätter, doch auch kleine Tiere, wie Eidechsen und Schildkröten. Um die Verdauung zu fördern, finden zudem beträchtliche Mengen an Sand und Steinen und selbst Metallstücke den Weg in den Straußenmagen. Die harten Materialien zerkleinern die Nahrung im Magen.

Jede Henne legt 6 bis 8 etwa 15 cm lange und bis zu 1,5 kg schwere Eier (= 24 Hühnereier). Die Schale eines Eis ist so hart, dass sie 120 kg Gewicht standhalten kann. Das Brüten besteht mehr darin, das Nest zu beschatten, als es warm zu halten. Die Männchen brüten bei Nacht über den Eiern, die Weibchen bei Tage (s. o.). Gegen Ende der sechswöchigen Brutzeit werden die am meisten entwickelten Eier am Rand des Nestes zusammengebracht. Die Küken können kurz nach dem Schlüpfen laufen und einen Monat später schon eine Geschwindigkeit von 50 km/h erreichen. Im Alter von vier bis fünf Jahren werden sie fortpflanzungsfähig. Strauße können bis zu 40 Jahre alt werden.

Erwachsene Strauße sind sehr wachsam und können auf Strecken bis zu 3 km bis zu 70 km/h laufen und so den Feinden entkommen. Nähert sich trotzdem ein Feind, kann der Tritt eines Straußes selbst für Löwen tödlich sein. Eier und Küken können jedoch Schakalen und sonstigen Räubern zum Opfer fallen.

Tipp
Auch von Outdshoorn aus bietet sich die Möglichkeit, Ausflüge über nahe Pässe und durch grandiose Schluchten zu unternehmen. Natürlich liegt es auch nahe, von hier aus zur Garden Route abzuzweigen.

Besonders die weißen Straußenfedern sind beliebt

Sehenswertes nördlich von Oudtshoorn (entlang der R 328) (6)

Cango Wildlife Ranch and Cheetahland
Auf der wie ein Zoo angelegten Ranch kann man die verschiedensten Wildtiere erleben, z. B. Krokodile, Cheetahs, weiße Löwen und Schlangen, aber auch Kamele, Mini-Hippos und Otter. Einen besonderern Thrill verspricht das Käfig-Tauchen im Krokodilbecken. Angeschlossen ist die **Angora Rabbit Show Farm**, auf der erläutert wird, wie man diese Kaninchen züchtet und wie ihr Fell verarbeitet wird. Im Restaurant wird u. a. Krokodilfleisch serviert (auch abends geöffnet).
Cango Wildlife Ranch and Cheetahland, *R 328, 3 km nördl. von Oudtshoorn, www.cango.co.za, tgl. 8 bis mind. 17 Uhr, geführte Touren.*

Cango Ostrich Farm
Die Cango Ostrich Farm bietet ebenfalls geführte Touren zum Thema Straußenzucht und -federproduktion an. Im Angebot unterscheidet sie sich kaum von den beiden erstgenannten Farmen (s. o.).
Cango Ostrich Farm, *R 328, 15 km nördl. von Oudtshoorn, www.cangoostrich.co.za, tgl. 8–17 Uhr.*

Rus en Vrede Waterfall
Ein Stück weiter entlang der R 328 zweigt eine Piste zu dem 11 km entfernten Parkplatz des Wasserfalls (nochmals 2 km von der Piste ab durch ein Gate und vorbei an einem Picknickareal). Von dort sind es 200 m zu Fuß zum ca. 80 m steil herabstürzenden Rus en Vrede Waterfall. Dieser bildet darunter einen typischen kleinen See, der von Felsen umgeben ist. An diesem lauschichen Ort lässt es sich gut picknicken. Das Wasser wird übrigens als Trinkwasser für Oudtshoorn genutzt.

Cango Caves
Die Cango Caves gehören zu den größten und ausgedehntesten Tropfsteinhöhlen-Systemen der Welt. Es herrschen 18 °C in der Höhle (leichte Kleidung), und 416 Stufen sind auf der „Standard-Tour" zu bewältigen. Die „Adventure Tour" ist nur für körperlich Fitte zu empfehlen. Auch wer unter Klaustrophobie oder Übergewicht leidet, sollte diese Tour meiden. Es gibt ein Restaurant sowie einen Curioshop am Eingang. Touren unbedingt vorher reservieren!
Cango Caves, *R 328, 30 km nördl. von Oudtshoorn, (044) 272-7410, www.cango-caves.co.za, einstündige Standard-Tour tgl. zur vollen Stunde, 9–16 Uhr. 1½-stündige Adventure Tour tgl., alle halbe Stunde, 9.30–15.30 Uhr.*

Stalagmiten und Stalagtiten

Wunderwelt der Tropfsteinhöhlen

Unter Tropfstein versteht man verschieden geformte Gebilde, die vorwiegend aus Kalziumkarbonat $CaCO_3$ bestehen. Sie entstehen, wenn kalkreiches Wasser aus Gesteinsfugen herabtropft und verdunstet. An den Decken der Tropfsteinhöhlen bilden sich herabhängende Stalaktiten. Am Boden wachsen ihnen dann Stalagmiten entgegen. Manchmal verbinden sich Stalaktiten und Stalagmiten zu Stalagnaten als durchgehende Tropfsteinsäule.

Der Eingang zu den Cango Caves wurde schon in Urzeiten von Buschmännern als Behausung genutzt, die auch die Wände bemalten. Doch ohne tragbares Licht konnten die Bewohner der Vorzeit nicht weit in die Höhle eindringen. Nur Fledermäuse verirrten sich in der Tiefe. Ihre Skelette wurden vom durchsichtigen Kalzit versteinert.

1780 stolperte zufällig ein Hirte in die Höhle, als er einem verwundeten Bock folgte, der hier verschwunden war. Der Mann erzählte die Entdeckung seinem Aufseher und dieser informierte den Farmbesitzer van Zyl über den Höhleneingang. Hochinteressiert, führte dieser bald darauf die erste Expedition tief in die Höhle und gelangte bis in den heute als *van Zyl's Hall* bekannten Höhlenabschnitt. Dieser weist eine imposante Größe von 98 m Länge, 49 m Breite und 15 m Höhe auf und birgt ein besonders sehenswertes Tropfsteingebilde, die *Cleopatra's Needle* (9 m hoch, schätzungsweise 150.000 Jahre alt).

Nach und nach gelangten Forscher weiter, bis sie nach 762 m vom Eingang glaubten, an das Ende des Höhlensystems gekommen zu sein. Bis hierher bezeichnet man die Höhle als *Cango 1*. Sie wurde so ausgestattet, dass Touristen die Schönheit dieser Unterwelt bequem bewundern können. Die größte Höhle im Abschnitt *Cango 1* ist 107 m lang und 17 m hoch, die höchste Tropfsteinformation ist eine 12,5 m hohe Säule in *Botha's Hall*.

Das Geheimnis um den weiteren Verlauf der Cango-Höhlen wurde erst in neuerer Zeit geklärt. 1956 begutachtete eine Expertenkommission die Höhlen und fand heraus: Wenn draußen der Atmosphärendruck fiel, strömte Luft aus der Höhle hinaus; stieg dagegen der Luftdruck draußen, so floss frische Luft in die Höhlen. Diese Beobachtung führte zu der Vermutung, dass es eine Fortsetzung der Höhlen geben musste. Allerdings versperrten verzwickte Tropfsteinformationen und Felsen den Weg. Davon fasziniert, opferten zwei der Berufsführer, James Craig-Smith

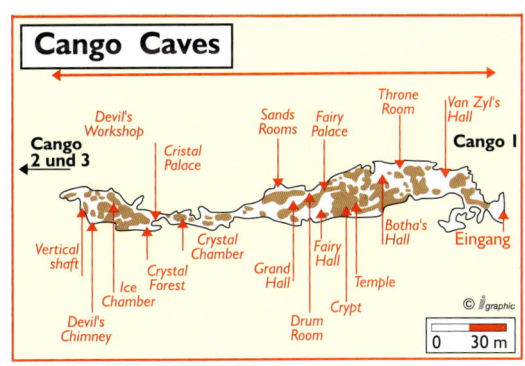

Sehens- und Erlebenswertes zwischen Kapstadt und Port Elizabeth (durchs Landesinnere)

und Luther Terblanche, Jahre später einen großen Teil ihrer Freizeit, um das Geheimnis zu lüften. Im *Devil's Workshop* folgten sie einem Luftzug, der sie zu einem schmalen Spalt führte. Monatelang vergrößerten sie die kleine Öffnung und gelangten schließlich am 17. September 1972 in ein neues Wunderland, das sie *Cango 2* nannten und welches eine Gesamtlänge von 270 m aufweist.

Zur weiteren Erkundung wurden Spezialisten eingeladen. Sie fanden am Ende einen Wasserlauf, der Richtung Eingang zurücklief und sich etwa 20 m unterhalb der Höhlenebene befand. 1975 pumpte man das Wasser so weit ab, bis man dem Wasserablauf folgen konnte und in die Fortsetzung des Höhlensystems, *Cango 3*, gelangte. Der neu entdeckte Abschnitt erwies sich mit 1.600 m Länge als doppelt so lang wie *Cango 1* und *2* zusammen. Die erste Halle in *Cango 3* alleine weist eine Länge von 300 m auf! Und man vermutet, dass dies noch nicht das Ende der Höhle ist (*Cango 2* und *3* stehen für den Besucher nicht offen).

Swartberg Pass und Gamkaskloof (Die Hel)

Hinweis
Die Passstrecke ist auf der Nordseite nicht asphaltiert, auf der Südseite zwar zumeist asphaltiert, aber schmal und steil. Wohnmobile/Camper sind nicht erlaubt. Wer nicht schwindelfrei ist, sollte die Strecke nicht fahren. Ebenso ist einer Befahrung bei bzw. nach einem Regen abzuraten, da dann Pkw leicht ins Rutschen geraten.

Spektakulärer Pass

Dieser so atemberaubende wie grandiose Pass wurde zwischen 1881 und 1886 unter Leitung von Thomas Bain, Sohn des ebenso berühmten Straßenbauers Andrew Geddes Bain (u. a. Bain's Kloof Pass) erbaut. Er zeichnete auch für andere, wagemutige Passstrecken, z. B. die Old Cape Road zwischen Knysna und George, den Prince Alfred Pass und den Robinson Pass zwischen Oudtshoorn und Mossel Bay verantwortlich. Für den Bau des Swartberg Pass wurden ihm 240 Sträflinge zugeteilt und eine Summe von 40.000 Rand. Als der 1.586 m hohe Pass schließlich 1887 eingeweiht wurde, hatte Bain nur 29.000 Rand verbraucht. Fast alles wurde per Hand gegraben und gehackt, gesprengt wurde mit Schießpulver bzw. mit einer ganz eigenwilligen Methode: Man erhitzte die Felsen mit Feuer und schüttete dann kaltes Wasser darüber. Mehr über den Bau und die ersten abenteuerlichen Fahrten über den Pass erfährt man im Archiv sowie der Bibliothek des C.P. Nel Museum in Oudtshoorn.

Tolle Fotostopps

Der südliche Anstieg ist vom Tal aus gut zu erkennen und schmiegt sich dicht an den Abhang der Swartberge. Auf der Nordseite durchfährt man zuerst ein Hochplateau, um schließlich durch das rote Felsgestein, an mehreren Hängen entlang und am Ende durch eine enge Schlucht bis in die Great Karoo nahe Prince Albert (s. S. 479) zu gelangen. Immer wieder verlocken spektakuläre Aussichten zu einem Fotostopp. Eine Fahrt entlang der 72 km langen Strecke **Oudtshoorn – Prince Albert** dauert mindestens 2 Stunden. Alternativ und etwas schneller kann man östlich wieder zurückfahren nach Oudtshoorn durch den **Meiringspoort** mit seinen aufregenden Sandsteinformationen (rote Klippen). Die über 14 km lange Schluchtdurchfahrt durch die Swartberg-Kette verbindet erneut Great und Little Karoo miteinander, folgt dem

Groot River und überquert diesen insgesamt 26-mal. Auf halbem Weg durch die Schlucht kann man sich einen Wasserfall (kurzer Wanderweg) anschauen. Ein Stopp im netten Farmstall am östlichen Ortsausgang von Klaarstroom lohnt ebenfalls.

Abstecher zum Gamkaskloof

Nördlich der Swartberg-Passhöhe biegt eine 50 km lange Schotterpiste ab zum **Gamkaskloof** („**Die Hel**" = die Hölle), heute ein Weltkulturerbe! Das Tal erreicht man bereits nach 37 km. Die erst 1962 erbaute Trasse ist nur bei gutem Wetter und umsichtiger Fahrweise mit einem normalen Pkw zu bewältigen. Richtig schön wird es auf den letzten, sehr steilen Kilometern, wenn die Piste ins grüne **Tal des Gamkas River** und eines Nebenflusses abfällt. Seit 1840 wurde das Tal landwirtschaftlich genutzt, obwohl es bis 1962 keine Zufahrt gab. Alles musste bis dahin mit Lasttieren hergebracht werden. Doch trotz der Piste hat der letzte Farmer 1991 aufgegeben – die meisten waren bereits 1972 weg. Nun verwaltet Cape Nature das 1.570 ha große Areal.

Passhöhe als Weltkulturerbe

Im **Museum** am Infocenter erfahren Besucher mehr zur Geschichte. Es können auch Mountainbikes ausgeliehen werden. **Selbstversorger-Unterkünfte** gibt es in den grundrenovierten Häusern der ehemaligen Bewohner. Der schattige Campingplatz hat schöne Plätze, ist aber einfach ausgestattet. Ein Bushcamp liegt oberhalb des Gamkas River. Lebensmittel und Getränke sollte man mitbringen, wobei es einen kleinen Shop 5 km westlich der Taleinfahrt gibt. Auf Vorbestellung werden hier auch sehr einfache Unterkünfte und Speisen angeboten.

Mountainbike-Strecken
Beide Strecken sind beliebt bei Mountainbikern. Zum Gamkaskloof führt sogar ein Rennen: „**To Hell and Back**".

Auf dem Weg in „Die Hel"

Sehens- und Erlebenswertes zwischen Kapstadt und Port Elizabeth (durchs Landesinnere)

Die beschriebene Strecke führt von Oudtshoorn nach **De Rust**, ein viktorianisch angehauchtes Örtchen mit einigen Cafés und Unterkünften. Bereits 14 km vor De Rust, bei **Dysselsdorp**, lädt die **Liquorice Extracting Plant** zu Touren ein, die einen Einblick vermitteln, wie Extrakte z. B. für Sambuca gewonnen werden *(Mo–Do 8–16, Fr 8–13 Uhr)*.

Reisepraktische Infos Oudtshoorn, De Rust, Gamkaskloof

Information
Tourism Bureau Oudtshoorn, *Baron van Reede St., neben dem Museum, ☎ (044) 279-2532, www.oudtshoorn.com.*
De Rust Tourism Office, *2 Schoeman St., ☎ (044) 241-2109, www.derust.org.za.*
Cape Nature *befindet sich hinter dem Tourism Bureau in Oudtshoorn, Infos und Reservierungen von Hütten und Campingplätzen in den umliegenden Nature Reserves, u. a. in „Die Hel", ☎ (044) 203-6325.*

Unterkunft
Oulap Country House $$$$, *De Rust, ☎ (044) 241-2250, www.oulap.com, nordöstlich von De Rust (55 km von Oudtshoorn). Auf der R 341 von De Rust 15 km in Richtung Uniondale fahren, dann nach links abbiegen (Vlakteplaas) und Schildern folgen. Die 4 Gästezimmer befinden sich auf einer Farm an den Swartbergen: Panoramaaussichten auf Wein- und Obstplantagen. Gute Landküche, selbst gebrannter Witblits. Einfach ein Platz zum Runterkommen.*
Montana Guest Farm (1) $$$ (–$$$$), *15 km nördl. an der Straße zu den Cango Caves, gegenüber Cango Ostrich Farm abbiegen, ☎ (044) 272-7774, www.montanaguestfarm.co.za. Liebevoll restauriertes Farmhaus von 1832. Die sehr gut ausgestatteten Zimmer (z. T. mit Jacuzzi, Veranda) befinden sich in den teils restaurierten, aber auch neu errichteten Gebäuden um die parkähnliche Gartenanlage. Salzwasserpool. Leckeres und unterhaltsames*

Mit viel Liebe restauriert: Montana Guest Farm

Dinner (vorher bestellen). Auf der Farm werden Strauße gezüchtet. Die individiduelle Unterkunft eignet sich gut, um dem Trubel in Oudtshoorn zu entgehen und zu entspannen sowie von hier aus Tagesausflüge in die Karoo und zur Garden Route zu unternehmen. Gutes Preis-Leistungs-Verhältnis. Es wird deutsch gesprochen. Der Tipp in der Umgebung von Oudtshoorn!
De Opstal Country Lodge (1) $$$–$$$$, 14 km nördl. an der Straße zu den Cango Caves, ☎ (044) 279-2954, www.deopstal.co.za. Komfortable Räume auf einem zu einer Lodge ausgebauten, alten Bauernhof. Salzwasserpool. Deftige Landküche.
Queens Hotel (2) $$$, Baron van Reede St., Oudtshoorn, ☎ (044) 279-1791, www.queenshotel.co.za. Wunderschön restauriertes historisches Stadthotel. Pool, gutes Restaurant, Bar. Leider oft mit Busgesellschaften ausgebucht.
Foster's Manor (3) $$$, 52 Voortrekker Rd., Oudtshoorn, ☎ (044) 279-2677, www.fostersmanor.co.za. Tolle B&B-Unterkunft in einem ehemaligen Palast eines Straußenbarons. Die Zimmer sind z. T. riesig und antik eingerichtet. Das Frühstück ist ausreichend für den ganzen Tag. Der Tipp in Oudtshoorn!
Adley House (4) $$–$$$, 209 van Riebeeck St., Oudtshoorn, ☎ (044) 272-4533, www.adleyhouse.co.za. B&B in einem viktorianischen Haus von 1905. Jedes der 12 Zimmer im historischen Trakt ist individuell eingerichtet, und der Garten – inkl. Pool – lädt auch zum Verweilen ein. Ruhig gelegen. Darauf achten, dass man nicht in den zwei Zimmern des neuen „Annex" untergebracht wird (das lohnt nicht).
Bisibee (5) $$, 171 Church St., Oudtshoorn, ☎ (044) 272-4784, www.bisibee.co.za. B&B in ruhiger Lage, mit viel Grün umgeben. Auf Wunsch kann Straußen-Steak-Dinner im Garten serviert werden (vorher anmelden).
Olivier's Rust $, 9 Schoeman St., De Rust, ☎ (044) 241-2258, www.derust.org.za/oliviersrust. Gästezimmer, Selbstversorger-Apartments und Campingmöglichkeit.
Backpackers Paradise (6) $, 148 van Reede St., Oudtshoorn, ☎ (044) 272-3436, www.backpackersparadise.net. Zentral gelegener Backpacker in schönem Gebäude. Schlafsäle, Doppelzimmer und Familienzimmer. Camping im Garten begrenzt möglich. Pool, Restaurant, Gemeinschaftsküche, Fahrradverleih.
Die Hel $–$$, 5 km westl. der Taleinfahrt zum Gamkaskloof, ☎ (023) 541-1107, www.diehel.com. Unterkünfte in ehemaligen Farmhäusern, Camping, Shop, Restaurant. Privat geführt von den Nachfahren ehemaliger Farmer.

Camping

Kleinplaas Holiday Resort (1), 171 Baron van Reede St., Oudtshoorn, ☎ (044) 272-5811, www.kleinplaas.co.za. Großer Campingplatz, innenstadtnah. Günstig und gut ausgestattet sind auch die **Selbstversorger-Chalets ($$)**.

Essen und Trinken

Kalinka (1), 93 Baron van Reede St., Oudtshoorn, ☎ (044) 279-2596. Olga, die Besitzerin, stammt aus Russland und daher gibt es hier z. T. einen interessanten Mix aus hiesiger und russischer Küche: z. B. Kaviar-Pfannkuchen oder mit Käse und Zwiebeln gebackenes Straußenfilet. Dazu stimmt die Auswahl an Wodkas! Gepflegte Atmosphäre.
Weitere Restaurants aller Preisklassen befinden sich ebenfalls entlang der **Baron van Reede Street**, so auch das legere und bei Einheimischen beliebte **La Dolce Vita (2)** (60 van Reede St., ☎ 044-279-3269, Burger, Salate, aber auch Steaks). Im **Dros** (gegenüber dem Kalinka) geht es ebenfalls locker zu: Burger, Steaks, die beste Pizza im Ort oder einfach nur ein kühles Bier an der Theke. Im **Jemima's (3)** (94 van Reede St., ☎ 044-272-0808) gibt es traditionelle Gerichte (Lamm, Bobotjie, Strauß).

Sehens- und Erlebenswertes zwischen Kapstadt und Port Elizabeth (durchs Landesinnere)

Alternativroute: Von Willowmore entlang der R332 durch die Baviaanskloof Wilderness Area zur Küste bei Port Elizabeth

Willowmore

Die kleine Stadt, einsam gelegen zwischen Uniondale, Graaff-Reinet sowie der Zufahrt zum u. g. Baviaanskloof, bietet sich für einen Übernachtungsstopp an, denn die Strecke von hier bis nach Patensie ist mühsam und lang. Willowmore ist vorwiegend landwirtschaftliches Kleinzentrum (Wolle, Mohair, Saatgutzucht und Luzerne).

Snack
Ein willkommener Stopp ist **Sophie's Choice** *an der Hauptstraße. Neben Snacks und Kuchen werden hier auch Antiquitäten verkauft.*

Alternative: Neben der beschriebenen Strecke ist eine Fahrt über das nette Karoo-Städtchen **Steytlerville** und von dort zum Addo National Park eine mögliche Variante.

Baviaanskloof Wilderness Area

Hinweise und Tipps
• *Unbedingt vorher* **Infos** *einholen in Willowmore, Uniondale oder auf der anderen Seite in Patensie bzw. Humansdorp. Und dort auch nach einer Karte fragen! Die beste ist Baviaanskloof von Slingsby Maps (S. 107).*
• *Die Piste ist im östlichen Abschnitt meist einspurig (Ausweichmöglichkeiten), geht dort über zwei steile Pässe mit Abhängen.* **Benzin** *ist nicht immer zu bekommen, und wenn dann nur in Studtis/Sandvlakte. Auch das letzte Geschäft befindet sich dort (am Wochenende geschl.). Am besten in Willowmore oder Uniondale* **volltanken** *und genug zu trinken sowie* **Proviant** *für ein Picknick mitnehmen. Nicht auf die Werbung einer Reihe kleiner Restaurants im Westteil verlassen. Sie sind nicht immer geöffnet.*
• *Die Piste ist oft in einem für normale Pkw nicht befahrbaren* **Zustand:** *vorher erkundigen! Nach Regenfällen ist es unmöglich, die Strecke zu befahren, selbst mit einem Geländewagen wird es dann schwierig.*
• *Für die Strecke Willowmore – Port Elizabeth benötigt man mindestens 7 Std. reine Fahrzeit! Alleine von Willowmore nach Hankey sind es 200 km, bis Port Elizabeth fast 300 km, davon 175 km Piste. Besser, man rechnet mit einer* **Fahrzeit von 8–9 Std.**
• *Wer nicht* **schwindelfrei** *ist bzw. sich mit seinem Fahrzeug nicht sicher fühlt, der sollte bis Sandvlakte fahren und dort umkehren.*
• *Die* **Flussläufe** *sind passierbar und alle auch unter Wasser mit Beton befestigt.*
• *Für die Benutzung der* **Zeltplätze und Wanderwege** *ist ein* **Permit** *nötig: erhältlich bei der Parkverwaltung am Komdomo Caravan Park im östlichen Parkabschnitt bzw. telefonisch/via Internet bei Eastern Cape Parks (s. u.). Von Westen kommend fragt man in Willowmore bzw. Uniondale nach. Für Unterkünfte in den Farmen/Lodges im Westteil ist kein Permit erforderlich. Doch gilt: rechtzeitig vorbuchen!*

Alternativroute: Von Willowmore entlang der R332 durch die Baviaanskloof Wilderness Area zur Küste bei Port Elizabeth

- *Die Baviaanskloof Wilderness Area bietet sich hervorragend zum **Wandern** an. Festes Schuhzeug, genügend Proviant und Trinkwasser sowie eine Portion Wandererfahrung ist erforderlich, um sich hier zu bewegen. Die schönsten Tageswanderungen im Baviaanskloof beginnen bei **Bergplaas**, **Rooihoek** oder **Geelhoutbos**.*

Streckenführung

3 km südlich von Willowmore von der N 9 abzweigen auf die Schotterpiste R 332 in Richtung Baviaanskloof. Von hier nun immer der Ausschilderung in Richtung Humansdorp und/oder Patensie folgen. Die Straßennummer ist später nicht mehr angeschrieben. Östlich von Sandvlakte wird es mühsam und langsam (Durchschnittsgeschwindigkeit: 20 km/h). Ab Patensie ist die Straße wieder asphaltiert. Zwischen Sandvlakte und Cambria durchquert man die eigentliche Wilderness Area: bei der Ein- bzw. Ausfahrt anmelden.

Schlechte Piste

Was gibt es zu sehen?

Sechs der sieben Biome Südafrikas finden sich im Baviaanskloof: Fynbos, Nama-Karoo, Thicket (Dickicht), Grassland, Savanne und Wald. Die ersten 25 km sind wenig spektakulär und führen auf die schöne Nuwekloof (Schlucht) zu, durch die sich die Straße windet. In sie hat der Baviaanskloof River sein Bett geschnitten, um weiter östlich eine Tallandschaft zu schaffen, die im Norden von den Baviaanskloof- und im Süden von den Kouga-Bergen begrenzt ist. Ein paar Farmen leben von extensiver Weidewirtschaft, Gemüse- und vereinzelt Obstanbau. Nahezu jede Farm wirbt mit Unterkünften bzw. kleinen Attraktionen (Höhlen, 4x4-Strecken). Doch oft ist niemand zu Hause.

Tallandschaft

Beeindruckend ist die Landschaft, denn immer wieder ändert sich die Geomorphologie. Verkantete, gekippte und „verbogene" Bergformationen, rötliche und gelbe Sandsteinriesen, trockene Halbwüstentäler sowie grüne Flussauen lösen sich laufend ab. Alles war einst von einem großen Meer überdeckt. Rechts und links tauchen zwischen

Einfahrt in die Nuwekloof

Sehens- und Erlebenswertes zwischen Kapstadt und Port Elizabeth (durchs Landesinnere)

Einsam ist die Landschaft im Gebiet um den Rooihoek Dam

den Hängen in nahezu gleichen Abständen Kloofs (Schluchten) auf, die man meist nicht erkunden kann, da sie zu eingezäuntem Farmland gehören.

Weiter im Osten führt die schmale und oft steile Piste durch die unbewohnte Baviaanskloof Wilderness Area, die ihren Namen mit Recht trägt und zum UNESCO-Weltnaturerbe erklärt wurde. Nur wenige Reisende fahren hier durch, immer wieder tauchen Tiere auf, u. a. Dyker, Böcke, Paviane und Dassies. Die angekündigten Nashörner erspäht man hingegen selten. Die Aussichten von den Passhöhen sind phänomenal. An einem Abschnitt geht es über eine mit saftigem Gras bedeckte Hochebene („Bergplaas"). Hier stehen die Chancen gut, größere Tiere zu sehen. Auf diesem östlichen, 100 km langen Streckenabschnitt erscheint jegliche Zivilisation in weiter Ferne. Geduld ist gefragt, denn die Piste erlaubt zumeist nur Schneckentempo. Wer noch genügend Zeit hat, sollte eine Wanderung hinunter zum Stausee bei Rooihoek unternehmen.

UNESCO-Weltnaturerbe

Erst nach mehreren Stunden erreicht man wieder bewohntes Gebiet, die Vorboten von Patensie im Gamtoos Valley. Die Talböden sind fruchtbar und das Küstenklima warmfeucht. Zitrusfrüchte und Gemüse gedeihen prächtig und sorgen für einen gewissen Wohlstand, deutlich zu erkennen an einigen der Anwesen. Patensie ist ein fantasieloser Versorgungsort, in dem nur die bunten Frühjahrsblumen erfreuen.

Reisepraktische Informationen Baviaanskloof WA, Willowmore

Information
Municipality Tourism Bureau/Baviannskloof Tourist Info, ☏ (044) 923-1702 (Willowmore), ☏ (049) 835-0484 (Steytlerville), www.baviaans.co.za. Infos, Karten zur gesamten Region und Links zu Unterkünften. Auch die Touristenbüros in Uniondale, Patensie

und Humansdorp informieren über die gesamte Region. Unbedingt nach dem Zustand der Piste fragen und Unterkünfte vorher buchen! Für Unterkünfte und Permits im Park ist **Eastern Cape Parks** zuständig. Buchungsstation: Komdomo Camp an der Ostseite des Parks, ☎ (043) 742-4450 oder (043) 701-9600, www.ecparks.co.za.

Unterkunft/Essen und Trinken

In **Willowmore**: Die beste Unterkunft ist **The Old Jail B&B $$–$$$**, Blignaut St., ☎ (076) 792-0622, www.theoldjail.co.za. Drei mit viele Liebe eingerichtete Zimmer am alten Gefängnis. B&B und Selbstversorger. Uriger und schlichter ist **The Willow Historical Guest House $$**, 70 Wehmeyer St., ☎ (044) 923-1574, www.willowguesthouse.co.za. Hier wohnt man in restaurierten Karoo-Cottages. Mahlzeiten werden serviert.
Der **Willowmore Caravan Park** erfüllt ganz einfach seinen Zweck: ☎ (044) 923-1116. Leckere Speisen, auch zum Lunch gibt es in Sophie's Choice an der Knysna Street.
Unterkünfte entlang der Zufahrten zum Park: Die Empfehlung für Nichtcamper ist östlich des Parks das **Tia Ghee Tent Camp $$**, 9 km vor Patensie: Gut ausgestattete Safari-Zelte und Essen auf Voranmeldung. Gut geeignet als Startpunkt von Wanderungen. Zudem geführte Wanderungen: ☎ (042) 283-0739, www.tiaghee.co.za. Westlich des Parkgates, im Tal zwischen Nuwekloof und Sandvlakte empfehlen sich die Selbstversorger-Unterkünfte **Duiwekloof Lodge $$**, ☎ (044) 384-1448, www.duiwekloof.co.za; **Makkedaat Cave $–$$**, ☎ (044) 934-1012, www.makkedaat.co.za – geschlafen wird unter einem ausgebauten Höhlen-Überhang – sowie die **Baviaanskloof Guest Cottages $$**, ☎ (044) 874-3450, www.baviaans.co.za/guestcottages. Die vier Selbstversorger-Cottages beherbergen zwischen 3 und 11 Personen.
Unterkünfte im Park: Die schönsten *Campingplätze* sind **Rooihoek** und **Doodsklip** (nahe Stausee). *Selbstversorgerhütten*: Hier eignen sich die in **Geelhoutbos** am besten, denn von hier beginnt eine schöne, eintägige Wanderung. Toll gelegen ist auch die **Bruintjieskraal Campsite** 35 km westl. von Patensie an der R 332, ☎ (042) 283-0730, www.bruintjieskraal.co.za, neun schattige Plätze und nahe einer Badestelle, aber oft von Gruppen ausgebucht; hier kann es auch laut werden.

Essen und Trinken

Restaurantempfehlungen im Park lassen sich schwer nennen: Einige Farmen und kleine Roadside-Cafés bieten Mahlzeiten entlang des Weges an, sind aber nicht immer geöffnet. Oft muss eine volle Mahlzeit im Voraus angemeldet werden. Vorher in einem der o. g. Touristenbüros erkundigen und grundsätzlich genügend Essen und Trinken mitnehmen.

Uniondale

Uniondale wurde im Anglo-Burischen Krieg als die einzige Stadt Südafrikas berühmt, die von englischen Truppen beschützt wurde. Heute ist es ein landwirtschaftliches Zentrum (Schafe, Äpfel), das sich vorwiegend zum östlich gelegenen Langkloof Valley hin orientiert. Es gibt einige einfache B&Bs sowie gute Infos zum Baviaanskloof im Visitor Bureau. Nennenswert sind die vermeintlich größte **Wassermühle** der südlichen Hemisphäre, in der sich heute ein Restaurant und eine Kunstausstellung befinden, die Aloe-Fabrik (Produktverkauf), die Möbelfabrik (Karoo-Möbel) sowie die **San-Felszeichnungen** in der Umgebung.

Landwirtschaftliches Zentrum

Sehens- und Erlebenswertes zwischen Kapstadt und Port Elizabeth (durchs Landesinnere)

Der letzte Streckenabschnitt beginnt südlich des Uniondale Poort bei **Avontuur**, von wo aus man alternativ über den **Prince Alfred's Pass** direkt zur Garden Route bei Plettenberg Bay bzw. Knysna fahren kann. Diese Strecke ist bei trockenem Wetter für alle Fahrzeuge zu bewältigen, erfordert jedoch Geduld.

Reisepraktische Informationen Uniondale und Umgebung

Information
Tourism Bureau, Voortrekker St., ☎ (044) 752-1266, www.uniondale.co.za.

Unterkunft
**Eagle Falls $$**, 34 km südwestl. von Uniondale an der Piste, die nördlich parallel zur N 9 durchs Kammanassie Valley führt, ☎ (044) 745-1122, www.eaglefalls.co.za. Toll gelegene Selbstversorger-Hütten und ein Haupthaus mit 5 Zimmern. Der Clou ist die Hütte hoch über einer Klippe mit Blick auf den Wasserfall ($$$)! Von den anderen Zimmern aus schaut man auch ins Tal und auf die Berge dahinter. Abendessen und Frühstück sollten angemeldet werden. Es kann auch gecampt werden. Die Wasserfälle stürzen 30 m in die Tiefe. Badegelegenheiten, tolle Wanderrouten. Kein Luxus, dafür Natur pur. An Wochenenden kann es voll und etwas lauter werden! Alternative Anfahrt: Von Oudtshoorn kommend auf der N 9 abbiegen nach Buffelsdrif (zwischen Km-Steinen 41 und 42) und der Piste 10 km folgen, dann an Kreuzung rechts und noch weitere 3 km.

The Cottages Guest House $$, Voortrekker St., ☎ (044) 752-1354, www.uniondale.co.za/cottages. Zentral im Ort gelegene Cottages im Cape-Dutch-Stil. Sehr persönlich geführt. Auf Wunsch (Voranmeldung) werden traditionelle Karoo-Gerichte bereitet. Der Garten lädt zu einer gemütlichen Teepause ein.

Camping
Uniondale Caravan Park, Voortrekker St., ☎ (044) 752-1266, www.uniondale.co.za/caravanpark, einfach.

Langkloof Valley und Joubertina

Fruchtbares Tal

Zwischen Avontuur und Kareedouw erstreckt sich das Kerngebiet des fruchtbaren und weiten **Langkloof Valley**, das für seine Apfelplantagen bekannt ist. Beeindruckend ist die Landschaft während der Apfelblüte (Nov./Dez.). Das Tal war wegen seines warmen Klimas und der guten Böden eines der ersten Inlandgebiete Südafrikas, das landwirtschaftlich genutzt wurde. Die südliche Tsitsikamma-Bergkette schützt es vor kalten Winden und zu viel Regen. Das wird besonders nachmittags deutlich, wenn sich – meist vergebens – eine riesige Wolkenwand vom Meer her über die Berge wölbt, um dann zu versuchen, im Tal abzuregnen.

Mehr oder weniger parallel zur Straße verläuft eine **Schmalspurbahn**. Sie wurde ehemals während der Apfelernte genutzt, doch sie ist mittlerweile, bis auf ganz seltene Ausnahmen, stillgelegt. In **Joubertina**, dem Zentrum des Tals, erinnert eine historische Dampflok am Bahnhof an die besseren Zeiten der Bahn. Die **Little Kloof-**

Haus an der Klippe in Eagle Falls

neck Route, eine anspruchsvolle und landschaftlich beeindruckende Schotterpiste, führt von Joubertina aus in einem 57 km weiten Bogen durch die Berge nördlich des Städtchens.

Reisepraktische Informationen Joubertina

Information
Joubertina Information, *Old Schuur House an der Main Road,* ☏ *(042) 273-1065, www.routes.co.za/ec/joubertina.*

Unterkunft
Wer Ruhe, Farmleben bzw. Natur mag, ist in dieser Region richtig, ansonsten locken eine Autostunde entfernt bereits die Lodges und B&Bs der Garden Route.
Apple Valley Guesthouse $$, *8 km westl. von Joubertina in Krakeel,* ☏ *(042) 274-2259, www.applevalley-guesthouse.co.za.* B&B mit fünf gut ausgestatteten und geräumigen Zimmern. Mitten im Apfelland.

Bei **Kareedouw**, einem kleinen Städtchen, das sich vornehmlich der Holzverarbeitung verschreibt, führt die R 402 zum östlichen Beginn der **Garden Route**. Eine Legende behauptet, ein paar Weiden auf dem Gelände der heutigen Assegaaibosch Lodge bei Kareedouw stammen von Setzlingen, die einst von Napoleons Grab auf St. Helena entwendet wurden.

8. GARDEN ROUTE UND KÜSTENSTRECKE VON PORT ELIZABETH NACH KAPSTADT

Allgemeiner Überblick

Die Kernstrecke folgt ganz einfach der N 2. Der Abschnitt vom Tsitsikamma Coastal National Park (Teil des Garden Route NP) bis Mossel Bay wird offiziell als die **Garden Route** beschrieben, eines der beliebtesten Touristenziele Südafrikas. Manche Quellen dehnen den Begriff *Garden Route* heute aus bis Swellendam bzw. zum Cape Agulhas, dem südlichsten Punkt Afrikas. Ein Highlight ist allemal die gesamte Strecke.

Damit ist dieser Abschnitt eigentlich schon erläutert … wären da nicht die vielen Gelegenheiten zu **Abstechern** von der N 2. Bereits vor **Plettenberg Bay**, einem schön gelegenen, aber sehr stark besuchten Küstenort, zweigen Stichstraßen ab, z. B. in die Berge, entlang der alten N 2 oder auch zum Monkeyland und Birds of Eden. Vor **Knysna** führt eine andere Piste nach Norden durch den **Knysna Forest**, Heimat der legendären Knysna-Elefanten. Zwischen Plettenberg Bay und Riversdale bieten sich immer wieder Gelegenheiten, auf Stichstraßen an die Küste zu fahren. Faustregel: Je weiter der Weg zur Küste, um so einsamer ist diese. Die abwechslungsreiche Landschaft mit den ewig langen Sandstränden und Lagunen, Felsklippen, Flussmündungen sowie den Feuchtwäldern steigt vom Meer aus stark an und wird immer wieder unterbrochen von tiefen und sehr schmalen Schluchten, die die kurzen Flüsse in das Gestein gefressen haben. Erst dahinter thronen die Berge, mit Höhen zwischen 1.400 und 1.700 m. Sie halten 80 % der Niederschlagsmenge der Küste (bis zu 2.500 mm/ Jahr) von der nördlich angrenzenden **Little Karoo** fern.

Auch die Backroads der **Wilderness Area** (Teil des Garden Route NP) zwischen Knysna und George, u. a. die *Old Cape Road*, haben ihre Reize. Nicht zu vergessen die Abstecher zur Straußenstadt **Oudtshoorn**, zu Küstenorten wie Still Bay und Witsand und die Orte entlang der letzten Etappe zwischen dem Walbeobachtungsort **Hermanus** und

Redaktionstipps

Grundsätzlich
- Viele „**Schätze**" entlang der Garden Route liegen an den **wenig befahrenen Seitenstraßen**.
- Mind. **4 Tage Zeit** nehmen.
- **Redaktionstipps** zu PE und zu einzelnen Streckenabschnitten S. 359, 371, 381, 412, 427.
- In der Hochsaison (November–April) **Unterkunft im Voraus** reservieren.
- Die **Wale** zeigen sich nur zwischen Juni/Juli und November.
- Die **Strömungen** im Indischen Ozean können bereits dicht an der Küste tückisch sein! Vorher bei Einheimischen bzw. im Touristenamt erkundigen, wo das Baden sicher ist.

Die schönsten Naturerlebnisse und Parks
- **Addo Elephant NP** (S. 371). Luxuriöser, dafür teurer: **Shamwari GR** und **Amakhala GR** (S. 379).
- **Wale beobachten**: Plettenberg Bay, Witsand, De Hoop Nature Reserve, Hermanus
- Die **Storms-River-Mündung** (S. 387).
- **Backroad-Touren**, z. B. hinauf zum Prince Alfred Pass (S. 397), entlang der Old Cape Road (S. 398) und den Montagu Pass hinauf (S. 418).
- Wale, Dünen und Küstenvegetation im **De Hoop Nature Reserve** (S. 442).

Kulturelle Höhepunkte
- **Bartolomeu Diaz Museum**, Mossel Bay (S. 423).
- Die historischen Gebäude und besonders das Museum in **Swellendam** (S. 436).

Außergewöhnliche Höhepunkte
- Mit dem **Outeniqua Power Van** auf den Montagu Pass (S. 415).
- Mehrtägige, lange im Voraus gebuchte (!) **Wanderungen**: Tsitsikamma Trail (S. 385), Oystercatchertrail (S. 427), Whale Trail im De Hoop NR (S. 444).
- Einen Tag entspannen in einem **B&B** an der kleinen, bezaubernden **Victoria Bay** (S. 409).

Somerset-West. Wer sich mit der kapholländischen Geschichte auseinandersetzen möchte, sollte dem Museum in **Swellendam** einen Besuch abstatten. **Private Game Reserves**, meist nicht weit von der N 2, und die z. T. atemberaubenden **Pässe** ins Inland verlocken ebenfalls zu Umwegen.

Weitere Highlights entlang der Strecke sind die **Seen und Lagunen der Wilderness Area**, das beeindruckende Eisenbahnmuseum in **George**, die Dunenlandschaft des **De Hoop Nature Reserve** sowie an folgenden Punkten die Möglichkeit, zwischen Juli und November **Wale zu beobachten**: Plettenberg Bay, Witsand, De Hoop Nature Reserve und Hermanus.

Interessante Geschichte

Nicht minder interessant und Folge der geografischen Begebenheiten ist die Geschichte der Region. Zuerst lebten hier **Khoi-San**, die sich von der Fischerei, mehr noch von der Jagd und Viehhaltung ernährten. Sie wurden von den Europäern ins Hinterland verdrängt. Mittlerweile hat man erkannt, dass ihrer Geschichte auch eine größere Bedeutung zukommen sollte. Doch immer noch wird hauptsächlich auf die Geschichte der Kolonisation gesetzt: In Mossel Bay erinnert ein großer Museumskomplex u. a. an **Bartolomeu Diaz**, der 1488 als erster Europäer südafrikanisches Land betreten hat. Im **Tsitsikamma Coastal National Park** (Teil des Garden Route NP) fasziniert nicht nur die raue Küste, sondern hier wird anhand der Storms-River-Schlucht und anderer tiefer Schluchten deutlich, warum die ersten Siedler die Küste mieden und durch die trockene Karoo zogen. Die Schluchten, die bis an die Berge rei-

chen, konnten sie mit ihren Planwagen nicht durchqueren, und für den Bau von Brücken fehlten bis ins 20. Jh. Know-how und finanzielle Mittel. Orte wie Knysna konnten über Jahrhunderte nur per Schiff oder umständlich über holprige Pisten erreicht werden. Und wenn es eine Chance gab, auf dem Landweg zur Küste zu gelangen, dann nur über gewagte Passstrecken. Die Geschichte der Besiedlung näher zu betrachten ist maßgebend, um zu verstehen, warum die Garden Route so faszinierend ist.

Besonderer Tipp

Ein besonderes Erlebnis sind **mehrtägige Wanderungen** *entlang der Küste, z. B. über den* **Otter Trail** *(Tsitsikamma), den* **Oystercatchertrail** *(Boggomsbaai) oder im* **De Hoop Nature Reserve***. Die Wandertouren sollten alle jeweils frühzeitig gebucht werden.*

☞ Inlandsstrecke oder in diesem Kapitel beschriebene Route?

1. Man kann den Routenempfehlungen des Buchs folgen und inlands nach Port Elizabeth sowie zurück entlang der N 2 nach Kapstadt.
2. Doch nicht jeder hat Zeit, beide Routen zu fahren. Es besteht die Möglichkeit, von Osten kommend, wie folgt zu fahren: Küstenstrecke bis George – Oudtshoorn – Montagu – Swellendam – De Hoop Nature Reserve – Cape Agulhas – Hermanus – entlang der Küste nach Kapstadt.

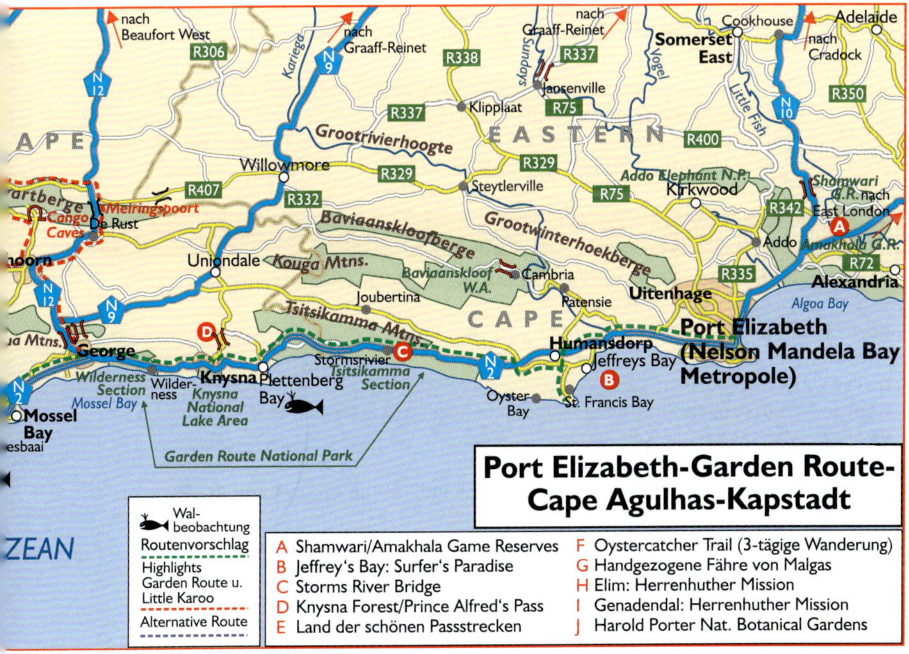

Port Elizabeth-Garden Route-Cape Agulhas-Kapstadt

A Shamwari/Amakhala Game Reserves
B Jeffrey's Bay: Surfer's Paradise
C Storms River Bridge
D Knysna Forest/Prince Alfred's Pass
E Land der schönen Passstrecken
F Oystercatcher Trail (3-tägige Wanderung)
G Handgezogene Fähre von Malgas
H Elim: Herrenhuther Mission
I Genadendal: Herrenhuther Mission
J Harold Porter Nat. Botanical Gardens

Allgemeiner Überblick

Wandern auf dem Oystercatchertrail

 Hinweis
s. auch Kapitel Reiseroutenvorschläge auf S. 135.
Für den Besuch des Addo Elephant NP sowie die Besichtigung einiger Sehenswürdigkeiten in Port Elizabeth sollte man mind. einen Extratag einplanen.

Routenbeschreibung (Garden Route)

Die Hauptroute folgt ganz einfach der N2. Abzweige und Umwege dem Text entnehmen. Dafür bieten sich zahlreiche Möglichkeiten, so z.B. für: Knysna Forest, diverse Passstrecken, Oudtshoorn, Still Bay und Witsand, De Hoop Nature Reserve, Cape Agulhas, Hermanus, Greyton und Genadendal.

 Entfernungen (direkte Strecken)

Port Elizabeth – Addo Elephant Park – Port Elizabeth (inkl. Rundfahrten im Park): ca. 150–170 km
Port Elizabeth – Storms River Bridge: 170 km
Storms River Bridge – Plettenberg Bay – Knysna: 99 km
Knysna – George: 61 km
George – Oudtshoorn (inkl. Cango Caves, Straußenfarm) – **Mossel Bay**: 205 km
George – Mossel Bay: 54 km
Mossel Bay – Swellendam: 170 km
Swellendam – De Hoop Nature Reserve (inkl. Rundfahrt im Park) – **Cape Agulhas**: ca. 145 km
Cape Agulhas – Elim – Hermanus: 120 km
Hermanus – Küstenstraße – Somerset-West – Kapstadt: 133 km
Gesamt (inkl. Addo Elephant NP und Oudtshoorn): ca. 1.200 km zzgl. 300 km für Umwege. Schnellste Strecke zwischen **Port Elizabeth und Kapstadt (N 2)**: 770 km

Sehens- und Erlebenswertes entlang der Küstenstrecke zwischen Port Elizabeth und Kapstadt

Port Elizabeth (Nelson-Mandela-Bay-Metropole)

Port Elizabeth liegt an der Mündung des kleinen Baakens River und erstreckt sich über 16 km entlang der Algoa Bay. Trotz schöner und sicherer Strände bietet die fünftgrößte Stadt des Landes aber relativ wenig. Im Stadtkern gibt es ein paar historische Bauten, doch sieht man ihm sofort an, dass er zu einer Zeit zwischen Hügeln und Meer angelegt wurde, als die jetzigen Ausmaße nicht in Erwägung gezogen wurden. Nahezu dörflich erscheinen die Gebäude und Villen aus der viktorianischen Zeit auf dem 60–90 m hohen Plateau „The Hills" oberhalb der Innenstadt. Das moderne Leben hat ohne Zweifel einen großen Bogen um diese Gegend – immer noch als „Central" bekannt – gemacht. Zu steil waren die Straßen für den Verkehr, zu hoch die Kriminalitätsrate und zu wenig zukunftsweisend die Politik der Stadtväter, als dass „Downtown PE" hätte boomen können. Ganz im Gegenteil: Port Elizabeth hat sich hin zu den Vororten orientiert. Suburbane Shopping Malls, mittelständische Vorstadtsiedlungen, riesige Industrieareale in entfernten Randgemeinden (z. B. Uitenhage) oder inmitten der Hafenanlagen, Strukturen wie in den Umbruchszeiten während der 1970er-Jahre in Amerika haben auch hier ihre Spuren hinterlassen. Am markantesten ist der Beton-Highway, der wie ein Schutzwall Innenstadt und Hafen trennt.

Dörfliche Atmosphäre

Mit Sicherheit ist „**PE**", wie es die Südafrikaner nennen, kein Höhepunkt einer Südafrikareise. Während der letzten Jahre hat sich die touristische Situation nur bedingt verbessert: Die Innenstadtgeschäfte sind in die Malls am Stadtrand abgewandert. Große, historische Gebäudekomplexe in der Innenstadt, wie die ehemalige Post und das Presse-Viertel, wurden von Firmen übernommen, sodass der öffentliche Zugang verwehrt ist. Stadtplanerisch hat sich zudem auch hier an vielen Punkten die langweilige Betonkultur der 1960er/70er-Jahre breitgemacht. Nur weiter nach Osten, in Humewood und Summerstrand, direkt an der Algoa Bay, locken Strand, Casino, Boardwalk Mall, Restaurants und Hotels Besucher an. Die Eisenbahnfahrten mit dem urigen *Apple Express* wurden dagegen aus Geldmangel eingestellt. Zu empfehlen ist ein Besuch des historischen Townships New Brighton mit einer organisierten Tour.

Ein Tag ist also mehr als genug, um das kulturelle Angebot (Red Location Museum, Kunstgalerie, Museen, Opernhaus) zu nutzen, sich die historischen Gebäude anzuschauen und anschließend in die Fluten des Indischen Ozeans zu springen. Tauchinteressierte können um PE viele Tauch-

Redaktionstipps

▶ Das historische **N° 7 Castle Hill Museum** sowie der Blick hinunter vom Campanile-Turm (S. 364).
▶ Im **Museums Complex** beeindrucken Museum und **Snake Park & Tropical House** (S. 365).
▶ Das **Red Location Museum** (Geschichte der Apartheid, S. 366) sowie Besichtigung des **VW-Werkes in Uitenhage** (S. 370).
Am besten wohnt man nahe dem Strand (Humewood, Summerstrand) oder im **Hacklewood Hill Country House** (S. 367)

schulen finden, da das Meer und die Lagunen hier als relativ sicher gelten. Führungen durch die Fabrikanlagen von VW in Uitenhage sollte man vorher anfragen.

Geschichte und Wirtschaft

Als erster Europäer landete **Bartolomeu Diaz** 1488 in der Algoa Bay. Die geschützte Bucht wurde von da an als Ankerplatz genutzt, um Proviant und Trinkwasser zu bunkern. So kamen die Portugiesen und später die anderen europäischen Seefahrernationen regelmäßig in die Bay. Dabei strandeten einige Schiffe und mussten verlassen werden. Heute noch kann man nach ihren Überresten tauchen. Die eigentliche Stadtgründung erfolgte 1799, als die Briten **Fort Frederick** errichteten. Es ist das älteste britische Bauwerk in Afrika südlich der Sahara. Den Anlass bot damals Frankreich, das plante, die Rebellen im Gebiet von Graaff-Reinet zu unterstützen. Von 1817 bis 1850 überwachte das Militär vom Fort aus die Ankunft britischer Siedler. Allein im Jahr 1820 trafen 5.000 Siedler ein. Ihren **Namen** verdankt die Stadt dem damals amtierenden Kap-Gouverneur Sir Rufane Donkin, der 1820 die Siedlung nach seiner zuvor in Indien verstorbenen Frau Elizabeth benannte.

Stadtname

Den Namen **Port Elizabeth** („PE") gibt es noch immer und er steht für die Stadt, für die er schon immer gestanden hat. **Nelson-Mandela-Bay-Metropole** ist die Benennung des städtischen Großraums und damit auch des Verwaltungsgebiets. Dazu zählen neben Port Elizabeth Uitenhage, Despatch, Bethelsdorp, Redhouse, Motherwell u. a. Städte der Region.

Heute ist Port Elizabeth (770.000 Einw.) eine quirlige Industrie- und Hafenstadt, in deren Großraum (Nelson-Mandela-Bay-Metropole) über 1,3 Mio. Menschen leben. Bedeutendste Industrie ist der **Fahrzeugbau** (Ford, GM, VW). Über die Hälfte aller Industriebeschäftigten sind direkt oder indirekt in der Automobilindustrie oder in den Zulieferfirmen tätig. Auch andere Industrien wie Textil-, Möbel- und Konservenfabriken haben sich hier niedergelassen. Bedeutung hat zudem der **Wollhandel**. Die Wollbörse hier ist die größte in Südafrika. Der **Hafen** ist der viertgrößte in Südafrika (nach Durban, Richards Bay und Saldanha Bay). Er verfügt über einen modernen Containerterminal sowie eine große Erzverladestation. Mit dem Ausbau des Tiefwasserhafens **Port of Ngqura** 20 km nördlich hat seine Bedeutung zugenommen. Port Elizabeth ist außerdem Bischofssitz und hat eine **Universität** und ein Technikum.

Viertgrößter Hafen in Südafrika

Sehenswertes in der Innenstadt

Am besten man parkt am Donkin Reserve nahe der Touristeninformation, die sich dort in einem Leuchtturmgebäude befindet.

Donkin Reserve (1)
Die Anlage des offenen, grasbewachsenen Platzes wurde von Sir Rufane Donkin initiiert. Im Gedenken an seine verstorbene Frau Elizabeth, der Namensgeberin der Stadt, ließ er hier eine Steinpyramide errichten. Hauptsehenswürdigkeit des Platzes sind die **Donkin Street Houses** an der Nordseite, erbaut 1860–1870. Sie entstammen der

Donkin Street Houses

ersten Glanzzeit der Stadt, als die britische Kolonialverwaltung begann, sich mehr für Port Elizabeth zu interessieren und Kaufleute größere Summen investierten. Heute beherbergen die in Stufen angelegten Häuser vornehmlich Büros und sind nicht zu besichtigen. Der **Leuchtturm**, der die Touristeninformation, aber auch ein kleines **Militärmuseum** beherbergt, wurde 1861 erbaut.

Auffällig ist das Gebäude des **Edward Hotel** an der Westseite des Platzes. Als Wohnhaus konzipiert, konnte es als erstes mit einer überdachten Ladenzeile aufwarten. Diese diente später als Café und Lounge des Hotels. Vom Donkin Reserve bietet sich ein guter Ausblick über Stadt und Hafen. Zwei Querstraßen nördlich vom Platz sind die restaurierten **Upper Hill Street Houses** in der gleichnamigen Straße zu bewundern.

Ausblick über Port Elizabeth

Market Square (2)

Am Fuße von „The Hills" öffnet sich der Market Square. Hier wird deutlich, wie in den 1960er/70er-Jahren an der Architektur gepfuscht wurde. Neben den lieblosen modernen Bauten finden sich im Umkreis noch einige interessante Gebäude: die alte **City Hall** mit ihrem Uhrenturm (1858–1862), die 1903 erbaute **City Library** (viktorianisches Prunk-Interieur), das **Old Post Office** und ein Stück die Hauptstraße nach Süden die **Feather Market Hall**, seit über 100 Jahren das Konzert-, Veranstaltungs- und Konferenzzentrum der Stadt.

Bemerkenswert sind noch die Replik des **Dias Cross** (in Erinnerung an Diaz, der 1488 die Algoa Bay entdeckte) und das **Monument to Prester John**, ein koptisches Kreuz, das dem damals verehrten Königspriester zu Ehren errichtet wurde. Unter der monströsen Autobahntrasse geht es nun durch ins Eisenbahn- und Hafengebiet.

362 Sehens- und Erlebenswertes entlang der Küstenstrecke zwischen Port Elizabeth und Kapstadt

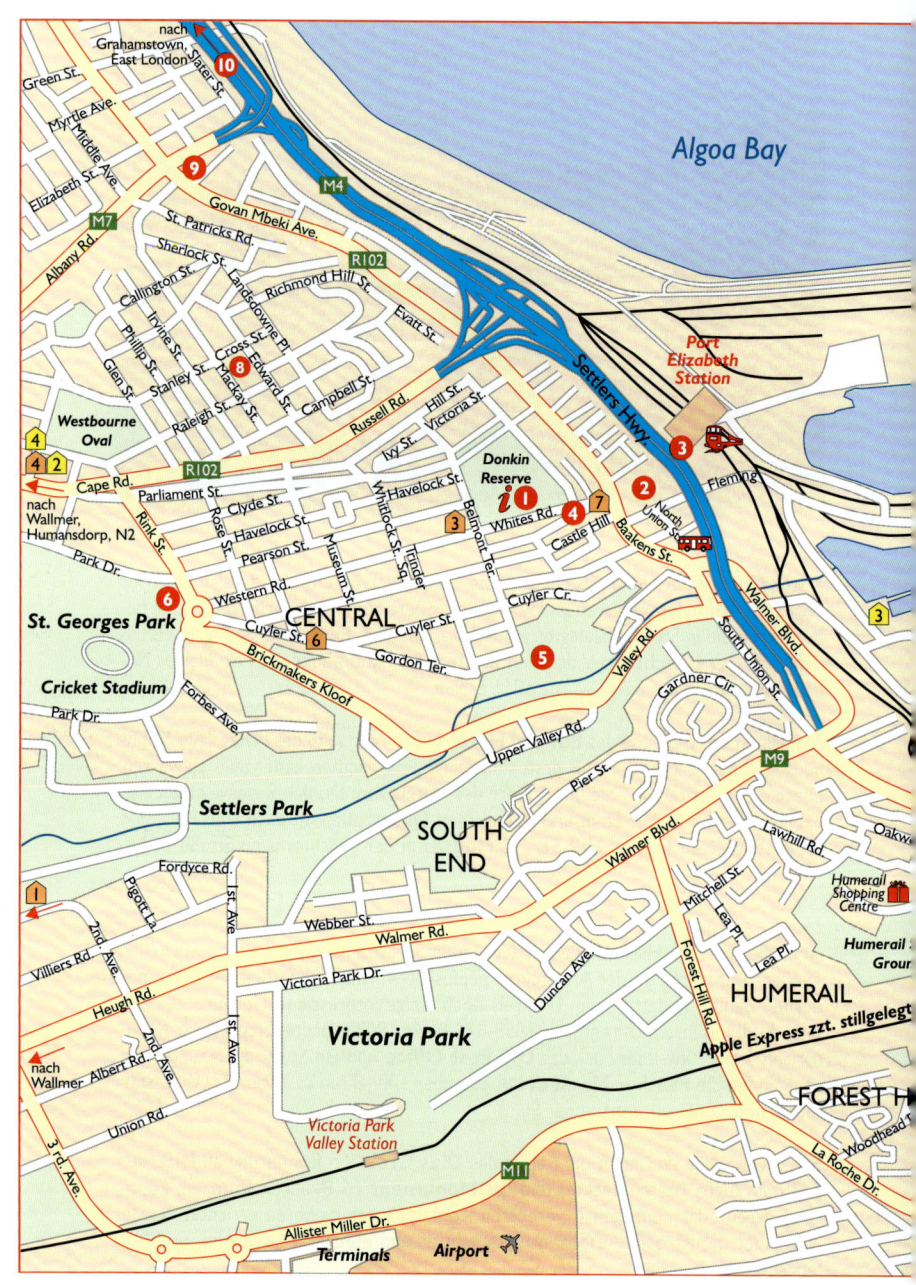

Campanile (3)

Rundumblick

Von diesem Turm aus, der 1923 zum Andenken an die Siedler des beginnenden 19. Jh. errichtet wurde, eröffnet sich ein ausgezeichneter Rundumblick auf die Innenstadt und vor allem den Hafen. Dreimal am Tag läuten die 23 Glocken, währenddessen sollte man sich nicht unbedingt im Glockenturm aufhalten. Das Glockenwerk ist das größte in Südafrika. Für den Aufstieg auf den 52 m hohen Turm gilt es, 204 Stufen zu bewältigen. Zurück geht es wieder den Berg hinauf.

Campanile, *Di–So 9–12.30, 13.30–14 Uhr.*

N° 7 Castle Hill Historical Museum (4)

Das Wohnhaus wurde 1827/28 vom irischen Pfarrer Francis McCleland an dieser Stelle erbaut und gilt damit als eines der ältesten noch erhaltenen Siedlerhäuser der Stadt. Für nur drei Guineas erwarb er das Grundstück von der Stadt unter der Bedingung, hier innerhalb von 13 Monaten ein solides, ansehnliches Haus zu errichten. Als Baumaterial wählte er Sandstein und Gelbholz, was der Verwitterung gut standhalten sollte. 1962 kaufte die Stadt das Haus vom damaligen Besitzer zurück, restaurierte es und bemühte sich, es so einzurichten, wie ein bürgerliches Haus in der Mitte des 19. Jh. ausgesehen haben mag. Beeindruckend ist die Küche im Keller, in der man u. a. eine handbetriebene Waschmaschine bewundern kann. Im Hinterhof befindet sich ein Raum, in dem Spielzeug und Puppen aus jener Zeit ausgestellt sind.

N° 7 Castle Hill Historical Museum, *7 Castle Hill, www.bayworld.co.za, Mo–Do 9–13, 14–16.30, Fr bis 16 Uhr.*

Fort Frederick (5)

Das Steinfort wurde 1799 von den Briten errichtet, um die Mündung des Baakens River zu schützen, vor allem vor den Franzosen. Kampfhandlungen hat das Fort nie erlebt. Namensgeber war Frederick, *Duke of York*. Heute können das Munitionslager und das Wachhaus besichtigt werden sowie die Anlage selbst (Blick über den Hafen).

Fort Frederick, *Belmont Terrace, tgl. Sonnenaufgang bis -untergang.*

Von hier ist es nicht weit zu den **Cora Terrace Houses** in der Bird Street. Diese nach 1856 erbauten Häuser dienten als Truppenunterkunft, die feineren waren die Offiziershäuser. Weiter geht es zum **St. George's Park**.

Hinweis

Wer sich näher mit den historischen Bauten und der Geschichte von Port Elizabeth befassen möchte, kann im Touristenamt das Heftchen **„Donkin Heritage Trail"** *erwerben. In ihm sind 47 historische Gebäude entlang einer 5 km langen Wegstrecke aufgeführt.*

Der Market Square – Mittelpunkt der Stadt

Sehenswertes abseits der Innenstadt

Nelson Mandela Metropolitan Art Museum (6)
Ursprünglich wurde die Galerie einzig als Ausstellungsort für britische Kunst des 19. Jh. genutzt. Heute werden auch Werke von Künstlern aus den Kapprovinzen sowie junge Nachwuchstalente gezeigt. Neben Ölgemälden und Radierungen sind Mixed-Media-Bilder, asiatische Kunstwerke, Keramiken und Video-Art zu sehen. Es gibt auch Sonderausstellungen.
Nelson Mandela Metropolitan Art Museum, *St. George's Park, Park Drive (Central), www.artmuseum.co.za, Mo, Mi–Fr 9–18, Di 13–18, Sa/So 13–17 Uhr.*

Bay World (7)
Der Komplex ist in drei Teile untergliedert:
Main Museum: Besonders die naturwissenschaftliche Abteilung beeindruckt. Sie beschäftigt sich vornehmlich mit der maritimen Tierwelt, es gibt aber auch ausgestopfte Landtiere zu sehen. Das Skelett eines ausgewachsenen Wals veranschaulicht die Größe dieser Säugetiere. In der wissenschaftlichen Abteilung wird erläutert, wie die Meeresströmungen verfolgt werden und welche Auswirkungen sie auf Klima und Umwelt haben. Die anthropologische Abteilung erklärt Lebensweisen der Xhosa, der Bevölkerungsgruppe, die vornehmlich nordöstlich von Port Elizabeth lebt, und erzählt die Geschichte der ersten Menschen an der Algoa Bay.

Naturwissenschaftliche Abteilung

Oceanarium: Hauptattraktion ist das **Delphinarium**, in dem Shows mit Delfinen, Pinguinen und Seehunden vorgeführt werden. Dazu gehört das bedeutende **Delphine Research Center**, das sich entlang der gesamten Küste Südafrikas engagiert. Zahlreiche Fischarten beleben das große und mehrere kleinere Aquarien.

Snake Park & Tropical House: Verschiedene Schlangen bis hin zum riesigen Python können hier bestaunt werden. Im Tropenhaus sind bunte und verschlungene Tropenpflanzen zu sehen, zwischen denen exotische Vögel frei herumfliegen.
Bay World *(Port Elizabeth Museum Complex, Oceanarium, Snake Park & Tropical House), Marine Drive, Humewood, www.bayworld.co.za, tgl. 9–16.30 Uhr.*

Jewish Pioneers' Memorial Museum (8)
Das kleine Museum ist in der Raleigh Synagoge untergebracht, die der jüdischen Gemeinde 1912–1954 als Mittelpunkt diente. Zu sehen sind vor allem Gegenstände aus dem täglichen Leben der Juden am Kap.
Jewish Pioneers' Memorial Museum, *Raleigh St., www.raleighstshul.blogspot.com, nur So 10–12 Uhr.*

Detroit Motor Spirit Classic Car Museum (9)
Eigentlich handelt es sich um eine große Disco-Bar mit Livemusik (Detroit Motor Spirit Club), großen Fernsehern für Sportübertragungen sowie einem Restaurant (Burger, Schnitzel, Steaks und herzhaftes Frühstück). Der Schatz verbirgt sich aber in einem Showroom, wo 22 Autos, zumeist amerikanische „Muscle Cars" aus der Zeit nach 1950, ausgestellt sind.
Detroit Motor Spirit Classic Car Museum, *Albany Rd., Mo/Di 9–18, Mi–Fr 9–23, Sa/So 9–12 Uhr.*

Oldtimerausstellung

Red Location Museum (10)

Geschichte der Apartheid

Wer den Weg hierher gefunden hat, hat bereits einen Eindruck von einem Township erhalten. In diesem hochinteressanten Museum (permanente und Wechselausstellungen) wird die regionale Geschichte der Apartheid, des Widerstands und der Folgen aufgezeigt. Viele Widerstandskämpfer lebten in diesem Township, auch hier gab es scharfe Auseinandersetzungen mit der Apartheid-Polizei. Zum Museum gehört ein Teil der Straße davor, wo noch zu erkennen ist, wie damals die Hütten aussahen. Beim Bau der ersten Blechhütten wurde verrostetes (daher „red") Wellblech verwendet. Dieses haben die Engländer während des Anglo-Burischen Kriegs von 1899–1902 in den Konzentrationslagern von Uitenhage für die Hütten und Zäune benutzt, in bzw. hinter denen sie die burischen Frauen und Kinder gefangen hielten. Anschließend blieb das Wellblech liegen und begann zu rosten. Das Museum ist ein Muss bei einem Besuch in PE. Inklusive An- und Abfahrt sollte man einen halben Tag einplanen.

Red Location Museum, *Ecke Olof Palme/Singaphi Sts., im Township New Brighton, www.freewebs.com/redlocationmuseum, Mo–Fr 9–16, Sa bis 15 Uhr. Anfahrt: Über N 2 in Richtung Grahamstown, Exit 751 ausfahren, geradeaus bleiben, bis nach links die M 4 abzweigt. Über eine Brücke bis zur Grahamstown Rd., dann links abbiegen. Nach 300 m geht es nach rechts – und wieder über eine Brücke – in die Ferguson Rd. Nach ca. 500 m zweigt die Singaphi St. nach rechts ab, der man bis zur Olaf Palme St. folgt.*

Cape Recife

Blick aufs Meer

Ein Ausflug zum Cape Recife führt ganz einfach über die Beach Road nach Süden. Dort, wo die Bebauung endet, liegen bereits ruhige Strände. Kurz vor dem Ziel biegt man nochmals ab und meldet sich für das Nature Reserve an. Ein Stück weiter gibt es ein Infocenter, in dem die Naturgegebenheiten erläutert werden. Der Leuchtturm direkt am Kap kann zu unregelmäßigen Zeiten besichtigt werden. Ansonsten kann man hier den frischen Wind und die Aussicht auf das scheinbar endlose Meer genießen. Folgt man der Hauptstraße weiter in Richtung Westen (Sea View), tauchen hier und dort noch Picknickplätze und Familienresorts auf.

Leuchtturm am Cape Recife

Reisepraktische Infos Port Elizabeth/Nelson-Mandela-Metropole

Information
Nelson Mandela Bay Tourism, *Donkin Reserve im Donkin Lighthouse Building, Innenstadt,* ☎ *(041) 582-2575, www.nmbt.co.za. Informationen, Vermittlung von Unterkünften und Tickets für Veranstaltungen. Der hier erhältliche* **Nelson Mandela Bay Pass** *erlaubt kostenlosen Eintritt zu nahezu allen Attraktionen der Stadt. Am* **Boardwalk** *(Humewood, Ecke Beach Rd./Brookshill) und am* **Flughafen** *gibt es ebenfalls Infostände.*

Wichtige Telefonnummern/Krankenhäuser/Apotheken
Polizei: ☎ *10111*
Notruf/Ambulanz: ☎ *10177*
St. Georges Hospital: *40 Park Drive, Settler's Park,* ☎ *(041) 392-6111*
Netcare Greenacres Hospital: *Ring Rd., Greenacres,* ☎ *(041) 390-7120*
24-Std.-Apotheke: *Mount Road Medicine Depot, Govan Mbeki Ave.,* ☎ *(041) 484-3838*
Deutsches Honorarkonsulat, *s. S. 92.*

Unterkunft
Hacklewood Hill Country House (1) $$$$, *152 Prospect Rd., Walmer,* ☎ *(041) 581-1300, www.africanpridehotels.com/hacklewood-hill-country-house. Vornehme viktorianische Villa, der man ansieht, dass sie beim Bau noch weit vor der Stadt lag. Gemütlicher Garten, Pool, viele Antiquitäten und geräumige Zimmer. Der Clou ist das Fine Dining-Restaurant im Haus.*
The Edward Hotel (3) $$$, *Belmont Terrace, Donkin Reserve, Innenstadt,* ☎ *(041) 586-2056. Tolle Architektur im Edwardian Style (von 1903). Ein Hauch von britischer Kolonialzeit versprüht das Hotel immer noch, es musste aber aus finanziellen Gründen bis auf Weiteres einige der Annehmlichkeiten (Teatime, Lounge Café) aufgeben. Dennoch ein Hotel der besonderen Art.*
Oak Tree Cottage Bed & Breakfast (4) $$, *112 Church Rd., Walmer,* ☎ *(041) 581-6392. B&B in einem vornehmen Wohngebiet. 4 gemütlich eingerichtete Zimmer, z. T. mit eigenem kleinen Garten. Pool. Den Gästen stehen eine Kitchenette sowie eine kleine Bar zur Verfügung. Leckeres Frühstück! Mit dem Auto sind es 10 Minuten zur Innenstadt bzw. zu den Stränden.*

Unterkünfte in Humewood und Summerstrand (5)
Hier findet man, vor allem entlang von **Beach Road** *und* **Marine Drive**, *Hotels und Apartments aller Preisklassen. Sie liegen günstig zum Strand sowie zu Restaurants und bieten ein vernünftiges Preis-Leistungs-Verhältnis. Zu Bedenken ist bei den dort gelegenen Hotels, dass man sich mitten im Geschehen befindet und gerade die dem Meer zugewandten Zimmer gleichfalls zur recht lauten Straße hin liegen.*
The Windermere (2) $$$–$$$$, *35 Humewood Rd., Humewood,* ☎ *(041) 582-2245, www.thewindermere.co.za. Von außen ein unscheinbares, historisches Vorstadthaus. Innen aber mit Geschmack schlicht, modern und mit einem asiatischen Touch eingerichtet. Kleiner Garten im Innenhof. Pool.*
Weitere Empfehlungen:
Das Suiten-Hotel **The Courtyard $$$–$$$$**, ☎ *(041) 583-4655; die* **City Lodge $$–$$$**, ☎ *(041) 586-3322; sowie die* **Road Lodge $$**, ☎ *(041) 583-4404, alle über www.citylodge.co.za.*

Palm Beach Guest House $$$, 4 Scarborough St., Humewood, ☏ (041) 583-2493, www.palmbeach-guesthouse.co.za. Ein gut eingerichtetes Gästehaus nahe Strand und Aquarium, individuell. B&B und Selbstversorger möglich.

The Beach Hotel $$$–$$$$, Marine Drive, Summerstrand, ☏ (041) 583-2161, www.thebeachhotel.co.za. Mehrfach prämiertes Hotel der oberen Mittelklasse. Historische Atmosphäre. Nahe dem Hobie Beach und am Boardwalk Casino. 59 geschmackvoll eingerichtete Zimmer, davon einige mit Blick auf den Ozean. Im Haus gibt es drei Restaurants, darunter das elegente und äußerst beliebte **Ginger Restaurant**.

Humewood Hotel $$–$$$, 33 Beach Rd., ☏ (041) 585-8961, www.humewoodhotel.co.za. Etwas biederer und im Chic der 1950er/60er-Jahre ausgestattet. Einige Zimmer mit Meerblick.

Pine Lodge Holiday Resort & Cape Recife Backpackers $–$$, Alpine Drive (Zufahrt zum Recife Lighthouse), Summerstrand-Humewood, ☏ (041) 583-4004, www.pinelodge.co.za. Resort mit gut ausgestatteten Kiefernholzhütten (Selbstversorger). Nahe dem Strand! Auch Backpacker und Camping. Restaurant und Bar. 10 Autominuten zur Innenstadt.

The Kelway $–$$$, Brookes Hill Drive, Humewood, ☏ (041) 584-0638, www.thekelway.co.za. Das Hotel hat sich augenscheinlich ganz dem Motto Holz verschrieben. Bereits von außen beeindrucken die hölzernen Balkone. Schicke, vernünftig ausgestattete Zimmer, einige mit Blick zum Meer. Mit Restaurant und Swimmpingpool. Nahe Boardwalk, Bayworld und Strand.

Entlang der **Beach Road/Marine Drive** *in Humewood und Summerstrand gibt es weitere Unterkünfte jeder Art (B&Bs, Hotels, Selbstversorger-Apartments etc.). Wer mit Kindern reist, sollte dieses bei der Buchung angeben. Sehr oft schlafen* **Kinder unter 19 Jahren** *kostenfrei in Port Elizabeth!*

Jugendherbergen/Backpacker Lodges

Die genannten und anderen Backpacker-Unterkünfte findet man im Internet unter www.hostelz.com/hostels/South-Africa/Eastern-Cape/Port-Elizabeth

Jikeleza Lodge (6) $, 44 Cuyler St., Innenstadt, ☏ (041) 586-3721. Beliebte Backpacker Lodge. Schlafräume, Doppel- und Familienzimmer. Garten, Tourarrangements zu den Tierparks.

Kings Beach Backpackers (5) $, 41 Windermere Rd., Humewood, ☏ (041) 585-8113. Backpacker Lodge in nettem, altem Wohnhaus, nahe Strand und Bayworld. Vorwiegend Schlafräume und nur 2 Doppelzimmer. Zelten möglich. Touren T(ownship, Bootsfahrten) können arrangiert werden.

PE Backpackers (7), 7 Prospect Hill Rd., Innenstadt, ☏ (041) 586-0697. Backpacker Lodge in über 100 Jahre altem Stadtgebäude. Schlafräume und ein Doppel-/Familienzimmer. Ruhig gelegen in Seitenstraße.

Camping

Entlang dem **Marine Drive** *zwischen Summerstrand und Schoenmakerskop gibt es mehrere Campingplätze direkt am Wasser. Das* **Pine Lodge Holiday Resort** *(s. o.) ist der Tipp, da es am nächsten zur Stadt liegt und direkten Zugang zu einem Strand hat. Positiv zu erwähnen ist auch* **The Willows** *(17 km von Innenstadt, Marine Dr., Willows, ☏ 0861-177-177, www.thewillowspe.co.za). Es ist großzügiger angelegt und direkt am Meer. Rondavel und Hütten verschiedener Größe (2–8 Betten), einige Camping Sites zum Wasser hin (Wind!). Tidenpools.*

Essen und Trinken

Blackbeard's Seafood Tavern (1), *Chapman Manor Hotel, 1 Lady Bea Crescent, Brooke's Hill, Humewood, ☏ (041) 584-0623. Erstklassige Meeresfrüchte, aber auch Fleischgerichte, z. B. Straußensteak. Die Portionen sind groß. Gute Weinkarte. Eines der wenigen überdurchnittlichen Restaurants der Stadt.*

Old Austria (2), *24 Westbourne Rd., Innenstadt, ☏ (041) 373-0299. Rustikale, österreichische Küche (Leberknödel, Jägerschnitzel mit Spätzle), jedoch bekannt wegen seiner exzellenten Fischgerichte. Sehr empfehlenswert.*

De Kelder (1), *Marine Drive, Summerstrand ☏ (041) 583-2750. Gute Fleisch- und Fischgerichte. Ausgesuchte Weinkarte.*

Oystercatcher (3), *Hafengebiet südl. der Innenstadt, ☏ (041) 582-1867. Gute Austern- und Fischgerichte. Rustikal. In dieser Gegend gibt es auch einige Fisch-Snackbuden.*

Natti's Thai Kitchen (4), *5 Park Lane, St. Georges Park, ☏ (041) 373-2763. Täglich Dinner, super Thai-Küche mit entsprechenden scharf gewürzten Speisen. Legere Atmosphäre. Reservierung empfohlen.*

Island Grill & Bar (1), *Alpine/Marine Drive, Pine Lodge Holiday Resort (s. o.), ☏ (041) 583-3789. Leckere Cocktails, gute Fischgerichte und saftige Steaks. Zudem Pubfood (Burger etc.). „Down to Earth" mit Blick auf Dünen und Meer.*

Da die Restaurantszene in PE nicht besonders aufregend ist, kann man getrost auf die Hotel-Restaurants bzw. die günstigen Fisch- und Pubgerichte in den Strandlokalen (z. B. Barney's Tavern, Blue Waters Café, s. u.) zurückgreifen.

Pubs/Livemusik/Nightlife

Am belebtesten und direkt am Wasser gelegen ist **The Boardwalk Beachfront** *(Shark Rock Pier/Humewood Strand) am Marine Drive in Humewood. Hier gibt es einige Bars und Pub-Restaurants (Pubfood, Seafood) mit Außendeck.*

Wer es etwas ruhiger mag, der sollte im **Verandah Restaurant** *im Beach Hotel (s. o.) einen Cocktail trinken und dabei aufs Meer schauen.*

The Blinking Owl *ist ein typisch englischer, und lauter Pub, 306 Cape Rd., in Newton Park (15 Autominuten nördlich der Innenstadt). Etwas „gesitteter" als in der „Blinkenden Eule" geht es im* **The Brazen Head Irish Pub & Restaurant** *zu, Cape Road, Ecke Roseberry Ave., das dichter an der Innenstadt liegt.*

Jeya Jazz Corner Tavern, *Ecke Ferguson/Avenue A, Sheya Kulati Circle, New Brighton, ☏ (041) 454-7567, www.jeyastavern.co.za. Beliebtes Jazzlokal.*

Einkaufen

The Boardwalk, *Marine Drive (zwischen Lodge Rd. u. 1st Ave.), Summerstrand (am Casino). Imposantes Shoppingcenter mit vielen Wasserflächen. Alle bekannten Geschäfte zudem einige Souvenir- und „Strand"-Läden.*

Walmer Shopping Center, *Ecke Heugh Rd./10th Ave., Walmer. Geschäfte aller Art, besonders für den täglichen Bedarf. Wenig Souvenirartikel. Noch größer und beliebteste Mall der Einheimischen ist die* **Greenacre Mall** *in Newton Park/Mount Croix (Cape/Ring Rd.). Die Innenstadt eignet sich kaum für ein Shopping-Erlebnis.*

Touren/Sightseeing

Raggy Charters *organisiert Bootsfahrten in der Algoa Bay (Walbeobachtungen) und zu den Inseln St. Croix, Jahleel und Benton Island (Seehund- und Pinguinkolonien), ☏ (041) 378-2528, www.raggycharters.co.za.*

Die Anbieter von **Township-Touren** wechseln oft, sodass zu empfehlen ist, sich in der Touristeninformation (s. o.) nach aktuellen Anbietern zu erkundigen. Dort gibt es auch die Broschüre „**Culture Vulture Route**", auf der eine Route für Selbstfahrer beschrieben ist, die u. a. auch in Townships führt.
Besichtigung des VW-Werks: Algoa Rd., Uitenhage. Die Fabriktour (Mo–Fr 9 Uhr) dauert 2 Std., muss aber vorher angemeldet werden: ☎ (041) 994-5941/3, www.vw.co.za. Im Auto Pavilion (Mo–Fr 8.30–16, Sa 10–13 Uhr) sind alle VW-Typen ausgestellt, die seit 1951 in Südafrika gebaut bzw. verkauft wurden; hier wird die Geschichte von VW in Südafrika erläutert.

Tauchen
Tauchen in der Algoa Bay ist sehr beliebt. Entsprechend bieten einige Unternehmen Tauchkurse an, z. B. **Pro Dive Scuba Instruction**, Dive Center HQ, 189 Main Rd., Walmer, ☎ (041) 581-1144.

Strände
Die Strandgebiete beginnen ca. 2–3 km südlich der Innenstadt mit dem **King's Beach**. Anschließend folgt der **Humewood Beach**. Beide Strände werden überwacht, besitzen Einrichtungen für Kinder (Pools etc.), sind an Sommerwochenenden dafür aber voll. Ruhiger sind weiter südlich **Hobie Beach** und **Summerstrand**, die sich beide gut für einen Strandspaziergang eignen. Um das Kap herum wird es felsiger, unterbrochen von kleinen Strandabschnitten. **Sardinia Bay** beeindruckt mit seinen Dünen und nur wenigen Menschen.

Verkehrsmittel

Flughafen/Autovermietungen
International Airport, Alister Miller Drive, Walmer (4 km vom Zentrum, 2 km von Humewood). Help Desk, ☎ (041) 507-7319, Fluginfos, ☎ (086) 7277-888, www.acsa.co.za. Für den Transfer in die Stadt stehen keine öffentlichen Busse, aber Taxis und Minibusse bereit. Alle **Mietwagenfirmen** haben am Flughafen Niederlassungen.

Bahnhof/Eisenbahnverbindungen
Bahnhof, östlich der Innenstadt, hinter dem M 4-Highway, ☎ (041) 507-2662. Der **Shosholoza Meyl** verkehrt 3-mal wöchentlich nach Johannesburg, ☎ (086) 000-8888, www.shosholozameyl.co.za.
Der „**Apple Express**", eine historische Eisenbahn, die zwischen Port Elizabeth und Thornhill Village verkehrte, wurde aus Kostengründen eingestellt, doch soll der Betrieb wieder aufgenommen werden. Infos dazu: www.apple-express.co.za. Höhepunkt war die Fahrt über die Brücke über die Van Standens Gorge, die höchste Schmalspurbahn-Brücke der Welt.

Überlandbusse
Busbahnhof, Greenacre Shopping Mall, Ring Rd., Newton Park (3 km vom Zentrum). Alle großen Unternehmen bedienen tgl. die Garden Route bis Kapstadt. Nach Johannesburg verkehrt der Bus meist über Nacht. Buchungen über **Computicket** (☎ 0861-915-8000, http://online.computicket.com/web/) möglich.
Translux, ☎ (041) 392-1303, **Greyhound**, ☎ (041) 363-4555,
Intercape Mainliner, ☎ (041) 586-0055,
BazBus ☎ (021) 422-5202, www.bazbus.co.za.

Regionale Busse

Regionale Kleinbusunternehmen halten am **Bahnhof** bzw. unter der M 4 nahe dem Bell Tower. Die lokalen **Minibusse** haben ihren großen „Stand" an der Strand Street (unter der M 4), nahe der Abzweigung Russell Rd.
Die innerstädtischen öffentlichen Busse werden von der **Algoa Bus Company** bedient, ☏ 080-1421-444, www.algoabus.co.za.

Taxis
Hurters, ☏ (041) 585-5500
Minibustaxis verkehren entlang Humewood Rd./Beach Rd./Marine Drive und halten an den vorgegebenen Busstationen.

Nördlich von Port Elizabeth

Addo (Elephant) National Park

Anfahrt: N 2 in nordöstlicher Richtung bis zur Abfahrt 761, von dort führt die R 335 direkt zur Hauptparkzufahrt (12 km nördlich des Ortes Addo). Fahrzeit/km: 1 Std. von Port Elizabeth/70 km. Main Gate: tgl. 7–19 Uhr, andere Gates (Matyholweni Gate im Süden, Zuurberg Section, bei Kirkwood) schließen meist um 16.30/17 Uhr.

Der Park ist zwischen Darlington im Nordwesten und Kenton-on-Sea im Südosten in sechs Sektionen und die Main Camp Game Viewing Area aufgeteilt. Hinzu kommt die **Marine Section** der Algoa Bay, u. a. mit einigen Inseln. Der Abschnitt des Elefanten-

Redaktionstipps

▶ Die Elefanten im Addo NP sieht man am besten **frühmorgens** oder bei **Sonnenuntergang** an den Wasserstellen.
▶ Auch die **Küstendünen** und die **Berge in den nördlichen Sections** beeindrucken.
▶ **Übernachtung** (S. 376 f.) rechtzeitig buchen! Unkompliziert: **Main Camp/Addo Rest Camp**. Main Camp Game Viewing Area: **Spekboom Tented Camp**. Out of Africa-Feeling: **Gorah Elephant Camp**. Außerhalb des Parks: **Cosmos Cuisine**. Nahe dem Meer: **Dungbeetle River Lodge**.

Elefantenherde im Addo Elephant National Park

Sehens- und Erlebenswertes entlang der Küstenstrecke zwischen Port Elizabeth und Kapstadt

parks wird als **Main Camp Game Viewing Area** bezeichnet. Verwirrend sind oft die verschiedenen Zufahrten und Ausschilderungen. Das o. g. **Main Gate** sollte grundsätzlich das erste Ziel sein. Die Zuurberg, Kabouga und Darlington Sections können mit einem normalen Pkw nur bedingt erkundet werden (Zuurberg Pass, von Norden über R 400, Mvubu Camping Site), auf einigen Abschnitten nur mit Geländewagen. Die **Nyati Section** ist auf Bewohner der dortigen Camps beschränkt. Die mehrteilige **Woody Cape Section** erstreckt sich entlang der Küsten und ist über Colchester, Alexandria und von Kenton-on-Sea erreichbar, von wo aus Pisten in den Park führen. Zum Meer muss man laufen. Die **Colchester Section** erreicht man von Süden über den Ort Colchester, von Norden von der Verbindungspiste zwischen Addo und N 10.

Einige Abschnitte nur mit Geländewagen befahrbar

Die **Addo Main Camp Viewing Area** umfasst 8.600 ha, zuzüglich 15.000 ha der **Zuurberg Section** sowie 30.000 ha der nordwestlichen Sections (**Kabouga, Darlington**). Nach Süden hin ist die **Colchester Section** angegliedert, die stetig mit weiteren Tieren besiedelt wird. Entlang der Küste dehnt sich der Park immer weiter aus. Mittlerweile gehören wunderschöne Küstenabschnitte (samt Ozean) zwischen Colchester und Kenton-on Sea-dazu (**Woody Cape**). Hier beeindrucken vor allem die weißen, riesigen Stranddünen sowie die Lagune des Sundays River.

Heimat der „Big Seven"

Heute kann sich der Park als einziger der „Big Seven" rühmen (Elefant, Löwe, Leopard, Büffel, Nashorn, Glattwal, Weißer Hai). Er zieht sich von der Nama-Karoo nordwestlich des Lake Darlington über die Zuurberg Mountains bis hin zum größten Küstendünengebiet der südlichen Hemisphäre im Südosten, hinzu kommt die Meeresfläche vor der Küste einschließlich Bird und St. Croix Island (auf beiden leben Pinguine).

Geschichte des Parks

Als die ersten Siedler in der Gegend sesshaft wurden, begannen sie, das Land zu roden. Doch sehr bald hatten sie Konkurrenten, die wie sie Besitzansprüche an das Land stellten: Elefanten! Da diese immer wieder angelegte Felder verwüsteten, beauftragte die Kap-Regierung 1919 den Berufsjäger Jan Pretorius damit, die Elefanten auszurotten. Bereits nach einem Jahr waren 120 Dickhäuter erlegt, doch mittlerweile empfand die

Bevölkerung Mitleid mit den Tieren und protestierte gegen weitere Tötungen. Nur elf Elefanten überlebten das Massaker. Diese Tiere waren aufgrund der Verfolgung gereizt und gefährlich. Daher sollte Harold Trollope, der bereits Erfahrungen im Kruger Park gesammelt hatte, ein Schutzgebiet für die Elefanten einrichten. 1931 wurde ein 2.000 ha großer Lebensraum als Nationalpark bereitgestellt, der im Laufe der Jahre auf 8.600 ha anwuchs. Das gesamte Gebiet wurde mit elefantensicheren Zäunen umgeben. Die *Citrus Corporation* lieferte in der Folgezeit ganze Berge verdorbener Orangen an, die den Elefanten sehr gut schmeckten und sie allmählich wieder friedlicher stimmten. Letztendlich hatte das natürlich auch zur Folge, dass diese Elefanten – und auch ihre Nachfahren – sehr auf Zitrusfrüchte ansprechen und gleich am Parkeingang darauf hingewiesen wird, keine Zitrusfrüchte mit in den Park zu nehmen.

Rettungs- aktion für Elefanten

Hinweis
Fahren Sie nicht über **Elefanten-Dung**. *Denn in ihm legen die Dungbeetle (Mistkäfer) ihre Eier ab. Außerdem: Dungbeetle haben immer „Vorfahrt" (entsprechende Schilder beachten!).*

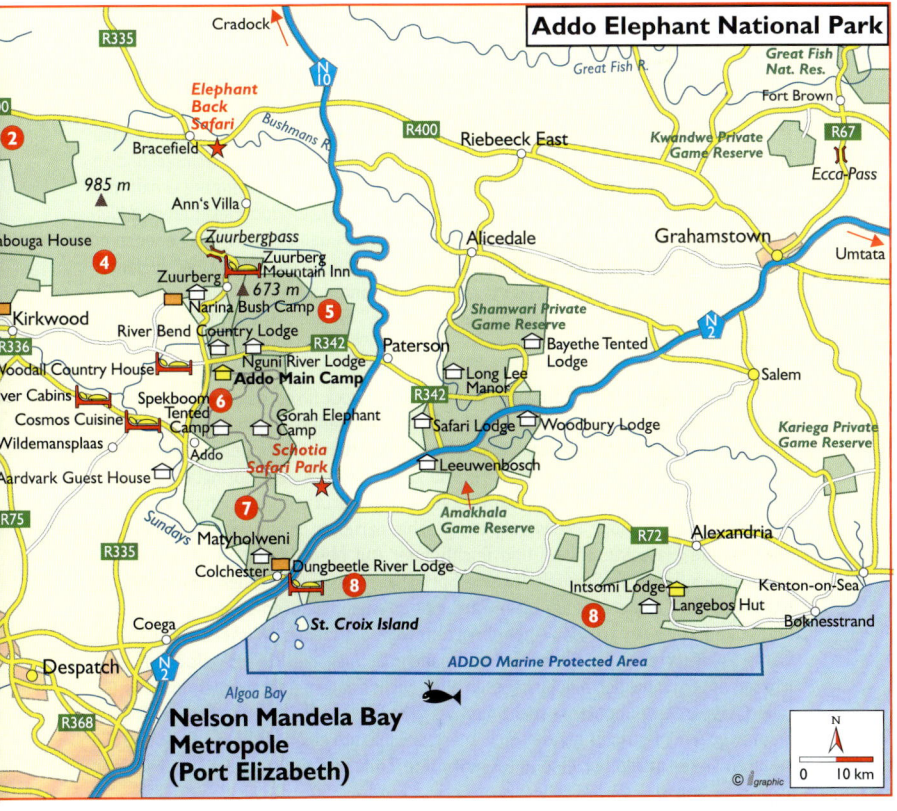

Wasserstelle im Addo Elephant National Park

Main Camp Viewing Area

Mittlerweile ist die Herde wieder auf nahezu 600 Elefanten angewachsen. Entlang einer Rundstraße in der Main Camp Viewing Area, die auf kleine Beobachtungshügel und an Wasserlöcher führt, kann man die Elefanten beobachten. Am Parkeingang erhält man Informationen, wo die Dickhäuter gerade zu finden sind. Die Addo-Elefanten sind kleiner als die in anderen Parks. Da sich die Herde nur aus den ehemals verbliebenen elf Elefanten fortpflanzen konnte, haben sich nur die Gene für die „kleineren" Elefanten durchsetzen können. Zudem bei den weiblichen Elefanten auch nur die, die keine Stoßzähne haben. Mittlerweile wurde der erste „große" Elefant aus dem Kruger Park in eine Herde eingeführt.

Kleine Elefanten

Seit 1961 wurden im Park Schwarze Nashörner (= *Black Rhino*, damals sehr selten zu sehen), Büffel, Kudus, Elenantilopen und andere Savannentiere ausgesetzt. Heute gibt es sogar wieder Löwen, ein paar Hippos und Leoparden (Löwen und Leoparden nur in kleiner Zahl). Weitere Tiere im Park sind Zebras, Hartebeest, Springbok, Schakale und verschiedene Schildkrötenarten. Besonders beeindruckend ist auch die Vielfalt an Vögeln. Es wurden über 170 Vogelarten gezählt, darunter so unterschiedliche Arten wie Strauße, Habichte, Falken und Teichhühner. Auf **Nachtfahrten** kann man mit etwas Glück Erdwölfe, Stachelschweine, Springhasen und Eulen sehen. Am Stausee, in der Nähe des Restaurants am Main Gate, gibt es einen weiteren Beobachtungspunkt, und abends, direkt nach dem Abendbrotzeit, wird ein kleines Wasserloch direkt im Camp angeleuchtet, was Elefanten und manchmal auch die Rhinos anlockt. Nachtfahrten unternimmt der Ranger, müssen aber vorher angemeldet werden. Impalas, Giraffen, Geparden (Cheetahs) sucht man vergebens, denn die hat es in dieser Region niemals gegeben. Fazit: Es handelt sich in erster Linie um einen Elefanten-Park und alle anderen Tiere spielen nur eine untergeordnete Rolle und sind zumeist in nur kleinen Zahlen zu finden.

Die Vegetation besteht aus Kletterpflanzen und Bäumen, wobei kaum ein Baum höher als 4 m ist, da er vorher bereits von den Elefanten gestutzt wurde. Typische Bäume sind der Spekboom, der Karoo Boer Bean und der Guarrie.

Kurze Bäume

Wer gerne wandert und dieses bereits im Park getan hat, sei darauf hingewiesen, dass der Spekboom Trail (12-km-Rundweg, 3–4 Std.) zeitweise nicht zu benutzen ist.

Hinweis
Alle Tierparks in dieser Region sind malariafrei!

In der **Woody Cape Section** gibt es zwei **Wanderwege durch die Welt der Dünen**, den 8 km langen **Dassie Trail** sowie den 36 km langen, zweitägigen **Alexandria Trail**. Letzterer führt auch durch Küstenwälder. Höhepunkt ist die Besteigung einer der bis zu 150 m hohen Dünen. Insgesamt erstrecken sich die Dünenfelder über 50 km und bedecken eine Fläche von 158 km². Die Dünen an der Algoa Bay gelten übrigens als die am schnellsten wandernden Sanddünen der Welt.

Abseits der Touristenpfade

Eindrucksvoll, wenn auch rau und nur für Geländefahrzeuge zugelassen, ist der **Bedrogfontein Trail** im Westen des Parks. Die 45 km lange Strecke führt vom Kabouga Gate (bei Kirkwood) durch Wälder, über die Zuurberg Mountains und hinein in die Nama-Karoo sowie weiter bis zum Darlington Lake. Elefanten gibt es hier nicht, dafür aber Black Rhinos. Länge: 45 km, 5–6 Std Fahrzeit, Anmeldung bei der Parkverwaltung erforderlich. Unbedingt über Pistenzustand informieren! Übernachtungsmöglichkeiten: Kabouga House, Darlington House/Lodge und Mvubu Campsite.

Zuurberg, Kabouga und Darlington Sections

Information
Zuständig ist die Parkverwaltung im Addo Elephant Park. Anfahrt zur Zuurberg Section: R 335, 1,4 km südlich der Main Camp-Zufahrt. Dort abzweigen nach Westen und der Straße in die Berge folgen (ausgeschildert). Gate: tgl. 7.30–16.30 Uhr (variiert). Die Strecken, die weiter in die westlichen Sektionen führen, sind nur für Geländefahrzeuge geeignet.

Dieser Parkabschnitt befindet sich westlich des Main Camp. Wie der Name bereits verrät, handelt es sich z. T. um einen „Bergpark", wobei die Berge eher als hohe Hügel zu bezeichnen sind und deren Vegetation z. T. durch Küsten-Nebelwälder bestimmt ist. Dennoch gibt es auch hier Savannentiere zu sehen. Zusätzlich wurden die gefährdeten Bergzebras ausgesetzt. Die **Zuurberg Section** eignet sich gut für **Wanderungen**. Es gibt einen ein- und einen vierstündigen Trail. Ausritte mit ausgeliehenen Pferden sowie „Elephant Back Safaris", also Elefantenritte, sind möglich. Das historische **Zuurberg Mountain Inn** liegt an einer früher stark frequentierten Passstraße. Nach Westen hin öffnet sich das Gebiet zur Karoo und die Vegetation hat sich den trockeneren Gegebenheiten angepasst. Der **Lake Darlington**, ein Stausee, hat heute den

Wanderungen und Ausritte

gleichnamigen Ort mit Wasser bedeckt. Am See gibt es einfache Hütten für Selbstversorger, weiter südöstlich, in der **Kabouga Section**, befindet sich das besser ausgestattete **Kabouga House** (Steinhaus, nur Selbstversorger) sowie der rudimentär ausgestattete Mvubu Campground.

Reisepraktische Informationen Addo Elephant NP & Umgebung

Information

Der Addo Elephant NP erstreckt sich verwaltungstechnisch mittlerweile vom Darlington Dam im Nordwesten bis hin zur Küste bei Kenton-on-Sea.
Das **Main Visitor Center** befindet sich 12 km nördlich von Addo, nahe der R 335, ☏ (042) 233-8600, Buchung/Infos www.sanparks.org, ☏ (012) 428-9111. Wer von Süden (N 2 bei Colchester) in den Park fahren möchte, kann dieses durch das **Camp Matyholweni-Gate** tun (7–16 Uhr). Öffnungszeiten der anderen Gates aktuell erfragen.
Elephant Back Safaris, Zuurberge, ca. 19 km nördl. des Zuurberg Mountain Inn, ☏ (086) 123-3672, www.aebs.co.za. Elefantenritte sowie komfortable **Cottages** ($$$$$). Anfahrt nur mit 4x4, ansonsten Abholung arrangieren.

Unterkunft

Buchungskontakte für Nationalparks s. o. Buchungen innerhalb von 72 Stunden können direkt über den Park erfolgen.

Unterkünfte im Addo Elephant NP (Abschnitt Main Camp) und in den Nyati, Colchester und Woody Cape Sections
Main Camp, mehrere Selbstversorgerhäuser ($$–$$$), in denen 2–6 Personen unterkommen können sowie Safari-Zelte und Forest Cabins ($$–$$$) für zumeist 2 Personen. Das Main Camp ist das größte Camp im Park. Hier gibt es auch einen Campingplatz, ein Restaurant, ein Geschäft und die Möglichkeit, Ausritte zu buchen. Abends kann man auf der eigenen Veranda sitzen und bisweilen vorbeilaufende Tiere beobachten. Anfahrt über R 335 (12 km nördl. von Addo). Die Empfehlung ist das **Spekboom Tented Camp** ($$–$$$) mitten im Park. Hier übernachtet man in schönen Safari-Zelten.
Camp Matyholweni $$–$$$, ganz im Süden, in der Matyholweni Section. Schöne Lodge mit reetgedeckten Häusern. Zzt. nur für Selbstversorger! Über eine separate Straße erreicht man die zwei exklusiven **Luxuslodges River Bend** und **Nguni River** (beide $$$$–$$$$$, ☏ (042) 235-1022. In der **Woody Cape Section** gibt es sehr einfache Hütten am zweitägigen Wanderweg. Puren Luxus verspricht das **Gorah Elephant Camp** ($$$$$) in der Addo Main Camp Viewing Area. Hier wohnt man in bestens ausgestatteten Safari-Zelten auf einer ehemaligen Farm. Das alte Farmgebäude versprüht einen Hauch von „Out of Africa". Buchung: ☏ (044) 501-1111, www.hunterhotels.com/gorahelephantcamp.

Unterkünfte in den westlichen Sektionen
Zuurberg Mountain Inn/Village $$$, ☏ (042) 233-8300, www.addo.co.za. Anfahrt: den Schildern zum Addo Elephant NP auf der R 335 folgen. 10 km nördl. vom Ort Addo geht nach links eine 16 km lange Piste zum Hotel ab. Das Zuurberg Inn ist ein historisches Hotel, das an der ehemaligen Hauptstraße über die Zuurberge liegt, damals viele Durchreisende verköstigte und ihnen ein Nachtlager bot. Heute besticht besonders die gemütliche Atmosphäre im alten Hauptgebäude (Kaminzimmer, Bar, rustikales und gutes Restaurant) sowie

An der Mündung des Sundays River

die fünf „alten" Zimmer des Hotels. Wichtig: Bei der Reservierung erfragen, ab wann die Parktore geschlossen sind!
Kabouga Guest House $$, einsam gelegenes Selbstversorger-Chalet weitab vom Elefantenpark (1 Std. Fahrzeit vom Main Camp) und nur mit einem Geländewagen zu erreichen. Etwas für Naturliebhaber, aber nicht als herkömmliche Unterkunft geeignet. Es gibt auch eine Campinggelegenheit.
Narina Bush Camp $$, 23 km nördl. des Main Camp. Ein kleines, aber sehr beliebtes Camp mit nur wenigen Safari-Zelten. Selbstversorger. Der sanitäre Bereich muss geteilt werden, kein Strom. Oft lange im Voraus ausgebucht.

Unterkünfte außerhalb des Parks
Vornehmlich in und um den kleinen Ort Addo sowie an der Straße von Addo nach Kirkwood. Seit Jahren lautet hier der Tipp: **Cosmos Cuisine $$$$**, Sunland, ☏ (042) 234-0323, www.cosmoscuisine.co.za. Sehr persönlich geführter Gästehausbetrieb. Ausgesprochen gute Küche. Die Zimmer sind geräumig, z. T. luxuriös eingerichtet und haben alle eine Terrasse. Cosmos Cuisine organisiert Fotosafaris, Touren in den Addo NP und zu privaten Game Reserves (z. B. Schotia, Shamwari, Amakhala), Buschwanderungen, Ausritte, Helikopterflüge u. v. m. Hier muss man zwar etwas mehr bezahlen, aber nach 2–3 Nächten ist man rundum informiert und versorgt worden und hat es sich dabei noch gut gehen lassen Anfahrt: Vom Ort Addo nach Kirkwood (R 336) abbiegen, nach 7,5 km liegt linker Hand das Gästehaus. Falls hier ausgebucht ist, ist man behilflich, eine Übernachtung in einem anderen – ausgesuchten – Gästehaus zu vermitteln.
Woodall Country House $$$$, ☏ (042) 233-0128, www.woodall.addo.co.za. Luxus-Gästehaus mit B&B. Preisgekrönte charmante Unterkunft, auf einer malerischen Zitronenfarm. 5 km vom Park entfernt an der R 335 (nördl. von Addo). Health Spa. Nicht so persönlich wie Cosmos Cuisine und etwas teurer, aber eine Alternative.
Wer nicht so viel ausgeben möchte, dem seien die **Farm Valleyview $–$$**, Addo, ☏ (042) 233-0349, www.valleyview.co.za als B&B-Unterkunft (Working Farm), sowie die **Avoca**

Dungbeetle haben Vorfahrt!

River Cabins $$, 14 km westl. vom Ort Addo an der R 336, ☏ (042) 234-0421, als B&B oder alternativ Selbstversorger-Unterkunft empfohlen. Weitere preiswerte Unterkünfte bieten sich zu Hauf entlang der R 335 an.

Dungbeetle River Lodge $$–$$$, 76 Aqua Vista Crescent, Cannonville/Colchester, südl. der N 2, ☏ (011) 468-0091, www.dungbeetle.co.za. Gästehaus direkt am Sundays River (Blick auf die weißen Dünen der Colchester Section), nahe der Flussmündung. 6 Zimmer. Bootstouren auf dem Fluss können arrangiert werden.

Camping

Im **Addo Elephant NP** gibt es einen Campingplatz, das Campen im Zuurberg-Abschnitt ist dagegen rudimentär. Nahe dem Kabouga Guest House in der gleichnamigen Section gibt es das tolle, aber rudimentäre **Mvubu Camp**.

Einige **Gästehäuser** entlang der R 336 bieten Campingelegenheiten. Einen offiziellen Campingplatz am Ort **Addo** (sauber, aber meist einsam) gibt es auch.

Essen und Trinken

Das **Restaurant im Hauptgebäude des Main Camp** im Addo Elephant NP hat nur zu begrenzten Zeiten geöffnet. Eine rechtzeitige Reservierung macht Sinn, da Bustouren das Restaurant häufig komplett ausbuchen.

Das **Zuurberg Mountain Inn** hat ein gemütliches Restaurant mit typischen südafrikanischen Gerichten. Eine sehr gute Alternative ist **Cosmos Cuisine** (s. o.). Hier muss man sich als Nichthotelgast vorher anmelden! Weitere, z. T. günstige Restaurants gibt es in und um den Ort Addo – ausgeschildert an der R 335.

Private Game Reserves

Besonders östlich des Addo Elephant NP haben sich private Game Reserves angesiedelt. Die drei bekanntesten sind:

Schotia Safaris Private Game Reserve

Anfahrt: N 10, 4 km nördlich des Straßendreiecks N 2/N 10, an der Einmündung der Piste zum Ort Addo.

Hohe Tierdichte

Schotia veranstaltet Halbtagsprogramme zum Thema Großtiere in Afrika. Die Touren durchs Reservat starten um 14.30 Uhr. Man behauptet hier, die höchste Dichte an Tieren in Afrika zu haben, darunter 40 Großsäugetierarten. Die Erläuterungen sind gut, aber die Tierdichte macht nachdenklich. Nach 4 Stunden Fahrt geht es dann in die größte Open-Air-Lapa Südafrikas, wo ein üppiges Mahl (nicht jedem wird nun das Wildgericht schmecken …) gereicht wird. Gegen 21.30 Uhr endet das Programm. Schotia bietet auch einfache Unterkünfte ($$) sowie eine morgendliche Fotosafari in den Addo-Park. Anmeldung: ☏ (042) 235-1436, www.schotia.com.

Shamwari Game Reserve

Anfahrt: *Von Port Elizabeth der N 2 in Richtung Grahamstown folgen. Nach ca. 70 km führt eine Schotterpiste nach Norden zum Reservat (gut ausgeschildert).*

Wer keine speziellen Arrangements getroffen hat, fährt zuerst zur Rezeption im Lee Manor House. Shamwari kann nur besuchen, wer hier auch nächtigt ($$$$–$$$$$)! Das Game Reserve wurde erst 1992 gegründet und ist eine rein private Institution. Der Name stammt aus der Shona-Sprache (*Shamwari* = „Freund"). Auch dieses Reservat hat sich zum Ziel gesetzt, Tiere, die hier einst heimisch waren, wieder in der Region anzusiedeln. Dafür wurden mehrere Farmen aufgekauft. Das Areal umfasst zzt. 20.000 ha, soll aber auf gut 30.000 ha erweitert werden. Mittelfristig sollen der Addo Elephant NP, das Shamwari Game Reserve und andere private Parks der Region eine Einheit bilden (s. unter Addo NP).

Luxuriöse Unterkünfte

Die Größe des Reservats und die mit Vorsicht angelegten schmalen Pisten bringen es mit sich, dass die Game Drives bis zu 4 Stunden dauern. Zu bedenken gilt, dass die Landschaft hier (nahe am Meer, offene Flächen, Hügelland) starken Tagestemperaturschwankungen ausgesetzt ist. Also warme, windfeste Kleidung mitbringen, aber auch Sonnenschutz (Hut, Creme etc.).

Tierwelt: Nahezu alle interessanten Tiere Afrikas gibt es zu sehen: Nashörner (schwarze und weiße), Elefanten, Zebras, Giraffen, Wasserböcke, Flusspferde („Hippos"), Impalas, Gnus, Springböcke, Affen, Strauße und auch Löwen. Zudem beeindruckt eine reichhaltige Vogelwelt. Das Gezwitscher in den Sträuchern sowie die bunten Federkostüme sind kaum zu verfehlen.

Amakhala Game Reserve

Südlich von Shamwari (s. o.) gelegen, bietet das Amakhala Game Reserve etwas günstigere Safari-Erlebnisse. Anders als in Shamwari, wo sich eine große Organisation um die Geschicke kümmert, haben sich hier mehrere Farmen zusammengeschlossen, die inneren Zäune niedergerissen und treten seither gemeinsam auf. Dabei bewirtet jede Farm eigenständig seine Gäste und jede Farm hat ihr eigenes Flair. Da man großenteils mit den Besitzern zusammensein wird, ist in Amakhala alles viel persönlicher. Die zwei- bis dreistündigen Game Drives beginnen i. d. R. um 15 Uhr und führen durch eine bezaubernde Landschaft. Die Farmen südlich der N 2 liegen an der Randstufe zum Bushmans River. Zu erleben gibt es eine Vielfalt an Antilopen, Giraffen, Fischadlern, Kleingetier, Königsfischern, Zebras und auch Büffel, Löwen, Leoparden, Nashörner und Elefanten wurden angesiedelt, sodass die „Big Five" komplett sind. Nach dem morgendlichen Game Drive kann man sich auf eine Flusssafari (1 Std.) begeben, wo Käse und Wein serviert werden und Fischadler zu beobachten sind. Die abendlichen Game Drives sind oft mit einem Dinner am Lagerfeuer verbunden. Die Naturgegebenheiten sind nahezu gleich wie in Shamwari.

Ein Großteil des Tages wird schlafend verbracht

Reisepraktische Informationen Shamwari GR und Amakhala GR

ℹ️ Information und Buchung
Shamwari Game Reserve, ☎ (041) 509-3000, www.shamwari.com
Amakhala Game Reserve, Visitor Center an der N 2, ☎ (046) 636 2750, www.amakhala.co.za

🛏 Unterkunft
Es gibt verschiedene Unterkunftstypen im **Shamwari GR $$$$$**: Vom historischen restaurierten **Long Lee Manor** (Herrenhaus), wo sich das zentrale Büro, ein Restaurant und ein wunderschöner Garten mit Swimmingpool befinden, über restaurierte **Farmhäuser** aus den 1860er-Jahren bis hin zu luxuriösen **Safari-Lodges**, in denen keine Wünsche offen bleiben. Wer in einer kleinen Gruppe reist, kann ein Farmhaus exklusiv mieten. Unterkunft im **Amakhala GR $$$–$$$$$**. Auch hier sind Game Drives und Mahlzeiten dabei. Halbpension ist immer inkl. Am luxuriösesten ist die **Red Valley Bush Lodge** mit strohgedeckten Chalets, Außenduschen, Massageangebot und Wohlfühl-Accessoires. Interessanter ist das **Leeuwenbosch Country House**, wo es Zimmer im historischen Farmhaus, aber auch im umgebauten Stall mit Designermöbeln gibt. Die etwas günstigere **Safari Lodge** verspricht das, was der Name bereits besagt. Sie nächtigen hier in strohgedeckten Chalets. Fragen Sie nach einem Chalet mit schöner Aussicht über das Tal. Wer gerne in einem gut ausgestatteten Safari-Zelt nächtigen möchte, wähle das **Woodbury Tented Camp**. Günstiger und einfacher sind die Zelte im **Quatermain's Camp**.

Südwestlich des Addo National Parks ersteckt sich das **Sundays River Valley** mit seinen riesigen Zitrusplantagen. Um den Bedarf an Wasser zu decken, wurden Kanäle und Tunnel vom Gariep River (Oranje) bis hierher gebaut. Hauptort ist das ländlich-verschlafene **Kirkwood**.

Die Küstenstrecke zwischen Port Elizabeth und George

Die ersten Kilometer westlich von Port Elizabeth sind weniger interessant, und auch nicht die südliche Landstraße über **Sea View**. Der Zeitaufwand für den Umweg lohnt nicht – verglichen mit dem, was da noch kommt. Beeindruckend ist weiter westlich die N 2-Überquerung des **Gamtoos River**, einer der vielen Flüsse, die sich in immer mehr oder weniger gleichen Abständen voneinander in den Indischen Ozean entleeren. Er ist bis hin zum Gourits River der einzige Fluss, der sich im Unterlauf nicht durch harte Felsmassive nagen musste und sein Wasser weit aus dem Inland holt. Kurz hinter der Brücke führt die alte R 102 über einen Pass zum Abzweig an die lagunenartige Mündung des Flusses (**Gamtoos River Mouth**). Die Anfahrt erscheint konfus, denn insgesamt sind es ca. 20 km von der N 2 dorthin, inklusive zweimaliger Unterquerung der Straße. Alternative: Man nimmt die Abkürzung über die 12 km kürzere, holprige Schotterpiste entlang des Flusses (hinter der alten Brücke rechts). An der Flussmündung gibt es weißen Sandstrand, ein Nature Reserve sowie einen Campingplatz. Informationen: www.gamtoosriver.co.za.

Lagunenartige Flussmündung

Jeffrey's Bay/Humansdorp/St. Francis Bay

Diese drei Orte (und noch einige andere) bilden in gewissem Sinne eine Wirtschaftseinheit und sind im Grunde doch sehr verschieden. **Jeffrey's Bay**, der bekannteste, trägt den Beinamen „*Surfer's Paradise*". Denn am sog. *Supertube*, einer Felsrinne vor der Küste, brechen sich elf verschiedene Wellenarten. Jeffrey's Bay wurde zu den zehn Top-Spots fürs Wellensurfen auserwählt. Alljährlich finden hier international Meisterschaften statt. Auch Muschelsammler zieht es hierher, denn die Tide schwemmt bis zu 400 unterschiedliche Muschelarten ans Ufer. Ein Besuch des **Shell Museum** direkt am Infocenter lohnt allemal. Ansonsten ist der Ort eine große Wochenendsiedlung, z. T. mit gediegenen Villen direkt am Meer, andernorts mit einfacheren Apartments und dank einer riesigen Mall am nördlichen Ortsrand im Wachstum begriffen.

Aston Bay, südlich davon wurde bekannt durch die **Marina Martinique**, einer „*Gated Community*" mit Kanälen, Bootsanlegern direkt am Haus und ein paar Restaurants. Auf der anderen Seite der kleinen Dammbrücke erreicht man das verschlafenere **Paradise Beach** mit z. T. noch richtig kleinen Ferienhäusern – zumindest hinter der Küstenlinie.

Der Fischereihafen **Port St. Francis** wird immer mehr durch die hiesige Marina bedrängt. Die anlandenden Fischer müssen zunehmend mit den Freizeitkapitänen um die Plätze streiten. Im Restaurant lässt es sich gut und mit Ausblick speisen. Der Ort **St. Francis Bay** fällt dadurch auf, dass es wohl eine strikte Baurichtlinie gibt: ein Obergeschoss, Reetdach, weiße Außenwände. Vor Ort findet man viele B&Bs, wobei diese nicht immer geöffnet sind.

In **Cape St. Francis** ganz im Süden geht es beschaulich zu. Ozean und Strand haben hier noch Vorrang vor noblen Ferienhausadressen. Das gleichnamige Resort lädt sowohl Camper

Redaktionstipps

▶ Zwischen **zwischen Humansdorp und George** ist der schönste Küstenstreifen an der Garden Route: **mind. 2 Tage Zeit nehmen**. Sehenswürdigkeiten im Gebiet **The Crags** Beachtung schenken (S. 390).

▶ **Für eine Basis entscheiden**, von wo aus das Gebiet erkundet werden kann, z. B. Plettenberg Bay oder Knysna.

Erlebnisse von Humansdorp bis George

▶ **Outdoor-Fans**: im Storms River Village über die Angebote informieren (S. 389).

▶ **Walbeobachtungstouren** in Plettenberg Bay (S. 394).

▶ **Knysna Forest**, Fahrt über den **Prince Alfred's Pass** (S. 396) und entlang der **Old Passes Road** (S. 411).

▶ **Hausboottour** über die Knysna Lagoon (S. 401).

▶ **Kanu-Tour** in der Wilderness Area (S. 409).

Übernachten

▶ **Storms River Mouth Restcamp** (S. 389): Hütten direkt am Meer! **Tranquility Lodge** (S. 388). Geheimtipp: das sympathische **Buffalo Hills Game Reserve** (S. 391); **Hog Hollow Country Lodge** (S. 393) und **Tsala Treetop Lodge** (S. 392); **Fish Eagle Lodge** (S. 402); B&Bs an der **Victoria Bay** (S. 410).

Surfer lieben diese Ecke Südafrikas

als auch B&B- sowie Cottage-Gäste ein. Wer mit Kindern reist, kann hier zu vernünftigen Preisen die wahre Pracht der Gegend genießen. Der Leuchtturm kann nach Absprache besichtigt werden und Surfer lieben auch diese Fleckchen.

Oyster Bay weiter im Westen ist ein vergleichsweise kleiner Ferienort mit begrenzter Infrastruktur für Reisende (gut ausgestatteter Campingplatz und Lodge) sowie einem tollen Strand und Flusslagune. **Humansdorp** schließlich ist das eher langweilige Versorgungszentrum der Region und zugleich Mittelpunkt eines Schafzuchtgebiets. Es weist das triste Ambiente einer typischen südafrikanischen Kleinstadt auf.

Reisepraktische Informationen

Jeffrey's Bay/Humansdorp/Cape St. Francis Bay/Oyster Bay

Information
Jeffrey's Bay: Ecke da Gama Rd./Dromedaris St., ☏ (042) 293-2923; **St. Francis Bay**: Village Center, ☏ (042) 294-0076, www.jeffreysbaytourism.org, www.infojeffreysbay.com.

Unterkunft
Oyster Bay Lodge $$$$, Oyster Bay, ☏ (042) 297-0150, www.oysterbaylodge.co.za. Direkt am Ozean gelegen in einem 235 ha großen Naturreservat. Komfortable und großzügig ausgestattete Häuschen, Restaurant. Auf Wunsch Picknick in den Dünen, Ausritte, Dünensafaris. Ein Ort zum Abschalten!
Dias 15 $$$–$$$$, 15 Dias Rd., Jeffrey's Bay, ☏ (042) 293-1779, www.diaz15.co.za. Nahezu luxuriös eingerichtetes Haus. Direkt an der Stranddüne. Vor allem Zimmer mit Meerblick (es gibt auch welche ohne). Tolles Frühstück, Pool, nahe zu den Restaurants im Ort.
Cape St. Francis Resort $$–$$$, St. Francis Bay, ☏ (042) 298-0054, www.capestfrancis.co.za. Wunderschön gelegenes Resort, direkt hinter dem Strand. Voll ausgestattete Selbstversorger-Cottages sowie Apartments aller Größen. Zudem B&B-Unterkünfte sowie Camping.
Beach Music $$, 33 Flame Crescent, Jeffrey's Bay, ☏ (042) 293-2291, www.beachmusic.co.za. Direkt am Surferstrand „Supertubes" gelegen. Selbstversorger-Apartments. Frühstück wird auf Wunsch zubereitet.
Backpacker-Unterkünfte finden sich besonders in der Ortsmitte von **Jeffrey's Bay**.

Camping
Cape St. Francis Resort, s. o.
Der Campingplatz von **Jeffrey's Bay** liegt ca. 1 km nördl. des Ortskerns an der Da Gama Road, direkt am Wasser, ☏ (042) 293-3330. Achtung, hier kann es sehr windig sein.
Das **Oyster Bay Resort**, ☏ (042) 297-0084, www.oysterbaygetaway.co.za, ist sauber und bietet für alle etwas und ist besonders auf Familien mit Kindern ausgerichtet. 5 Min. zum Strand. Auch Chalets.

Essen und Trinken
Es gibt in allen Orten – besonders aber im Ortskern von Jeffrey's Bay – eine Reihe von „Ferien-Restaurants", die in Ordnung sind, aber durch nichts hervorstechen. Einzig das

Walskipper Restaurant, ☎ (042) 292-0005, an der Marina Martinique sei erwähnt wegen des schönen Blicks auf Hafen und Bucht und des guten Seafoods. Etwas teurer. Unbedingt reservieren.

Für Fine Dining steht das Restaurant **Five Elements**, wo vorwiegend mit lokalen Produkten gekocht wird. Modern und schick, Cape St. Francis, off St. Francis Drive, am St. Francis Airfield, ☎ (042) 294-0868.

Bis nach **Woodlands** tut sich entlang der N 2 nicht viel, und das in diesem Ort angekündigte Informationszentrum für den Nationalpark entpuppt sich eher als Farmstall mit wenigen Souvenirs und einem Café.

 Garden Route National Park

Die ehemals als Wilderness National Park, Tsitsikamma Coastal National Park und Knysna Lagoon/Estuary bekannten Gebiete sowie einige andere Regionen entlang der Küste zwischen Mossel Bay und Port Elizabeth wurden unter dem Begriff **Garden Route National Park** zusammengefasst und werden von der Nationalparkbehörde verwaltet. Im Buch werden oft die alten Bezeichnungen benutzt, da die einzelnen Gebiete zumeist unter den alten Namen fungieren, aber als „Section" (z. B. Tsitsikamma Section) bezeichnet werden.

Was bedeutet „Garden Route"?

Die Definitionen des Abschnitts der „Garden Route" gehen auseinander, wobei man generell davon ausgeht, dass sie im Osten mit der **Tsitsikamma Section** (Teil des Garden Route NP) beginnt und im Westen auf der Höhe **Stilbaai** endet. Andere Quellen nennen **Mossel Bay** oder auch **Swellendam** als westliche Grenze.

Die Bezeichnung „Garden Route" verlockt zu der Annahme, dass man einen Garten Eden voller Blumen und Blütenteppichen vorfindet. Dem ist nicht so. Es gibt natürlich bunte Pflanzen, doch zumeist sind es dunkelgrüne Wälder und vor allem die nur zur Blütezeit farbige Fynbos-Vegetation, die die Flora bestimmen. Die **Bezeichnung „Garden Route" ist historisch zu verstehen**: Für die ersten Europäer war dieses Gebiet im Vergleich zum Binnenland und das, was die Segler auf der Anreise entlang der Küste nördlich von Kapstadt gesehen haben, so herrlich fruchtbar und deftig in den Farben, dass sie es als „Garten" empfanden. Aufgrund der mediterranen Temperaturen, der tropischen Niederschlagsmengen und der Fruchtbarkeit der Böden schien hier alles zu gedeihen. Aber keine Angst: Die Schauer sind zwar heftig und kommen oft, sind aber auch von kurzer Dauer. Oft fallen sie auch nachts. Niederschlagsmengen/Jahr: Tsitsikamma Coastal NP (küstennah): 1.200–1.500 mm, Knysna: 750 mm, De Hoop NR: 380 mm.

Ein **geomorphologisches Problem** stellte sich den ersten Siedlern auf dem Abschnitt zwischen Gourits und Storms River in den Weg: Die Schluchten, die die

Flüsse in die Sedimente der sog. Küstenterrasse gefressen haben, waren zu tief, um sie mit den Ochsenkarren zu durchqueren, und die Berge dahinter zu hoch, um über sie hinwegzukommen. Lange Zeit war das Gebiet um Knysna sinnvoll nur auf dem Seeweg zu erreichen. Die **Schluchten** sind bis zu 230 m tief, obwohl die Flüsse so klein erscheinen. Der Grund liegt in den **Hebungen und Senkungen des Meeresspiegels** während der letzten 150 Mio. Jahre. Es gab Zeiten, da reichte das Meer bis an die heutigen Berge heran, und andere, da lag die Küste bis zu 60 km weit draußen im Ozean.

Auffallend sind die vielen **Kiefern- und Eukalyptusgewächse** an der Garden Route. Einer der ersten Forscher und später auch verantwortlich für die Landwirtschaft und zugleich den Erhalt der Natur entlang der Garden Route war der Franzose François de Vaillant. Um die bereits abgeholzten Areale wieder aufzuforsten bzw. grundsätzlich kahle Regionen zu begrünen, entschied er sich für die großflächige Anpflanzung von widerstandsfähigen Kiefern bzw. schnellwachsenden Eukalyptusbäumen. Heute weiß man, dass die Kiefern für die Bodenversauerung sowie zahlreiche Waldbrände und der Eukalyptus für den hohen Verbrauch an Grundwasser verantwortlich zu machen sind. Die Kiefer gilt als „Feind" der Fynbos-Vegetation.

Was hat die Garden Route touristisch zu bieten? Noch vor den u. g. Aktivitäten steht die Natur im Vordergrund. Die küstennahe Region zeichnet sich durch malerische Buchten, einsame Strände, hohe Kliffe, Felswände und z. T. urweltliche Wälder aus. Aussichtspunkte, Nationalparks, *Scenic Routes*, Wanderwege u. v. m. gilt es zu erleben und erkunden.

Dramatische Küstenlandschaft im Tsitsikamma Coastal NP

Zwei weltberühmte Wanderwege

Der **Tsitsikamma Trail** und vor allem der **Otter Trail** gehören zu den schönsten Wanderrouten des Landes. Für beide Trails gilt eine rechtzeitige Anmeldung (Buchung mehrere Monate im Voraus empfohlen, ab 12 Monate vorher möglich), denn es wird nur eine begrenzte Zahl an Wanderern zugelassen. Die Buchung erfolgt über die Nationalparkbehörden, es empfiehlt sich, gleich Alternativdaten anzugeben.

Otter Trail: Er beginnt am **Storms River Mouth Restcamp**, hat eine Länge von 48 km und endet im Nature's Valley. Der Trail dauert 5 Tage. Unterwegs stehen vier einfache Hütten für die Übernachtung zur Verfügung. Die Etappen sind zwischen 4,6 km (ca. 3 Std.) und 13,8 km (ca. 8 Std.) lang. Es darf nur **in westliche Richtung** gewandert werden. Auf der Wanderung müssen Flüsse durchwatet und Felsen überwunden werden. Die Einsamkeit der faszinierenden Küstenlandschaft belohnt für alle Mühen. Zudem gibt es Gelegenheit zum Schnorcheln.

Tsitsikamma Trail: Dieser Trail ist 72 km lang, beginnt am De Vasselot Campingplatz im **Nature's Valley**. Übernachtet wird in fünf Hütten entlang der Strecke. Er führt durch die Waldareale, vorwiegend unterhalb der Berge, und endet entweder am Tsitsikamma Total Village, am Storms River Village oder am Storms River Mouth Restcamp. Es darf nur **in östliche Richtung** gewandert werden. Gemeinsam mit dem Otter Trail bildet der Wanderweg eine kreisförmige Route.

Voraussetzungen/Ausrüstung/Kleidung
- Wichtig! Eine gute **Gesundheit** ist Voraussetzung.
- Die trockensten Monate sind Juni und Juli.
- **Kleidung**: Regenschutz, Windjacke, mind. eine Ersatzgarnitur normale Kleidung, festes Schuhwerk für die Wanderung, leichte Schuhe für die Camps, langärmelige Hemden als Sonnenschutz, warme Kleidung im Winter bzw. für die Abende, Sonnenhut.
- **Ausrüstung**: Wetterfester Rucksack, wasserdichte Säcke, Schlafsack, 2 Wasserflaschen, Waschzeug, Handtuch, Campingkocher, -töpfe und -geschirr, Becher, Besteck, Streichhölzer, Taschenlampe, Kerzen.
- **Kalorien- und vitaminreiche Nahrungsmittel**: Nudeln, Instantsuppe, Schokoriegel, getrocknete Früchte, dehydrierte Fertiggerichte, Obst, Tomaten, Kaffee/Tee, Milchpulver, Energiedrinks.
- Sonstiges: Badezeug, Sonnenbrille, Sonnencreme, kleines Erste-Hilfe-Set, evtl. Schnorchelutensilien (Maske, Flossen).

Doch nicht jeder möchte bzw. kann sich diesen Strapazen hingeben. Daher hat man für die nicht ganz so Sportlichen den **Dolphin Trail** ins Leben gerufen. Er ist nur 20 km lang und schließt drei komfortable Übernachtungen in Lodges/Gästefarmen ein. Zudem wird das Gepäck immer zum nächsten Lager gebracht. Die Wanderung beginnt am Storms River Mouth Camp, führt nach Osten entlang der Küste bzw. durch die Tsitsikamma-Wälder und endet am letzten Tag in einer Lodge mit Wellnessangebot. Obwohl weniger anstrengend, sollte man auch für diesen Trail entsprechend ausgerüstet und vorbereitet sein. Eine gewisse Kondition und Wanderlust sind ebenso Voraussetzung. Infos: ☎ (042) 280-3588, www.dolphintrail.co.za.

Tsitsikamma Section (Teil des Garden Route NP)

Der Name stammt aus der Khoi-Sprache und bedeutet klares oder sprudelndes Wasser. Beide Parkareale umfassen einen schmalen, 113 km langen Abschnitt entlang der Küste. Das Gebiet ist gekennzeichnet durch dichte Wälder mit z. T. sehr altem Baumbestand, hohem Regenfall, vielen Bächen und Flüssen, Schluchten sowie einer malerische Steilküste. Die Hauptattraktionen sind die **Storms River Gorge** (Ausblick von der Storms River Bridge), der **Storms River Mouth**, die Küstenwanderwege und der Strand am Nature's Valley. Doch die wahre Schönheit und grandiose Natur dieser Landschaft bleiben nur dem Wanderer vorbehalten:

Sehenswertes (von Osten nach Westen)

Auf den ersten Kilometern führt die N 2 durch unspektakuläre Waldregionen und passiert dabei die beliebte **Tsitsikamma Lodge**. Kurz darauf erreicht man die 192 m lange **Storms River Bridge** (ehem. *Paul Sauer Bridge*). 1956 erbaut, war die Brücke die erste ihrer Art und führt in 139 m über die schmale Schlucht. Ein Spaziergang über die Brücke verdeutlicht, welche Meisterleistung die Ingenieure damals vollbracht haben. Das **Tsitsikamma Total Village** direkt hinter der Brücke, benannt nach dem Erdölkonzern, beherbergt neben der Tankstelle Snack-Restaurants, Souvenirshops, Outdoor-Anbieter sowie ein kleines Infocenter für den Nationalpark. Gut 3 km weiter führen rechter Hand eine Piste und ein 15-minütiger Waldwanderweg zum **Big Tree**, einem 37 m hohen Yellowwood-Baum (Umfang: 8,5 m, Alter: 800 Jahre).

Meisterleistung der Ingenieure

Das **Storms River Village**, 1 km südlich der N 2, bietet Unterkünfte jeder Art, Geschäfte, aber vor allem Outdoor-Aktivitäten sowie „Holzfäller-Touren". Ehemals führte die ehemalige Hauptstraße hier durch, um sich dann 4 km östlich über den (Old)

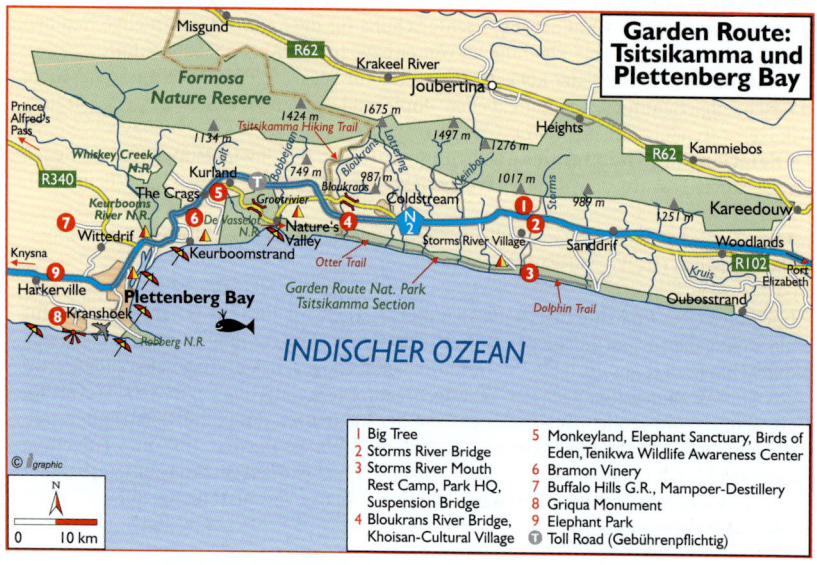

Garden Route: Tsitsikamma und Plettenberg Bay

1 Big Tree
2 Storms River Bridge
3 Storms River Mouth Rest Camp, Park HQ, Suspension Bridge
4 Bloukrans River Bridge, Khoisan-Cultural Village
5 Monkeyland, Elephant Sanctuary, Birds of Eden, Tenikwa Wildlife Awareness Center
6 Bramon Vinery
7 Buffalo Hills G.R., Mampoer-Destillery
8 Griqua Monument
9 Elephant Park
🅣 Toll Road (Gebührenpflichtig)

Storms River Pass und die „Old Bridge" zu quälen. Heute erobern eher Wanderer, Mountainbiker und Geländewagen-Freaks die abenteuerliche Piste.

Das „leicht erreichbare Highlight" der Tsitsikamma Section ist das **Mündungsgebiet des Storms River** („*Storms River Mouth*"), zu dem eine Stichstraße 9 km westlich der Storms River hinunterführt. Die letzten 4 km vor Erreichen des Parkplatzes sind atemberaubend. Zuerst fällt die Straße steil ab zum Meer, dann bieten sich zwei schöne Haltebuchten für den direkten Ausblick aufs Meer an. Am Ende der Straße befinden sich die Parkbehörde, ein Restaurant, ein Geschäft, ein Campingplatz und die beliebten Cottages. Am Tage ist das „Herzstück des Parks" stark besucht, was für eine Übernachtung spricht. Denn in Ruhe abends dem Meeresrauschen zu lauschen und die sich an den Felsen brechenden Wellen zu beobachten ist ein ganz besonderes Erlebnis.

Vom Restaurant aus sollte man eine kurze Wanderung durch einen für die hiesige Küste typischen Feuchtwald unternehmen

Suspension Bridge am Storms River Mouth

(30 Min. je Richtung). Ziel ist die **Suspension Bridge**, eine Hängebrücke über der Mündung des Storms River. Der Weg ist befestigt, jedoch an manchen Stellen steil und etwas mühselig. Wer nicht gut zu Fuß ist, sollte nicht auf die schaukelnde Brücke gehen. Auf der anderen Flussseite führt ein steiler, kaum befestigter Pfad zu einem einmaligen Aussichtspunkt hinauf. Für den Aufstieg (ca. 40 Min.) gilt es, fit zu sein. Hinunter ist es keineswegs einfacher (gutes Schuhwerk, ausreichend Wasser mitnehmen).

Unterhalb des Restaurants legen kleine Boote zu einer Fahrt in die **Storms-River-Schlucht** ab. Die schöne Bootsfahrt vermittelt einen guten Eindruck von den Schluchten entlang der Garden Route. Kajaktouren sowie Touren für Taucher und Schnorchler können ebenfalls gebucht werden.

Zurück auf der N 2 fällt gleich hinter der nächsten Flussüberquerung ein riesiges Sägewerk auf. Bleibt man auf der kostenpflichtigen N 2, taucht ca. 9 km westlich des Abzweigs der R 102 die **Bloukrans Bridge** auf. Mit 216 m ist sie die höchste Brücke entlang der Garden Route und eignet sich hervorragend als Adrenalin-Schocker, selbst für die kühnsten Bungee-Jumper. Eine entsprechende Infrastruktur ist östlich der Brücke eingerichtet: Souvenirläden, Inforaum über den Bau der Brücke, Backpacker Lodge, Aussichtsplattform, Campingplatz etc. Im **Khoisan Cultural Village** wird Kunsthandwerke der Khoi verkauft und etwas zu deren Geschichte erzählt.

Beliebt bei Bungee-Jumpern

Landschaftlich schöner als die N 2 ist die alte R 102, die zuerst nahe des Bloukrans River und dann, nach Durchqueren des Nature's Valley, 25 km vor Plettenberg Bay wieder auf die N 2 trifft. Im Osten führt sie noch durch langweilige Aufforstungsgebiete, um dann am **Bloukrans Pass** (ungeeignet für große Wohnmobile) steil abzufallen und sich durch nahezu unberührte Schluchtenvegetation zu schlängeln. Etwas westlich davon beeindruckt der Ausblick auf die Bloukrans Bridge. Der als *Scenic Drive* ausgewiesene **Marine Drive**, kurz vor der Kreuzung mit der N 2, führt hoch auf die Klippen über dem Meer und bietet spektakuläre Ausblicke.

Scenic Drive

Ein Stück weiter kreuzen sich R 102 und N 2 (die bis zur 2. Einmündung der R 102 nichts zu bieten hat). Nach wenigen Kilometern auf der R 102 wird an zwei Aussichtspunkten (mehr gibt es nicht) deutlich, warum dieses die auserwählte Strecke sein sollte: Die Ausblicke aufs Nature's Valley, die Lagune und das satte Grün im Tal des Groot River sind grandios. Unten angelangt, erreicht man erneut ein Stück Nationalpark: **Nature's Valley/De Vasselot Section**. Hier gibt es einen Campingplatz, kurze Wanderwege und den alles übertreffenden **Strand**. Ein Eldorado für Naturfreunde.

Der Ort **Nature's Valley** mit kleinen B&Bs, einer Lodge und einem Pub-Restaurant wirkt beschaulich. Genießen kann man den schönen Strand, Strandspaziergänge (Empfehlung: Salt River Mouth-Rundwanderweg, ca. 2 Std.) oder eine bis zu 7 km lange Kanutour auf dem Groot River.

Reisepraktische Informationen Tsitsikamma Section & Umgebung

Information

Nationalparkbehörde: *Storms River Mouth,* ☎ *(042) 281-1607, www.sanparks.org, sowie am Eingang zur Nature's Valley Section, (044) 531-6700. Weitere* **Infocenter** *an der Storms River Bridge,* ☎ *(042) 280-3561, und im Storms River Village,* ☎ *(042) 281-1098.*

Unterkunft

Zentrale Buchungsadresse für Nationalparks s. S. 108.
Im **Storms River Village** gibt es eine Reihe von B&B-Unterkünften, Selbstversorger-Hütten, ein Hotel (s. u.) und einen Backpacker (s. u.). Zudem findet sich an der **Bloukrans Bridge** (N 2) ein Backpacker samt Campingplatz.
Tsitsikamma Lodge & Spa $$$–$$$$, *N 2, 8 km östl. der Storms River Bridge,* ☎ *(042) 280-3802, zentrale Reservierung:* ☎ *(046) 624-8525, www.tsitsikamma.com. Rustikal angelegte Holzlodge. Übernachtet wird in separaten Holzhäusern („Log Cabins" mit Blick auf Berge). Pool, Spa, Restaurant, schöne Gartenanlage und Feuerstellen. Nahe einiger Waldwanderwege. Ideal für Familien mit Kindern.*
Misty Mountain Reserve $$$–$$$$, *Blue Lillies Bush-Abzweig, 4 km östl. der Storms River Bridge (den Schildern folgen),* ☎ *(042) 280-3699, www.mistymountainreserve.co.za. Schön oberhalb der Klippen gelegenes Mini-Resort. Tolle Aussichten auf das Meer. Übernachtet wird auch hier in gut ausgestatteten Holzhäusern. Restaurant im Hause.*
Tranquility Lodge $$$, *130 St. Michaels Ave., Nature's Valley,* ☎ *(044) 531-6663, www.tranquilitylodge.co.za. Im Wald, doch direkt hinter der ersten Düne gelegen. Zum Strand sind es 3 Min. Ein idealer Platz zum Ausspannen. Guter Service, exquisites* **Essen** *($$$$, vor-*

her anmelden), Pool, Jacuzzi, schattiger Garten, Kanus für Ausflug in der Lagune. Wer tiefer in die Tasche greifen möchte, kann die tolle Honeymoon Suite buchen.

Tsitsikamma Village Inn $$$, Darnell St., Storms River Village, ☎ (042) 281-1711, www.tsitsikammahotel.co.za. Historische Lodge unter großen, alten Bäumen. Old World Charme. Hier wohnt man in individuellen, historischen Cottages, alle mit eigenem kleinen Garten. Ein Idyll! Mit Restaurant, Pub, Pool.

Dolphin View $$–$$$, Blue Lillies Bush-Abzweig 4 km östl. der Storms River Bridge (den Schildern folgen), ☎ (042) 280-3818, www.dolphinview.co.za. Einfach, aber solide eingerichtete Selbstversorger-Häuser, oberhalb der Klippen mit tollem Blick aufs Meer. Frühstück auf Anfrage. Gutes Preis-Leistungs-Verhältnis.

Storms River Mouth Restcamp $$–$$$**, Tsitsikamma Section, Storms River Mouth, National Parks Board, ☎ (012) 428-9111 (kurzfristige Buchung: ☎ 042-281-1607), www.sanparks.org. Selbstversorger-Hütten für 2–8 Personen. Beeindruckend ist die Lage direkt am Meer, wobei die Einrichtung eher spärlich ist. Nicht täuschen lassen vom Besucherandrang während des Tages. Sind die „Durchreisenden" erst einmal weg, gehört den Gästen das Meer und die Flussmündung ganz allein. Darauf achten, dass man ein Haus direkt am Meer erhält! Wer es einfacher (kein Strom, keine Küche, Gemeinschaftsbäder) haben möchte, bucht eine **Forest Hut ($). Diese liegen teilweise unter Bäumen am Campingplatz. Tipp: Die Hütten 22–27. Rechtzeitig reservieren! Restaurant am Storms River Mouth.

Tsitsikamma Backpackers $, 54 Formosa St., Storms River Village, ☎ (042) 281-1868, www.tsitsikammabackpackers.co.za. Wie der Name bereits verrät: Unterkunft für Rucksackreisende. DZ, Schlafsaal, Selbstversorgerhaus, Camping. Oft ausgebucht.

Camping

Die Campingplätze **De Vasselot Restcamp**, ☎ (044) 531-6700, im Nature's Valley und das **Storms River Mouth Restcamp** gehören zur Nationalparkbehörde. Letzteres kann von sich behaupten, nahezu direkt am Meer zu liegen. Bei der Reservierung nach einem Platz mit Meerblick fragen (Campingplätze/Hütten).

Outdoor-Aktivitäten

Storms River Adventure, Darnell St., Storms River Village, ☎ (042) 281-1836, www.stormsriver.com, hat die Konzession für Outdoor-Aktivitäten im Park (Canopy Tour, s. u., Holzfäller-Fahrt, Cable Slide im Wald u. a.).

Untouched Adventures, am Park Office am Storms River Mouth, ☎ (076) 959-2817, www.untouchedadventures.com, organisiert Bootsfahrten in die Storms-River-Schlucht (Abfahrt/Buchung im Restcamp), Kayaking, Tubing (Traktorreifen), Tauchen und Schnorcheln.

Canopy Tour: Hierbei gleitet man an einer Winde hängend an Stahlseilen entlang, die von Baum zu Baum in 30 m Höhe gespannt wurden. Die Touren dauern 3–4 Std., denn nebenbei wird auch die Flora erläutert. 10 „Slides" werden in Gruppen von bis zu 8 Leuten durchgeführt. Vorher reservieren, da sehr gefragt.

Bungee-Jumping von der Bloukrans Bridge, Reservierung: ☎ (042) 281-1458, www.face adrenalin.com. Über 60-jährige dürfen sogar kostenlos springen.

Storms River Mouth Restcamp

Zurück auf der N 2 gelangt man in ein Gebiet, das als **The Crags** (engl. „Klippen") bekannt ist. Hier haben sich neben den u. g. Parks auch Weingüter (Empfehlung: Bramon Vinery, guter *Sauvignon Blanc*-Sekt, Lunchrestaurant), kunsthandwerkliche Betriebe, Animal Sanctuaries sowie Lodges und Restaurants angesiedelt. Sie machen durch Ankündigungen an der Straße auf sich aufmerksam.

Monkeyland und Birds of Eden

Im naturbelassenen, 12 ha großen **Monkeyland** leben die verschiedensten Affenarten Afrikas und einige anderer Kontinente friedlich zusammen. Eine 45-minütigen Tour führt durch den Park. Dabei werden die Lebensweisen der Tiere eindrucksvoll geschildert. „*Monkeys*" sind übrigens Affen mit Schwanz (zum Steuern beim Fliegen durch die Baumwipfel), während „*Apes*" keinen Schwanz aufweisen (z. B. Schimpansen).

Einzigartiger Vogelpark

Zur Gesamtanlage gehört auch **Birds of Eden**. Der einzigartige Vogelpark ist mit einem relativ weitmaschigen, riesigen Netz überspannt. Dabei wurde die vorhandene Landschaft auf 2 ha abgedeckt. Ein schwieriges Unterfangen, das viel Sorgfalt und Geduld benötigte. Mit wärmenden Dämpfen wird eine Tropenwelt geschaffen, die die buntesten Vögel aus aller Welt beherbergt. Technisch nicht einfach zu bewerkstelligen, denn die kalten Winde an dieser Küste müssen dabei so beherrscht werden, dass die Vögel nicht leiden. Mittlerweile gibt es über 3.000 Vögel, die unter dem Netz leben, darunter Greifvögel wie Adler und Habichte. Es werden Führungen angeboten. Es ist angebracht, festes Schuhwerk anzuziehen, da man, wenn auch zumeist über Boardwalks, ebenfalls durch die Natur läuft. Für beide Parks sollte man inklusive Anfahrt einen ganzen Tag einplanen, ein Restaurant bietet jeweils Speisen und Getränke an.
Monkeyland/Birds of Eden, *15 km östl. von Plettenberg Bay, Kurland-Village-Abzweig nehmen, www.monkeyland.co.za, www.birdsofeden.co.za, tgl. 8–17 Uhr.*

Das **Elephant Sanctuary** gleich neben Monkeyland ist eher etwas für Familien mit Kindern. Hier wird zwar einiges zum Leben und Verhalten der Dickhäuter erläutert, aber im Wesentlichen geht es darum, Elefanten hautnah zu erleben bzw. zu berühren. Dazu stehen Elefantenritte u. Ä. auf dem Programm.

Wildkatzen und Cheetahs

Das **Tenikwa Wildlife Awareness Center** befindet sich ca. 6 km entlang der Forest Hill Road. Das Ehepaar Freeman hat sich zur Aufgabe gesetzt, kleine Wildkatzen sowie Cheetahs zu pflegen bzw. vor deren Ausrottung durch die stürmische Besiedlung der Küste zu schützen. Das große Gehege ist fürwahr mehr als ein Zoo!
Tenikwa Wildlife Awareness Center, ☏ *(44) 534-8170, www.tenikwa.com, tgl.*

Kurz vor Plettenberg Bay und gegenüber dem netten **Farmstall Thyme & Again** führt eine 4 km lange Stichstraße zum **Arch Rock Resort** und dem beliebten Restaurant **Enricos** (s. u.). Von hier und einem Aussichtspunkt entlang der Straße lassen sich gut Wale beobachten. Ein Strandspaziergang führt vom Parkplatz in 40 Min. zum **Arch Rock**.

Stanley Island ist die einzige Privatinsel vor Südafrikas Küste. Die Inhaber errichteten hier ein wahres Naturrefugium. Kanu fahren, Schwimmen, Fischen, Wandern und

Die Küstenstrecke zwischen Port Elizabeth und George

Bootstouren gehören zu den angebotenen Aktivitäten. Die Übernachtung erfolgt in reetgedeckten Häuschen ($$–$$$), und natürlich ist auch ein Restaurant vorhanden. **Stanley Island**, *Anreise über die Keurbooms River Bridge (7 km östl. von Plettenberg Bay), dann anrufen, ein Fährboot wird geschickt. ☎ (083) 2766 929, www.stanleyisland.com.*

Wer vor Plettenberg Bay nach Norden auf die R 340 abzweigt (dort nach ca. 5 km nach Wittedrif abzweigen, kurz darauf nach rechts), gelangt zum 1.200 ha großen **Buffalo Hills Game Reserve**. Hier, am Ende eines Tals und auf den Flächen, wo einst Milchkühe grasten, können heute Zebras, Giraffen und zahlreiche Antilopenarten in (begrenzter) Wildbahn beobachtet werden. Geboten werden Game Drives,

Im Buffalo Hills GR grasen wilde Tiere direkt vor der Haustür

ein schöner Blick von den Unterkünften ($$$, Safari-Zelte, bzw. ehemalige Farmgebäude – gut für Familien, Kleingruppen, s. S. 393) auf die Tierwelt, ein kleines „Schlangen-Krankenhaus" und die **Nyati JJJ Mampoer-Destillery**. Letztere lädt zur Besichtigung mit anschließender Probeverköstigung ein. Achtung! Der Schnaps hat bis zu 60 Vol.-%. Tagesgäste sind ebenfalls willkommen. Reservierungen sind für die Touren erforderlich.

Plettenberg Bay

„Plett", wie es die Südafrikaner nennen, ist einer der beliebtesten Ferienorte des Landes. Kein Wunder, bei der Lage am Hang oberhalb einer tollen Sandstrandbucht. Der Gouverneur Joachim van Plettenberg errichtete hier 1778 ein Seezeichen, um damit den Anspruch der Holländisch-Ostindischen Handelskompanie auf die Bucht zu dokumentieren. Das Zeichen wurde 1964 von der *Historical Monuments Commission* ins South African Cultural History Museum in Kapstadt gebracht. Die Holländer nutzten die Bucht als Hafen für das Verschiffen von Holz aus dem Hinterland, woran heute nur noch Ruinen eines 1788 erbauten Schuppens erinnern. Eines der meistfotografierten Gebäude Südafrikas ist das **Beacon Island Hotel**, an dessen Stelle sich früher eine von Norwegern erbaute Walfangstation befand. Mit dem Abzug der Norweger 1920 begann Plettenbergs Entwicklung zum Freizeitort.

Beliebter Ferienort

Die Meinungen über Plett sind heute geteilt. Für die einen wirkt es zu touristisch und herausgeputzt, für die anderen erfüllen sich hier ungeahnte Urlaubs- und Investitionsmöglichkeiten. Gleich vorweg: Historische Attraktionen sucht man vergebens. Dafür aber locken Unterkünfte aller Preisklassen, die Natur, der bezaubernde Strand, Naturparks und ein großes Angebot an Attraktionen im weiteren Umkreis. Die touristische Infrastruktur ist hervorragend ausgebaut.

Es gibt einiges zu erleben in Plett. Eine Attraktion ist der kilometerlange **Strand**, der auch mit schönen Muscheln aufwarten kann. Ein Erlebnis ist eine eine zwei- bzw. vierstündige Wanderung im **Robberg Islands Nature Reserve** südlich der Stadt, die u. a. zu einer nahezu 2.000 Tiere zählenden Robbenkolonie sowie zur **Nelson Cave** führt. Letztere wurde bereits vor über 100.000 Jahren von Menschen bewohnt. Man nimmt an, dass dort bei der Landung der ersten europäischen Entdecker Khoi lebten.

Robbenkolonie

Old Nick, eine kleine Ansiedlung von Häusern an der N 2, ist mit kunsthandwerklichen Geschäften gespickt. Am interessantesten sind die Webereiprodukte, sowie das Weberei-Museum. Hier wird gezeigt, wie die Webteppiche und -behänge hergestellt wurden und werden.

Der Ausblick vom **Signal Hill** oberhalb des Ortes bietet eine unvergessliche Panoramaaussicht auf Plettenberg Bay und die Küste. Einzigartig sind die ca. 90-minütigen Walbeobachtungstouren (Juli–Nov.), bei denen man nicht nur bis zu vier Walarten zu sehen bekommt, sondern auch Delfine und die Robbenkolonie auf Robberg Island.

Ausflüge ins Umland schließen Touren zur Tsitsikamma Section, zu weiteren Wanderwegen, in die Knysna-Berge, an kaum besiedelte Küstenabschnitte in Richtung Westen sowie in die Crags ein. Wer sich körperlich so richtig verausgaben möchte, der kann für einen Tag auf den nahen Flüssen eine **Kanutour** unternehmen. Achtung! Es ist heiß und wer auf dem Keurboom River paddelt, muss die Tiden mit einplanen.

Reisepraktische Informationen Plettenberg Bay/The Crags

Information
Informationsbude, Main St., nahe Kreisverkehr. Das eigentliche **Plettenberg Bay Tourism Centre** befindet sich um die Ecke in der Kloof St., ☎ (044) 533-4065, www.plettenbergbay.co.za.
Infos zur Region **The Crags**: ☎ (044) 534-8386, www.cruisethecrags.co.za.

Unterkunft
Tsala Treetop Lodge $$$$$, 10 km westl. von Plett, ausgeschildert an der N 2, ☎ (044) 532-7818, www.hunterhotels.com/tsalatreetoplodge. Wald-Lodge der Luxusklasse. Die Zimmer und Chalets sind in den Baumkronen mit Stegen verbunden. Jedes Chalet mit eigenem Kamin und Badewanne. Gute, persönliche Betreuung, aber auch eine der teuersten „Tree Lodges" im Lande.
Beacon Island Resort $$$$–$$$$$, Beacon Island Crescent, auf Insel, Plettenberg Bay, ☎ (044) 533-1120, www.tsogosunhotels.com. Toller Blick von Restaurant, Bar und Terrasse auf die Bucht. Die Zimmer sind normal, also eher klein für den Preis. Das Ambiente ist „floridianisch" geprägt. Die Vorteile liegen in der einzigartigen Insellage und den Ausblicken. Nicht alle Zimmer mit Meerblick!

Hog Hollow Country Lodge $$$$, 17 km östl. von Plett, The Crags, (Ausschilderung an der N 2), dann 1,3 km nach Süden, ☏ (044) 534-8879, www.hog-hollow.com. 16 individuell eingerichtete Zimmer im „African Decor Cottage Style" mit je eigenem Kamin und herrlichen Ausblicken auf das Tal des Matjies River und die Tsitsikamma-Berge. Die leckeren Mahlzeiten werden am Pooldeck oder drinnen im gemütlichen Speiseraum bei Kerzenlicht serviert. Gegessen wird gemeinsam. Die Gastfamilie kümmert sich rührend und hilft bei der Organisation der Erkundungen. Im privaten Nature Reserve gibt es Wanderwege.

Buffalo Hills Game Reserve $$$–$$$$, Anfahrt und Beschreibung s. S. 391, ☏ (044) 535-9739, www.buffalohills.co.za.

The Crescent Country House $$$–$$$$, Piesant Valley Rd., ☏ (044) 533-3033, www.crescenthotels.com. Die plüschig eingerichteten Zimmer sind geräumig, freundlich und haben alle eine eigene Veranda. Gepflegte Außenanlagen. Pool, Restaurant (Landküche). Vom Hotel kann man mit dem Kanu bis zur Meeresbucht paddeln. Fahrradverleih, Wandermöglichkeiten. Angeschlossen ist die nahe **Crescent Lodge $$**, Motel mit 28 Zimmern. Günstig und sauber, dafür liegt der Schwerpunkt auf Zweckmäßigkeit.

La Vista $$–$$$, 17 Rosheen Crescent, Plett, ☏ (044) 533-3491, www.lavista.co.za. Wunderschöner Ausblick, schöne Zimmer, nur 5 Minuten zum Strand und zu diversen Restaurants. Tolles Frühstücksbuffet. 3 Nächte Minimum.

Forever Resort – Plettenberg $$–$$$, Keurbooms Nature Reserve, am Ufer des Keurbooms River: auf der N 2 6 km nach Osten, Abzweig nach links. ☏ (044) 535-9309, www.foreverplettenberg.co.za. Sehr geräumige und saubere Selbstversorger-Chalets inmitten einer wunderschönen Natur (Flussufer). Pool, Kanuverleih, Wanderwege – toll für Outdoor-Orientierte. Schattiger **Caravan- und Campingplatz** direkt am Fluss. Kein Restaurant!

Arch Rock Seaside Accommodation $$ liegt direkt am Wasser, 7 km östl. von Plett abzweigen in Richtung Keurboomstrand, dann Straße 4 km bis ans Ende fahren. ☏ (044) 535-9409, www.archrock.co.za. Häuser für Selbstversorger. Die moderneren stehen in der zweiten Reihe, ganz vorne sind aber die Klassiker … direkt am Strand! Leider sind die Hütten im Sommer oft ausgebucht. Unbedingt vorher reservieren. Hier kann man auch **campen** (Schatten, aber basic).

Backpacker

Albergo for Backpackers $, 6 & 8 Church St., ☏ (044) 533-4434, www.albergo.co.za. Schlafsäle, Einzel- und Doppelzimmer, sauber und zentral gelegen. **Camping** möglich.

Nothando Backpackers $, 5 Wilder St., ☏ (044) 533-02201, www.nothando.com. Schlafsäle, Familien- und Doppelzimmer, nahe zum Hauptstrand.

Bei Ebbe ist der Arch Rock gut erreichbar

⚠️ Camping

Forever Resorts (s. o.). Der beste Campingplatz am Ort. Nahebei, an der Lagune, liegt der große **Keurbooms Lagoon Holiday Resort & Caravan Park**, ☎ (044) 533-2567, www.keurboomslagoon.co.za, dieser ist zwar nicht ganz so schön wie Forever Resorts, aber okay.

🍴 Essen und Trinken

Cornuti al Mare Restaurant, Ecke Odland/Perestrella St., ☎ (044) 533-1277. Beste Pizza der Stadt (dünn und kross). Auch Pasta- und Fischgerichte. Besonders bei jungen Leuten beliebt.

The Lookout Deck, Lookout Beach, ☎ (044) 533 1379. Sehr beliebt zum Frühstücken, für den Sundowner und auch fürs Dinner. Unterhalb des Ortes. Prächtiger Ausblick auf Strand und Ozean. An Speisen gibt es nahezu alles, von Salaten über Burger, Calamari bis hin zu Steaks. Lockere Atmosphäre.

MiVola, Melville's Corner Shopping Center, Main St., ☎ (044) 533-5056. Pub, Restaurant und Sportsbar in einem. Hier gibt's Burger, Steaks, Sushi und Sandwiches, dazu laufend Themenabende. Unkompliziert, Blick von Veranda auf die Main Street.

Enricos, ☎ (044) 535-9818. Nettes, italienisches Ausflugslokal direkt am Keurbooms Main Beach. Kleine und große Speisen (besonders gut: Fischgerichte, Salate und Pizza) auf der Terrasse oberhalb vom Strand. An Wochenenden und während der Ferienzeit recht voll. Anfahrt unter Arch Rock Seaside Accommodation (s. o.).

👁 Delfin- und Walbeobachtung/Touren

Die beste Möglichkeit, Delfine von ganz nah zu erleben, bietet sich auf einer 2-stündigen, geführten Seakayaktour mit **Dolphin Adventures**, Central Beach, ☎ (083) 590-3405, www.dolphinadventures.co.za. Walbeobachtungstouren: **Ocean Blue Adventures**: ☎ (044) 533-5083, www.oceanadventures.co.za. Ocean Blue besitzt ein Permit, um mit dem Boot bis auf 50 m an die Wale heranzufahren.

Townships: KwaNokuthula und New Horizons. Touren und Privatunterkünfte dort vermittelt das Touristenamt.

🛶 Kanutouren

Auf dem nahen Keurbooms River kann man kurze und bis zu 2 Tage dauernde Kanutouren unternehmen. Beiderseits des Flussufers (im Forever Resort sowie gegenüber bei Keurbooms River Feries, ☎ (044) 254-3551) werden Boote verliehen. Wer 2 Tage unterwegs sein möchte, kann über Cape Nature, ☎ (044) 802-5300, Kanus und die Selbstversorgerhütte im Whiskey Creek Nature Reserve buchen. Die Hütte liegt 7 km nördlich der Lagune.

⛳ Golf

Plettenberg Bay Country Club, Piesang Valley Rd., Plettenberg Bay, ☎ (044) 533-2132, www.plettgolf.co.za. 18 Löcher, 5.954 m, Bar, Restaurant. Gilt als einer der landschaftlich reizvollsten Plätze der Garden Route: Große uralte Yellowwoods und Eichen. Viel bergauf und bergab.

🚌 Busse

Haltestelle von **Intercape** und **Greyhound**: Shell Ultra City Tankstelle an der N 2 (2 km in den Ort).

Wale und Delfine: Wussten Sie dass …

- der **Southern Right Whale** (Glattwal) so heißt, weil er genau „richtig" war zum Fangen? Denn nach seiner Tötung blieb er an der Wasseroberfläche, und so konnte man ihn gut an Land ziehen,
- die Kälber des Glattwals in den 3–5 Monaten an der Küste Südafrikas täglich **200 Liter Milch** von den Müttern erhalten, um Kräfte aufzubauen für die Reise zur Antarktis,
- die **Zahl der Glattwale** vor der Küste Südafrikas auf über 3.500 geschätzt wird, mit einer jährlichen Zunahme von ca. 7 %,
- das bei den Walen oft beobachtete Auftauchen und **Schlagen mit der Schwanzflosse** als Kommunikation, Ausdruck der Freude und auch zum Verscheuchen von Parasiten dienen,
- die **Schwimmgeschwindigkeit** eines Wals bei 5–8 km/h und die eines Delfins bei bis zu 35 km/h liegt,
- ein Glattwal frühestens nach 3, im Schnitt nach 5–6 Jahren wieder gebären kann,
- Wale und Delfine **über und unter Wasser sehen** können,
- bezahnte Delfine und Wale hauptsächlich Fische und Tintenfische fressen,
- Delfine und Wale ihre Nahrung vornehmlich mit Hilfe eines **Echosystems** finden. Dabei senden sie hohe Frequenzen aus und erkennen ihre Nahrung durch die Reflexion des ausgesandten Tons. Auf diese Weise können die Tiere bis zu 10 km weit kommunizieren,
- die Lebenserwartung eines Glattwals bei **90–100 Jahren** liegt,
- der **Walfang erst 1986 offiziell verboten** wurde,
- sich **37 Wal- und Delfinarten** vor der Küste Südafrikas aufhalten,

Mehr zu Walen s. S. 68.

Streckenhinweis

Es gibt jetzt drei Möglichkeiten, um nach Knysna zu gelangen:
1) Von Plettenberg Bay nach Westen über die **N 2**.
2) Ein kurzer Umweg führt am Flughafen vorbei (größtenteils Schotterpiste) und weiter über eine Seitenpiste nach **Kranshoek**, von dessen Klippen aus sich ein atemberaubender Ausblick auf den Ozean eröffnet. Hier wurde einer der schönsten Picknickplätze entlang der Garden Route angelegt. Zwei anspruchsvolle **Wanderwege**, der 9 km lange **Kranshoek Coastal Day Walk** sowie der **Harkerville Coast Hike Trail** (24 km, 2 Tage, Buchung über Forststation: ☎ 044-382-5863) erfreuen sich immer größerer Beliebtheit. Kranshoek wurde von Griquas (Nachkommen der Khoi-Khoi) gegründet, als diese vor den immer weiter vordringenden weißen Siedlern eine Nische für sich suchten. Ein Denkmal im Ort erinnert an deren Geschichte.
3) Die umständlichste und längste, dafür ausgefallenste Variante führt über die Berge. Dafür fährt man ein Stück zurück auf der N 2 nach Osten und nimmt dann die R 340, die unterhalb des Prince Alfred's Passes (s. S. 352) auf die R 390 trifft. Diese führt durch den **Knysna Forest** hinab nach Knysna. Während bzw. nach stärkeren Regenfällen gilt es, sich nach dem Zustand der Schotterpiste zu erkundigen.

Weiterfahrt nach Knysna

Entlang der N 2 bis Knysna reihen sich immer mehr „kleine Attraktionen" auf. Es scheint, als wenn der einst so dichte Wald immer häufiger für Farmstalls, weitere Animal Sanctuaries bzw. Unterkünfte freigegeben wird. Im Folgenden seien ein paar der Sehenswürdigkeiten entlang der Strecke genannt. Weitere machen durch Wegweisern auf sich aufmerksam:
- Im **Knysna Elephant Park** *(Touren tgl. 8.30–16.30 Uhr)* widmen sich Harry und Sally, zwei der letzten Knysna-Forest-Elefanten (s. S. 397), sowie etwa sechs andere, zumeist verwaiste Elefanten den Besuchern. Der Park wird besonders Kindern Spaß bereiten, etwa wenn sie beim Füttern helfen dürfen.

Am Noetzie Beach

- Der **Fisant Hoek Scenic Way**, der kurz hinter der Harkerville-Abfahrt nach Norden abzweigt, verspricht bezaubernde Ausblicke, bevor er dann weiter westlich wieder auf die N2 trifft.
- Im **Garden of Eden** gibt es einen Picknickplatz und den Waldlehrpfad **Big Tree**, für den man mind. eine Stunde einrechnen sollte.
- Neben den **Brackenhill Falls** gibt es eine Reihe von kleineren Kaskaden.
- **Noetzie Beach & River** (auch: Knoetzie geschrieben). Eine Stichstraße dorthin geht vor Knysna ab, gegenüber der Einfahrt zur R 339. Auf halber Strecke beeindruckt der Ausblick auf Knysna. Vom Parkplatz oberhalb der Steilküste beginnt ein steiler Abstieg zu einem tollen Strand. Hier fließt der Noetzie River in den Ozean. Idyllisch! Die kleine Bucht ist bekannt wegen seiner drei „Castle", burgähnlicher Gebäude, in denen sich heute Unterkünfte eines Luxusresorts/Golf Estates befinden. Auf der Ostseite des Flusses liegt das kleine **Sinclaire Nature Reserve**.

Abstecher: Knysna Forest und Prince Alfred's Pass

Entlang des „Elephant Walk" – R339 von Knysna nach Avontuur

 Hinweis
Der größte Teil ist Schotterpiste. Für die einfache Strecke bis Avontuur (ca. 80 km) benötigt man 2 Stunden reine Fahrzeit.

8 km östlich von Knysna, mitten im Township, zweigt die R 339 nach Norden ab. Die Straße führt durch den **Knysna Forest** und über die **Outeniqua Mountains**. Sie folgt dabei dem sog. **Elephant Walk**, der Strecke, die die Elefanten vor 200 Jahren auf

der Flucht vor den immer weiter vordringenden Menschen genommen haben. Heute sollen einige wenige Tiere im Wald leben, die aber sehr scheu sind.

Beeindruckend ist die Landschaft, die vornehmlich von Wäldern geprägt ist, die im nördlichen Abschnitt forstwirtschaftlich genutzt werden. Unvergesslich bleiben insbesondere die Ausblicke. Zudem gibt es einige nette Picknickplätze (Tische, Bänke, Grill), besonders schön sind der schattige Dal Van Varings Picnic Spot (nördlich von Diepwalle) sowie der in einem Flusstal gelegene Diep Rivier Picnic Spot 5 km nördlich von De Vlug. Erster interessanter Stopp von Knysna aus ist noch vor Diepwalle der **Big Tree** („**King Edwards Tree**"), ein 650 Jahre alter Yellowwood-Baum. Er ist 39 m hoch und besitzt einen Umfang von 7 m. Ein kurzer Pfad führt in den Wald.

Von Wäldern geprägt

Bei **Diepwalle** kann man durch den Wald über den schmalen **Kom-se-Pad** (s. u.) nach Knysna zurückfahren und einen der **Elephant Walk/Terblans-Wanderpfade** erlaufen (je 6,5–9 km lang, 6–9 Std., vorher anmelden bzw. sich erkundigen). Mann kann auch auf der R 339 bleiben, die nach wenigen ansteigenden Kilometern den o. g. Picknickplatz sowie den atemberaubenden Aussichtspunkt **Spitskop** passiert. Die steile, ca. 1,5 km lange Piste zum Aussichtspunkt hinauf lohnt die Mühe, denn hier oben liegt einem nahezu alles zu Füßen: die Knysna Lagoon, der Indische Ozean, die umliegende Berg- und Tallandschaft. Mit 933 m ist diese Bergspitze die höchste im Umkreis.

Tolle Aussicht

Von hier aus bietet sich die Möglichkeit, nach Knysna umzukehren und 4 km nördlich in **Kruisvallei** auf die ebenfalls schöne **R 340** abzubiegen, die nach Plettenberg Bay führt. Oder aber man fährt von Kruisvallei weiter in Richtung **Avontuur**: In diesem Gebiet sind viele Bäume abgeholzt worden bzw. sind die Neuanpflanzungen noch sehr niedrig. Dadurch eröffnen sich immer wieder atemberaubende Panoramen. Nahezu unbemerkt überquert man dann den von Thomas Bain 1862–1866 erbauten **Prince Alfred's Pass**. Über ihn sowie die **Old Passes Road** wurde Knysna früher vom Land her versorgt. Benannt ist der Pass nach dem englischen Prinzen, der 1867 herkam, um Elefanten zu jagen. Auf halber Strecke über die Passstraße liegt ein nettes Pub-Restaurant, das auch einfache Unterkünfte anbietet.

In **De Vlug** gibt es eine kleine Forellenfarm, und das **Langkloof-Tal** bei Avontuur zeigt sich von einer ganz anderen Seite. Hier ist es warm, um einiges regenärmer und Obstbäume bestimmen das Bild (s. S. 352).

Zurück zur Garden Route führen, abgesehen von der Anfahrtsstrecke, zwei Straßen. Die östliche führt durchs Langkoof-Tal und dann von Kareedouw über die R 402 nach Woodlands, die westliche über den Outeniqua Pass bzw. Montagu Pass nach George.

Knysna und der Coastal Forest

Das südliche Afrika ist überwiegend durch weite, offene Savannenlandschaften charakterisiert. Nur 1 % der Staatsfläche Südafrikas ist mit Wald bedeckt. Die ausgedehntesten Wälder befinden sich in dieser Küstenregion. Sie erstrecken sich auf einer Länge von 177 km zwischen George und Humansdorp und einer durchschnittlichen Breite von 16 km auf der Küstenterrasse zwischen Meer und den Outeniqua sowie Tsitsikamma Mountains. In der Tiefe dieser Wälder gibt es uralte Bäume (bis zu 800 Jahre), Farne, Kletterpflanzen und Wildblumen, denn sie erhalten hier genügend Nie-

Uralte Bäume

Raubbau des Waldes derschlag (mind. 750 mm/Jahr, oft bis zu 1.300 mm). Von Natur aus sind hier Stink- und Yellowwood-Bäume heimisch. Doch als die ersten Europäer das wertvolle Holz für sich entdeckten, begann der Raubbau. Vor allem die uralten Hartholzbäume wurden rücksichtslos gefällt. Das Holz benutzte man zum Bau von Schiffen, später wurden daraus Bahnschwellen hergestellt. 1939 gelang es endlich, die Abholzung unter staatliche Kontrolle zu bringen. Seither regeneriert sich der Wald wieder. Besonders nördlich von Knysna findet man wieder große Areale der ursprünglichen Bäume.

Der **Kom-se-Pad Scenic Drive**, der nördlich von Knysna (über Old Cape Road westl. der Innenstadt) durch die wunderschöne Waldlandschaft von **Gouna und Diepwalle Forest** führt, besticht durch alte Yellowwood-, Stinkwood- und Ironwood-Bäume. 125 Baumarten, zahlreiche Farne, das von den Bäumen hängende Moos („Old Man's Beard") und 35 Waldvogelarten gibt es zu erleben. Der schöne Grootdraai- und andere Picknickplätze sowie die beliebten Wanderwege **Terblans Walk** (Teil des Outeniqua Hiking Trail) sowie die verschiedenen **Elefants Walks** (s. o.) runden das Bild ab. Infos erhält man im Touristenamt bzw. in der Diepwalle Forest Station.

Knysna

Der Name der im Großraum etwa 34.000 (permanente) Einwohner zählenden Kleinstadt stammt aus der Khoi-Sprache. Seine Bedeutung ist nicht ganz geklärt, doch scheint *Knysna* (sprich: *Neiss-na*) so viel zu heißen wie „Ort des Holzes".

An der Einfahrt in die 20 km² große Knysna-Lagune stehen zwei hohe Sandsteinkliffs, als **The Heads** bekannt. Als Gründer des Städtchens (zuerst noch zwei Städte: Mellville und Newhaven) gilt George Rex (1765–1839), der 1797 als hoher englischer Offizier nach Südafrika kam. 1804 kaufte Rex die Farm *Melkhout Kraal,* weitere folgten. Als Rex 1839 starb, besaß er praktisch das ganze Land um Knysna, mehr als 10.000 ha. Rex' Aktivitäten beschränkten sich nicht alleine auf die Landwirtschaft. Er war vielmehr davon überzeugt, dass Schiffe die enge, felsenreiche Passage bei den Heads passieren *Wichtiger* könnten und veranlasste, die Tiefe auszuloten und richtete eine Lotsenstation ein. *Seehafen* 1817 lief die „Podargus" sicher in die Lagune ein. Damit begann Knysnas Aufschwung als Seehafen. Die Holzindustrie entwickelte sich zunehmend, da endlich Transportmöglichkeiten bestanden.

Ein „Goldrush" nördlich von Knysna sorgte 1876 für nur kurze Aufregung. Der Ort Millwood (s. S. 412) wurde so schnell aus dem Boden gestampft, wie er dann auch wieder verlassen wurde. Als 1928 die Eisenbahnlinie die Stadt an die Außenwelt anschloss, verlor der Hafen schlagartig an Bedeutung. Noch heute ist Knysna bekannt für seine Möbel aus Stink- und Yellowwood. Im **Timber Village** (Welbedacht Lane, westlich des Stadtkerns, www.timbervillage.co.za) kann man der Produktion von Holzmöbeln zusehen und Produkte erstehen. Knysna war lange Zeit bekannt für seine **Austern**. Auch wenn es die Austernzuchtstation auf Thesen Island nicht mehr gibt, kann man die Schalentiere immer noch gut in Knysna essen (s. S. 402).

Knysna ist heute eine florierende Stadt, die vor allem vom Tourismus lebt. Hinzu kommen immer mehr ausgesuchte Geschäfte, Kunstgalerien und selbst die Malls zielen in erster Linie auf betuchte Urlauber. Eine Errungenschaft dieses Booms ist die **Knysna Waterfront** (Knysna Quays). Geschäfte (darunter auffällig viele Juweliere) und besonders die vielen und guten Restaurants locken Feriengäste an. Natürlich gibt es auch ein Hotel und eine Reihe von Apartments. Hier starten Bootstouren durch die Lagune und ins offene Meer, z. B. auf einem nachgebauten Schaufelraddampfer. Die schattige **Main Street** (N 2) und ihre Nebenstraßen warten mit zahlreichen viktorianischen und modernen Bauten auf, die Geschäfte, Restaurants, Malls und Stripmalls beherbergen. Die Hektik wird durch den Durchgangsverkehr der N 2 verstärkt.

Knysna Waterfront

Zwei beliebte Festivals sind das **Timber Festival** der Holzfäller um Ostern und das **Oyster Festival** Anfang Juli, bei dem sich alles um die begehrte Auster dreht. Golfer werden es wissen: Knysna verfügt über tolle **Golfplätze**. Der Knüller, wenn auch von vielen Bewohnern und besonders Ökologen bis zur letzten Minute bekämpft, ist der international anerkannte Golfplatz **Pezula Estate** zwischen dem Eastern Head und Noetzie Beach. Wer hier spielt, hat eine grandiose Aussicht auf das Meer. Dafür aber ist die gesamte Region für das normale Publikum gesperrt und selbst in Noetzie wird es selbst den Einheimischen schwer gemacht, sich am eigenen Strand frei zu bewegen. Erst in letzter Minute konnte das Vorhaben einer Golfanlage verhindert werden, Wasser für die Bewässerung der Grüns aus der Noetzie Lagune abzupumpen.

Sehenswertes in und um Knysna (von Osten nach Westen)
Noch bevor man von Osten kommend die Stadt erreicht, weist ein Straßenschild zum Friedhof, wo die letzte Ruhestätte von George Rex (**George Rex Grave**) als Attraktion angekündigt ist. Gerüchte besagen, dass Rex ein unehelicher Sohn von Englands König George III. und einer Quäker-Frau war.

Kurz darauf zweigt eine Straße zu **The Heads** ab, die zuerst nahe der **Mitchell's Brewery** *(Besichtigung Mo–Sa)*, dann am Abzweig zur **Leisure Isle** (Ferienhäuser, kleiner Strand) und kurz vor dem Ziel an der Stichstraße (Coney Glen Drive) zum schönen **Coney Glen Beach** vorbeiführt. Folgt man dieser Stichstraße, die zuerst steil ansteigend zum Gipfel des östlichen „Head" führt, erreicht man über einen kurzen Weg einen **Aussichtspunkt** (ausgeschildert). Von den hölzernen Balkonen aus hat man den wohl besten Blick sowohl auf das Meer und Meerenge zwischen den Heads als auch auf die Lagune selbst.

Blick auf The Heads

Am Parkplatz am Ende der Straße zu den Heads befinden sich zwei Restaurants, ein paar Souvenirgeschäfte, ein Tauchausrüster (auch: Schnorcheln) sowie das kleine **NSRI**

Aquarium *(tgl. geöffnet)* der Küstenschutzbehörde. Es informiert über die Flora und Fauna der Knysna-Lagune. Ein kleiner, etwas beschwerlicher Fußweg entlang der Felsen führt nahezu zur Spitze des östlichen „Head". Von hier aus bieten sich schöne Fotomöglichkeiten (Lagune, Felsen, Leuchtfeuer und Berge im Hintergrund).

Innenstadt

Kulturelle Hauptattraktion

Das Heimatmuseum im **Millwood House** in der Queen Street darf wohl als kulturelle Hauptattraktion angesehen werden. Es wurde aus Yellowwood errichtet und diente als Wohnhaus an den Goldfeldern von Millwood (s. u.), bevor man es auseinandernahm und in Knysna wieder aufstellte. Ihm ist das **Parkes Cottage** (Ecke Queens/Pitt Sts.) als Erweiterung angeschlossen. Beide illustrieren anhand von Fotografien und Artifakten die Geschichte der Stadt. Weiterhin verdienen das **Angling Museum** sowie das **Maritime Museum** (im Old Goal, Ecke Queen/Spring Sts.) Erwähnung, die sich mit dem Angeln, naturwissenschaftlichen Dingen zum Thema Fisch sowie der Geschichte des Hafens beschäftigen. Nicht zu übersehen ist schließlich die 1855 errichtete **St. George's Church** an der Main Street, deren Innenarchitektur auf Yellowwood-Holz beruht. Beachtenswert ist die alte und kleinere Kirche.
Alle o. g. **Museen**: Mo–Fr 9.30–16.30, Sa 9.30–12.30 Uhr.

Das 10 ha große **Pledge Nature Reserve**, 10 Gehminuten nördlich der Innenstadt, sei denjenigen ans Herz gelegt, die sich in Kürze über die Fynbos-Flora der Region informieren möchten. Viele der über 100 Pflanzen- und Baumarten sind hier markiert, und an die 100 Vogelarten sollen hier schon gesichtet worden sein.

Umgebung von Knysna

Die **Knysna National Lake Area** ist ein Naturschutzgebiet, das die Lagune inklusive Estuary, Sümpfen mitsamt Fauna und Flora umfasst. Als Teil des Garden Route National Parks untersteht es der Nationalparkbehörde, die ein **Infocenter** auf der Südwestseite von Thesen Island unterhält (*044-382-2095*). Hier bekommt man Infos über den Knysna Forest, der zur Knysna Lakes Section zählt und in dem es Park-Unterkünfte im Wald (Treetop Forest Chalets, Camping-Decks, Gästehaus in Diepwalle) gibt. Das Naturschutzgebiet hat eine Größe von 106 km². In dem einzigartigen Ökosystem – einem ausgewiesenen Wasservogelgebiet – hat z. B. das *Seahorse*, eine bedrohte Seepferdchenart, seine Heimat. Naturschutz wird großgeschrieben. Die Wassersportaktivitäten stehen mit dem Ökosystem im Einklang.

Zum **Featherbed Nature Reserve** ist keine

The Heads säumen die Einfahrt zur Lagune

Zufahrt mit einem Pkw möglich. Bootstouren dorthin starten vom westlich der Knysna Waterfront gelegenen Anleger. Das Schutzgebiet erkundet man auf einem 2,3 km langen Wanderweg und bei einer geführten Geländewagentour. Klippen, Höhlen, Milkwood-Bäume, Seevögel, Duiker u. v. m. werden die Naturfreunde faszinieren. Auf Wunsch wird auch ein Lunch gereicht. Die etwa 4-stündigen Touren sind toll gemacht und nicht so überlaufen wie auf den Heads an der Ostseite.

Bootstour für Naturfreunde

Knysna rühmt sich seiner ethnischen Vielfalt und daher werden verschiedene **Township-Touren** angeboten, zu denen auch eine Tour zur *Judah Rastafarian Community* führt, der größten Rastafari-Gemeinde Südafrikas.

Reisepraktische Informationen Knysna

Information
Tourism Bureau, 40 Main St., ☎ (044) 382-5510, www.visitknysna.co.za. Infos auch über Noetzie, Sedgefield, Buffalo Bay und Brenton. Hier kann man sich auch über Wanderungen entlang der Küste und durch die Wälder sowie über Township-Touren erkundigen.

Unterkunft
Tipp: *Günstiger und ruhiger wohnt man außerhalb des Stadtzentrums, z. B. nahe The Heads oder noch besser westlich des Ortskerns.*

Phantom Forest Eco Reserve $$$$$, 7 km nordwestl. von Knysna, an der Straße, die gleich westl. hinter der Flussbrücke abgeht, ☎ (044) 386-0046, www.phantomforest.com. Eine der schönsten und luxuriösesten Treehouse Lodges (Chalets in den Bäumen) in Südafrika. 147 ha Naturpark mit Wanderwegen, drei Biotope: Wald, Fynbos, Flusslandschaft. Das Restaurant bietet eine exquisite Küche.

Belvidere Manor $$$$, 10 km westl. von Knysna an der Straße nach Brenton-on-Sea, ☎ (044) 387-1055, www.belvidere.co.za. First-Class-Unterkunft mit 28 historischen Cottages (1–3 Schlafzimmer) und „It's teatime"-Ambiente. Das Haupthaus, ehemals ein Farm-Manor, ist ein National Monument. Es stammt von 1849, wurde nach 1870 um ein Stockwerk erhöht und von einer schottischen Familie bewohnt. Die Aussicht vom Belvidere Estate auf die Knysna Lagoon ist einmalig. Das Restaurant ist gut und das (sonnige) Frühstück auf der Veranda des Manor Houses wird unvergesslich bleiben. Leider liegt diese Hügelseite schon vor Sonnenuntergang im Schatten. Auf Angebote außerhalb der Saison achten!

Knysna Houseboats $$$–$$$$, Büro: 34 Long St. (1. Etage), Thesen Islands, ☎ (044) 382-2802, www.knysnahouseboats.com. Das ist schon was Besonderes: Mit einem kleinen Hausboot über die Lagune schaukeln und die Beine baumeln lassen oder den Kranichen ganz nahe kommen. Keine Vorkenntisse für die Bootsführung erforderlich.

Knysna Log-Inn $$$, 16 Gray St., ☎ (044) 382-5835, www.kli.co.za. Das zentral gelegene Hotel rühmt sich damit, die größte „Blockhütte" der südlichen Hemisphäre aufzuweisen, und alles wurde nur mit natürlichen Materialien konstruiert. Doppel- und Dreibettzimmer, Pool, Jacuzzi und Sauna. Motto des Hauses: „Stay in Tune with Nature".

Portland Manor $$$, 13 km entlang der Old Cape Rd. in Richtung Rheenendal (21 km nordwestl. von Knysna), Rheenendal, ☎ (044) 388-4604, www.portlandmanor.co.za. Das altehrwürdige Herrenhaus (1864, engl. Landhausstil) liegt hoch über Knysna mit einem weiten Blick über Landschaft und Berge. Pool, Pub, gutes Restaurant, gediegene Leseräume, Wanderwege durch Wälder und um Seen, seltene Vögel und selbst ein Hippo, Strauße und Zebras gibt es hier. Ein Ort zum Entspannen von der Hektik der Garden Route – dazu eignet sich bereits der schattig-tropische Garten. Es lohnt aber nur, wenn man mind. 2 Tage bleibt. Zimmer-Tipps: der Aussicht und des Balkons wegen der „Sun Room" sowie „Kate's Room". Für diesen Preis bekommt man solchen Standard und dieses Ambiente nirgends.

Brenton-on-Sea Chalets $$–$$$, 15 km südwestl. von Knysna, 197 Agapanthus St., Brenton-on-Sea, ☎ (044) 382-2934, www.abalonelodges.co.za/brenton. Selbstversorger-Chalets (toller Ausblick aufs Meer) sowie ein größeres Haus, das separat gemietet werden kann. Kaum eine Unterkunft ist näher am Strand … und der von hier an der Buffalo Bay ist grandios! Gut für Spaziergänge. Nachteil: es gibt kaum Restaurants in Brenton-on-Sea.

Fish Eagle Lodge $$–$$$, Welbedacht Lane, 1,5 km westl. von Knysna von N 2 abbiegen, dann ca. 1,3 km und schließlich Stichweg folgen, ☎ (044) 382-5431, www.fisheaglelodge.co.za. Bezaubernd gelegenes Haus mit Blick auf Lagune und Berge. Ruhig, abseits des Rummels von Knysna. Pool. 9 Zimmer (DZ und Selbstversorger-Apartments mit Küche). Die Gastgeber sind ein aus Deutschland eingewandertes Ehepaar. Keine Kinder unter 10 Jahren. Tipp für Knysna.

Island Vibe Backpacker $, 67 Main Rd., ☎ (044) 382-1728, www.islandvibe.co.za. Zentral in der Innenstadt und nahe der Waterfront. Schlafsäle, 2- und 3-Bettzimmer. Kleine Bar und Außenterrasse.

Übernachtungen im Township können ebenfalls arrangiert werden. Infos und Buchungen im Touristenamt oder über www.knysnalivinglocal.co.za.

Camping

Es gibt mehrere Campingplätze im Umkreis von Knysna, wobei der in **Buffalo Bay** (21 km von Knysna, ☎ 044-383-0045, www.buffalobay.co.za, nur Caravane/Wohnmobile) am schönsten liegt (Blick auf Meer). Angeschlossen ist der Zeltplatz **Buffelskop** (21 km von Knysna, ☎ 044-383-0040) auf dem Hügel über dem Ort. Das **Woodbourne Holiday Resort** (George Rex Drive, ☎ 044-382-3223, www.woodbourne.co.za) hat dafür die beste Ausstattung, liegt nahe der „Heads" und bietet günstige Unterkünfte in kleinen Chalets. Mit 1 km der absolut nächsten zur Innenstadt liegt der unspektakuläre **Monk's Caravan Park** (Ecke Main Rd./Holiday Park Crescent, ☎ 044-382-2609, www.monkscaravan.co.za). Ein besonderer Knüller sind die **Knysna Forest Camping Decks** in der Diepwalle Section des Knysna Forest (22 km über die R 340 nach Uniondale, ☎ 044-302-5606, www.sanparks.org). Hier wurden Holzdecks im Wald mit einem Boardwalk verbunden und auf diesen kann man sein Zelt aufstellen. Zelte können auch ausgeliehen werden.

Essen und Trinken

Für den ersten Abend kann man nicht viel falsch machen, wenn man sich an der **Knysna Waterfront** nach einem Restaurant umschaut. Empfehlungen: **JJ's Restaurant**, ☎ (044) 382-3359, Seafood-Gerichte, oft ein leckeres Seafood-Buffet; **34° South**, ☎ (044) 382-7331, Seafood aus aller Welt: Austern, Sushi, Paella, Rezepte aus Mosambik; **The Oyster Catcher**, ☎ (044) 382 9995, Austern und andere Meeresfrüchte; **Café Mario** (erstklassige Pizza und Pasta-Gerichte, hinterher: guter Espresso).

34 Tapas & Oysters, Thesen Island, ☎ (044) 382-7196. Gepflegte Atmosphäre. Neben Tapas und Austern auch Sushi und gute Cocktails. Viele Fusion-Cuisine-Gerichte. Schöne Aussicht über die Lagune.

O'Pescador, Brenton-Belvidere Rd. (ca. 6 km westl. von Knysna, N 2-Abfahrt „Belvidere", dann 200 m hinter der N 2-Unterführung), ☎ (044) 386-0036. Leger, aber gutes Essen. Portugiesische Meeresfrüchte-Küche, z. B. Sardinen, Scampi und Peri-Peri. Gleich gegenüber auf der anderen Straßenseite liegt übrigens die urige **Crabs Creek Tavern** mit einem Deck zur Lagune hin. Hier gibt es Pubfood, Seafood und ganz einfach eine Bar. Hier geht's richtig unkompliziert zu.

Und wer nun keine Fischgerichte mag? Da ist die Auswahl wohl am größten in den vielen **Malls entlang der Main Street**. Hier gibt's auch Pizzerien. An der Old Cape

Ganz im Zeichen der Austern

Town Road (geht etwas westl. der Innenstadt von der N 2 ab) lädt das **Firefly & Chai Bar**, ☏ (044) 382-1490) zu gut bis scharf gewürzten Spezialitäten aus Südafrika und auch anderen Teilen der Welt ein.

Traditionelle afrikanische Gerichte, wie etwa Chakalaka, Pap, Potjiekos, cremiger Spinat, Mealie Rice u. a., serviert mit Ginger Beer, gibt es im **Ltee's Traditional Community Restaurant** im Township Khayeletu/Nekkies, N 2/nahe Abzweig R 339, ☏ (073) 499-5744.

Pubs

Wer noch Lust auf eine Bar mit kaltem Bier hat, sollte entweder in der **Long Barn Tavern** (9 Nelson St., gute Brandy-Auswahl, günstige Pub- und Fleischgerichte) oder im **Olde's** (Gray St., Ecke Rawson, Pubfood) reinschauen.

Unternehmungen/Wanderungen

Die **Featherbed Company** unterhält eine Fähre zum gleichnamigen **Featherbed Nature Reserve**. Abfahrt am Cruise Café, Waterfront Drive. ☏ (044) 382-1693, www.featherbed.co.za. Der Trip dauert ca. 4 Std., inkl. Wanderungen.

Erläuterte **Wanderungen** in das **Gebiet der Knysna-Elefanten** unternimmt der Tierforscher Gareth Patterson ca. 4-mal im Monat. ☏ (044) 386-0100, www.garethpatterson.com.

Golf

Simola Golf & Country Estate, nordwestl. der Stadt, ☏ (044) 302-9677, www.simolaestate.co.za. 18 Löcher, 6.294 m, Bar, Restaurant, Squash, Reiten, Tennis. Neuer Platz, designt von Jack Nicklaus und wunderschön in Hügellandschaft eingepasst.

Busse

Überlandbusse (Translux, Intercape etc.) halten auf der Strecke Port Elizabeth – Kapstadt am alten Bahnhof von Knysna, nahe der Waterfront. Der BAZ-Bus hält an allen gewünschten Unterkünften der Stadt.

Direkt hinter der N 2-Brücke über den nordwestlichen Zipfel der Knysna-Lagune zweigt eine Stichstraße ab, die an der historischen **Belvidere Estate** vorbeiführt. Die ältesten Gebäude sind die Kirche (1855), das Herrenhaus (1849) und das Bell Cottage (ca. 1835). Heute befinden sich hier ein Hotel (s.o.) und viele Feriendomizile.

Strand zum Wandern

Ein Stück weiter erreicht man einen Aussichtspunkt. Besonders mit der Nachmittagssonne im Rücken bietet sich ein toller Blick auf Lagune und Knysna. Endpunkt ist schließlich **Brenton-on-Sea**, ein Ferienhausort mit einigen B&Bs und Selbstversorger-Unterkünften. Von hier aus blickt man auf die naturbelassene **Buffalo Bay** (Buffelsbaai), an deren Strand es sich sehr gut wandern lässt. Im Ort gibt es einen kleinen Laden, in dem Ferienwohnungen und -häuser vermietet werden – unter der Woche bzw. in der Nebensaison oft zu einem Schnäppchenpreis! Das nahe **Featherbed Nature Reserve** ist nur mit dem Boot von Knysna aus erreichen (s. S. 403).

> ☞ **Zwei Routenalternativen nach George im Überblick**
>
> **1)** Die erste Alternative führt weiter **entlang der N 2** und bietet Lagunenlandschaften, Strände und mit Sedgefield und Wilderness zwei Orte, die alle touristischen Infrastrukturen aufweisen. Zudem ist diese Strecke die weitaus schnellere (Fahrzeit Knysna – George: ca. 50 Min. für 60 km).
> **2)** Die zweite Route führt entlang der **Outeniqua Mountains** und der **Old (Seven) Passes Road**. Sie war die ehemalige Hauptstrecke zwischen Knysna und George, ist aber in einigen Abschnitten nicht asphaltiert. Obwohl nur 12 km länger als die o. g. Strecke, beträgt die reine Fahrzeit mindestens 1 ½ Stunden. Rechnet man den lohnenden Abstecher zur Ghosttown Milkwood, hinunter zum Meer und andere ein, kann aus dieser Strecke nahezu eine Tagestour werden – allemal dann, wenn auch noch eine Wanderung auf dem Programm steht. Als Kontrast zu den Ebenen bzw. der Küste macht diese Route jedoch Sinn. Es besteht am westlichen Ende zudem die Möglichkeit, wieder ein Stück nach Wilderness zum Übernachten zurückfahren.

1. Alternativstrecke:
Von Knysna nach George entlang der N 2

Abstecher von der N 2

Die Strecke führt bis hinter Wilderness parallel zur Küste, zumeist direkt hinter dem ersten Dünenkamm. Nur der erste Abschnitt hinter Knysna und die Strecke von Wilderness bis George bzw. Glentana (N 2) verlässt die Küste. Der atemberaubendste Abschnitt ist ohne Zweifel der um Wilderness, denn hier ist die Straße dem Meer am nächsten, auch der kurze Abstecher zur Wilderness Section des Garden Route National Park lohnt. Auch hier gilt es, die N 2 so oft als möglich zu verlassen, denn die wahren landschaftlichen Schätze verbergen sich sowohl jenseits der Küstendünen als auch entlang der sog. **Lake Road** (**Die Vlei Road**), die zwischen dem Baywater Village (2,5 km westl. von Sedgefield) und Wilderness nördlich der „Vleis" verläuft.

5 km westlich der Knysna Lagune zweigt im Goukamma River-Tal eine Stichstraße nach **Buffalo Bay** ab, ein kleiner Ferienort auf einer schmalen Landzunge, von den Ein-

heimischen nur kurz „Buffs" genannt. Nennenswerte Übernachtungsstätten gibt es hier nicht (nur Selbstversorger-Apartments und zwei Campingplätze), dafür aber beschauliche und die Gelegenheit zu einem Strandspaziergang bis nach Brenton-on-Sea. Das **Goukamma Nature Reserve**, dessen Hauptquartier an der Straße nach Buffalo Bay liegt, beeindruckt durch die Sandklippen, die oft versandete Flussmündung, Seevögel (u. a. Sekretäre, Fischadler), Affen und Buschböcke. Am Parkoffice kann man Kanus ausleihen. Das Naturreservat richtig zu erkunden, erfordert etwas Zeit. Zuerst muss man sich mit einer Handseil-Fähre selbst über den Goukamma River ziehen, um ins Naturgebiet zu gelangen. Einen weiteren Zugang gibt es hinter dem Lake Pleasant Hotel ein Stück weiter auf der N 2 (Unterkünfte s. S. 410).

Kanutouren möglich

Wilderness National Lakes Area

Noch vor Sedgefield macht eine andere Landschaftsform auf sich aufmerksam: „The Lakes". Der 20 km lange Küstenabschnitt bis zum Pass westlich des Ortes Wilderness wurde geprägt durch zwei uralte Dünenketten, eine direkt am Meer, die andere, größere, am Berghang hinter den Seen. Zwischen diese Dünen floss das von den Bergen kommende Wasser (Touws River, Serpentine und andere kleine Flüsse) und bildete eine Seenkette, deren Seen wiederum durch kleine Dünen voneinander getrennt sind. Wie Perlen an einer Kette reihen sich von Osten her **Swartvlei**, **Rondevlei**, **Langevlei** und **Island Lake** aneinander. Letztere fließen über Serpentine und Touws River

Garden Route: Zwischen Knysna und George

0 Wanderwege (Trails)
1 Cradock Pass Trail
2 Tierkop Trail
3 Groeneweide Trail
4 Woodville Trail
5 Start-/Zielpunkt: Outeniqua Hiking Trail
6 Woodcutter's Trail
7 Millwood Mining Trail
8 Elephant Walk
9 Terblans Walk

0 Sehenswürdigkeiten
1 Garden of Eden/Big Tree
2 Stinkhout Draal Scenic Way (Pheasant/Fisante Hoek)
3 Brackenhill Falls
4 Featherbed Nature Reserve
5 Kom-se-Pad Scenic Drive (schmal, evtl. 4x4)
6 Gericke Point
7 Cape Dune Molerat Trail
8 Map of Africa
9 Hoogekraal Country House

Sehens- und Erlebenswertes entlang der Küstenstrecke zwischen Port Elizabeth und Kapstadt

ab, der Swartvlei dagegen über die Swartvlei Lagune ins Meer. Ruigtevlei und Groenvlei gehören nur bedingt dazu („Vlei" in Afrikaans = Sumpfsee). Der Salzgehalt der Seen nimmt zum Meer hin zu. Auch die Knysna Lagune, das Keurbooms Estuary und andere Küstenabschnitte haben sich auf ähnliche Weise gebildet.

„Grüner Sumpf"

Der **Groenvlei** („grüner Sumpf") ist der einzige wirkliche Süßwassersee der Region. Er liegt höher als die anderen Seen und kann somit nicht von Ebbe und Flut beeinflusst werden. Wasser fließt einzig von den ihn umliegenden Bergen und Dünen hinein. Schaut man im Frühling ganz flach über das Wasser, ist ein grüner Grasschleier auf dem Wasser wahrnehmbar. Das **Lake Pleasant Hotel** am Westende des Sees bietet eine familienfreundliche Unterkunft an diesem kleinen Paradies.

Der kleine Ort **Sedgefield** hatte sich über Jahrzehnte geschickt dagegen gewehrt, vom Tourismus überrollt zu werden. Doch in nur wenigen Jahren hatte sich das Bild gewandelt. Seit der Jahrtausendwende wuchs Sedgefield immer weiter zum Meer hin, sodass dort mittlerweile auch aller Platz verbaut ist. Die Region um die N 2 herum verkommt dagegen mehr und mehr zur „Service Area". Natürlich stimmt es ein wenig traurig, aber auch Sedgefield verlangt ein Stück vom (Tourismus-)Kuchen. Hohe Häuser und wirkliche Schandflecken wurden vermieden, sodass man sagen muss, wenn es schon sein soll, dann eben so.

Die Straße überquert als nächstes den **Swartvlei**, den größten Salzwassersee Südafrikas. Eine Stichstraße führt gleich hinter der Brücke zum **Swartvlei Beach**. Der weiße Sandstrand und ein Spaziergang zu den Kliffs am Gerickes Point im Westen (Aussicht!) lohnen den kurzen Abstecher.

Ostabschnitt der Wilderness Section
Kurz darauf folgt an der N 2 ein Abzweig nach rechts, der zur **Lake Road** (**Vlei Sand Road**) gelangt. Nach gut 3 km ist die Einfahrt zum östlichen Abschnitt der Wilderness Section erreicht. Dieser Parkabschnitt ist naturbelassen und daher besonders beliebt bei Vogelkundlern, die sich die Brackwasservögel anschauen möchten.

Der sandige **Cape Dune Molerat Trail** (bis zu 6 km lang/2–3 Std.) führt auf die mit Fynbos und Proteen bewachsene Inlandsdüne. Unterkünfte und andere Freizeitaktivitäten wer-

Für saubere Strände wird an der Garden Route gesorgt

den in diesem Parkabschnitt nicht angeboten. Der kleine Rondevlei trägt zu Recht seinen Namen, so rund ist er.

Wilderness Dune Beach und die **Flat Rocks** (Abfahrt beim Wilderness Beach Hotel) ein Stück weiter entlang der N 2 geben eine weitere Gelegenheit für einen kurzen Spaziergang bzw. einen Ausblick aufs Meer.

Wilderness Section

Die Landschaft zwischen dem Goukamma Nature Reserve im Osten und dem Touws River im Westen ist großenteils zur 2.600 ha großen **Wilderness Section** und damit **Teil des Garden Route National Park** zusammengefasst worden. Im Einzelnen umfasst das Gebiet den Mündungsbereich des Touws River, einen 18 km langen Strandabschnitt, die Wilderness sowie die Swartvlei Lagoon, den Serpentine River als auch die Seen Island Lake, Rondevlei, Ruigtevlei und Swartvlei. Die Parkgrenzen sind nur vage auszumachen, und selbst die Karten unterscheiden sich da manchmal. Für die Erkundung der Lakes Area tut das aber nicht viel zur Sache.

Das **Nebeneinander von Salz-, Brack- und Süßwasser** sorgt für eine vielfältige Flora und Fauna. Deshalb zählt diese Gegend zu den artenreichsten Wasservogel-Gebieten Südafrikas (u. a. Flamingos, Löffler). Die Uferzonen der Seen sind mit den unterschiedlichsten Schilfgewächsen zugewachsen, je nach Salzgehalt des Wassers.

Reiche Flora und Fauna

Interessant ist auch, dass die einzelnen Seen nicht nur von den Bergflüssen (Touws, seinem Nebenfluss Serpentine und vier weiteren) mit Wasser gespeist werden, sondern in hohem Maße auch von dem Flutwasser, das vor allem über die Wilderness-Lagune und den Serpentine eindringt. Ferner speisen aufsteigendes Grundwasser und höchstwahrscheinlich auch durch die Küstendünen einsickerndes Seewasser die Gewässer des Hinterlands. Die Seen zwischen Island Lake und Swartvlei sind übrigens nicht durch den Serpentine miteinander verbunden, sondern durch einen natürlichen Kanallauf.

Aktivitäten im Park: Der erste Stopp sollte am **Ebb & Flow Park Headquarter**, zwischen Wilderness und dem Wilderness Dune Beach (noch östlich der Touws River Bridge), sein. Hier erhält man alle nötigen Informationen.

Wanderwege
Es gibt eine Reihe von Wanderwegen im Park für 1- bis 5-stündige Wanderungen entlang des geschwungenen Serpentine-Flusses, durch die Dünen oder um die einzelnen Seen herum. Wer nur einen dieser Wege laufen möchte, kann auf dem 10 km langen Rundweg **Pied Kingfisher Trail** *die Chance, alle typischen Gegebenheiten des Parks in weniger als 4 Std. zu erleben (Strand, Dünen, Flüsse, Vögel, Vegetation). Der Weg beginnt und endet am Ebb & Flow Visitor Center.*

Lohnende Wanderungen

Kanu fahren und Segeln
Da die Flüsse wenig Strömung aufweisen und die Seen zu klein für große Wellen sind, gehören **Kanutouren** *zu den beliebtesten Freizeitaktivitäten. Die normalen Touren dauern 2–5 Std. und führen zu Picknickplätzen und einem Wasserfall (inkl. Fußweg). Highlights sind die unregelmäßig stattfindenden* **3- bis 4-tägigen Kanutouren zwischen Wilder-**

ness und Sedgefield. *Übernachtet wird dabei in einfachen Camps. Gestellt werden nur der Führer, die Betten (ohne Bettzeug) und die Hütten. Nahrung, Schlafsack, wetterfeste Kleidung, Campingkocher und Getränke müssen mitgebracht werden. Diese Tour muss vorher reserviert werden. Boote für die kurzen Strecken können am Visitor Center über einen Kanuverleih ausgeliehen werden.* **Segeln** *gehört zu den Angeboten, ist aber nicht so einzigartig, wie es von offizieller Seite dargestellt wird.*

Mountainbiking und andere Aktivitäten

Ferner werden **Para- bzw. Hanggliding** *(an den Kliffs am Wilderness Beach Hotel und an der „Map of Africa"),* **Mountainbiking** *(in die Outeniqua-Berge),* **Fischen** *(Süß- und Salzwasser) und* **Ausritte** *(Binnenseen, Strand) im Park bzw. im Ort Wilderness angeboten.*

Feriendomizil

Der kleine Ort **Wilderness** hat sich zu Recht zu einem Feriendomizil mit Resorthotels, B&Bs (viele davon auf der Meerseite – super gelegen!), Backpacker-Unterkünften und zahlreichen Campingplätzen gemausert. Das Umland mit der Wilderness Lakes Area, dem langen Sandstrand und den Tagesausflugsmöglichkeiten von Plettenberg Bay im Osten bis hin nach Mossel Bay im Westen machen den Ort an der Mündung des Touws River besonders attraktiv. Die negative Seite dieses Tourismusbooms: Binnen weniger Jahre wurde die Küstendüne auf 12 km nahezu zugebaut.

Zu sehen gibt es in Wilderness selbst nichts, doch in der Touristeninformation wird man gut beraten betreffs der vielfältigen Möglichkeiten, die die Umgebung zu bieten hat. Hingewiesen sei noch auf einen bezaubernden Aussichtspunkt oberhalb (nördlich) von Wilderness, der sog. „**Map of Africa**". Dazu fährt man die schmale Straße aus dem Ort hinauf und folgt den Schildern nach links. Der Blick nach Norden in das schluchtartige und sehr gewundene Flusstal sowie der Rundumblick im Allgemeinen wirkte auf die ersten Siedler wie der Blick auf eine Karte, die alles zeigte, was man sich vor ein paar hundert Jahren unter Afrika vorgestellt hat.

Blick auf die ehemalige Bahnlinie

Die N 2 steigt westlich von Wilderness an und erreicht an einer scharfen Kurve den **Dolphin Viewpoint**. Ausblicke zurück über die Küsten- und Lagunenlandschaft und nach Westen in das Mündungsgebiet des Kaaimans River verdienen den kurzen Stopp. An der Flussmündung macht die viel fotografierte Eisenbahnbrücke des Outeniqua Choo-Tjoe Train eine sanfte Kurve. Der historische Zug ist aufgrund von Erdrutschen leider wohl Geschichte. Von Wilderness kommend, ist ein waghalsiges Manöver über die viel befahrene Bergstraße nicht notwendig. Von dem Parkplatz auf der Fahrtseite führt ein Fußweg unter der Straße hindurch zum Aussichtspunkt weiter oben.

Von der N 2 zweigt eine 3 km lange Stichstraße ab hinunter zur **Victoria Bay**. Vor wenigen Jahren noch ein Geheimtipp, füllt sich das kleine Tal an der Bay heute während der Ferienmonate. Der Sandstrand, ein sicherer Tidenpool, die günstigen Surfbedingungen, ein paar schnuckelige B&B-Unterkünfte direkt am Meer verdienen den Abstecher. Wer mit dem Zelt unterwegs ist, wird zwar einfach ausgestattet, aber der Lage wegen tollen Campingplatz in guter Erinnerung behalten. Besonders schön ist der Aufenthalt, wenn abends die Tagesgäste verschwunden sind. Victoria Bay wurde 1777 als Holzhafen für die Region um George gegründet. Als sich der Hafen samt einem weiteren in der Nachbarbucht als zu klein erwies, wich man auf Knysna aus.

Reisepraktische Informationen

Sedgefield, Wilderness, Wilderness National Lake Area, Wilderness Section und Victoria Bay

Information

Sedgefield: 30 Main St., ☎ (044) 343-2658, www.tourismsedgefield.co.za.
Wilderness: Milkwood Village, ☎ (044) 877-0045, www.tourismwilderness.co.za bzw. über www.visitgeorge.co.za.
Wilderness Section des Garden Route NP: *Das Ebb & Flow Park HQ* befindet sich 4 km östl. von Wilderness (Ausschilderung an N 2). ☎ (044) 877-1197 bzw. (044) 302-5600, www.sanparks.org. Infos sowie Permits für Wanderungen bzw. die Nutzung der Gewässer (Kanu fahren etc.). Kanuverleih am Visitor Center: **Eden Adventures**: ☎ (044) 877 0179, www.eden.co.za. Gates: South Camp tgl. 7–18 Uhr, North Gate 7.30–15.30 Uhr.
Victoria Bay: Unregelmäßig geöffnetes Infocenter am Ende der Straße nach Victoria Bay, www.vicbay.com.

Unterkunft

The Pink Lodge on the Beach $$$–$$$$, 45 Die Duin, Wilderness, ☎ (044) 877-0263, www.pinklodge.co.za. Direkt oberhalb des Strandes gelegen. Helle und große Zimmer, fast alle mit Blick aufs Meer. Besser geht es nicht. Nur warum muss ein Haus am Meer vor grüner Natur rosa gestrichen sein?
**Wilderness Manor Guest House $$$–$$$$**, 397 Waterside Rd., am Ufer der Wilderness Lagune, Wilderness, ☎ (044) 877-0264, www.manor.co.za. Sehr elegantes Gästehaus. Im Kolonialstil mit afrikanischem Touch eingerichtet. Ausgesprochen gemütliche Aufenthaltsräume, kleine Bibliothek und Billardraum. Zimmer mit Balkon zur Lagune ($$$$) und zum Garten ($$$). Mountainbikes, Kanus und Strandutensilien können ausgeliehen werden. Für den Preis kann man kaum schöner an der Garden Route wohnen und diese erkunden. Das Frühstück ist übrigens eine Wucht! Keine Kinder unter 12 Jahren.
Teniqua Treetops $$$–$$$$, Anfahrt: 5 km östl. von Sedgefield nach Norden abbiegen auf die Piste nach Barrington. Nach 15,5 km erreicht man die Zufahrt. ☎ (044) 356-2868, www.teniquatreetops.co.za. Urig zusammengebaute Holzhäuser (2–4 Personen). Nur für Selbstversorger. Teilweise toller Blick auf die Karatara River Gorge. Man wohnt hier aber nicht hoch in den Baumwipfeln, sondern im niedrigeren Küstenwald. Wanderwege auf dem Grundstück, kein Restaurant. Ein Ort zum Entspannen.
Wilderness Beach Hotel $$$, 5 km östl. von Wilderness an der N 2, ☎ (044) 877-1104, www.africanskyhotels.com/hotels/wilderness-beach-hotel. Sauber geführtes 150-Betten-Hotel mit durchschnittlichen Motelzimmern. Gutes Preis-Leistungs-Verhältnis und direkt oberhalb des Strandes gelegen. Viele Zimmer mit Meerblick. Restaurant und Pub.
Fairy Knowe Hotel $$$, Dumbleton Rd., 3 km östl. von Wilderness (Ausschilderung von der N 2), ☎ (044) 877-1100, www.fairyknowe.co.za. Direkt am Touw River mit Zimmern zum Fluss und den Gartenanlagen. Zudem Rondavels. Nahe dem Nationalpark, dafür nicht günstig zu den Stränden gelegen. Das legendäre Hotel versprüht ein wenig den altbackenen Charme der 1970er-Jahre und verdient eine Modernisierung. Trotzdem wohnt es sich hier toll, das Frühstück ist gut, die Anlagen sind großzügig und der Preis ist günstig für das Gebotene.
Palms Wilderness Guest House $$$, Ecke George/Owen Grant Rd., Wilderness, ☎ (044) 877-1420, www.palms-wilderness.com. Sehr gepflegt, Garten mit Pool, geräumige Zimmer, 2 Minuten vom Sandstrand entfernt – was will man mehr?

Übernachtungstipps

Unschlagbar schön, direkt am Meer in Victoria Bay, liegen **The Waves B&B** ($$, ☎ 044-889-0166, www.thewavesvictoriabay.co.za) und das **Lands End Guest House** ($$, ☎ 044-889-0123, www.vicbay.com). Beide bieten Zimmer auf B&B-Basis und Selbstversorger-Apartments an. Der Knüller aber ist die Lage – nicht einmal Autoverkehr gibt es vor den Häusern an dieser Sackgassenlage. Am gleichen Sträßchen, nur einfacher ausgestattet, liegt noch das **Silver Spray** ($–$$, ☎ 082-512-1848, www.silverspray.co.za, nur Selbstversorger).

Lake Pleasant Chalet & Lodges $$$, *4 km östl. von Sedgefield (am Groenvlei), ☎ (044) 343-1985, www.lake-pleasant.co.za. Ruhig am Groenvlei und nahe Goukamma NR gelegene Lodge (leicht britischer Charakter). Restaurant, schöne Wanderwege rundherum, zahlreiche Sportmöglichkeiten (Squash, Tennis, Mountainbiking, Bootsverleih) und Spielgelegenheiten für Kinder. Sauna, Jacuzzi, Pool, Restaurant. Zimmer und rustikale Selbstversorger-Chalets. 3 km zum Strand.*

Seabreeze Holiday Cabanas $$–$$$, *300 m oberhalb des Strandes von Victoria Bay, ☎ (044) 889-0098, www.seabreezecabanas.co.za. Voll ausgestattete Selbstversorger-Häuser mit 2–4 Schlafzimmern. Gut geeignet für Familien mit Kindern.*

Bruni's B&B $$, *937 8th Ave., 5 km östl. von Wilderness, ☎ (044) 877-0551, www.brunis.co.za. Gemütliches, rietgedecktes Haus mit eigenem Strandzugang. 4 Zimmer, 2 mit Meerblick. Keine Kinder unter 12 Jahren. Es wird deutsch gesprochen. Der Preistipp!*

Goukamma NR $–$$$, *16 km westl. von Knysna, an Straße nach Buffalo Bay, ☎ (044) 383-0042, www.capenature.co.za. Voll ausgestattete, strohgedeckte* **Rondavel** ($–$$) *an der Lagune nahe Buffalo Bay sowie zwei paradiesisch am Groenvlei gelegene* **Bushcamps** ($$, *Hochsaison:* $$$). *Für Selbstversorger ein Geheimtipp!*

Wilderness Section (Teil des Garden Route NP) $–$$$, *Am Ebb & Flow Park HQ (s. o.) einchecken. Gut ausgestattete* **Holzhütten** ($$, *nahe Wald und im Rest Camp), zudem große* **Familienhäuser** ($$$) *und im Nordteil des Parks einfache* **Rondavel** ($, *von denen allerdings abzuraten ist: zu schlicht und im Sommer zu heiß). Alles Selbstversorgerbasis.* **Campingplatz** *am Rest Camp. Gutes Preis-Leistungs-Verhältnis, doch zum Zimmer-/Hüttenpreis kommt der Parkeintritt hinzu. Lage: Am Nordende der Wilderness Lagoon, ca. 1,5 km zum Strand. Buchung über Nationalparkbehörde: www.sanparks.org.*

Beach House Backpackers $, *Western Rd., Wilderness, ☎ (044) 877-0549, www.wildernessbeachhouse.com. Backpacker (mit Restaurant-Ausblick!) fast am Strand! Doppelzimmer – z. T. mit Strandblick – und Schlafsäle. Für das Geld in 2 Min. ans Wasser zu kommen … Und es gibt Doppelzimmer mit Meerblick.*

Fairy Knowe Backpackers $, *Dumbleton Rd., Wilderness, ☎ (044) 877-1285, www.wildernessbackpackers.com. Auf einer Farm nördl. der Lagune, nahe Wilderness. DZ, Schlafsaal, Camping. Großzügiger angelegt als das Beach House, aber weiter zum Strand und kein Restaurant.*

⚠ Camping

Strandnah (hinter Düne) liegt der **Campingplatz am Swartvlei Beach** (*2 km westl. von Sedgefield von N 2 abbiegen). Leider fehlt es an Schatten. Der* **Platz am Ebb & Flow Headquarter** *der Wilderness Section (s. o.) ist am besten ausgestattet, wohingegen der schönste der Region der* **Victoria Bay Caravan Park** *ist (☎ 044-871-2161 oder*

044-874-4040). Er liegt wunderschön oberhalb der Bay (Aussicht!), aber strandnah. Der Tipp für die Nebensaison. In der Saison oft voll, aber einen Versuch wert.

Essen und Trinken
In **Sedgefield** gibt es eine Reihe kleiner Restaurants, z. B. die **Trattoria da Vinci** (Main Rd., Woodpecker Mall, ☎ (044) 343-1867) mit toller Pizza. In den **Lake Pleasant Lodges** (s. o.) kann man es ebenfalls versuchen, denn hier sitzt man nett auf der Außenterrasse (☎ 044-343-2368). In den Strip Malls an der N 2 finden sich noch weitere kleine Lokalitäten.
Die Restaurants in **Wilderness** befinden sich großenteils in den Hotels, z. B. im **Faire Knowe Hotel** (s. o.). Im Ortskern von Wilderness (George Rd.) reicht die Variationsbreite von leckeren Fisch- und Fleischgerichten über Holzofenpizza bis zu mediterranen Genüssen.

2. Alternativstrecke:
Von Knysna nach George entlang der Outeniqua Mountains und der Old (Seven) Passes Road

Hinweis
Viele Abschnitte sind nicht asphaltiert. Bei Regen werden diese Abschnitte rutschig. Dann heißt es, entsprechend vorsichtig zu fahren. Und immer daran denken: Kein Kurvenschneiden! Es kann unvermittelt ein Auto entgegenkommen.

Die Straße ist die ehemalige Hauptverbindung zwischen Knysna und George. Sie führt oberhalb der Küstenebene und schlängelt sich dabei an Berghängen, durch Flusstäler, Wälder und fruchtbare Agrarflächen. Letzteren und der Tatsache, dass die Ingenieure vor über 100 Jahren noch nicht in der Lage waren, eine trockene Furt durch die Lagunenebene zu bauen, verdankt die abwechslungsreiche Strecke ihre Existenz. Unterwegs stelle man sich einmal vor, wie die ersten Autos sich die kurvigen Passstrecken entlang gequält haben und wie unerreichbar damals für die meisten die heute so stark frequentierte Lagunen- und Küstenebene gewesen ist. Hier oben blühte das Leben, liefen Kühe und Schafe, wurden Äcker bestellt, und Orte wie Rheenendal und Karatara waren wichtige Stationen auf der beschwerlichen Reise.

Nun aber scheint die Zeit auf der Hochebene stehengeblieben zu sein, selten trifft man auf ein Fahrzeug, und Geschäfte und Tankstellen gibt es kaum. Die Straßenverwaltung gibt sich ebenfalls wenig Mühe, die

Farbenpracht an der Old Passes Road

Sehens- und Erlebenswertes entlang der Küstenstrecke zwischen Port Elizabeth und Kapstadt

Wenig befahrene Route

Schlaglöcher fachgerecht zu reparieren. Aus einer ehemaligen Lebensader wurde eine vergessene Backroad, einzig frequentiert von Farmern und ein paar wenigen Touristen. Diese Chance gilt es zu nutzen und den Gegensatz zu erleben, den Meer, fruchtbare Hochebene und Berge verleihen. Besonders reizvoll sind die Passstrecken und Strecken, die in Flusstäler hinunterführen. Hier regiert der Wald und die Laute der Vögel und sind einmalig.

Entweder man nimmt, direkt hinter der Lagunenbrücke, die Piste über den **Phantom Pass**, bekannt für die artenreiche Vogelwelt, oder aber man fährt 2 km weiter westlich von der N 2 über die Asphaltstraße in Richtung Rheenendal. Nach einigen Kilometern treffen beide Straßen wieder aufeinander. Kurze Zeit später, noch vor Rheenendal, geht es zum historischen **Portland Manor Hotel** (s. S. 401). **Rheenendal**, die größte Ansiedlung bis George, ist ein verschlafenes „Kuhdorf" mit einigen Galerien.

Kurzer Goldrausch

Ein 10-km-Abstecher führt von Rheenendal nach **Millwood**. Hier brach 1876 ein Goldrausch aus, der Hunderte von Glücksrittern anzog. Binnen kurzem wurden in Millwood 75 Häuser erbaut, einschließlich Bank, Postamt, Tanz-, Musikhalle und sechs Hotels. Nur 400 Menschen wohnten in festen Häusern, 700 Goldsucher begnügten sich mit Zelten. Das Gold war schnell abgebaut. So rasch, wie alle kamen, verschwanden sie wieder, ließen teils sogar Maschinen zurück. Zwei Gebäude stehen heute noch, von dem eines jetzt ein **Museum** beherbergt. Das nette **Café** ist nur unregelmäßig geöffnet, sodass man Proviant mitnehmen sollte. Der 6 km lange **Millwood Mining Trail** ist einfach zu erlaufen. Eine Seitenpiste führt den Fluss zur bezaubernden **Jubilee Picnic Site** hinauf, wo ebenso nach Gold gesucht wurde. Wer einen Hauch von Pioniergeist in sich verspürt, sollte sich den halben Tag Zeit nehmen, um den alten Glücksrittern auf die Schliche zu kommen.

Weiter auf der **Old Passes Road** beginnt nahe der Flusstäler jedes Mal der ursprüngliche Wald, zurück auf den Ebenen herrscht dann unendliche Weidefläche vor, hinter der sich majestätisch die Outeniqua-Berge erheben. An einigen Stellen führen Straßen zurück in die Lagunenebene. Zu empfehlen sind entweder die Strecke über Hoekville oder über Wilderness Heights. Erstere beschert einen schönen Ausblick über Wilderness, die zweite führt an der Abfahrt zur „Map of Africa" (s. S. 408) vorbei. An der Old Passes Road beginnen obendrein einige **Wanderwege**. Infos zu diesen geben die Touristenämter sowie die Forst- und Parkbehörden. Zwischen Hooge-

---

 Beschreibung der „Garden Route" im 17. Jh.

„We built habitations of wood ... and sowed various seeds to enjoy the fruit thereof, such as pumkins, melons, onions and coriander ... the soil is excellent, and free from stones, though there are various hills. These, as also the valleys, abound with verdure and plants with sweet smelling flowers. The trees are numerous and large. In all parts it is watered by voluminous rivers and abundant and fine springs ... There is an infinite number of wild animals of extraordinary size, such as deer, wolves, seals, buffaloes, wild boars, monkeys and also tigers and elephants."

Tagebucheintrag eines 1630 bei Plettenberg Bay gestrandeten Seemanns

kraal Pass und Woodville beginnt rechter Hand der schöne, aber beschwerliche **Outeniqua Trail** (Dauer mind. 1 Woche). 6 km westlich davon zweigt eine Stichstrecke zu einem Big Tree ab, einem der höchsten Yellowwood-Bäume der Gegend. Südlich von George erreicht die Straße die N 9/N 12.

George

Die Stadt, benannt nach König George III., liegt malerisch am Fuße der Outeniqua Mountains, die Höhen bis zu 1.597 m (Cradocks Peak) erreichen. George ist der Hauptort entlang der Garden Route, liegt 226 m über dem Meer und zählt 70.000 Einwohner. 1811 wurde hier die zweite Landvogtei nach der britischen Kap-Besetzung gebaut. Das Innenstadtbild ist geprägt durch die breiten, eichengesäumten Straßen.

Redaktionstipps

Erlebnisse George bis Mossel Bay
▶ **Outeniqua Transport Museum & Power Van** (S. 414) und **Bartholomeu Diaz Museum Complex** (S. 423).
▶ Schöne **Passstrecken** zwischen Küste und Karoo, besonders der **Montagu Pass** (S. 418 ff.).
▶ **Abstecher nach Oudtshoorn** möglich.
▶ **Botlierskop Game Reserve** (S. 420).
Übernachten
▶ **Hoogekraal Country House** (S. 416); **Ana's Place** oder **The Point Hotel** (S. 425).

Der legendäre **Sklavenbaum (1)**, eine große Eiche vor dem Touristenbüro in der York Street, ist so alt wie die Stadt selbst. Hier sollen Sklaven bei Versteigerungen angekettet worden sein. In die Baumrinde sind Teile der Eisenketten eingewachsen. 1842 erbaute man die **Dutch Reformed Church (3)** (Ecke Courtenay/Meade Sts.), deren schöne Kanzel aus Stinkwood sowie die Pfeiler und die Kuppel aus Yellowwood an die nahe gelegenen Wälder erinnern. Das Abholzen der Wälder nahm über die Jahrhunderte solche Ausmaße an, dass die Regierung 1936 beschloss, jedes weitere Baumfällen für die nächsten 200 Jahre zu verbieten.

George behauptet von sich, die „Golfstadt" Südafrikas zu sein. Erste Abschlagversuche wurden bereits 1885 getätigt. Zwei weltberühmte Plätze breiten sich heute westlich der Stadt aus. Ansonsten wirkt George eher geschäftig. Innenstadt und Malls füllen sich tagsüber mit Käufern aus der weiteren Umgebung. Malls, Banken und Industrieunternehmen bestimmen den Stadtcharakter. Das Umland dagegen wartet mit schönen Unterkünften (z. B. Wilderness, Victoria Bay, Herolds Bay) auf und eignet sich hervorragend als Ausgangsstation für Bergwanderungen sowie für Rundfahrten über Pässe und durch Schluchten (s. S. 419). Der Flughafen wird mehrmals täglich von Kapstadt, Johannesburg und auch Port Elizabeth bedient. Wer also nicht genügend Zeit für die gesamte Garden Route mitbringt, kann hier seine Reise beginnen bzw. beenden.

Schöne Unterkünfte im Umland

Sehenswertes in und um George

George Museum (2)
Das George Museum ist in der **Old Drostdy** (1813), dem ehemaligen Verwaltungsgebäude des Bezirks, untergebracht und beschäftigt sich mit Themen von lokalem als auch überregionalem Interesse. Dass George eine zentrale Rolle in dieser Region innehatte und hat, macht die umfangreiche Ausstellung der Druckpressen und histori-

Sehens- und Erlebenswertes entlang der Küstenstrecke zwischen Port Elizabeth und Kapstadt

schen Schreibmaschinen deutlich. Weiterhin beeindrucken eine Sammlung verschiedener Grammophone sowie die Darstellung der Geschichte der Missionsstationen in der Kapprovinz. In der Abteilung zur Holzwirtschaft werden alte Geräte und die Bedeutung des Holzeinschlags erläutert. Weitere Räume sind gespickt mit historischen Fotos und Haushaltsgegenständen aus vergangenen Epochen.
George Museum, *Courtenay/York Sts., Mo–Fr 9–16.30, Sa 9–12.30 Uhr.*

Der alte Bahnhof, die **George Station (4)** in der Memoriam Street, wurde schön restauriert und war Endstation des historischen Outeniqua Choo-Tjoe Train. Selbst die alten Fahrkartenschalter und Bänke wurden restauriert.

Outeniqua Transport Museum (5) und Outeniqua Power Van
Das Museum ist ein Muss für Eisenbahnfans. In einer riesigen ehemaligen Paketverladehalle hat man ganze Züge aus nahezu allen Epochen der südafrikanischen Eisenbahngeschichte zusammengestellt. Besonders eindrucksvoll sind die Luxuszüge aus

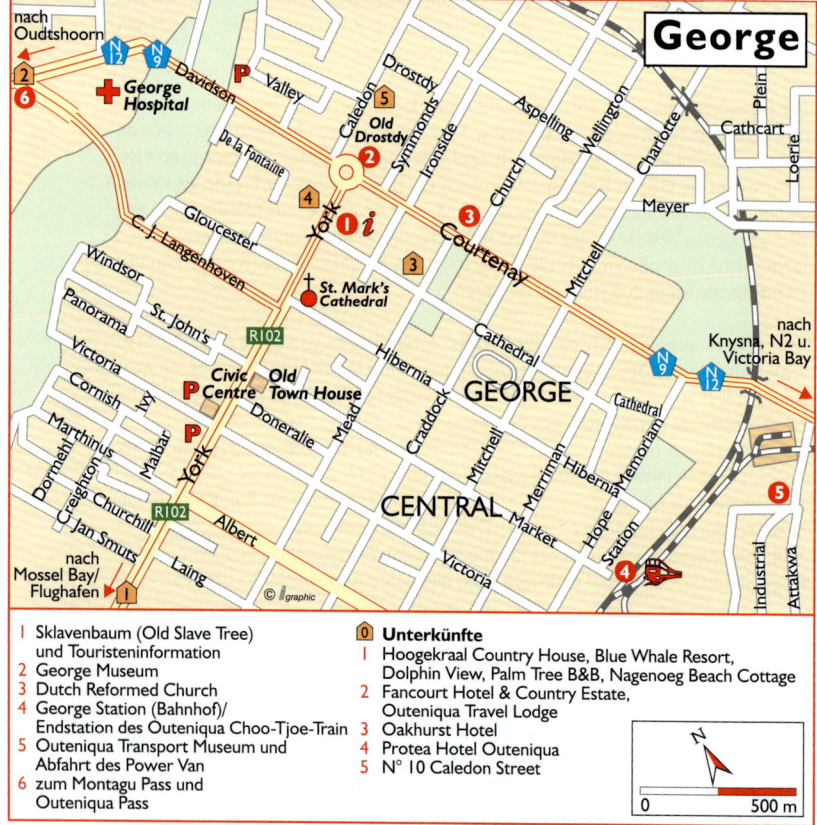

1 Sklavenbaum (Old Slave Tree) und Touristeninformation
2 George Museum
3 Dutch Reformed Church
4 George Station (Bahnhof)/ Endstation des Outeniqua Choo-Tjoe-Train
5 Outeniqua Transport Museum und Abfahrt des Power Van
6 zum Montagu Pass und Outeniqua Pass

Unterkünfte
1 Hoogekraal Country House, Blue Whale Resort, Dolphin View, Palm Tree B&B, Nageenoeg Beach Cottage
2 Fancourt Hotel & Country Estate, Outeniqua Travel Lodge
3 Oakhurst Hotel
4 Protea Hotel Outeniqua
5 N° 10 Caledon Street

der Zeit vor dem Zweiten Weltkrieg: Silbergedecke in den Speisewagen und holzvertäfelte Schlafabteile lassen Träume wach werden. Außerdem sind 13 Dampflokomotiven, Rangierloks, Autos aller bekannten Marken aus der Zeit von 1935 bis 1990 (selbst ein *Rolls-Royce*, *Borgwards*, *Studebakers*, ein *Lloyd* sowie ein *Kadett A* fehlen nicht) und ein paar Relikte zur Schifffahrt am Kap ausgestellt.

Eine Augenweide für alle Dampflokfans

Der einzigartige **Outeniqua Power Van** fährt auf 3- bis 5-stündigen Touren hinauf zum Montagu Pass. Der Power Van ist eine starke, kleine Zugmaschine, die den Zügen beim Hinauffahren des steilen Passes „behilflich" war und auch für Reparaturarbeiten genutzt wurde. Heute finden bis zu zehn Personen darin Platz und er ist rundum verglast. Zwischendurch wird zum Picknick angehalten. Wer sich sportlich betätigen möchte, kann sich an der Abfahrtstation hinter dem Museum ein Mountainbike ausleihen, dieses im Power Van mitnehmen und vom Pass wieder hinunterrollen. Diese Unternehmung muss vorher reserviert werden, da der Power Van nur bedingt nach Fahrplan und nur bei Auslastung fährt (s. dazu S. 417).
Outeniqua Transport Museum, *2 Mission Rd./Industrial Rd., www.outeniquachootjoe.co.za/museum.htm, Mo–Fr 8–16, Sa 8–16 Uhr.*

Reisepraktische Informationen George und Herolds Bay

Information
George Tourism, *York St., zwischen Courtenay und Cathedral Sts.,* ☎ *(044) 801-9103, www.visitgeorge.co.za.*

Unterkunft
Fancourt Hotel & Country Estate (2) $$$$–$$$$, *5 km westl. der Innenstadt, an der Montagu St.,* ☎ *(044) 804-0000, www.fancourt.co.za. Absolute Luxusklasse. Man wählt zwischen den wunderschön restaurierten Zimmern im 150 Jahre alten Manor House sowie den Zimmern und Suiten, die sich in neueren Gebäuden befinden. Das Haupthaus dient als allgemeines Aufenthaltsgebäude. Golfspielergruppen sollten nach dem separaten Cottage fragen. Die vier Restaurants bieten für jeden etwas (italienisch, Fine Dining, leichte Kost und Steaks). Die Grünanlagen sind natürlich Spitze und ein Spa mit allem Schnickschnack ist ebenfalls im Komplex.*
Blue Whale Resort (1) $$$–$$$$, *12 km südl. von George,* ☎ *(044) 878-2931, www.bluewhale.co.za. Anfahrt: Von der N 2 abbiegen an der Ausfahrt Yorck St./Pacaltsdorp.*

Dann 6 km nach Süden (durch Pacaltsdorp durch und ein Stück auf Schotterpiste). Bestens ausgestattete Selbstversorger-Hütten, teilweise atemberaubender Blick auf das Meer. In einem privaten Naturreservat. Von einem Leser empfohlen.

Hoogekraal Country House (1) $$$–$$$$, ☏ (044) 879-1277, www.hoogekraal.co.za. Anfahrt: Von George auf N 2 in Richtung Mossel Bay, an der Ausfahrt Glentana abfahren, noch 1 km in südlicher Richtung. Die Farm war die erste in der Gegend und erstreckte sich einst von Mossel Bay bis George. Das historische Haupthaus (1760), auf einem Hügel gelegen (Aussicht bis zum Meer), beherbergt neben einem vornehmen Salon und Kaminzimmer das wunderschöne Esszimmer mit langer Tafel. Vieles wurde im Stil des 17. Jh. erhalten (wenn auch einige Patzer wie der Kunststoffboden in der Suite und die z. T. tapezierten Badezimmer stören), sodass das Ambiente im Wesentlichen stimmt. Die kleineren Zimmer sind auf einen Seitenflügel des Gebäudes sowie ein Nebenhaus (1820) verteilt. Offiziell empfangen wird man vom Hausherrn mit einem Sherry oder Wein im Salon, um anschließend zum Dinner (Aperitif, 4 Gänge, Kaffee, Brandy – Tafelsilber, ausgesuchtes Porzellan) geführt zu werden. Letzteres ist eine abendfüllende und sehr anregende Angelegenheit, da der Hausherr einiges aus dem Nähkästchen zu plaudern hat. Die Geschichte der Farm ist nicht minder interessant, denn sie hat mit dem politischen Clan der Bothas zu tun, u. a. einem der jetzigen Besitzer, Tonie Botha, einem „abtrünnigen" Botha, der auf Seiten des ANC steht. I. d. R. erfährt das Hoogekraal Country House sehr gute Kritiken. Manch einem mag es hier aber zu persönlich sein, andere Leser haben sich über die zu plüschige und auch etwas zu verstaubtmuffige Atmosphäre beschwert. Hoogekraal hat etwas gemein mit den skurril-schrulligen Landhäusern in Großbritannien – mit all seinen Vor-, aber auch Nachteilen.

Oakhurst Hotel (3) $$$, Ecke Meade/Cathedral Sts., ☏ (044) 874-7130, www.oakhursthotel.co.za. Reetgedecktes Country Inn der oberen Mittelklasse. Zentral gelegen. Im Hause befinden sich ein gutes Restaurant (s. u.) und eine gemütliche Bar (mit Kamin). Das Gebäude ist zwar neu, doch die innenarchitektonische Mischung aus Cape-Dutch-Stil und Safarilodge ist durchaus gelungen. Die Zimmer sind klein, aber geschmackvoll eingerichtet. Der Tipp für die Innenstadt.

Protea Hotel Outeniqua (4) $$–$$$, 123 York St., ☏ (044) 874-4488, www.proteahotels.com. Modernes, leidlich ansprechend gestaltetes Innenstadthotel mit 50 (kleinen) Zimmern. Oft günstige Sonderraten!

N° 10 Caledon Street (5) $$, 10 Caledon St., ☏ (044) 873-4983, www.10caledon.co.za. Nettes und sauberes B&B nahe der Innenstadt. Garten, teilweise Balkonzugang von den Zimmern. Angeboten wird auch ein Selbstversorger-Cottage.

Dolphin View und Palm Tree B&B (1) $–$$, Herolds Bay, ☏ (044) 851-0110. „Dolphin View" sind Selbstversorger-Chalets am Hang (2–8 Personen, Aussicht!), während das „Palm Tree" in einem historischen Strandhaus untergebracht ist. Im Frühstück „inbegriffen" ist der Blick direkt auf den weißen Sandstrand.

Nagenoeg Beach Cottage (1) $$, 50 Beach Rd., Herolds Bay, ☏ (013) 753-3234, www.sa-venues.com/visit/nagenoeg. Direkt vor dem Strand gelegenes Selbstversorger-Cottage (für 4 Personen, nach Absprache bis zu 7 Personen).

Outeniqua Travel Lodge (2) $, 70 CJ Langenhoven Rd., ☏ (044) 874 4488, www.outeniqua-backpackers.com. Gepflegte Backpacker-Lodge, mit Pool. Schlafsaal, Doppel- und Einzelzimmer.

Unterkünfte an der südlich gelegenen **Victoria Bay**, s. S. 409.

Camping
Der Tipp für George ist der Campingplatz an der **Victoria Bay**, s. S. 410.

Es gibt einen kleinen Campingplatz im Ortskern von **Herolds Bay**, ☎ (044) 802-2900. Er ist sauber, aber es ist eng hier und mit der Aussicht und Seeluft, die man dem Platz in Victoria Bay genießt, kann er nicht mithalten.

Wer es etwas schattiger und luxuriöser mag, fährt zum **Glentana Caravan Resort** auf halber Strecke zwischen George und Mossel Bay (N 2-Exit Glentana), ☎ (044) 879-1536, www.glentanaresort.co.za. Einigermaßen windgeschützt durch die bewachsene Stranddüne.

Essen und Trinken

Fine Dining im **Henry Whites**, im o. g. Fancourt Hotel. Gaumenfreuden in passendem Ambiente. Tafelsilber, Kerzenlicht, gute Weine und ohne Zweifel eine exquisite, oft experimentierfreudige Haute Cusine. Unbedingt reservieren!

The Old Townhouse, Ecke York/Market Sts., ☎ (044) 874-3663. Restaurant in historischem Gebäude. Eleganz, Ambiente, Qualität und Preis sind ausgewogen und somit ein Tipp für George. Speisen aller Art: Fischgerichte, Steaks, Schnitzel, Pasta, aber auch Wildgerichte.

Oakhurst Restaurant, im o. g. Oakhurst Hotel. Candlelight Dinner. Südafrikanische Gerichte, gelungen „aufgepeppt".

Das **Dutton's Cove** in Herolds Bay, 21 Rooidraai Ave., ☎ (044) 851-0155, ist beliebt wegen der tollen Aussicht und besonders der besonderen Sonnenuntergangsstimmung. Curries, Steak- und Fischgerichte.

Einkaufen

Der **Lederhändler** verrät sich schon durch seinen Namen. In der Garden Route Mall südlich der Innenstadt gibt es handgefertigte Lederwaren zu kaufen. Die Fabrik befindet sich Ecke PW Botha Boulevard/Pearl Sts.

Golf

Der **Fancourt Country Club**, eine der berühmtesten Golfanlagen Südafrikas, liegt 5 km westlich der Innenstadt. Zwei der drei 18-Loch-Meisterschaftsplätze wurden von der Golflegende Gary Player entworfen. ☎ (044) 804-0000, www.fancourt.com.

George Golf Club, C. J. Langenhoven St., ☎ (044) 873-6116, www.georgegolfclub.co.za. 18 Löcher, 5.800 m. Ebenfalls ein Topplatz, auf dem auch Meisterschaften ausgetragen werden. Er gilt als der „grünste und satteste" Platz im Kapland und liegt wunderschön.

Outeniqua Power Van

Fahrten mit dem **Power Van** starten vom Outeniqua Transport Museum (2 Mission Rd./Industrial Rd). Unbedingt vorzeitig nach dem Fahrplan fragen und reservieren: ☎ (044) 801-8239 bzw. per E-Mail: opv@mweb.co.za.

Etwas ganz Besonderes ist ein Ausflug mit dem Outeniqua Power Van

Montagu Pass und Outeniqua Pass

Hinweis
Dauer einer Rundfahrt: ca. 2 Stunden. Von George ein Stück in Richtung Oudtshoorn fahren und dann auf die ausgeschilderte Piste zum Montagu Pass abzweigen. Wohnmobile und Camper sind nicht zugelassen.

Der Montagu Pass wurde bereits 1844–1847 von Henry Fancourt White erbaut und schlängelt sich auf gut 13 km über einen Kamm der **Outeniqua Mountains** (*Outeniqua* stammt aus der Khoi-Sprache und heißt: „Menschen, die Säcke mit Honig tragen"). Mit seiner Fertigstellung wurde die Barriere zwischen dem zentralen sowie dem östlichen und westlichen Kapland überwunden. 9 km der Gesamtstrecke mussten mit Hilfe von Schießpulver freigesprengt werden. Bis 1951 diente die Straße als Hauptverbindung zwischen George und der Karoo. Die nicht asphaltierte, oft sehr schmale Trassenführung ist ein Erlebnis. Für nicht ganz Schwindelfreie sei hinzugefügt, dass entlang aller Abhänge eine solide Steinmauer gesetzt ist. Unterwegs passiert man die Reste einer ehemaligen Schmiede, unterquert die Viadukte der Eisenbahntrasse und hat auf der Passhöhe von ca. 800 m die Möglichkeit, einem Wanderweg bis zum Outeniqua Pass zu folgen. Nördlich des Passes wird Hopfen angebaut, der hier ein gutes Klima vorfindet.

Schmale Straße

Am Ende der Strecke trifft die Straße bei **Herold** auf die N 9. Ein Stück weiter nach Westen bietet sich die Gelegenheit zu einem Abstecher nach **Oudtshoorn**. Hinunter nach **George** geht es über den 1951 eingeweihten, ebenfalls etwa 800 m hohen **Outeniqua Pass**. 1943 wurde mit dem Bau begonnen, bei dem über 500 italienische Kriegsgefangene mitgewirkt haben. Die Aussichten auf die Küstenebene von George sind von hier eindrucksvoller als vom Montagu Pass. Mehrere Aussichtspunkte, die

Am Montagu Pass

> ### Über Pässe und durch Schluchten

Ausflugsmöglichkeiten von George und der Wilderness Area
- Von George den historischen **Montagu Pass** hinauf, dann nach **Oudtshoorn** (Straußenfarmen, Cango Caves) und zurück über den **Outeniqua Pass**. Alternative: Zurück über den **Robinson Pass** (R 328). Dauer: 1 Tag.
- Von George den historischen **Montagu Pass** hinauf, dann nach **Oudtshoorn** (Straußenfarmen, Cango Caves) und über den legendären **Swartberg Pass** nach **Prince Albert**. Dort übernachten. Am nächsten Tag durch den **Meiringspoort** nach De Rust und zurück über Oudtshoorn und den **Outeniqua Pass** nach George. Dauer: 2 Tage.
- Von George den historischen **Montagu Pass** hinauf, dann nach **Oudtshoorn** (Straußenfarmen, Cango Caves) und über den legendären **Swartberg Pass** nach **Prince Albert**. Dort übernachten. Am nächsten Tag früh los über die N 1, Laingsburg, Vleiland und durch den **Seweweekspoort** nach **Calitzdorp** (Portwein-Metropole Südafrikas). Hier evtl. übernachten oder weiter über den **Robinson Pass** (R 328) oder den **Outeniqua Pass** nach George oder Mossel Bay. Dauer: 2–3 Tage.
- Von George entlang der **Old Passes Road** (Seven Passes Road) nach Knysna. Dort dann den **Prince Alfred's Pass** hinauf nach Avontuur. Zurück dann über **Oudtshoorn** (Straußenfarmen, Cango Caves) und entweder den historischen **Montagu Pass** oder den neueren **Outeniqua Pass** zurück nach George. Dauer: 2 Tage, der erste ist recht lang: Übernachten in Oudtshoorn.

nur auf einer Fahrt talwärts anzufahren sind, geben Gelegenheiten für einen Fotostopp. Einer dieser Aussichtspunkte ist nach den „4 Passes" benannt, die man von hier aus sehen bzw. erahnen kann: Outeniqua Pass, Montagu Pass, den Pass der Eisenbahnlinie sowie den **Cradock's Pass**. Letzterer war der 1815 fertiggestellte Vorgänger des Montagu Passes. Er verlief direkt auf der gegenüberliegenden Bergzunge oberhalb der Montagu-Trasse, war somit nur knapp 10 km lang, dafür aber viel zu steil. Ochsenwagen benötigten bis zu 18 Stunden, bis sie oben angekommen waren. Heute kann man auf einer Wanderung noch Überreste des Cradock's Passes erkennen.

Literaturtipp
„The Romance of Cape Mountain Passes", von Graham Ross. Erzählt die Geschichte aller Pässe und Schluchtdurchfahrten in den Kapprovinzen.

Die Strecke zwischen George und Kapstadt

Südlich von George liegt ein weiterer schöner Strandort, **Herolds Bay**, wo es neben Badevergnügen einen attraktiven Aussichtspunkt zu erleben gibt (Blick auf Strand und Meer). Zahlreiche Übernachtungsmöglichkeiten im Ort, zumeist kleine Selbstversorger-Unterkünfte, bieten Gelegenheit, zwei oder mehr Tage am Meer zu verweilen.

Schöner Strand

Great und **Little Brak River** sind zwei weitere Flussmündungen, die heute als Strandzugänge genutzt werden. Auch hier findet man schöne, weiße Sandstrände vor, doch sind diese – nach südafrikanischen Maßstäben – oft überlaufen.

Sehens- und Erlebenswertes entlang der Küstenstrecke zwischen Port Elizabeth und Kapstadt

Auch Tagesbesuche möglich

Am N 2-Exit 401 (Little Brak River) geht es in Richtung Norden zum **Botlierskop Game Reserve**, einem 3.000 ha großen Game Park mit Unterkünften in luxuriösen Safari-Zelten (Ausblicke auf Berge und den Little Brak River). Im Preis sind Game Drives und alle Mahlzeiten (sehr gut!) inklusive; Tagesbesuche sind auch möglich. Zwar gibt es nicht alle großen Tiere, aber Giraffen, Büffel, Nashörner, verschiedene Antilopenarten und eine einzigartige Vogelwelt haben bereits viele Besucher begeistert. Zudem gibt es ein Lions Sanctuary und die Gelegenheit, auf dressierten Elefanten zu reiten (s. S. 425).

Kurz vor Mossel Bay führt die R 328 hinauf und über den 1867–1869 erbauten, 860 m hohen **Robinson Pass** nach Oudtshoorn. Thomas Bain, legendärer Konstrukteur von über 20 Passstraßen im Kapland (z. B. Prince Alfred's Pass, Swartberg Pass, Old Passes Road), zeichnete auch für diesen verantwortlich. Die Trassenführung wirkt großzügig im Vergleich zu den anderen Pässen über die Outeniqua Mountains. Das geologische Terrain bot einfach bessere Voraussetzungen. Zwischen Mai und Juli blühen die Proteen am Wegesrand und riesige Flächen von Fynbos-Vegetation erfreuen das Auge.

Fynbos-Vegetation

Auf der Nordseite, etwa 10 km vor Oudtshoorn, passiert die R 328 zwei Straußenfarmen, **Highgate** und **Safari Show Farm** (s. S. 340). Der Robinson Pass löste übrigens den ersten Pass über die Outeniqua Mountains, den bereits 1689 erstmals erwähnten **Attaqua's Kloof Pass** weiter westlich als Traverse ab. Dieser folgte noch einem ehemaligen Trampelpfad der Elefanten.

Mossel Bay

Der erste Europäer, der in die weite Bucht eingefahren ist, dürfte Bartolomeu Diaz gewesen sein. Er ließ hier am 3. Februar 1488 ankern, nachdem er das Cape of Good Hope, welches er wegen schlechten Wetters gar nicht sehen konnte, umsegelt hatte. Hier fand also die erste Landung durch Europäer an der Ostküste Südafrikas statt.

1 Hoogekraal Country House
2 Botlierskop Game Reserve
3 Eight Bells Mountain Inn
4 Gondwana Game Reserve
5 Gourits Bridge (Bungee Jump)
6 Garden Route Game Lodge
7 Sandpiper Cottages

Garden Route: Zwischen George und Riversdale

Sehens- und Erlebenswertes entlang der Küstenstrecke zwischen Port Elizabeth und Kapstadt

Unfreundlicher Empfang

Doch Diaz behielt die Bucht in schlechter Erinnerung. Als er Anstalten machte, Kontakt mit den hier lebenden Khoi aufzunehmen, wurde er mit einem Steinhagel empfangen, sodass er sich entschloss, nach der Aufnahme von Frischwasser, sofort weiter zu segeln. Der Streit entwickelte sich übrigens wegen der Nutzung der Trinkwasserquelle. Die Portugiesen umgingen dabei – wohl unwissend – Stammesrituale der Khoi. Diaz nannte die Bucht *Aguada de São Bras* („Wasserstelle des St. Braize"), denn die Seeleute fanden das Wasser am Tage des hl. Braize. Eine andere Legende behauptet dagegen, Diaz hätte den Ort als *Angra dos Vaqueiros* („Bucht der Kühe") bezeichnet, denn wie gerne hätten die Portugiesen Vieh bei den Hirten eingetauscht, um nach langer Seefahrt die Fleischvorräte aufzufüllen.

Erst Vasco da Gama, der am 20. November 1497 hier ankam, konnte friedliche Beziehungen zu den Khoi-Hirten knüpfen. Ausschlaggebend für das Gelingen war ein Tauschgeschäft: Da Gama tauschte seine rote Mütze sowie ein paar Armreifen gegen einen Ochsen. Nach diesem Bartergeschäft wurde getanzt und musiziert. Fortan diente Mossel Bay für viele portugiesische Schiffe als Anlaufpunkt, um die Fleisch- und Frischwasservorräte wieder aufzufüllen. Und 1500 eröffnete der Kapitän Pedro d'Ataide sogar eine „Nachrichtenbörse": Er hinterließ am alten **Milkwood-Baum** neben der Quelle Seeschuhe, in die er einen Brief für später eintreffende Seefahrer steckte. Daraus entwickelte sich eine Tradition, und seither gilt der Baum als das erste „Postamt" Südafrikas. Er steht heute auf dem Gelände des Bartolomeu Diaz Museum Complex.

Anfang des 17. Jh. erreichten die Holländer das Kap und vertrieben allmählich die Portugiesen. Der Ort verdankt schließlich den holländischen Seefahrern van Caerden

und de Houtman seinen Namen. Wegen der vielen Muscheln nannten sie ihn *Mosselbaai*. Seefahrer sammelten hier gerne **Muscheln und Austern,** auch heute noch werden Schalentiere aus der Bay in ganz Südafrika verkauft. 1729 kamen die ersten Siedler, und 1734 nahmen die Holländer schließlich offiziell Besitz von der Region. Ein Steinzeichen und das Monogramm der Holländisch-Ostindischen Handelskompanie wurden von dem damaligen Kap-Gouverneur Jan de la Fontaine errichtet. 1787 wurde ein Kornspeicher gebaut und bereits im Juli des Folgejahres konnte der erste Weizen verschifft werden. Von diesen Tagen an wurde Mossel Bay Hafenstadt für das südliche Kapland und die Kleine Karoo. Einen Aufschwung erlebte der Ort mit der Einrichtung einer **Walfangstation** inklusive Verarbeitungsbetrieb im Jahr 1827. In den Boomjahren der **Straußenfeder-Produktion** in der zweiten Hälfte des 19. Jh. wurden hier pro Jahr bis zu 800.000 kg Federn verladen. Als das Geschäft mit den Federn nachließ, wurde Mossel Bay Umschlagplatz für Ocker, Wolle und Obst.

Bedeutender Hafen

Bis in die zweite Hälfte des 20. Jh. hinein fristete Mossel Bay das Dasein eines verschlafenen Hafennestes mit ein paar wenigen Ferienresorts. Dann aber wurden 50 km vor der Küste **Gasfelder** entdeckt. *Mossgas* ließ Südafrikas erste Unterwasser-Pipeline legen und errichtete im Hinterland eine große Raffinerie, die u. a. aus Gas Benzin produziert. Vor allem während des Teilembargos in der Apartheidzeit erlebte die Stadt einen erneuten Boom. Leider hat diese Entwicklung lange Zeit auf das Stadtbild abgefärbt. Neben einigen wenigen historischen Gebäuden überwiegt der Ausblick auf die nahen Industrieanlagen und den Hafen und die Innenstadt weist eher pragmatische Züge auf. Mittlerweile hat sich im Bereich The Point aber ein touristisch attraktives Areal entwickelt. Mossel Bay hat heute 37.000 Einwohner.

Gasvorkommen

Highlights sind der **Bartolomeu Diaz Museum Complex** und das Gebiet am **Cape St. Blaize/The Point**. Die angekündigten Walbeobachtungsmöglichkeiten können nicht mit den günstigeren Bedingungen in Plettenberg Bay, Hermanus bzw. dem De Hoop Nature Reserve mithalten. Vom **Hafen (1)** aus starten Bootstouren zur Seehund- und Pinguinkolonie auf **Seal Island** in der Mossel Bay abgehen.

Bartolomeu Diaz Museum Complex (2)
Hinter dem Namen verbergen sich mehrere Museen und Sehenswürdigkeiten an einem Ort. **Old Post Office Tree und Spring**: Hinter dem alten Baum, der als „Nachrichtenbörse" für die Seefahrer diente (s. o.) befindet sich die Quelle, die die ersten Seefahrer genutzt haben. Einem Seemannsstiefel nachempfundenes, kleines Monument dient auch heute noch als Briefkasten.

The Maritime Museum: In dem ehemaligen Sägewerk wird die Geschichte der Entdeckung Südafrikas durch die portugiesischen Seefahrer erläutert. Höhepunkt ist der Nachbau von Diaz' Karavelle. Diese Replik wurde 1987/88 zur 500-Jahr-Feier von Diaz' Ankunft von Portugal nach Mossel Bay gesegelt. Gegen eine Zusatzgebühr kann man das Schiff besichtigen. Man stelle sich einmal vor, dass das Schiff nur 23,5 m lang, 6,6 m breit und dabei nur 130 t schwer gewesen ist. Auch auf die Seefahrtsgeschichte nach den Portugiesen wird eingegangen. Eine Ausstellung zeigt historische Seefahrtskarten, teilweise aus der Zeit um 1500. Eine kleine Abteilung widmet sich modernen Tauch- und Forschungsgeräten.

Nachbau des Schiffes von Diaz

Muschelaus-stellung

Shell Museum & Aquarium (im Shirley Building): Das Gebäude wurde 1902 als zusätzlicher Getreidespeicher gebaut und ein Abschnitt darin als Sägemühle genutzt. Später hatte der Ire Joe Shirley hier seine Metallwerkstatt. Heute beeindruckt eine Ausstellung zum Thema Muscheln, wobei die Bedeutung der Muscheln für die Menschen erläutert wird. Neben einem Aquarium ist das Skelett eines ehemals 476 kg schweren Hais zu sehen.

Granary: In dem originalgetreuen Nachbau des ersten Speichers (1787) für Getreide und Wolle in Mossel Bay ist heute das Infocenter des Museums untergebracht.

Munro's Hoek: Die etwas abseits gelegenen alten Reetdachhäuser dienten nach 1831 einem gewissen Mr. Munroe als Verarbeitungsstätte für Seehundfelle und auch als Taverne, eine der ersten am Ort. Die Gebäude sind nicht zu besichtigen.

Ethno Botanical Garden & Braille Trail: In dem kleinen Naturreservat und entlang eines Lehrpfads sind die Pflanzen zu sehen, die einst schon Diaz zu Gesicht bekam. Dabei wird erläutert, welche Bedeutung sie für die Khoi, San, Xhosa und die ersten Siedler hatten und haben.

Bunte Aus-stellung

Culture Museum: Das Heimatkundemuseum befindet sich ebenfalls an der Market Street, aber auf der anderen Seite der Church Street. Die Ausstellungen sind recht wild zusammengewürfelt: Feuerwehr-Utensilien, alte Möbel, Bilder aus dem Anglo-Burischen Krieg, Khoi-Handwerkzeuge und -Kleider, geborgene Teile der 1890 gesunkenen „Rosebud", frühe Seenot-Rettungsgeräte etc.

Bartolomeu Diaz Museum Complex, *1 Market St., nahe Nordostende der Church Street, oberhalb des Hafens, www.diasmuseum.co.za, Mo–Fr 9–16.45, Sa/So 9–15.45 Uhr.*

The Point (3)

Wer noch etwas Zeit hat, sollte auf die Spitze der Landzunge, **The Point**, fahren. Verschiedene Restaurnats bieten sich hier für eine Verschnaufpause an. Man kann nicht nur den wunderschönen Ausblick auf das offene Meer genießen, sondern auch das 1864 erbaute **St. Blaize Lighthouse (4)** *(Mo–Fr, im Sommer oft auch Sa/So 10–15 Uhr)* sowie die **Cape St. Blaize Cave (5)** besichtigen, eine Höhle, in der früher Khoi gelebt haben. Hier beginnt übrigens der gut 13 km lange **St. Blaize Hiking Trail**, der sich entlang der felsigen Klippen schlängelt. Man muss ihn ja nicht ganz ablaufen.

The Point Hotel

Reisepraktische Informationen Mossel Bay

Information
Mossel Bay Tourism Bureau, Ecke Church/Market Sts., ☏ (044) 691-2202, www.visitmosselbay.co.za, www.gardenroute.co.za. Infos nicht nur zum Ort, sondern auch zur Garden Route.

Unterkunft
Botlierskop Game Reserve (2) $$$$$, Einige Kilometer nördl. vom N 2-Exit 401 (Little Brak River), ☏ (044) 696-6055, www.botlierskop.co.za, s. S. 420.

Elefantenreiten im Botlierskop Game Reserve

Ana's Place (1) $$$–$$$$, 89 Rodger St., ☏ (082) 410-8912, www.anasplaceapartments.co.za. Tolle Unterkunft in modernem, ausgesprochen schicken Haus oberhalb der Stadt. B&B oder Selbstversorger. Toller Ausblick von den Terrassen! Eine Klasse für sich. Ansi Steyn, die Besitzerin, kümmert sich rührend, jedoch nicht aufdringlich um ihre Gäste.

Eight Bells Mountain Inn (2) $$$, am Fuß des Robinson Pass (R 328), 35 km nördl. von Mossel Bay, ☏ (044) 631-0000, www.eightbells.co.za. Inmitten der Berge gelegenes Landhotel. Neben schönen Zimmern gibt es auch Rondavel und Logcabins zu mieten. Bezaubernder Garten. Zugehörig sind ein Restaurant und ein kleiner Pub. Das Hotel ist gut geeignet, um sich vom Trubel der Garden Route zu erholen bzw. Karoo und Küste von hier aus zu erkunden.

The Old Post Office Tree Manor/Protea Hotel Mossel Bay (3) $$$ (–$$$$), Market St., ☏ (044) 691-3738, www.proteahotels.com. Historisches Hotel gleich neben dem Museumskomplex. Der „karibische" Charakter der Zimmer stimmt zwar nicht mit dem eigentlichen Ambiente überein, aber ansprechend sind die Zimmer allemal. Leider ist der Blick auf die Bay großenteils verbaut. Im Hause gibt es ein gutes Seafood-Restaurant und eine Cocktailbar mit Aussicht.

The Point Hotel (4) $$$ (–$$$$), Point Rd., ☏ (044) 691-3512, www.pointhotel.co.za. Große, z. T. sogar Familienzimmer. Direkt am Kap und oberhalb des tosenden Meeres! Alle Zimmer mit Balkon zum Meer.

Cape St. Blaize – Whale's Way Cottage (5) $$–$$$, Cape St. Blaize, ☏ (021) 449-2400, www.npa.co.za. Selbstversorgerhaus direkt am Leuchtturm. Tolle Aussicht aufs Meer. Das Haus hat 4 Betten. Oft ausgebucht.

Santos Express (6) $–$$, unterhalb des Museumskomplexes, ☏ (083) 900-7797, www.santosexpress.co.za. Hier schläft man in Schlafwagenwaggons. Die „Zimmer" (2- bis 4-Bett-Abteile) sind natürlich entsprechend klein und einfach (keine Handtücher!), aber in Ordnung. Restaurant und Pub. 30 m vom Strand.

Mossel Bay Backpackers (7) $, 1 Marsh St., ☏ (044) 691-3182, www.mosselbayhostel.co.za. Saubere, sehr preiswerte Doppelzimmer sowie Schlafsäle. Nahe The Point und zum Strand.

Camping

De Bakke Chalets & Santos Caravan Park, George Rd., nordwestl. der nahen Innenstadt, ☎ (044) 691-2915. Schön an Bay und Strand, doch oft laut wegen der Tagesbesucher. Es gibt auch Chalets.

Point Caravanpark, ☎ (044) 690-3501, an der Ostspitze der Stadt. Der Point Caravanpark ist oft ausgebucht, liegt er doch günstiger zu Restaurants und Aktivitäten als der Santos Caravan Park.

Einige Kilometer von der Stadt entfernt und von vielen Lesern als bester Platz der Region bezeichnet: **Dibiki Holiday Resort** in Hartenbos. N 2, zweiter Hartenbos-Exit, nach Überqueren des Hartenbos River, ☎ (044) 695-1532, www.dibiki.co.za. Viele Grasplätze, sauber. Hier und da ist auch Schatten vorhanden. Zudem gut ausgestattete Selbstversorger-Chalets. Strandnah.

Essen und Trinken

Café Gannet, Market St., The Old Post Office Tree Manor (s. o.), ☎ (044) 691-1885. Vorzügliche Fischgerichte in historischem Dekor. Bei gutem Wetter empfehlen sich die Tische im Garten (reservieren!).

Angeschlossen ist die **Blue Oyster Cocktail Bar**, die nicht nur Cocktails bietet, sondern auch leichte Snacks (Austern, Salate) zum Lunch.

Santos Express, am Strand unterhalb (nordwestl. des Museumskomplexes), ☎ (044) 691-1995. Hier speist man in einem Eisenbahnwaggon. Durchschnittliche, aber faire Küche (Burger, Steaks, Meeresfrüchte). Auch Publunch.

The Lighthouse Restaurant, Im The Point Hotel (s. o.), ☎ (044) 691-3512. Wunderschöne Aussicht (Tisch mit Ausblick reservieren!). Mediterran angehauchte Küche mit vielen Fischgerichten. Wer es unkomplizierter mag, dem sei der **Big Blue Tapas Pub** im Hause empfohlen, der ebenso Meerblick bietet.

Grundsätzlich gibt es verschiedene Restaurants aller Preisklassen im Bereich **The Point** sowie in der **Marsh Street** zwischen The Point und Stadtzentrum.

Golf

Mossel Bay Golf Club, 17th Ave., ☎ (044) 691-2379, www.mosselbaygolfclub.co.za. 18 Löcher, 5.763 m. Imposante Lage hoch oberhalb des Indischen Ozeans. Es wird gewarnt: Hügelige Etappen erfordern auch Beinarbeit!

Bootstouren nach Seal Island

Abfahrt im Mossel Bay Harbour. ☎ (044) 690-3101. 45-minütige Bootstouren Mo–Sa 10–16, So 11–16 Uhr. Immer zur vollen Stunde.

Östlich von Mossel Bay beginnt das **Winterregengebiet** des Kaplands. Die Niederschlagsmengen sind hier deutlich niedriger und liegen an der Küste bei ca. 400 mm/Jahr, steigen besonders an den Bergen aber auf ca. 600 mm/Jahr an. Damit ist das Gebiet für die Landwirtschaft gut geeignet (Weizenanbau, Wildblumenzucht, Schafe, Milchkühe und Straußenzucht). Riesige Felder und Weiden umgeben die N 2 und bilden mit ihren hellen Farbtönen immer wieder einen eleganten Kontrast zur dunklen Silhouette der Langeberg-Kette. Die Landschaft ändert sich schlagartig, hat aber ihren Reiz. Weiter westlich wird Wein angebaut, und die **Region Grabouw/Eglin/Villiersdorp** zeichnet für die Hälfte der Obsternte am Kap verantwortlich.

Die Strecke zwischen George und Kapstadt

Routenalternativen

1. Entlang der N 2 passiert man die 64 m hohe **Gourits Bridge** (ehemals Bungee-Jump, zzt. kaum angeboten), sowie zwei „Big Five"-Naturreservate: Das exklusivere, mit 12.000 ha weitaus größere **Gondwana Game Reserve** liegt 30 km nordwestlich von Mossel Bay an der R 327. Die **Garden Route Game Lodge** 5 km östlich von Albertinia an der N 2 erinnert eher an Safariparks in Europa. Hier sind auch Tagesbesucher willkommen. Der verschlafene Ort **Albertinia** ist bekannt wegen einiger Antiquitätengeschäfte und der Tatsache, dass sich hier die einzigen Fabriken befinden, die Saft, Gelee und Kosmetika aus Aloen herstellen.

2. Die küstennahe Strecke über Boggomsbaai, Gouritsmond und Still Bay ist erlebnisreicher. Sie führt durch eine Landschaft mit niedriger Meeres-Fynbos-Vegetation. Im Hintergrund: die Berge als eindrucksvoller Kontrast. Einige Streckenabschnitte sind nicht asphaltiert.

Oystercatchertrail

Um nach **Boggomsbaai** zu gelangen, verlässt man die N 2 15 km westlich von Mossel Bay (kurz hinter Mosgas) in Richtung Süden. In dem verschlafenen Nest bietet sich die Möglichkeit, ein paar Tage in den liebevoll ausgestatteten und geräumigen **Sandpiper Cottages** zu nächtigen und den nahezu menschenleeren Strand sowie Relikte aus Khoi-Zeiten zu erleben. Das Team der Sandpiper Cottages organisiert auch geführte Wanderungen auf dem sog. **Oystercatchertrail**. Dabei wird für Unterkunft, Gepäcktransport sowie die Grundausstattung gesorgt und auf Wunsch Verpflegung gestellt. Mitzubringen sind entsprechende Kleidung, festes Schuhwerk, Sonnenschutz, Lust zum Wandern und Interesse an der Natur. Ein wirkliches Erlebnis, denn der Trail gehört zweifelsohne zu den schönsten im Land. Der Name bezieht sich auf den gleichnamigen Vogel, der hier überall am Strand zu sehen ist. Dieser knackt keine Austern, dafür aber Muscheln. Willie, ein Xhosa, ist ein engagierter und kundiger Führer, der nicht nur die Natur aufschlussreich erläutert, sondern auch zum Leben in Südafrika vieles zu erzählen hat. Der Trail erstreckt sich über ca. **50 km zwischen Mossel Bay und Gouritsmond**, passiert felsige Küstenabschnitte und Höhlen, in denen

Redaktionstipps

Erlebnisse Mossel Bay bis Kapstadt
▶ **Wandern**: Oystercatchertrail (S. 427), **in den Bergen** nördlich von Heidelberg und Swellendam (S. 433/437).
▶ **Handgezogene Fähre** bei Malgas (S. 435).
▶ **De Hoop NR**: Wale, Strand und Dünen, Outdooraktivitäten (S. 442).
▶ **Wale beobachten**: Witsand (S. 434), **Hermanus** (S. 453).
▶ **Küstenstrecke**: Rooiels bis Gordon's Bay **bei untergehender Sonne** (S. 456).
▶ Missionsstationen/Kirchen: **Genadendal** und **Elim** (S. 440/449).
▶ **Cape Agulhas**, Afrikas südlichster Punkt (S. 447).
▶ Kaum bekannt: **Bontebok NP** (S. 439), **Weingüter bei Hermanus** (S. 454), **Harald Porter Botanical Gardens** (S. 456).
▶ Orte mit Erholungswert: **Still Bay** (S. 430), **Greyton** (S. 440), **Arniston** (S. 446).
Übernachten
▶ **Sandpiper Cottages** (S. 428), **The Anchorage B&B** (S. 431), **Skeiding Guest Farm** (S. 434), **The Hideaway** (S. 438); **Malagas Hotel** (S. 435), **Koppie Alleen Cottage** im De Hoop NR (S. 445), **Cliff Lodge** (S. 452).

Sehens- und Erlebenswertes entlang der Küstenstrecke zwischen Port Elizabeth und Kapstadt

Unterwegs auf dem Oystercatchertrail

einst die Khoi lebten. Es geht über tolle Sandstrände und riesige Dünen. Baden im Meer oder in Rock Pools ist ebenfalls möglich.

Man kann den Trail in 3–4 Tagen ganz erlaufen, aber auch Abschnitte auswählen. Es gibt zudem verschiedene Angebotspakete, vom „All-Around Package" bis hin zu „Ich mache alles selbst" (bis auf Führer!). Der Tipp: So viel wie möglich arrangieren lassen, denn das gibt Ruhe, um sich ganz auf die tolle Wanderung einzustellen. Unter dem Strich kommt das kaum teurer. Der Schwierigkeitsgrad der Wanderung liegt bei leicht bis mittel. Hier und dort muss man über kantige Felsen klettern, die meiste Zeit geht es aber entlang eines Pfads bzw. über endlose Strände. Der Ort **Vleesbaai** – heute ein verträumter Ort mit Ferienhäusern – ist übrigens eine der ältesten europäischen Siedlungen in Südafrika. Von hier aus wurden bereits die Portugiesen mit Proviant, vorwiegend Fleisch (daher der Name), versorgt. Es werden auch Wanderungen (Berge und Meer) in Verbindung mit dem **Eight Bells Mountain Inn** (s. S. 425) angeboten.
Oystercatchertrail: Unbedingt im Voraus buchen – am besten schon von Europa aus: ☎ (044) 699-1204, www.oystercatchertrail.co.za.

Reisepraktische Informationen Albertinia und Boggomsbaai

Information
Tourist Office, 31 Station Rd., Albertinia, ☎ (028) 735-1000, www.hessequa.net.

Unterkunft/Essen und Trinken
Albertinia Hotel $$, Main Rd., Albertinia, ☎ (028) 735-1030, www.albertinia hotel.co.za. Landhotel seit 1900 mit 16 Zimmern. Urig, preiswert, „down to earth". Beliebt ist das Restaurant im Hause, das reichhaltige, südafrikanische Landküche serviert.
Sandpiper Cottages (& Spa) $$$–$$$$, s. o., ☎ (044) 699-1204, www.sandpiper. co.za. Gut ausgestattete Selbstversorger-Häuser. Nutzung eines kleinen Spas ist möglich, Anwendungen (Massagen etc.), wie auch die Mahlzeiten, müssen angemeldet werden. Es gibt kein Restaurant und keine Geschäfte im Ort.

Gameparks
Gondwana Game Reserve $$$$$, R 327, nordwestl. von Mossel Bay, ☏ (044) 697-7002, www.gondwanagr.co.za. Luxus pur, Unterkünfte in geräumigen und gut ausgestatteten Chalets. Alles inklusive, bis auf alkoholische Getränke.
Garden Route Game Lodge $$$$, N 2, 5 km östl. von Albertinia, ☏ (028) 735-1200, www.grgamelodge.co.za. Ansprechende Zimmer und, als Tipp, die unwesentlich teureren Chalets. Game Drives, Abendessen und Frühstück im relativ hohen Preis inbegriffen.

Gouritsmond

Es gibt nicht viele Gründe, den Abstecher zu dem kleinen Ort an der Mündung des Gourits River zu unternehmen, doch einer könnte die Beschaulichkeit sein. Wenig Touristen, nur kleine Ferienhäuser, eine beachtliche Flussmündung (der Gourits River ist immerhin der größte Fluss im Reisegebiet) und gute Angelmöglichkeiten. Es gibt nur einen Supermarkt, einen Pub, ein paar wenige, kleine Restaurants, aber keine Hotels. Wer die Küste nahezu ganz für sich zu haben möchte, reist an einem Wochentag an.

Reisepraktische Informationen Gouritsmond (Gourits Mouth)

Unterkunft
De Branders Holiday Flats $, 59 River St., Buchung nur über Internet: www.placesforafrica.com/debrandersholidayflats. Selbstversorger-Apartments direkt hinter Meer- und Flussdüne. Schöne Aussicht.
Manch Reisender hat Glück gehabt und spontan ein **Ferienhaus** vor Ort gefunden: Dazu fängt man am besten an, im Supermarkt bzw. dem Pubrestaurant am Ortseingang zu fragen. Irgendwie wird es klappen. Die Belohnung kann ein einfaches, aber schön gelegenes Haus sein.

Camping
Es gibt einen einfachen Caravanpark am Ort.

Rein's (Gouriqua) Coastal Nature Reserve

Nach 8 km entlang der parallel zur Küste verlaufenden Asphaltstraße liegt linker Hand das **Rein's (Gouriqua) Coastal Nature Reserve**. „Fynbos Power instead of Atomic Power" hieß lange Zeit der Slogan des einzigartigen Naturreservats. Damit wurde auf den geschichtlichen Hintergrund hingewiesen, denn bis Anfang der 1990er-Jahre lebten hier Atomforscher, da die Regierung hier ein zweites Atomkraftwerk plante. Dazu kam es aber nicht und ein Österreicher kaufte das Gelände und rief das Naturreservat ins Leben. Küsten- sowie Fynbosvegetation galt es zu schützen, ebenso, wie **Fishing Pools** der Khoi. Übernachten konnte man in den restaurierten Fischerhäusern oder in den ehemaligen Anlagen der Forscher. Ein endrucksvolles Konzept und allemal eine Empfehlung. Seit aber im Jahr 2008 ein großes Feuer einen Großteil der Vegetation niedergebrannt hat, ist das Naturreservat geschlossen und keiner weiß, wann und ob es wieder geöffnet wird. Sollte dieses aber der Fall sein, lohnt der Besuch.

Fishing Pools der Khoi

Die Küste zwischen Mossel Bay und Kapstadt und auch anderen Landesteilen weist einige Eigenarten auf: Geröll und Felsbrocken aus hartem Quarzit bilden die Uferzone, in der früher die Khoi-Khoi an mehreren Orten entlang der Küste sog. **Fishing Pools** angelegt haben. Die

Fishing Pool der Khoi

Pools wurden ausgehoben, indem man die Steine aus einem Areal herausnahm. Während der Flut schwammen die Fische in diese Pools, aus denen sie die Khoi dann bei Ebbe herauslockten in einen künstlichen „Seitenkanal". Hier warteten dann die Frauen und sammelten sie ein. Heute stehen die Pools unter Denkmalschutz. Gefischt haben die Khoi übrigens nur im Winter, denn dann waren ihnen die Nächte in der Karoo zu kalt. Im Sommer zog es sie wieder in die Wüste.

Still Bay

Vom Rein's (Gouriqua) Coastal Nature Reserve führt eine 47 km lange Schotterstraße bis nach Still Bay. Beeindruckend sind auch hier wieder die Fynbos-Büsche und Proteen, wenn sie im August/September blühen. Noch vor Still Bay passiert die Piste den kleinen, schnuckeligen Fischerort **Melkhoutfontein**. Der Ort liegt nicht am Meer, denn die Fischer haben es bevorzugt, windgeschützt, landeinwärts zu leben.

Erholsame Naturareale

Der Fischerei- und Urlaubsort **Still Bay** (Stilbaai) liegt beiderseits der Flussmündung des Goukou River und trägt den Beinamen „*The Bay of Sleeping Beauty*", denn von hier aus kann man den gleichnamigen Berg oberhalb von Riversdale sehr schön sehen. Die Bucht, die Strände sowie die Flussmündung haben ihren eigenen Charme und die nahen Naturareale bieten weitere Gelegenheit zur Erkundung der Küstenvegetation. **Pallinggat**, ein altes Farmhaus mit angeschlossenem Schulraum, beherbergt heute das Touristenbüro und ist zudem bekannt für die „gezähmten" Aale im Gartenteich *(tgl. Fütterung, meist um 11 Uhr)*.

Auch bei Still Bay gibt es historische **Fishing Pools** der Khoi. Man kann sie gut bei Ebbe auf einem Spaziergang am Strand der **Skulpiesbaai** (Still Bay-West) erkunden. Still Bay beeindruckt ansonsten durch sein (noch) gemächliches Treiben. Gerne werden kurze Kajaktouren auf dem Fluss unternommen. **Jongensfontein**, 10 km westlich, ist ein Küstenort, der ebenfalls gerne besucht wird und noch etwas ruhiger erscheint … wobei der mitten im Ort platzierte Campingplatz samt Chalets in der Saison für ziemliches Leben sorgt.

Auf einer rauen, aber landschaftlich reizvollen Piste geht es weiter nach **Witsand**. Auf etwa halber Strecke zweigt ein Piste nach **Puntjie** ab, das berümt dafür ist, das besterhaltene, historische Fischerdorf an dieser Küste zu sein. Doch den Bewohnern kamen zu viele Besucher, sodass heute eine Schranke das Dorf abriegelt. Schade, denn Puntjie liegt wunderschön an der Mündung des Duiwenhoks River.

Reisepraktische Informationen Still Bay (Stilbaai)

Information
Tourism Bureau, Langkoven St., ☏ (028) 754-2602, www.stilbaaitourism.com, www.hessequa.net.

Unterkunft
The Anchorage Accommodation $$ (–$$$), 2,5 km vom Strand entfernt am Goukou River (Ostseite) gelegen, ☏ (028) 754-3730, www.theanchorage.co.za. Nach Wahl: B&B oder Selbstversorger. Fünf Units (gute Kücheneinrichtung) und geschmackvoll ausgestattete Räume. Schöne Ausblicke von den Terrassen auf den Fluss. Reichhaltiges Frühstück. Kanus können ausgeliehen werden. Es wird deutsch gesprochen. Hier kann man gut ein paar Tage ausspannen.
Still Bay River Lodge $$(–$$$), Main Road East, Still Bay-East, ☏ (028) 754-1317, www.stillbay-river-lodge.com. Oberhalb des Flusses gelegenes, historisches Cape-Dutch-Haus. 2 km zum Strand. Nur B&B.
Ansonsten gibt es in Still Bay zahlreiche **Selbstversorgerunterkünfte** und kleine **B&Bs**. Infos im Touristenamt bzw. am Infokasten am Ortseingang (vor der Brücke).

Camping
Ellensrust Caravan Park, nahe dem Strand von Still Bay-East, ☏ (028) 754-1034. Caravan Park und einfache Rondavels. In **Jongensfontein**, 10 km westl., gibt es einen Campingplatz mit besseren Selbstversorgerhütten, ☏ (028) 755-8015.

Strandspaziergang in Still Bay

> **Essen und Trinken**
> **Die Lappsiesbaai**, ☏ (028) 754-2748. Beliebtes Fischrestaurant direkt am Strand von Still Bay-East.
> Das beste Steak, gute Burger und dünne sowie krosse Pizza gibt es dagegen im **On the Rocks Bar & Grill** im kleinen Shoppingcenter an der Main Road East in Still Bay-East.

Zurück auf der N 2: Riversdale

Der burisch angehauchte Ort am Fuße des Sleeping Beauty Mountain (der Berg sieht aus wie ein sich ausstreckendes Mädchen) hat gut 10.000 Einwohner und dient als Zentrum der Landwirtschaft zwischen Mossel Bay und Swellendam. Entsprechend zweckmäßig geht es hier zu. Riversdale wird jedoch häufig als Basis für Outdoor-Unternehmungen (Wandern, Mountainbiking etc.) im nahen Langeberge-Gebiet genutzt. Golffreunde erfreuen sich in Riversadale an einem der schönsten Golfplätze des Landes. Wer sich besonders intensiv mit der kapholländischen Kultur auseinandersetzen möchte, kann sich das restaurierte historische **Farmhaus Zeekoeigat** (1795) ansehen *(Öffnungszeiten beim Touristenamt nachfragen)*.

Zwischen Riversdale und Kapstadt

Die Strecke zwischen George und Kapstadt

Abstecher: In Riversdale zweigt die R 323 nach Norden ab und steigt wenige Kilometer an zum großzügig angelegten **Garcias Pass**, ein Werk des legendären Straßenbauers Thomas Bain. Bereits auf halber Anhöhe ändert sich die Szenerie schlagartig, und es offenbart sich eine – auf den ersten Blick an die Highlands von Schottland erinnernde – grüne Landschaft. Dann erreicht die Straße die Little Karoo, es wird um einiges wärmer, aber auch karger. Die Küstenbewohner bezeichnen die Strecke daher als „Fluchtweg bei schlechtem Wetter". Hier eröffnen sich nun Perspektiven für verschiedene **Alternativstrecken**: Die **Little Karoo** (Montagu oder Oudtshoorn) erkunden oder bis hin zur N 1 in der **Great Karoo** fahren. Sollte Letzteres das Ziel sein und die Route mit dem Schlenker durch die **Seweweekspoort** (keine großen Camper!) gewählt werden (zusätzlich ca. 1 Std.), bedeutet das, in Riversdale oder Ladismith vollzutanken, denn die Strecke Riversdale – Seweweekspoort – Laingsburg misst 195 km und weitere Tankstellen gibt es nicht.

Grüne Landschaft

Heidelberg beeindruckt nur durch seinen Namen, denn der wurde wirklich der deutschen Stadt abgeguckt. Die Wirtschaft basiert auf Schafzucht und Weizenanbau. Bliebe zu erwähnen, dass es sich, alternativ zu Riversdale als Basis für Wanderungen im Langeberg eignet.

Reisepraktische Informationen Riversdale und Heidelberg

Information
Riversdale, Spur City (N 2), ☏ (028) 713-1996, www.riversdale.co.za, www.hessequa.net. Infos auch zu Farmunterkünften und Hütten in kleinen, privaten Game Reserves.
Heidelberg, Ecke Rall/Fourie Sts., ☏ (028) 722-2700, www.tourismheidelberg.co.za, www.hessequa.net.

Unterkunft
Riversdale Travel Lodge $$, 10 Main St., Riversdale, ☏ (028) 713-2473, www.riversdaletravellodge.co.za. Von außen zwar „langweilig-modern", dafür aber renovierte Zimmer zu einem sehr günstigen Preis. Für Backpacker gibt es eine „Special Rate". Restaurant und Pub im Haus. Organisiert werden von hier aus verschiedene Outdooraktivitäten in der Umgebung (Abseiling, Reiten, Mountainbiking etc.).

Sleeping Beauty Guest House $$, 3 Long St., Riversdale, ☏ (028) 713-1651, www.sleepingbeautyguesthouse.com. Das ehemalige Pastorenhaus (1856) ist liebevoll restauriert. 6 Doppelzimmer und ein geräumigeres Familienzimmer. Dinner wird auf Anfrage bereitet. Schöner Garten und ein Labyrinth, bepflanzt mit Sukkulenten.

Takkiesklof Tourist Camp $$, Truter St., Riversdale, ☏ (028) 713-8016 (im Voraus buchen). Einfache Selbstversorger-Chalets, Zimmer und ein gut ausgestatteter, sauberer **Campingplatz**.

Skeiding Guest Farm $$, nahe N 2 (ausgeschildert), 12 km westl. von Heidelberg, ☏ (028) 722-1891, www.skeiding.co.za. Vornehmlich eine Straußen- und Merinofarm, es werden aber auch Kühe gehalten und Ackerbau betrieben. Man wohnt entweder in einem Zimmer im Haupthaus oder in netten Selbstversorger-Cottages (zwei davon im Cape-Dutch-Stil). Gekocht wird typisch südafrikanisch (vorher anmelden). Eine hervorragende Gelegenheit, auszuspannen und die Arbeit auf einer Farm kennenzulernen.

Boosmansbos Wilderness Area/Grootvadersbosch Nature Reserve
Grootvadersbosch Nature Reserve, Heidelberg 6665, ☏ (028) 425-5020, zu buchen über Cape Nature Conservation, ☏ (021) 659-3500, www.capenature.co.za. Einfache Selbstversorger-Unterkünfte und Schutzhütten entlang der Trails, auch Campsite.

Witsand und Malgas

Witsand, zusammengewachsen mit dem benachbarten **Port Beaufort**, liegt an der Mündung des Breede River, der weit im Inland, nahe Ceres entspringt. Bedeutend war einst der Fischfang sowie der kleine Hafen, denn der Fluss ist von Malgas an schiffbar. Heute dominiert der Tourismus. B&Bs, ein Caravanpark, Selbstversorger-Apartments und das Strandlokal Hoonkers sorgen für die Gäste im Ort und auch flussaufwärts. Die wiederum genießen die schönen Strände und erfeuen sich an den **Walen**, die sich von Juni bis November in der vorgelagerten **St. Sebastian Bay** in großer Zahl tummeln. Die Wale lieben die Ruhe und das wärmere Wasser an der Flussmündung und kalben hier besonders gerne.

Eine Alternativstrecke zum De Hoop NR geht etwa 20 km nördlich von Witsand ab zur Siedlung **Malgas**. Bis hier ist der Breede River auf gut 50 km schiffbar, bis er dann bei Witsand in den Ozean fließt. Früher wurden in dem kleinen Hafen Wolle und Getreide verladen, um dann in Port Beaufort auf größere Lastenschiffe umgeladen zu werden. Die Zeiten sind natürlich vorbei, aber eine alte Tradition hat sich erhalten: Die handgezogene Fähre, die einzige ihrer Art im Lande. Zwei Männer ziehen den „Ponton" über den Fluss. Im Hotel an der Fähre kann man Boote, mit und ohne Motor, für kurze Touren mieten.

Hoonkers on the Rocks in Witsand

Reisepraktische Informationen Witsand und Malgas

Information
Witsand Tourism, Main Rd., ☎ (028) 537-1010, www.witsandtourism.co.za, www.hessequa.net.

Unterkunft
Breede River Lodge $$$–$$$$, Port Beaufort, ☎ (028) 537-1631, www.breederiverlodge.co.za. Zimmer, Studios und Selbstversorger-Apartments (1 u. 2 Schlafzimmer). Nahezu alle mit Blick auf den Fluss. Restaurant. Bootstouren können arrangiert werden. Sicherlich die beste, allemal die praktischste Adresse vor Ort.
Malgas Hotel $$–$$$, an der Fähre in Malgas, ☎ (028) 542-1049, www.malgashotel.co.za. Komfortables Hotel. Individuell eingerichtete Zimmer im Hotel und anliegenden Gebäuden. Restaurant (südafrikanische Gerichte) und eine Veranda mit Blick auf den Breede River. Wasseraktivitäten (Kanu fahren, Angeln, Sunset-Bootsfahrten) werden arrangiert. Ein Pub im Hause bietet Pub-Lunches. Insgesamt ein netter Platz, um zwei Tage zu entspannen. Hausboote für Trips auf dem Breede River werden am Hotel vermietet (mind. 4 Tage).
Immer mehr Lodges, auch mit Unterkünften für Selbstversorger, haben am **Breede River** unterhalb von Malgas eröffnet. Zwei Empfehlungen: **Tides River Lodge $$–$$$**, ☎ (028) 542-1018, www.tideslodge.com, sowie **Mudlark River Front Lodge $$**, ☎ (028) 542-1161, www.mudlark.co.za. Mahlzeiten müssen vorher angemeldet werden.
Whale Watchers Inn $$, Protea Rd., Witsand, ☎ (028) 537-1825, www.whalewatchersinn.com. Sauberes, strandnahes B&B mit 9 Apartments und einem Garden Cottage. Die Gastgeber helfen gerne beim Organisieren von Touren in die Umgebung.
Barry's Holiday Accommodation & Witsand Backpackers $–$$, 89 Main Rd., ☎ (028) 537-1717, Witsand, www.witsand.co.za. Der Name verät es bereits. Von Selbstversorger-Unterkünften über B&B (vorher Frühstück anmelden) bis hin zu Backpacker-Schlafsälen gibt es alles, auch DZ mit Meeresblick.

Swellendam

Swellendam (heute 15.000 Einw.) ist neben Tulbagh die drittälteste Stadt Südafrikas, nach Kapstadt und Stellenbosch. Sie liegt malerisch am Fuße der Langeberg-Range. Der Distrikt wurde 1743 ins Leben gerufen und Swellendam dann 1746/47 gegründet. Man benannte es nach dem Gouverneur Hendrik Swellengrebel und seiner Frau Helena ten Damme. Im Jahr 1795 war Swellendam für einige Monate sogar Hauptstadt. Die damaligen Siedler ärgerten sich so sehr über die Misswirtschaft der Holländisch-Ostindischen Handelsgesellschaft, dass sie den Landvogt A.A. Faure am 18. Juni absetzten, eine eigene Republik ausriefen und Hermanus Steyn zu ihrem Präsidenten erkoren. Doch der „Staat" bestand nur drei Monate, bis durch die britische Okkupation eine neue Regentschaft eintrat.

Kurze Zeit als Hauptstadt

Ein wirtschaftlicher Boom trat Mitte des 19. Jh. ein, als das „Empire" von Barry & Nephews für regen Handel zwischen Swellendam und Kapstadt sorgte. Die Kaufleute führten sogar eigene Banknoten ein und verschifften die Produkte (vor allem Wolle) aus der Overberg-Region über den Breede River nach Port Beaufort und von dort weiter auf regelmäßig verkehrenden Handelsschiffen nach Kapstadt. Obwohl 1865 große Teile der Stadt einem Feuer zum Opfer fielen, sind bis heute zahlreiche georgianische, viktorianische und vor allem kapholländische Gebäude erhalten geblieben. Auch heute noch stehen Wollverarbeitung und Weizenanbau im Vordergrund.

Die Touristeninformation im Zentrum (36 Voortrek St.) befindet sich am 1838 erbauten **Oefeningshuis**, das ehemals als Kirche und später Schule für freie Sklaven diente. Auffällig ist die riesige **Dutch Reformed Church** östlich des Zentrums. 1910 erbaut, beeindruckt sie durch die gotischen Fenster sowie Stilelemente aus der Renaissance und dem Barock.

Beeindruckende Kirche

Drostdy Museum

Hauptattraktion von Swellendam ist der Museumskomplex am östlichen Ortsausgang. Das Drostdy Museum besteht aus mehreren Gebäuden. Der Besuch startet im alten Drostdy, danach folgt man dem vorgeschlagenen Rundweg:

Recht unscheinbar wirkt die Drostdy

Die Drostdy: Das schneeweiße Gebäude wurde 1747 für den ersten Landvogt als Wohnhaus, Magistratsresidenz und Gerichtssitz gebaut. Später erfolgten Umbauten und Vergrößerungen. 1846 verkaufte die Regierung die Drostdy, die bis 1939 in Privatbesitz blieb. Dann kaufte sie der Staat zurück und richtete das Museum ein. Heute sind Möbel aus allen Epochen zu bewundern und die Geschichte der Stadt ist anhand von historischen Fotos, Karten, Gemälden und anderen Gegenständen gut nachzuvollziehen. Eindrucksvoll ist die Küche mit ihren Nebenräumen, in denen u. a. alte Küchengeräte zu sehen sind. Am Hang oberhalb des Drostdy steht die **Lecture Hall**, ehemals der Pferde- und Kutschenstall.

Herb Garden: Im Küchengarten wurden über die Jahrhunderte Gemüse, Gewürze und andere Küchenpflanzen angebaut.

Mayville: Das Wohnhaus, 1853–1855 erbaut, ist ein Beispiel für den architektonischen Übergang vom kapholländischen zum georgianisch-viktorianischen Stil: Es hat ein Stroh-Walmdach, aber ohne Giebel. Die doppelten Glastüren und großen Schiebefenster sind viktorianisch, ebenso wie der größte Teil der Einrichtung. Bei einem geführten Rundgang wird erläutert, wie sich das Haushaltswesen im 19. Jh. verändert hat. Nita Steyn, die letzte Bewohnerin, schenkte Mayville 1974 dem Museum, machte aber zur Auflage, dass ein Rosengarten nahe dem Haus gepflanzt wird.

Architektonischer Richtungswechsel

The Old Goal: Das alte Gefängnis wurde kurz nach dem Bau der Drostdy errichtet und 1828 durch den Anbau für die Wohnung des Gefängniswärters erweitert. Heute befinden sich in den Räumen eine Ausstellung über die Khoi, die vor den Siedlern um Swellendam lebten, sowie der Souvenirshop. Die Zellen können im Hinterhof besichtigt werden. Für die Rechtsprechung waren der Landvogt und die ihm untergeordneten „Heemraden" zuständig. Größere Fälle wurden nach Kapstadt verwiesen.

Ambagswerf (Gewerbegarten): Hinter dem alten Gefängnis wurden z. T. alte Gebäude restauriert, z. T. neue im alten Stil erbaut. In ihnen und auf der freien Fläche werden alte Handwerkskünste vorgeführt und erläutert. Es gibt u. a. eine Schmiede, die Werkstatt eines Wagenmachers, eine Dreschtenne, eine alte Wassermühle, einen Backofen, eine Gerberei, eine Kupferschmiede und eine Küferwerkstatt.

Zanddrift: Ein Farmer aus Bonnievale schenkte das Gebäude 1975 dem Museum. Man brach es dort ab und baute es hier wieder auf. Interessant ist die Geschichte des Hauses: 1769 erbaut, wurde es bis 1880 immer wieder erweitert. Heute beherbergt es ein Restaurant, das aber nur zu bestimmten Anlässen geöffnet ist.

Drostdy Museum, *18 Swellengrebel St., www.drostdymuseum.com, Mo–Fr 9–16.45, Sa/So 10–15.45 Uhr.*

Sehenswürdigkeiten in der Umgebung von Swellendam

Das Dorf **Suurbraak** liegt 25 km von Swellendam entfernt am Fuße des Tradouw Passes. Es wurde 1812 von Missionaren der *London Missionary Society* gegründet und wird heute z. T. vom Drostdy Museum verwaltet. Auf einer Fahrt in die Kleine Karoo bietet es einen schönen Zwischenstopp.

Auch der **Tradouws Pass**, der die Region Overberg mit der Little Karoo verbindet, bietet bezaubernde Ausblicke und interessante Gesteinsformationen.

Das **Marloth Nature Reserve** in den Langebergen direkt nördlich von Swellendam ist selbst über 14.000 ha groß, und weitere 16.000 ha kaum genutzten Privatgeländes werden von hier verwaltet. Ausschlaggebend für die Einrichtung des Cape-Nature-Naturreservats war der Erhalt der im November blühenden Berg-Fynbos-Vegetation (Proteen, 25 Erika-Arten) sowie der noch intakten Wälder (Yellowwood, Wilde Oliven, Cherrywood, Birnen u. a.). Die Tierwelt umfasst Duiker, Böcke, Baboons, Dassies, Stachelschweine und seltener auch Bergleoparden. Kurze Wanderungen (1–4 Std.,

Schutz der Fynbos-Vegetation

Wasserfälle, Rock Pools) und auch mehrtägige entlang des **Swellendam Hiking Trail** (Permit erforderlich) sind möglich. Übernachtet wird dabei in einfachen Hütten, Kochutensilien (Kocher, Geschirr, Besteck) muss man dazu mitnehmen. Das Informationsgebäude liegt am Parkeingang nördlich von Swellendam, nahe dem Golfplatz.
Marloth Nature Reserve, *Information und Buchungen,* ☏ *(028) 514-1410, www.cape nature.co.za. Parkoffice: nördl. von Swellendam, nahe dem Golfplatz.*

Reisepraktische Informationen Swellendam

Information
Tourist Bureau, *Oefinghuis, 36 Voortrekker St.,* ☏ *(028) 514-2770, www. swellendamtourism.co.za.*

Unterkunft
De Wagenhuis Guesthouse $$$, *Anfahrt: 8 km nach Osten auf N 2, dann in Buffeljags River 1 km nach Süden und anschließend nach rechts, über die Eisenbahn (Schildern folgen),* ☏ *(028) 512 3656, www.dewagenhuis.com. Unterkunft auf alter Cape-Dutch-Farm. Die 7 Gästezimmer befinden sich im ehemaligen Kutschenhaus. Hier kann man entspannen, spazieren gehen und auch dem Farmleben beiwohnen.*
The Hideaway B&B $$–$$$, *10 Hermanus Steyn St.,* ☏ *(028) 514-3316, www. hideawaybb.co.za. Mehrfach prämierte B&B-Unterkunft im historischen Ortskern, nahe Museumskomplex. Luxuriös eingerichtet und ein überaus leckeres Frühstück. Teilweise Garten-Cottages. Indoor-Pool, kleiner Souvenirladen sowie Garten und Verandas zum Entspannen.*
Riverside Cottages $$, *36 km westl. von Swellendam in Stormsvlei an der R 317,* ☏ *(082) 772-3269, 082 698 6498, www.stayhere.co.za. Schöne Cape-Dutch-Cottages auf der Farm Avontuur. Selbstversorger. Direkt vor dem Haus fließt der Riversonderend (Baden, Kanu fahren). Kleines Restaurant am Ort.*
Entlang der **Voortrekker Street** *gibt es mehrere empfehlenswerte* **B&B-Unterkünfte (**$$, *selten* $$$**)** *in (zumeist historischen) Cape-Dutch-Häusern, z. B.* **Moolmanshof** *(Nr. 217,* ☏ *028-514-3258, www.annascollection.com),* **La Sosta** *(Nr. 145,* ☏ *028-514-1470, www.lasostaswellendam.com, italienisches Restaurant) und* **Cypress Cottage** *(Nr. 3, nahe Museumskomplex,* ☏ *028-514-3296, www.cypress-cottage.co.za).*
Swellendam Backpackers $, *5 Liechtenstein St.,* ☏ *(028) 514-2648, www.swellen dambackpackers.co.za. Schlafsaal, Doppelzimmer und auch Camping. Schöner Garten, abends wird auf Wunsch Essen vom Grill zubereitet. Outdoor-Anbieter im Haus (Wandern, Reiten, Mountainbiking).*
Rothman Manor $$$$, *268 Voortrek St.,* ☏ *(028) 514-2771, www.rothmanmanor.co.za. Leserempfehlung: „Wir haben in Rothman Manor in der Honeymoon Suite übernachtet. Ohne Worte ... traumhaft schön. Cape-Dutch-Romantik. Wird von einem deutschen Ehepaar betrieben und hält absolut, was es verspricht."*

Camping
Municipal Caravan Park, *34 Glen Barry Rd.,* ☏ *(028) 514-2705. Voll ausgestattete Caravan Sites, zumeist schattig und nette Selbstversorger-Cottages.*

Essen und Trinken
Old Gaol on Church Square, *am Museum,* ☏ *(028) 514-3847. Hier be-*

kommt man leichte Lunch- sowie Cape-Dutch-Gerichte (Chicken Curry, Potjiekes, Lamm, Bobotie u. a.). Unter schattigen Bäumen lässt es sich gut draußen sitzen.
Mattsen's Restaurant, Swellengrebel St., gegenüber Old Gaol, ☎ (028) 514-2715. Kleines Restaurant mit Sitzgelegenheiten draußen. Die besten Steaks im Ort, Burger und Pizza.
Roosje Van de Kaap, 5 Drostdy St., ☎ (028) 514-3001. Top-Restaurant im Ort für ein romantisches Dinner. Traditionelle südafrikanische Küche mit kapmalayischen sowie französischen Einflüssen. Das Gebäude diente einst als Stall für das Drostdy.

Bontebok National Park

Der kleinste der südafrikanischen Nationalparks schützt vor allem den **Bontebok** (Buntbock). Buntböcke sind im Strand-Veld-Gebiet westlich und östlich des Kap Agulhas, südlich der Caledon-Berge und in der südlichen Karoo heimisch. Bis auf 17 Exemplare war diese Tierart ausgerottet, bis man sich 1931 entschloss, einen Park für sie einzurichten. Die Zahl der Buntböcke ist dank der Schutzmaßnahmen weltweit auf über 3.000 Exemplare gestiegen, in diesem Park leben über 200. Buntböcke lieben offenes Grasland, ohne oder nur mit wenigen Bäumen und Büschen bestanden. Sie äsen morgens und nachmittags, und bei heißem Wetter liegen sie im Schatten. Ihre Feinde waren Löwen, Leoparden, Geparde und Hyänen. Da diese Tiere mittlerweile in freier

Buntböcke (Bontebok) mögen offenes Grasland

Wildbahn ausgerottet sind, stellt nur noch der Schabrackenschakal einen Feind für jung geborene Kälber dar. Die Buntböcke wiegen etwa 90 kg, sind 1 m hoch und haben Hörner, die bis zu 43 cm lang werden können.

Die Landschaft des 33 km² großen Gebiets wurde in dem Zustand belassen, wie ihn die ersten Siedler angetroffen haben dürften. Außer Buntböcken kann man Kap-Grys-Böcke, Grey Rhebok, Bergzebras, Hartebeeste und Springböcke sehen. Besonders im Frühling erfreut den Besucher ein farbenprächtiger Blumenteppich.

Von der Straße, die sich durch das Gelände zieht, kann man die Tiere beobachten. Zwei kurze **Wanderwege** (1,5 und 2 km lang) beginnen am Restcamp. Wem nach Baden ist, der kann an der Badestelle am Campingplatz in den Breede River springen.
Zufahrt zum Nationalpark: Östl. von Swellendam an der N 2. Erstes Gate: Okt.–April 8–19, Mai–Sept. 9–18 Uhr.

Reisepraktische Informationen Bontebok National Park

Information
Visitor Office, Am Parkeingang, ☏ (028) 514-2735. Im Park gibt es ein Geschäft mit allen notwendigen Lebensmitteln.

Unterkunft/Camping
Moderne Selbstversorger-Holzhäuschen ($$) im **Restcamp Lang Elsies Kraal Ois**, alle mit Veranda, mit Aussicht auf den Langeberg sowie den Breede River. Der bestens ausgestattete **Campingplatz** (Strom bis 21.30 Uhr) liegt am Breede River.

Routenalternative: Durchs Inland nach Kapstadt

The Post House in Greyton

Abstecher führen entlang der R 406 nach **Greyton** und **Genadendal**: Ersteres ist ein idyllischer Wochenendort mit kleinen Shops und Boutiquen, B&Bs, Cafés, Antiquitätenläden etc., während der zweite eine 1737 gegründete, immer noch genutzte Missionsstation der *Herrenhuther Glaubensgemeinschaft* (Mährischer Missionsorden) aufweist. Das **Genadendal Mission Museum** (Mo–Do 9–13, 14–17, Fr 9–15.30, Sa 9–12 Uhr) erstreckt sich über drei historische Gebäude und erläutert die Geschichte der Missionsstation, die sich vornehmlich um die „Bekehrung" der Khoi-Khoi dreht. Alte Musikinstrumente, u. a. die älteste Orgel Südafrikas, bereichern die Ausstellung.

Beide Orte gelten als schöne Basisstationen für Wanderungen in die **Riviersonderendberge**. Tipp: Eine einstündige Wanderung in die Schlucht (Noupoort) im **Greyton Nature Reserve** nördlich von Greyton unternehmen.

Heilende Quellen

Caledon an der N 2 ist ein vorwiegend landwirtschaftlich orientierter Ort. Der Flecken verdankt seine Entstehung den heißen Quellen, die hier mit Temperaturen um 50 °C aus dem Boden sprudeln. Pro Tag sind es 900.000 Liter des eisen- und mineralienhaltigen und damit vermeintlich heilendes Wasser. 1709 baute der erste Siedler, Ferdinand Appel, ein kleines Haus für kranke Gäste. Das war der Beginn Caledons, das man nach dem Gouverneur *Earl of Caledon* benannte. Heute sind die Quellen von einem großen Casino- und Spa-Hotel umschlossen (www.thecaledoncasino.co.za, Tages-

besuche möglich). Sehenswert ist zudem der **Wild Flower Garden**, 1927 gegründet und 10 ha groß. Alljährlich findet im September eine Blumenschau statt. Die Umgebung von Caledon wird vor allem zum Weizenanbau und zur Schafzucht genutzt.

Einen Stopp wert ist der **Dassiesfontein Farmstall**, 13 km westlich von Caledon an der N 2. Neben regionalen Farmprodukten (Marmelade, Obst, Käse etc.) gibt es ausgesuchte Souvenirs, Antiquitäten u. v. m. zu kaufen. Im Restaurant-Café werden leckere Snacks zubereitet.

Lohnender Farmladen

Weiter westlich passiert die N 2 bei Elgin das größte Obstanbaugebiet am Kap, wo man noch schnell die Vitaminvorräte an einem Farmstall auffrischen kann. Die nördlich von Bot River und Elgin gelegenen **Green Mountains** (Groenland-Berge) sind ein weiteres, beliebtes Wandergebiet. Kurz hinter Elgin geht es über den atemberaubenden **Sir Lowry's Pass**, der auf der anderen Seite in die Cape Flats hinunterführt. Die Aussicht von der Passhöhe auf die Flats, die False Bay und das Tafelbergmassiv im Hintergrund ist einmalig. Aber Achtung! Der Abzeig zum Parkplatz kommt sehr plötzlich auf der Passhöhe!

Reisepraktische Informationen Greyton

Information
Tourism Bureau, 29 Main Rd., Greyton, ☏ (028) 254-9414, www.greytontourism.com, www.greytonweekends.co.za.

Unterkunft
Greyton Lodge B&B $$$, 52 Main Rd., Greyton, ☏ (028) 254-9800, www.greytonlodge.com. Kleinstadt-Lodge im englischen Stil. Schöner Garten, in dem am Wochenende auch mal Livemusik geboten wird. Die Unterkünfte verteilen sich auf mehrere, liebevoll restaurierte Cottages im Ortskern. Restaurant.
The Post House $$$, 22 Main Rd., Greyton, ☏ (028) 254 9995, www.theposthouse.co.za. Im ehemaligen Postgebäude von 1860 werden geschmackvoll und modern ausgestattete Zimmer angeboten. Ausgezeichnetes Restaurant, stilvolle Bar, Beauty Salon und Garten.
High Hopes $$–$$$, 89 Main Rd., Greyton, ☏ (028) 254-9898, www.highhopes.co.za. Ein wirkliches reizendes B&B. Gemütliches, wenn auch etwas kitschig eingerichtetes Haus mit 5 Zimmern (eines auch für Selbstversorger), alle zum Garten hin. Der Knüller ist der Garten mit den vielen Rosen, dem kleinen Stausee und der Gelegenheit, hier einfach unter einem der Schatten spendenden Bäume die Seele baumeln zu lassen. Üppiges Frühstück. Wer mag, kann sich für eine Massage anmelden.

Essen und Trinken
Das beste Restaurant ist das im o. g. **Post House** mit frisch zubereiteten, exquisiten Landhaus-Gerichten (vorher reservieren!).
The Jam Tin, im 2 km entfernten Township Aster Laan, Boschmanskloof, ☏ (028) 254-9075, (076) 875-8737. Gedeckt wird im privaten Haus von Dora van der Burg, die kapmalayische Mahlzeiten anbietet. Ein nicht nur kulinarisches, sondern auch ein kulturelles Erlebnis. Vorher anmelden.
Des Weiteren gibt es eine Reihe anderer **Restaurants und Cafés** im Ort.

Weiter durch die Region Overberg

Swellendam zählt bereits zur Region **Overberg** („Über den Bergen"), die sich vornehmlich westlich und südlich der Stadt ausbreitet und den Beinamen *„Foot of Africa"* trägt: Schaut man auf die Karte, ist ein Fuß zu erkennen, dessen Zehen die Kaps im Süden darstellen. Da es sich um den südlichsten Zipfel des Kontinents handelt, ist der eigenwillige Begriff durchaus akzeptabel. Overberg ist eine der bedeutendsten Kornkammern des Landes. Im Norden werden zudem Obst und Wein angebaut. Auf den endlosen Feldern stolzieren vereinzelt vom Aussterben bedrohte Paradieskraniche *(Blue Crane)*, von denen es noch knapp 26.000 geben soll. Davon leben die meisten hier und in der Karoo. Ansonsten besticht Overberg vornehmlich durch seine Küstenorte und natürlich das Nadelkap, das **Cape Agulhas**, die südlichste Spitze Afrikas.

De Hoop Nature Reserve

Zufahrt: Abzweig von der Piste zwischen Malgas und Bredasdorp, nahe Wydgelee. Von Swellendam kommend, zweigt man 13 km westlich auf der N 2 nach links ab auf eine Schotterstraße in Richtung Wydgelee. **Toröffnungszeiten**: I. d. R. tgl. 7–18 Uhr. Es gibt einen Shop und ein Restaurant im Park.

Wenig besuchtes Reservat

„*Jewel of the Western Cape*" steht auf vielen Broschüren und das Naturreservat wurde zudem zu einem *World Heritage Site* erhoben. Wegen der umständlichen Anfahrt über die Piste kommt bis heute nur eine begrenzte Zahl an Reisenden hierher. Damit wäre der erste Pluspunkt des Naturreservats genannt. Die historischen Cottages als romantische Unterkünfte, die Dünen und die unberührte Küste sind weitere. Die Naturlandschaft steht im Vordergrund. Bereits der erste Eindruck lässt die Herzen höherschlagen: Kurz hinter dem Main Gate erreicht die Straße die fast 200 m hohe Kante der 5 Mio. Jahre alten Inland-Sandsteinklippe. Ein toller Blick über die davor liegende Küstenebene eröffnet sich dem Betrachter: Das 14 km lange „Vlei", mit dem Flusslauf des Salt River, 5 km entfernt am Horizont ein weißes, nur z. T. bewachsenes Dünenmeer und dahinter das tiefblaue Meer, dessen Küstenzone als *Maritime Reserve* geschützt ist. Dieser Ausblick fasziniert umso mehr, als man ihn so nicht erwartet hätte.

Reiche Fauna

Unten im Tal angekommen, heißt es dann: Achtung, **Schildkröten** auf der Straße! Und nicht zu vergessen die anderen **Reptilien**, von denen es an die 50 Arten im Park geben soll, davon die Hälfte Schlangen. Dazu 259 **Vogelarten** (82 % aller im Western Cape vorkommenden) und etwa 86 **Säugetierarten**, darunter neun Antilopenarten, Cape Mountain-Zebras, Baboons, Strauße und von Juni bis November die **Wale und Delfine**. Acht Wal- (zumeist Southern Right Whale) und fünf Delfinarten sind es. Noch beeindruckender ist deren Zahl. An einem Novembertag hieß es, dass aus dem Flugzeug um die 200 Wale auf dem Abschnitt zwischen Cape Infanta und Arniston gezählt wurden. Die Ranger begründeten das mit erhöhten Meerestemperaturen, nährstoffreichem Wasser und der Ruhe vor dem Naturreservat, da kein großer Hafen in der Nähe ist und die Schiffsroute weiter von der Küste entfernt liegt.

Eine Fahrt bis zum Parkplatz am Straßenende gehört zum Pflichtprogramm. Dort führt ein Weg den Dünenkamm hinunter zum Meer. Dann kann man sich eine Bucht aus-

Küstenebene und Dünenmeer in De Hoop

suchen (der dritte Strand östlich des Parkplatzes ist der schönste), um z. B. auf einem ausgewaschenen Stein sitzend auf das Wasser und die Tidenpoole zu schauen oder aber in die Fluten zu springen. Gewarnt sei vor der starken Sonne, nicht nur im heißen „Vlei"-Kessel, sondern auch am Wasser: Sonnenschutz nicht vergessen! Im Westteil des Parks herrscht vor der Küste starke Strömung (Infos einholen!).

Die **Pflanzenwelt** mag das ungeschulte Auge nicht so sehr zu begeistern. Salzresistente Pflanzen in heißen und trockenen Regionen (Niederschlag: 380 mm/Jahr) sehen halt nicht so bunt aus und wirken eher buschig-rau. Der auffälligere Dünen-Fynbos (Proteen, Erika-Arten) verhindert die Fortbewegung der Dünen. Es gibt im Park ca. 1.500 Spezies an Fynbos.

Karge Flora

Erkundungen

- **Mit dem Auto** lässt sich das Naturreservat natürlich am einfachsten erkunden. Die Ausstellung am **Park Office** erläutert die naturkundliche und auch anthropologische Geschichte. „Pflichtziel" ist der **Parkplatz am Koppie Alleen**: Wale beobachten, Strände, Tidenpoole etc. (s. o.). Nach Südwesten führt die Straße auf wenigen Kilometern bis nach **De Mond**. Doch die Flussmündung des Salt River ist schon lange versandet, da die Dünen langsam westwärts wandern und den Ausfluss abgeschnitten haben. Über einen unterirdischen Abfluss entwässert der Fluss trotzdem. Zu sehen gibt es hier aber nichts, denn ein Teil der „Mündung" ist gesperrt (Militärgebiet).
- Wer sich entsprechend ausgerüstet hat (Getränke, Nahrung, Sonnenschutz etc.), kann einige der kurzen **Wanderwege** oder aber auch Strecken mit einem gemieteten **Mountainbike** oder **Quad** abfahren. Geführte **Kajaktouren** auf dem Vlei sind ebenfalls möglich. Für alle Unternehmungen gilt: Früh starten, denn ab 10 Uhr fängt die Sonne an zu brennen.
- Lohnend ist eine Teilnahme an einer **geführten Tour**. Sie sind themenbezogen: Maritim, Tierwelt im Park oder Sport.
- Der Parkabschnitt um den 612 m hohen **Potberg** ist weniger besucht, denn er liegt abgeschnitten im Nordosten und kann nur durch Verlassen des Westabschnitts und

Mittags wird es heiß

eine Anfahrt über die Piste Wydgelee–Malgas erreicht werden. Falls man aus Malgas/Witsand kommt, am besten also gleich dorthin fahren. Der Inselberg aus Sandsteinen und Quarziten verspricht eine schöne Aussicht, auch aufs Inlandgebiet. Ein 10 km langer **Wanderweg** führt auf die Spitze und zurück. Am Potberg liegt die Forschungsstation des Parks. Sie beschäftigt sich vor allem mit dem vom Aussterben bedrohten **Kap-Geier** *(Cape Vulture)*. Dank der Parkinitiative leben wieder über 200 Exemplare in der Gegend (1971: ca. 45) und brüten nahezu 60 Paare. Die Kap-Geier legen nur ein Ei pro Jahr, eine wenig effiziente Fortpflanzung. Um die Kleinen abzuhärten, fressen erst die erwachsenen Tiere, und nur was übrig bleibt, bekommen die Jungen.

Schutz der Kap-Geier

• Es besteht die Möglichkeit, den sog. **Whale Trail** zu erlaufen (Dauer: 5 Tage, Länge: 54 km). Eine Reservierung ist erforderlich! Übernachtet wird in gut ausgestatteten Steinhütten. Die Tagesetappen sind zwischen 7 und 15 km lang und erfordern mittlere Kondition. Gestartet wird auf dem Potberg. 3 ½ Tage des Trails führen entlang der Küste. Endpunkt ist Koppie Alleen. Dort wird man abgeholt und zum Startpunkt zurückgebracht. Ein Bringservice (Gepäck, Nahrungsmittel) zu den Hütten wird angeboten. Die Lebensmittel müssen aber vorher eingekauft werden. Die beste Zeit für den Trail ist die kühlere Zeit zwischen Ende Juli und Anfang November, wenn auch Wale beobachtet werden können. Da die zugelassene Zahl an Wanderern begrenzt ist, sollte man für diese Hochsaison bis zu einem Jahr im Voraus bei *Cape Nature* reservieren. Zugelassen sind Gruppen von 6 bzw. 12 Personen, vielleicht hat man das Glück, dass man sich einer Gruppe anschließen kann. Zur Grundausstattung gehören u. a.: Wanderschuhe, Regenjacke, Schlafsack, Sandalen fürs Wasserwandern auf den Felsen und Taschenlampen für Höhlen.

Fünftägige Wanderungen

• Kürzer, aber durchaus schön ist der **viertägige De Hoop Trail**, den die *De Hoop Collection* anbietet. Übernachtet wird für drei Nächte in dem bezaubernd restaurierten Farmhaus Melkkamer auf der anderen Seite des Vlei. Zum Programm gehören eine 10 km lange geführte **Wanderung entlang des Vlei** und eine fachkundige Führung entlang der **Küstenzone um Koppie Alleen**. Im Preis ist alles inklusive (Führungen, alle Mahlzeiten, z. T. die Getränke, Unterkünfte). Ein wirklicher Tipp!

Die Melkkamer Houses liegen direkt am Vlei

Reisepraktische Informationen De Hoop Nature Reserve

ℹ️ Information
Park Office, ☎ (028) 542-1253 oder über Cape Nature, www.capenature.co.za. Hier bucht man auch den „Whale Trail".

🛏 Unterkunft/Camping/Essen
Unterkünfte, Programme (außer „Whale Trail") und Verleihe werden von **De Hoop Collection** verwaltet: ☎ (028) 422-4522, www.dehoopcollection.com. Die Unterkunftsmöglichkeiten sind vielseitig: Historisch gehaltene **Selbstversorger-Cottages** ($$–$$$) für bis zu 6 Personen. Günstiger sind die **Rondavel** ($–$$), wobei die einfachen über kein eigenes Badezimmer verfügen. Des Weiteren werden größere, ebenfalls historische Häuser (jeweils 6–8 Personen) vermietet: **Opstal Manor House** ($$$$), **Melkkamer Manor House** und **Melkkamer Vlei House** ($$$$$) sowie der Knüller, **Koppie Alleen**, nahe dem Strand und 15 km entfernt vom Visitor Center. Zu bedenken gilt, dass eine Teilbelegung dieser größeren Häuser nicht immer möglich ist. Das strandnahe Haus **Lekkerwater**, wohin sich einst Präsident De Klerk zurückzog, wird von Cape Nature verwaltet.
Es gibt einen **Campingplatz** mit 10 Plätzen. Ein **Restaurant** befindet sich am Visitor Center.

Bredasdorp

Bredasdorp bildet mit seinen gut 20.000 im weiteren Umfeld lebenden Einwohnern das wirtschaftliche Zentrum der Südspitze Afrikas, auch **Suidpunt** genannt. 1838 von Michiel van Breda, einem der ersten Merino-Schafzüchter Südafrikas, gegründet, hat es bereits nach wenigen Wochen für „Schlagzeilen" gesorgt. Ausgerechnet um den Standort der zu bauenden Dorfkirche stritten van Breda und eine andere Ortsgröße, Pieter Volteney van der Byl. Resultat: Noch im selben Jahr wurde ein zweiter Ort (mit zweiter Kirche) wenige Kilometer entfernt gegründet: Napier.

Streit um Stadtgründung

Viel zu erleben gibt es nicht: Getreidesilos, Agrarhandel und die Verwaltung des Districts Overberg bestimmen das Geschehen. Zu besichtigen ist das **Bredasdorp Shipwreck Museum**, das Strandgut vor der Küste aufgelaufener Schiffe ausstellt. Angeschlossen sind das **Bottle Museum** mit der größten Flaschensammlung Südafrikas, sowie ein lokales Museum.
Shipwreck Museum, im Pastorat, Independent St., Mo–Fr 9–16.30, Sa/So 11–16 Uhr.

Eine weitere Attraktion ist die **Kapula Candles Factory & Gallery** *(13 Cereal St.)*, ein sehr erfolgreiches Community Project. Handgefertigte und kunstvoll bemalte Kerzen „spiegeln das positive Lebensgefühl im heutigen Südafrika wider", so der Slogan. Diese Kerzen haben mittlerweile internationale Preise erhalten. Die Gewinne aus den Verkäufen gehen zum größten Teil an die Community.

Ins benachbarte **Napier** verschlägt es die Besucher wegen der kleinen Brauerei, dem Farmstall (gutes Essen, frisches Brot), der Erdbeeren (Erntezeit: Frühsommer) oder dem „Sweet Potato Festival" im Juni.

Nuwejaars Wetlands Special Management Area

Um und südlich von Bredarsdorp haben sich über 20 Farmer zusammengetan, um die Landschaft, besonders die Niederungen und Vleis in Form eines Naturreservats zu schützen. Sogar Büffel und Nilpferde wurden eingeführt, denn sie soll es hier vor 300 Jahren gegeben haben. Es wurden bereits erste Besucherprogramme gestartet. Infos im Touristenamt von Bredarsdorp oder unter www.nuwejaars.com.

Arniston/Waenhuiskrans

Hübsches Fischerdorf

Arniston, auch als **Waenhuiskrans** bekannt, ist ein beliebtes Ziel. Es wartet mit dem hübschen, über 200 Jahre alten **Fischerdorf Kassiesbaai** mit z. T. restaurierten Fischerhütten sowie einem schönen und sicheren Sandstrand auf, der immer wieder von beeindruckenden Felsformationen unterbrochen wird. Der Name *Arniston* stammt von einem britischen Truppenschiff, das 1815 in der Nähe gestrandet war. Dabei kamen 372 Menschen ums Leben. Der Ort ist zum Baden eine bessere und ruhigere Alternative als Hermanus und bietet zudem Ausflugsmöglichkeiten zum Cape Agulhas oder zum De Hoop Nature Reserve.

Auch bei Waenhuiskrans gibt es historische **Fishing Pools** der Khoi-Khoi. Ihr Alter schätzt man auf bis zu 5.000 Jahre. Von den einheimischen Fischern werden sie immer noch genutzt. Um zu den Pools zu gelangen, nimmt man die Straße (dann Piste) im Westen nach Waenhuiskrans und läuft das letzte Stück, da die Piste ab da nicht immer für normale Fahrzeuge befahrbar ist. Die Pools befinden sich an der **Waenhuiskrans Cave**, einer riesigen Höhle, die so groß ist, dass es heißt, ein Ochsenkarren könne hier problemlos wenden. Die Pools sind nur bei Ebbe zu sehen und die Höhle meist nur durch einen kleinen Seiteneingang, ebenfalls bei Ebbe, zu erreichen. Wegen der spitzen Felsen ist festes Schuhwerk für die Erkundung zwingend notwendig.

De Mond Nature Reserve

Wer sich für die Vogelwelt der Küste interessiert, sollte noch vor Struis Bay nach Osten auf die Piste zum **De Mond Nature Reserve** *(tgl. 7–16 Uhr)* abzweigen. Es liegt an der Mündungslagune des Heuningnes River und ist bekannt für die seltenen Seeschwalben-Arten, die hierher kommen. Der 7 km lange **Stern Trail** berührt alle interessanten Punkte. Es gibt ein größeres Selbstversorger-Cottage im Park, das von Cape Nature verwaltet wird.

Struis Bay/Struisbaai

Der kleine Ort **Struis Bay** (Struisbaai), 1859 gegründet, lebt auch heute noch bedingt vom Fischfang, was an der kleinen Fischereiflotte im Hafen gut zu erkennen ist. Trotzdem verdrängt der „Kap-Tourismus" diesen Sektor zunehmend, und kleine Ferienhäuser bestimmen zunehmend das Erscheinungsbild. Am nördlichen Ortseingang erinnern die historischen, reetgedeckten Fischerhäuser, **Hotagterklip Cottages**, an alte Zeiten. Direkt nördlich des Hafens findet man historische **Fishing Ponds** der

Khoi. Schön anzuschauen sind die bunten Fischerboote im Hafen, gleich dort, wo ein Seafood-Deli zum Lunch-Snack einlädt und die Fischer oft den frischen Fisch direkt vom Kutter verkaufen. Am Hafen können Seakayaks ausgeliehen werden und starten die Bootstouren ums Kap (Infos im Visitor Center).

Nach Osten hin erstreckt sich der mit 14 km **längste, ununterbrochene Sandstrand Südafrikas**. Er säumt die Bucht, in der sich zeitweise auch Wale aufhalten. Struis Bay ist gewiss kein Höhepunkt, doch mit seinem Strand und der touristischen Infrastruktur eher als Übernachtungsort am Kap zu empfehlen, als das 6 km entfernte Agulhas, dessen beengte, touristische Infrastruktur langsam „aus den Nähten platzt".

Übernachtungsstopp

Cape Agulhas

Die südlichste Region Afrikas ist heute Teil des 210 km² großen **Agulhas National Parks**, der sich von hier bis nach Die Dam erstreckt. Geografisch betrachtet, handelt es sich nicht nur um das südlichste Kap, sondern wird von den meisten Wissenschaftlern auch als offizielle Trennungslinie zwischen Indischem und Atlantischem Ozean bezeichnet. Die große Landebene des Overberg Districts fällt an dieser Stelle allmählich ins Meer ab und wird als „Agulhas Bank" bezeichnet. Das Meer ist hier 250 km seewärts ziemlich flach (bis max. 110 m). Erst danach fällt es steil in die Tiefe ab. Das hiesige Gewässer gilt als einer der besten Fischfanggründe der Welt.

Zusammentreffen von Atlantik und Indischem Ozean

Zum Namen „Cape Agulhas" finden sich zwei Erklärungen: Portugiesische Seefahrer hätten dieses Kap als „Nadelkap" (port. *Agulhas* = Nadel) bezeichnet, denn hier habe ihr Kompass ohne jede Abweichung genau nach Norden gezeigt. Oder aber mit den Nadeln waren die scharfen Riffe gemeint.

Direkt hinter dem Leuchtturm befindet sich der „**Southernmost Point**" und der Punkt, „**where the Oceans meet**". Eine Gedenkplatte unterstreicht dessen Bedeutung. Von der kleinen Anhöhe neben dem Leuchtturm kann man weiter aufs Meer schauen und bei klarer Sicht vielleicht die Überreste des Wracks des weiter westlich aufgelaufenen Schiffes „Meisho Maru 38" erkennen, übrigens eines von bisher 140 Schiffen, die an diesem 100 km langen Küstenabschnitt ihr Ende fanden. Am Wrack beginnt der 5,5 km lange **Rasperpunt Hiking Trail**, ein Rundwanderweg, der an historischen „Fish Traps" vorbei sowie auf die Küstenanhöhe führt (mind. 2 ½ Std.).

Fototermin am südlichsten Punkt Afrikas

Den Besuch und die Besteigung des 1848 eingeweihten **Leuchtturms** sollte man sich nicht entgehen lassen. Er war der zweite Leuchtturm Südafrikas (andere Quellen sagen der vierte) und beherbergt heute ein Leuchtturmmuseum und ein kleines Restaurant. Erläutert werden die Funktion eines Leuchtturms, die Struktur der starken, als „Vergrößerungsglas" genutzten Glasscheiben und die Bedeutung anderer Leuchttürme. Überall hängen Postkarten von Leuchttürmen aus aller Welt.

Reisepraktische Infos Bredasdorp, Arniston, Cape Agulhas/Struis Bay

Information
Suidpunt Tourism Bureau, Long St., Bredasdorp, ☎ (028) 424-2584, www.overberg.co.za, www.tourismcapeagulhas.co.za. Hilft bei der Suche nach Unterkünften, z. B. auch auf Farmen. Ein weiteres Infobüro gibt es am Leuchtturm in Agulhas.
Agulhas National Park, ☎ (028) 435 6078, www.sanparks.org.

Unterkunft
Cape Agulhas Country Lodge $$$$, Main Rd., L'Agulhas, ☎ (028) 435-7650, www.agulhascountrylodge.com. 8 Zimmer mit Balkon, z. T. Meeresblick, aber nicht aufs Kap. Gute Küche (Seafood, französisch angehaucht), Bar, Tea Garden. Die Besitzer helfen gerne beim Organisieren von Unternehmungen (Mountainbiking, Wanderungen, Tauchen, Bootstouren, Vogelbeobachtung etc.).
Arniston Hotel & Spa $$$–$$$$, Beach Rd., Arniston, direkt am Meer, ☎ (028) 445-9000, www.arnistonhotel.com. Hotel der oberen Mittelklasse. Viele Zimmer mit Blick aufs Meer. Swimmingpool, gutes Restaurant (Fisch, südafrikanische und französische Küche) mit Terrasse zum Meer. Als „One of the best Hideaways" prämiert. Im Spa (Massagen, Gesichtsbehandlung, Hot Stone etc.) kann man sich verwöhnen lassen.
Nacht Wacht Guest Farm $$$, Straße nach Arniston, 8 km südl. von Bredasdorp, ☎ (028) 424-2056, www.arnistonweddings.co.za. Historische Farm, die nach modernen Kriterien bewirtschaftet wird (Schafe, Rinder, Weizen). B&B-Unterkünfte im alten Manor House sowie Selbstversorger-Cottages. Alle stilvoll eingerichtet. Restaurant.
Agulhas National Park, Buchung über www.sanpark.co.za. Mehrere Häuser stehen Besuchern zur Verfügung (viele sind für Einzelreisende zu groß). Für Selbstversorger eignen sich am besten die **Rhenosterkop Cottages** ($$–$$$, ehem. Farmhäuschen) und die näher zum Kap gelegenen **Wooden Chalets** ($$$) im **Agulhas Rest Camp**: 15 km westl. des Cape Agulhas. Von hier Blick auf Lagune und Meer. Wer zu viert (bis zu 8 Betten) reist, findet im historischen Farmhaus **Bergplaas** (landeinwärts) eine geräumige Unterkunft.
Firlane House Hotel $$$, 5 Fir Lane, Bredasdorp, ☎ (028) 425-2808, www.firlanehouse.co.za. Schönes Gästehaus am Bredasdorp Square (Shops). Modern-romantischer Africa-Deko-Touch. In ruhiger Seitenstraße und trotzdem zentral gelegen.
Southermost $$, Van Breda St., L'Agulhas, ☎ (028) 435-6565. Unspektakuläres, dafür aber das südlichste Gästehaus Afrikas. Auch **Backpacker-Unterkünfte** ($).
Arniston Lodge $$, 23 Main Rd., Arniston, ☎ (028) 445-9175, www.arnistonlodge.co.za. 4 Doppelzimmer in einem reetgedeckten Doppelhaus, Bar und Pool, Restaurants in der Nähe. Es wird deutsch gesprochen. Von einem Leser empfohlen.
Arniston Seaside Cottages $$, Huxham St., Arniston, ☎ (028) 445-9772, www.arniston-online.co.za. Geräumige und gut ausgestattete, reetgedeckte Häuschen für Selbstversorger. Nicht direkt am Meer.

Zudem gibt es noch zahlreiche 1- bis 3-Zimmer-**B&Bs** sowie **Selbstversorger-Unterkünfte** in und um **L'Agulhas/Struisbaai**.

Camping
L'Agulhas Caravan Park, in L'Agulhas, ☏ (028) 435-6015, und **Struisbaai Caravan Park**, ☏ (028) 435-6820. Durch starke Winde und nur geringen Sonnenschutz (kaum Bäume) sind die Plätze in dieser Region nicht besonders attraktiv. Notfalls gibt es Selbstversorger-Apartments am Struisbaai Caravan Park. Der Campingplatz in Bredasdorp ist nicht zu empfehlen, dafür verfügt **Arniston** über den relativ windgeschützten **Waenhuiskrans Caravanpark & Bungalows**, ☏ (028) 445-9620.

Essen und Trinken
Im **Lighthouse Restaurant** wird im Gebäude des **Leuchtturms von Cape Agulhas** aufgetischt (Frühstück bis ca. 22 Uhr). Das Essen selbst ist einfach, aber wann hat man schon die Gelegenheit im südlichsten Restaurant eines Kontinents zu speisen? Es gibt ansonsten viele kleine Restaurants und pubähnliche Plätze in Struis Bay: in der Mall, zudem das **Nostras** direkt am Wasser und den **Seafood-Deli** am Hafen sowie in Cape Agulhas entlang der Hauptstraße durch den Ort.
Kassie's Kove, in der Community Hall direkt am Fischereihafen von Arniston, ☏ (073) 086-1901. Deftige Kost der Fischer. Ein portugisiescher Touch ist unverkennbar. Sehr beliebt ist der „Pork Clam Chorizo Stew" (alles in einem Pott). Nicht immer geöffnet.
Julian's, 22 All Saints St., Bredasdorp, ☏ (028) 425-1201, erfreut sich weithin großer Beliebtheit wegen ausgefallener Gerichte wie Straußen-Burger und Gemüsestrudel.

Elim

Es geht nun einige Kilometer auf der R 319 zurück in Richtung Bredasdorp. Dann zweigt man in Richtung Elim ab und von dort geht es weiter nach Gansbaai. Vor Elim durchquert die Straße eine Salzpfanne und passiert die südlichsten Weingüter Afrikas. Die Weine profitieren von den kühlen Winden und den eisenhaltigen Böden. Elim ist eine kleine Ortschaft, die 1824 von deutschen Ordensbrüdern des *Mährischen Missionsordens (Herrnhuther)* unter der Leitung von Hans Peter Walbeck gegründet wurde. Walbeck begann seine Missionsarbeit mit drei Familien aus Genadendal und legte als erstes das Motto fest: „Penibel, sauber, produktiv sein". Die Ordensgemeinschaft hat den nachfolgenden Bewohnern verschiedene Handwerksarten beigebracht und eine für den kleinen Ort überdimensional große Kirche mit sehr guter Orgel beschert. Die Akustik in der **Kirche** ist einzigartig, da z. T. Tropenhölzer von alten Schiffen beim Bau verwandt wurden und diese „gut mitschwingen".

Gründung des Mährischen Missionsordens

Der kleine Ort rühmt sich, die **älteste Kirchenuhr Südafrikas** zu besitzen. Sie wurde ca. 1775 von dem bekannten Uhrmacher Prasse aus Zittau gebaut und anschließend in der Kirche in Herrnhuth angebracht. Um 1900 wurde sie dort stillgelegt. Kurz vor dem Ersten Weltkrieg kam der Geistliche aus Elim nach Herrnhuth, hörte von der ungenutzten Uhr und nahm sie daraufhin mit nach Elim.

Kleine, reetgedeckte Häuser säumen die parallelen Dorfstraßen in einer jeweils langen, nahezu ununterbrochenen Reihe. Das Antlitz des Ortes gilt als so pittoresk, dass

Ordens-angehörige das ganze Dorf heute unter Denkmalschutz steht und bereits mehrfach als das „*Most Laid Back Village*" ausgezeichnet wurde. Das **Heritage Center** fungiert als Dorfmuseum. Die 1883 erbaute und bis 1972 betriebene **Water Mill** wurde vom größten, 1990 restaurierten Holzwasserrad des Landes angetrieben, wie auch die Dorfbäckerei hinter der Kirche zu finden. Alle 1.900 Bewohner von Elim gehören heute noch dem deutschen Orden an. Die Grundstücke, auf denen ihre Häuser stehen, sind im Besitz der Kirche. Die Männer von Elim sind dafür bekannt, erstklassige Reetdächer zu bauen: Dazu sind sie in aller Welt unterwegs und bringen gute Gehälter nach Hause.

18 km westlich von Elim liegt rechter Hand das kleine Künstlerdorf **Baardskeerdersbos** *(www.baardskeerdersbosartroute.com)*, benannt nach einem in der Region ansässigen, spinnenartigen Käfer *(Baardscheerder)*, der u. a. menschliche Barthaare zum Bau seiner Nester verwendet. Dieses Idyll haben mittlerweile auch die Städter für sich entdeckt und in der Folge Pubs, Cafés und Maklerbüros entstehen lassen.

Alternativ führen von Elim kleine Stichstraßen über **Die Dam**, **Buffelsjags** und **Pearly Beach** nach Gansbaai. Die beiden erstgenannten Resorts wirken altbacken und sind vor allem auf Angelurlauber ausgerichtet. Doch auch sie stehen kurz davor, vom Immobilienboom erfasst zu werden – was bei Pearly Beach bereits der Fall ist.

Dyer Island und Danger Point

Nicht weit von der Küste liegt die 20 ha große **Dyer Island**, benannt nach einem schwarzen Amerikaner, der hier zu Beginn des 19. Jh. ein Einsiedlerleben führte und Guano abbaute. Heute bevölkern über 3.000 Brillenpinguine das Eiland und zahlreiche Vögel verbringen hier ihre Brutzeit. Die Wasserstraße zwischen Insel und Festland, bekannt als **Shark Alley**, lockt die Adrenalin-Junkies an. Sie werden zum sog. *Cage Diving* mit Booten aus Kleinbaai hergebracht, in Käfigen auf einen Meter Tiefe herabgelassen und warten dort auf den Weißen Hai. Damit sich die Raubfische sicher zeigen, wird häufig angefüttert. In der Anfangszeit des „Shark Booms" wurden sie zudem noch provoziert. Das hat aber zu Fehlverhalten geführt, z. B. zu Hai-Angriffen an anderen Küstenabschnitten. Mittlerweile ist man bemüht, sogar aufs Anfüttern zu verzichten.

Danger Point Lighthouse

Danger Point, die Landspitze ein Stück weiter westlich, hat sich am 26. Februar 1852 einen Platz in der Geschichte gesichert. Damals lief hier das britische Schiff „Birkenhead" auf Grund und begann zu sinken. Der Käpitan gab darauf den bis dato üblichen Befehl: *„Every man for himself"*. Doch die Soldaten an Bord reihten sich nach Rang auf und ließen die Frauen und Kinder zuerst von Bord. Sie wussten, dass es zu wenige Boote gab, und verhinderten somit eine Panik. 442 Menschen ertranken dennoch. Doch ihr Verhalten hat die neue Regel „Frauen und Kinder zuerst" ins Leben gerufen.

Den **Leuchtturm** vom Danger Point kann man besteigen und nebenan auch nächtigen. Große Abschnitte von der Landspitze sind heutzutage nicht zugänglich, weil dort **Abalone** („Perlemoen"), eine seltene und wohlschmeckende Molluskenart, geerntet werden. Die jährlichen Ernten sollen den vertretbaren Normen entsprechen. Bewiesen ist aber, dass über die Hälfte der Ernten entlang der Küsten Südafrikas illegal sind und die Abalone vom Aussterben bedroht ist. Daher wird scharf kontrolliert und abgeschirmt. Der größte Teil der südafrikanischen Ernte wird exportiert, vor allem nach Fernost.

Bedrohte Mollusken

Gansbaai/Gans Bay

Zwischen all den Resort- und Touristenorten entlang dieser Küste hat sich **Gansbaai** (Gans Bay) noch den Charakter eines Fischereistädtchens erhalten. Es gibt eine Fischfabrik und die Trawler im Hafen sind auch größer als in den meisten anderen Küstenorten. Gansbaai ist immerhin die größte Ansiedlung entlang der Küste zwischen Hermanus und Mossel Bay und zudem Ausgangspunkt zu einigen der genannten Sehenswürdigkeiten.

Zum Übernachten empfiehlt sich eher das 7 km entfernte **De Kelders**, wo in den frühen 1990er-Jahren die **Klipgate Strandloper Caves** entdeckt wurden. Sie können auf einem 25-minütigen, etwas felsigen Weg vom nahen Parkplatz besucht werden (besser bei Niedrigwasser). Ein 7 km langer Wanderweg führt von der Höhle entlang der Küste bis Gansbaai. Eigentlich stammt der Name des ruhigen Örtchens von einer ganz anderen Höhle, der **Drup Kelders Cave**, die jedoch nicht zu besichtigen ist, da sie sich auf einem Privatgelände befindet. Bereits vor 50.000–60.000 Jahren sollen in den Höhlen Menschen gewohnt haben. Zu dieser Zeit war der Wasserstand des Meeres viel niedriger und die Küste befand sich 3–7 km entfernt vom heutigen Festland.

Schön zum Übernachten

Reisepraktische Informationen Gansbaai (Gans Bay) und Elim

Information
Gansbaai Tourism Bureau, Gateway Centre, Kapokblom St., ☏ (028) 384-1439, www.gansbaaiinfo.com.
Elim Infos, im Tea Room bzw. am Museum an der Wassermühle (hinter der Kirche), ☏ (028) 482-1806.

Unterkunft
Grootbos Nature Reserve $$$$–$$$$$, Abzweig zwischen De Kelders und Stanford, ☏ (028) 384-8000, www.grootbos.co.za. Das Naturreservat liegt oberhalb der Walker Bay und bietet spektakuläre Ausblicke auf die Bay. Unterkünfte in exklusiven Cottages. Im Gesamtpreis inkl. sind Führungen durch die Vegetation, Ausritte und alle Mahlzeiten.

Blick von der Terrasse der Cliff Lodge

Cliff Lodge $$$$, 6 Cliff St., De Kelders, ☏ (028) 384-0983, www.clifflodge.co.za. Tolle Aussicht über die Bay vom Pool und drei der fünf Zimmer. Die Lodge liegt direkt oberhalb der Felsklippe und am Wanderweg zur 20 Min. entfernten Klipgate Cave. Mehrfach prämiert. Der Tipp für Gansbaai/DeKelders.
Danger Point $$$, direkt am Leuchtturm, 7220, ☏ (021) 449-2400, www.npa.co.za. Selbstversorger-Cottage mit 6 Betten. Einfach, aber grandios. Mit 4 Personen reduziert sich der Preis auf $$.
Elim Guesthouse $, Elim, nahe der Kirche, ☏ (028) 482-1715 oder (028) 482-1726. 2 Doppelzimmer und 3 Einzelzimmer im Haus, wo einst die deutschen Missionare untergebracht waren. Einfach, dafür aber inmitten der Community. Ein Erlebnis. Mahlzeiten müssen angemeldet werden.

⚠ Camping
Der schönste Campingplatz in der Region befindet sich im **Uilenskraal Mond Resort**, nahe der R43 südöstlich von Gansbaai. ☏ (028) 388-0200. Er liegt nahe am Meer und ist sehr sauber.

🍴 Essen und Trinken
The Great White House, Geelbek St., in Kleinbaai, ☏ (028) 384-3273. Hier treffen sich die „Cage Diver" und hier gibt's den Fisch so richtig frisch. Berühmt ist die Küche für die Calamari-Steaks.
Restaurant De La Mer, ☏ (028) 384-1766, http://restaurantdelamer.shutterfly.com, Old Gansbaai Harbour. Auch hier gibt es frischen Fisch und Meeresfrüchte.
Thyme at Rosemary, 13 Main Rd., ☏ (028) 384-2076. Traditionelle südafrikanische Gerichte sowie Fischplatten und leckere Salate in viktorianischen Ambiente.
Die Lodges und B&Bs in **De Kelders** sind gerne behilflich bei der Reservierung in weiteren Restaurants. In De Kelders gibt es so einige Geheimtipps.

👁 Cage Diving/Walbeobachtungstouren
Mehrere Unternehmen bieten Touren vom Hafen in Kleinbaai zur Shark Alley an, z. B. **Sharklady Adventures**, ☏ (028) 313-2306, www.sharklady.co.za. Ein anderes Unternehmen ist **Dyer Island Cruises**, ☏ (028) 384-0406, www.whalewatchsa.com, das etwa von Juli bis November auch Walbeobachtungstouren anbietet.

Stanford

Weiter entlang der Strecke geht es durch das idyllische, touristisch aufstrebende Stanford, wo an der R 326 die winzige **Birkenhead Brewery** zu Touren einlädt (Mo–Fr 15 Uhr, Anmeldung unter ☏ 028-341-0183). Im angeschlossenen Pubrestaurant wird das gesunde Bier (ohne Konservierungsmittel) ausgeschenkt und Fish & Chips sowie

Salate angeboten. 2 km weiter lockt der **Cheese Shop** der *Klein River Cheese Factory* mit Kostproben und Picknickkörben. Antikshops, Galerien und Bistros säumen heute die Hauptstraße des kleinen Ortes. Stanford gilt zudem als Geheimtipp für Vogelliebhaber. Erläuterte **Bootstouren** auf dem **Klein River** führen durch ein wahres Vogelparadies. Farmer bieten auf Anfrage persönliche Touren über ihre Farmen an und erklären gerne die beeindruckende Pflanzenvielfalt.

Für Käseliebhaber

Hermanus

Der vor allem bei Kapstädtern beliebte Badeort nahe der Sandstrände der Walker Bay verfügt über eine erstklassige touristische Infrastruktur. In den Sommermonaten, vor allem in der Weihnachtszeit, herrscht Hochbetrieb. Kite-Surfer kommen gerne in die Lagunen-Region, denn hier bläst der richtige Wind und die Wellen sind nicht zu hoch. Die Fischerei hat heute kaum noch Bedeutung.

Ein Höhepunkt ist die Zeit von Ende August bis November, wenn die Wale teilweise bis in die Bucht hineinkommen und von verschiedenen Aussichtspunkten auf den Klippen in der Stadt aus bewundert werden können. Manchmal trauen sie sich bis auf 50 m ans Ufer heran. Eigens „für die Wale" wird im September ein **Whale Festival** zelebriert. Wer nicht sicher ist, ob Wale in der Bucht sind, der sollte auf den **Whale Crier** achten. Gekleidet in eine auffällige Tracht, eine Mischung aus Tirolerhut, Fischerhemd und Uniformhose, sowie mit einem verbogenen Horn bestückt, meldet er die Wale an und trägt vor seiner Brust ein Schild, auf dem die Standorte der Meeressäuger erläutert sind. Eine alte Tradition hat das aber nicht. Erst 1991 hat ein findiger Geschäftsmann das touristische Potential des bis dahin verschlafenen Hermanus erkannt und durch den viel fotografierten *Whale Crier* in aller Welt publik gemacht.

„Walmelder" in Tracht

Old Harbour Museum

Da sich in Hermanus einst das Walfangzentrum dieses Küstenabschnitts befand, hat man im alten Tidenhafen heute das **Old Harbour Museum** eingerichtet. Dort sind zahlreiche Relikte aus der Zeit der Walfänger und auch anderer Fischer zu sehen. Eine einmalige Audioanlage ist mit einer Boje in der Bucht verbunden, sodass man die Geräusche der Wale mitverfolgen kann. Der kleine Hafen selbst mit den Fischerbooten bietet zudem ein schönes Fotomotiv. Angeschlossen an das Museum ist das nahe **Old Schoolhouse** am Market Square, wo historische Fotos zeigen, wie der Ort einmal ausgesehen hat. Wie in alten Zeiten die Walfänger kann man heute in ähnlichen Ruderbooten mitfahren. Infos zu den sog. **Old Habor Cruises** gibt es im Museum bzw. in der Touristeninformation.
Old Harbour Museum, *unterhalb des Market Square, Mo–Sa 9–16.30, So 12–16 Uhr.*

Tour mit dem Ruderboot

Der **Cliff Walk** führt auf 11 km entlang der Klippen, die die Walker Bay umgeben. Er beginnt im Westen am New Harbour und führt bis zum Grotto Beach im Osten. Klippen, ausgewaschene Höhlen und natürlich verschiedene Aussichtspunkte belohnen für das Auf und Ab.

Im nahen **Fernkloof Nature Reserve** kann man schön wandern. Über 1.100 verschiedene Pflanzen des Berg-Fynbos gibt es dabei zu bewundern.

Sehens- und Erlebenswertes entlang der Küstenstrecke zwischen Port Elizabeth und Kapstadt

Grootbos Private Nature Reserve

Dies ist eine wahre Traumlandschaft für Liebhaber der Fynbos-Vegetation. Das 1.700 ha große Reservat liegt über den Dünenausläufern der **Walker Bay** mit Panoramablick bis zum Cape of Good Hope. Die Unterkünfte liegen schön verteilt, Trittpfade laden zur Erkundung der Umgebung ein. Gemüse und Salate kommen aus eigenem Anbau, dazu werden oft kulinarische Spezialitäten wie Langusten und lokale Fische gereicht. Badestrände in der Nähe. Die deutschen Gastgeber, Familie Lutzeyer, kümmern sich bestens um die Gäste. Grootbos hat für die Einrichtung einer Gärtnerschule für die Arbeiter sowie die Bemühungen um den Erhalt der Fynbos-Vegetation das Fair-Trade-Siegel erhalten. Adresse s. S. 451.

Weingüter bei Hermanus
Die erstklassigen Weingüter **Bouchard Finlayson** und **Hamilton Russel** schmücken die Hänge und Hügel im **Hemel & Aarde Valley** nördlich von Hermanus. Spitzenklasse sind besonders deren Chardonnays *(R 320, Mo–Fr 9–17, Sa 10–12.30 Uhr, im Sommer evtl. länger).*

Reisepraktische Informationen Hermanus und Stanford

 ### Information
Tourism Bureau, *Old Station, Ecke Mitchell/Lord Roberts Sts, Hermanus, ☏ (028) 312-2629 (auch Wal-Hotline), www.hermanustourism.info, www.hermanus.co.za.*

Unterkunft
Eine Unterkunft nahe zum Old Harbour und dem Zentrum von Hermanus macht Sinn. So kann man die Wale, das Museum und die besten Restaurants zu Fuß erreichen. Weiter entfernte Gästehäuser sind dafür natürlich preiswerter.
Marine Hotel $$$$$, *Marine Dr., Hermanus, ☏ (028) 313-1000, www.marine-hermanus.co.za.* Elegantes und sehr hell gestaltetes Hotel direkt an der Klippe nahe dem Old Harbour. Die Aussicht und der Service sind prima. Es fehlt der „Old Time Charme" des u. g. „Windsor", dafür fehlt es aber an nichts anderem.
Auberge Burgundy $$$$, *Harbour St., Hermanus, ☏ (028) 312-1201, www.auberge.co.za.* Schickes Boutique-Hotel, das einem mediterranen Stadthaus nachempfunden ist. Schlichtes, aber exquisites Design. Yuppie-angehaucht. Nahe Old Harbour.
Whale Rock Lodge $$$–$$$$, *26 Springfield Ave. (1,5 km zum Old Harbour), Hermanus, ☏ (028) 313-0014/5, www.whalerock.co.za.* Elf sehr schöne, individuell eingerichtete Zimmer. Toller Swimmingpool, freundlicher Service. Altes, reetgedecktes Haus mit eindrucksvoller Kunstsammlung.
Windsor Hotel $$$, *49 Marine Dr. (nahe Old Harbour), Hermanus, ☏ (028) 312-3727, www.windsorhotel.co.za.* Historisches Hotel direkt an der Bay. Ein wenig altbacken, dafür aber gutes Preis-Leistungs-Verhältnis. Tipp: Zimmer im 2. Stock mit Meerblick, besonders zur Zeit der Wale. Unter ☏ (028) 312-3610 vermietet das Windsor **Selbstversorger-Apartments** gleich neben dem Hotel.
Whale Cottage Guest House $$, *20 Main Rd. (700 m zum Old Harbour), Hermanus, ☏ (028) 313-0929.* Schnuckeliges 5-Zimmer-Gästehaus, abseits des großen Rummels. Persönlich geführt.

The Right Room $–$$, 9 Westcliff Rd., Hermanus, ☏ (028) 312-4401. Kleines B&B nahe dem Cliff Path. Von der Terrasse schöne Aussicht über die Bay. Mit Jacuzzi. Der Spar-Tipp für Hermanus. 500 m zum Old Harbour.
Hermanus Backpackers $, 26 Flower St., Hermanus, ☏ (028) 312-4293, www.hermanusbackpackers.co.za. Saubere und freundliche Doppelzimmer, Schlafsäle, Swimmingpool, Garten. Nahe zum Old Harbour.

Camping
Das **Onrus River Resort**, ☏ (028) 316-1210, liegt 5 km westl. von Hermanus direkt an der Bay, nur durch Milkwood-Bäume von dieser getrennt. Tidenpool!

Essen und Trinken
The Burgundy, Market Square, Hermanus, ☏ (028) 312-2800. Gutes Fischrestaurant (mit französischem Einschlag) in ehemaligem Fischerhaus. Falls das Wetter mitspielt, Tisch im Garten bzw. auf der (sog.) Veranda reservieren.
Nicht weit von hier schmiegt sich das berühmte Fischrestaurant **Bientang's Cave**, ☏ (028) 312-3454, in die Felswand oberhalb des Old Harbour. Von August bis Ende November stehen die Chancen also gut, von hier aus Wale zu sehen. Meist nur bis 16 Uhr geöffnet!
Das **Harbour Rock (& Gecko Bar)** direkt oberhalb des New Harbour, ☏ (028) 312-2920, erfreut sich ebenfalls großer Beliebtheit. Neben Seafood, Sushi und Austern wird hier auch gute Pizza serviert. Dazu die Aussicht auf das Meer bzw. auf einen guten Cocktail als Sundowner!
The Milkwood, 10 km von Hermanus, am Strand in Onrus, ☏ (028) 316-1516. Traditionelle Fischgerichte in idyllischer Lage.
Um den **Market Square** über dem Old Harbour gibt es zudem zahlreiche andere Restaurants aller Preisklassen und Geschmacksrichtungen. Auch die **Hotels**, wie das o. g. „Windsor", haben zumeist ein Restaurant (der Mittelklasse).
Für einen indisch gewürzten Snack empfiehlt sich der weithin bekannte **Village Foods Take Away**, Shop #7, Long St.
In **Stanford** sei noch auf **Mariana's Home Deli & Bistro**, 12 Du Toit St., hingewiesen, wo es hausgemachte frische Landgerichte gibt. Nur 9–16 Uhr.

Einkaufen
Wine Village, Hemel-en-Arde Craft Village (R 43, Sandbaai-Kreuzung). Riesige Auswahl an südafrikanischen Weinen. 600 Weingüter sind hier verteten. Größere Mengen können weltweit verschickt werden.
The New Junk Shop, 9 Queen Victoria St., Stanford. Alte „Kapstadt-Hasen" werden ihn in der Long Street bereits seit Jahren vermisst haben, den „Junk Shop", wo es alles gab, was aus Blech, Kupfer und anderen Metallen im und am Haus Platz fand. Nun ist er hier in Stanford.

Walbeobachtungstouren/Seakayaking/Rundflüge
Hermanus Whale Cruises, ☏ (028) 313-2722, www.hermanus-whale-cruises.co.za. Zweistündige Bootsfahrten zu den Walen. Abfahrt am New Harbour, Juni–Dez. 9, 12, 14 und 16 Uhr.
Walker Bay Adventures, (082) 739-0159, www.walkerbayadventures.co.za. Geführte Seakayaktouren. Aufs Meer, in und um den Hafen und auf der Klein River Lagune.
African Wings, ☏ (028) 312-2701, www.africanwings.co.za. Rundflüge über die Wale und entlang der Küste.

Entlang des Clarence Drive (R 44) über Kleinmond nach Gordon's Bay

Weniger der Ort als seine Umgebung machen **Kleinmond** interessant, besonders für Naturfreunde. Es heißt, in einem Radius von 10 km können nahezu alle Habitate der Kapregion erlebt werden: Buchten, Felsklippen, Strände, Lagunen, Dünen, Wasserfälle, Brackwasserseen, Berge und Höhlen. Dem Ort vorgelagert am Meer ist ein netter **Wanderweg**, teilweise als Boardwalk ausgelegt. Als Startpunkt für den Spaziergang bietet sich der kleine Hafen am Westende von Kleinmond an. Tipp: Der Weg nach Westen zur Palmiet Lagoon ist schöner (3 km hin und zurück). Der **Hafen** selbst hat seine Bedeutung für die Fischer verloren, wird jetzt aber gerne von Touristen besucht, besonders wegen der Fischrestaurants und Souvenirshops.

Spaziergang zur Palmiet Lagoon

Landeinwärts erstreckt sich das menschenleere **Kogelberg Nature Reserve**, oft als *Heart of the Cape Floral Kingdom* bezeichnet. Aus Mangel an Grundwasser wurde dieses Gebiet niemals besiedelt. Wanderwege und Mountainbikestrecken führen durch das Areal. Die Selbstversorgerhütten des **Oudebos Mountain Camp** wurden nach neuesten ökologischen Gesichtspunkten errichtet. Buchungen über Cape Nature.

Für Naturliebhaber

Wer sich näher mit der Vegetation beschäftigen möchte, dem sei der **Harold Porter National Botanical Gardens** in **Betty's Bay** ans Herz gelegt. Vier Vegetationszonen der Kapflora (Dünen, Berge, Fynbos-Heide, Feuchtgebiete) werden vorgestellt. Neben den 80 Vogelarten sind die Wasserfälle und der Protea Garten zu bestaunen. Im Restaurant kann man tagsüber essen bzw. sich für ein Pickinick im Park eindecken. Es gibt mehrere Wanderwege (30 Min.–3 Std.).
Harold Porter National Botanical Gardens, R 44, Betty's Bay, ☏ (028) 272-9311, www.sanbi.org, tgl. 8–18, im Sommer 19 Uhr.

Am **Stoney Point** lebt bei Betty's Bay (Mooi Hawens) eine weitere Kolonie von Brillenpinguinen. Auf sie wird mit kleinen Schildern im Ort hingewiesen. Gleich hinter Betty's Bay wartet die Düne am **Silversands Beach** darauf, erklommen zu werden.

Cape Hangklip, die Felsnase abseits der Hauptstraße, hat früher von Osten kommende Seefahrer oftmals irritiert und sie glauben lassen, es handele sich bereits um das Cape of Good Hope. Auf diese Weise fehlgeleitet, liefen sie in die folgende Bucht ein, in der Annahme, so in den Kapstädter Hafen zu gelangen. Das Kap selbst lag dann im Nebel, und die Cape Flats wirkten auf sie wie die flache Küste nördlich von Bloubergstrand. Immer wieder in die falsche Bucht einlaufend, nannten sie sie schließlich „**False Bay**".

Kleiner Ferienort

Ein kurzes Stück weiter zweigt nach links eine Straße nach **Pringle Bay** ab, benannt nach einem englischen Admiral der Kap-Flotte. Der Ferienort wartet mit Wochenendhäusern, kleinen Restaurants, ein paar B&Bs und einem schönen Strand auf, an dem es sich gut spazieren gehen lässt. Die R 44 nimmt schließlich noch einen kleinen Pass, und ganz unerwartet und plötzlich breitet sich vor einem ein einzigartiges Panorama über die False Bay und die Kaphalbinsel aus. In dem Ort **Rooiels** lädt der viel besuchte **Drummond Arms Pub** zum Essen und Trinken ein. Im benachbarten Geschäft informiert eine kleine naturkundliche Ausstellung über die Region. Von nun an verleiten etwa alle 500 m Parkbuchten entlang der Panoramastraße, dem sog. **Clarence Drive**, besonders am späten Nachmittag bzw. zum Sonnenuntergang zu Fotostopps. Einige Kilometer weiter, an der **Kogel Bay**, kann man schließlich noch einen Tidenpool nutzen bzw. im sog. *Recreational Park* picknicken und auch zelten (allerdings nicht sehr sauber). Gerne wird diese Straße auch mit dem Chapman's Peak Drive verglichen.

Tidenpool an der Kogel Bay

Zu bedenken gilt, dass man von hier aus noch eine Stunde Fahrzeit bis in Kapstadts Innenstadt benötigt. Da lohnt sich die Überlegung, in **Gordons Bay** zum Hafen/Bikini Beach abzubiegen und dort bei Sonnenuntergang zu dinnieren. Ein paar nette, unkomplizierte Fischrestaurants laden dazu ein. Zu Somerset West s. S. 303.

Reisepraktische Informationen Kleinmond und Hangklip

Unterkunft

Das Touristenamt in **Kleinmond** *(am Hafen) vermittelt* **Ferienzimmer** *aller Preisklassen. Grundsätzlich gibt es in* **Kleinmond**, **Betty's Bay**, **Pringle Bay** *(www.pringlebaai.co.za) und* **Rooiels** *eine Reihe von B&Bs und Selbstversorger-Unterkünfte.*
Herd's Cove $$, *22 Lower Beach Rd., Kleinmond,* ☎ *(028) 271-3568, www.safarinow.com/go/herdscove. Ruhiges und preisgünstiges B&B mit zwei Suiten (Blick aufs Meer).*
Hangklip Hotel $$, *Hangklip,* ☎ *(082) 444-5618, www.hangkliphotel.com. Kleines, einfaches Hotel mit Selbstversorger-Chalets und Zimmern. Abseits jeden Trubels ... es sei denn, es kommen Gruppen, die das ebenso sehen. Gutes, bodenständiges* **Restaurant** *im Hause (reservieren unter* ☎ *(028) 273-8310). Wer mit mehreren Leuten unterwegs ist, kann hier auch das nahe* **Hoogwaterhuis** *($$$-$$$$, www.hoogwaterhuis.com) mieten, eine auf den Klippen gelegene Selbstversorgerunterkunft (3 Schlafzimmer).*

Camping

Palmiet Caravan Park, *am Palmiet River, Kleinmond,* ☎ *(028) 271-8458. Schöne Lage an der Lagune, in Strandnähe. Schwimmen im Fluss möglich, viele Plätze bieten Schatten, einige Ausblick aufs Meer. Sollte der Platz besetzt sein, bietet sich der Platz auf der Ostseite von Kleinmond an, der unter gleicher Nummer erreicht werden kann. Dieser liegt aber höher am Hang.*

9. VON PORT ELIZABETH DURCH DIE GREAT KAROO NACH KAPSTADT

Allgemeiner Überblick

Drostdy, Durst und dauernd Sonne! Mit diesen Worten lässt sich dieses Reisegebiet auch charakterisieren. Zum Glück entlasten den Reisenden heute moderne Errungenschaften, sodass ihn Geschichte und Natur jetzt voll und ganz einnehmen können, ohne die Qualen, die die ersten Siedler im 18. Jh. erleiden mussten, als sie auf ihren Trecks durch die Karoo zogen. Historische Städte wie Graaff-Reinet mit dem nahen geologischen Wunderwerk des Valley of Desolation, die bezaubernden Bergwald-Landschaften der Zuurberg Section im Addo Elephant NP, die Weiten und die Halbwüste Great Karoo, die pittoreske Beschaulichkeit von Orten wie Prince Albert und Matjiesfontein, all das steht zumeist im Schatten der Garden Route bzw. der Anziehungskraft von Kapstadt. Doch sollte man die verborgenen Reize dieser Region nicht übergehen, besonders nicht nach dem Besuch der „Pflicht-Highlights".

Bereits kurz hinter Port Elizabeth beginnt die Savanne. Semi-extensive Weidewirtschaft und bewässerter Landbau bestimmen in Richtung Karoo zunehmend das Bild. Erster Stopp sollte der **Addo Elephant NP** (s. S. 371) sein. **Somerset East**, die letzte große Ansiedlung vor der Halbwüste, lebt vom Tabak. Anschließend übernehmen Zeugenberge und ewige Weiten die Szenerie, die Weidewirtschaft ist rein extensiv, und Bäume gibt es nur noch an den Flussläufen. Hier liegt das **Mohair Country**. Viele kleine Shops und Farmstalls verkaufen Produkte aus Mohairwolle und vermarkten sich zusammen mit einigen Unterkünften unter dem Titel „Mohair Meander" (www.mohair.co.za).

Die Faszination der Halbwüste kann nicht oft genug hervorgehoben werden. **Graaff-Reinet** taucht, wie später auch Beaufort West, wie eine Oase in diesem „Meer der Trockenheit" auf. Grüne Bäume, z. T. sogar parkähnliche Anlagen lockten schon vor über 200 Jahren Siedler in diese Kleinstädte. So idyllisch Graaff-Reinet mit seinen weißen kapholländischen Gebäuden aus dem ausgehenden 18. Jh. ist, so bedauerlich ist es, dass **Beaufort West**, Geburtsstätte des weltbekannten Herzchirurgen Chris-

Redaktionstipps

Grundsätzlich
▶ Unterkünfte und den Tisch fürs Abendessen in den Nationalparks **vorher reservieren**.
▶ **Addo Elephant NP**: Die grauen Dickhäuter sind am besten **frühmorgens** oder **bei untergehender Sonne** an den entsprechenden Wasserstellen zu beobachten.
▶ Immer etwas **zu trinken** dabei haben und **frühzeitig tanken**. Die Abschnitte zwischen den Raststätten sind in der Karoo groß, besonders auf den Nebenstrecken.

Die schönsten Naturerlebnisse
▶ **Addo Elephant NP** und die Bergwelt in der **Zuurberg Section** (S. 375).
▶ Landschaft und Zebras im **Mountain Zebra NP** (S. 464).
▶ Die Weite der **Great Karoo** (ab S. 466).
▶ Ausblick in das **Valley of Desolation** bei Graaff-Reinet (S. 472).
▶ **Karoo NP** bei Beaufort West (S. 477).

Kulturelle Höhepunkte
▶ Die historischen Gebäude und Museen in **Graaff-Reinet** (S. 468).
▶ Unkonventionell, verschlafen, aber mit Charme: **Prince Albert** (S. 479).
▶ Der ehemalige Erholungsort **Matjiesfontein** (S. 482).

Außergewöhnliche Höhepunkte
▶ **Flug über die Karoo** ab Graaff-Reinet (S. 472).
▶ Die **Great Karoo bei Sonnenaufgang** erleben.
▶ **Sternwarte** bei Sutherland (S. 483).

tiaan Barnard, heute unter dem massiven Verkehr entlang der N 1 zu leiden hat. Doch der nahe **Karoo NP** versöhnt mit seiner unscheinbaren Pracht.

Empfehlenswerte Umwege können zu den Bergzebras im **Mountain Zebra NP** und durch die Great Karoo von Graaff-Reinet über Willowmore nach Klaarstrom und weiter bis **Prince Albert** führen. Das Nest verdankt seine Existenz einem überaus kurzen Goldrush, dem daraus entstandenen Hotel, einigen Pionieren des Obstanbaus und der Tatsache, dass es nördlich des Swartberg Passes liegt. Wer noch einen halben Tag zur Verfügung hat, sollte von Prince Albert aus den folgenden Schlenker, größenteils über Pisten, unternehmen: Swartberg Pass – Oudtshoorn – Calitzdorp – Seweekspoort – Laingsburg. Die Umwege lohnen, denn sie versprechen atemberaubende Aussichten und Einblicke in die Einsamkeit der Karoo. Ebenso wie eine mögliche Übernachtung im **Anysberg Nature Reserve**. Und in **Matjiesfontein**, ehemals

begehrtes Ausflugsziel der Kapstädter Oberschicht, hat man ganz einfach vor 100 Jahren die Zeit angehalten. Eine gerade mal zweistellige Einwohnerzahl, der alte Bahnhof, zwei kleine Museen und ein altbritisch angehauchtes Hotel rechtfertigen den Stopp. **Sutherland**, 100 km nördlich von Matjiesfontein, bricht wegen seiner Höhe nicht nur Kälterekorde im Winter, sondern ist eines der Zentren für Astronomen auf der südlichen Erdhalbkugel. Die Sternwarte ist für Besucher zugänglich.

Routenbeschreibung

Nördlich von Port Elizabeth zweigt die R 335 von der N 2 zum Addo Elephant NP ab. Von diesem ist die Strecke nach Paterson (R 342) gut ausgeschildert. Von Paterson bis

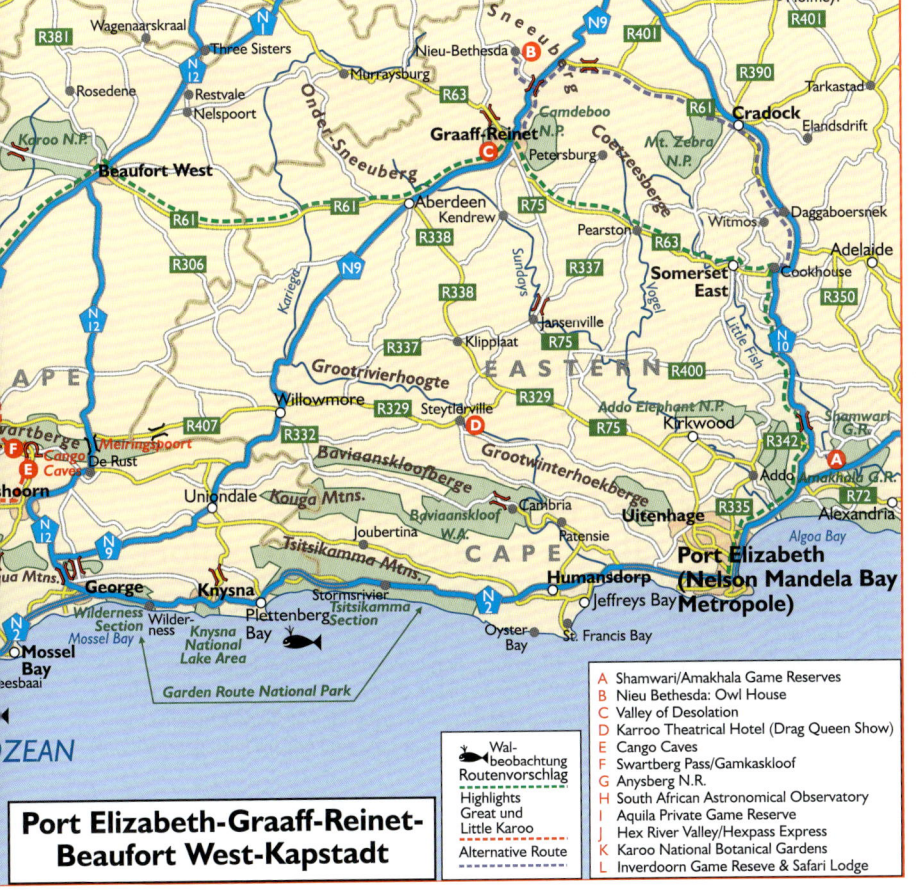

Port Elizabeth-Graaff-Reinet-Beaufort West-Kapstadt

A Shamwari/Amakhala Game Reserves
B Nieu Bethesda: Owl House
C Valley of Desolation
D Karroo Theatrical Hotel (Drag Queen Show)
E Cango Caves
F Swartberg Pass/Gamkaskloof
G Anysberg N.R.
H South African Astronomical Observatory
I Aquila Private Game Reserve
J Hex River Valley/Hexpass Express
K Karoo National Botanical Gardens
L Inverdoorn Game Reseve & Safari Lodge

zum Flecken Long Hope auf der N 10 und dann auf einer Stichstraße zur R 63. Über Somerset East bis nach Graaff-Reinet.

Umweg: Der Schlenker zum Mountain Zebra NP führt weiter entlang der N 10 bis Cradock und von dort über die R 61 und eine Stichstraße zum Park. Weiter geht es vom Park entlang der R 61 bis in die Sneeuberge, wo die R 61 auf die N 9 trifft, die in südlicher Richtung nach Graaff-Reinet führt.

Von Graaff-Reinet bis Beaufort West: N 9 bis Aberdeen, dann die R 61. Von Beaufort West nach Kapstadt der N 1 folgen.

Umweg: Nach Prince Albert empfehlen sich zwei Routenalternativen: Am schnellsten: von der N 1 entlang der R 353 und zurück zur N 1 entlang der R 407. Eindrucksvoller, von Graaff-Reinet aus, aber Beaufort West auslassend: N 9, vorbei an Willowmore und der R 341 bis De Rust folgen, von dort auf der N 12 durch die Meiringspoort und schließlich auf der R 407 bis Prince Albert fahren. Alternative dazu: Willowmore – Klaarstrom (R 407, größtenteils befestigt). Zur Strecke über den Swartberg Pass und durch die Seweweekspoort s. S. 344 und S. 334.

Entfernungen

Port Elizabeth – Addo Elephant NP: 73 km
Addo Elephant NP – Somerset East – Graaff-Reinet: 264 km
Graaff-Reinet – Beaufort West: 192 km
Beaufort West – Prince Albert: 123 km
Prince Albert – Matjiesfontein: 156 km
Matjiesfontein – Kapstadt: 235 km
Gesamt: 1.043 km
Alternative 1: Addo Elephant NP – Mountain Zebra NP – Graaff-Reinet: 402 km (138 km länger als o. g. Hauptroute). **Alternative 2**: Graaff-Reinet – N 9/R 341– R 407 – Prince Albert – N 1: 415 km (55 km länger als o. g. Hauptroute).

Sehens- und Erlebenswertes zwischen Port Elizabeth, Graaff-Reinet, Beaufort West und Kapstadt

Die Szenerie entlang der N 10 ist nicht herausragend, trotzdem landschaftlich recht sehenswert. Je weiter man nach Norden fährt, desto trockener wird es, und die kleinen Orte scheinen mehr recht als schlecht zu überleben. In Middleton wurden ein paar historische Häuser erhalten, die heute in Privatbesitz sind und als Museum oder Unterkunft genutzt werden.

Hinweis
Zum Abstecher zum Addo Elephant NP s. S. 371.
Weiter mit Somerset East s. S. 467.

Alternative: Über Cradock und den Mountain Zebra National Park

Cradock

Stadthausunterkünfte (Die Tuishuise) in Cradock

Cradock wurde 1813 unter Gouverneur Sir John Cradock als militärischer Stützpunkt gegründet. Zur Zeit der Apartheid geriet Cradock oftmals in die Schlagzeilen, da sich hier eine Basis des ANC befand. 1985 erreichte der Widerstandskampf seinen Höhepunkt, als vier führende ANC-Mitglieder in der Nähe auf brutalste Weise umgebracht wurden („*Slaying of the Cradock Four*"). Im Zuge der Wahrheitsfindung wurde bewiesen, dass ein Terrorkommando der Regierung damals dafür verantwortlich war.

Heute zählt Cradock etwa 30.000 Einwohner und ist agrarwirtschaftliches Zentrum der Region. Touristisch hat es nicht viel zu bieten, außer einem kleinen **Museum**, das sich mit der Geschichte der weißen Siedler beschäftigt, und einem Museum mit Haushaltsgegenständen und Möbeln im ehemaligen Wohnhaus von **Olive Schreiner**. Die der Schriftstellerin stammte aus einer Farmerfamilie des ausgehenden 19. Jh. und plädierte in ihren Novellen für eine gemischtrassige Gesellschaft.
The Great Fish River Museum, *87 High St., Di–Fr 9–13, 14–16, Sa 9–12 Uhr.*
Olive Schreiner House, *9 Cross St., Mo–Fr 8.45–12.45, 14–16.30 Uhr.*

Die **Dutch Reformed Mother Church** im Zentrum der Stadt ist der Londoner Kirche *St. Martin's in the Field* nachempfunden. Im **Vusubuntu Cultural Village** kann man afrikanisches Kunsthandwerk erstehen und sich über die Apartheidzeit informieren (südlich, an der N 10).

Reisepraktische Informationen Cradock

Information
Tourist Office, *Town Hall, Stockenstroem St.,* ☏ *(048) 881-5000 oder -0040, www.gardenroute.co.za/cradock.*

Unterkunft
Die Tuishuise/Victoria Manor $$–$$$, *36 Market St.,* ☏ *(048) 881-1322, www.tuishuise.co.za. Unterkünfte in historischen Karoo-Stil-Stadthäusern (Selbstversorger). Hauptgebäude ist das größere Victoria Manor, ein viktorianisches Haus mit 22 Gästezimmern, Restaurant und Pub. Alles liebevoll mit Antiquitäten eingerichtet.*

Sehens- und Erlebenswertes zwischen Port Elizabeth, Graaff-Reinet, Beaufort West und Kapstadt

Heritage House $$, 45 Bree St., ☏ (048) 881-3210, www.heritagehousecradock.com. Gemütliches, viktorianisches Haus mit englischem Garten, Pool in „Felslandschaft" und einem deftigen, englischen Frühstück. Dinner nach Voranmeldung.

⚠ Camping

Cradock Spa, Marlowe Agricultural Rd., 4,5 km außerhalb, ☏ (048) 881-2709, www.cradock-spa.co.za. Campingplätze (Gras, z. T. Schatten) und solide eingerichtete Selbstversorger-Chalets.

🍴 Essen und Trinken

Victoria Manor, s. o. Leckeres Karoo-Dinner in gepflegter Atmosphäre. Vorbestellung erwünscht.

Echte „Boerekos" werden, wenn auch nicht täglich (vorher reservieren), im beliebten **Karoo-Kraal** angeboten. Für einen Festpreis kann man so viel essen, wie man möchte. Farm Lemoenhoek, nahe R 337, 5 km von der Innenstadt, ☏ (072) 227-6730.

Mountain Zebra National Park

Der Nationalpark wurde bereits 1937 eröffnet, nachdem man erkannt hatte, dass die Bergzebras vom Aussterben bedroht waren. Neben den Zebras leben hier eine Reihe anderer Savannentiere, wie Elenantilopen, Springböcke, Kudus, Duiker und Büffel (Cheetahs und Nashörner sollen folgen). Das Bergzebra gilt als eines der seltensten

Wirbeltiere. Sein natürlicher Lebensraum beschränkt sich auf die hoch gelegenen Kapregionen südlich des Gariep (Oranje) River. Heute zählt man wieder knapp 3.000 Exemplare, von denen nahezu die Hälfte in Parks leben. Es unterscheidet sich von seinen Artgenossen der ostafrikanischen Savannen dadurch, dass es kleiner ist, eine rot-braune Nase und einen weißen Bauch hat. Außerdem hat es keine Schattenstreifen.

Im Park sind zwei Rundfahrten möglich: Eine führt über eine Hochebene, wo sich die meisten Tiere aufhalten und von der man einen ausgezeichneten Rundumblick über die umliegende „Out of Africa"-Landschaft hat. Die andere Strecke verläuft durch die Berg- und Talwelt der Karoo. Für Wanderer gibt es kurze, markierte Wege um das Main Camp. Aber Achtung! In den Sommermonate kann es sehr heiß werden.

Mountain Zebra (Bergzebra)

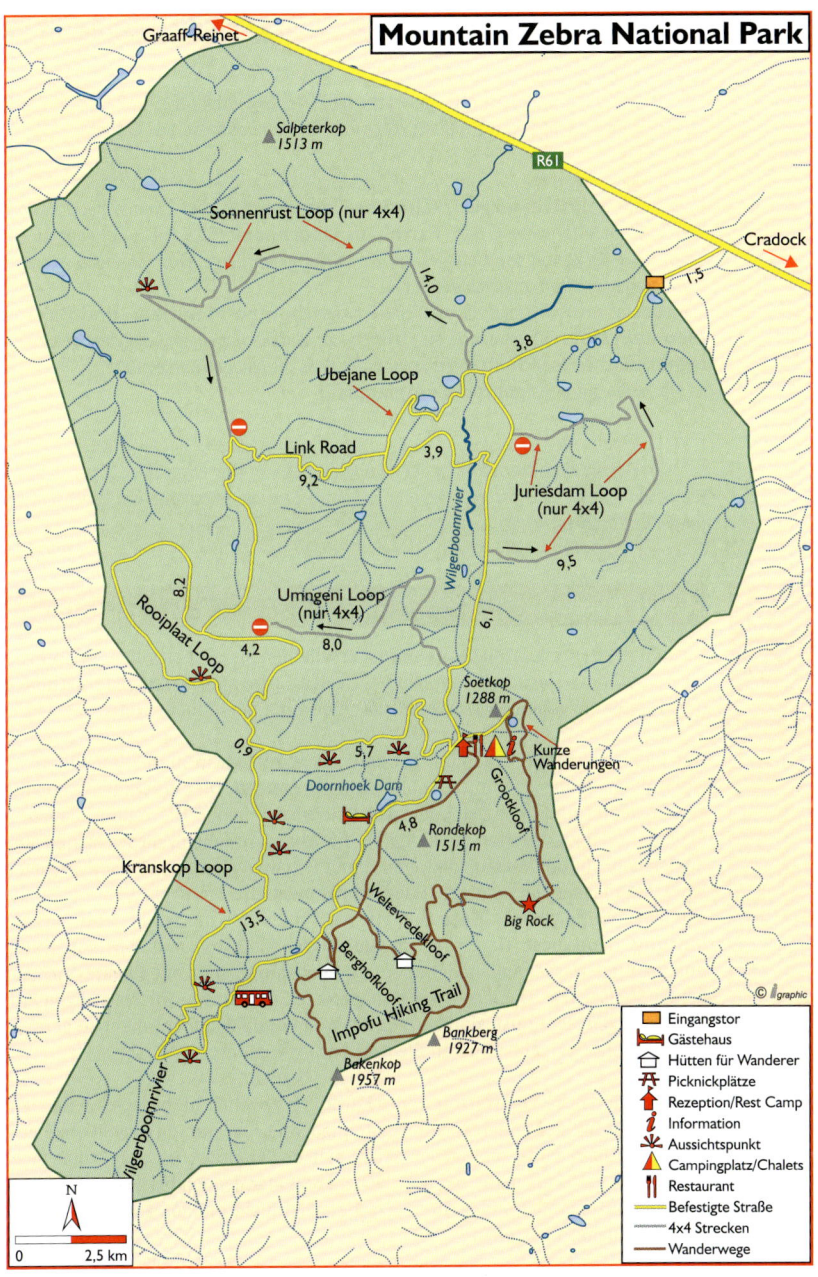

Reisepraktische Informationen Mountain Zebra National Park

ℹ️ Information
Mountain Zebra NP, April–Sept. tgl. 7–18, Okt.–März tgl. 7–19 Uhr, ☎ (048) 881-2427, www.sanparks.org. Anfahrt: Über R 61, 10 km nordwestl. von Cradock.

🛏️ Unterkunft
20 **Selbstversorger/2-Zimmer-Cottages** ($$, jedes Zimmer hat 2 Betten) und 3 DZ im historischen (1836) **Farmhaus Doornhoek** ($$$, i.d.R. nur ganz zu buchen). Toller Blicke von den Cottages auf die umliegenden Berge. Das Farmhaus versteckt sich dagegen in einem abgeschiedenen Tal.
Die äußerst rustikalen und abgeschiedenen **Umthombo Mountain- und Bakana Mountain Huts** ($$, jeweils bis zu 10 Personen) sind nur mit einem Geländewagen zu erreichen. Zum Zimmer-/Hüttenpreis kommt der Preis für Nationalparkeintritte.
Es gibt einen gut ausgestatteten **Campingplatz**.

🍴 Essen und Trinken
Das **Parkrestaurant** ist nur zum Frühstück und Dinner geöffnet. Da es keine Alternativen gibt, ist eine Tischreservierung im Voraus bzw. die Mitnahme von Lebensmitteln für die Cottages notwendig.

Great Karoo

Obwohl die Central Karoo sehr eintönig erscheinen mag, ist sie ohne Zweifel voller Reize. Weite Flächen, kaum Bäume, riesige Farmen, bizarre Felsformationen und Tafelberge geben dieser Landschaft eine ganz persönliche Note.

Wer dicht besiedelte Gegenden gewohnt ist, wird sich in dieser Unendlichkeit wohlfühlen, denn sie vermittelt ein Gefühl der Freiheit. Dies erkannten schon die ersten Siedler und ließen sich hier vor 200 Jahren nieder. Die Wasserknappheit machte ihnen zu schaffen, doch halfen die Windradpumpen, dieses Manko auszugleichen. Für den Anbau von Gemüse und Früchten wurden in Talsohlen kleine Bewässerungskanäle angelegt. Haupteinnahmequelle stellt bis heute aber die extensive Weidewirtschaft dar. Zumeist handelt es sich um **Schaf- und Ziegenhaltung**, denn diese Tiere sind am widerstandsfähigsten, was Wüstennahrung und knappes Wasser angehen. Daher fehlt das Karoo-Lamm auch heute noch auf keiner Speisekarte. Doch seit Jahren haben die Farmen arge wirtschaftliche Probleme. Die Fleischpreise sind zu niedrig, Wolle und Felle nicht mehr so gefragt. Viele mussten aufgeben und an die Nachbarn verkaufen.

Erstaunlich ist die **Vegetation** in der Karoo: Im Frühling blühen viele Pflanzen. Selbst während der anderen Jahreszeiten leuchtet hier und da eine Pflanze auf. Blickt man schräg über die Flächen, erhält man den Eindruck, dass die Wüste dicht bewachsen ist. Läuft man über die Fläche, stellt man jedoch fest, dass die Pflanzen weit auseinander stehen und dass sie meist nicht blühen, sondern aus dornigen Sträuchern bestehen.

Die Weite der Great Karoo

Das Wort „**Karoo**" geht auf „**Kurú**" zurück, das in der Khoi-Sprache bedeutet: trocken, harsch und widerstrebend (Barren). Für die Halbwüste haben es die Khoi als „**Land des Durstes**" verwendet. In Stichworten: **Fläche**: ca. 100.000 km² (Angaben variieren zwischen 78.000 und 112.000 km²). Zählt man die Bo-Karoo und übergreifende Abschnitte der Süd-Kalahari hinzu, sind es über 200.000 km². Durchschnittlicher **Niederschlag** und **Höhe** über Null der Ebenen: 260 mm/Jahr, 900 m. **Höchster Berg**: Sneeuberg (2.504 m). **Typische Pflanzen**: Sukkulenten und Dornbüsche, 7.000 Pflanzenarten. Durchschnittliche **Sommer-/Wintertemperatur**: 33 °C/18 °C (es kann nachts Frost geben). **Hauptregenzeit**: März und April. Die **Trockengebiete Namaqualand, Kalahari und Karoo** bedecken nahezu 50 % der Fläche Südafrikas. **Beste Tageszeit**, die Karoo zu bereisen: Früh morgens, wenn die Sonne aufgeht.

Somerset East

Das Gebiet der heutigen Stadt Somerset East war Ende des 18. Jh. Teil einer Farm, auf der u. a. Louis Trichardt gewirtschaftet und erkannt hatte, dass sich das Gebiet gut für den **Tabakanbau** eignet. Nachdem Trichardt weiter nach Norden gezogen war, eröffnete hier der damalige Gouverneur, Lord Charles Somerset, 1815 eine Versuchsfarm für Tabak, die die Truppen im Norden und Osten der Provinz versorgen sollte. 1827 überließ man die Hänge am Bosberg den Wesley-Missionaren. Sie errichteten als erstes eine kleine Kapelle, aus der dann später das Pfarrhaus hervorging, das heute das **Somerset East Museum** beherbergt. In diesem ältesten Gebäude der Stadt sind Möbelstücke und Haushaltsgegenstände zu sehen. Am interessantesten aber sind das Gebäude selbst, die 700 Rosenbüsche sowie der kleine Gewürzgarten.
Somerset East Museum, *Beaufort St., am Fuße des Bosberg, www.somersetasttourism.co.za, Mo–Fr 8–17 Uhr.*

Introvertierter Künstler

Berühmtestes Kind der Stadt war der Maler Walter Battiss, der später viel gereist ist und lange Zeit in Amerika gelebt hat. Er bewohnte mit seiner Familie ein Haus in der Poulet Street, vormals eine Offiziersmesse. Battiss war ein etwas introvertierter Zeitgenosse, in seinen Fantasien lebte er in einem selbst gegründeten Staat. Diesen nannte er „Fook Island". Die Idee von dieser kleinen selbst geschaffenen Oase verewigte er nicht nur in seinen Bildern, sondern er fing auch an, *Fook Island*-Briefmarken und sogar *Fook Island*-Geld zu entwerfen. Mit dieser Währung bezahlte er so einige Rechnungen im Ausland, ohne dass dies immer auffiel. Nach seinem Tod vermachte er der Stadt 18 seiner Werke, und die Stadt eröffnete daraufhin die **Walter Battiss Art Gallery** in dem o. g. Haus. Neben seinen Werken kann man auch Gemälde anderer Künstler bewundern. Zusätzlich gibt es verschiedenste Wanderausstellungen.
Walter Battiss Art Gallery, *Ecke Poulet/Beaufort Sts., www.somerseteasttourism.co.za, Mo–Fr 10–16 Uhr.*

Heute ist Somerset East ein Zentrum der Mohairwollproduktion, und in etwas feuchteren Lagen werden auch Zitrusfrüchte angebaut. 3 km entfernt befindet sich das **Bosberg Nature Reserve**, in dem es u. a. auch Bergzebras zu sehen gibt. In erster Linie lädt der Park aber zu Wanderungen ein.

Reisepraktische Informationen Somerset East

Information
Tourism Somerset East, *in Walter Battiss Art Gallery, Ecke Poulet/Beaufort Sts., ☏ (042) 243-1448, www.somerseteasttourism.co.za.*

Unterkunft
Somerset House Guest House, *88 Paulet St., ☏ (042) 243-1819, www.somerset-house.co.za. Charmantes Gästehaus, in ehemaliger Schule. Plüschig eingerichtet, schöner Garten mit Blick auf Berge. Nur 3 Zimmer, daher besser vorher reservieren.*

Camping
Die Kaia, *R 335, 4 km südl., ☏ (078) 579-3959, www.diekaia.co.za. Abenteuer-Campingplatz direkt am Fish River. Zudem* **Zelthütten** *($–$$). Bootsverleih.*

Festival
Jedes Jahr, Mitte Juli, findet das **Biltong Festival** *(www.eastcapebiltongfestival.co.za) in Somerset East statt. Dazu reisen Liebhaber des Trockenfleisches aus dem ganzen Land an. Und jedes Mal wird eine neue Geschmacksrichtung vorgestellt.*

Graaff-Reinet

Die „Perle der Karoo" ist eine Kleinstadt und hat dank seiner Townships knapp 40.000 Einwohner. Bereits 1786 gegründet, ist sie die viertälteste Stadt Südafrikas. Die nach dem Gouverneur Cornelis Jacob van de Graaff und seiner Frau Cornelia Reynet benannt Stadt wurde in der Flussschleife des Sundays River angelegt, da man sich davon damals einen natürlichen Schutzwall gegen die Angriffe der Xhosa versprach. Zu dieser Zeit war Graaff-Reinet ein Versorgungszentrum für die Farmer. Bereits 1794 gründete die Kapregierung einen Verwaltungssitz, den Drostdy. Doch wurden in der Verwaltung nur wenige Angestellte eingesetzt. Und die versprachen in Zeiten der Unruhen kaum militärische Hilfe. Unzufrieden mit diesem Zustand und der zu freundlichen Behandlung der Khoi-San, vertrieben die Bürger 1796 den von den Engländern eingesetzten Landdrost und erklärten Graaff-Reinet zum eigenständigen Staat (Erste Burenrepublik). Dieser Zustand hielt nicht lange an. Truppen wurden entsandt, um die Regierungsgewalt wieder zu übernehmen. Doch blieb Graaff-Reinet für die Kolonialherren bis zu Beginn des 19. Jh. ein unruhiges Pflaster. Die Bürger lehnten sich immer wieder auf. Viele von ihnen waren so unzufrieden, dass sie ihre Farmen verließen, sich dem Großen Trek von Pretorius und Maritz anschlossen und nach Norden zogen.

Gründung einer Burenrepublik

Trotz der Zwischenfälle entwickelte sich Graaff-Reinet im 19. Jh. zum bedeutenden Handelsposten. Heute ist es einer der historischen Glanzpunkte des Landes, und rühmt sich mit **200 denkmalgeschützten Gebäuden** aus allen Zeitepochen. Keine Stadt des Landes erreicht diese Zahl nur annähernd. Hauptwirtschaftszweig der Region ist, bedingt durch die geringen Niederschläge, noch immer die **Angoraziegen- und Merinoschafzucht**. Viele Farmer haben jedoch die **Straußenzucht** als zweites Standbein gewählt. Der Tourismus nimmt, auch dank des die Stadt umgebenden Camdeboo National Park, ebenfalls zu, was an der steigenden Zahl an Boutiquen und Restaurants abzulesen ist. Nennenswerte Industrien sind die Großschlachterei (75 % des gesamten für den Export in die EU bestimmten Wildfleischs wird hier zubereitet und verpackt) sowie die **Obesa Nursery** westlich der Stadt. Letztere kann besichtigt werden und ist ein Muss für Sukkulenten-Fans. 350.000 Pflanzen von 4.800 Spezies werden hier jährlich gezüchtet.

Graaff-Reinet liegt idyllisch in der Flussschleife des Sundays River

Sehenswertes in Graaff-Reinet

In der Innenstadt im Umkreis von 500 m um das Drostdy Hotel gibt es reihenweise historische Gebäude, die man in Ruhe zu Fuß an einem Tag besichtigen kann. Für Pausen locken Teegärten und die Terrasse des Drostdy. Am besten man beginnt den Rundgang am gut ausgestattteten **Tourist Office** im Old Library Museum (s. u.), wo es hilfreiches Kartenmaterial gibt.

Drostdy (2)
Das Drostdy wurde kurz nach der Stadtgründung errichtet und diente den Engländern als Verwaltungssitz. Nach Streitigkeiten zwischen Einwohnern und Beamten wurde das Gebäude zu einem Hotel umfunktioniert, das im Laufe der Jahre immer weiter vergrößert und erst in letzter Zeit wieder in den ursprünglichen Zustand versetzt wurde. Die Innenräume wurden so hergerichtet, wie sie Mitte des 19. Jh. ausgesehen haben mögen. Das Hauptgebäude ist heute die Eingangshalle des Hotels.

Sehenswürdigkeiten
1. Old Library Museum Touristeninformation
2. The Drostdy
3. Stretch's Court
4. The Old Residency
5. Reinet House
6. Urquardt House
7. Graaff-Reinet Pharmacy
8. Hester Rupert Art Museum
9. Dutch Reformed Church

Unterkunft
1. Andries Stockenström Guest House
2. Avondrust
3. Drostdy Hotel
4. Camdeboo Cottages
5. Le Jardin Backpackers

Hinter dem Hauptgebäude befindet sich der **Stretch's Court (3)**, eine kleine Kopfsteinpflasterstraße mit sieben Häuschen, die früher als Sklavenunterkünfte dienten. Mitte des 19. Jh. kaufte Kapitän Stretch diese Häuser, teilte das Gebiet in Parzellen auf und verkaufte sie wieder an (freie) Mischlinge und Schwarze. 1966 gingen sie in den Besitz der „Vereinigung historischer Gebäude Südafrikas" über, die sie völlig restaurierte und dem Hotel übergaben. Heute beherbergen sie Hotelapartments.

Vier historische Gebäude in Graaff-Reinet unterliegen der städtischen Museumsverwaltung und sind mit vergünstigten Kombi-Eintrittskarten zu besichtigen.

Old Library Museum (1)
Im Old Library Museum gibt es u. a. zwei sehr interessante Abteilungen:
Zum einen kann man **Bilder des Fotografen William Roe** bewundern, der in der zweiten Hälfte des 19. Jh. das Land bereist hat. Besonders eindrucksvoll sind die Fotografien vom alten Graaff-Reinet. Zum anderen gibt es eine **geologisch-paläontologische Abteilung**, die Funde von über 200 Mio. Jahre alten Sauriern ausstellt. Diese lebten in der Karoo, als es sich noch um eine sumpfige Ebene handelte. Zu dieser Zeit war der afrikanische Kontinent noch Teil Gondwanas, des riesigen Urkontinents, bestehend aus der Antarktis, Südamerika, Australien und dem heutigen Afrika. Damals war die Karoo noch zentraler Teil des Kontinents. Die Oberfläche war das, was heute die Bergspitzen sind. Die heutigen Steine wurden aus den Sand- und Tonablagerungen geschaffen, die die Flüsse in das Karoobecken eingeschwemmt hatten. Millionen Jahre später hob sich der Kontinent und die Flüsse begannen sich in die Sandsteinschichten einzugraben. Langsam entstand das heutige Landschaftsbild. Tierkadaver wurden häufig von den Flüssen mitgerissen und in die Ebenen gespült, wo sie in den später ausgetrockneten Lehmpfannen „konserviert" wurden. Farmer stoßen auch heute immer wieder auf Fossilien. Bei den meisten Funden handelt es sich um Übergangsformen vom Wassertier zum Landtier. Bekanntestes Exemplar ist der *Pareiasaurus*, ein Reptil, das bis zu einer Tonne wiegen konnte, bei einer Länge von nur 3 m. Später ist es aus diesem Gebiet ausgewandert und man hat Überreste bis nach Sibirien gefunden. Es besteht die Möglichkeit, mit einem im Museum ausgestellten *Permit* **Fundstellen von Sauriern** auf umliegenden Farmen zu besichtigen.

Sehenswerte Ausstellung

Old Library Museum, *Church St., zwischen Somerset und Parsonage Sts., www.graaffreinetmuseums.co.za, Mo–Fr 8–17, Sa 9–15, So 9–16 Uhr.*

The Old Residency (4)
Typisch für ein Stadthaus des 19. Jh. ist die H-förmige Gliederung des Hauses. Die Ausstellung befasst sich mit dem englischen *Midland Regiment* und einer großen Sammlung an Sportwaffen. Dazu muss man wissen, dass das Vogel- und Tontaubenschießen in der Region eine große Bedeutung hatte bzw. hat.
The Old Residency, *Ecke Parsonage/Murray Sts., www.graaffreinetmuseums.co.za, Mo–Fr 8–17, Sa 9–12, So 9–13 Uhr.*

Reinet House (5)
Ursprünglich diente das 1812 erbaute Gebäude als Pfarrhaus. Später war es Lehrerseminar und heute Museum. Es beherbergt eine Sammlung von Möbeln, Küchengeräten, Kinderspielzeug und Haushaltsgegenstände aus dem 19. Jh. Im Hinterhof ist eine **Wassermühle** zu besichtigen. In einer Scheune befinden sich alte landwirtschaftliche

Sammlung von Alltagsgegenständen

Geräte, vom Pferdewagen bis zur Heugabel. Eine besondere Attraktion ist die **größte Weinrebe der Welt**. Ihr Umfang maß 1983 noch 3,1 m, doch befiel sie eine Pilzkrankheit, sodass sie beschnitten werden musste und heute aus mehreren Teilen besteht. Wer sich für ein Souvenir interessiert, sollte eine Flasche des im Hause destillierten und scharf schmeckenden „*Whithond*" erstehen.
Reinet House, *Murray St., am Ende der Parsonage St., www.graaffreinetmuseums.co.za, Mo–Fr 8–17, Sa 9–15, So 9–13 Uhr.*

Urquardt House (6)
Im ehemaligen Clegg's Midland Hotel sind heute das Familienarchiv sowie die Stammbäume der Anwohner untergebracht. Das Stöbern in den historischen Unterlagen ist erlaubt. Die Ausstellung viktorianischer Möbel und die alte Küche sind nur bedingt sehenswert.
Urquardt House, *Somerset St., in der Nähe des Market Square, www.graaffreinetmuseums.co.za, Mo–Do 8–16.30, Fr 8–16 Uhr.*

Schön rausgeputzt sind die Häuser in Graaff-Reinet

Weitere interessante Gebäude sind die historische **Graaff-Reinet Pharmacy (7)** in der Caldon Street, das **Hester Rupert Art Museum (8)** in der ehemaligen **Dutch Reformed Mission Church** (*Church St., zwischen Somerset und Parsonage Sts.*, Werke südafrikanischer Künstler) und die 1886 eingeweihte **Dutch Reformed Church (9)** am Nordende der Church Street. Sie wurde der Kathedrale von Salisbury nachempfunden. Am besten macht man sich selbst ein Bild von der Stadt, die dem Besucher fast wie ein Puppenhaus erscheinen mag, so herausgeputzt sind die unzähligen kleinen Häuschen. In der Church St., Ecke Middel St. befindet sich **Karoo Taxidermy**. Der Besuch des Ausstellungsraums einer der größten Tier-Präparations-Betriebe Südafrikas ist interessant, wenn auch nicht jedermanns Geschmack. Auch die Fabrik kann besichtigt werden (*www.karootaxidermy.com*).

> ✈ **Rundflüge über Graaff-Reinet und die Karoo**
> *Ein Rundflug über die Karoo ist sicherlich ein Höhepunkt. Tipp: Den Piloten bitten, einmal hoch zu fliegen, damit man einen Eindruck über die Beschaffenheit und Weitläufigkeit der Karoo erhält. Der Flugplatz liegt an der N 9 nach Middelburg. Auskünfte im Touristenamt. Für ganz Mutige: Mit einem Ultralightflieger mitfliegen. Das Fluggefühl ist einmalig.*

Valley of Desolation

Teil des Camdeboo National Park. **Anfahrt**: Etwa 5 km entlang der Straße nach Murraysburg fahren und dann nach links abbiegen. Bereits die Anfahrtsstrecke ist den Ausflug wert. Zuerst steigt die Straße entlang eines kleinen Tals steil an. Nach etwa 6 km beeindruckt der Ausblick auf das fast 500 m tiefer gelegene Graaff-Reinet und die Camdeboo-Ebene. Die **Spandau-Koppe** schräg gegenüber erhielt ihren Namen von einem deutschen Reiteroffizier, den sie an die Spandauburg in seiner Heimat erinnerte. Nach weiteren 3 km endet die Straße an einem Parkplatz, von dem aus man in 5 Min. zu Fuß bei den Aussichtsplattformen ist. Das Tal wurde im Laufe von Jahrmillionen durch Verwitterungserosion geschaffen. Dabei „zerplatzen" die Steine durch den schnellen Wechsel von warmer und kalter Luft sowie Nässe und Trockenheit, was beides Schrumpfungs- und Ausdehnungsprozesse hervorruft, denen die Steine nicht standhalten konnten bzw. können. Hierbei sind verschiedenste Felsformationen entstanden, Steinsäulen von über 100 m Höhe ragen senkrecht auf. Auf dem **Rundwanderweg** gelangt man nach ca. 30 Min. wieder zum Parkplatz. Das Tal selbst ist besser von Graaff-Reinet aus zu erkunden.

Felsformationen

Camdeboo National Park

Der Park wurde 1975 angelegt, seither erweitert auf heute rund 20.000 ha und umschließt mittlerweile die Stadt fast ganz. Kernstück ist der **Nqweba Dam**, dessen Wasserflächen unzählige Vogelarten anlocken. Auch das **Valley of Desolation** ge-

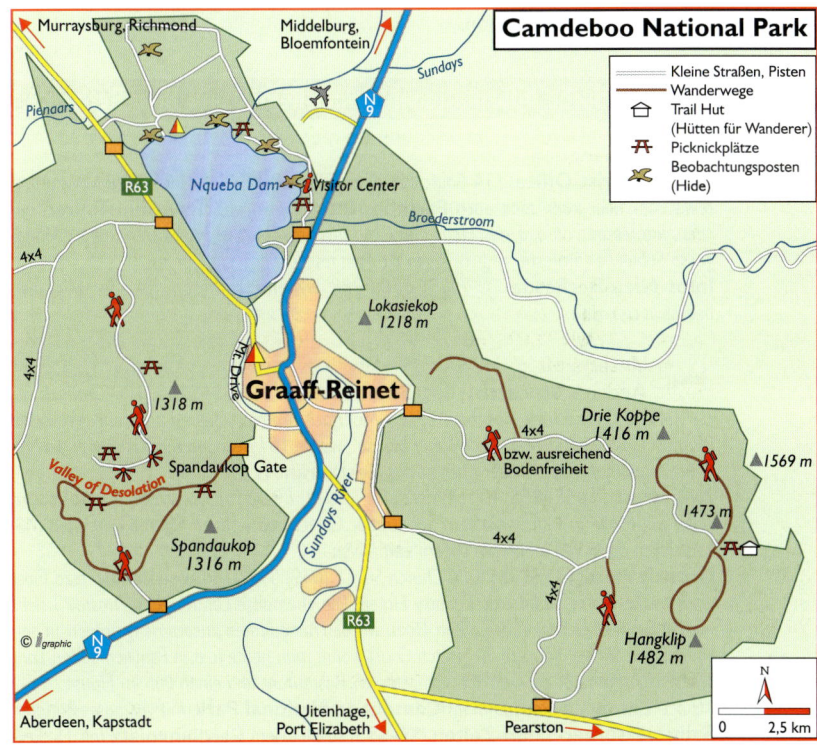

Abstecher nach Nieu-Bethesda

Karoo-Charme

50 km nördlich von Graaff-Reinet liegt abseits das bezaubernde, 1875 gegründete Örtchen Nieu-Bethesda. Der Ort sprüht nur so vor trockenem Karoo-Charme. Hier lebte die skurrile Künstlerin Helen Martins ganz zurückgezogen, machte das Nest aber berühmt. Das von ihr kreierte **Owl House** ist auf jeden Fall einen Besuch wert. Aus Zement, Draht und Glas hat sie in und um ihr Haus zahlreiche Skulpturen, vor allem Eulen, geschaffen. Nach ihrem Tod 1976 wurde das Haus zu einem Museum. Im benachbarten **Kitching Fossil Exploration Centre** sind bis zu 253 Mio. Jahre alte Fossilien sowie Modelle von Tieren und Pflanzen aus diesem Zeitalter zu sehen. Mittlerweile locken nette Coffeeshops, Gasthäuser, zugezogene Kunsthandwerker, Galerien und ganz einfach die urige Atmosphäre Besucher aus aller Welt an. Ob sich aber die imposante Kirche mit ihren 700 Plätzen einmal wieder füllen wird, bleibt zu bezweifeln. Verschiedenste Unterkünfte bieten sich ebenfalls an, ob Backpacker, Gästehäuser, Farmen oder ein Wasserturm.

Reisepraktische Informationen Graaff-Reinet und Nieu-Bethesda

Information

Tourist Office, *13A Church St., Graaff-Reinet, ☏ (049) 892-4248, www.graaffreinet.com. Hier kann man auch **Farmbesichtigungen** und **Township-Touren** buchen. Interessant, da u. a. das Haus und Grab des Anti-Apartheid-Aktivisten Robert Mangaliso Sobukwe (protestierte z. B. gegen die Passgesetze) besucht werden.*
Infos Nieu-Bethesda: *☏ (079) 070-8988, www.nieubethesda.info oder www.nieubethesda.co.za.*

Unterkunft

Andries Stockenström Guest House (1) *$$$–$$$$, 100 Cradock St., ☏ (049) 892-4575, www.asghouse.co.za. Mehrfach prämiert. Sieben z. T. sehr geräumige Zimmer. Das Gebäude, ein „Old Manor House", wurde 1819 errichtet und ist heute ein National Monument. Der Knüller aber ist das **Restaurant** (s. u.).*
Avondrust (2) *$$–$$$, 40 Somerset St., ☏ (049) 892-3566, www.avondrustbnb.co.za. Tolle, große Villa in viktorianischem Stil. Großer Garten mit lustigen Figuren und alten Möbelstücken darin. Von mehreren Lesern empfohlen.*
Drostdy Hotel (3) *$$–$$$, 30 Church St., ☏ (049) 892-2161, www.drostdy.co.za. Einst ein Klassiker unter Südafrikas Country Hotels. Die ehemalige Landvogtei („Drostdy") sieht wieder aus wie zu Beginn des 19. Jh. Dazu wurden Antiquitäten zusammengetragen. In den ehemaligen Sklavenhäusern im Stretch Court wohnt man heute u. a. in Familien-Suiten. Laut Leserzuschriften hat die Qualität nachgelassen. Restaurant und einen Pub im Hause.*
Kleines **Camp** *am Staudamm im* **Camdeboo National Park***, mit voll ausgestatteten* **Selbstversorger-Safari-Zelten** *($$–$$$) sowie einem* **Campingplatz** *mit 15 Stell-*

plätzen, ☏ (049) 892 3453, www.sanparks.org.
Camdeboo Cottages (4)
$$, 16 Parliament St., ☏ (049) 892-3180, www.camdeboocottages.co.za. Historische Selbstversorger-Cottages (19. Jh.), die alle unter Denkmalschutz stehen. Viele mit alten Yellowwood-Böden. Hier kann man von „urigen Kleinodien" sprechen. Pool und Innenhof. Der Preishit im Ort.
Le Jardin Backpackers (5)
$, 103 Caledon/Donkin St., ☏ (049) 892-5890. Schöne Zimmer in einem alten Haus, netter Garten, Kücheneinrichtung.

Camdeboo Cottages

Über **Unterkünfte auf Farmen** informiert das Tourist Office. Oft wohnen die Gäste im alten Farmhaus (z. T. über 200 Jahre alt), während die Farmersfamilien mittlerweile in neuere Gebäude umgezogen sind. I. d. R. handelt es sich um Selbstversorger-Unterkünfte, nach Vereinbarung werden auch Mahlzeiten zubereitet. Küche, Wohnzimmer und Badezimmer müssen in einigen Fällen geteilt werden. Die Preise rangieren bei $–$$. Eine Empfehlung: **Groenvlei Farm**, ☏ (049) 845-0305, groenvlei@groenvlei.co.za.

Leserempfehlung: das **Mount Camdeboo Private Game Reserve**. Auf 14.000 ha gibt es Antilopen, Strauße, Zebras, Vögel und sogar Rhinos und Cheetahs zu erleben. In dem relativ hohen Preis ($$$$–$$$$$) sind alle Ausfahrten und Mahlzeiten enthalten. Zudem verspricht ein mehrtägiger Aufenthalt Ruhe in der Karoo. ☏ (049) 891-0570, www.mountcamdeboo.com. Anfahrt: Von Graaff-Reinet R 75 ca. 25 km nach Süden, dann nach Osten auf der R 63, nach 5 km nach Norden abzweigen auf die Piste nach Petersburg (ausgeschildert).

Nieu-Bethesda

Unterkünfte (alle $–$$): auf der **Doornberg Guest Farm**, 9 km vom Ort entfernt, ☏ (049) 841-1401, www.nieubethesda.co.za/doornberg.htm, im runden **Water Tower**, ☏ (049) 841-1642, oder im etwas feineren **Rustpunt Guest House**, ☏ (049) 841-1667, www.rustpunt-sa.com.

Camping
Urquart Park, an der Nordwestausfahrt der Stadt (R 63), ☏ (049) 892-2136. Die Einrichtungen sind einfach, dafür spenden die Bäume am Fluss viel Schatten und die Stadt ist zu Fuß zu erreichen. Auch einfache Chalets und Hütten.

Essen und Trinken
Gordon's Restaurant at Andries Stockenström (s. o.) 100 Cradock St., ☏ (049) 892-4575. Karoo-Gerichte mit französischem Touch. Weithin bekannt und oft ausgebucht. 4-Gänge-Menü. Nicht ganz billig. Gut sind auch die Wildgerichte. Leider i. d. R. nur für Übernachtungsgäste.
Agave, 52 Somerset St., ☏ (072) 740-6114. Französisch-mediterranes Ambiente. Schattiger Patio. Karoo- und Steakgerichte mit Pfiff. Auch Kaffee und Kuchen. Tipp für die Stadt!

Die Kliphuis, *46 Bourke St., ☎ (049) 892 2345. Leckere Karoo-Gerichte. Spezialitäten: Karoo-Lamm, Bobotie und Potjiekos. Historisches Gebäude und Garten.*
Im **Pioneers Pub**, *3 Parsonage St., werden preiswerte südafrikanische Gerichte serviert.*
Nieu-Bethesda: *Bier trinken in der* **Sneeuberg Brewery** *(auch Essen), Lamm essen im* **Karoo Lamb Restaurant**, *☎ (049) 841-1642.*

Schienentrolley
Blaauwater Railways, *☎ (049) 841-1350, (082) 573-0827, kuducottage@wam.co.za. Charles Kingwell fährt in seinem putzigen Schienentrolley „Tubby" mit bis zu acht Fahrgästen auf der stillgelegten Bahnstrecke nach Middelburg hinauf auf den Lootsberg (1800 m ü. M). Abfahrt 57 km nordöstl. von Graaff-Reinet. Die Tour dauert 2 Std. und muss vorher angemeldet werden.*

Hinweis
Zur Routenalternative über De Rust, durch den Meiringspoort und nach Prince Albert s. S. 419.

Die Strecke nach Beaufort West beeindruckt erneut durch die Weite der Karoo, hat aber keine nennenswerten Sehenswürdigkeiten zu bieten. Einzig, wer die Strecke über **Aberdeen** wählt, durchquert das Gebiet mit der größten Mohair-Produktion Südafrikas. Einst blühte hier das Geschäft der Straußenbarone. Ein paar Häuser erinnern an diese Zeit.

Beaufort West

Oase der Karoo

Beaufort West wurde 1818 auf dem Gelände der Farm *Hooijvlakte* gegründet. Initiator war Kapgouverneur Lord Charles Somerset, unterstützt von der Dutch East India Company. Schon bald wurde ein Bewässerungsprojekt ins Leben gerufen, die Stadt ergrünte zunehmend. Die Grünanlagen brachten ihr die Beinamen „Oasis in the Karoo" und „Heart of the Karoo" ein. Beaufort West ist auch bekannt für seine Birnbäume, die die großen Straßen säumen. Im September/Oktober beginnen sie zu blühen, dann glaubt man kaum, in einem Gebiet mit knapp 250 mm Niederschlag im Jahr zu sein

In der Stadt gibt es einige alte Häuser und Kirchen zu sehen. Das **Museum** zeigt neben historischen Gegenständen auch eine Ausstellung zu Ehren von Christiaan Barnard (s. S. 172). Der bekannten Herzchirurg wurde 1922 in Beaufort West als Sohn eines Reverends geboren. Sein Grab befindet sich im Garten des Pfarramts. Das Museumsgebäude wurde 1867 fertiggestellt. Lange Jahre diente es als erstes Bürgermeisteramt in der Karoo. In dieser Zeit mussten viele Farmer Hunderte von Kilometern hierher reisen, um amtliche Dinge zu regeln.
Beaufort West Museum, *87 Donkin St., Mo–Fr 8.30–16.45, Sa 9–12 Uhr.*

Trotz einiger kleiner Sehenswürdigkeiten sowie schnuckeliger Bed & Breakfast-Unterkünfte muss auf den Lärm des Durchgangsverkehrs hingewiesen werden. Die riesigen Trucks qualmen die Straßen voll und die Infrastruktur ist davon deutlich geprägt.

Karoo National Park

Der Park wurde 1979 eingerichtet und seitdem auf heute über 100 km² vergrößert. Zukünftig soll er Teil des Gouritz-Mega-Parks werden. Ziel war es, die typische Flora und Fauna der Karoo-Halbwüste zu erhalten und der Allgemeinheit zugänglich zu machen. Daher erstreckt sich der Park nicht nur über Ebenen, sondern auch bis auf die Nuweveld Mountains hinauf. Die Höhen über Null variieren zwischen 820 und 1.911 m. Das bedeutet, dass die Sommer in den Ebenen extrem heiß und die Winter, besonders abends in den Hochlagen, sehr kalt sind.

Große Höhenunterschiede

Durch den Park führen Lehrpfade wie der **Fossil Trail** (400 m, 250 Mio. geologische Geschichte), der **Bossie Trail** (800 m, 65 verschiedene Pflanzen) und der 11 km lange **Fonteintjieskloof Trail** (4–5 Std., Schlucht, Plateau, Aussicht) sowie der dreitägige **Springbok Hiking Trail** (27 km, Basishütte, Hochplateau, im Voraus reservieren), ebenso wie eine **Allradstrecke** (vorher reservieren). Ranger führen morgens **Wanderungen** mit Erläuterungen durch. Am Damm bietet sich zudem ein Platz zur **Vogelbeobachtung** an. Für Pirschfahrten rentiert sich der **Morning Drive**. Zwei **Rundfahrten** auf eigene Faust sind möglich. Zu beachten gilt, dass die große Rundfahrt über und hinter den Berg 52 km lang ist und die Fahrt mind. 2 ½ Std. dauert.

Die **Vegetation** besteht vornehmlich aus Zwergsträuchern, Gräsern und Zwiebelgewächsen. Letztere haben die Eigenschaft, während ungünstiger Jahreszeiten unterirdisch auszuharren. Typischer Vertreter der Halbwüste ist der „Karoo-Busch", der eher einer Kräuterpflanze als einem Busch ähnelt. Man sieht ihn auch entlang der Landstraßen, denn er bedeckt die größten Flächen der Karoo. Zur interessanten **Tierwelt** zählen Löwen, Steppentiere, Bergzebras, Black Rhino und Raubvögel (u. a. Bussard, Adler). Neben Elenantilope, Kudu, Spießbock und Kuhantilope leben auch Strauße hier. Insgesamt wurden 67 Säugetierarten im Park gezählt.

Typische Karoo-Vegetation

Weiterhin sind besonders die **fossilen Funde** sehenswert, die entlang dem gleichnamigen Trail erläutert werden. Man hat bereits Knochen in der Karoo gefunden, die von reptilienartigen Säugetieren stammen, die vor über 240 Mio. Jahren hier lebten. Damals war die Karoo ein Feuchtgebiet.

Unterkünfte und einen Platz im Restaurant sollte man vorher buchen. Infos zu Geologie, Tierwelt und zur Geschichte der Region vermittelt das **Interpretive Center**, 1 km vorbei am Main Camp.

Nuweveld Mountains im Karoo National Park

Reisepraktische Informationen Beaufort West und Karoo NP

Information
Tourism Bureau, 25 Donkin St. (Clyde House), ☎ (023) 415-1488, www.beaufortwest.net, www.beaufortwestsa.co.za. Auch Infos über Farmunterkünfte in der Karoo.
Karoo NP, ☎ (023) 415-2828, www.sanparks.org, Gates 5–22 Uhr, Rezeption 7–19 Uhr.

Unterkunft
Es gibt zahlreiche Unterkunftsmöglichkeiten aller Preisklassen entlang der Hauptstraße, der **Donkin Street**. Diese ist aber zugleich auch die **N 1**, nachts kann der Lkw-Verkehr sehr störend sein. Also: Zimmer nach hinten hinaus buchen.
Matoppo Inn $$$–$$$$, 7 Bird St., ☎ (023) 415-1055, www.matoppoinn.co.za. Wunderschöne B&B-Unterkunft in historischem Drostdy-Haus (1834). 9 Zimmer, luxuriös eingerichtet. Pool und Garten. Ruhig gelegen. Auf Vorbestellung gibt es ein typisches Karoo-Dinner.
Beaufort Manor $$$–$$$$, 13 Bird St., ☎ (023) 415-2175, www.beaufortmanor.co.za. Elegante Lodge mit Cottages und sehr ansprechenden Zimmern. Pool, Restaurant und Bar. Ruhige Lage.
Ko-Ka-Tsara Bush Camp $$$, nördl. von Beaufort West. R 381 in Richtung Loxton, nach 7 km abzweigen, ☎ (023) 415-2753, www.kokatsara.co.za. Das Bush Camp liegt in einem 10.000 ha großen Naturreservat (Giraffen, Bergzebras, Antilopen etc.). **Chalets** können als Selbstversorger gebucht werden (**$$**) bzw. auch mit Verpflegung (**$$$**). **Campingmöglichkeiten** gibt es auch. Zu den Aktivitäten zählen u. a. Game Drives.
Lemoenfontein Game Lodge $$–$$$, De Jagers Pass Rd. (2 km nördl. von Beaufort West), ☎ (023) 415-2847, www.lemoenfontein.co.za. Bereits im 19. Jh. als Jagdfarm etabliert, wohnt man heute in einem der zwölf klimatisierten Zimmer (alle mit Kamin). Im Game Reserve sind Zebras, Giraffen und verschiedene Antilopen zu sehen. Ein wirkliches Karoo-Erlebnis. Zum Dinner steht ein 3-Gänge-Menü an.
Im 5 km entfernten **Karoo NP** gibt es **Selbstversorger-Unterkünfte** (**$$–$$$**) in 1- und 2-Parteien-Häusern. Die Ausstattung ist schlicht, aber ausreichend, das Restaurant gut.
Karoo Lodge $$, 94 Donkin St., ☎ (023) 414-3877. Altes Stadthotel mit günstigen und sauberen Zimmern. Der Charme des beginnenden 20. Jh. durchzieht auch heute noch das Gebäude (viel Holz, Plüsch, Kandelaber, große Badezimmer sowie schiefe Wände und Böden) und sorgt für Ambiente. An der Durchgangsstraße, aber lärmisolierende Fenster. Restaurant.
Hotel Formula 1 $–$$, 144 Donkin St., ☎ (023) 415-2421, www.hotelformula1.co.za. Modernes, sehr einfaches Motel der im ganzen Land bekannten Franchise-Kette.

Camping
Am Südwestende der Stadt gibt es den schattigen, aber etwas heruntergekommenen **Beaufort West Caravan Park**, ☎ (023) 414-2800. Viel schöner liegt der **Campingplatz des Karoo NP**, doch die schattigen Plätze sind oft schnell vergeben. Alternative: das **Ko-Ka-Tsara Bush Camp** (s. o.).

Essen und Trinken
Ye Olde Thatch, 155 Donkin St., ☎ (023) 414-2209. Weithin bekanntes Restaurant in kapholländischem Reetdachhaus mit Karoo-Gerichten (besonders Lamm).
Entlang der Donkin Street, vor allem in Richtung Kapstadt, befinden sich eine Reihe von **Familienrestaurants** und **Steakhouse-Ketten**, z. B. das viel besuchte **Saddles Steakhouse**, 144 Donkin St., ☎ (023) 415-2310.

In **Leeu-Gamka** gibt es einen kleinen **Friedhof**, auf dem gefallene Soldaten des Anglo-burischen Kriegs begraben wurden, u. a. Soldat Schultz, der mit 2,12 m größte Soldat der britischen Armee. Ihm wurde zu Lebzeiten von den Khoi der Spitzname *Leeu-Gamka* verpasst (*Leeu* = „Löwe" in Afrikaans; *Gamka* = „Löwe" in Khoi). Im **Leeu-Gamka Hotel** ($$, ☏ 023-521-2976), dessen Gebäude 1879 errichtet wurde, gibt es neben den sieben Zimmern auch einen „Down to Earth"-Pub.

Schlenker über Prince Albert

Empfehlenswerter Abstecher

Anstelle der N 1 zu folgen, empfiehlt sich ein kleiner Umweg über **Prince Albert**: Dazu fährt man hinter Leeu-Gamka auf die R 353 ab. Schon allein diese Strecke und später der Weg zurück zur N 1 (R 328/407) lohnen den Schlenker, denn hier gehören Straße und Karoo dem Reisenden nahezu alleine. Prince Albert ist ein verschlafenes Nest, so wie man sich das inmitten der Karoo eben vorstellt. Dabei werden die Mohairschafe, Oliven, Aprikosen, Feigen und andere Produkte aus der Umgebung im ganzen Land geschätzt. Und auch die Bausubstanz, schön herausgeputzte kapholländische und viktorianische Gebäude, kann sich sehen lassen. Sie stammt teils aus den Goldgräber-Jahren (1890–1891).

Doch erst in letzter Zeit wurden sich die Einsiedler wieder ihrer Schätze bewusst. Mittlerweile stehen 19 Häuser unter Denkmalschutz. Mehrere kleine Bed & Breakfast-Häuser sowie ein lokales **Museum** haben ihre Türen geöffnet.

Klassiker inmitten der Karoo: Swartberg Hotel

Wein und Käse werden jetzt produziert, kunsthandwerkliche Geschäfte stellen ihre Arbeiten vor und es kursieren so einige Geistergeschichten im Ort. Am besten aber lernt man etwas über Prince Albert, wenn man sich in das frisch renovierte (und sehr empfehlenswerte) „**Swartberg Hotel**" begibt, wo nicht nur alte Fotos an frühere Zeiten erinnern. Die bis zu 80 Jahre alten Gästebücher in der Lounge machen ebenfalls deutlich, welche Bedeutung dem Ort einst durch den Swartberg Pass zugekommen ist. Wer sich nun fragt, wie alle diese landwirtschaftlichen Produkte hier gedeihen können, sollte in den Seitenstraßen und am südlichen Ortsausgang an der Hauptstraße auf die kleinen Bewässerungskanäle achten.

Manch einer ist schon für ein bis zwei Nächte in Prince Albert hängengeblieben, hat nachts den klaren Sternenhimmel bewundert und sich tagsüber auf Erkundungstour zum nahen Swartberg Pass (s. S. 344) bzw. zum 60 km entfernten Meiringspoort (s. S.

344) begeben. Oudtshoorn lässt sich von hier übrigens auch gut auf einer Tagestour erkunden. Vorteil: In Prince Albert entgeht man so dem touristischer Rummel. Wanderkarten und Permits für die Swartberge sind in der Touristeninformation erhältlich.

Reisepraktische Informationen Prince Albert

Information
Tourism Bureau, neben Fransie Pienaar Museum, Church St., ☏ (023) 541-1366, www.patourism.co.za. Infos erhält man auch im Swartberg Hotel.

Unterkunft
Swartberg Hotel $$$, 77 Church St., ☏ (023) 541-1332, www.swartberg.co.za. Altes, hervorragend restauriertes Hotel (National Monument) mit Landrestaurant (südafrikanische Küche) und einer hübschen Bar. Viele Antiquitäten und alte Gästebücher. Zimmer im historischen Gebäude und etwas komfortablere in angeschlossenen Cottages im bezaubernden Garten. Mit Pool.
Dennehof $$–$$$, am Fuße des Swartbergs, Ortsausgang, ☏ (023) 541-1227, www.dennehof.co.za. Historische Farm mit bezaubernd eingerichteten, individuellen Zimmern. Reichhaltiges Frühstück. Angeschlossen ist ein großzügiges Selbstversorger-Cottage im Karoo-Stil.
Onse Rus $$, 47 Church St., ☏ (023) 541-1380, www.onserus.co.za. Kleine, von Gary und Lisa Smith mit viel Engagement geführte Herberge. Reetgedecktes Haus von 1853.
Oudekloof Guesthouse ($$) & Campsite, 6 km östl. von Prince Albert, ☏ (023) 541-1723, oudekloofguesthouse@oudekloof.com. Selbstversorger-Unterkünfte und Campingmöglichkeiten auf einer 1.600 ha großen Obstfarm. Auf den freien Flächen gibt es zudem zahlreiche Tiere, besonders Antilopen. Wanderwege stehen den Gästen ebenfalls zur Verfügung.

Essen und Trinken
Am besten isst man im **Restaurant im Swartberg Hotel** bzw. dessen Annex, wo es unkomplizierter zugeht und man auf der Terrasse sitzen kann. Weitere kleine Restaurants und Bistros finden sich entlang der **Hauptstraße**. Ein Leser empfiehlt die **Karoo Kombuis**, 18 Deurdrif St., ☏ (023) 541-1110, wegen der hervorragenden Karoo-Gerichte. Alkoholische Getränke muss man mitbringen und unbedingt vorher reservieren.

Laingsburg

Zentrum der Landwirtschaft

Das unspektakuläre, 1881 gegründete Laingsburg hat sich zum Zentrum der umliegenden Farmwirtschaft (Früchte, Luzerne, Schafe) entwickelt und ist beliebter Zwischenstopp für die Trucker. In die Schlagzeilen geriet Laingsburg nur einmal 1981, als der Buffels River und zwei seiner Nebenflüsse überliefen und nahezu die Hälfte des Ortes überschwemmten. Ein Drittel der Gebäude wurde durch die Flutkatastrophe zerstört. Der Pegelstand von damals wird an der N 1 gegenüber der Kirche angezeigt. Das **Flood Museum** gegenüber der Ultra-Shell informiert eingehender über die Ereignisse. Dort befinden sich auch die Touristeninformation sowie einige Kunsthandwerkershops einer lokalen Kooporative.

Laingsburg 481

Im Anysberg NR (rechts hinten der Swimmingpool)

Von Laingsburg aus führt eine Straße nach Süden bis nach Riversdale. Wer diese wählt, sollte unbedingt den zusätzlichen Schlenker durch die **Seweekspoort** (s. S. 334, keine großen Camper!) unternehmen Der Umweg bedeutet 2 Std. extra an Fahrzeit.

Lohnend ist ein Abstecher zum **Anysberg Nature Reserve** südlich von Laingsburg. Es liegt wunderschön in der Berglandschaft der Karoo und bietet eine günstige Gelegenheit, die Natur (Berg-Fynbos, Vogelwelt, Steenbok-Antilopen, Sterne gucken) hautnah zu erleben. Es werden u. a. 1- bis 2-tägige Ausritte angeboten. Anysberg ist wirklich etwas für Naturfreunde und diejenigen, die einmal komplett abschalten möchten. Das Main Camp befindet sich in einem alten Farmhaus, die restaurierten, aber einfachen Unterkünfte in den ehemaligen Häusern der Arbeiter. Witzig: Der Swimmingpool ist das ehemalige Farmbecken, an dem eine Holzveranda angebracht wurde. Die Anfahrt führt über den Eingang südlich von Laingsburg. Die beiden anderen Zufahrten (von Montagu bzw. Touws River) sind nur für Allradfahrzeuge zu empfehlen. Allemal sollte man sich über den Zustand der Pisten erkundigen. Der Nachteil für viele Reisende wird sein, dass man sich in den tollen Hütten (kein Strom, keine Handtücher, Gas-Kühlschrank, Kocher und Bettwäsche) bzw. auf dem Campingplatz selbst versorgen muss. Die nächsten Geschäfte und Restaurants sind in Laingsburg.

Ziel für Naturfreunde

Reisepraktische Informationen Laingsburg und Anysberg NR

Information
Tourism Bureau, im o. g. Flood Museum, Laingsburg, ☎ *(023) 551-1019*, *laingsburg@xsinet.co.za*.

Unterkunft
Unterkünfte können über www.laingsburgaccommodation.co.za gebucht werden. In Laingsburg gibt es u. a. zwei Hotels und einige B&Bs. Gut ausgestattet ist das **Laingsburg Country Hotel** *($$–$$$),* ☎ *(023) 551-1009, www.laingsburg.co.za., einziges Restau-*

rant im Ort, Pool, direkt an der Hauptstraße. Günstiger ist das **Herambi Guesthouse $$**, Ecke Swartberg/Willem Destroo Sts., ☎ (023) 551-1913 oder -1947. B&B-Unterkünfte in schönem, viktorianischem Gebäude sowie Selbstversorger-Unterkünfte im Haus gegenüber. Abendessen nach Voranmeldung! Ruhig gelegen.

Wer in den **Selbstversorger-Häusern ($$)** im **Anysberg NR** nächtigen möchte, muss sich bei Cape Nature anmelden: ☎ 0861-227-362-8873, www.capenature.co.za.

Matjiesfontein

Quelle der jungen Mädchen

Eigentlich hieß die kleine Siedlung zu Beginn *Matjesgoed*, benannt nach einer Binse, aus der ehemals schöne Matten hergestellt wurden. Dieses Handwerk verschwand aber um 1850 aus der Gegend, und man besann sich eines schöneren Namens: *Matjiesfontein* (sprich: Maikies-fon-täin), die „Quelle der jungen Mädchen". Der Ort wurde später zu einer kleinen Bahnstation umfunktioniert, an der die Dampflokomotiven ihren Kühlwasservorrat auffüllten. Der Schotte James Douglas Logan, ein Pionier, der sich sein erstes Geld in Südafrika als Gepäckträger in Kapstadt verdiente, kaufte 1884 das Land um die Bahnstation. Aus ein paar Bretterverhauen machte er in kurzer Zeit eine „Oase im Nichts". Logan belieferte die nach Norden fahrenden Züge mit Proviant und etablierte an dieser Stelle noch einen Kurort für die Reichen. Besonders Lungenkranke genossen das trockene Klima. Ein nobles Hotel rundete das Bild ab und die Prominenz vom Kap entdeckte ihr Wochenendrefugium. Von weither kam die High Society: Betuchte Persönlichkeiten, wie der Sultan von Sansibar, mieteten gleich den ganzen Ort und luden nur auserwählte Gäste ein. VIPs wie Cecil Rhodes, Edgar Wallace, die Schriftstellerin Olive Schreiner und Lord Randolph Churchill (Vater von Sir Winston) verweilten ebenfalls hier. Während des Anglo-Burischen Kriegs diente der Ort als englisches Truppenlager, das Hotel wurde zum Lazarett umgebaut. Danach geriet Matjiesfontein etwas in Vergessenheit, erst 1968 wurde es restauriert.

Ideal für eine Rast

Heute bietet der Ort eine willkommene Gelegenheit, einen kurzen Imbiss einzunehmen und zwischen den viktorianischen Gebäuden herumzuwandern. Die alten Straßenleuchten wurden eigens aus London importiert. Wer sich überlegt, im **Lord Milner Hotel** die letzte Nacht vor Kapstadt zu verbringen, dem sei dies wärmstens empfohlen. Die restaurierten Gästezimmer mit ihren schweren Holzfußböden haben ihren Reiz: Wackelige Knöpfe für die Wahl der Musiksender, antike Möbel, teils mit Kaminen und in den Honeymoon-Suiten Doppel-Badewannen. Abends bietet sich die Gelegenheit, unter dem Sternenzelt das abendliche Festmahl sacken zu lassen.

Im Bahnhof ist ein kleines **Museum**, in dem es ein Sammelsurium von Relikten aus vergangenen Zeiten zu bewundern gibt, so eine ausgesprochen große Sammlung historischer Fotoapparate, eine alte Apotheke, Badezimmer-Utensilien aus der „Ära ohne fließendes Wasser", eine Dorfschule, verschnörkelte Küchengeräte u. v. m. Unbedingt auch in den Keller gehen. Die Abteilung zur Geschichte des südafrikanischen Transportwesens befindet sich zum einen nebenan, zum anderen im separaten **Transport Museum** hinter dem Hotel. Eine Kaffeestube, eine historische Tankstelle und ein Souvenirshop runden das Bild ab. Eine Rundfahrt durch den Ort mit anderthalb Straßen in einem roten, Londoner Doppeldeckerbus wird vom Hotel angeboten.

Reisepraktische Informationen Matjiesfontein

Information
Im Lord Milner Hotel, ☏ (023) 561-3011, www.matjiesfontein.com.

Unterkunft
Lord Milner Hotel $$–$$$, ☏ (023) 561-3011, www.matjiesfontein.com. Stilvolles Hotel in viktorianischem Gebäude. Viele Antiquitäten und historische Räume. Besonders originell: Unterkünfte in der ehemaligen Polizeistation sowie einem Cottage. Das Hotel versprüht englisches, koloniales Ambiente. Zum Dinner wird das Horn geblasen und der Absacker in der **Laird's Arms Bar** aus dickem Holz sollte schon einen besten Brandy wert sein. Zimmer 29 hat einen Kamin, und Zimmer 32 besticht durch zwei parallel gesetzte Badewannen. Für **$$** nächtigt man in den Zimmern im **Guesthouse „Losieshuis"**.

Sutherland: Gedämpftes Licht für Sternengucker

Von der N 1 zweigt die R 354 nach Sutherland in der Northern Cape Province ab. Östlich des einsamen Ortes, 1857 gegründet, steht das **South African Astronomical Observatory**, eines der größten Sternen-Teleskope der Welt und das größte der südlichen Hemisphäre. Angeschlossen ist ein wissenschaftliches Institut, in dem Sternenforscher aus aller Welt tätig sind. Mehrere kleinere Teleskope, zumeist von anderen Nationen gebaut, umringen das große Teleskop.

Mittlerweile gibt es Pläne, ein sich über Hunderte von Kilometern erstreckendes Radio-Teleskop zwischen Sutherland und Carnarvon zu errichten. Diese Ehre hat der Ort zwei Tatsachen zu verdanken: Zum einen liegt er so einsam in der Karoo, dass kein Streulicht das Beobachten der Sterne stört, und zum anderen herrscht hier nahezu meist wolkenloser Himmel, was nachts aber so kalte Temperaturen beschert, dass Sutherland als der kälteste Ort Südafrikas gilt. Im Winter friert es nachts sogar. Die Ehre der internationalen Sternenkunde muss Sutherland aber mit einer unangenehmen Regel bezahlen: Nachts darf nur gedämpftes Licht eingeschaltet bzw. es muss mit Vorhängen verdunkelt werden. Noch bis vor Kurzem gab es keine Straßenlampen. Das hat sich jedoch geändert, denn eine südafrikanische Firma hat eine Straßenlaterne entwickelt, die „kaltes" Licht ausstrahlt, welches kaum in die Atmosphäre scheint.

Bei Carnavon gibt es bereits ein großes Radio-Teleskop (KAT-7). In Zukunft werden sich Südafrika und Australien die Ehre teilen, das megagroße Radio-Teleskop (SKA = Square Kilometre Array) zu errichten, wobei Südafrika den größeren Anteil halten wird.

Die **Besichtigung** der Sternwarte ist an einigen Tagen möglich (variabel). Oft gibt es an wolkenfreien Samstagabenden die Möglichkeit, durch ein Teleskop zu schauen. Dafür sollte man sich aber rechtzeitig anmelden.
Anfragen unter ☏ (023) 571-1205, **Touren** ☏ (023) 571-2436.

Reisepraktische Informationen Sutherland

Information
Municipality, 19 Piet Retief St., ☏ (023) 571-1405, www.sutherlandinfo.co.za.

Unterkunft
Sutherland Hotel $$, ☏ (023) 571-1096, www.sutherlandhotel.co.za. Landhotel mit 17 Zimmern. Restaurant.
Kambrokind B&B $, 19 Piet Retief St., ☏ (023) 571-1405. Einfaches, aber sehr liebevoll geführtes B&B. Gute Infos zum Thema Sternengucken, daher die beste Wahl vor Ort. Kambrokind betreut zudem den **Sterland Caravan Park** 1 km südl. des Ortes (7, schattenlose, aber gut unterhaltene Plätze).

Touws River und Hex River Valley

Der nächste Ort an der N 1 ist das unscheinbare **Touws River** (Touwsrivier). Der Name, abgeleitet aus der Khoi-Sprache, in der „Touws" das Tor heißt, deutet das Verlassen der Great Karoo an. Für die einstigen Siedler, Diamantensucher und Reisenden war hier das „Tor zur großen Halbwüste".

Big Five in der Karoo

10 km außerhalb von Touws River, an der R 46, wartet das **Aquila Private Game Reserve** mit sehr unterschiedlichen Karoo-Landschaften auf. Es gibt u. a. ein Feuchtgebiet, wo sich übers Jahr betrachtet an die 170 Vogelarten blicken lassen. Die meisten Besucher aber kommen wegen der „Big Five" und anderer Savannentiere, wobei diese nicht alle in freier Wildbahn herumlaufen. Zu-Fuß-Safaris, Besuch einer nahen Straußenfarm, historische Buschmannzeichnungen, Ausritte bzw. Biketouren runden das Angebot ab. Ein ausgiebiges Programm für Kinder begeistert die Familien. Abends werden karoo-typische Potjikes-Gerichte gereicht. Fazit: Ein Rundum-Sorglospaket für die Karoo. Dafür ist der recht hohe Preis angebracht. Auch Tagesbesucher sind willkommen.

Infostelle im Hex River Valley: Veldskoen Padstal

In der Nähe (über R 43), betreibt das **Inverdoorn Game Reserve** zwischen R 355 und R 356 u. a. ein Cheetah-Programm für Besucher. Giraffen, Antilopen, Löwen, Büffel und andere Tiere durchqueren das Gelände. Im Gegensatz zum etwa ebenso teuren Aquila Game Reserve geht es hier ruhiger zu und die

Unterkünfte sind weniger Safari-dekoriert, sondern im Ganzen eher dezent und hell gehalten.

Hinter Touws River fällt die N 1 geradezu in das saftig grüne **Hex River Valley**. In dem heißen Tal gedeihen Früchte hervorragend und werden ausgesprochen süß. Das kommt besonders den in erster Linie angebauten Tafeltrauben zugute, die sich nicht für die Weinproduktion eignen. Wer etwas Zeit hat, sollte über die Nebenstraßen, parallel zur N 1, durchs Tal fahren. Infostelle ist der **Veldskoen Padstal** an der N 1 (4,5 km nordöstlich von De Doorns). Hier kann man auch für ein Picknick einkaufen bzw. im Restaurant einkehren.

Fruchtbares Tal

Reisepraktische Informationen Touws Rivier und Hex River Valley

Information
Touws River Tourism, ☏ (023) 358-1130, www.karoohighways.co.za.
Hex River Valley, Veldskoen Farm Stall, ☏ (023) 356-2041, www.hexrivervalley.co.za.

Unterkunft
Infos im o. g. Veldskoen Farm Stall. Unterkünfte im Tal sind meist Selbstversorger-Chalets bzw. B&Bs. Empfehlung: **Arbeid Adelt Guesthouse $$–$$$**, *nördl. Ortsteil von De Doorns,* ☏ *(023) 356-2204, www.arbeidadelt.co.za. Großzügig angelegtes, viktorianisches Farmhaus mit schattiger Veranda. Nach Voranmeldung wird ein Abendessen zubereitet.*
**Aquila Private Game Reserve $$$–$$$$$**, *R 46, 10 km westl. von Touws River,* ☏ *(021) 405-4513, www.aquilasafari.com. Übernachtet wird in reetgedeckten Cottages. Die Standard Cottages ($$$$) bzw. die noch günstigeren Bush Cottages ($$$) mitten im Veld genügen allemal. Im Preis inkl. sind alle Mahlzeiten sowie Game Drives und andere Touren.*
Inverdoorn Game Reserve & Safari Lodge $$$–$$$$$, ☏ *(021) 434-4639, www.inverdoorn.com.*

Hexpas Express
Ein alter **Ford-Trecker** *zieht zwei einfache Passagieranhänger auf der alten Eisenbahnlinie hinauf zum Hex River Pass. Auf den 3- bis 7-stündigen Fahrten erfährt man viel über die wunderschöne Landschaft sowie ihre Geschichte, erlebt historische Tunnel und grandiose Ausblicke. Startpunkt ist der* **Veldskoen Farm Stall**. *Mountainbiketouren und Wanderungen werden ebenfalls organisiert. Der „Trecker-Zug" fährt Mi/So (Nov.–April um 9 Uhr, Rest des Jahres um 10 Uhr ab). Unbedingt 24 Std. vorher buchen:* ☏ *(083) 449-1940 oder (083) 292-0348, hexpaseco@emailme.co.za, www.worcester.org.za/hexpaseco.*

Über **Worcester**, den **Du Toits Pass** bzw. den **Huguenot Tunnel** und durch das Weinanbaugebiet um **Stellenbosch und Paarl** geht es nun nach Kapstadt.

Wer die längere und mühsamere, jedoch sehenswerte Strecke über den nördlicheren **Bain's Kloof Pass** nach Paarl wählen möchte, der biege bei Worcester nach Norden ab, s. dazu S. 314.

10. NÖRDLICH VON KAPSTADT

Allgemeiner Überblick

Dieses Reisegebiet ist ausgesprochen facettenreich und wird oft unterschätzt. Dabei gibt es so viel zu erleben: Küsten, Meeresfrüchte-Spezialitäten, Rooibos-Plantagen, einsame Bergregionen, Halbwüsten, zwischen August und Oktober *Flower Shows* in fast jedem Ort sowie einiges mehr.

10 km hinter Kapstadt sieht man wenige Kilometer vor der Küste Robben Island. Die Küstenorte Table View, **Bloubergstrand** und Big Bay sind berühmt für den einmaligen Blick auf den Table Mountain und die Silhouette von Kapstadt, besonders eindrucksvoll bei Sonnenuntergang. Im September stehen **Darling** und dessen Blumenreservate in vollster Blüte. Der **West Coast Fossil Park** bzw. die alte kapholländische **Farm Kersefontein** seien als ausgefallene, besuchenswerte Punkte erwähnt.

Die Saldanha Bay samt Langebaan Lagune ist durch zwei Extreme gekennzeichnet, zum einen den vogelreichen **West Coast National Park**, zum anderen den riesigen Erzhafen, der vor Augen führt, mit welchem Aufwand Rohstoffe transportiert werden. Nordwestlich davon führt die Route nach **Paternoster**, einem Fischerörtchen, das sich dem Immobilienboom nicht länger entziehen konnte, seinen Charme dabei aber bewahrt hat. Dann verläuft die Straße parallel zur Küste bis nach Lamberts Bay. Diese Küstenstrecke wird auch als **Seafood Route** bezeichnet, da es hier unzählige Muschel- und Crayfisch-Aufzuchtstationen gibt, deren Produkte in den Restaurants auf verschiedene Weise zubereitet werden. Von Juli bis November können Wale an der Küste auftauchen, denn sie lieben die kühlen und nährstoffreichen Meeresströmungen.

Nördlich geht dieser Teil des Kaplandes über ins aride **Namaqualand**, das im Frühjahr mit unberechenbarem Blütenzauber aufwartet. Inlands, in der Umgebung von Clanwil-

Redaktionstipps

Grundsätzlich
➤ Am Wochenende und zur Langustensaison **Hotels** an der Westküste **vorher reservieren**.
➤ Wegen der vielen Schotterpisten und einsamen Strecken in diesem Gebiet: Immer genügend **Getränke** und **Snacks** dabei haben. **Reservereifen** kontrollieren und frühzeitig **auftanken**. Vorsichtig auf **Pisten** fahren.
➤ **Fernglas** nicht vergessen.
➤ Gutes **Kartenmaterial** besorgen, am besten Cederberg von Slingsby Maps (S. 107).
➤ Fahrten in der **Dämmerung vermeiden**: Tiere auf der Straße!

Die schönsten Naturerlebnisse
➤ Frühlingsblumenmeer in und um **Darling** (Aug.–Okt.) (S. 491).
➤ Vogelbeobachtungen im **West Coast NP** (S. 494).
➤ Ausgedehnte **Strandwanderungen** unternehmen.
➤ Atemberaubende Landschaft in der **Cederberg Wilderness Area** (S. 513).
➤ Abgeschiedenheit des **Tankwa Karoo NP** (S. 521).
➤ Fahrt über den **Bain's Kloof Pass** und dort auch Wanderungen unternehmen (S. 314).

Kulturelle Höhepunkte
➤ Besuch der Ausgrabungsstätte des **West Coast Fossil Park** (S. 499).
➤ Clanwilliam, die Heimat des **Rooibos-Tee** (S. 506).
➤ **Buschmannzeichnungen** in und um die **Cederberge** (S. 508) sowie Besuch der **Rheinischen Mission** in Wupperthal (S. 508).
➤ Spaziergang durch die kapholländische **Church Street von Tulbagh** (S. 524).

Außergewöhnliche Höhepunkte
➤ 2 Tage auf der **Farm Kersefontein** (S. 498).
➤ Seafood-Extravaganz: in einem **Open-Air-Restaurant** an der Westküste: z. B. **Strandkombuis** (S. 494), **Die Strandloper** (S. 497), **Muisbosskerm** (S. 505). Langusten essen in **Paternoster** (S. 502).

Nördlich von Kapstadt

liam und Citrusdal, ist es nicht mehr ganz so trocken. Zudem wird bewässert, sodass neben Tabak und Weizen auch Wein und Zitrusfrüchte gedeihen. Berühmt ist der *Rooibos*, dessen Blätter einen aromatischen und Vitamin-C-reichen Tee liefern. Auch hier erblühen im Frühjahr viele Felder zu einem Meer von Blumen.

Die **Cederberg Wilderness Area** gehört zu den atemberaubendsten Wildnisgebieten im Western Cape. Das bis zu 2.000 m hohe Gebirge östlich des Olifants River

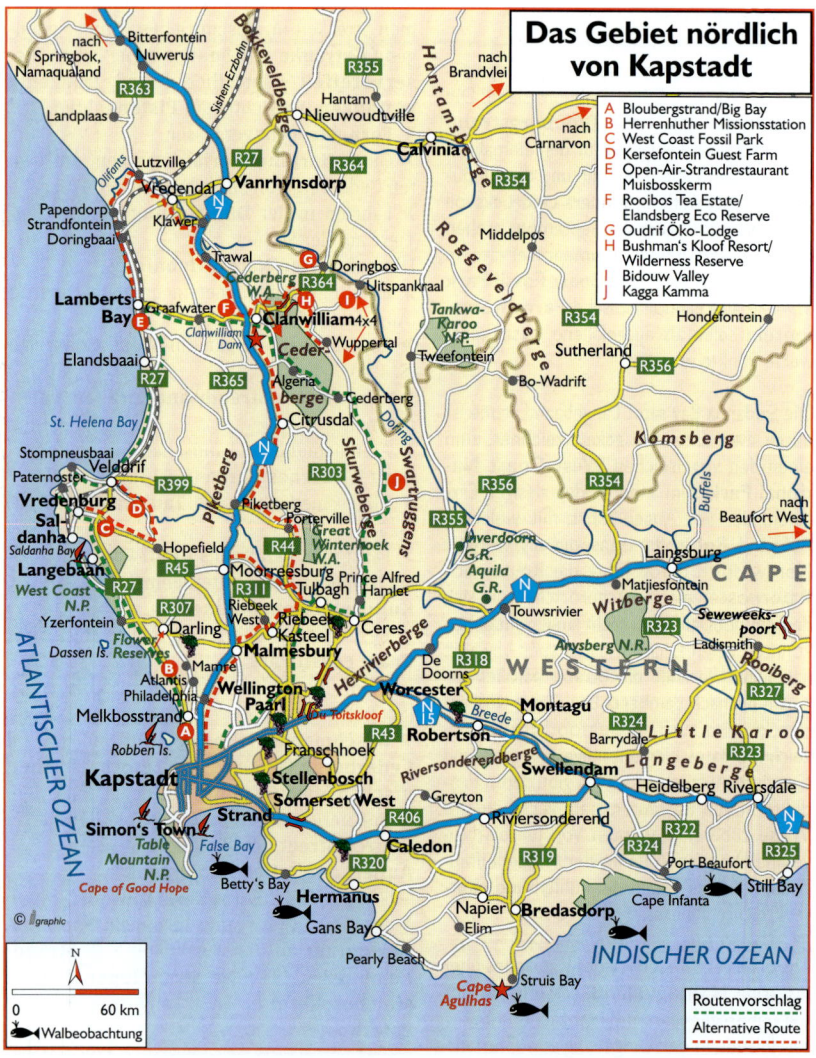

Das Gebiet nördlich von Kapstadt

- A Bloubergstrand/Big Bay
- B Herrenhuther Missionsstation
- C West Coast Fossil Park
- D Kersefontein Guest Farm
- E Open-Air-Strandrestaurant Muisbosskerm
- F Rooibos Tea Estate/ Elandsberg Eco Reserve
- G Oudrif Öko-Lodge
- H Bushman's Kloof Resort/ Wilderness Reserve
- I Bidouw Valley
- J Kagga Kamma

mit seinen langen trockenen Tälern bildet eine einsame und raue Landschaft, mit teils irrwitzigen Felsformationen. Wanderer, Kletterer und Naturfreunde werden ihre Freude haben. Über das ganze Gebiet verteilt findet man neben Felszeichnungen eine große Vielfalt an Bergfauna. Nicht zu vergessen die einzigartige Flora mit der knochig-hartnäckigen Clanwilliam-Zeder sowie der Schneeprotea, die in Höhen um 2.000 m wächst.

Kagga Kamma bietet die Möglichkeit, in der zerklüfteten Landschaft Buschmannzeichnungen anzusehen und auf einem Game Drive die heimischen Tiere zu beobachten. Der **Tanqua Karoo National Park** ist touristisch noch wenig erschlossen und eher den Selbstversorgern zu empfehlen, die hier einmal die Seele baumeln lassen wollen. Die Unterkünfte sind aber grandios.

Die Region um **Ceres** gehört zu den reichsten Obstanbaugebieten Südafrikas. Der kleine Ort **Tulbagh** fiel 1969 einem Erdbeben zum Opfer,

Cederberg Wilderness Area

doch verstanden es Historiker und Architekten, ihn in seiner ganzen Schönheit zu restaurieren. Ortschaften wie Porterville und Riebeek West sind kein Muss, versprechen aber einen gewissen Freizeit- und Erholungswert. Wer ein paar Tage mehr Zeit hat, dem seien die Ausflüge ins **Namaqualand**, an die **Diamantenküste** und vor allem zum **Richtersveld National Park** ans Herz gelegt.

Entfernungen

Kapstadt – Bloubergstrand: 25 km
Bloubergstrand – Darling – West Coast NP-Rundfahrt – Langebaan: ca. 150 km
Langebaan – Saldanha – Vredenburg – Paternoster: 57 km
Paternoster – St. Helena – Lamberts Bay: 138 km
Lambert's Bay – Clanwilliam: 62 km
Clanwilliam – Cederberg WA – Kagga Kamma: 155 km
Kagga Kamma – Tulbagh – Bain's Kloof Pass – Kapstadt: 251 km
Gesamt (ohne Fossil-Park-Alternative): 838 km
Alternative Fossil Park und Farm Kersefontein: zusätzlich ca. 60 km

Routenbeschreibung

Von Kapstadt nach Norden auf der R 27 bis kurz vor Bloubergstrand. Von dort weiter auf der R 27, nach ca. 12 km auf der R 307 über Mamre und Darling und dann über die R 315 wieder zur R 27 und bis zum West Coast NP-Abzweiger. Danach über Langebaan nach Saldanha und von dort aus auf der R 45 in Richtung Vredenburg. Hier den Hinweisschildern folgen und abbiegen nach links Richtung Paternoster.

Volltanken!

Von Paternoster über Stompneus und St. Helena nach Laaiplek. Entlang der Küste in Richtung Eland's Bay und Lamberts Bay fahren. Von Elands Bay die kostenpflichtige Straße nehmen. In Lamberts Bay die Küste verlassen und auf der R 364 bis Clanwilliam fahren. Weiter durch die Cederberg Wilderness Area führt eine gut befahrbare Schotterpiste. Nach ca. 120 km ab Clanwilliam trifft man auf die Abzweigung (links) nach Kagga Kamma. Für diese Strecke gilt es, in Clanwilliam vollzutanken! Weiter nach Ceres den Hinweisschildern folgen. Nach Tulbagh führt die R 303 und wenig später dann die R 46. Von Tulbagh zurück nach Kapstadt: R 46 (ist schöner) vorbei an Wolseley, dann rechts auf die R 303 abzweigen und über den Bain's Kloof Pass (sehr schmale Asphaltstraße!) bis nach Wellington. Schließlich über Paarl und die N 1 nach Kapstadt.

Sehens- und Erlebenswertes nördlich von Kapstadt

Entlang der Atlantikküste zwischen Kapstadt und St. Helena Bay

In **Bloubergstrand** gilt es, Kapstadt und den Table Mountain von einer der meistfotografierten Seiten zu betrachten – mit dem aufschäumenden blau-grünen Meer im Vordergrund. Das Blue Peter Hotel direkt am Strand eignet sich für einen ersten Snack (Pizza, Pubgerichte). **Big Bay**, gleich dahinter, ist ein relativ neues Projekt mit Ferienapartments oberhalb der Mittelklasse. Schicke Restaurants in der ersten Reihe (hinter der Küstendüne) bieten ausgesuchte Leckereien, während „in zweiter Reihe" neben den bekannten Fastfoodketten auch ein Ableger des beliebten Fischimbisses *Snoekies* zu finden ist.

Philadelphia, auf der Karte ein unscheinbares „Dorp"

Post mit Laden in Philadelphia

neben der N 7, hat sich in den letzten Jahren ordentlich gemausert. Heute findet man hier ausgesuchte, kunsthandwerkliche Geschäfte, Galerien und Cafés. **Mamre**, ursprünglich *Groene Kloof* genannt, ist ein Anfang des 18. Jh. von deutschen Missionaren der Herrnhuther Glaubensgemeinschaft gegründetes Städtchen inmitten einer hügeligen Landschaft, mit weißen, reetgedeckten Häusern und natürlich einer Kirche. Hier lehrten die Geistlichen die verarmten Khoi neben christlichem Glauben auch verschiedene handwerkliche Fähigkeiten, wie Mauern, Schmieden oder Nähen. So erhielten die Khoi neben einem Einkommen auch ihre Selbstachtung zurück.

Gründung deutscher Missionare

Wer in dieser Region ein Weingut besuchen möchte, sollte den **Groote Post Cellar** zwischen Mamre und Darling auswählen *(Stichstraße zur Küste nach Grotto Bay, tgl. geöffnet)*. Die historische Cape-Dutch-Farm produziert erst seit 1999 Wein, doch der ist gut. Im Hause gibt es ein hervoragendes Lunch-Restaurant und auf den ehemaligen Rinderweiden tummeln sich heute Burchell-Zebras.

👁 West Coast Flowers

Zwischen August und Oktober verwandelt sich die West Coast-Region in ein **Meer von wilden Blumen**. Besonders schöne Gebiete findet man in Darling, im West Coast National Park sowie an der Küste um Cape Columbine und Lamberts Bay. Im Landesinneren ist Clanwilliam das Zentrum der Blütenpracht. Die Informationszentren in Darling, Saldanha und Clanwilliam bieten **geführte Touren** und informieren, wo welche Blumen gerade blühen. Die Blüten öffnen sich zwischen 10 und 16 Uhr und da sie sich in Richtung Sonne drehen, ist es empfehlenswert, morgens Richtung Westen und nachmittags Richtung Osten zu fahren.

Darling

Die kleine Stadt wurde 1853 gegründet und nach dem Leutnant-Gouverneur der Kapprovinz benannt. In der Umgebung fand die südlichste Schlacht des Anglo-Burischen Kriegs statt, und noch heute erinnert ein Monument an die burischen Helden, die sich bis hierhin durchgeschlagen haben. In Darling wurden die ersten Merino-Schafe ausgesetzt, dank eines nautischen Irrtums. Damit begann die Schafzucht im nördlichen Kapland. Heute werden hier auch Rinder gehalten und Wein angebaut.

Interessant ist das **Darling Flower Reserve**, das sich, je nach Jahr und Blütenpracht, auf verschiedene Farmen südlich des Ortes verteilt. Während hier im Sommer Kühe grasen, erblühen die Weiden im Frühling zu einem bunten Teppich. Doch nur zu bestimmten Zeiten können die Farmen im Frühling (Aug.–Okt.) besucht werden. In der Touristeninformation erhält man aktuelle Karten über die Standorte der schönsten Blumen. Während der dritten Woche im September findet in Darling die **Wild Flower Show** statt.

Im Frühling bunter Blumenteppich

Das **Darling Museum**, zugleich auch die Touristeninformation, zeigt eine große Auswahl an lokalen Utensilien (Kleidung, Bilder, Haushaltsgeräte, landwirtschaftliche Ge-

räte etc.). Bedeutend war einst die Produktion von Butter. Ein alter Mähdrescher lässt die Frage offen, ob so ein Ungetüm überhaupt funktioniert haben kann.
Darling Museum, *Pastorie St., tgl. 9–13, 14–16 Uhr.*

Kabarett auf Afrikaans

Am Bahnhof steht ganz groß dran: **Evita se Perron**. Der in Südafrika bekannte und sehr beliebte Kabarettist **Pieter Dirk-Uys** zeigt hier an einigen Wochenenden seine Show, in der er als *Evita Bezuidenhout* Politiker und andere Persönlichkeiten auf die Schippe nimmt. Da die Show aber oft in Afrikaans vorgetragen und auf sehr spezielle Themen eingegangen wird, sollte man sich vorher genau über diese Punkte erkundigen. Mittlerweile wurde der gesamte Bahnhof umfunktioniert in einen – wirklich skurrilen – Souvenirladen samt Museum: Zu entdecken gibt es urige Skulpturen von Tieren und Politikern, alte Fotos und Bücher, Relikte aus Apartheidzeiten, kunsthandwerkliche Produkte des lokalen Community Trust, Gemälde, das Auto des echten Politikers Dr. Bezuidenhout von 1960 (samt Attentatsbeweisen in Form von Einschusslöchern) und vieles mehr. Ein Restaurant befindet sich in einem alten Waggon sowie der ehemaligen Empfangshalle.

Kurz vor dem Abzweig nach Yzerfontein von der R 27 weisen landeinwärts Schilder zum **!Khwa ttu-San Cultural Center**. Untergebracht auf einer alten Farm auf einem Hügel, finden hier vor allem Fortbildungen für die San statt. Das Traditional Village, die kleine Fotoausstellung zur Geschichte der San sowie die Fahrt über die Farm sind nett, aber nicht wirklich beeindruckend.

Reisepraktische Infos Darling und !Khwa ttu-San Cultural Center

Information
Tourism Bureau, *Darling Museum, Ecke Pastorie/Hill Sts.,* ☎ *(022) 492-3361, www.darlingtourism.co.za.*

Unterkunft
Darling Lodge $$$, *22 Pastorie St.,* ☎ *(022) 492-3062, www.darlinglodge.co.za. Sehr gut ausgestattetes B&B in einem alten Stadthaus. 6 Zimmer, 3 im Haupthaus, 3 um den Pool. Sehr nette Gastgeber und ein Frühstück, das für den ganzen Tag ausreicht.*
Trinity Guest Lodge & Restaurant $$–$$$, *19 Long St.,* ☎ *(022) 492-3430, www.trinitylodge.co.za. Schöne Zimmer in den Gartenanlagen einer viktorianischen Villa. Pool und gutes Restaurant. Der Tipp für Darling.*
Über **Unterkünfte auf Farmen** sowie für **Selbstversorger** informiert das Tourist Bureau (s. o.).
!Khwa ttu-San Cultural Center, ☎ *(022) 492-2998, www.khwattu.org. Die Unterkünfte in den* **Cottages** *($$–$$$) samt Blick über die Ebene bis hin zum Meer bzw. die vernünftig ausgestatteten Zelte im* **Bush Camp** *($$) mögen eher begeistern, haben aber wenig mit der Kultur der San zu tun. Der* **Campingplatz** *wird kaum genutzt.*

Essen und Trinken
Neben dem Restaurant der **Trinity Guest Lodge** *(s. o.) sind der Bahnhof („***Evita se Perron***") sowie* **Hilda's Restaurant** *auf dem Weingut* **Groote Post Cellar** *(nur Lunch, s. u.) zu nennen.*

Weinkellerei
Groote Post Cellar, an der Stichstraße zur Küste nach Grotto Bay, ☏ (022) 492-2825, www.grootepost.com.

Veranstaltungen/Feste
Evita se Perron (Cabaret), Old Darling Railway Station, ☏ (022) 492-3930, www.evita.co.za. Überwiegend in Afrikaans dargeboten. Für Südafrikaner eine Institution.
Wild Flower Show, im September, zur Blütezeit. Infos: ☏ (084) 916-1111, www.darling wildflowers.co.za.

Yzerfontein

Yzerfontein wurde im 19. Jh. als Hafen für den Abtransport des in der Nähe gewonnen Salzes gegründet. Bekannt wurde der Ort als Fischereihafen und während der Snoek-Saison konnte und kann man auch heute noch im Hafen beobachten, wie Händler, Restaurant- und Ladenbesitzer direkt von den einlaufenden Fischerbooten frischen Fisch einkaufen. Die Zeiten, als Großhändler und Küchenchefs aus Kapstadt zum Einkaufen hierher-

Lime Kiln in Yzerfontein

kamen, gehören wohl der Vergangenheit an. Seit einigen Jahren entwickelt sich Yzerfontein zunehmend zum Ferienort mit Apartments und Ferienhäusern der Großstädter. Der Immobilienboom hat auch vor diesem Ort nicht haltgemacht. Besonders südlich des Ortskerns, bereits über Pearl Bay hinaus, wird ohne Ende gebaut. Kein Wunder – bei der Lage am Meer und der Nähe zu Kapstadt. Am Tourist Bureau sowie an einigen älteren Häusern in der Umgebung sind **Lime Kilns** zu entdecken. In den runden Öfen wurden früher Muscheln und Wasser so lange erhitzt bis sie zu einer breiartigen Paste wurden. Diese ließ man so lange trocknen, bis sich eine Substanz entwickelte, die als Zementersatz für den Bau von Häusern verwendet werden konnte.

Reisepraktische Informationen Yzerfontein

Information
Tourist Bureau, 46 Main Rd., ☏ (022) 451-2366, www.tourismyzerfontein.co.za, www.yzerfontein.info.

Unterkunft
Kaijaiki Country Inn $$, 36 Park Rd., ☏ (022) 451-2858, www.kaijaiki.co.za. Ansprechendes und relativ preiswertes Hotel. Im Haus gibt es ein gutes **Restaurant**. 400 m zum Wasser.

Mittlerweile haben sich immer mehr **Selbstversorger-Unterkünfte** und **B&Bs** im Ort etabliert, die man am besten – unter Angabe von Wünschen (Meerblick, Frühstück etc.) – über das Touristenbüro buchen kann. Zwei Empfehlungen: **Harbour View B&B $$$**, 8 Arum Crescent, ☏ (022) 451-2631, www.harbourviewbb.co.za, tolle Aussicht; **Emmaus-on-Sea $$**, 30 Versveld St., ☏ (022) 451-2650, emmaus@emmaus.co.za.

Camping
Yzerfonteln Camping & Caravan Park, Dolfyn St., direkt hinter der Stranddüne. Groß und sauber, mit schattigen und vor allem windgeschützten Plätzen. Zudem einfache **Chalets**. ☏ (022) 451-2211. Eine wirkliche Empfehlung.

Essen und Trinken
Ein beliebtes „Open-Air-Seafood-Restaurant" ist die **Strandkombuis**, ☏ (082) 575-9683. Unbedingt im Voraus reservieren.

West Coast National Park

Der Park ist mit 33.000 ha einer der größten Naturreservate an der südafrikanischen Küste. Er reicht von Yzerfontein bis nach Langebaan und umfasst die Langebaan Lagune mit ihrem klaren blauen Wasser. 35 % der Salzmarschen und fast 40 % der noch unberührten Strandfelder Südafrikas finden sich hier. Dieses Angebot an Feuchtgebieten und anderer Lebensräume, z. B. Felshöhlen, bieten bis zu **250 Vogelarten** Lebensraum. So treffen hier jedes Frühjahr diverse Zugvögel aus dem subarktischen Raum Europas und Nordwestasiens ein. Zu beobachten sind neben Austernfischern, Kormoranen, Flamingos, Pinguinen, den verschiedensten Möwenarten eine rund 70.000 Vögel umfassende Kaptölpel-Kolonie. Strauße gibt es übrigens auch.

Rastplatz für Zugvögel

Die **Vegetation** des Parks wird durch Sandfelder mit diversen Büschen dominiert. Besonders zwischen August und Oktober ist ein Meer von Wildblumen zu sehen. Erklärungen zu Flora und Fauna hält das **Geelbek Information Center** bereit, untergebracht auf einer ehemaligen Farm am Südende der Lagune. Von dort werden geführte Wanderungen angeboten. In bzw. am Gebäude befinden sich ein Restaurant (tgl. 9–17 Uhr) und im Garten ein Picknickplatz. Hier startet der **Geelbek Trail**. Der zweigeteilte Rundwanderweg führt in die Dünen (9 km) und zur Küste (7 km). Zudem gibt es bis zu zweitägige Wanderrouten sowie Mountainbikestrecken.

Am nördlichen Ende des Parks (direkt am Atlantik) lädt der Picknickplatz **Tsaarsbank** mit kleinem Kiosk (unregelmäßige Öffnungszeiten, Toiletten) zur Pause ein. Von hier aus kann man am **16 Mile Beach** entlangwandern. Baden sollte man aufgrund der Tempe-

Lagune bei Kraalbaai

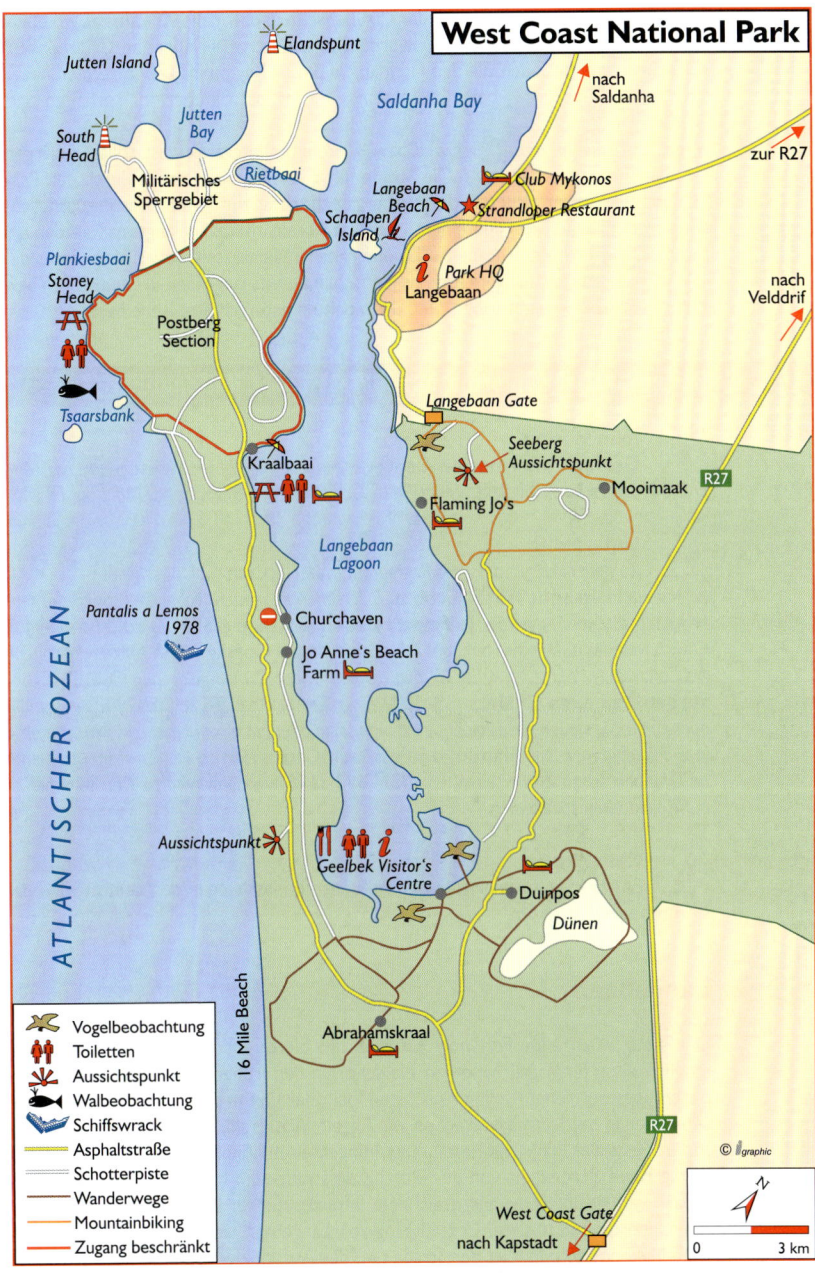

raturen und der Felsen lieber auf der Lagunenseite in bzw. nahe **Kraalbaai**, wo ebenfalls ein Picknickplatz eingerichtet wurde. Die Landschaft erinnert an Griechenland. Griechen waren es auch, die den Fischfang in dieser Region ins Leben gerufen haben und deren Namen, etwa beim *Club Mykonos* in Langebaan, immer noch erhalten sind.

Wer nicht so sehr an der Vogelwelt bzw. Küstenflora interessiert ist, sollte überlegen, ob der Ausflug hierher lohnt. Die Straße führt vornehmlich inlands durch den Park (Churchaven ist gar nicht und die Postberg Section nur zur Flower Season zugänglich). Nur an der Tsaarsbank und einem Loop am Abrahamskraal gelangt man an den Atlantik. Einzig noch der Zugang zur Lagune nahe Kraalbaai stellt etwas Besonderes dar. Der Park wurde erst eingerichtet, als Menschen bereits lange Zeit in Churchaven bzw. um den Postberg gelebt haben. Und die möchten natürlich ihre Ruhe behalten.

Reisepraktische Informationen West Coast National Park

Information
Geelbek Information Center, ☎ (022) 772-2144, www.sanparks.org, Mo–Fr 8.30–16, Sa/So 9–13, Sept.–März 9–15 Uhr. Gates: 7–18 Uhr, Sept.–März bis 19 Uhr.

Unterkunft
Zu bedenken gilt, dass das Restaurant in Geelbek um 17 Uhr schließt.
Es gibt ein **Hausboot** ($$$$) für bis zu 6 Personen zu mieten, wobei die Fahrstrecke sehr begrenzt ist. Zudem das tolle **Jo Anne's Beach Cottage** ($$$$, bis zu 8 Personen) in Churchaven, das historische Farmhaus **Abrahamskraal Cottage** ($$$, bis zu 6 Personen). Als Community Project verwaltet werden die nett in den Dünen gelegenen elf **Selbstversorger-Duinepos Chalets** ($$–$$$) nahe Geelbek, ☎ (022) 707-9900, www.duinepos.co.za. Sie stehen etwas dicht beieinander, sind aber gut eingerichtet und verfügen über je 2 Schlafzimmer. Das **Flamingo Jo's Beach Camp** ($$) schließlich richtet sich eher an Gruppen bis zu 20 Personen, ☎ (021) 683-3698, www.gravity.co.za. Der Betreiber ist auf Kajaktouren spezialisiert.

Camping
Es gibt keinen Campingplatz im Park. Hierfür muss man nach **Yzerfontein** oder **Langebaan** ausweichen.

Langebaan

Der stetig wachsende Ferienort **Langebaan** bietet ausreichend Übernachtungsmöglichkeiten für Vogelfreunde an, die schon in den frühen Morgenstunden auf Beobachtungstour gehen wollen. Ansonsten lockt der Ort mit möglichen Wassersportaktivitäten in der Langebaan Lagoon wie Angeln, Wasserski, Segeln, Tauchen und Kitesurfen. Zentraler Punkt mit Restaurants, Infocenter und Anbietern diverser Aktivitäten ist die **Bree Street**, die von der Durchgangsstraße zum Main Beach abzweigt. Langebaan verfügt über eine ausgezeichnete Infrastruktur für Reisende mit Supermärkten, Unterkünften u. a. Am Ortsausgang von Langebaan biegt man links in Richtung Club Mykonos ab und folgt der Straße und den Ausschilderungen bis nach Saldanha.

Reisepraktische Informationen Langebaan

Information
Tourist Office, Marra Square, Bree St., ☏ (022) 772-1515, www.langebaan info.com.

Unterkunft
Club Mykonos $$$$, Leentjiesklip Rd., nördl. von Langebaan, an der Bay, ☏ (022) 707-7000, www.clubmykonos.co.za. Große Ferienanlage im griechisch-mediterranen Stil. 1- bis 3-Zimmer-Apartments, Restaurant, Casino. Alle Annehmlichkeiten, aber wenig Flair für einen Urlaub in Südafrika.

Langebaan (Nirvana) Houseboats $$$–$$$$, ☏ (021) 689-9718, www.house boating.co.za. Gut ausgestattete Hausboote in der Lagune vor dem West Coast NP (nahe Kraalbaai). Eine tolle Sache. Einziger Haken: Die Boote sind für 8–10 Leute ausgelegt. Somit nur sinnvoll, wenn man mit einer größeren Gruppe mietet. Am besten für mind. 2 Nächte. Rechtzeitig buchen!

The Farmhouse Hotel $$$–$$$$, 5 Egret St., ☏ (022) 772-1980, www.thefarm househotel.co.za. Restauriertes Country-Haus von 1860, über dem Ort gelegen: tolle Aussicht über die Lagune. Großzügig eingerichtete Zimmer, alle mit eigenem Ofen. Restaurant (traditionelle Westcoast-Gerichte).

Langebaan Beach House $$–$$$, 14 Beach Rd., ☏ (022) 772-2625, www.lange baanbeachhouse.com. 2 Selbstversorger-Apartments nahe Lagunenstrand. Beide mit eigenem Patio/Garten. Nicht weit zu den meisten Restaurants.

Camping
Langebaan & Oostewal Caravan Park, Oostewal/Bree St., beide ☏ (022) 772-2115. Die bestausgestatteten Campingplätze im Ort. 5 Min. zum Wasser.

Essen und Trinken
Die Strandloper, Strand nördl. von Langebaan, ☏ (022) 772-2490. Bereits legendäres Open-Air-Seafood-Restaurant. Mittagessen ab 12 Uhr, Dinner ab 18 Uhr. Relativ hoher Einheitspreis, für den man jedoch so viel essen kann, wie man möchte. Alkoholische Getränke müssen mitgebracht werden. Je nach Wetter/Saison oft geschlossen: Vorher anrufen!

Boesmanland Plaaskombuis, Strand im Club Mykonos, ☏ (022) 772-1564. Die edlere Variante des Strandlopers. Buffet-Restaurant. Wettergeschützte Außenterrasse mit Blick aufs Wasser. Neben allem, was das Meer zu bieten hat, werden auch andere, typisch südafrikanische Leckereien angeboten, z. B. Potjie, Süßkartoffeln, Roast Beef und Curries. Anmeldung notwendig!

Ein Leser empfiehlt den **Oyster Catcher**, Oosterwal St. Restaurant, Deli, Take-away und Fischladen in einem. Also auch hier: bestes Seafood.

Entlang der **Bree Street** im Ortskern gibt es eine Reihe Restaurants und Pubs.

Am Strand von Langebaan

Kersefontein Guest Farm

Die Kersefontein Guest Farm, bereits seit 1770 in Familienbesitz, bietet Unterkünfte auf einer historischen, kapholländischen Farm. Es gibt Selbstversorger-Unterkünfte und Zimmer im Farmhaus. Alle Räume sind mit (z. T. sehr imposanten) Antiquitäten eingerichtet, die großenteils seit Generationen der Familie gehören. Das Dinner (vorher anmelden) wird an einer langen Mahagoni-Tafel serviert und ausschließlich bei Kerzenlicht mit dem Gastgeber, Herrn Melck, eingenommen. Dieser erzählt den Gästen gern über Land und Leute. Umgeben ist man dabei von alten Silberschalen und historischen Gemälden. Vom Garten her weht eine angenehme Brise in den Raum. Kersefontein ist in erster Linie eine Rinderfarm. Der Gästebetrieb dient einzig der Erhaltung der historischen Gebäude. Und diese, samt aller Räume im Haupthaus darf man ungestört besichtigen. Kinder sind willkommen und werden Freude haben, einen landwirtschaftlichen Betrieb mit den vielen Tieren zu erleben. Ferien auf dem Bauernhof auf Südafrikanisch. Das Baden im Berg River direkt vor dem Haus ist möglich. Mountainbikes sowie Boote können ausgeliehen werden. Und wer einen Rundflug machen möchte, sollte das beim Hausherrn, einem begeisterten Flieger, im Voraus anmelden. Die Zimmer sind ebenfalls mit Antiquitäten ausgestattet. Es gibt zwei einzelne Zimmer zur Hauswiese hin, zwei weitere, die sich zudem noch ein eigenes Wohnzimmer teilen (gut für Familien) sowie fünf Zimmer im alten Herrenhaus. Abseits liegt ein weiteres Haus mit eigener Küche, das man ganz für sich alleine hat. Kersefontein ist nicht nur eine Übernachtungsstätte, sondern kann für sich alleine als lebendig-historische Sehenswürdigkeit angesehen werden.

Kersefontein Guest Farm $$$, *R 45 bis Hopefield, dort in Richtung Veldrif abzweigen. Nach 14 km vor den Silos nach rechts abbiegen (Schild: Kersefontein, nach weiteren 2 km, direkt hinter der Brücke über den Berg River, geht es nach links zur Farm.* ☎ *(022) 783-0850, www.kersefontein.co.za.*

Elandsfontein Nature Reserve

9 km vor dem Abzweig von der R 27 nach Langebaan weist ein kleines Schild an einem Gate nach Osten zum 5.000 ha großen **Elandsfontein Nature Reserve**. *Auf den ersten Kilometern geht es über eine Piste zu einem Parkplatz. Hier wird man abgeholt (sandige 4x4-Strecke). Im Nature Reserve gilt es, Antilopen, Büffel, Zebras, Buntböcke sowie Fossilien zu entdecken. Tagesbesucher sind willkommen. Neben Game Drives kann man auch Quad-Bike-Exkusionen buchen. Übernachten: das elegante* **Manor House** *(4 großzügige Zimmer) kann nur komplett ($$$$$) und auf Selbstversorgerbasis gebucht werden.* ☎ *(011) 994-5000, www.elandsfontein.co.za.*

West Coast Fossil Park

Bereits vor über 60 Jahren stieß man hier beim Abbau von Phosphatvorkommen auf die ersten Fossilien. Doch erst nach Schließung der Minen wurde 1999 der 14 ha große West Coast Fossil Park als öffentlich zugängliche Ausgrabungsstätte eingerichtet. Ziel ist es, sowohl die Fossilienforschung voranzutreiben, einschließlich einer Ausbildungsstätte für Studenten, aber eben auch den touristischen Aspekt zu fördern. Die Minenfirmen, die hier einst tätig waren bzw. in

Bis zu 5 Mio. Jahre alte Knochen im Fossil Park

der Umgebung noch sind, helfen dem Park mit finanziellen Mitteln. Auf geführten **Touren** (es wird das Labor besichtigt, anschließend geht es zur Ausgrabungsstätte) wird den Besuchern erläutert, wie die geologischen Verhältnisse in der Region vor mehr als 5 Mio. Jahren ausgesehen haben. Ein feuchtes Klima hat zu dieser Zeit vielen größeren Tieren das Leben ermöglicht, z. B. der Kurzhalsgiraffe und dem Afrikanischen Bären. Die Ausgrabungen stehen unter der Leitung des South African Museum in Kapstadt. Es gibt auch ein kleines Café.
West Coast Fossil Park, 4 km westl. von Langebaanweg an der R 45, ☎ (022) 766-1606, www.fossilpark.org.za, Mo–Fr 8–16, Sa/So 9–12 Uhr. Führungen: Zeiten erfragen, i. d. R. alle 90 Min.

Saldanha

Saldanha wurde Anfang der 1970er-Jahre als **Massenguthafen** für den Export von Erzen ausgebaut. Mit einer Fläche von 7.434 ha ist der Hafen der flächengrößte in ganz Afrika. Für den Erztransport aus Sishen wurde eine 860 km lange Eisenbahnstrecke gebaut. Der Erzhafen wird heute gut genutzt und eine Erzreserve in Sishen von ca. 3,5 Mrd. Tonnen bedeutet eine gute Zukunftsperspektive. Jährlich werden 15 Mio. Tonnen Erz von den Zügen über 7 km lange Förderbänder auf die Schiffe verladen – mit einer Kapazität von 8.000 Tonnen pro Stunde. Der Hafen ist tief genug, um Frachter mit einer Größe von 250.000 Tonnen aufzunehmen. Neben dem Erz wird Kupfer aus dem Namaqualand und Obst aus der Region Citrusdal umgeschlagen.

Verschiffung von Erzen

Ein guter Blick auf den Hafen bietet sich von **Marcus Island**. Die Insel ist durch einen breiten Damm mit dem Festland verbunden. Dorthin folgt man der Main Road in Richtung Atlantik, biegt direkt vor dem Militärtor nach links ab. Auf dieser Straße (am Hafen-Gate melden) fährt man rechts an der Fischfabrik vorbei, hält sich weiter rechts und zweigt beim Hinweis „Breakwater" nochmals nach rechts ab. Mit etwas Glück sind gegen Abend die an Land kommenden **Pinguine** auf Marcus Island zu sehen. Das Informationszentrum gibt Auskunft, ob und wann die Tore zur Insel geöffnet sind.

Natürlich ist Saldanha kein schöner Ort. Wer nicht eine Mischung aus Industrie, Hafen, Natur und Kleinstadt-Atmosphäre erleben möchte, kann sich getrost den Umweg hierher sparen.

Ein Geheimtipp ist (noch) der kleine 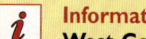 Fischerort **Jacobsbaai** nördlich von Saldanha. Er versprüht „Old-World-Atmosphäre". Doch gibt es bereits Ferienunterkünfte und einen kleinen Souvenirshop.

Reisepraktische Informationen Saldanha

Information
West Coast Publicity Association, *Van Riebeeck St.,* ☏ *(022) 714-2088, www.saldanhabay.com.*

Unterkunft
Saldanha Bay Protea Hotel $$–$$$, *51B Main Rd.,* ☏ *(022) 714-1264, www.proteahotels.com. Gepflegtes Mittelklassehotel an der Waterfront. 58-Zimmer, Restaurant (Ausblick aufs Wasser), Cocktailbar, Pool.*
Oranjevlei Guestfarm $$, ☏ *(022) 714-2261. Unterkunft auf alter Cape-Dutch-Farm oberhalb der Stadt. Die 9 Zimmer befinden sich teils in den umgebauten Stallungen. Es gibt ein Restaurant. Blick über die Saldanha Bay. Reiten, Traktortouren und Wanderwege.*

Essen und Trinken
Meerensee, *auf dem Hügel über der Stadt,* ☏ *(022) 714-3836. Oben befindet sich eine rustikale Bar (Burger, Snacks), unten ein sehr beliebtes Seafood-Restaurant (Muscheln, Lobster etc.). Die Meeresfrüchte sind i. d. R. frisch gefangen. Reservieren Sie sich einen Platz am Fenster mit Aussicht auf den Hafen.*

Camping
Tabakbaai Holiday Resort, *Westende der Diaz Rd., am Atlantik,* ☏ *(022) 714-2248. Viele schattige Camping- und Caravanplätze. Hier gibt es auch* **Chalets** *($$).*

Vredenburg ist das Shopping- und Verwaltungszentrum der West Coast und damit in keinster Weise sehenswert. Bekannt ist der Ort wohl nur dadurch, eine der heißesten Städte des Landes zu sein.

Paternoster

1790 wurde dieser Teil der Küste von einem holländischen Kapitän entdeckt. Die genaue Herkunft des Namens Paternoster bleibt ein wenig schleierhaft. Unterschiedliche Gerüchte kursieren. Wahrscheinlich ist, dass es etwas mit dem ersten Pastor zu tun hat, „*unserem Vater*". Paternoster ist heute ein idyllischer Ferienort mit kleinen, weiß verputzten Häusern, mit schönen Stränden, einem schnuckeligen Krämerladen und etwa 1.300 permanenten Einwohnern, davon 1.150 Khoi, die schon seit Generationen Fischfang an der Westküste betreiben. Hauptbeschäftigung stellte über Jahrzehnte das Fangen und Verarbeiten von Crayfish (Langusten/Cape Lobster) dar. Die Crayfish-Saison geht von Mitte November bis Ende April. Zu dieser Zeit gibt es die großen Langusten nicht nur in den Restaurants, sondern auch bei Straßenhändlern. Heute überwiegt der Tourismus in Paternoster, auch wenn er hier sanfter betrieben wird. Streng wird darauf geachtet, dass die historischen Häuser ihren Charakter bewahren, die neuen Häuser in weiß und klein gehalten werden und sich keine großen Hotels ansiedeln. Wer am Strand spazieren geht, wird einige Fischer beim umständlichen und altmodischen Einholen der Netze beobachten können. Es sind ältere Männer, die Jugend ist bereits abgewandert in die Städte. Ein Grund dafür sind auch die international begrenzten Fangmengen.

Der Krämerladen von Paternoster

Der 3 km außerhalb liegende **Leuchtturm Cape Columbine** ist einer der wichtigsten Navigationspunkte für Schiffe, die sich aus Europa oder Amerika der südafrikanischen Küste nähern. Er steht im **Cape Columbine Nature Reserve**, wo es die Küstenvegetation zu erkunden gibt.

Reisepraktische Informationen Paternoster

Information

Paternoster Tourism, St. Augustine St., ☎ (022) 752-2323, Infos und Unterkünfte: www.paternoster.co.za, www.paternoster-villas.co.za/paternoster-info

Unterkunft

Paternoster Dunes $$$$, 18 Sonkwas St., ☎ (022) 752-2217, www.paternosterdunes.co.za. Lodge direkt am Meer und stilvoll designt. 5 Zimmer, davon 3 mit Blick aufs Meer (z. T. selbst vom Badezimmer aus) sowie direktem Strandzugang! Im Obergeschoss befindet sich eine tolle Lobby, wo man in Büchern stöbern und sich auf die Terrasse setzen kann, um den Sonnenuntergang zu genießen. Der Tipp für Paternoster. Bereits von mehreren Lesern empfohlen.

Paternoster Lodge $$$, 64 St. Augustine Rd., ☎ (022) 752-2023, www.paternosterlodge.co.za. Gästehaus mit 8 Zimmern. Hier kann man nichts falsch machen. Erstklassiges Restaurant.

Paternoster Hotel $$, St. Augustine Rd., ☎ (022) 752-2703, www.paternosterhotel.co.za. Dorfhotel, das so gar nicht mehr in den Urlaubsort zu passen scheint. Gutes Preis-Leistungs-Verhältnis. Restaurant im Haus. Im urigen Pub treffen sich Touristen und Locals.

The Beach Camp $–$$**, Cape Columbine NR, ☎ (082) 926-2267, www.beachcamp.co.za. Direkt am Strand gelegenes Backpacker-Camp. Zelten, Mehrbetten-Schlafräume und die eher zu empfehlenden A-Frame-Hütten (jeweils 2 Betten) und Zelte. Dinner nur nach einwöchiger Vornameldung (Potjie, Seafood Braai, Seafood Paella). Günstig und am Wasser. Weitere Unterkünfte: Die komfortablen **Selbstversorger-Cottages ($$–$$$) am Lighthouse Cape Columbine, ☎ (021) 449-2400, www.npa.co.za.

Apartments und **Selbstversorger-Unterkünfte**, „Stay In Paternoster", ☎ (022) 752-2048, www.stayinpaternoster.co.za.

Essen und Trinken

Voorstrand Restaurant, Strandlooper Way, ☎ (022) 752-2038. Direkt am Strand. Frische Meeresfrüchte, natürlich auch Langusten (Lobster). Lustiger – alleine schon wegen des täglichen Aushangs – geht es dagegen zu im **Noisy Oyster** zu (St. Augustine Rd., ☎ 022-752-2196), wo frische Zutaten der Region (nicht nur die aus dem Meer) mit französischer Finesse zubereitet werden. Für beide Restaurants gilt: Reservieren!

Camping

Direkt am Meer befindet sich der einfach ausgestattete, aber einmalig und idyllisch am Meer gelegene **Tietiesbaai Campground**, ☎ (022) 752-2718. Wenige Kilometer südl. von Paternoster (durch Paternoster durchfahren).

Von Paternoster über St. Helena Bay und Lamberts Bay nach Clanwilliam

Die Straße führt zuerst nach **Stompneusbaai**, wo eine große Fischfabrik den Charakter des Ortes bestimmt. **Shelly Bay** und **Brittania Bay** dagegen wurden als weitere Ferienhausdomizile aufgezogen. Eine große Golfanlage samt Villen und Geschäften bestimmt die kleine Landzunge. Die **St. Helena Bay** ist eines der weltbesten Fischgebiete. Der kalte Benguela-Strom sorgt für nährstoffreiches Wasser, welches er regelrecht in diese Bucht hineindrückt. Die Fisch verarbeitenden Fabriken sind nicht zu überriechen.

Nach dem Überqueren der Berg-River-Mündung passiert man **Velddrif**, dem der Fischerei- und Ferienort **Laaiplek** vorgelagert ist, bekannt für den *Bokkoms*, einen in Salz eingelegten Fisch. In der Flussmündung des Berg River nisten häufiger Pelikane und Flamingos. Bootstouren in die vogelreichen Feuchtgebiete werden vor Ort angeboten.

Elands Bay/Elandsbaai

Die Straße nach **Elands Bay** (Elandsbaai) ist mittlerweile asphaltiert und windet sich um den Baboejensberg. Kurz vor dem verschlafenen Ort beeindruckt der Blick auf das **Velorevlei** mit seiner beeindruckenden Vogelwelt. Elands Bay ist besonders bei Fischern und Muschelsammlern bekannt. Ansonsten gilt dieser Küstenabschnitt aufgrund der günstigen Winde bei Surfern als beliebt und sicher. Die Lage des Ortes an einer felsigen Landzunge (Felszeichnungen oberhalb des Hafens) und der bezaubernden Einmündung des Kruismans River sprechen für einen Übernachtungsstopp, ebenso wie die Gelegenheit, hier günstig frische Meeresfrüchte im Restaurant zu essen. In der kleinen Fabrik am Hafen wird oft frischer Crayfish verkauft.

Nach Elands Bay stehen die parallel zur Eisenbahnlinie führende Privatstraße (Gebühr) und die längere, mit einem Schlenker durchs Landesinnere verbundene Strecke zur Auswahl. Beide führen nach Lamberts Bay. Die erste Strecke passiert ein weißes Dünenmeer sowie ein weiteres Vlei, in dem sich oft Flamingos aufhalten. 4 km vor Lamberts Bay liegt das Open-Air-Strandrestaurant *Muisbosskerm* (s. unter Lamberts Bay)

Reisepraktische Informationen Laaiplek, Velddrif und Elands Bay

Information
Velddrif Tourism Bureau, Voortrekker Rd., ☏ (022) 783-1821, www.tourismvelddrif.co.za od.www.capewestcoast.org.

Unterkunft
Laaiplek/Velddrif
Die am Fluss gelegene **Driftwater Guest Lodge $$$**, 18 River St., ☏ (022) 783-1756, driftwater@icon.co.za, hat 6 Zimmer, einen Pool und Bootsverleih (keine Kinder). Zudem gibt es **Campingmöglichkeiten**: **Pelican Holiday Flats** (Oos St., an der Flussmündung, auch Hütten, ☏ 022-783-0383) und **Stywelyne Caravan Park** (nahe Laaipek Beach, ☏ 022-783-0408). Der Tipp lautet aber, weiter nach Norden zu fahren. Auf dem Weg nach Elands Bay, an der R 27, liegt die feinere **Draaihoek Lodge $$$**, ☏ (022) 952-1170, www.draaihoek.com, wo man in schönen, reetbeckten Cottages untergebracht wird. Restaurant, Pool im Garten.
Elands Bay Hotel $$, am Strand, ☏ (022) 972-1640, www.elandsbay.co.za. Kleines, aber sehr uriges Strandhotel mit 16 Zimmern, Apartments und Restaurant. Einige Backpacker-Unterkünfte. Direkt unterhalb des Hotels gibt es einen kleinen, sehr sauberen **Campingplatz** direkt am Strand, ☏ (022) 972-1736.
Schöner in Elands Bay, nahe dem vogelreichen Verlorenvlei gelegen, ist **Still Waters $–$$$**, Redelinghuys Rd., ☏ (079) 741-7088, katrinameulemans@gmail.com. Selbstversorger-Hütten, Zimmer, Backpacker-Unterkünfte sowie Zeltmöglichkeiten. Das wohl beste **Restaurant** im Ort ist auch hier.

Fischereihafen von Elands Bay

Essen und Trinken

Die Vishuis, Bokkombedryf, 3 km westl. der Velddrif Bridge, Laaiplek, ☎ (022) 783-1183. Es werden neben guten Fischgerichten auch einige Karoo-Gerichte angeboten. Untergebracht in ehemaligem Fischtrocknungshaus.

Lamberts Bay/Lambertsbaai

Lamberts Bay, 1913 gegründet, wurde nach Sir Robert Lambert benannt, einem der Commander der Marinestation in Kapstadt. Zuerst war der Ort nur ein verträumtes Fischerdorf, doch schon bald begannen sowohl die Fischindustrie als auch der Tourismus Einzug zu nehmen. Auch hier lassen die kalten und nährstoffreichen Meeresströmungen ausgezeichnete Fangbedingungen zu. Besonders der Crayfish ist im ganzen Land bekannt. Viele Kapstädter kommen extra am Wochenende hierher, um die Delikatesse frisch gefangen zu genießen bzw. in der Fabrik am Hafen zu erstehen. Jedes Jahr, im März oder April, lockt das **Lamberts Bay Crayfish & Cultural Festival** (www.kreeffees.com).

Blumenblüte

Das lokale **Sandveld Museum** an der Main Street widmet sich überwiegend der Geschichte des Ortes, zudem noch den Naturgegebenheiten des Umlands. Auch in dieser Gegend sind die Blumen im Frühjahr, wenn das ganze Umland blüht, ein besonderer Anziehungspunkt.

Nicht versäumen sollte man einen Spaziergang zur **Bird's Island**. Von einer Plattform gleich hinter dem Hafengelände aus kann man Komorane, Pinguine und Möwen beobachten. In Lamberts Bay bietet sich auch die Möglichkeit, einmal mit einem Crayfish-Boot hinauszufahren oder eine Crayfish-Fabrik zu besuchen. Nähere Infos dazu im Touristenbüro.

Bird's Island

Von Paternoster über St. Helena Bay und Lamberts Bay nach Clanwilliam

🍴 Open-Air-Restaurants

Ein Höhepunkt an der West Coast ist das Speisen eines reichhaltigen und mehrere Stunden dauernden **Seafood-Mahls in einem Open-Air-Restaurant**. Sie sind direkt am Strand gelegen, aus einfachen Holzhütten aufgebaut, mit Büschen als Raumteilern. Dort werden verschiedenste Delikatessen aus dem Meer auf Grills und in *Potjies* zubereitet. Man sitzt auf Felsen oder im Sand, isst mit Fingern, und zum Händewaschen springt man kurz ins Wasser. Für einen Pauschalpreis gibt es reichlich zu essen. Tipp: Immer noch ein wenig Platz aufsparen, denn die Langusten werden erst zum Schluss serviert. Alkoholische Getränke muss sich jeder selbst mitbringen, denn dafür haben die Restaurants keine Lizenz. Geöffnet ist natürlich nur bei gutem Wetter bzw. in der klimatisch schönen und fangreichen Saison. Also: Vorher telefonisch erkundigen und reservieren.

Abstecher nach Norden: Wer noch mehr Küste genießen möchte, fährt mit einem Schlenker durchs Landesinnere nach **Doring Bay** (Cabin Restaurant: ausgezeichnetes Seafood), **Strandfontein** (kleines Hotel sowie Caravanpark mit Hütten) und **Papendorf** (unberührter Sandstrand).

Die empfohlene Route führt nun weiter nach Clanwilliam.

Reisepraktische Informationen Lamberts Bay

ℹ️ Information
Tourism Bureau, Main Rd., ☏ (027) 432-1000, www.LambertsBay.co.za. Ebenso zuständig für Elands Bay.

🛏️ Unterkunft
Lamberts Bay Hotel $$–$$$, 72 Voortrekker St., ☏ (027) 432-1126, www.LambertsBayhotel.co.za. Relativ modernes, aber einfallsloses Hotel. Doch geräumige Zimmer und ein gutes Preis-Leistungs-Verhältnis. Vom Hotel aus werden Bootsfahrten und Fishing Trips organisiert.

⚠️ Camping
Campingplätze gibt es einige im Umkreis, wobei der **Municipality Caravan Park** (nördl., nahe Korporasie St., ☏ 027-432-2238) durch seine Lage direkt am Strand und nahe zum Hafen wohl die beste Wahl ist.

🍴 Essen und Trinken
Muisbosskerm, ☏ (027) 432-1017. Gut 4 km südl. (an der Küstenstraße) befindet sich dieses Open-Air-Fischrestaurant in einer kraalähnlichen Umfriedung aus Mausbeeren-Gestrüpp. Die Fischgerichte sind noch leckerer als im Strandloper bei Langebaan. Gekocht wird alles unter freiem Himmel. Besonders an Wochenenden kommen die Kapstädter eigens angereist, um sich an Fisch (gegrillt, gebacken, geräuchert oder als Eintopf im Potjie zubereitet) satt zu essen. Nur abends geöffnet und das nicht immer. Früh erscheinen (ab 18.30 Uhr), denn das Ganze dauert „nur" 3 Std., und da man so viel essen kann, wie man mag, empfehlen sich kleine Pausen. Das Tourism Bureau kann Buchungen vornehmen.

Leckeres aus dem Potjie

Bosduifklip, 6 km östl. der Stadt an der Straße nach Clanwilliam, ☏ (027) 432-2735, www.bosduifklip.co.za. Open Air, aber diesmal unter einem Felsen. Hier liegt der Schwerpunkt auf gegrillten und im Potjie zubereiteten Mahlzeiten des Landesinneren (Rind, Lamm, Gemüse, Papp etc.). Unbedingt vorher reservieren.

Wer gutes Seafood auf „ganz normale Weise" in einem Restaurant essen möchte, dem seien **Die Kreefhuis Restaurant** an der Strand Street (☏ 027-432-2235) sowie **Isabella's Restaurant** direkt am Hafen empfohlen. Letzteres eignet sich besonders für den Snack zwischendurch und beeindruckt durch den Blick auf Hafen und Bird Island.

West Coast Crayfish Trail

Die **4- bis 6-tägige Küstenwanderung** führt von Elands Bay nach Lamberts Bay, sowie nach einem Autotransport, von Doring Bay über Papendorp nach Ebenheaser. Dabei wird die Geschichte der Küstenregion, besonders die des Fischfangs erläutert. Zu erleben gibt es Feuchtgebiete, Flussmündungen, kleine Gebirge, Dünenlandschaften und natürlich viel Strand. Die Tagesetappen sind 9–18 km lang. Das Gepäck wird mit einem Fahrzeug zum nächsten Ziel gebracht und übernachtet wird in rustikalen Hütten. Buchungen über Correen: ☏ (027) 432-2875, www.lambertsbay.co.za/hikingtrail.php.

Clanwilliam

Clanwilliam gehört zu den ältesten Städten Südafrikas. Bereits 1732 gab es eine Reihe von Farmen entlang des Olifants River. 1820, nachdem ein Magistratssitz eingerichtet worden war, versuchte man, englische und irische Siedlerfamilien als Gegengewicht zu den Buren anzusiedeln. Doch dies schlug fehl. Nur sechs Familien blieben in der Gegend. 1901 brannte die Stadt fast gänzlich nieder und nur ein kleiner Teil in der Parker Street überstand das Feuer.

Clanwilliam liegt in einem warmen, gut bewässerten Tal mit fruchtbaren Böden. Hier wächst u. a. der rote Busch, der den **Rooibos-Tee** liefert, welcher von hier aus in alle Welt exportiert wird. Seine gesundheitsfördernden Eigenschaften machte als Erster Dr. Le Fras Nortier publik. Im Ort gibt es eine kleine Schuhfabrik. Das **Museum** *(Mo–Fr 8–12.30 Uhr)* im Old Jail in der Main Road hat nur lokalen Charakter. Außer Tee gedeihen hier nahezu alle subtropischen Früchte, Gemüse, Weizen und Tabak.

Rooibos-Tee

Nur wenige Dinge in Südafrika erregen, wie der Rooibos-Tee, Bewunderung und Spott zugleich. Auf vielen Farmen immer noch von Hand gesät und geerntet, zählt Rooibos zu den Fynbos-Pflanzen, die vorwiegend in den Bergregionen um Clanwilliam und Nieuwoudtville wachsen. Der tanninfreie und Vitamin-C-reiche Tee, dessen Blätter bei nur 70 °C aufgebrüht werden, ist ein traditionelles südafrikanisches Getränk. Bereits asiatische Sklaven haben vor zwei Jahrhunderten seinen Wert erkannt. Man trinkt ihn mit Milch und Zucker oder einfach mit einer Scheibe Zitrone und einem Teelöffel Honig.

Getrocknet wird Rooibos im Freien

Heute wird Rooibos nicht nur für Tee genutzt, sondern auch für kosmetische und medizinische Zwecke. 90 % der Produktion wird exportiert, davon der größte Teil nach Deutschland, das allein 50 % des europäischen Imports aufnimmt.

Geführte 2 ½-stündige **Touren auf einer Rooibos Tea Estate** (inkl. Erklärungen zum umliegenden Naturareal und Besichtigung der Verarbeitungsanlagen) bietet das **Elandsberg Eco Reserve** westlich von Clanwilliam an. *12 km nach Westen in Richtung Lamberts Bay, dann nach rechts abbiegen auf die Piste nach Swentgat. Nach 3 km geht es dann links ab zum Eco Reserve.* ☎ *(027) 482-2022, www.elandsberg.co.za.*

Jedes Jahr, Ende Juli, findet eine **Wild Flower Show** in der **Old Dutch Reformed Church** statt. Die Ausstellung von über 350 verschiedenen Blumen wird sehr geschätzt. Wildblumen blühen am besten zwischen Juli und September, aber die Saison im **Ramskop Nature Reserve**, südlich von Clanwilliam, wo alle Blumen dieses Bezirks zu sehen sind, dauert länger. Die große Blumenvielfalt in der Region ist zurückzuführen auf die Topografie (fruchtbare Täler, Berge, Halbwüste sowie die Sanddünen nahe der Küste). Blumenfreunde sollten daran denken, dass die beste Zeit zum Blumenbetrachten zwischen 11 und 16 Uhr ist. Bei bedecktem Wetter, Sturm und Kälte öffnen sich die Blüten gar nicht. Ansonsten drehen sie ihre Blüten zur Sonne.

Blumenbeobachtung nur bei Sonne

Der **Clanwilliam Dam**, der das Wasser des Olifants River aufnimmt, ist ein beliebtes Erholungsgebiet (Schwimmen, Bootfahrten und Angeln).

Hinweis
Weder entlang der Strecke nach Wupperthal noch auf der durch die Cederberg Wilderness Area bis nach Prince Alfred Hamlet gibt es eine Tankstelle bzw. eine ernst zu nehmende „Proviantstation"!

Abgeschiedenheit in Öko-Lodge

Die Öko-Lodge Oudrif liegt 50 km nördlich von Clanwilliam am Doring River. In diesem sehr ökologisch betriebenen und abgelegenen Camp erlebt man so richtig das südafrikanische Outback und kann die Seele baumeln lassen, Spaziergänge durch drei Vegetationszonen unternehmen, Buschmannzeichnungen erkunden, in den ruhigen Flussbecken baden und sich einmal vor Augen führen, dass man auch ohne allzu viel Abholzung ein schönes Camp unterhalten kann. Es gibt fünf geschmackvolle Sandsteinhütten (Strohschicht als Isolierung, Solarstrom). Tipp: Unbedingt mind. zwei Nächte bleiben. Bill und Jeanine sind interessante Gastgeber, die Land und Natur gut kennen und beim gemeinsamen Abendessen viele Fragen beantworten können. Anfahrtsbeschreibung erhält man nach der Buchung. **Oudrif $$$**, ☏ (027) 482-2397, www.oudrif.co.za.

Weniger beschaulich, aber toll sind die Wildwasserfahrten, die von hier von Juli bis Mitte September unternommen werden. Veranstalter ist **Wildthing Adventures** auf der Nachbarfarm, ☏ (021) 702 9424, www.wildthing.co.za.

Abstecher in den Norden bzw. den Osten der Cederberge – bis Wupperthal

Die bis zum Wupperthal-Abzweig asphaltierte Strecke führt zuerst entlang der R 364 über den 922 m hohen **Pakhuis Pass** (kleiner Campingplatz, verwaltet von Cape Nature). Der Blick von oben belohnt bereits für den Ausflug. Östlich des Passes, wieder im Tal, passiert man die Farm und Unterkunft **Traveller's Rest**. Ihr gegenüber beginnt der **Sevilla Trail**, ein 4 km langer Wanderweg (hin und zurück) zu Buschmannzeichnungen. Wer hier nächtigt, kann sich in der *Khoisan Kitchen* bekochen lassen (vorher anmelden).

Luxuriöse Unterkunft

Ganz anders dagegen, ausgesprochen luxuriös (und sehr teuer) stellt sich das nahe **Bushman's Kloof Resort/Wilderness Reserve** dar: Die 7.200 ha große Wildfarm liegt am Fuße der Cederberge und wird gern besucht, weil man hier zahlreiche und auf Führungen hervorragend erläuterte **Buschmannzeichnungen** zu sehen bekommt. Einige sollen über 10.000 Jahre alt sein. Übernachtet wird in netten Chalets bzw. im renovierten Herrenhaus der Farm. Auf dem Gelände gibt es zudem viele Pflanzen (750 Arten) zu entdecken, können Vögel (140 Arten) beobachtet werden.

Wem das zu teuer ist, der fährt weiter und zweigt in Richtung Wupperthal ab. Kurz darauf lockt ein Ausblick auf kleine Berge und weit entfernte Plateaus. Kein Wunder, dass dieser Punkt „**View of Africa**" genannt wird. Einige Kilometer weiter fällt die Piste ins beeindruckende **Bidouw Valley** (Wildblumenblüte, Rooibos- sowie Obstanbau) ab, in dem sich Farmen auch als Unterkünfte anbieten.

Nach einem weiteren Pass ist schließlich **Wupperthal** erreicht. Der kleine Ort wurde bereits vor der deutschen Stadt mit gleichem Namen gegründet. Baron Theobold von Wumb und Johann Gottlieb, zwei Missionare der Rheinischen Mission, benannten sie nach dem Fluss Wupper, aus dessen Gegend sie stammten. Als die beiden Missionare

Von Paternoster über St. Helena Bay und Lamberts Bay nach Clanwilliam

Am Ende der Straße liegt Wupperthal

1829 in die Cederberge kamen, fanden sie bereits eine christliche Gemeinde der Khoi-San vor. Nach Abschaffung der Sklaverei zogen in den 1830er-Jahren viele Familien hierher, um ein Handwerk zu erlernen. Die Rheinische Mission zog sich 1962 zurück. Da die Bewohner nicht der Dutch Reformed Church unterstellt werden wollten, entschieden sie sich 1965, sich der Herrenhuther (Moravian) Mission anzuschließen.

Heute leben ca. 4.000 Familien, Nachkommen der befreiten Sklaven (von Buschmännern und von Seeleuten) in und um Wupperthal. In der Umgebung wird Rooibos angebaut, der auch zur Herstellung von Seifen und Lotionen genutzt und in einem kleinen Shop im Ort verkauft wird. In der von Johann Gottlieb (der von Beruf Schuster war) gegründeten Schuhmanufaktur werden noch immer die berühmten Feldschuhe (Veldskoens) in Handarbeit hergestellt. Auch diese kann man erstehen. Ein kleines **Museum** informiert über die Geschichte des Ortes.

Anbau von Rooibos

Reisepraktische Informationen Clanwilliam und Wupperthal

Information
Olifants River Valley Tourism, *Old Goal Museum, Ecke Main Rd./Ou Kaapse Weg, Clanwillaim,* ☎ *(027) 482-2024, www.clanwilliam.info.*
Wupperthal Tourism, ☎ *(027) 492-3410, www.wupperthal.co.za.*

Unterkunft
Bushman's Kloof Resort $$$$$, ☎ *(027) 482-8200 oder (021) 481-1860, www.bushmanskloof.co.za (s. o.).*
Clanwilliam Lodge $$$$, *Graafwaterweg, Clanwilliam,* ☎ *(027) 482-1777, www.clanwilliamlodge.co.za. Luxuriöses Hotel. Beliebt wegen seines Wellnessangebots. Hier kann man*

sich so richtig verwöhnen lassen. Großer Pool. **Restaurant** im Haus. Während der heißen Monate (und außerhalb der Weihnachtssaison) gibt es Sonderpreise!
Oudrif $$$, ☎ (027) 482-2397, www.oudrif.co.za, s. S. 508.
Strassberger Clanwilliam Hotel $$–$$$**, Main St., Clanwilliam, ☎ (027) 482-1101. Nettes Kleinstadthotel, seit Jahrzehnten im Besitz der Familie Strassberger, Eigentümer der Schuhfabrik im Ort. Von außen wirkt es etwas langweilig, aber das Strassberger ist eine „kleine Institution". Zur Verfügung stehen 17 Zimmer im alten Hotel ($$–$$$) sowie 3 Selbstversorger-Cottages und 6 Suiten. Eine Mischung aus preisgünstigem Kleinstadthotel und ländlichem Charme. Die Hotelzimmer sind recht geräumig. Die Gerichte im angeschlossenen **Reinhold's Restaurant (andere Straßenseite) sind durchaus schmackhaft.
Elephant River Guest House $$, Foster St., hinter Super Quick, ☎ (027) 482-1455, www.clanwilliam.info/elephantriver. Kleines Gästehaus mit 4 individuell eingerichteten Zimmern. Den Garten mit Pool können die Gäste nutzen. Klasse Frühstück. Tipp für Clanwilliam.
Traveller's Rest $–$$, ☎ (027) 482-1824, (s. o.).
In und um **Clanwilliam** gibt es eine Reihe von **Selbstversorger**- sowie **Farmunterkünften ($$)**. Nett gelegen sind etwa die Unterkünfte im Boskloof östl. der Stadt, z. B. **Boskloof Swemgat $$–$$$**, ☎ (027) 482-2522, www.boskloofswemgat.co.za, Selbstversorger-Hütten am Fluss, Bademöglichkeiten.
Backpacker haben sich ebenfalls angesiedelt, z. B. **Clanwilliam Living Landscape**, ☎ (027) 482-1911, www.cllp.uct.ac.za, ein Community Project, bei dem man in den umgebauten ehemaligen Klassenzimmern einer Schule wohnt.
Wuppertal Tourism (s. o.) arrangiert Übernachtungen in einfachen **Cottages** im Ort (Selbstversorger).

 Camping
Clanwilliam Dam Resort, Ou Kaapse Weg, am Olifants River Dam, ☎ (027) 482-8012. Am einzig öffentlichen Zugang zum Stausee. Chalets und Caravanpark.
Bulshoek Dam Holiday Resort, Langkloof, 16 km nördl. von Clanwilliam an der R 363, ☎ (027) 482-2635, www.bulshoekdamresort.co.za. Selbstversorger-Cottages (am Fluss und abgeschiedener in den Bergen), Apartments und Camping (auf einer Insel im Olifants River).
Campingmöglichkeiten im Umkreis (Farmen, Cederberg W.A. etc.), Infos im Touristenamt.
In **Wuppertal** gibt es einen kleinen **Campingplatz**.

☞ Streckenhinweis

Um weiter in **Richtung Ceres** zu fahren, heißt es nun **umkehren und auf gleicher Strecke nach Clanwilliam** zurückzufahren. Die direkte Verbindung zwischen Wuppertal und der Hauptpiste bei Matjiesrivier (**Strecke Algeria – Ceres**) ist nur mit einem Fahrzeug mit ausreichender Bodenfreiheit, bei Nässe sogar nur mit einem **Geländewagen** zu schaffen. Toll ist sie aber! Sie führt durch den von Cape Nature verwalteten, 60.000 ha großen **Rooi Cederberg Karoo Park**. In seinem Südteil gibt es an den Bergen Rock Pools, Wanderwege, Felszeichnungen sowie Zebras, Springbok und Bergleoparden zu erleben. Doch kommt man nur mit Hilfe einer Buchung in einer der Unterkünfte zu den interessanten Punkten. Wer Einsamkeit liebt und hier nächtigen möchte, bucht sich z. B. bei **Bakkrans** ein (4 km nördl. von Matjiesrivier, Steinhäuser, mind. 2 Nächte, Selbstversorger, www.redcederberg.co.za. Wer keinen Geländewagen fährt, wird aus Keurbosfontein (von Süden anfahrbar) abgeholt).

Von Clanwilliam mehr oder weniger direkt nach Kapstadt

> **Tipp**
> Alternativ von Clanwilliam nach Citrusdal: Wer etwas Zeit hat, sollte nicht auf der N 7 die gut 50 km nach Citrusdal abreißen, sondern auf der Ostseite des Flusses/Damms die alte Hauptstraße – bekannt als **Bain's Old Road** – nehmen, die sich noch um jeden Felsen windet und mehr Ausblicke garantiert. Die Schotterpiste ist gut, wenn auch rau, für die Strecke nach Citrusdal benötigt man so 45 Min. mehr.

Citrusdal

Als die erste Expedition das Gebiet des heutigen Citrusdal erreichte, erblickten ihre Teilnehmer im Tal eine Herde aus 300 Elefanten, die am Flussufer graste. Daraufhin erhielt der Fluss den Namen **Olifants River**. Aber erst 1916 wurde der Ort gegründet. Von April bis Oktober duftet es nach frisch gepflückten Orangen, Zitronen oder Klementinen. Über 100.000 Tonnen Zitrusfrüchte aus der Umgebung werden von hier zentral versendet, zumeist ins Ausland. Eine junge Frau schaffte es, in einer 46-Stunden-Woche 204.000 Orangen zu verpacken. Auf der **Hex River Farm** nördlich der Stadt steht der mit über 260 Jahren älteste Orangenbaum des Landes. Er trägt heute noch Früchte. Erwähnenswert sind zudem die **warmen Mineralquellen** in der Umgebung, die besonders dem Resort The Bath (s. u.) einige Besucher beschert. Der Ort eignet sich als Ausgangspunkt für Exkursionen in die Cederberge.

Zentrum der Zitrusfrüchte

Reisepraktische Informationen Citrusdal

Information
Tourism Bureau, 39 Voortrekker St., ☏ (022) 921-3210, www.citrusdal.info. Infos u. a. über Farmunterkünfte in der Umgebung.

Unterkunft
Cederberg Country Lodge $$–$$$, 66 Voortrekker St., ☏ (022) 921-2221, www.citrusdallodge.co.za. Sauberes und mit Liebe geführtes Kleinstadthotel. Neben Zimmern auch Selbstversorger-Cottages. Das **Restaurant** im Hause bietet gute Landküche.

Blick über den Rooi Cederberg Karoo Park

The Baths $$–$$$, 16 km südl. von Citrusdal an ausgeschilderter Stichstraße, ☎ (022) 921-8026, www.thebaths.co.za. Resort an heißen Mineralquellen. Selbstversorger-Chalets und -apartments in viktorianischen Gebäuden. Sehr ansprechend sind die Zimmer im Olson House, denn hier fließt das warme Mineralwasser direkt in die Badewanne. Der **Campingplatz** ist schattig, aber teilweise beengt. Es gibt drei Pools, einen mit heißem (43 °C) und einen mit kaltem Wasser sowie einen Mineralwasser-Pool. **Restaurant** im Haus. Schöne Wanderwege in der Umgebung.

Kardouw Treetops $$, 25 km südl. von Citrusdal, vorbei an The Baths, ☎ (022) 921-2474, www.citrusdal.info/kardouw. Hier wohnt man in kleinen, über Holzstege verbundenen Baum-Holzhäusern. Sehr idyllisch. Unbedingt vorher buchen und Verpflegung mitbringen. Angeboten wird auch das alte Farmhaus als Selbstversorger-Unterkunft. Nahe dem Fluss. Kanus können ausgeliehen werden.

Camping

Der Campingplatz im Ort bietet auch kleine Chalets, ☎ (022) 921-3145. Weitere schöne Campingplätze befinden sich in den nordöstl. gelegenen Cederbergen (s. S. 517).

Auf direktem Weg von hier nach Kapstadt sind es noch 180 km. Nach Überquerung des Piekenierskloof Pass gelangt man ins **Swartland**, eine der Kornkammern Südafrikas. Weizenfelder erstrecken sich, so weit das Auge reicht. Kein Wunder also, dass man ausgerechnet in **Moorreesburg** eines von nur drei Weizenmuseen (**Wheat Industry Museum**, Mission Church Building, Piketberg Rd., Mo–Fr 8–16 Uhr) auf der Welt eingerichtet hat und hier die größten Silos der südlichen Hemisphäre zu sehen sind.

Dorfidylle in Riebeek Kasteel

Abseits der N 7, an der R 311, liegt der kleine Ort **Riebeek West**. 3 km davor, nahe einem Zementwerk, steht die alte Hütte, in der 1870 Jan Christian Smuts, ehemaliger Premierminister (1919–1924, 1939–1948) geboren wurde. Bekanntester Spross der Weinfarm Allesverloren war D.F. Malan, Premier nach Smuts und Mitbegründer der Apartheidpolitik. Nette kleine Country Lodges, B&Bs, Bio-Delis, Boutique-Restaurants, Pubs und Weingüter in und um Riebeek West und Riebeek Kasteel locken immer mehr Wochenendurlauber aus Kapstadt in den kleinen Ort. Zu empfehlen ist der Besuch der **Olivenfarm Kloovenburg** am Südwestausgang von Riebeek Kasteel. Dessen „*Extra Virgin Olive Oil*" hat schon die tollsten Preise – weltweit – eingeheimst!

Reisepraktische Informationen Riebeek Kasteel

ℹ️ Information
Riebeek Valley Tourism Office, Riebeek Kasteel Town Square, neben Library, ☎ (022) 448-1545, www.riebeekvalley.info.

🛏️ Unterkunft
The Royal $$$–$$$$, 33 Main St., Riebeek Kasteel, ☎ (022) 448-1378, www.royalinriebeek.com. Das wunderschön restaurierte und recht luxuriös eingerichtete Kleinstadthotel ist immer noch ein Geheimtipp und bietet die Gelegenheit, die letzte Nacht vor der Rückreise in der Beschaulichkeit einer Kleinstadt zu verbringen.

30 km vor Kapstadt beeindruckt der Blick über die Stadt, der mindestens genauso eindrucksvoll ist wie der von Bloubergstrand aus, wären da nicht die Stromleitungen. Alternative: Abbiegen nach Bloubergstrand.

Von Clanwilliam durch die Cederberg Wilderness Area und über Kagga Kamma sowie Tulbagh zurück nach Kapstadt

Man verlässt Clanwilliam in Richtung Süden entlang der Main Street. Die Straße wird kurz darauf zur Schotterpiste. Nach knapp 8 km geht es links in Richtung Cederberg. Nach insgesamt 20 km erreicht man **Algeria**, das Infozentrum der Cederberg Wilderness Area.

Cederberg Wilderness Area

Das weitläufige Naturgebiet reicht vom Middelberg Pass bei Citrusdal bis zur nördlichen Begrenzung, dem Pakhuis Pass und umschließt 71.000 ha rauen Gebirges. 1973 wurde es als *Wilderness Area* proklamiert und hat damit den höchsten Status des Naturschutzes erhalten. Insgesamt umfasst das Areal 130.000 ha, von denen aber nicht alles unter Naturschutz steht. Die Cederberge sind bekannt für ihre atemberaubende Landschaft, die Felsformationen sowie die seltene Clanwilliam-Zeder. Diese ist mit den Zypressen verwandt, jedoch nicht mit der Libanonzeder. Sie wächst in 1.000–1.400 m Höhe auf felsigem Boden. Ein attraktives Ziel für Wanderer.

Atemberaubende Cederberge

🚶 Für trittfeste Wanderer
Von der Forststation Algeria führt ein Pfad auf die Spitze der Bergkette, vorbei an einem Wasserfall und durch einen Zedernwald. Auf der Höhe gibt es zwei Hütten. Von hier aus führen zwei Pfade ins Zentrum der Gebirgswelt.

Die Cederbergkette gehört zu den geologischen Formationen der Table-Mountain-Gruppe und besteht hauptsächlich aus Sandstein. Die höchsten Berge sind der **Sneeu-**

Rondegat Valley südlich von Algeria

berg (2027 m) und der **Tafelberg** (1969 m). Zu den auffällige Sandsteinformationen zählen **Lot's Wife** und **Windows Rock** (1 ½ Std. hin und zurück), der **Wolfberg Arch** (bogenförmiger Fels) und die **Wolfberg Cracks** (Serie kleinerer Felsbögen) – beide vom Sanddrif Resort erreichbar (gesamt 8 Std. hin und zurück) – und das 20 m hohe **Maltese Cross** – ebenso erreichbar über das Sanddrif Resort bzw. die Farm Dwarsrivier (3 Std. hin und zurück). Sie machen eine, wenn auch anstrengende Wanderung zu mindestens einem dieser Punkte erstrebenswert. Zuvor muss man sich bei der **Forststation Algeria** bzw. einer der beiden **Farmen Dwarsrivier** bzw. **Kromrivier** anmelden *(Permit)* und den Zustand der Wege erfragen. Früh zu starten ist ratsam, denn mittags kann es extrem heiß werden und auf langen Touren sollte man es mittags geruhsam angehen. Die meisten Niederschläge fallen im Südwesten, sodass dort die Vegetation üppiger ist und in Richtung Citrusdal die Zitrusfruchtplantagen angesiedelt wurden, wenn auch nur mit Hilfe von zusätzlichen Bewässerungsmaßnahmen.

Erste Bewohner

San (**Buschmänner**) und später die **Khoi** bewohnten die Cederberge schon in früherer Zeit. Europäische Siedler begannen erst zu Beginn des 18. Jh. Viehzucht zu betreiben. 1876 wurde ein Förster zur Überwachung der Cederberge eingesetzt. Ein französischer Abgeordneter gab der Forststation *Algeria* ihren Namen aufgrund der Ähnlichkeit mit dem Atlasgebirge in Algerien. Von 1903 bis 1973 erfolgte die Ausbeutung der Natur. Unzählige Bäume, zu einem großen Teil die Zedern, Rooibos-Pflanzen und besonders Baumrinden (meist Buche) wurden abgeerntet. Farmer nutzten die Berge als Versorgungsmöglichkeit in Zeiten der Trockenheit. So wurden 7.200 junge Bäume als Telefonmasten zwischen Piketberg und Calvinia verwendet. Die Cederberg-Zedern sind heute, trotz deren Schutz seit 1973, vom Aussterben bedroht.

Kalte Winter, heiße Sommer

Die Winter in den Bergen sind kalt und nass. Bodenfrost und Schnee in den höheren Lagen kommen vor. Im Sommer ist es trocken und bis zu 40 °C heiß. Blitzeinschlag ist der häufigste Auslöser für Waldbrände, die dann durch den im Sommer auftretenden Süd-Ost-Wind noch verstärkt werden. Die **Vegetation** wird dominiert durch Berg-Fynbos, einschließlich der schönen roten Disa-Orchidee und der Nadelkissen-Protea. Sehr selten ist die Schneeprotea, die über der Schneegrenze, ab ca. 1.800 m, wächst. Die **Tierwelt** besteht aus Pavianen, Dassies und diversen Antilopen, z. B. Steinantilopen, Klippspringer und Greisböcken. Es gibt auch Wildschweine und Otter. Bergleoparden und Luchse sieht man dagegen selten. Weiterhin gibt es mehr als 100 Vogelarten, darunter verschiedene Raubvögel sowie 16 Schlangenarten.

Von Clanwilliam durch die Cederberg Wilderness Area und über Kagga Kamma sowie Tulbagh zurück nach Kapstadt

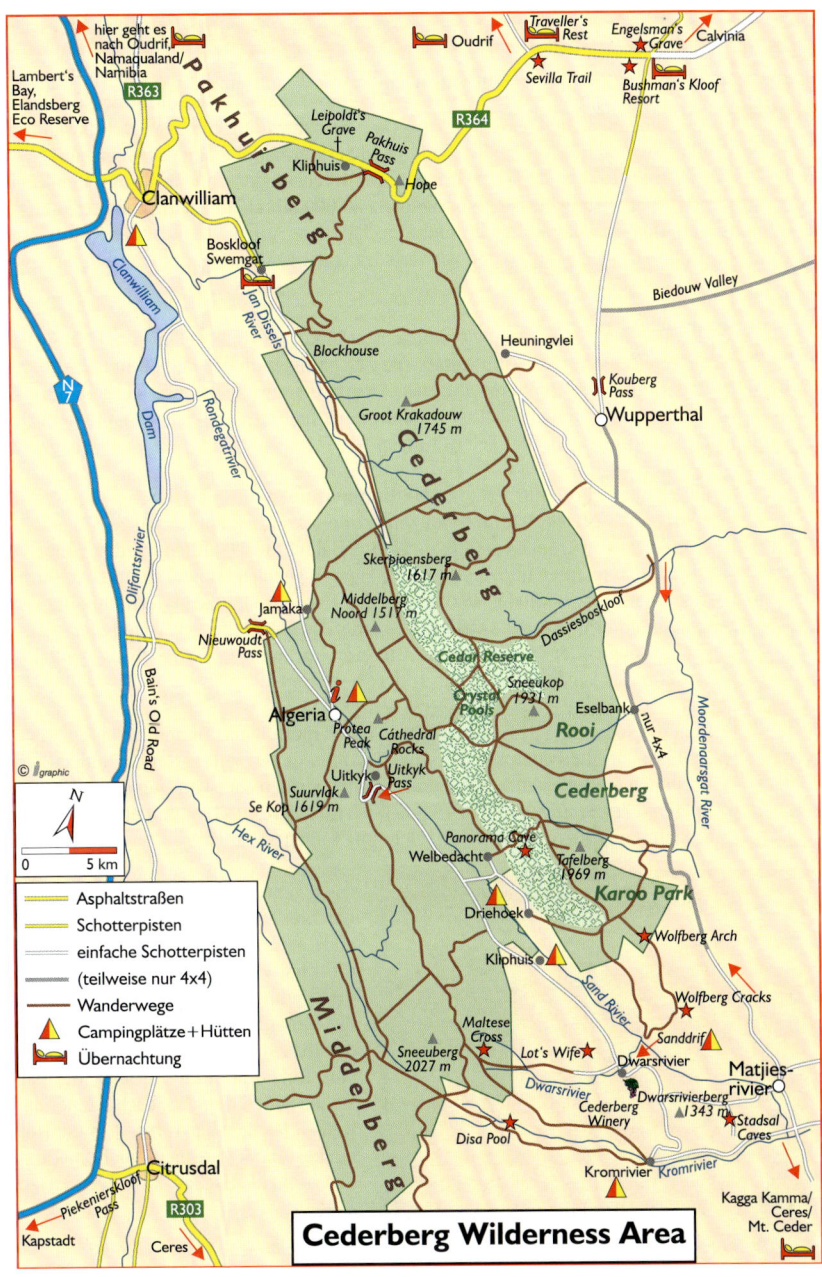

Buschmannzeichnungen

Tausende von Felszeichnungen und Gravuren im südlichen Afrika geben Hinweise und Einblicke in die private Welt der Jäger und Sammler und die Entwicklung der Buschmänner. Die kleinen Kunstwerke, die nahezu unscheinbar an Felswänden, in Ecken und Höhlen, in Flussläufen und Bergformationen im gesamten südlichen Afrika zu finden sind, beschreiben den wechselnden Lebensstil der Menschen vom späten Steinzeitalter, vor mehr als 20.000 Jahren, bis in die heutige Zeit. Die detaillierten Porträts haben eine unschätzbare Aufzeichnung ihrer Kultur hinterlassen, welche durch den Vorwärtsdrang der Weißen und der Bantu-Völker zerstört wurde.

Die ältesten Buschmannzeichnungen in Südafrika findet man in den Drakensbergen (Lesotho, KwaZulu-Natal). Die Zeichnungen in der Region in und um die Cederberge sind jüngeren Datums – meist bis zu 2.000 Jahre alt, seltener bis 10.000 Jahre. In der nördlichen Kapprovinz häufen sich dagegen nahe dem Gariep (Oranje) River eher Felsritzungen.

Gezeichnet wurde nur von den **Medizinmännern**, die sich durch Rauchen von Marihuana („Dhagga"), durch Konzentration und durch manchmal 2–3 Tage dauernden Tanz in Trance versetzten. Während der Trance-Stadien wurden zunächst Punkte, dann Linien und später ganze Figuren gezeichnet bzw. geritzt. Als Farbe dienten unterschiedliche Mischungen aus Tierblut, Pflanzen, Tierfetten, die zermahlen und mit Wasser verflüssigt wurde. Als Pinsel dienten Vogelfedern, Knochen, Zweige oder Tierhaare. Das Alter der Zeichnungen lässt sich aufgrund der Struktur des Sandsteins oft nur schwer bestimmen.

Über die Bedeutung der Figuren gibt es nur Vermutungen. Tiermotive lassen Rückschlüsse auf die Fauna zu. Oft sind Elefanten dabei, seltener auch Raubkatzen. Antilopen fehlen eigentlich nie und seltener wurden auch Giraffen gezeichnet. In jüngeren Zeichnungen tauchen schließlich Nutztiere auf. Fast immer aber handelt es sich um größere Tiere. Vogelzeichnung fehlen gänzlich.

Die eigentliche Kunst der Zeichnungen hat hier vor 1.500 Jahren abrupt ein Ende gefunden. Zu dieser Zeit drangen die Khoi-Viehhirten in das Gebiet um die Cederberge und vertrieben die Buschmann-Shamanen. Daher werden die in schwarz gezeichneten Figuren (aus Holzkohle und Tierfett), die darstellen sollen, wie die Buschmänner den weißen Mann sahen (oft mit in die Hüften gestemmten Armen), nicht mehr zu den archäologischen Kunstwerken gezählt.

Buschmannzeichnungen bei Oudrif

Von Clanwilliam durch die Cederberg Wilderness Area und über Kagga Kamma sowie Tulbagh zurück nach Kapstadt

In der Wilderness Area gibt es zahlreiche **Wanderwege** und einfache Hütten. Im Infozentrum in der Forststation Algeria erhält man informative Broschüren mit detaillierten Karten. Auch die Touristenbüros in Citrusdal und Clanwilliam können bei der Planung betreffs Unterkünften und Wanderungen helfen.

Wer von Clanwilliam durch die Wilderness Area bis nach **Kagga Kamma** bzw. **Ceres** fahren möchte, muss aufgrund der zeitweise nur langsam zu befahrenden (für einen Mittelklassewagen gut zu bewältigenden) Schotterpiste mind. 4 Std. reine Fahrzeit einplanen. Die landschaftlich einmalige Strecke führt durch die Cederberge, über einen Pass und später vorbei am höchstgelegenen Weingut Südafrikas (Cederberg, Farm Dwarsrivier). Hinter diesem erreicht man Matjiesrivier, eine Gehöftansiedlung, wo man nach rechts abbiegen muss (nach links führt hier die 4x4-Piste nach Wupperthal).

Reisepraktische Informationen Cederberg Wilderness Area

Information
Algeria Forest Station, *direkt ca. 18 km von der N 7,* ☏ *(027) 482-2403, www.capenature.co.za.* **Permits** *sind für alle Wanderungen erforderlich. Auch die den Wanderwegen nächstgelegenen Farmen stellen diese Permits aus. Doch ist nicht immer jemand auf den Farmen anwesend.*

Unterkunft/Camping
Im Park gibt es an der Forststation Algeria einen **Campingplatz** *und Unterkünfte in alten* **Farmcottages**, ☏ *(027) 482-2403. Der einfachere* **Campingplatz Kliphuis** *liegt weit im Norden am Pakhuis Pass.*
Farmen wie **Sanddrif** *und* **Dwarsrivier** *(ca. 30 km südl. von Algeria,* ☏ *027-482-2825, www.cederbergwine.com, Weingut),* **Kromrivier** *(ca. 42 km südl. von Algeria,* ☏ *027-482-2807, www.cederbergtourist.co.za) empfehlen sich durch einfache, aber sehr begehrte Selbstversorger-Häuschen, Backpackerunterkünfte, Campinggelegenheit, Restaurant (vorher anmelden) sowie das Ausstellen von Permits für die Erkundung der nahen Wanderwege (u. a. Maltese Cross/Wolfberg Arch/Lot's Wife) und des Observatory (Sterngucken samstags).*
Mount Ceder $$–$$$$, ☏ *(023) 317-0848, www.mountceder.co.za. 75 km südl. von Algeria bzw. 51 km nordöstl. von Op die Berg, und damit außerhalb der Wilderness Area, liegt die exklusivere Farmunterkunft mit geräumigen 2- bis 6-Betten-Selbstversorger-* **Cottages** *und* **Campingmöglichkeit**, *Mahlzeiten vorher anmelden.*
Jamaka Farm $$, ☏ *(027) 482-2801, www.jamaka.co.za. Die Schaf- und Obstfarm (organisch-biologischer Anbau) liegt im Tal 6 km nördlich von Algeria und ist ausgesprochen beliebt, weil sauber, schön und gut zu erreichen. Ein schöner* **Zeltplatz** *direkt am Fluss (viel Schatten),* **Selbstversorger-Hütten**, *Wanderwege, Pool etc. Ein echter Tipp! Rechtzeitig buchen! Anfahrt: 28 km nördl. von Citrusdal von der N 7 in Richtung Cederberg/Algeria abbiegen, dann 18 km und links am Clanwilliam-Schild noch 5 km.*
Farmen in der Umgebung *bieten auch Unterkunftsmöglichkeiten. Infos dazu in Algeria bzw. den Touristenämtern von Clanwilliam oder Citrusdal.*

Hinweis
Wegen immer wieder vorkommender Waldbrände sollte man sich unbedingt vorher nach dem Zustand der jeweiligen Einrichtung erkundigen.

Nach Kagga Kamma biegt man nach ca. 120 km (ab Clanwilliam) nach links in Richtung „*Ceres Karoo, Swartrug Drv. Rd.*" ab und folgt der Beschilderung (weitere 35 km, ein weiterer Abzweig).

Kagga Kamma

Südöstlich der Cederberge, in der Swartruggens-Hochebene, breitet sich das **Naturreservat Kagga Kamma** aus. *Kagga Kamma* bedeutet bei den Buschmännern „*Place of Water*". Das 17.000 ha große Gebiet wurde aus fünf Farmen zusammengeführt und verfügt über einen erheblichen unterirdischen Wasservorrat, was bei einem Jahresniederschlag von knapp 300 mm und einer hohen Verdunstungsrate von entscheidender Bedeutung war und ist. 1989 wurde es von einer Privatgesellschaft in ein Reservat umgewandelt, der größte Teil des Gebiets ist jetzt ein *Game Reserve*. Hier leben u. a. Antilopen, Steinbock, Kudu, Elenantilope, Springbock, Spießbock und Bergzebras, seltener sieht man Luchse sowie Kap-Füchse. Mit viel Glück taucht auch mal ein Leopard auf. Vögel, darunter Greifvögel, gibt es wie in den Cederbergen in großer Anzahl. Besonders bemerkenswert in diesem Gebiet sind die **Buschmannzeichnungen**.

Zeichnungen der San

Für den Besuch von Kagga Kamma sollte man mindestens zwei Übernachtungen einplanen, sodass man möglichst viele Touren und Aktivitäten nutzen kann. Dazu gehören Game Drives, der Besuch der Buschmannzeichnungen, Allrad- und Quad-Bike-Touren, Filmvorführungen, Sundowner in einem Canyon und am Abend Sternengucken durch ein großes Teleskop. Dazu gibt es auch die Möglichkeit, sich am Pool auszuruhen oder die Angebote des Spa (Massagen, Öl-Massage, heißer Stein) zu nutzen. Für alle Programme, das gilt auch für das Spa, gilt es, sich mindestens einen Tag im Voraus anzumelden. Durch das Reservat führen einige Wanderwege.

Tolle Felsformationen in Kagga Kamma

Von Clanwilliam durch die Cederberg Wilderness Area und über Kagga Kamma sowie Tulbagh zurück nach Kapstadt

Es ist ratsam vor 16 Uhr anzureisen, um noch an Exkursionen teilnehmen zu können. Das Gate zum Reserve schließt oft schon um 18.30 Uhr (Fr 21 Uhr). Zu bedenken gilt bei der Planung der zeitintensive Anfahrtsweg über die Schotterpisten (4 Std. von Clanwilliam, 3 ½ Std. von Kapstadt). Warme und wetterfeste Kleidung nicht vergessen, denn in der Halbwüste wird es nachts kalt!

Buschmänner

Buschmänner, heute **San** bzw. **Khoi-San** genannt, repräsentieren eine kleine Population, die einmal große Teile des südlichen Afrika bewohnten. Die ersten weißen Siedler trafen auf die Jäger am südwestlichen Kap und nannten sie *Bosjesmans*. Aufgrund ihrer relativ hellen Haut und der Augenfalten nahm man zuerst an, sie seien ursprünglich aus Asien eingewandert. Doch Studien über Felszeichnungen, alte Knochen und die biologischen Strukturen der heutigen Buschmänner lassen darauf schließen, dass sie tatsächlich aus Ost- und Südafrika stammen und schon vor über 20.000 Jahren hier lebten.

Die Buschmänner teilen diverse genetische Charaktere mit den Bantu-Völkern Afrikas, aber ihre engsten Verwandten sind die Khoi (früher als „Hottentotten" bezeichnet), mit denen sie z. B. die Hautfarbe gemeinsam haben. Außerdem sprechen beide eine **Sprache mit vielen Klick-Lauten**. Man glaubt heute, Buschmänner und Khoi haben dieselben Vorfahren, nur dass die Khoi vor 2.000 Jahren zu Hirten, später auch zu Fischern wurden. Mit der Zeit entwickelten die Buschmänner und Khoi erhebliche Unterschiede in der Kultur. Obwohl alle Buschmänner Jäger waren, haben auch sie nicht alle die gleiche Kultur. Obwohl sie alle die Sprache mit den charakteristischen Klick-Lauten sprechen, kann es vorkommen, dass sich zwei Buschmänner nicht verständigen können. Heute gibt es **fünf unterschiedliche San-Sprachen**, sodass viele untereinander paradoxerweise nur in Afrikaans kommunizieren können.

Da dieses Volk an abgeschiedenen Orten gelebt hat, war nur sehr wenig über ihre Art zu leben und überleben bekannt. In der ersten Hälfte des 20. Jh. waren die Buschmänner nahezu vom Aussterben bedroht, denn ihre Lebensweise passte in früherer Zeit nicht zu jener der vordringenden Bantu-Völker um die Drakensberge, sodass sie dort, besonders von den Zulu und Xhosa bekriegt, vertrieben und viele auch getötet wurden. Später dann, weiter gen Karoo und Kalahari, passte ihre Lebensweise nicht in das Konzept der immer mehr Land fordernden weißen Siedler. Es gab sogar Zeiten im 18. und 19. Jh., da durften sie **gejagt und getötet** werden wie Tiere – ganz legal. Es wurden sogar Belohnungen für jeden toten Buschmann vergeben (als Beweis galt ein abgeschnittenes Ohr). Die Gründe dafür waren die für die Siedler unvorstellbaren Lebensweisen, die merkwürdige Sprache und letztendlich die Tatsache, dass die Buschmänner, anstelle umständlich wilde Tiere zu jagen, einfach das Vieh der Siedler schlachteten. Für sie war das kein Verbrechen, denn in ihrer Sichtweise gehören alle Lebewesen auf der Erde allen Menschen. Und die Buschmänner haben ja auch nur so viele Tiere getötet, wie sie selbst essen konnten.

Doch aufkeimendes Interesse an ihrer Kultur hat letztendlich – sozusagen in letzter Minute – dazu geführt, dass ihr Volk als eigenständiger Kulturkreis anerkannt wurde, als letzter aller Volksgruppen in Afrika. Heute leben knapp **50.000 Buschmänner hauptsächlich in der Kalahari**. Die meisten leben in Botswana (ca. 25.000), Namibia (ca. 15.000) und Angola (ca. 4.000), aber kleine Gruppen findet man auch in Sambia, Zimbabwe und Südafrika.

Als **Jäger und Sammler** repräsentieren die Buschmänner eines der wenigen Beispiele, wie Menschen die längste Zeit gelebt haben: jagend und sammelnd, aber eben nur für den Eigenbedarf und ohne richtige Vorratswirtschaft. Zu bedenken ist, dass die Mehrzahl der Buschmänner ehemals in den feuchteren und küstennaheren und damit fruchtbareren Regionen zu Hause waren. Da die Buschmänner nicht mehr in isolierten Landstrichen leben können und nur noch wenige (< 5 %) immer noch traditionell jagen, teilen sie das traurige Schicksal aller Jäger und Sammler, nämlich, ihre traditionelle Kultur zu verlieren.

Reisepraktische Informationen Kagga Kamma

Information/Buchung

Kagga Kamma Private Game Reserve, Buchung: ☎ (021) 872 4343, ☎ (023) 317-0888 (Camp direkt), www.kaggakamma.co.za. Tagesbesuche sind auch möglich (**$$$$**, inkl. Lunch, einer Tour zu den Buschmannzeichnungen sowie einer Quad-Bike-Fahrt). **Anfahrt**: R 303 (70 km südl. von Citrusdal bzw. 30 km nördl. von Prince Alfred Hamlet) abbiegen nach Osten. Hier ist Kagga Kamma bereits ausgeschildert. Der Beschilderung folgen. Nach ca. 52 km und zwei weiteren Abzweigen erreicht man das Gate.

Unterkunft

Im Preis (**$$$$$**) sind alle Touren und Mahlzeiten inbegriffen. Es gibt reetgedeckte runde bzw. ovale Chalets, die bis zu 8 Personen beherbergen können, urigere, aber kleinere und teurere Felshäuser, die sich **Cave Suites** nennen (2 Personen) sowie einen **Open-Air-Room** (**$$$**). Bei Letzterem handelt es sich um ein großes Doppelbett direkt unter freiem Himmel, ca. 2 km vom Camp entfernt. Wirklich ausgefallen, aber man sollte sich genau überlegen, ob man wirklich so offen in freier Natur nächtigen möchte. **Selbstversorger-Häuser** (**$$–$$$**) werden von einer anderen Firma betrieben. Der Kontakt läuft ebenfalls über Kagga Kamma. In deren Preisen sind die o. g. Touren aber nicht enthalten und zumeist wird ein Mindestaufenthalt erwartet! **Campingmöglichkeiten** auf Anfrage.

Essen und Trinken

Das **Restaurant** bietet À-la-carte-Essen. Oft wird bei gutem Wetter draußen in der „Boma", nach afrikanischer Tradition, gegrillt.

Cave Suites

Von Clanwilliam durch die Cederberg Wilderness Area und über Kagga Kamma sowie Tulbagh zurück nach Kapstadt

Tankwa Karoo National Park

Tankwa Karoo National Park

1987 gegründet, bedeckt der Tankwa Karoo NP (*Tankwa* = Khoi: „Durstland", „trockenes Flussbett") heute eine Fläche von 1.450 km². Khoi haben schon vor 2.000 Jahren den Landstrich für ihre Schafherden genutzt, später kamen Europäer, um ihre Viehherden grasen zu lassen. Doch für eine ständige Weidenutzung ist es einfach zu trocken, folglich kam es zu Überweidungen. Ein großer Teil des Parkgebiets gehört zu den trockensten Bereichen der Karoo (kaum 100 mm Niederschlag/Jahr). Die Temperaturschwankungen zwischen Winter (5,7 °C) und Sommer (38,9 °C) sind enorm. 20 Jahre hat es gedauert, bis sich die Vegetation von der landwirtschaftlichen Nutzung erholen konnte. Das **Roggeveld Plateau** im Osten erhält deutlich mehr Regen (600 mm/Jahr).

Trockenster Teil der Karoo

Diese Bandbreite macht den Park besonders für Botaniker interessant. Zudem gibt es einen **Stausee**, um den herum sich eine noch andere Botanik entwickeln konnte. So treffen im Tankwa Karoo NP verschiedenste **Pflanzenwelten** aufeinander, von Sukkulenten über Berg-Fynbos bis hin zu Zeugen der Capensis. Nach Regenfällen zwischen Juli und September überzieht eine wahre Blütenpracht den Park. Zu dieser Zeit sind an den Feuchtstellen viele Vögel zu beobachten. Andere Tiere wurden mittlerweile wieder – in kleinen Zahlen – angesiedelt, z. B. Berg-Zebras, Kudus, Elenantilope, Springbock, Spießbock sowie die Rote Kuhantilope. Auch der Schwarzadler ist wieder zu sehen.

Der Park ist kein typisches „Highlight", sondern wirklich etwas für Naturfreunde, die etwas Zeit mitbringen, die kleinen Details lieben und sich selbst versorgen können. Genächtigt wird entweder in den ehemaligen, liebevoll restaurierten Farmhäusern oder in den großen und gut ausgestatteten, jedoch einsam gelegenen **Elandsberg Wilderness Cottages** (schöne Aussicht). Es gibt allerdings keinen Strom im Park! Kurz:

Den Charme des Parks macht das raue Ambiente in der einsamen Landschaft aus, nicht die Tierwelt. Tipp: Am Elandsberg kann man über 4 km zu einem Lookout Point hinaufwandern. Die tolle Aussicht belohnt für die Mühe!

Reisepraktische Informationen Tankwa Karoo National Park

Information
Das **Roodewerf Parkoffice** liegt mitten im Park, ☏ *(012) 428-9111, vor Ort:* ☏ *(027) 341-1927, www.sanparks.org.*
Anfahrt: *Die meistgenutzte Zufahrt erfolgt über die gut unterhaltene und landschaftlich schöne R 355 (Piste). Möglich ist eine Anreise auch von Sutherland bzw. Middelpos. Hier sind die Pisten aber rauer und man sollte sich eine detaillierte Streckenbeschreibung einholen.*

Hinweis
Im Park gilt ein Fahrverbot zwischen 18 und 6.30 Uhr, im Sommer 19–5.30 Uhr. Ausnahme: Freitags bei Ankunft bis 21 Uhr. Mit **vollem Tank anreisen**, Tankstellen gibt es in Sutherland, Clanwilliam, Ceres und Calvinia. Die Tankstelle im Park hat nicht immer Treibstoff. Es gibt zzt. kein Restaurant und keine Geschäfte im Park! Gates: immer offen. Hinweis: Diesen Park nicht mit dem Karoo National Park bei Beaufort West verwechseln!

Eines der restaurierten Farmhäuschen im Tankwa Karoo NP

Unterkunft
Am Elandsberg stehen fünf reizvolle, geräumige und luxuriös eingerichtete **Selbstversorger-Häuser ($$$)**. *Die dicken Lehmziegelwände sorgen für kühle Temperaturen, der Ausblick ist toll. Jedes Haus mit eigenem kleinen Pool. Das* **Tanqua Guesthouse ($–$$$)**, *im Stil eines Forts gebaut, liegt am südlichen Rand des Parks und ist eher für Familien und Gruppen geeignet, da die Einheiten groß sind (zzt. auch nur Selbstversorger, Restaurant geplant). Ein Tipp sind die bezaubernd restaurierten, mit alten Möbeln eingerichteten, aber teilweise einsam gelegenen* **Farmhäuschen ($$)**. *Zudem gibt es zwei* **Campingmöglichkeiten** *mit sanitären Einrichtungen.*
Die **Gannaga Lodge $$**, ☏ *(079) 922-1688, www.gannagalodge.blogspot.com, liegt abseits, aber toll, im Nordosten des Parks, nahe der gleichnamigen Passhöhe. Sie wird privat geführt. Es gibt 10 Zimmer, z. T. in den alten Stallungen und im Farmhaus. Hier bekommen die Gäste nach Voranmeldung Mahlzeiten serviert.*

Ceres

Der kleine Ort **Prince Alfred Hamlet**, unterhalb des zu überquerenden **Gydo Pass**, wurde 1861 gegründet, nach dem zweiten Sohn von Queen Victoria benannt und stellt heute die nördliche Grenze des Obstanbaugebiets um Ceres dar. Für das 1849 gegründete **Ceres** musste die römische Fruchtbarkeitsgöttin als Namensgeberin herhalten. Nach der Entdeckung der Diamanten 1869 profitierte Ceres davon, an der Hauptroute um die Hex River Mountains nach Kimberley zu liegen. Der Du Toits Pass existierte damals noch nicht. Das Umland von Ceres heute gilt als das größte Gemüse- und Obstanbaugebiet in Südafrika. Frisches Obst wird sowohl lokal als auch international verkauft, ebenso daraus erzeugte Waren wie Säfte und Trockenobst. Mittlerweile werden sogar Ceres-Weine hergestellt. Im **Ceres Museum** können sich Besucher über die Geschichte der Stadt informieren.

Gemüseanbau

Ceres Museum, *8 Orange St., www.ceresmuseum.co.za, Mo–Fr 9–13, 14–17 Uhr.*

Von Mitte November bis Ende Dezember ist **Cherry Picking Season** auf der Klondyke Cherry Farm. Hier kann man dann selbst auf der Farm die leckeren Kirschen pflücken.

Klondyke Cherry Farm, *12 km nach Osten auf R 46, dann nach rechts abbiegen in die Bo-Swaarmoed Pass Rd. und noch 18 km fahren, ☏ (023) 312-1521, www.cherryfarm.co.za.*

Reisepraktische Informationen Ceres

Information
Ceres Tourism Bureau, *Ecke Voortrekker/Owen Sts., ☏ (023) 316-1287, www.ceres.org.za.*

Ceres Fruit Growers Factory Tours
Touren durch eine der größten **Obstverpackungsbetriebe** *der südlichen Hemisphäre sowie der* **Fruchtsaftfabrik** *können über das Touristenbüro gebucht werden. Meist Mo–Do 10 und 14 Uhr.*

Unterkünfte/Camping
Grundsätzlich sei gesagt, dass eine Übernachtung in den relativ nahen Orten Tulbagh und Paarl vorzuziehen ist.

Chantilly Guest House $$–$$$, *18 Alheit St., ☏ (023) 316-1885, www.chantillyguesthouse.co.za. Gästehaus im kapholländischem Stil. Toller Garten und Pool. B&B und Selbstversorger.*

Pine Forest Resort $$, *Carson St., ☏ (023) 316-1882. Schönes und sehr sauberes Ferienresort. Selbstversorger-Chalets und einfachere Rondavel sowie* **Campingplatz**. *Großer Swimmingpool, Trampoline, Spielplatz, Ruderboote etc.*

Klondyke Cherry Farm $$, *s. o., Selbstversorger-Häuser (4–8 Personen) und Camping.*

Tulbagh

Auf dem Weg nach Tulbagh bietet sich entweder ein Stopp im kleinen **Tolhuis Tea Garden** (kurz hinter Ceres am Mitchell's Pass) oder im **The Grain & Grape Farmstall and Coffeeshop** an der R 46 zwischen Wolseley und Tulbagh an. Der **Mitchell's Pass** stellt sich eher als Schlucht dar, denn die Passhöhe selbst befindet sich in Ceres.

Tulbagh ist eines der umfassendsten Beispiele eines südafrikanischen Ortes aus dem 18. und 19. Jh. Die ersten Siedler kamen bereits 1658 ins Tal. Die Stadt wurde 1743 von Holländern und Hugenotten um die **Oude Kerk** (heute ein Museum) gegründet. Die meisten Gebäude mussten nach einem schweren Erdbeben (Richterskala: 6,5) 1969 wiederaufgebaut bzw. restauriert werden. Allein in der Church Street, der einzigen denkmalgeschützten Straße Südafrikas, stehen 32 wunderschöne Häuser im kaphollándischen Stil. Einige davon können besichtigt werden.

Kulturhistorisches Museum

Ein unbedingtes Muss ist der Besuch des **De Oude Drostdy Museum** 4 km außerhalb von Tulbagh. Das 1806 vom Architekten Louis Michel Thibault entworfene Gebäude diente zunächst als Sitz des Landrats des Bezirks Tulbagh, bevor dieser 1822 nach Worcester umzog. 1969 wurde es nach dem Erdbeben wiederaufgebaut, 1974 zum *National Monument* erklärt und beherbergt heute, nebst einiger Nebengebäude, ein kulturhistorisches Museum. Neben historischen Möbeln und Karten beeindruckt vor allem die Sammlung alter Grammophone. Als Sitz des gleichnamigen Weinguts werden natürlich auch Weinproben angeboten, wobei ein Blick in den alten Weinkeller möglich ist.
De Oude Drostdy Museum, *Winterhoek Rd. (ausgeschildert), Mo–Sa 10–13, 14–17, So 14.30–17 Uhr.*

Reisepraktische Informationen Tulbagh

Information
Tourist Office, *14 Church St., ☎ (023) 230-1375, www.tulbaghtourism.org.za. Ist u.a. behilflich bei der Buchung von Unterkünften, so z. B. auf Weinfarmen.*

Unterkunft
The Old Tulbagh Hotel $$–$$$, *22 Van der Stel St., ☎ (023) 230-0071, www.tulbaghhotel.co.za. Im altenglischen Stil renoviertes Traditionshotel. 5 Zimmer. Restaurant und Bar.* Zum Hotel gehören zudem Unterkünfte im historischen **Winterhoek Manor** ($$$) sowie im 1807 erbauten ehemaligen **Toll House** in der Church Street ($$$–$$$$, *3 Schlafzimmer, Selbstversorger, eigener Pool*).
De Oude Herberg $$, *6 Church St., ☎ (023) 230-0260, www.deoudeherberg.co.za. In einem historischen Cape-Dutch-Haus von 1850 untergebracht. 4 Zimmer, 2 davon im Haupthaus, 2 jeweils in einem Gartencottage. Restaurant mit guten lokalen Gerichten. Pool, schattiger Innenhof. Hier nächtigt man historisch und das zu einem günstigen Preis.*
Wild Olive Farm Cottages $$ (–$$$), *von Tulbagh 6 km nach Süden fahren in Richtung Wolseley, dann nach links abbiegen, weitere 2,5 km über eine Piste, ☎ (023) 330-1160, www.wildolivefarm.com. 5 Selbstversorger-Cottages auf echter Farm. Aber nur die drei neueren und schöner gelegenen Cottages (Blick auf Berge und Farmdamm) haben Strom ($$$)! Also: rustikal und preiswert.*

Camping
Panorama Private Campsite, *Panorama Farm, am Fuß der Klein Winterhoek Mountains, ☎ (023) 230-1700, www.tulbagh.net/panorama_private_campsites.htm. Außerhalb des Ortes gelegen, aber wunderschöne Natur und Ausblicke. Grasflächen, Wanderwege, Vogelwelt. Einfach toll!*

Essen und Trinken
De Oude Herberg (s. o.). Cape-Dutch-Gerichte in traditionell historischer Atmosphäre.
Paddagang, 23 Church St., ☏ (023) 230-0242. Traditionelle Cape-Dutch- und Weinland-Küche. Weinhaus mit tollem weinüberdachtem Innenhof und schöner Aussicht auf gepflegten Garten. 1821 gegründet. I. d. R. nur tagsüber geöffnet, bis auf freitags.
Readers, 12 Church St., ☏ (023) 230-0087. Sehr gemütliches Restaurant in einem alten Cottage, mit Kunstgalerie. Spezialität: Lamm mit Knoblauch. Di geschl.

Streckenalternative
Als Alternative zur eher langweiligen direkten Rückfahrt nach Kapstadt entlang der R 44 bietet sich die Möglichkeit, die wunderschöne Route über den **Bain's Kloof Pass** zu wählen (kaum länger, ca. 1 Std. mehr an Zeit). Zu Paarl, Stellenbosch, Worcester s. S. 286, zu Riebeek Kasteel S. 512.

Abstecher ins Namaqualand und zum Richtersveld National Park

Für diejenigen, die noch ein paar Urlaubstage übrig haben, wäre das Namaqualand, besonders während der Frühlingsmonate, ein lohnendes Ziel. Für den Besuch des Richterveld NP muss man aber mind. weitere 3 Tage einplanen.

Seinen eigentlichen Reiz zeigt das **Namaqualand** vor allem im Frühling (Aug.–Okt.), wenn der Regen fällt. Dann erblühen einzelne Felder zu einem Meer von Blumen und eine Explosion der Farben setzt ein. Besonders verbreitet sind die gelb, ocker- oder orangefarben blühenden *Namaqua Daisies*, auch Kapmargerite genannt. Weiterhin gibt es die Gattungen *Cotula* (Laugenblume), *Arctotis* (Bärenohr) und *Ursinia*. Diese Pflanzen überdauern die langen Trockenperioden im Boden. Der Nebel vom Atlantik, wo der kalte Benguela-Meeresstrom für kühle Temperaturen sorgt, ist Garantie für die nötige Mindestfeuchte. Man kann diese Halbwüste also zu den Kaltwüsten zählen, zumindest die küstennahen Abschnitte. Zum Landesinneren nimmt die Niederschlagsmenge zu und erreicht an den Berghängen zwischen Springbok und Bitterfontein teilweise mehr als 250 mm/Jahr. Die Vegetation besteht hauptsächlich aus wasserspeichernden Sukkulenten, wie den urig-knorrigen Köcherbäumen. Der Name leitet sich ab von den **Namaquas** (Plural von *Namas*). Sie stammen von den Khoi (die „Kleinen Namas") ab, die hier als erste fest siedelten und Weidetierhaltung einführten.

Kaltwüste

Das Namaqualand teilt sich in **vier große Einzelgebiete** auf, die alle einer eigenen geologischen Formation angehören:
• Im Nordwesten zwischen der Grenze zu Namibia, Port Nolloth und der N 7 das **Richtersveld**, eine Halbwüste, auch als Bergwüste bezeichnet.
• Entlang der N 7 von Springbok bis Bitterfontein mit Bergen bis zu 1.700 m und Niederschlägen von bis zu 300 mm befindet sich die **Namaqualand Klippkoppe**.
• **Knersvlakte** nennt man das Areal, das sich von Bitterfontein bis Vanrhynsdorp südlich der Klippkoppe anschließt und eher eine trostlose Halbwüste ist.

- Das **Sandveld** erstreckt sich als 20–30 km breiter Streifen an der Küste entlang. Im Landesinneren ist der Sand dunkelrot, an der Küste weiß. Diese Färbungen resultieren aus unterschiedlichen Niederschlagsmengen, der rote Sand hat mehr Niederschlag erhalten und ist somit oxidiert.

Namaqualand und Richtersveld NP in Kürze

Trawal, Vredendal und Vanrhynsdorp

Trawal, 15 km südlich von Klawer, ist der Hauptsitz der **Stellar Winery**, die organisch und unter Fairtrade-Bedingungen angebauten Wein vertreibt. Die Farmarbeiter halten 26 % der Anteile an den Weinfarmen und 50 % an denen der Vertriebsorganisation. Die Winery erhielt als erster Produzent weltweit das Fairtrade-Etikett und war das erste Weingut in Afrika, das organisch angebauten Wein verkauft hat.
Stellar Winery, N 7, Trawal, ℡ *(027) 216-1310, www.stellarorganics.com.*

Fairer Wein

Vredendal ist ein belebtes Zentrum inmitten der Weinkulturen des Oliphant-River-Tals. In der Stadt hat man die Möglichkeit, Weinkellereien zu besichtigen.

Vanrhynsdorp eignet sich für die Erkundung des südlichen Teils des Namaqualands. Lohnend ist ein Besuch in der **Kokkerboom Nursery** *(Kokerboom Kwekery)* am Ende der Voortrekker Street. Sie gilt als die größte Sukkulentengärtnerei in Südafrika. Eine ganz andere Attraktion stellt das **Latsky Radio Museum** dar, wo über 200 alte Röhrenradios zu bewundern sind *(Ecke Church/Olive Sts., Voranmeldung,* ℡ *027-219-1032).*

Ein Ausflug zum idyllischen Karoo-Dorf **Niewoudtville** (Unterkünfte, Restaurants), wo es neben einem Flower Reserve auch die 100 m hohen Niewoudtville-Wasserfälle gibt, lohnt sich. Faszinierend ist der Blick vom Van Rhyn's Pass auf die Ebene bis hin zum Atlantik. Auch dieser Ort ist bekannt für seine Rooibos-Tee-Produktion.

Bitterfontein, Garies und Kamieskroon

Tor zum Namaqualand

Bitterfontein, **Garies** und **Kamieskroon** sind verschlafene Örtchen, denen man während der blumenlosen Zeit nur wenig Beachtung schenken sollten. Zur Hauptblütezeit aber fungiert vor allem Garies als Tor zum Namaqualand. Etwas nördlich von Garies führt eine Piste (östlich der N 7) durch die Kamiesberge, die auch als die **Garden Route of Namaqualand** bezeichnet wird. An den feuchteren Berghängen ist die Chance auf ein buntes Blütenmeer im Frühling besonders groß. Als den schönsten Teil bezeichnet man das Areal östlich von Kamieskroon. Westlich von Kamieskroon lockt zur Blütezeit das **Skilpad Wildflower Reserve**, ein 1.000 ha großes Gebiet an der ersten Bergkette, die das Inland vom Atlantik trennt. Hier fällt besonders viel Niederschlag und sorgt für eine bunte Blütenpracht. Das Reserve ist nur während der Blütemonate geöffnet! Anders dagegen der **Namaqua National Park** (schöne Unterkünfte, Anfahrt über Kamieskroon), auf dessen **Skilpad Flower Route** Flora, Fauna und Geologie des Namaqualandes erläutert werden.

Shipwreck Trail/Diamond Coast-Touren

Die Küste südlich von Kleinsee ist durch die Minengesellschaften (Diamanten) gesperrt. Doch werden geführte Touren angeboten, z. B. eine **Minentour** sowie der

45 km lange **Shipwreck Trail**, der durch die Dünen und entlang der Küste an fünf Schiffswracks vorbeiführt. Während der Tour, die man nur mit eigenem Geländewagen durchführen kann (Ausnahmen: 2 Personen können evtl. auch beim Führer mitfahren), werden die Botanik und das Diamantenschürfen erläutert.

Springbok und Umgebung

Springbok gilt als die Hauptstadt des Namaqualands und ist umgeben von hohen Granitfelsen. Das erste Kupfer wurde hier bereits 1685 von Gouverneur Simon van der Stel entdeckt und abgebaut. Eigentlich suchte er damals das sagenumwogene Goldreich *Monomatapa*. Der Abbau des Kupfers im großen Stil lohnte erst ab 1852. Van der Stels erste Mine kann heute angeschaut werden, 3 km südlich von Carolusberg (Goegap Nature Reserve). Die tätigen Kupferminen befinden sich mittlerweile in Nababeep und Okiep. Im **Minen-Museum in Nababeep** sind u. a. ehemalige Fördergeräte, historische Fotografien, eine alte Dampflok ausgestellt. Ein kleines Museum in Springbok spiegelt die Stadtgeschichte wider.

Kupferabbau

Das **Goegap Nature Reserve** liegt 15 km östlich von Springbok. Das 16.000 ha (davon 7.500 ha eingezäunt) große Gebiet ist ein Muss für jeden Pflanzenfreund (590 Pflanzenspezies). Im **Wild Flower Garden** sind alle im Namaqualand vorkommenden Sukkulenten zu bewundern. Während der Blumenblütezeit wird ein **Flower Information Office** eingerichtet (Infos über Standorte der Blumen im Namaqualand). Im Park lässt sich auf Wanderwegen und abgesteckten Autostrecken die Vegetation bewundern. Die Tierwelt bietet verschiedene Antilopenarten, Klippspringer, Duiker, einige Hartmann-Bergzebras, Strauße sowie 94 Vogelarten.

Wer von Springbok wieder in Richtung Süden fährt, dem bietet sich Piste über den **Messelpad Pass** bis nach **Hondeklip Bay** (dann über Wallekral zurück nach Garies) an. Hondeklip Bay ist ein idyllisches Fischerdorf, wo die Zeit stehen geblieben zu sein scheint.

Port Nolloth und Alexander Bay

Port Nolloth, von den Einheimischen gerne *Port Jolly* genannt (wegen der vielen Bars), wurde 1855 gegründet und nach dem Kommandanten, der ein Jahr zuvor die Küste erkundet hat, benannt. Es wurde als Hafen für die Kupferexporte aus Springbok angelegt. Der Zufall wollte es, dass man hier nach dem Ersten Weltkrieg Diamanten fand. In nur einem Monat, bevor die Minengesellschaften alle Schürfrechte erhielten, fanden eilige Glücksritter bereits 12.549 Karat Diamanten. Heute werden die Diamanten zum großen Teil aus dem Wasser geholt. Während de Beers alle Schürfrechte direkt am Strand und im flacheren Wasser hat, gehen private Diamantentaucher weiter ins Wasser hinaus und pumpen den Meeresschlamm ab, um hinterher an Land die Diamanten herauszufiltern. Bei den kühlen Luft- und Wassertemperaturen ist das kein angenehmer Job. Wer nach Port Nolloth findet, sollte keine Sehenswürdigkeiten, einen netten Strand sowie warmes Klima erwarten. Es ist vielmehr die Pionieratmosphäre, die hier herrscht und einen Besuch lohnend macht.

Diamanten aus dem Meer

Alexander Bay, ein weiterer Diamantenort, wirkt äußerlich noch verschlafener als Port Nolloth. Nach Voranmeldung kann die Diamantenmine besichtigt werden (4 Std.). Ein kleines **Minenmuseum** erzählt die Geschichte des hiesigen Diamantenfiebers. In der Bucht tummelt sich eine große **Seehundkolonie** (bis zu 8.000 Seehunde).

Richtersveld National Park

Die gute und breite Piste zum Richtersveld National Park führt nach **Sendelingsdrif**, einer ehemaligen Minensiedlung und dem heutigen Parkhauptquartier sowie dem einzigen Eingang zum Park. Dabei passiert man den **Köcherbaumwald Cornellskop**, unterhalb dessen sich ein über 40 m tiefes, natürliches Wasserloch („**Sinkhole**") befindet, das für die Namas große Bedeutung hat: Eine Schlange bewacht hier einen großen Diamantenschatz und ihr Gott *Heitsi Eibib* nennt das Loch seine Heimat. Von Sendelingsdrif vekehrt eine kleine Fähre hinüber nach Namibia.

Raue Landschaft

Der 1.625 km² große **Richtersveld National Park**, Teil des sog. **Transfrontier Parks**, der bis zum Fish River Canyon in Namibia reicht, weist eine typische Bergwüstenlandschaft auf. Nördlich ist er begrenzt durch den Gariep (Oranje) River. Für einen Besuch muss man sich anmelden (am besten schon von Europa aus), denn die Besucherzahl ist limitiert und die Unterkünfte bestehen bis auf die Chalets und das kleine Hotel am Eingang nur aus einfachen Campsites. 2007 wurde der Park zum Welterbe ernannt. Die **Vegetation** ist durch das arid-heiße Klima (im Sommer bis zu 50 °C) bestimmt. Köcherbäume sowie unzählige, z. T. sehr seltene Sukkulenten wachsen hier, z. B. der nur hier vorkommende „Halfsman". Er sieht aus wie ein langer Pilz mit kleinem, flachen Kopf und richtet sich immer nach der Sonne. Der Park ist durch verschiedene **Allradpisten** erschlossen, an denen es fünf sehr schön gelegene **Campingplätze** (kein Trinkwasser!) gibt. Der De Hoop-Campingplatz liegt z. B. direkt am Gariep River. Ausreichend Proviant, zweiter Reservereifen und Sonnenschutz verstehen sich von selbst. Von Tagesbesuchen wird abgeraten.

Reisepraktische Infos Namaqualand, Diamantenküste, Richtersveld NP

ℹ Information

Die besten Infos erhält man im **Kamieskroon Hotel** sowie in der **Springbok Lodge & Restaurant** *(s. u.)*.
Namaqua National Parks, ☏ *(027) 672-1948, www.sanparks.org*. Zufahrt zum Skilpad Office über **Kamieskroon**.
Diamantenküste/Shipwreck Trail, Infos über De Beers, ☏ *(027) 877-0028, www.coastofdiamonds.co.za* oder *www.diamondcoast.co.za*. Die geleiteten Touren sind mind. 3 Tage im Voraus zu buchen; beim Passieren der Tore muss der Reisepass vorgelegt werden.
Springbok Regional Tourism Office, Voortrekker St., ☏ *(027) 712-8035, www.northerncape.org.za*.
Richtersveld National Park, ☏ *(027) 831-1506, www.sanparks.org*. Unbedingt vorher anmelden, nur eine begrenzte Anzahl Besucher wird zugelassen. Nur mit Geländewagen.

🛏 Unterkünfte (von Süden nach Norden)

Vredendal Hotel $$, 11 Voortrekker St., Vredendal, ☏ *(027) 213-1064, www.vredendalhotel.co.za*. Privat geführtes, gemütliches Hotel mit ausgezeichnetem Publunch.
Van Rhyn Guest House $$$, Van Riebeeck St., Vanrhynsdorp, ☏ *(027) 219-1429, www.vanrhyngh.co.za*. Ansprechendes Gästehaus im viktorianischen Stil mit 8 Zimmern, die in den umgebauten Stallungen untergebracht sind. Gute Küche (vorher anmelden).
Van Zijl Guesthouses $$–$$$, Buchung über Smidswinkel Restaurant & Info Center, Neethling St., Niewoudtville, ☏ *(027) 218-1535, www.nieuwoudtville.co.za*. Hier wohnt man

in kleinen, traditionellen Sandsteinhäusern, die sich über den Ort verteilen. Selbstversorger, aber es gibt ja das o. g. Restaurant (auch Frühstück).
Kamieskroon Hotel $$–$$$, *Kamieskroon*, ☎ *(027) 672-1614, www.kamieskroonhotel.com*. Unscheinbares Landhotel mit Campingmöglichkeit und Restaurant. Der Knüller sind die zur Blumensaison stattfindenden Fotokurse (Monate im Voraus anmelden!).
Im **Namaqua National Park** (s. o.) gibt es **Chalets/restaurierte Häuser** und während der Blumensaison ein klasse **Zeltcamp**. Zudem tolle, wenn auch einsame **Campingplätze** nahe am Meer (einige nur mit Geländewagen erreichbar). Alles nur für Selbstversorger, kein Shop oder Restaurant im Park!
Romantisch, aber einfach (kein Strom) sind die **Noup Chalets $–$$** am Trail entlang der **Diamantenküste/Shipwreck Trail**. Die Selbstversorgerhütten liegen nahe zum Meer und wurden einst von den Diamantentauchern bewohnt. De Beers vermittelt auch Unterkünfte in Gästehäusern, Holzhütten sowie Plätze auf einem **Campingplatz**. Alles über ☎ *(027) 877-0028, www.coastofdiamonds.co.za*.
Naries Guest Farm $$–$$$$, *ca. 28 km außerhalb von Springbok an der R 355 nach Kleinsee,* ☎ *(027) 712-2462, www.naries.co.za*. Tolle B&B-Unterkunft. Man wohnt im Manor House oder einem luxuriösen Cottage, welches sich in seiner runden Form schön den Felsen anpasst. Günstiger sind die Selbstversorgerhütten. Ein Tipp fürs Abschalten!
Springbok Lodge & Restaurant $–$$$, *37 Voortreker St., Springbok,* ☎ *(027) 712-1321, www.springboklodge.com*. Relativ günstiges Hotel mit bodenständigem **Restaurant**. Die Unterkünfte verteilen sich auf mehrere Häuser. Es gibt von Schlafsälen über Selbstsorger-Apartments bis hin zu gut ausgestatteten Doppelzimmern mit eigenem Wohnzimmer alles. Die Besitzer sind absolute Kenner der Region und können somit gute Informationen zum Namaqualand geben. Eigentlich der Tipp im Ort wegen des guten Preis-Leistungs-Verhältnisses. Angeschlossen ist ein **Namaqualand-Souvenirshop** mit einer Auswahl guter Bücher über die Region.
Okiep Country Hotel $$–$$$, *Main St., Okiep, 8 km nördl. von Springbok,* ☎ *(027) 744-1000, www.okiep.co.za*. Herausgeputztes Landhotel in Südafrikas ältester Minenstadt. Gut ausgestattete Zimmer. Pub im Hause. Der Besuch der Attraktionen sowie Flower-Touren (während der Saison: Aug./Sept.) können arrangiert werden.
Bedrock Lodge $–$$, *2 Beach Rd., Port Nolloth,* ☎ *(027) 851-8865, www.bedrocklodge.co.za*. Zimmer und hölzerne Häuser – teilweise wohnten hier Fischer und Taucher – nahe dem Wasser. Einfach, aber dem Stil des Ortes angepasst.
Scotia Inn $–$$, *Main Rd., Port Nolloth,* ☎ *(027) 851-8353, www.scotiainnhotel.co.za*. 22-Zimmer-Kleinstadthotel. Nichts Spektakuläres, okay für eine Nacht. Restaurant, Bar, Pool.
Richtersveld National Park, *Kontaktdaten s. o*. Es gibt **Chalets in Sendelingsdrif** am Haupteingang, aber kein Restaurant! Im Park kann man campieren, zudem einfache **Selbstversorgerhäuser im Tatsaberg** sowie im **Ganakouriep Wilderness Camp**. Dafür muss man alles mitbringen, auch Trinkwasser! Schönster **Campingplatz**: **De Hoop**, direkt am Fluss. Wer im Park nächtigen möchte, muss vor 16 Uhr an der Rezeption eintreffen.

Kanutouren auf dem Gariep (Orange) River
Die Kanutouren, die zwischen einem und sechs Tagen dauern, werden im Voraus geplant. Es gibt keine „spontanen" Kurztrips vor Ort! Also rechtzeitig erkundigen, am besten bereits von Europa aus. Die zwei größten Anbieter für Kanutouren sind:
Felix Unite, ☎ *(021) 702-9400, www.felixunite.com*
River Rafters, ☎ *(021) 712-5094, www.riverrafters.co.za*

ANHANG

Literatur

Karten/Reiseführer

➤ **Slingsby Maps** sind hochwertige, sehr detaillierte Touring- und Wanderkarten, u. a.: Cape Town, Cape Peninsula, Cape Winelands, Table Mountain, Fynbos Road, Garden Route, Cederberg, Overberg Whale Coast, Swartberg/Little Karoo, Day Drives from Cape Town. Erhältlich in Buchläden. www.slingsbymaps.com.

➤ **Map Studio** ist ein bekannter, südafrikanischer Kartenverlag, der Straßen- und Touristenkarten herausgibt, u. a.: Cape Town Street Map, Cape Town and Surrounding Attractions Road Map, Table Mountain and Cape Peninsula Adventures Road, Garden Route and Route 62 Road Map, Western Cape Road Map, Winelands of the Western Cape Road Map. Erhältlich in Buchläden. www.mapstudio.co.za.

➤ Iwanowski, Michael: **Südafrika**. Iwanowski's Reisebuchverlag. Umfangreicher, detaillierter Reiseführer mit Hintergrundinformationen und guten Tipps.

➤ **101 Südafrika**. Iwanowski's Reisebuchverlag. Eine Auswahl der schönsten Reiseziele und Lodges in Südafrika.

➤ Lundy, Mike: **Best Walks in the Cape Peninsula**. Random House Struik, SA. Kleines, handliches Buch mit einer Auswahl der vielen Wanderwege auf der Kaphalbinsel.

➤ Erasmus, B.P.J.: **On Route in South Africa**. Jonathan Ball Publishers, SA. In 37 Kapiteln wird das Land „bereist". Gut, um sich inspirieren zu lassen.

Geschichte / Biografien

➤ Ross, Graham: **The Romance of Cape Mountain Passes**. Tolles Buch über die Geschichte aller Pässe und Schluchtdurchfahrten in den Kappprovinzen. Die Fahrt über einen Pass oder durch eine Schlucht erhält eine andere Perspektive.

➤ Hagemann, Albrecht: **Kleine Geschichte Südafrikas**. Die Völkerkunde des Landes, Apartheid, Nelson Mandela. Fakten und Begriffe zu Südafrika.

➤ Meredith, Martin: **Nelson Mandela – A Biography**. Wenn auch schon etwas älter, der Historiker, Journalist und Afrikakenner liefert eine gute Biografie Mandelas.

➤ Mandela, Nelson: **Der lange Weg zur Freiheit**. Nicht nur eine Autobiografie Mandelas, sondern auch eine Beschreibung südafrikanischer Verhältnisse während der Apartheid.

➤ Tutu, Desmond: **Versöhnung**. Die Botschaften des Erzbischofs über Gerechtigkeit, Versöhnung und Miteinander berührt.

Flora und Fauna

➤ Carruthers, V. (Ed.): **The Wildlife of South Africa**, Random House Struik, SA. Ein Klassiker unter den Tier- und Pflanzenführern. Illustrationen und Beschreibungen von Pflanzen, Bäumen, Säugetieren, Insekten, Vögeln, Reptilien. Auch auf Deutsch erhältlich.

➤ Newman, K.: **Newman's Birds of Southern Africa**. Random House Struik, SA. Ornithologischer Führer, der Vögel zwischen dem Zambezi und der Antarktis beschreibt. Enthält einen Namensindex auf Deutsch.

➤ Conradie, F.: **Einführung in den südlichen Sternenhimmel**. Die Himmelskörper südlich des Äquators werden verständlich erklärt.

➤ Stuart, Chris u. Tilde: **Field Guide to the Mammal of Southern Africa**. Random House Struik, SA. Eines der besten Bücher, um die Säugetiere Südafrikas zu bestimmen und Hintergrundwissen zu erlangen. Gute Illustrationen.

Romane / Krimis

- Breytenbach, Breyten: **Mischlingsherz**. Hanser Verlag. Der Sohn einer Burenfamilie beschreibt seine Rückkehr in ein zweigeteiltes Land. Landschaften und Menschen werden herausragend porträtiert. In **Wahre Bekenntnisse eines Albino-Terroristen** schildert der Autor seine Erfahrungen während seiner Inhaftierung wegen Hochverrats.
- Brink, André: **A Chain of Voices**. Minerva, UK. Der Roman (dt. **Die Nilpferdpeitsche**), der im 18. Jh. in der Kapprovinz spielt, schildert das Verhältnis einer Farmerfamilie zur Sklaverei. **Stein des Anstoßes** sind Erzählungen, die vor dem Ende der Apartheid entstanden sind. **Im Gegenteil** und **Zeit des Terrors** sind Romane, die Brink nach den Ende der Apartheid verfasste. In **Kupodos Chronik** wird die Suche eines Mannes nach seinen Wurzeln eindringlich beschrieben.
- Coetzee, J.M.: **Der Junge. Eine afrikanische Kindheit, Eiserne Zeit, Im Herzen des Landes, Schande, Sommer des Lebens**. Fischer Verlag. In seinen z. T. autobiografischen Werken schreibt Coetzee vor allem von den Empfindungen und Problemen von Weißen während und nach der Apartheidszeit.
- Gordimer, Nadine: **Nicht zur Veröffentlichung** und **Eine Stadt der Toten, eine Stadt der Lebenden**. Fischer Verlag. Kurzgeschichten und Erzählungen der südafrikanischen Nobelpreisträgerin, die über das Leben der Südafrikaner wie kein anderer schreibt und durch ihre intensive Schilderungen zum Nachdenken bewegen. Weitere empfehlenswerte Bücher Gordimers: **Die Geschichte meines Sohnes, Burgers Tochter, Fremdling unter Fremden, Ein Spiel der Natur** und **Der Besitzer, Niemand, der mit mir geht, Ein Mann von der Straße, Fang an zu leben** und **Keine Zeit wie diese**.
- La Guma, Alex: **A Walk in the Night**. Heinemann, GB. Kurzgeschichten aus dem ethnisch vielseitigen „District Six" in Kapstadt, der von der Apartheid-Regierung niedergerissen wurde.
- Mda, Zakes: **Der Walrufer**. Mda, ein Theaterwissenschaftler und eine der wichtigen schwarzen Stimmen Südafrikas, erzählt die etwas groteske Dreiecksgeschichte zwischen einem Mann, einer Frau und einer Walkuh. Im Unionsverlag Zürich erschienen ist ebenfalls **Die Madonna von Excelsior**.
- Meyer, Deon: **Der traurige Polizist**. Aufbau Verlag. **Tod vor Morgengrauen**. Knaur. **Das Herz des Jägers, Der Atem des Jägers, Weißer Schatten, Dreizehn Stunden, Rote Spur**, alle bei Rütten und Loening. **Schwarz, weiß, tot**, Aufbau. Spannende und preisgekrönte Krimis liefern schonungslose und tiefe Einblicke in die entlehnte Realität des heutigen Südafrika. Meyers Krimis sind aus dem Afrikaans übersetzt.
- Mhlophe, Gcina: **Love Child**. Peter Hammer Verlag. Märchen, Gedichte und Vorträge der bekannten Schriftstellerin, Erzählerin und Schauspielerin und sind in diesem Buch zusammengefasst. Mhlophe, die vor allen Dingen für ihr Theaterstück **Have You Seen Zandele** und ihre Arbeit mit Kindern bekannt ist, erzählt von Erlebnissen und Erfahrungen während und nach der Apartheid.
- Nunn, Malla: **Ein schöner Ort zu sterben**. Aufbau Verlag. Der erste Band einer Krimiserie, Hintergrund ist das Apartheid-beherrschte Südafrika während der 1950er-Jahre. **Lass die Toten ruhen**. Rütten und Loening Verlag. Der zweite Band der Serie.
- Schreiner, Olive: **Story of an African Farm**. Penguin Books, GB. Erzählt wird die Geschichte zweier weißer Frauen, die auf einer einsamen Farm in der Karoo lebten und deren Leben sich durch das Auftauchen eines irischen Reisenden dramatisch ändern soll.
- Trump, Martin u. Jean Marquard (Hrsg.): **A Century of South African Short Stories**. Ad Donker Public., SA. Eine gelungene Sammlung von südafrikanischen Kurzgeschichten aus dem 20. Jh.

Stichwortverzeichnis

4-Pässe-Fahrt 286ff
12 Apostel 180, 182, 189

Abseiling 111, 239
Addo (Elephant) NP 371ff
African National Congress (ANC) 17, 19, 29, 31, 34, 35, 36, 37, 38, 39, 40, 41, 44
Afrikaaner 29, 30, 32, 70, 72, 308
Afrikaans 72, 116, **308**
Afrikaanse Taalmonument 308
Agulhas NP 447f
Agulhas-Strom 263
Alexander Bay 527
Algeria 513, 514, 517
Alkohol 88
Amakhala Game Reserve 379
Amalienstein 334
Angeln 111
Anysberg NR 481
Apartheid 18, 29, 32ff, 45, 69, 76ff, 84, 85, 191, 195, 366
Apotheken 88
Aquila Private Game Reserve 484
Architektur 81
Arniston 446, 448
Ashton 325
Asiaten 71
Assegaaibosch NR 293
Aston Bay 381
Attaqua's Kloof Pass 420
Auto fahren 88ff
Avontuur 352, 396, 397

Baboons 67, 261
Backsberg Wine Estate 310
Bain's Kloof Pass 306, **314f**
Bain's Old Road 511
Bank 101
Barnard, Christiaan 172, 174
Barrydale 330f
Bartolomeu Diaz Museum Complex 423
Baviaanskloof Wilderness Area 348ff
Baz Bus 122
Beaufort West 476
Behinderte 91
Belvidere Estate 404
Benguelastrom 51, 117, 263, 502

Betty's Bay 456
Bevölkerung 69ff
Bien Donné 299
Big Bay 197, 198, 224, 490
Big Five 65, 319
Bildungswesen 76f
Biltong 95
Biodiversity & Wine Initiative 304
Birds of Eden 390
Bitterfontein 526
Blaauwklippen 294
Black Rocks 265
Blacks 69f
Bloubergstrand 197f, 490
Bloukrans Bridge 387
Blue Train 127
Bodenschätze 46
Bonnievale 325
Bontebok NP 439
Bordjiesrif 265
Bosberg NR 468
Bosch Luys Kloof NR 335
Boschendal 295, 301
Bosmansbos Wilderness Area 330
Botanical Gardens 65
Botlierskop Game Reserve 420, 425
Botschaften 91
Boyes Drive 253, 272
Brandy Route 316
Bredasdorp 445, 448
Brenton-on-Sea 404
Briten 25f, 28, 29, 32, 267
Brittania Bay 502
Buffalo Bay 404
Buffalo Hills Game Reserve 391
Buffels Bay 265
Buitenverwachting 82, 275f
Bungee-Jumping 111, 389
Buren 25ff, 28, 29, 32, 70, 72
Burenkriege 27f
Burgers Pass. 326
Bus 92f
Buschmannzeichnungen 508, **516**, 518
Butterfly World 309

Caledon 440
Calitzdorp 335, 419
Camdeboo NP 473f

Camper 93
Camping 122f
Camps Bay 254
Cango Caves 342ff
Cape Agulhas 53, 55, 447f
Cape Columbine NR 501
Cape Dutch Architecture 81f
Cape Flats 54, 61, 74, 193, **194ff**
Cape Hangklip 456
Cape Nature 108, 109, 203
Cape of Good Hope 21, 53, 54, 251, **264**
Cape of Good Hope NR 251, **259ff**
Cape Peninsula 61
Cape Point 263
Cape Point Ostrich Farm 259
Cape Recife 366
Cape St. Francis 381
Capensis 62
Cederberg Wilderness Area 513ff
Ceres 522f
Chapman's Peak Drive 256f
Citrusdal 511
Clanwilliam 507ff
Claremont 274
Coastal Forest 397
Coetzee, J.M. 19, 84, 315
Coloureds 70
Constantia Uitsig 275
Constantia Valley 275ff
Cradock 463f
Cradock's Pass 419

Danger Point 450f
Darling 491f
Darlington Section 375
De Doorn 326
De Hoop NR 442ff
De Kelders 451
De Klerk, Frederik 38
De Mond NR 446
De Vlug 397
Delfine 395, 442
Demografie 74
Desmond Tutu 44, 73
Devil's Peak 54, 189
Diamond Coast-Touren 526
Diaz Beach 264
Diaz Cross 264
Diaz, Bartolomeu 21, 421, 360
Diepwalle 397

Dirk-Uys, Pieter 492
Dolphin Trail 385
Drachenfliegen 111
DrakensteinValley 299
Dutch East India Company (VOC) s. Holländisch-Ostindische Kompanie
Dyer Island 450

East Cape Province 16
Einreise 94
Eintrittskarten 94
Eisenbahn 126
Elands Bay 502
Elandsberg Eco Reserve 507
Elandsfontein NR 498
Elim 449f
Enfernungstabelle 129
Englisch-Burischer Krieg 27f
Essen 94ff

Fahrrad fahren 112, 240
Fairview 311
False Bay 114, 243, 262, 264, 265, 456
Farmstalls 323
Featherbed NR 401, 403, 404
Feiertage/Festival 98, 99
Fischfang 51
Fish Hoek 270
Fishing Pools 430
Flüge 100
Fotografieren 100
Franschhoek 299ff
Franschhoek Food & Wine Route 301f
Franschhoek Pass 286
Führerschein 88
Fußball-Weltmeisterschaft 43
Fynbos 54, **62ff**, 258, 261, 279, 429

Gamkaberg NR 336
Gamkapoort Dam 335
Gamkaskloof 345
Gamtoos River 380
Gans Bay (Gaansbaai) 451
Garden Route 54, **354ff**, 358, **383f**, 412
Garden Route NP 383
Garies 526
Geld 101
Genadendal 440
George 413ff
- Dutch Reformed Church 413

- George Museum 413
- George Station
- OuteniquaTransport Museum 414
- Sklavenbaum 413
Geografischer Überblick 53ff
Geologische Entwicklung 59ff
Geschichtlicher Überblick 17ff
Gesellschaft 69ff
Gesundheit 102f
Getränke 94, 98
Gifkommetjie 265
Glencairn 269
Goegap NR 527
Golf 104f, 240f, 417
Gordimer, Nadine 84
Gordon's Bay 305
Goukamma NR 405
Gouritsmond 429
Graaff-Reinet 468ff
- Drostdy 470
- Dutch Reformed Church 472
- Graaff-Reinet Pharmacy 472
- Hester Rupert Art Museum 472
- Old Library Museum 471
- Reinet House 471
- Stretch's Court 471
- The Old Residency 471
- Urquardt House 472
Grande Provence 302
Great Karoo 61, 321, 459, 450, **466f**
Green Mountains 441
Grenzübertritte 90
Greyton 440
Greyton NR 440
Groot Constantia 276f
Groot Drakenstein 309
Grootbos Private NR 454
Großer Trek 26
Großlandschaften 59ff

Harold Porter National Botanical Garden 65, 456
Haute Cabrière 301
Heidelberg 433
Hellshoogte Pass 286
Hermanus 199, 453ff
Herold 418
Herolds Bay 419
Hex River Farm 511
Hex River Pass 326
Hex RiverValley 326, 484, 485
HoekoValley 333

Holländisch-Ostindische Kompanie **22f**, 70, 153, 160, 276, 300, 423
Homelands 30
Hondeklip Bay 527
Hottentots' Holland NR 294
Hout Bay 254f
Hugenotten 23, 282, 300
Humansdorp 382

Imhoff Farm 257f
Information 106
Inkatha 35, 39
Internet 105
Inverdoorn Game Reserve 484

Jacobsbaai 500
Jan Marais NR 293
Jeffrey's Bay 381
Jongensfontein 430
Jonkershoek 293
Jonkershoek NR 293
Jordan 296
Joubertina 352
Just Nuisance 269

Kabouga Section 376
Kagga Kamma 518f
Kalk Bay 270ff
Kamieskroon 526
Kanna-Route 334
Kanonkop 265, 296
Kanu fahren 112, 407
Kap der Guten Hoffnung s. Cape of Good Hope
Kaphalbinsel 250ff
Kapholländischer Stil 82
Kapmalayen 23, 71, 151
Kapstadt **144ff**
- Adderley Street 149
- Athlone 194
- AVA Gallery 159
- Bantry Bay 182
- Bertram House 150
- Big Bay 197, 198
- Bishopscourt 172
- Blouberg strand 197, 198
- Bo-Kaap 151, 193
- Bo-Kaap Museum 150
- Camps Bay 179, 182f
- Canal Walk 199
- Canale Grande 165
- Cape Flats 193, 194ff
- Cape Medical Museum 166
- Cape Town Holocaust Centre 158

- Cape Town Hotel School-Restaurant 180
- Castle of Good Hope 152
- Century City 199
- Chavonnes Battery Museum 166
- City Bowl 148
- Claremont 172
- Clifton 179, 182
- Clock Tower 166
- Company's Garden 153
- Crossroads 195
- CTICC 152
- De Tuynhuys 156
- De Waterkant 163
- Design Museum 163
- Devil's Peak 189
- Diamond Museum 166
- District Six Museum 156, 193
- Forester's Arms 177
- Fort Wyngard 166
- Gold of Africa Museum 157
- Green Point 179, 180f
- Greenmarket Square 157
- Groote Kerk 158
- Gugulethu 195
- Heart of Cape Town Museum 172
- Heerengracht 149
- Hermanus 199
- Houses of Parliament 158
- Innenstadt 148
- Irma Stern Museum 176
- Iziko Museum 150
- Jan van Riebeeck-Statue 162
- Jewish Museum 158
- Josephine Mill 176
- Khayelitsha 196
- Kloof Nek 183
- Kloof Street 159
- Koopmans-de Wet Museum 158
- Langa 195
- Lion's Head 189
- Long Street 159
- Lower Main Road 175
- Lutheran Church 157
- Malay Quarter 151
- Market Plaza 167
- Michaelis Collection
- Mitchell's Plain 195
- Montebello Design Centre 177
- Mostert's Mill 175
- Mowbray 171
- Newlands 170, 172
- Nobel Square 168
- Observatory 170, 171, 175
- Old Castle Brewery 172
- Old City Hall 153
- Old Port Captain's Building 168
- Old Town House 157
- Pink Village 180
- Ratanga Junction 199, 200
- Rhodes Memorial 177
- Robben Island 190ff
- Robinson Graving Docks 168
- Rondebosch 170, 274
- Rugby Museum 176
- Rylands 194
- Sea Point 179, 181f
- Seilbahn 185, 188
- Sendinggestig (Slave Church) Museum 160
- Signal Hill 189
- Slave Lodge/South African Cultural History Museum 160
- South African Breweries/SABMiller (Heritage Center) 176
- South African Library 161
- South African Maritime Centre 168
- South African Museum & Planetarium 161
- South African National Gallery 161
- St. George's Cathedral 159
- Table Mountain 183ff
- Tagesausflüge 197ff
- Three Anchor Bay 181
- Time Ball Tower 169
- Township-Tour 193ff
- Two Oceans Aquarium 169
- Victoria & Alfred Hotel 169
- Victoria & Alfred Waterfront 163ff
- Victoria Wharf Mall 170
- Wanderwege (Table Mountain) 185, 186
- Waterfront Craft Market 170
- Weinanbaugebiete 198
- West Coast NP 199
- Woodstock 170, 171
Kareedouw 353
Karoo National Botanical Garden 65, 317
Karoo NP 477f
Kartenmaterial 106
Keisie-Tal 321
Kenilworth 274
Kersefontein Guest Farm 498
Khoikhoi 20, 71
Khoisan 20, 519f
Khwa ttu-San Cultural Center 492
Kinder 107
Kirkwood 380
Kirstenbosch National Botanical Garden 65, 80, 179, 230, 253, **277ff**
Klapmuts 309
Kleidung 107
Klein Constantia 276
Klein Karoo (s. auch Little Karoo) 321
Kleinmond 456
Klima 55ff
Kloofing 113
Knysna 398ff
Knysna Elephant Park 396
Knysna Forest 396f
Knysna Lagoon/Estuary 383
Knysna National Lake Area 400
Kogelberg NR 456
Kogmanskloof 325
Kolonie 22
Kommetjie 258
Kom-se-Pad Scenic Drive 398
Konsulate 91
Kreditkarten 101
Kreuz des Südens 58
Kriminalität 108
Kruger, Paul „Ohm" 27
Kultur 78ff
Kunsthandwerk 78f
KWV (Kooperatiewe Wijnbouwers Vereeniging) 311
KWV House of Brandy 316

La Chataigne 302
La Motte 301
Laaiplek 502
Ladismith 332
Laingsburg 480f
Lamberts Bay 504f
Landwirtschaft 49
Langebaan 496
Langkloof Valley 352, 397
Lanzerac Manor 293
Le Bonheur Crocodile Farm 310

Leeu-Gamka 479
Lemoenshoek 330
Limietberg NR 315
Linksverkehr 88
Lion's Head 54, 189
Literatur 83ff
Little Karoo 54, 61, **320ff**
Little Kloofneck Route 352
Llandudno 254
Lwandle Migrant Labour Museum 304

Malgas 434
Mamre 491
Mandela, Nelson 18, 19, **36ff**, 40, 41, 85, 190, 193
Marloth NR 437
Maße und Gewichte 108
Matjiesfontein 482
Mbeki, Thabo 41
McGregor, 325
Meerlust 296
Meiringspoort 344, 419
Melkhoutfontein 430
Mill Water Wildflower Garden 310
Millwood 412
Misty Cliffs 258
Mobilfunkanbieter 119
Monkeyland 390
Montagu (Avalon) Springs 328
Montagu 327ff
Montagu Pass 418, 419
Moorreesburg 512
Morgenhof 295
Mossel Bay 421ff
Mount Rhodes 254
Mountain Zebra NP 464ff
Muizenberg 266, **272f**
Musik 79f

Namaqua NP 526
Namaqualand 62, 525
Napier 445
Nationalparks 66, **108f**
Nature's Valley/De Vasselot Section 388
Nederburg 312
Neil Ellis 293, 295
Nelson's Creek 312
Nelson-Mandela-Bay-Metropole 359ff
Newlands, 274
Nieu-Bethesda 474
Niewoudtville 526
Noetzie Beach & River 396

Noordhoek 257, 258
Notruf 109
Nuwejaars Wetlands Special Management Area 446

Observatory 274
Old Passes Road 412, 419
Olifantsbos Bay 265
Open-Air-Restaurant 505
Oper 81
Oranje-Freistaat 26, 27
Otter Trail 385
Oudtshoorn 337ff
- Arbeidsgenot 339
- C.P. Nel Museum 339
- Cango Caves 342ff
- Cango Ostrich Farm
- Cango Wildlife Ranch and Cheetahland
- Le Roux Townhouse 339
- Rus en Vrede Waterfall
- Safari Show Farm 339
Outeniqua Mountains 404, 411, 418, 419
Outeniqua Pass 418
Overberg 442
Oyster Bay 382
Oystercatchertrail 427f

Paarl 306ff
- Afrikaans Language Museum 306
- Afrikaanse Taalmonument 308
- Oude Pastorie 306
- Strooidakkerk 306
Paarl Mountain NR 310
Paarl-Wine Route 310ff
Paternoster 500f
Penguin-Colony 266f
Pflanzenwelt 62ff
Philadelphia 490
Plettenberg Bay 391ff
Port Elizabeth 359ff
- Bay World 365
- Campanile 364
- Cape Recife 366
- Detroit Motor Spirit Classic Car Museum 365
- Donkin Reserve 360
- Fort Frederick 364
- Jewish Pioneers' Memorial Museum 365
- Market Square 361
- N° 7 Castle Hill Historical Museum 364

- Nelson Mandela Metropolitan Art Museum 365
- Red Location Museum 366
Port Nolloth 527
Port St. Francis 381
Post 109
Preiskategorie 121
Prince Albert 419, 479
Prince Alfred Hamlet 522
Prince Alfred's Pass 352, 396, 397, 419
Pringle Bay 456
Private Game Reserves 378f
Protea 63, 278

Rafting 112
Rauchen 109
Rechtssystem 76
Rein's (Gouriqua) Coastal NR 429
Reisezeit 57f
Religionen 72
Rheenendal 412
Rhodes, Cecil John 27, 177ff
Richtersveld NP 525, 528
Riebeeck, Jan van 17, 22, 162, 282
Riebeeck West 512
Riebeek Kasteel 512
Rietfontein Farm 335
Riversdale 432
Robben Island 190ff
Robberg Islands NR 392
Robertson 325
Robinson Pass 419, 420
Rondebosch 274
Rondevlei NR 274
Ronnie's Sex Shop 330
Rooibos-Tee 507
Rooiels 456
Rooihoogte 326
Rooikrans 264
Rosebank 274
Routenvorschläge 135ff
Rovos Rail 128
Rugby 115

Saldanha 499
Saldanha, Antonio da 21
San (Buschmänner) 20, 71, 514, **519f**
Scarborough 258
Schiffsverbindungen 110
Schotia Safaris Private Game Reserve 378
Seafood Route 487

Sedgefield 406
Sendelingsdrif 528
Seweweekspoort 333, 334f, 419, 481
Shamwari Game Reserve 379
Shelly Bay 502
Sherpenheuwel Valley 324
Shipwreck Trail 527
Shosholoza Meyl 127
Signal Hill 54, 189
Silvermine NR 257
Simon's Town 267ff
Sir Lowry's Pass 286, 441
Skilpad Wildflower Reserve 526
Smitswinkel Bay Village 263
Somerset East 467f
Somerset West 303ff
South African Astronomical Observatory 483
South African National Parks (SANPARKS) 66, 108f
Southeastern 57, 190
Southernmost Point 447
Souvenirs 110
Spier 295
Sport 111ff
Sportereignisse 115f
Sprache 72, 116, 308
Sprachschulen 117
Springbok 527
St. Francis Bay 381
St. Helena Bay 502
St. James 272
Stanford 452f
Stanley Island 390
Steenberg Wine Estate 275
Stel, Simon van der 282, 286
Stellenbosch 286ff
- Botanical Gardens 292
- Burgerhuis 290
- De Wit House 293
- Die Braak 289
- Dorp Museum 291
- Dorp Street 290
- Dutch Reformed Mother Church 292
- Jonkershoek 293
- Lanzerac Manor 293
- Libertas Parva 290
- Oom Samie Se Winkel 291
- Oude Libertas Amphitheater 293
- Rembrandt van Rijn Art Gallery 290
- Rhenish Church 289
- Stellenbosch Art Museum 292
- VOC Kruithuis 290
Stellenbosch Wine Route 294ff
Still Bay 430f
Stompneusbaai 502
Storms River Bridge 386
Storms River Village 386
Strand 117f, 242f, 305
Strauße 340f
Strom 118
Struis Bay 446
Südafrikanische Union 29ff
Sundays River Valley 380
Sunnydale 257
Surfen 113
Sutherland 483f
Swartberg Pass 344f, 419
Swartland 512
Swartvlei 406
Swellendam 436

Table Mountain 54, 60, 183ff
Table Mountain NP 251, 261
Tafelberg s. Table Mountain
Tankstellen 89
Tankwa Karoo NP 521f
Tauchen 114
Taxi 118
Telefonieren 119
Tenikwa Wildlife Awareness Center 390
The Boulders 266
The Crags 390
The Sentinel 256
Theater 81
Thelema 296
Tierwelt 65ff
Township 61, 75, 193, 194ff
Tradouws Pass 330, 437
Trawal 526
Trekboer 24
Trinkgelder 120
Tropfsteinhöhlen 343f
Tsitsikamma Coastal NP 383
Tsitsikamma Section 386ff
Tsitsikamma Trail 385
Tulbagh 523f

Uniondale 351f
Unterkünfte 120ff

Valley of Desolation 472f
Vanrhynsdorp 526
Vasco da Gama 21, 260, 265, 422

Velddrif 502
Vergelegen Weingut 303f
Victoria Bay 408
Viljoen Pass: 286
Vleesbaai 428
Voortrekker 26
Vredenburg 500
Vredendal 526

Waenhuiskrans 446
Wahrheits- und Versöhnungs-kommission 40
Wälder 64f
Wale 123, 269, 395, 434, 442, 453
Wandern 123f, 185f, 244, 256, 270, 357, 385, 407
Waterford Estate 296
Wein/Weingüter 124f
Weinanbaugebiete 124f, 198, 280ff, 286ff
Wellington 310
West Coast Flowers 491
West Coast Fossil Park 499
West Coast NP 199, **494ff**
Western Cape Province 16
Whale Watching 123
Wiesenhof Game Reserve 309
Wild Flower Show 491, 507
Wilderness 408
Wilderness National Lakes Area 405
Wilderness NP 383
Willowmore 348
Wirtschaft 45ff
Witsand 258, 434
Woodlands 383
Woodstock 274
Worcester 306, 315ff
World of Birds 255
Wupperthal 508f
Wynberg 274

Xhosa 26, 27, 70, 72, 75

Yzerfontein 493

Zahlungsmittel 101
Zandvlei NR 273
Zeit 125
Zeitungen/Zeitschriften 125
Zoar 334
Zoll 126
Züge 126
Zuma, Jacob 41, 44
Zuurberg Section 375

cactusberry LODGE CAPE TOWN

30 Breda Street | Oranjezicht |
Cape Town 8001 | Tel +27 (0) 21 461 97 87

info@cactusberrylodge.com
www.cactusberrylodge.com

HOG HOLLOW COUNTRY LODGE
EST. 1993 **** LODGE

"If you can spend a perfectly useless afternoon in a perfectly useless manner,
you have learned how to live."
Lin Yutang (1895 – 1976)

km East of Plettenberg Bay +27 (0)44 534 8879 info@hog-hollow.com www.hog-hollow.com

MONTANA
Guest Farm

Classic and Stylish with African hints

Montana Guestfarm, gelegen im zauberhaften Tal von Schoemanshoek, am Fuße des Swartbergpasses, nahe der Touristenstrasse 328, bietet mit seinem restaurierten alten Farmhaus, seinen Suiten, seinem parkähnlichen Garten, seinem Salzwasserpool, seinen Straußen und Ponys, dem Reichtum seiner Pflanzenwelt eine ideale Urlaubsatmosphäre inmitten der Kleinen Karoo.

Alles, was einen individuellen Urlaub ausmacht, finden Sie auf der Guest Farm Montana:
Großzügig eingerichtete Suiten mit eigenem Eingang und Terrasse, TV, W-LAN, Telefon, einen ausgezeichneten Service zu fairen Preisen sowie eine Küche für den verwöhnten Gaumen mit Weinen aus der Region.

Montana ist idealer Ausgangspunkt für Ausflüge zu den Swartbergen bis hin zum Indischen Ozean.

Wir beraten Sie gerne und helfen, spektakuläre Sehenswürdigkeiten zu entdecken sowie sich mit dem reichhaltigen Angebot von Straußenfarmen und Tierparks vertraut zu machen.

Reisepraktisches:
274 Hektar große Gäste- und Straußenfarm auf der R 328 nach Shoemanshoek, nur 14 Kilometer von Oudtshoorn entfernt, Farmrestaurant, persönliche Atmosphäre, Testsieger bei Stiftung Warentest und HolidayCheck.de mit dem Urteil „sehr gutes Preis-Leistungs-Verhältnis".

Montana Guestfarm - PO Box 40 - ZA Oudtshoorn, 6620 - Südafrika
Telefon: 0027 442727774 - Fax: 0027 442794026
E-mail: dbeitz@mweb.co.za - www.montanaguestfarm.co.za

Dream. Explore.
Live life... with Budget.

Experience Luxury group transport

Find adventure

Always be relaxed and on time

Travel to new destinations

Make unforgetable memories

Be driven in comfort and style

Explore our country with Budget.

We have a mobile solution to suit your needs.

- Car Rental - With our incredible deals and extensive range of vehicles finding a package to suit your needs has never been easier

- Chauffeur Services - Let our professional Chauffeurs collect you in comfort and style, take you where you need to go and wait for you.

- Door2Door Transfers - relax while being transported to and from your destination quickly, conveniently and on time.

- Budget Coaches - Experience the charter of choice with Budget's luxury, safe and reliable coaches ranging from 15 - 59 seaters.

+27 11 398 0123
reservations@budget.co.za
www.budget.co.za

Proudly Bidvest